# 法律社會學【第二版】

## The Sociology of Law

洪鎌德 / 著

# 初版序

　　雖然作者在 1956 年曾經以第一名的身分考入台大法律學系司法組，但半年後，因為被當掉兩三科，所以在補考通過後，第二年便轉往政治學系。當年同班同學也是老友翁岳生兄，曾力勸我在轉學政治系之後，不要放棄法律的學習。他的誠意和盛意在 1963 年至 1967 年我留德與留奧之時產生了作用。那就是我不只努力學習政治哲學，同時也潛心修習法律哲學。這點可能與當年德、奧的大學教育強調法政的合一有關。因之，我的大學與留學生涯是脫離不了廣義的法學之訓練與教育。

　　1967 年年底維也納大學取得博士學位之後，我在慕尼黑大學擔任了六年左右的教學與研究工作。這段德國的教研生涯，使我獲得機會對政治、法律、經濟、社會、哲學有廣泛的接觸與涉獵。尤其為了教導思想激進的德國學生，本身對左派的學說主義，不單是空想的社會主義，還包括自稱是科學的社會主義之馬克思學說，都深入閱讀原典、掌握其要旨。後來我對馬派思想與學說的理解與詮釋，可以說是這段教學時期苦讀研究奠下的基礎，以及獲取的心得。

　　把法律與社會的關係加以連結，也就是對法律社會學開始有興趣，大約是在 1960 年代末與 1970 年代初我在慕尼黑大學執教的時候，雖不敢自詡是台灣學界最早刊登法律社會學文章的人，但至少在我 1972 出版的《現代社會學導論》一書中，已列專章來介紹歐美當代的法律社會學說。

　　在其後三十年間，作者更強調馬派（老馬、西馬、新馬、後馬）的觀念與思想，對當代社會，特別是法律、政治、經濟、文化的衝擊。尤其在作者從新加坡返回台灣執教這十年間，更藉馬克思的觀點來闡釋、討論了政治經濟學、社會學、政治理論、國際關係、區域研究與文化批

判等學門。

2000 年初，感謝張學海律師的鼓勵，本人再度重燃舊時對法哲學、法理學與法社會學的研究興趣，並把研究所得記錄下來，經過一番整理，形成這本《法律社會學》的作品。

本書曾部分參考黃維幸博士所著《法律與社會理論的批判》（1991）一書，也與他一樣介紹了幾位古典的社會學者（馬克思、涂爾幹、韋伯、帕森思）的法律學說。不過黃博士對當代幾位大師（帕舒卡尼斯、哈伯瑪斯、盧曼、屠布涅、艾德曼、福科、韓特、肯尼迪）都不曾言及，這是他的大作美中不足之處，也造成本人大膽加以補充的地方。希望這本書能夠延續與發揮黃博士大作的精神。

這本書首先介紹法律和法律社會學的內涵（第 1 章），接著把早期與近期的歐陸與北美之法律社會學，從功能論到現實論作一番歷史的舖敘（第 2 章）。之後，便把古典社會學的理論大師，馬克思（第 3 章）、涂爾幹（第 4 章）、韋伯（第 5 章）和帕森思（第 6 章），對法律的看法作了一一的剖析。其後論述帕舒卡尼斯（第 7 章）、哈伯瑪斯（第 8 章）、盧曼（第 9 章）、屠布涅（第 10 章）、艾德曼（第 11 章）、福科（第 13 章）的法律觀。此外，對影響當代美國法律思潮最為重大的批判性法律研究（第 12 章）也加以介紹。最後把法律社會學理論之現狀與未來的發展趨勢（第 14 章）作摘要的表述，以為激發讀者進一步研究、思索的指引，也算是作者拋磚引玉的用意。

這兩年來為了趕稿，作者較少返回新加坡與家人歡聚，也就是犧牲了部分天倫之樂。幸而賢慧、堅毅的愛妻蘇淑玉女士與活潑、好動的長女洪寧馨小姐，以及孝順、精明的次女洪琮如小姐，連同我的乘龍快婿林方程醫師與伍偉強經理的大力支持，使我忘記旅台的孤寂。她（他）們的鼓勵與寬容都會令我無限感激。在旅新加坡二十年來始終愛護與支持我全家的有先師李祥麟教授（1909-1985）及師母兼教會長老的葉淑仁女士，兩位都是我終身感念的貴人，他倆的慈愛與獎掖，令我及家人永懷感激。在感恩之餘無以為報，謹以此書敬獻給恩師與師母大人。

最後，但最重要的是本書能夠及時出版，應感謝揚智文化公司葉忠

賢總經理、林新倫副總經理、副總編輯閻富萍、執行編輯胡琡珮，及其他編輯與業務人員的努力。胡小姐曾經爲我去年出版《人的解放》一書盡心盡力，使該書的編排達到理想境界，這次在百忙中不辭勞苦欣然相助，尤其令人感謝。本書的封面表示司法女神在正義與私慾的權衡下，努力去做公平的裁判。這一張精美的封面是由黃建中與黃威翔兩位先生用心設計的，特申謝意。

此外，台大國發所博士生郭俊麟、廖育信、丁穩勝、丁嘉惠諸同學（尤其是育信的全力投入），以及東吳大學研究所博士生曾志隆先生、台大國發所碩士班黃之棟（現留學日本）、蕭佩珊、潘季翔、李謙儀、溫珮如、政大勞研所蕭愉珮、淡江東亞所侯政宏諸同學之打字、繪圖。此外，留德博士候選人胡正光先生、留法博士候選人姜貞吟小姐，和留美博士候選人蘇賢哲先生提供不少的協助，包括資料的尋找、寄送，都令我無比感激。在此一併致敬與申謝。

洪鎌德

誌於台大國發所

2001 年 10 月 26 日

2004 年 6 月 24 日再版補述

# 再版序

　　本書初版發行至今才兩年餘,便告售罄,可見其受學界接受與讀者群歡迎之一斑。尤其近年來經濟低迷、購買力衰退、書市不振,而像這樣一本純粹學術性的大部書,厚達 691 頁,居然能夠在推出不久的短時間內便出清存貨,必須重新印刷或再版,實在令作者非常驚喜,而又欣慰。

　　在林新倫總編輯與閻富萍副總編輯協助下,作者決心把全書做一個更新,大力修改錯漏字,並增加不少幀珍貴的圖片。

　　再版中揚智文化事業公司諸編輯先生與小姐投入很大心力,尤其原版執行編輯胡琡珮小姐細心擘劃、認真改正,使本書的錯誤降至最低程度,贏得我衷心的禮讚與感謝。台大國發所碩士班李宜若同學認真校對後面數章,而博士班生廖育信先生更展現其襄助才華,也令我非常感念。茲以本版獻給歸鄉照顧我的愛妻蘇淑玉女士,感激她多年的扶持與鼓勵,是為序。

洪 鎌 德 謹誌

2004 年 6 月 24 日

# 目　錄

# 圖目錄

# 表目錄

# 1 法律與法律社會學

一、社會規範與法律秩序
二、法律的定義、種類和功能
三、法律社會學的崛起
四、法律社會學的定義和任務
五、法律社會學在社會科學中的地位
六、法律社會學者與法律專才之不同
七、法律社會學的對象、課題與範圍
八、法律社會學的研究方法和流派
九、法律社會學研究的動向
十、法律、民權、社群與後現代主義

# 一、社會規範與法律秩序

　　人是社會的動物，他不能離群索居，營魯濱遜式的孤獨生活。一個人由搖籃至墳墓，不是生活在家庭中，便是生活在其他的社團裡，因此他與別人總要發生或親或疏的社會關係，社會學家稱人與人之間的這種關係為「生命的相互關聯」（*vitale Interrelation*）（Hirsch 1966: 25）。既然個人必須與他人發生關係，經營群體的社會生活，那麼在一個社群中，個人的意見、目標和利益，便與他人的意見、目標和利益發生犬牙交錯的關係，他們有相同的地方，也有相反的地方。相同的意見、目標和利益固然需要一定的規範來加以規整，使朝共同的方向邁進；就是相反的意見、目標和利益也有賴一定的規範來加以疏導，以免距離過大，造成混亂衝突的局面，而導致公共生活的解體。換句話說，所有的人類總是或多或少依賴他人，這種人類間的彼此依賴之關係，蓋格（Theodor Geiger 1891-1952）稱做社會的相互依賴（*soziale Interdependenz*）（Geiger 1964: 46ff.; 83ff.; 86ff.; 95, 113ff.）。總之，為實現人類共同的生活起見，亦即為維持社會共同體成員的共存共榮起見，不能不首先維持社會的秩序，而社會秩序的維持有賴規範的作用。是以人類社會（其實營群居生活的動物社會也一樣）有賴規範來約束成員的行為。社會規範包括風俗、道德、禮儀、宗教信仰及法律等。

　　先秦時代的中國，即以廣義的禮來作為約束人們行為的規範。《荀子》〈禮論〉稱：「禮起於何也？曰：人生而有欲，欲而不得，則不能無求；求而無度量分界，則不能不爭；爭則亂，亂則窮。先王惡其亂也，故制禮義以分之，以養人之欲，給人之求；使欲必不窮於物，物必不屈於欲；兩者相持而長，是禮之所起也」。《禮記》指出：「夫禮者，所以定親疏，決嫌疑，別同異，明是非也。道德仁義，非禮不成。教訓正俗，非禮不備。紛爭辨訟，非禮不決。君臣上下，父子兄弟，非禮不定。宦學事師，

非禮不親。班朝治軍，涖官行法，非禮威儀不行。禱祠祭祀，供給鬼神，非禮不誠不莊」。

在古代中國人的心目中，與禮相關的社會規範爲「刑」。《論語》：「道之以政，齊之以刑，民免而無恥；道之以德，齊之以禮，有恥且格」。《左傳》稱：「刑以正邪」。《尸子》云：「刑以輔教」。《尚書》稱：「刑期於無刑」。都是以懲罰來抑制人性之惡，亦即用以控制人的行爲。刑爲法的狹義；廣義的法則爲社會制度，如《管子》稱：「法者所以一民便天下也」（〈任法〉第四十五）；「法者所以興功懼暴也」（〈七臣七主〉第五十二）；「法天下之儀也，所以決疑而明是非也」（〈禁藏〉第五十三）。此外復有律、令、刑、政等四名，與法名稱不同而意義差不多。它們甚至被概括在法之內。因爲「律者所以定分止爭也。令者所以令人知事也」（〈七臣七主〉第五十二）；「判斷五刑各當其名，罪人不怨，善人不驚曰刑」（〈正〉第四十二）；「正之，服之，勝之，飭之，必嚴其令，而民則之曰政」（〈正〉第四十三）。

顯然得很，法律因爲是建立在公平觀念上邏輯嚴密的一套規範體系，而且由具有強制性的機構來加以施行，所以是社會規範中最重要的一種。

不過法律和其他的社會規範，除此之外到底還有什麼不同呢？馬克士·韋伯（Max Weber 1864-1920）認爲「法律乃是一種秩序」，必須藉「強制的機構」（*Zwangsapparat*）——法律的執行機關，採取「強制的手段」（*Zwangsmittel*），亦即「法律強制」（*Rechtzwang*）來保證秩序的維繫不墜（Weber 1964: 34ff.; 61ff.; Weber 1960: 57-60, 67ff.）。換言之，法律是具有機會可供一群執法者來加以適用的。

他方面韋伯也知道單單靠著生理上的威脅，不可能就構成法律的行爲，因爲強制性不僅存在法律當中，也常常在公共的指摘、譴責、制裁和抵制裡頭[1]。韋伯界定法律爲規範與制度用以調控行動者有意義的行

---

[1] 韋伯以一位社會思想家的身分，對法律進行解析，係受到德國法律教育的傳統之影響，也是對此影響（特別是耶林 Rudolph von Jhering 1818-1892）的叛離，這造成了

動，行動者不限於個人、也包括群體在內，他視法律為規範與規則之體系，是同意與壓制之結合，法律「在群體中被同意地當成有效」，是靠「強制的手段」來達到保證法律的效力（Weber 1968: 312-313）。因之受到群體同意的規範，其執行之程序與執行之機關（司法機關）都是民眾所信服的社會制度——國家及其合法性的運作。韋伯尚分辨公法與私法（Weber 1968b: 641-643）。公法係由國家或官署所公布施行的法律，在於規範國家機構與人民的權利與義務，這與私法規範個人與個人之間的關係不同。

韋伯進一步提出研究法律的三條途徑：其一為道德的途徑，集中在分析法律的道德基礎，討論法律與倫理和道德價值的符合與否；其二為法哲學的途徑，集中在法律之獨立自主、研究法律與其本身原理與原則之一致與否；其三為社會學的途徑，研究法律與社會行動之關聯，討論法律對社會之作用（Turkel 1996: 8-10）。

美國法學者塞爾茲尼克（Philip Selznick）不認為法律的性質為強制性，而卻認為是權威性（authority）。原來法律產自對權威的敬畏，而法律的適用也是權威的功能。人們所以遵守法律，並不是由於良心、習慣或懼怕違法時受懲罰使然，而是由於對一個具有權威性的秩序所表示尊重的決心。法律乃是對於權利與義務的規定。此項規定原則上應符合社會的共同要求，方才能夠作為團體成員行動的指針。為推行法律的工作，自當有機構的設置。這等機構不一定必須專門化，也不一定會產生強制的力量。但這個機構所作有關權利與義務的決定，卻必須被其成員接受而且具有權威性。因此一道權威的法令要求人們遵守，而這個要求所及的程度，必是該法律制度有效的範圍。因之，一個建立在人們有限的同意之上的法律，雖然可以動用各種威脅的手段，迫使人們服從，但它卻是一個弱小的法律秩序；反之，強大的法律秩序乃為贏得更多人民支持與同意的產物。這種法律秩序自然也容易獲得更多人自願的遵守，也就

他建立不帶目標性的社會學（anti-teleological sociology）之因由，參考 Turner and Factor 1994.

不需再靠強制來加以執行了。顯然強制性雖是法律重要的源泉之一，但這正像教育也往往是訴諸於強迫性的。總結一句，法律秩序固然產生自強制性，但卻與權威性、同意（consensus）和合理性（rationality）具有不可分的關係（Selznick 1968: 51-52）。

法律的目的在保護人民的自由，也是「在解決人們的正義、福祉以及社會和諧等具體底問題」（Ves Losada 1967: 497-512），它不是少數人恣意的決斷，而是獨立超然不偏不倚的法律工作者（法官與法學者）的努力，彼等相信在尋找法的正義，而不是在創造法律（當然有人認為法官與法學者在創造法律，詳細情形參考本章的第三節）。因此法官在作審判時，只是就正義的一般原則引用到具體的實例之上，而不是接受任何統治者的命令。準此，幾世紀以來政治思想家都同意：人們雖然服從法律，卻不是屈服於統治者的意願。這裡所指的法律無他，乃為正義的普遍原則，此種原則或產生自獨立的司法傳統，或產生自法學者的作品，而不是那死硬的法律條文。是以狄里波（Heinrich Triepel）稱「神聖的不是法條，神聖的只是法律，而法條係在法律的統屬之下」（*Heilig ist nicht das Gesetz, heilig ist nur das Recht, und das Gesetz steht unter dem Recht*）。不幸近世極權政治興起，極權統治者無視人民的意願，卻假借法律的手段──法條來謀害追求自由與民主的仁人志士，亦即實行司法謀殺（*Justizmord*）的恐怖政治。海耶克（Friedrich A. Hayek 1899-1992）遂感歎：「法律保護自由，而法條卻謀殺自由」（*Recht schützt Freiheit, Gesetze töten sie*）（Hayek 1963: 11-12）。

1969 年 7 月初，一位因為替反對黨人士辯護，致遭希臘軍事獨裁政府逮捕的雅典大學法學教授孟卡奇（Georgios Mangakis），在其最後一堂的法律講課上沉痛地告誡其學生們：「在法律科學中僅有一個偉大的真理，即：法律的道德價值在於保障人們的自由，假使法律不能達到保障人們的自由底目的，法律便要淪為強力者壓迫人民的工具。當做學者而又是人的法律家，應該要有勇氣皈依和信持自由的價值。否則的話，法律家只成為一個技匠，他只知使用法律的技巧，而成為強力者的僕役」（*Neue Zursche Zeitung*, 8.7.1969, S.2）。由此可知考察法律與政權的關

係，是非常必要的。不僅法律與政治，就是法律與經濟，特別是法律與社會——因爲政治、經濟、宗教等都是社會現象——的關係，也應該值得我們來加以研究的，法律社會學便在這種要求之下誕生。不過在尙未介紹法律社會學之前，我們先討論什麼是法律。

# 二、法律的定義、種類和功能

## （一）法律的種種定義

不要說哲學家、社會學家、人類學者或法理學家對法律的定義莫衷一是，就是法律學家對法律也無一致的看法與界定。這種說法不只在今天法律如毛的時代方呈現的特殊現象，甚至在 200 多年前，德國在繼承羅馬法的基礎上，使日耳曼法律成文化之後，1781 年康德還在謂歎：法律工作者仍在尋求法律的定義。這兩個多世紀以來，儘管法律體制日形發展、法律學說不斷產生、法律專才大量出現，但大家對法律的界說，仍未趨向一致。

其間影響當代人文思想與社會科學最重大的學術巨人韋伯所使用的法律定義，常爲各方面所尊崇與援引，前面我們已提起他把法律當成秩序來看待。他說：「秩序所以被稱爲法律的，假使它外表上藉著落實的強制〔使人群〕遵守，或是報復違反〔法律〕的話」（Weber 1954: 5）。這意思就說藉心理或身體的壓迫，來使人群把違法者施以報復或懲處之手段，就是法律。這是把法律與強制性社會秩序劃爲等號的看法。

如果把法律當成社會規範、社會習俗來看待，那麼波蘭後裔英國人類家馬立諾夫斯基（Bronislaw Kasper Malinowski 1884-1942）稱：「法律的規則同其他事物不同之處，在於它們被視爲一個人的義務，同時卻是別人的要求〔主張、聲請〕。它們被認可不只是基於心理上的動機，而是

拘束力的社會機器。……這種拘束力建立在相互的倚賴，也靠相互的服務所做的等值安排」（Malinowski 1959: 55）。換言之，法律規則或法律的本質是立基於相互、對等的原則（principle of reciprocity）之上。他又說：「法律是義務的特殊形構（configuration），它使原始人無法在不受未來可能遭殃之下推卸其責任」（*ibid.*, 49）。

另一位英國人類學家賴克立夫・布朗（A. R. Radcliff-Brown 1881-1955）的法律說詞是這樣：「社會秩序的維持或建立，在領土的範圍內，由壓制性的官署在使用，或可能使用暴力下來推動的」（引自 Hoebel 1954: 26）。這一法律定義相當接近韋伯的說法，也比較是以社會秩序或社會規範來看待法律。同樣以人類學的眼光來看待法律的有霍伯爾（E. Adamson Hoebel 1906-1991）。他說：「社會規範之所以是法律的規範，就是一旦忽略它或違反它，便會遭受〔其他的〕個人或群體以暴力來對付，這些個人或群體擁有社會承認的特權可以這麼做〔採取暴力對付違法者〕」（Hoebel 1954: 58）。

由於多數人一提起法律便想到法官的裁判，是故法律成為法庭或法官的決斷行為，這使得美國歷史上一位偉大的法官與法學者卡多佐（Benjamin Nathan Cardozo 1870-1938）把法律界定為「行為的原則或規則，其建立在於正當之預測，也就是在合理可靠的預測下，當法庭的權威受到挑戰時，此一行為原則或規則必然會強制實行」（Cardozo 1924: 52）。另一位美國著名的大法官霍姆斯（Oliver Wendell Holmes 1841-1935）也宣稱法律是一種預言（prophesy），「預言法庭在事實上而非虛應故事地採取行動」，以應付人們違法之行為。也就是法律是法官依據其過去的經驗對犯罪者、違法者所做的判決與懲處（Holmes 1897: 461）。

但吾人知道法律不只是法庭或法官審判的結果，更是政府落實政策的手段。因之政府、國家、政治組織成為立法、頒布法律與執行法律的機構。是故奎尼（Richard Quinney）簡單地指出：「一個政治組織的社會中特殊規則的創造與解釋」（Quinney 1970: 13）。事實上法律不只涉及規則、規範、秩序，更涉及執行法律的法律專才，這是何以韋伯的法律定

義中使用法律專才（*Rechtshonoratioren*）的原因。法律專才意指國家組織性行政（兼立法與司法）機構而言。由是英國法學者布拉克（Donald Black）把法律界定為「一個國家及其公民規範性的生活，包括立法、訴訟和裁決等」（Black 1976: 2）。法律成為國家範圍內社會控制的手段。不過法律的社會控制與其他（政治、道德、思想）的社會控制不同，在於實質方面的特殊性（specificity）、應用方面的普遍性（universality），以及制法與執行的形式化（formality）。

法律的基本功能在管制與抑制諸個人來往時的行為，成為諸個人行為的準繩。只有在其他的社會規範無力約束個人們不法的行為時，才輪到法律上陣。與其他社會規範不同之處，為法律對行為的規定是有明確的規則，而且形成一個形式的規則體系。為了保證行為符合這些法律規範，國家設有專司制法、執法與釋法的機關來保證法律的運行。以法律社會學的眼光來看待法律的規則，那麼它們是人群行為的準繩與指引。一旦法律不加執行、不加解釋，它的存在便無意義。哈特（Henry M. Hart）指出：以社會學來加以分析，法律不過是做事的「方法」（Hart 1958: 403）。因之，我們得到一個社會學的法律定義：「法律可以被當做包含行為、情境、條件等，俾制訂、解釋和應用法律規則，而其執行完全靠國家合法的、強制的機器來推動」（Vago 1991: 9）。

## （二）法律的種類

法律的內容可以分辨為實質的與程序的兩種。前者包括權利、義務和法庭的禁止（禁令），例如禁止謀殺或販毒；後者則為程序的法律，係有關實質的法律如何制訂、頒布、管理、解釋和執行，也牽涉到法庭中介的訴訟程序，意即包括訴訟法在內。

法律也依其應用的對象與範圍，而分別為公法與私法。公法涉及政府結構、權力、義務、官員職責之規定，也關聯到個人與國家之關係。公法包括憲法、基本法、行政法、公共設施與公用事業組織與管理規定、國家權力（公權力）的分配、權限，以及次級政治組織等等之組織法。

私法則規定諸個人之間的關係，包括私人間的侵權行為、財產、遺囑、繼承、婚姻、離婚、收養、贍養等法律。

此外，法律也可分為民法與刑法。民法一般涉及個人的私法，包括規範個人與他人關係所衍生的行為規範。對民法規定的個人權利之侵害稱為侵權行為，可訴之於法庭求取判決與補償。刑法則涉及犯罪之界定，以及對犯罪者所科的刑罰與責任。視犯罪對象為公家或私人，而分別公共犯罪與私人傷害，都是由受害人或官署告發，而由國家追訴、審判與定罪。

另外，法律可分辨為成文法與普通法。前者為承繼羅馬法的法律體系，有其自成體系的、明文的、符碼化（codified）的法條所形成的法典，像羅馬民事法典（*Corpus Juris Civilis*）。採用成文法的大多數為歐陸、日本、中國、台灣等國家。反之，採用普通法的則為英、美、以及大英國協的會員國，都反對成文法，而採用案例，及前例舊案。這是法官創制的法律、官署法律、行政命令、行政法律等等。

最後，法律可以分辨為自然法與實證法。前者強調法律規則，條例係淵源於絕對的、一般的、超歷史的人的理性，人生而具有自然權利、天賦權利，是故保護個人權利，成為自然法的主要內容，也落實在美國的憲法與法制中。後者的實證法，強調法律是統治者的命令，是統治者制訂的。不管是明文法、或不成文法，只要有具體的法典、有規條、有判例，而非基於抽象的理性原則之法律都是實證法。

## （三）法律的功能與負功能

法律的功能、或職能，每隨法律學者、社會學者看法之不同，而呈現各種分歧的說法。但大體上可以歸類為三項：其一、社會控制；其二，排難解紛；其三；社會改革。

### 1.社會控制

在早期同質的社會中，行為的同形化是靠社會成員社會化的經驗而

獲得保證。社會的規範傾向於前後融貫，而藉堅強的傳統來支撐。在這種社會中社會控制主要依靠自我認可、自我制裁。就算必須藉外部的干涉或制裁時，也很少涉入懲罰。離經叛道者、乖離正常者大多受到冷嘲熱諷或羞辱等非正式的社會控制等機能所制裁。

但其後進入工商複雜的社會中，社會控制主要也是靠成員把共同的規範化入於內心。大部分的個人成員都在社會可以接受的行為方式展開其活動，也像簡單的社會一樣靠家庭、鄰里、友儕、學校的相互監督、激勵，而大體不致偏離正軌。但其後由於人口激增，社會相異性擴大、人際之間溝通的困難，爭取不同利益的競爭轉趨劇烈，是故對社會控制變成更為正式的、更具形式的機制之需要益形迫切。形式的社會控制包含三個特徵：（1）明確的行為規則；（2）計畫性的制裁，俾使法則獲得實際的支撐；（3）標明的官署與官員對法則或加以制訂、或加以解釋、或加以執行（Davis 1962: 43）。

## 2.排難解紛

在今日利益掛帥，拜金是尚的資本主義社會中，社會成員之間的良性與惡性競爭無日無之，且轉趨激烈。由此引發的糾紛、爭執、衝突更是無比頻繁與嚴重。在此情形下，法律提供解決爭執的方法，法庭或進行制裁、或下達判決，都是排難解紛的有效機制。不過必須注意的是法律處理的對象，每每限於可以轉換為法律訴訟的歧見。衝突的法律解決並不必然導致爭端的雙方當事人減少緊張、或減少敵意。例如由於種族歧視造成的解聘之法律案件，法庭的裁決只能就此案件引發公眾的注意。但由此種族歧視產生的個案之解決，對改善根深柢固的種族問題，不見得有很大的作用。

## 3.社會工程

很多學者認為現代社會中法律一個主要的功能為社會工程。所謂社會工程是指藉法律提議、指引和支持做有意圖、有計畫、直接的社會改變，或稱社會的改革。美國法律學者龐德（Roscoe Pound 1870-1964）指

出：

> 為了瞭解今日的法律，我不妨認為法律是社會制度，在滿足社
> 會需要—— 牽涉到文明的社會主張與要求—— 也就是藉著最
> 少的代價使我們的需要產生實效。這也就是通過政治性的組織
> 之社會，來使人群的行為獲得秩序的安排，因而產生的需求之
> 滿足。為此目的，我不妨視法律史係透過社會控制逐漸擴大、
> 逐漸滿足人類欲求、或主張、或慾望的記錄。也是社會利益更
> 多的擁抱與更有效的掌握之記錄。更是人群享受生活的財貨，
> 而更有效的排除浪費、徹底減少摩擦的記錄。這一切簡而言
> 之，〔法律史〕無異為不斷地、更為有效的社會工程。（Pound
> 1959: 98-99）

很明顯地，法律被視為社會改變、社會改革的有效工具，也是可欲
與必要的手段。但有些法律社會學者，就不同意法律可以當做政府進行
社會改造工程的方法，儘管當今西方福利國家都視社會工程是其明顯的
特徵。

### 4.法律的負功能

雖然法律有上述正面的功能，但也不可忽視它負面的、或反面的功
能。這些負功能來自法律保守的趨勢，內在於它形式結構之僵硬、它控
制功能所牽涉的限制性、局限性，以及內在於法律本身的偏見與歧視。

政治現實主義大師莫根陶（Hans Morgenthau 1904-1980）曾經示意：
「一個既存（給定）的現狀是在一個法律體系中被穩固化，也被永續化」。
作為法律體系主要工具的法庭「必須為維持現狀而採取行動」
（Morgenthau 1967: 418）。一旦法律體系創造了權利與義務的框架，則
儘量避免修改或矯正，以免法律的穩定性與可信性受到損害，這就是法
律求取安定，也就是趨向保守的因由。社會的變革每每走在法律的更改
之前。在危機爆發的時刻有些法律也告崩解，這或有利於法律對社會改
變的遷就或調適。

與法律的保守性趨勢相關聯的，是內在於規範架構裡頭的僵硬和不夠靈活。由於法律條文的一般化、抽象化、甚至普世化（例如聯合國的《人權宣言》），故其應用於特殊情況時，有如緊箍咒一樣綁手綁腳，無法靈活使用。此外，法律的負功能來自規範性控制的局限面。規範是所有團體成員共信共守的行為規則，其存在的目的在阻止無秩序、或脫序（anomie）、或組織解散。法律作為形式的規範，常超越其界限，有趨向過度管制之嫌，甚至成為強迫、或壓制的工具。

法律規則本來應當平等地應用於每一個人，但執法機關有時也會選擇性地施用法律，以致暴露內在於法律的差別待遇。布拉克指出：「法律在其女皇的庇護下強調人人平等，譬如禁止富人與窮人在橋樑下露宿、在路上行乞、和偷了別人的麵包」，但社會地位（不分種族）、親密的程度（例如對家人與外人的態度有別）、語言的使用、隸屬社會組織的高低，以及其他一大堆的因素都會影響法律的應用（Black 1989: 72）。例如在美國，一旦黑人殺害白人，則預期被判死刑的可能性，遠遠大於其他種族同樣的犯行。

法律的負面功能，還可以加上法律程序的費時費錢，而效率不彰，或是行政的牛步化和法律技術語文以及機構的古老化。法律救濟對中產階級而言，是花大錢、浪費時間而未必能達到消災的痛苦經驗。對一般消費者、窮人、弱勢群體更是一項奢侈的勾當。這些使我們想到法學教育之不足，道德與倫理養成之不力，法律未能與時代變遷同步，律師對法律隙洞的鑽營、法官之受賄等等弊端與瑕疵（Vago, *ibid.*, 9-16），都是法律負功能的表現。


# 三、法律社會學的崛起


如果我們把孟德斯鳩（Charles Louis de Secondat, Baron de La Bred et de Montesquieu 1689-1755）的《法意》（*De L'esprit des lois*, Paris, 1748）

看成一部法律社會學的著作，那麼法律社會學的產生比一般社會學還要早 100 多年。雖然孟氏用氣候、地理、土壤、位置、人口、政府形式、商業、宗教、習俗等自然與社會因素來解釋各地法律制度的不同，但它還不能被目為真正的法律社會學底作品（黃維幸 1991：29-46）。促進近世歐洲法律社會學的誕生底思想淵源，應當推溯到孔德（Auguste Comte 1798-1857）的實證主義。由於孔氏要求將人類的文化業績與形上學分家，而由經驗科學的方法來解釋其因果關係，因此過去把法律視為神聖而不可侵犯的觀點，乃一改為藉科學方法可以獲取認識的社會事實（*Soziales Faktum*），不過孔德不把法律現象視為特別顯著的社會現象，因此在他的一般社會學之外，沒有論述——特殊的社會學——法律社會學（Gurvitch 1947: 12）。

隨著 19 世紀的自然科學，特別是數理科學的突飛猛進，遂產生以自然科學或實證科學研究法律的傾向。這種傾向一方面使法律本諸形式的法規（法律條文），或形式的概念而求其真義，由之產生法律實證主義，他方面探取隱藏在法律背後的社會事實。這也就是塞爾茲尼克所稱的工具主義（instrumentalism）。工具主義的代表人物像邊沁（Jeremy Bentham 1748-1832）、耶林（Rudolf von Jhering 1818-1892）以及其後美國的龐德，都認為法律是一種維持公共秩序和排難解紛的工具，它也是為便利意志的交流，並為賦予政治法統、增進教育及提高公民參政權的利器（Selznick 1968: 50）。

另外，在此以前已甚發達的歷史科學，也由研究單一性而無法反覆展現的現象，漸漸改變其觀點，轉而注意到一般而在歷史中反覆出現的典型現象來。換言之，法律史學家，追蹤法律理念和法律制度於歷史根源之中，而發現法律演進的樣式係社會勢力的產品，其中比較出色的有：梅因（Henry Maine 1822-1888）的《古代法》（*Ancient Law*）、霍姆斯的《普通法》（*Common Law*）、涂爾幹（Émile Durkheim 1858-1917）的《社會分工論》（*De la division du travail social*）。

涂爾幹認為社會與法律是從簡單而演變到複雜，這是由社會組織其成員的社會互動顯示出來的，道德與法律也同樣經由單純而趨向複雜。

由於個人受社會分工精細化的影響，而日趨專業化、專門化，法律也愈來愈擴散、愈來愈專門。隨著社會組織由簡單變成複雜，社會連帶也由機械性變成有機性，法律也由報復性轉變為補償性（Turkel 28-30）。加上馬克士·韋伯有關法律方面的著作，韋伯認為古代的法律本來操在天縱英明（*charismatisch*）的祭司或先知的手裡，以後由於法律專家的興起，法律的制訂和行政的措施，都有專人負責，遂由原始的巫師底形式主義進化為現代功利性的理性主義了。與法律史相當的是法律比較，亦即後來比較法學的濫觴。這門科學目的在比較不同的法律團體之法律制度的同異，並研究其同異的原因，此種研究方式，誠然已大大邁進於法律社會學的領域中。

除此之外，馬克思（Karl Marx 1818-1883）的歷史唯物論，主張研究社會上層建築受經濟基礎所制約的關係。早在 1842 年，馬克思就著文檢討盜林的法律問題，當時他便認為收集殘枝枯葉不可與砍伐綠林相提並論。蓋前者依習慣法不是盜林的行為（Marx 1842; *CW* 1: 224-239）。在他與恩格斯合著《德意志意識形態》（*Die deutsche Ideologie*, 1845/46）一長稿中，尤其強調法律的兩項先決條件：第一、對於財產的持有，不得視為任意的、自由裁量的（*ius utendi et abutendi*）使用與處理的權利，而是發生在人際交通當中的事件。由是馬氏給法律的財產關係以某種程度的社會限制。第二、就一般情形所顯示的來說，法律乃為市民階級的社會之一部分。如果視法律為建立在個人的自由意志之上，而脫離社會現實的羈束，則為一種幻想。反之，馬氏認為法律如同國家一樣是「組織的形式用以保障資產階級彼此間的財產和利益」（*CW* 5: 90, 91-92）。

與馬氏法律觀點相接近的有龔普洛維茨（Ludwig Gumplowicz 1838-1909）的學說。龔氏嘗試在國家的起源中探討法律的功能，蓋國家係產生於農耕民族受畜牧民族征服與同化之後，統治階層為推行其政策，追求其目標，且為避免被統治者之反抗計，遂訂定一套法律來強迫被征服者接受，由是法律可被目為社會鬥爭的產品（König 1967: 253ff.）。馬克思等的法律觀點對非馬克思派的法學家，也有相當的影響，他們一反向來的概念法理學（*Begriffsjurisprudenz*），轉而積極主張利益

法 理 學 （ *Interessenjurisprudenz* ）， 或 稱 自 由 的 法 學 （ *freie Rechtswissenschaft*）。此爲 20 世紀初反對把法律單單視爲邏輯謹嚴的結構，而代之以心理學、社會學的方式把法律視爲社會勢力相輔相成、相激相盪的產品。正式用法律社會學爲書名者，是義大利的法學者安齊洛蒂（Dionisio Anzilotti 1869-1950），其作品爲《法律哲學及社會學》（*La filosofia del diritto e la sociologia*, Tipografia Bouduciana, Firenze: A. Meozzi, 1892）。

　　至於正式以社會事實爲法律的基礎並加以系統性的研究，則有艾理希（Eugen Ehrlich 1862-1923）氏。他於 1913 年出版了《法律社會學的基礎理論》（*Grundlegung der Soziologie des Rechts*, 1913 MÜ nchen u. Leipzig 1929），此書有中文節譯本，即楊樹人編譯之《法律社會學原論》，華國出版社出版，《漢譯今世名著菁華》（第 10 種，1951 年出版），在這本書中他反對法律的形式主義。由於法條是抽象，而法律的應用卻是具體的，於是在法條與法律應用之間乃發生裂痕，也就造成「法與現實的乖離」。顯然地，把法律從其社會環境中加以抽離，不僅有過度尊崇法律之嫌，甚至有排除法律接受外界批評之弊。須知人是依賴社會的支持，而且社會制度自有其內在維持秩序的力量，因此忽視法律與社會制度間的關係，是無法瞭解法律真相的。艾理希甚至不認爲法律僅僅是國家──立法機關──所制訂的而已，卻認爲法律爲內蘊於社會機構或社會習俗之中。換言之，在人群的生活中，在人群的行動裡，自有「活生生的法律」（*lebendes Recht, lebendiges Recht*）來規範團體的生活，這便是法律社會學的「多元主義」（pluralism）。原來表面上由國家機構所制訂或通用的法條，都可以在社群生活的實際中尋覓其根源，這也就是艾氏所稱的「社團的內在秩序」（*die innere Ordnung des gesellschaftlichen Verbandes*）。艾氏倡導這種自由法的思想，係受到康托洛維茨（Hermann Kantorowicz 1877-1940）學說的影響。康氏認爲自由法爲法官所創造、或法學界所公認的法律思想，而不限於實證法中的條文。康氏逐認爲法律爲「規定人們外部行爲，而被認爲是合乎正義的規範」（Kantorowicz 1958: 21）。綜上所述，法律社會學的淵源有工具學說、歷史學說、反形

式學說以及多元主義等等。

　　此外在法律理論或法律實務之中，人們開始再度重視「事物之性質」
（ *Die Natur der Sache* ）[2]。此乃用以彌補法條中的缺陷。這裡所稱的「事
物」（ *Sache* ）是指社會事實（人際關係、上下主從與統屬關係）而言的。
至於「性質」或「本質」（ *die Natur* ）乃是可供社會學分析之物。因爲一
旦有這種社會事實出現時，必然會產生與此相關的社會過程、反應及自
動自發的或是規範的行爲模式。事實自不限於社會而已，它可能是科技
的（ *technologisch* ）、醫學的、氣候學的或其他的事實（ Trappe 1964: 18 ）。
對於「事物之性質」的研究，可以目爲對法條的基礎——社會事實——
的考察。因此法律的根源不再是「抽象的理性」（ *abstrakte Vernunft* ），而
爲「社會的實在（實相）」（ *soziale Wirklichkeit* ），亦即研究社會過程底未
成形性（ *Vorgeformtheit* ）或規律性（ *Regelhaftigkeit* ）之程度，俾作爲法
律秩序的出發點。

　　總之，法律社會學之產生，乃是由於法律不能適應近世科技的進步，
而無法控制工業化與城市化所帶來的反面影響（負效果）。換句話說，法
律社會學淵源於近世各國的文化脫節（ cultural lag ）。

# 四、法律社會學的定義和任務

　　至此我們對法律社會學的定義和任務多少有點概念。現在再綜合各

---

[2] 可參考：G. Stratenwerth, 1957 'Das rechtstheoretische Problem der "*Natur der Sache*"'
(*Recht und Staat*, Nr, 204), Tü bingen; W. Maihofer, 1958 "Die Natur der Sache" in:
*Archiv fü r Rechts-und Sozialphilosophie (ARSP)*, XLIV/2, S. 145-174; N. Bobbio, 1958
"Ü ber den Begriff der Natur der Sache", in: ARSP XLIV/3, S. 305-321; Fr. Wieacker,
1958 *Gesetz und Kunst: zum Problem der aussergesetzlichen Rechtsordnung*, Karlsruhe;
O. Ballweg, 1963 *Zu einer Lehre von der Natur der Sache*, (Balser Studien zur
Rechtswissenschaft, Bd. 57), Basel, 1960.

家之言，俾能更進一步瞭解法律社會學的本質。

法律社會學（legal sociology, the sociology of law, *Rechtssoziologie, sociologie du droit, la sociologia del diritto*），又名法社會學（林紀東 1963：446-447；關口晃 1958：227-280）。日本法學者關口晃爲法社會學所下的定義是：

> 把法律當做歷史的社會現象，並追究法律的形成、發展和消滅之規律性底經驗科學。（關口晃 1958：227）

林紀東氏稱：

> 法社會學是以法律為社會現象之一，用社會學的方法，就它和宗教、道德、政治、經濟等鄰接社會現象；以及家族、社會、國家等鄰接社會形態的關聯來研究，以發現法律的成立、變化和發展消滅的法則。它是社會學的一部門，也是法律學的一部門。（林紀東 1963：446）

曾在西柏林自由大學任法律社會學與法律事實研究所（*Institut für Rechtssoziologie und Rechtstatsachenforschung*）擔任過所長的希爾士（Ernst E. Hirsch）教授稱法律社會學爲：

> 描寫與解釋法律的社會事實，亦即研究藏在法條、法律公式、技巧、符號、價值心像與目的心像背後的社會因素；並研究此類因素對價值與目的心像的產生、存在與消失底決定關係；他方面因為法律的適用而導致社會因素的變化，法律社會學也研究此類變化的情形。（Hirsch 1966: 320）

英國法學者史統（Julius Stone）稱法律社會學在研究：

> 法律與社會的、政治的、經濟的以及心理的事實之間底關係。蓋此類社會的、政治的、經濟的與心理的事實對研究社會的次一基層關聯密切。（Stone 1956: 65）

　　希爾士在 1969 年為《社會學辭典》(*Wörterbuch der Soziologie*)，所撰有關法律社會學的定義為：

> 法律社會學為一種科學部門的稱謂，此種科學部門不把法律當
> 做一套規範的體系，而藉邏輯之助來加以解釋或理會，卻是把
> 法律看成社會生活的調節器（Regulatoren）之一來加以研究，
> 其目的在追究、決定、認識和描寫社會的種種因素（勢力、機
> 能、流派等）。蓋此種因素對當前的、現行的、具體的法律秩
> 序及法律秩序的變動具有決定性的作用。（Hirsch 1966: 877）

　　須知我們訂立一條法律，起草一份規章，設計一紙條約，頒布一道命令，下一番判決、或作一個法律鑑定，並不僅僅是受過法律思想的薰陶而作的技術，而是在顧慮到有關的因素下作「一樁社會問題的解決」。法國學者居維治（Georges Gurvitch 1894-1965）遂認為「法律家如果不同時兼做社會學家的工作，或是不援引法律社會學的知識為助力，便無法解釋其本身的問題而往前邁進」（Gurvitch 1958: 184）。

　　因為凡是想客觀地評定法條、命令、條約、文字、法庭判決等等的意義，就非把此類法規所涉及的社會群體弄個清楚不可。每一種社會事實的法律規定可以反映為某一社會或某一社會階層的生活條件，就是說它是某一社會或某一社會階層，在某一時間中影響最大而具有決定性的宗教、道德及精神主脈，也是政治的統屬關係或是物質的生活條件（Hirsch 1966: 878; 1969: 155）。在法律社會學家的心目中，法律並不僅是一套法條或規範，用以安排、測量或判斷社會的關係而已，它還是社會的現象之一。也就是說，除了把法律看成為具有邏輯完整性而彼此不互相矛盾的概念體系之外，或看成法律理念的體現或歷史事實之外，它還是一種社會現象。

　　法律當做社會現象的三個先決條件為：（1）法律係建基於整個社會生活當中；（2）法律與社會生活之間存有功能方面的關聯；（3）法律的存在係依賴於集體的想像和評價（亦即大眾對法律有什麼看法、有什麼想法，就構成法律存在的理由）（Hirsch 1969: 154）。法律產生在共同生

活之中，而共同生活是有規則性地建構者。凡是共同的群體生活，不管是人還是動物，都顯示著秩序。蓋無論是和平相處或是參與鬥爭，群體生活的成員總是必須遵守有形或無形的規律，也就是遵守著一套遊戲規則。

在早期的秩序中摻雜有巫術、宗教、權威、風俗習慣或其他目的性事物。及至法律演展為特殊的秩序權力，並且這種權力成為大家可意識的事物底時候，社會與法律秩序之間也就產生交互作用，這種交互作用並不是抽象的規範與社會事實之間的對立，而是特殊的社會現象（法律）對待其他的社會現象。這種交互影響不僅是樣式繁多，而且只有一部分是可加以系統性地捕捉和瞭解。法律不是從法律邏輯的本有規則性地產生出來，還附帶法律以外的理想權力以及社會某種勢力底特性。他方面在某一社會中流行的法律大大地影響到社會關係，進一步地塑造生活於該社會關係中的人群。由於現實力量塑造了法律制度，因此游牧民族與農耕民族或工商社會的法律便大不相同。

再者，對於某種宗教或某一道德底觀念或想像，還會影響到法律的形成。不過此類觀念和想像常可被權力者所操縱。例如在自由經濟的國家中，經濟力雄厚的群體，或其他藉利益而結合的團體，不僅以其觀點和利益做為訂立法律、適用法律的起步，甚至在不惜犧牲經濟弱小社會階層的作為下，追求與保障其本身利益。換句話說，這種群體的影響力，不僅及於立法機構，甚而延伸到行政或司法的部門。反之，在一個專權的國家中，權力勝過一切，儘管權力者在形式上仍舊表示尊重憲法所賦予的各種自由權，卻在事實上使憲法裁判權和行政裁判權歸於癱瘓無效。從以上各例可以看出，社會上的諸種勢力，不管是政治權力、經濟勢力、宗教教義，還是人生觀、世界觀，在在都足以造成法律演展中的變遷或停滯，甚至對法律的存廢——實質而非形式的存廢——都會發生相當的作用（Hirsch 1967: 10）。

另一方面，社會關係卻是藉著法律來型塑的，通過立法的手續，社會關係就被建立起來。當然不是每一立法都能在法律適用時收到預期的效果，有時常是造成相反的結果。例如限制離婚的法律愈苛細，愈容易

導致尋找法律的罅隙而造成非婚同居，或表面上繼續維持夫婦的關係。
又如法律對醫學上的墮胎限制愈嚴，愈容易造成營業性質違法的墮胎等
等，也可以看出法律對社會關係的作用是很大的。

　　法律社會學能夠提供人們認知，俾瞭解對社會勢力的相激相盪和相
輔相成。顯明地，法律哲學所觀察的法律為靜態的法律，法律社會學所
觀察者則為動態的法律。同時法律社會學企圖把個別的事實加以系統
化，並對發展的規律性加以確定。有異於法律哲學的提出理想，法律社
會學乃指出實際力量的界限，並以批判意識形態（*Ideologie*）而闡明藏
在現行道德與理想背後的利益關係等等，因此它能不諱言事實而坦白指
陳濫用法律和破壞秩序之弊。法律社會學進一步指出，法律概念常是目
的概念，應隨時代社會的變遷而變動。

　　以上為歐洲大陸法系的學者對法律與法律社會學的任務底看法。至
於英、美法系的法律社會學者，認為法律的目的「在使人們的行為納入
法規的統屬之中」（Fuller 1964: 106）。亦即法律之目標為達成道德的成
就。所謂道德的成就即是合法（legality）或法治（the rule of law）的意
思。法律之貢獻在於減少實證法或實證法執行時的專斷與濫用。法律社
會學的範圍不僅在指陳「正義的要件俾供執行者界定合法的原則」而已
（Hart 1961: 202），尚且在研究法治，與實行法治的社會條件。關於法
治與實行法治的社會條件底考察，詳言之，又可分為下列四組問題來討
論（Selznick 1968: 53-55）：

## 1.正統與合法

　　合法的先決條件為執法機構與人員的權力是正統的、正當的
（legitimate）。所謂正統是指這種權力來自神授、民選、私產、繼承關
係、尊老敬賢等等源泉。現時代正統的權力有漸漸接受限制的傾向。這
表示統治者的意願不是完全自由而不受拘束的。從正統演進到合法，表
示具有權威的統治者所頒布的法律或下達的命令，必須符合公眾的要
求，亦即必須含有理性的成分，而能夠經得起民眾的批評與估價。因此
統治者賢明與否——所謂「領袖英明論」——並不重要，重要的是彼行

使權力是否來自正統，是否可被視爲正當（justification）。

## 2.合理的同意和公民的權能

法治的社會基礎爲公民的同意，同意係建基於真正的公共意見之上，而不是建基在操縱、威脅、控制或愚弄的妥協之上。蓋合理的同意乃爲合法的支柱，這是由於執行者對於合法的理念之維持和擴展，不能不受民意的影響底緣故。民意一旦能夠理解法治下的自由爲何物，就無異擴張其權能，亦即擴張公民的權能至參與法律事務之中。因此公民對法律的遵守，不該是盲目的，而必須是該項法律與執行者有被批判之可能，而事實上又經得起批判之後。

## 3.制度化的批判

對於法律或命令的批評和估價，必須安置在立法或行政的機制作用裡頭，亦即一開始便在政治或法律制度中規定法律或命令之可被批判性。換句話說，能夠藉制度的助力，達到批判法制的效果。在英、美法律傳統中，爲達此目的，乃任由辯護人員陳述與法律訟訴程序相反之觀念，並任由法官之自由心證的裁判來求取公民權益的伸張。有效的法律批判必須藉群體的力量以資完成，原因是個人之力量甚微，不足以改正法律之弊端。

## 4.制度化的自我約束

執法者的活動足以牽涉或損害公民的權利，因此應受相當限制。此時單靠制度化的批評是不夠的，而是需要執法者的自我約束，這種自我約束乃爲社會機械作用下，所衍生的行爲底規則和價值。歷史上這種自我限制，建基在公眾對權威的本質和界限的同意上，也是建基於執法者底專業化，以及其社會角色的變遷之上。不過，現代所要求的自我約束，不是靠社會化（socialization）一項而已，卻是靠組織性與群體性的作用。

綜合上面的敘述，我們可以根據法律社會學的任務，把研究範圍區

分為發生的（*genetisch*）、系統的（*systematisch*）、方法的（*methodisch*）及差異的（*differentiell*）法律社會學（Gurvitch 1940-41: 228ff.）；也可以根據研究的目標而區分為描述性的（*beschreibend*）及功能的（*funktionell*）法律社會學：

（1）**描述性的法律社會學**，以描寫法律事實為主，亦即依照艾理希的方法研究「活生生的法律」。它使用的有文件、統計資料和問卷，其間特重下述事實的查明：與法律相關的社會生活如何進行？人際關係怎樣形成？人際關係怎樣影響到別人的行止？法律團體（法人）怎樣產生、維持和消滅？根據什麼樣的標準，以定人們的行為合法或違法？以及什麼樣的因素構成合法或違法的要件？那類社會生活不受法律的牽涉？各種不同的社會秩序之間有何等的關係？不同種類的法律之間如何發生關聯？法條、法律制度、法律想像如何演變？司法審級制度怎樣發揮作用？總結一句，由法律教義或稱法律決斷論，根據現行法所加工演展的一套「理想」法律體系（*"ideales" Rechtssystem*），與社會事實相當的「實際」法律體系（*"reales" Rechtssystem*）之對比，也可以說是憲法條文與憲法實際之對比；法定訴訟手續與實際進行的訴訟手續之對比；刑法規定與刑法執行的實際之對比等等。在這種意義下，法制史與比較法學也可以被看做廣義的描述性法律社會學。

（2）**功能的**（或稱因果關係的 *kausal*）**法律社會學**之目標為尋求法律演展的規律性，特別是研究法律的理想秩序與實際秩序的關係。此時所討論者，主要問題是社會生活和法律秩序間的相互依賴關係。特別是檢討在何種條件下，社會生活可藉法律來加以操縱或規定。在提出此一問題的時候，就須注意到描述性法律社會學提供的研究結果。因為規定的手段，只有在充分瞭解被規定對象的特質之後，方才能夠產生作用。艾理希早看出靜態的法條無法及時應付動態的社會變遷，因而立法者常落在社會變遷的後頭。只有當社會的變動必然地導致法律的修正時，「活生生的法律」方才盡了規範社會生

活的功能。因此研究這等功能方面的關聯,也是功能的法律社會學之職責。是以經驗的研究應與理論的分析相結合(Hirsch 1969a: 156-157; 1969b: 880-881)。

# 五、法律社會學在社會科學中的地位

美國社會學家狄馬雪夫(Nicholas S. Timasheff 1886-1970)稱社會學乃是因為對法律學採取一種敵視的態度而產生(Timasheff 1939: 24)。因此一開始,社會學便與法律學站在敵對立場,作為連結法律學與社會學的法律社會學,乃近世科學發達、分工精細的產品。因此,它作為一門科學常遭受學者的懷疑,乃至否定。

一方面有些法學者,深恐法律社會學將法律貶抑為規範,化約為調節社會關係的價值系統。像奧地利大學者柯爾生(Hans Kelsen 1881-1973)的純粹法學(*Reine Rechtslehre*)強調是實然(*Sein*)與應然(*Sollen*)的嚴格劃分。實然的科學——社會學——係描寫現象的因果關係;規範科學則以應然為研究的對象。因此在柯氏眼中,社會學因為描寫社會現象的因果關係,所以當列入自然科學的範疇中。柯氏視社會中的法律現象為一種「歸劃」(*Zurechnung*)。所謂「歸劃」乃是藉聯繫詞「應該」(*soll*)把一項事實(*Tatbestand*)與一項法律結果(*Rechtsfolge*)聯繫、歸劃在一起,而這種法律結果卻是強迫的結果(*Zwangsfolge*)。因之,他心目中所謂的「法」,是:當某一事實(T)出現時,應該(*soll*)產生一強迫的結果(Z),亦即凡是 T(不管內容如何)就應該產生 Z 的結果(Kelsen 1960: 77, 81, 83ff.)。基於這種「法」的觀點,柯爾生遂害怕法律條文的規範性,會因社會學的研究而喪失其純粹的性質(Kelsen 1912: 601-604),這是他否定法律社會學存在的理由。康托洛維茨也認為法律學在研究社會的價值;社會學卻在研究事實,兩者應分清界限(Kantorowicz 1962: 126ff.)。又自然法學派的學者,則擔心法律社會學

把法律與倫理的或形上的關聯解開,而將法律降格為一連串的事實,因此否認法律社會學的價值。

他方面有些社會學家,懼怕將討論規範性問題的法律學,引進社會學領域中,而再度滋生價值判斷的爭論。他們認為法律社會學,有可能把純粹研究社會事實的社會學,塗上一層好不容易抹掉的價值色彩,或是把法律社會學推廣至社會控制(social control)的研究範圍中,而造成喧賓奪主之局。因此,這批社會學家不認為有設置法律社會學的必要。

儘管反對的聲浪這樣大,法律社會學仍舊排除萬難,企圖發展。只是因為它的生長比起其他特殊(專門)社會學(宗教社會學、知識社會學、政治社會學、工業社會學、城市社會學、鄉村社會學等)來較遲,而發展的時間又甚為短促,所以成績不如其他特殊社會學的彰著。是以居維治乃說:「法律社會學由於尚處在童年階段,因此犯著缺乏清楚的定義與清楚界限等毛病」(Gurvitch 1940-41: 197-215)[3]。不過我們知道對社會的關係理解愈清楚,愈能夠應用該項知識來改善社會生活的秩序。這也就是孔德所說的「知識為預測」(*savoir pour prévoir*)、預測之目的含有改善之意。所以我們不能因為法律社會學尚處在開始生長的階段,便剝奪其發展的希望。

實際上,法律社會學為社會科學中的特殊部門,它是法律學不可或缺的輔助科學。研究社會現象而竟將社會中主要的法律現象加以排除,自然是一個絕大的錯誤。進一步說,研究法律現象如果不藉社會學的方法,就不能獲得完整的知識;更何況把法律規定的實質(material)——社會生活——加以排除,一定會使法律成為空洞的具文,是以法律社會學仍有其存在的理由。再說法律學與社會學的結合所產生的法律社會學,不啻為科際整合的產兒。正當今日科學分工過細而每一學科有陷於

---

[3] 關於法律社會學發展之三階段可參考Ph.Selznick, 1959 "The Sociology of Law", in R.K.Merton et al.(eds.)、*Sociology Today: Problems and Prospects*, vol.I,New York, pp.116-117. 中文摘要見:涂懷瑩 1970,〈美國法律社會學的發展及其展望〉,《東方雜誌》,復刊第四卷第四期,台北1970年11月1日出版,頁29-33.

孤立絕緣的毛病時，法律社會學的出現，應當有補偏救弊之效。在這一意義下，法律社會學一方面有異於一般社會學而爲特殊社會學，他方面由於把法律看成爲各種不同文化體系下「應然命題」（*Sollensätze*）的總結，而成爲文化社會學，因此法律社會學乃是把法律當做可被觀察的事實，而這種事實又爲各種社會現象之一，用以形成廣泛的文化模式之一部分（Friedman 1964: 681）。如果把法律視爲權力政治或經濟勢力的象徵，因而把現存秩序歸結於社會實際的關聯上，則爲實際社會學（*Realsoziologie*）（Fechner 1964: 763-764）。

以上是法律社會學與其他社會學的關係，至於法律社會學與廣義的法學之間也有同異的所在。首先，法律社會學不像法學把法律界定爲一串規範，而是把法律當做一樁社會事實來看待。因此法律社會學所研究的：第一是產生、改變與推翻法律底人的行爲；第二是符合與違反法律底人的行爲（Recasen-Siches 1967: 189-210）。

其次，對於法律秩序作有系統的科學研究，俾理性地（rational）解釋法律的制度是屬於法律科學（狹義的法學）的範圍；把法律當做一套由邏輯嚴謹的「應然命題」所組成的體系來看待，則可由法律決斷論（*Rechtsdogmatik*，或譯爲當做教義學的法律學）來加以闡明；考究法律的本質，而認爲它爲不同法律環境下對「正義」、對「自然法」等最高價值所抱持的想像，則可藉法律哲學來加以慎思明辨；追蹤法律的遞嬗演變，窮究法律制度的興衰原委，則爲法律史的課題。如果比較近世各國或各地域法律的不同，則應用法律的比較研究或比較法學；求取法律在未來的社會中得以適用，俾保障公共生活的秩序與增進社會的福祉，則採用法律政策。由此可知法律可以用不同的角度與觀點，以及方法來加以探究。如前所述，沒有法律的秩序，就不可能有持久的社會生活。反之，沒有共同的社會生活，也就無需法律秩序。由於法律和社會有這樣密切的關係，因此研究法律秩序和社會實際之間的相互依存關係（*Interdependenz*）是法律社會學的主旨。至此，我們可以粗略地瞭解法律社會學和廣義的法學底分別。此外，下列幾點也值得我們留意：

第一、法律社會學不是社會學的法律理論（*soziologische*

*Rechtstheorie*），由於兩者關係密切，因而彼此界線卻不易劃分清楚。原來社會學的法律理論，不研討法律與社會生活事實間的關聯，而是探究法律的本質。再說，法律社會學也不同於社會法學，蓋後者由社會本位出發，務使法律的訂立與適用，能夠適合於社會的福祉，以改變舊日由個人本位出發，只注重於維護個人權利之弊端。就法律社會學與社會法學共同之點而言，都是注重社會，但法律社會學有異於社會法學之處，為注重事實，亦即所研究的是社會變動的事實（林紀東 1963：447）。

第二、法律社會學不是法律實證主義：也就是說，法律社會學既不同於費理（Enrico Ferri 1856-1929 刑事社會學之創立者）以社會因素為犯罪實證研究底對象，又有異於狄驥（Leon Duguit 1853-1928）的社會連帶說，或杜賓根學派（*Tübinger Schule*）之重視利益法學。

第三、法律社會學也不是比較法制史，也不同於馬立諾夫斯基的法律人類學，也有異於龍布洛索（Cesare Lombroso 1836-1909）所創的刑事人類學。蓋此等人種學或人類學與社會學不同，也不求與社會學相同之故。

艾理希認為，法律社會學為「獨立的科學，不在追求認知，這種認知不涉及（法條的）文字，而是涉及（社會的）事實」（Ehrlich 1913: 1）。實際的法律學說：「在滿足法律生活的需要，是一種藝術，而與法律科學（法律社會學）有異」（*ibid.*, 198）。未來的社會學之法律科學，在於為實際法律科學提供科學基礎（*ibid.*, 273）。因此，艾理希認為，法律社會學為法律學中唯一可能的科學，原因是它不泥陷於法條「文字」之中，而是將其眼光投向法律基礎的社會事實之上。

當做社會學之一分支的法律社會學視法律為可被觀察的事實，也是構成文化模式之一的社會現象。它是描述性的科學而不涉及價值的判斷，但卻研判社會中價值之有效性（Friedman 1964: 681）。原來法律社會學在當做一門事實的科學（*Tatsachenwissenschaft*）時，對法律與社會之間的關係加以考察後，所獲得的知識（純粹法律社會學的知識），儘管可以做為參考的資料，供法律有關人員（立法者、行政機關、法官、檢察官、律師、契約當事人、法學者等）完成彼等職務之參考（應用法律社會學等）。是以辛茲海麥（Hugo Sinzheimer）視法律社會學為立法之科學，亦即指示立

法者如何立法的實用科學（Sinzheimer 1935: 13）。但是法律社會學這方面的認識（提供資料）並不要求此等人員「應當」遵守，因為它所提供的「只是什麼」，而不是「應該怎樣」，也就是說法律社會學只把利害得失一一指明，至於應該怎樣做，或不該怎樣做，便讓法律有關的人員自行決定或選擇，這就是法律社會學不涉及價值判斷的意義所在。

## 六、法律社會學者與法律專才之不同

艾理希曾經指出法律與社會的研究所關懷之處為法律的演展，他說：「法律演展的重心，並不存在於立法，也不存在於法律科學，或存在於法律判決，而卻存在於社會本身」（Ehrlich 1975: Foreword）。他這種說法正說明法律科學，甚或法理學同法律社會學不同之處。同樣韋爾寇（I. D. Willcock）也說過下面的話，值得我們玩味。他說：「法理學企圖給予法律在人類事務中整個範圍中一個〔重要的〕地位，但事實上法律卻從〔法律〕社會學得到最大的益處」（Willcock 1974: 7）。原因是社會學的知識、觀點、理論和方法，不但對法律的理解有益，而且對在社會中法律與法律體制之認識和改善極為重要。

不過對法律的社會學研讀，卻因為社會學者和法律專才（法學者、法官、律師、檢察官、立法者、行政人員、執法人員等）之間互動之不足，而受到阻礙。舒爾（Edwin M. Schur）指出：「就在某種的感受之下，……法律人員與社會學者並不使用同一語言在交談，也就是溝通的缺乏，使這兩種專業在有關涉及對方範圍之事，彼此缺乏理解與確定性，而雙方更少採取合作性的不同學科之共同努力」。為此舒氏說：「社會學家同法律專才彼此進行相當不同的事業。法律工作者之特徵在做即時即地的決定，因之，對社會學者久議不決的態度難以忍受」（Schur 1968: 8）。不只工作方式與態度彼此不同，法律專才使用的專門名詞進一步妨礙雙方的互動，法律工作者常使用一些深奧晦澀的專門名詞，以及法律

條文和解釋文之特殊性文采風格。是故有人稱:「專門化的術語與奧秘的
文件之間〔是法律文字擺盪的空間〕,造成法律語文無法爲常人所理解」
(Chambliss and Seidman 1982: 119)。

　　法律與社會專業彼此互動的困難,其因由絕大部分還是種因於專業
性的文化。法律工作者中的律師是辯護者,他們關心之處爲其顧客(當
事人)問題的挑出(辨識)與解決;社會學者只有在議題上、理念陳述
上考慮所有的證據,而且採取一種開放的心懷。律師(甚至法官)常是
受到前例、舊案的指引,因之目前的案件受到舊案、判例的影響。反之,
社會學家強調創新、理論的創意和研究的新穎。再說,法律的宣布主要
是約束的、拘束性的,告訴人群應當怎樣行爲,以及不遵照約束去行的
話,會產生何種的後果。反之,在社會學中,強調的是描述,以及理解
人群在何種情境之下做出何種的行爲。法律大部分的時候在對問題作出
反應,事件、問題、衝突都是在法律體系以外發生,而引起法律專才的
注意。在社會學裡頭,議題、關懷和問題完全由學科的考量產生出來,
也就是在基於學者對人群行動的觀察、分析、歸類而指陳其因果關係。

　　專業的文化之差異,在某一程度反映了法律專才與社會學者研究方
法之不同。敖伯特(Vilhelm Aubert)指出法律想法與科學想法之不同至
少有下列六種:

(1)法律專才似乎傾向於思考特殊性的,而比較不處理一般性的事物(也
　　就是特別的案例,而非通則)。
(2)不像物理學或社會科學,法律不把手段與目的做一個戲劇性的關聯
　　(例如裁判結果對當事人未來行爲的衝擊,非法官、律師所關心)。
(3)真理對法律而言是規範性的,也就是確定無疑的:例如某事(殺人)
　　或是發生,或是不發生,不可能是存在於發生與不發生之間。同樣,
　　法律一定是有效,或是無效(例如一個人究竟是觸犯法律,還是根
　　本未觸犯法律)。
(4)法律主要取向過去與現在,而很少牽連到未來的事件(例如犯人在
　　獄中發生之事,而不考慮到他將來從監獄釋放之後可能的遭遇)。

（5）法律的效力不會因為後果有無發生而消失：這就是說它們（法律的後果）的有效性並不靠人們是否遵守而定（例如對契約之遵守，並非後來之不遵守，而使契約失效）。

（6）法律的決斷是這樣或是那樣的，是全有或是全無的過程，而很少有迂迴、打馬虎眼的空間（例如爭訟當事人或贏得訴訟，或在訴訟中輸掉，而不可能有輸贏不分的情況）（Aubert 1973: 50-53）。

上述六個特徵只是概括化的結果，並不完整，而有局限是可以理解的。其主要的在指出一項事實：法律是具權威性的，和對問題的解決採取反應（而非主動去尋求問題之解決），它是解決問題以及滿足社會需要的一種體系。由於強調法律的確定性（最終性及可預測性），其執行與落實要求對世界採取一種簡化的看法（假定）。法律人員一般視法律為排難解紛的工具，他們藉由法律的實踐，把法律學崇高化、獨尊化、自以為是化（pontification），而不太把法律當成學者研究與考察的對象來看待。

很明顯地社會學家和法律專才缺乏共享的經驗，與共同的追求，但隨著社會急遽的發展，社會問題的趨向複雜難解，採用科際互援或科際整合的多學科研究方法，不但對學術的發展有利，也對實際問題的解決有助。是故社會學家與法律人員合作來共同處理雙方均感興趣之問題，像偏差行為、犯罪、消費等問題之研究，愈來愈受到學界與法界的支持（Vago 1991: 4-6）。

# 七、法律社會學的對象、課題與範圍

## （一）對象與課題

依據美國加州大學巴巴拉分校社會學教授薩藤（John R. Sutton）的

說法，法律社會學研究的對象和課題計爲：

（1）什麼是**法律**？這不只是涉及憲法、民權法案、法庭的裁判等國家法，或稱公法而已，有時連私人公司、**機關章程**之規定也會被當成具有拘束力的準法律來看待（例如美國航空公司對其員工穿著、髮式的規定）。因之，人們不禁要問：什麼規範可以視爲法律？什麼規範則否？

（2）**法規的曖昧、晦澀**。通常法律的規定都一清二楚。例如高速公路上車速的限制一目瞭然。但我們也知道美國公路上執法的警察，並非嚴守每小時65哩的速限，稍微超過，車速變成70哩或75哩，也因情境之不同，而可以通融。但很多的規定就無法像車速限制這樣明確，而允許些微的逾越，這就構成法律規定的曖昧。例如什麼樣的行爲構成種族歧視？什麼樣的行爲之後果會招惹法律的干涉？都是法律規定不夠周全細緻之處。

（3）**法律的裁量**。一旦法律本身規定不夠明確，那麼執法者（從警察到法官）便擁有相當的裁量權去解釋和引用法規。什麼樣的因素影響了法律裁量權的使用？

（4）對於**階級、種族、性別之歧視、偏見**。以美國爲例，黑人、低收入或失業的工人階級、女性常是警察、法庭、檢察官、律師、陪審團、獄吏等執法人員輕視、蔑視和歧視的對象。因之，任何離經叛道的標準、違法的尺度，都是受到種族主義、性別主義的影響。

（5）**文化的認同**。人的外表之規範一旦被法官所承認，都成爲文化的一部分。法律也是文化之一，法律是人象徵的產品，而非自然的現象。社會學家認爲種族、性別的認同是依文化來界定的。依此執法人員常受其本身的文化認同來判決其他族群、性別的被告，其不免流於偏頗是不難理解的。

（6）**經濟權力**。在一個法案中，經濟力雄厚的公司、組織請得起辯才無礙的律師群，其贏得訴訟的成功機率要大於孤軍獨鬥者。且不談財粗氣盛者或聲名卓越者常有機會躲過法網的空隙，就是一般百姓

要動員法律資源，來替自己的犯行辯解，也是既昂貴而費時費力之事。總之，法律要對公正有所申張，在像美國這樣資本主義盛行的社會，恐怕非靠雄厚的財力是辦不到的。

是故只討論法律條文、學說、制度、過程、實踐是無法瞭解法律的本身。這只是視法律爲行爲規範的標準，俾實行社會重大的價值（安定、和諧、繁榮等等）之規範體系而已。這是法律的一個側面，或稱法律的一副「嘴臉」（face）。法律的另一個側面，或另一副「嘴臉」，卻是指法律是一種**遊戲**（game），一種嚴肅的社會生活之遊戲。從這種遊戲中獲勝的人，並非道德上特別卓越者，而是擁有最好的技巧，可以要弄條文的人。

把法律當成是一種**遊戲**，旨在說明其功能爲以和平的方式，透過一連串的過程來排難解紛。它無異是一種儀式化的鬥爭，有如拳擊，有如足球比賽。法律更像一種遊戲，因爲它不在乎誰贏、誰輸，它只關心競賽中遊戲規則的一致、公平和確守。這種觀點甚至被西方盛行的法哲學中的實證主義者製成符碼。法律實證主義觀點的產生，有幾項特徵：（1）它讓法律在形式上從宗教、政治、道德中獨立出來，成爲自主的規範體系；（2）法律專業人士制法和執法，靠其嫻熟的法律技巧，在遊戲中成爲贏家，而一般民眾乃爲無能力、無技巧的局外人；（3）不談道德、不涉及倫理的法律成爲犬儒主義的溫床。這種的法律也就成爲諷刺世局、奚落人性、笑貧不笑娼、憤世嫉俗的勾當，自然無法喚起百姓的尊重。

把法律當成規範體系以及把法律當成遊戲這兩種看法，都是從法律的理想面、應然面出發，也就是法律這兩種側面、兩副嘴臉所要追求的理想價值。以規範面著眼，法律應該是道德行爲的表現；以遊戲面著眼，法律應該顯示邏輯的圓融與過程的正常（符合常規）。

法律這兩個面向、兩個觀點也意涵對法律變遷的不同看法。自然法理論中的宗教成分強調：法律在展示上帝的意志。其後自然法世俗的形式則在注意：人權不斷進步所造成法律變遷。實證主義者通常會把法律等同科學。法律條規、就像科學的模型（理論），是透過經驗的事實證明，

和邏輯的分析推理而出現的。總之，上述把法律當成規範體系與當成遊戲規則的兩種看法，都是就法律的內部加以理解的。這兩種看法傾向於把法律的發展歸因於其內在的韌性與彈力，而傾向道德的、理想的完善，或是邁向邏輯的、道德的完美。

以外部，特別是法律之外社會的其他勢力，包括政治、經濟、時代精神、文化程度等等對法律演變的影響來加以觀察，這便是法律社會學家之職責。是故社會學家對法律應然的、規定的（prescriptive）問題興趣不高（這些應然的、規範的問題留給法律專業人士去處理）。他們關懷的是法律是何種的社會事實、社會現象，以及這種事實、或現象真實的變化，也就是關心法律與社會互動的實然面，而放棄其應然面的解釋。換言之，法律社會學關懷的是作為社會秩序之一的法律，怎樣同其他社會制度共存、互動、競爭。

## （二）法律、法律體系、法律制度

法律社會學不是法理學，也不是普通常識。它對法律的理念、概念、學說關心不大，反而把焦點擺在法律怎樣在現世中運作，致力人群法律行為的考察。原因是法律為人群活動的規範。以執法人員為例，不管是警察、是律師、是法官、是行政人員、是獄吏，都是職業的與專業的人士，而為複雜與穩定的機構之成員，依據其訓練、聘用職位、任務而服勤。他們成為社會最有組織、最重紀律，保衛社會秩序的公職人員。

與此相對的一般百姓，好像把法律看成懲罰惡人、壞人的工具。因之終身不上法庭者大有人在。但法庭只是刑法、商法、民法訴訟與解決人際紛爭的場所。但是一個人辦出生，或是親人死亡的證件，結婚、離婚的證件，領養義子義女，申請健保卡等一大堆涉及個人或其親屬的權利義務事件者，卻也是涉及法律的活動。在這些活動中，表面上是某甲或某乙在申辦個人的事務，卻反映人在社會中的族群、階級、性別、年齡階層、職業背景之地位。換言之，也就是同一種族、同一階級、同一年齡階級、同一職業群代中的代表者。這就證明法律是群體的、集體的、

社會的活動之一環，而非原子化的個人之隱私。作為群體一分子的個人，其成員的身分影響到他的權利與義務，從而也受到法律的干預與規定。這就說明執法人員、公務員所代表的法律執行與我們做為群體成員的平民之間，在任何情況下的碰面、交往、過招。這就是把法律看成社會行為的體系，以及把法律看成制度兩種不同的觀點。這兩種觀點既是相對，又是互補，是相激相盪、相輔相成的社會機制。

當做行為體系之法律，是社會生活中界線比較明確的人群活動，其中不同的行動者在不斷的、繼續的、反覆的方式中演活他們的角色。角色就是隨社會地位不同，而衍生的權利與義務，以及社會對這些權利義務的期待（洪鎌德 1998b：28-29）。角色使機關能夠順利運作，因為機關的上下位階（hierarchy）中，自有不同的角色能夠發揮不同的功能。位階不只顯示是有上下尊卑不平等的地位，也為角色與職能（權利、義務）之大小、範圍做一安排。這樣由分工與合作所產生的作用，使整個組織、整個制度靈活起來。與位階以及角色緊密相扣的為規則與裁量。規則是對角色的規定，包括法規、命令、條文、法庭的裁決、判例、執法人員的行為準則在內；行為取決於規則，行為之可以預測，也是因為符合規則的表現。一旦行為不可預測，則表示法則的偏離、悖反，或是新情勢的出現，要求對法律的改變、改善。裁量是對於正常決斷的彈性運用。在法律體系中，裁量的行為有趨向集體的、成型的、與穩定的方向發展，儘管裁量多少偏離法條的硬性規定。

當做制度的法律，為文化的一環。像西方強調法治是民主的基石，如同東方社會崇尚家庭的價值，都顯示文化的影響力。文化的影響沉澱為社會的制度。制度不但對個人的行為有拘束力，也常是權力的泉源。是故當做制度的法律，不只對人群在社會中的行為的控制，也是社會的機制，保護個人在社會中的活動能夠順利展開，造成一個穩定與平安的社會環境，讓個人在安適的社會脈絡中開發其潛能，遵守社會的遊戲規則，追求不損害別人生存的自由與自利。把法律當成制度還蘊含有兩種意義：第一、法律雖是人類進化的自然產物，卻是歷代祖先追求現代化計畫的傳承。在西方世界，法律的制度與法律工作者的專業化，造成現

代國家的崛起。國家成為擁有正當性，對法律可以壟斷的政治體系。第
二、就像其他社會制度一般，法律不斷在擴張，其擴張就像帝國主義一
樣，不斷侵入社會其他角落、其他部門中，成為社會生活每一面向、每
一段落不可或缺的部分。這原因很簡單，現代法律的形式與抽象的性質，
使它極具韌力與彈性，便會捲入人群有計畫、有組織、有管理的任何活
動中。是故法律擁有擴散的、深刻的文化影響。其影響只有科學可以相
比。原因是科學講究現代社會的理性與秩序，特別是其應用性質（技術、
管理策略）（Sutton 2001: 1-14）。

　　基於上面的敘述，薩藤把法律社會學分成法律變遷、法律行動與法
律專業三部分加以論述，也就是他所認為法律社會學研究的對象、議題
與範圍。法律變遷討論涂爾幹、馬克思、韋伯等諸大家的有關法律體系
變遷的不同理論。從古典的社會學理論可以理解現代西方社會，特別是
美國社會，怎樣把歐陸的法律思潮應用到最近美國有關法律與社會的研
究之上。這又涉及書本上的法律與行動中的法律之關聯上。

　　法律行動討論 19 世紀以來美國民權改革運動，對行動中的法律之實
驗，其討論的焦點為投票權之擴張，黑白學生分離接受教育的制度之廢
除，種族接受同等僱用機會法律等等的問題。討論的核心為這些法律，
對美國廢除種族與性別歧視產生多大實效？

　　至於法律專業牽涉到法律發展的理解。研究的重點鎖定於各種司法
專業人才之訓練、教育、成長、競爭之方式，法律工作之轉型 ─ 專業
人員的國際化、寰球化為近年急遽發展的趨勢。此外，女性進入法律諮
詢與專業、法律的階層化，都顯示法律為一不斷擴張、普遍化的行業（*ibid.*,
xiv-xvi）。這與近年間歐美女性平權運動的蓬勃發展，以及與女性主義的
倡導有關（洪鎌德 2003）。

# 八、法律社會學的研究方法和流派

　　由於對法律的定義和研究方法意見不同，法律社會學乃有不同的流派之產生。例如霍瓦特（Barna Horwath）視法律為刑罰的代替及權力的限制（Horwath 1934），狄馬雪夫則視法律為倫理與不必然發生衝突的權力底結合（Timasheff 1937-38: 231）。居維治不同意霍瓦特和狄馬雪夫的看法，他認為界定法律的意義是屬於其他科學的工作，蓋「社會學的任務不在為法律下定義，也不在提出一套法律範疇、或法律價值的體系來」（Gurvitch 1947: 150, 153-154）[4]。

　　一般言之，由於法律社會學是社會學的一部門，因此它的研究法自然以社會學的研究法為主，特別是應注意經驗社會學研究的一般方法及各種技術。艾理希曾指出法律社會學應該「像其他真正的科學」，藉歸納法之助，即藉「對事實之觀察，對經驗之收集，而增加我們對事物本質的瞭解和認識」（Ehrlich 1929〔1913〕: 6）。他既認為法律社會學為事實的科學，遂不主張應用馬克士‧韋伯的「瞭悟法」（*verstehende Methode*）去加以研究。

　　希爾士所提出的研究法，主要分為兩部分（Hirsch 1966: 322-323）：

（1）為確定研究的對象，亦即確定涉及法律的社會生活之層面，必須採用實驗法──藉測驗的方式為之，以及立基於比較之上的觀察法，俾瞭解社會的過程和事實。

（2）為闡述研究的對象，亦即闡述社會的過程和事實，便須採用功能研究法（*funktionale Methode*）。蓋法律社會學所感興趣的過程、事件

---

[4] 對居維治法律社會學批判可參考：Renato Treves, "La sociologie du droit de Georges Gurvitch", in: *Cahier Internationnaux de Sociologie*, vol. XLV, 1968, pp. 51-56.

與事實係以具有概然性而經常出現者為限。不過在應用功能的方法時，應注意物理性和生物性原因之分別。

換言之，研究的對象就是有系統性地去研究人群的共同生活，共同生活的成群化（*Gruppierungen* 成群結黨）和層級化（*Schichtungen* 形成不同的階級或社會階層），共同生活的行為等，亦即人群結合模式的產生、流傳和運作等等。關於社會事實可藉統計或詢問法來研究，其所得的資料先加蒐集、整理、分析和製成卡片檔案之後，藉註釋和解說的方法來求取「規則性」。由於當做法律社會學研究材料的法律較為特殊，因此在方法上不無困難，因此法律社會學在基本上即與其他特殊（專門）社會學，如家庭社會學、工業社會學、鄉村或城市社會學，乃至政治與宗教社會學不同。因此它（法律社會學）雖也涉及社會結合關係（*Vergesellschaftung* 社會形成化），但主要地所涉及的為規範對社會性（*das Gesellschaftliche*）的影響。

在方法學方面，法律社會學僅在研究法律規範的功能時，方才研究到社會性的本身，因此必須像艾理希在法庭判決或案卷中去尋求具體的法律。另外，在法律專業人員的日常生活習慣中，或契約的踐履中，尋求「活生生的法律」。再者，合法與違法行為的原因與影響也要詳加考察。因為從這種行為中，可以產生力量或影響力，而最終窒礙原來的法律之施行，且便利新的法律之產生。此外，法律社會學尚應發展理論基礎，俾構成法律與社會互相交織之關係底理論。自然這種理論不可與政治哲學、或社會哲學相混雜，更不能剝奪政治哲學、或法律哲學的職責，而僅在提供法律現象以更深邃的觀點而已（Der Ven 1961: 682-683）。

如同前面所敘述的，法律社會學是在 19 世紀末與 20 世紀初方才誕生，當時有四個法律社會學的研究派別，分別在歐美等國家流傳。即：在德國為艾理希、馬克士·韋伯；在法國為涂爾幹和歐立屋（Maurice Hauriou 1856-1929）；在美國有龐德和列衛林（Karl L. Llewellyn 1893-1962）；在瑞典有賀格士壯（Axel Hägerström 1868-1939）。

（1）在德國繼承艾理希和韋伯的有辛茲海麥、霍瓦特和柯拉夫特（Julius Kraft）。他們以討論方法學問題為主，另有努士鮑姆（Arthur Nussbaum）倡立法律事實的研究（*Rechtstatsachenforschung*），俾探討「活生生的法律」。

（2）正當德國的法律社會學在二次大戰期間遭受納粹政權的摧殘，在美國所謂「社會學的法理學」（sociological jurisprudence）接踵而起，盛極一時（代表者有 Roscoe Pound, Benjamin Nathan Cardozo, Louis D. Brandeis, Felix Frankfurter, John Dickinson）；另外又有「法律現實主義者」（legal realists）之興起（代表人物有 Karl L. Llewellyn, Jerome Frank, Thurman Arnold, Underhill Moore, Max Radin, Hessel E. Yntema, Herman Oliphant, Huntington Cairns, William Seagle）；此外尚有所謂實驗法學（experimental jurisprudence）的崛起（代表人物為 Frederik K. Beutel, Thomas Cowan），企圖建立起立法的經驗性社會學；還有貝特拉士基學派（Petrazycki-Group），力求理解法律行為者的精神狀態（代表人物有Nicholas S. Timasheff, Pitrim A. Sorokin, Georges Gurvitch）。

（3）在法國方面我們所遇見的是涂爾幹學派（代表人物有狄驥，Emanuel Levy, Paul Huvelin, Paul Franconnet, Georges Davy）、歐立屋，Henri Lévy-Bruhl, Georges Gurvitch 及 Jean Carbonnier的作品。

（4）北歐烏普沙拉學派（Uppsala-Schule）的創立者為賀格士壯，其重要人物有 Alf Ross, Anders Vilhelm Lundstedt, Karl Olivecrona, Ingmart Hedenius, Otto Brusiin, Bujörn Ahlander 及 Osvi Lahtineno。蓋格（Theodor Geiger 1891-1962）因為接受此派學說的影響，並在與其相互切磋中完成了《法律社會學試論》（*Vorstudien zu einer Soziologie des Rechts*）一書，對德語區的法律社會學者影響深遠[5]。

---

[5] 以上參考 Hirsch 1969a: 158-159; 1996：881. 其中Hirsch對各流派代表人物，僅舉姓（*Familliennamen*），而不稱名（*Vornamen*），如此查起來甚為不便，本書筆者曾詳細考查各種流派學者之本姓與前名，俾供有興趣研究者進一步探尋資料之用。

# 九、法律社會學研究的動向

　　以下分別就法、美、德、日、台等國，近年來有關法律社會學研究
的情形，作一簡單的報導：

　　曾任巴黎大學法學院法律社會學教授卡本涅（Jean Carbonnier），曾
致力於「理論法律社會學的假設」（發生的假說）底提出，因而主張參酌
進化論的原理，來求取「法律在時與地變動」底真相。藉著這種社會變
遷因而決定法律變動的理論。我們不難獲知法律不是一成不變的「存有」
（*Sein*），而爲變動不居的「成長」（*Werden*）（引自 Eisermann 1967：
71ff.）。此種學說可以改變法律決斷學（當做教義來看待的法律學）的觀
點，使它不把法律的概念看成靜態的，而是看爲動態的，並且爲這些法
律的概念下一功能的定義。

　　爲了達到把握動態的法律之目的，除了這種「發生的假說」
（ *Geneseshypothese* ）之外，還需要一套「結構的假說」
（*Strukturhypothese*）。亦即除了一般公認的法律源泉之外，尚得在社會
的結構中尋覓其它的法源。原因是法庭所涉及的法律，其性質多爲病態
的（*pathologique*），亦即發生糾紛、或是違反常態而後訴諸於法的行動。
不過法律的規範應不局限於這類病態的規範，再說法律關係僅是人際關
係中的小部分。我們不能單以法律一項來規範整個社會生活，這樣做便
是犯著「泛法律主義」（pan-jurismus）的毛病。原因是個人的行爲也好，
群體的行爲也好，雖然悠遊於法律規定的氛圍之中，卻有部分行爲始終
不爲法律所接觸，這便是卡氏所稱的「非法」（*non-droit* 這與違法或犯
法之意不同）或稱「不是法律所涉及的情況」。例如夫妻未經法定離婚手
續而實行的分居，或未經法定結婚手續而進行的同居，或是所謂君子協
定等等，不爲法律所牽涉而對當事人卻有相當的拘束力等等，都是「法
以外」的現象。

美國學者對法律社會學的研究動向，可從 1964 年創立的「法律與社會協會」（Law and Society Association）看出一點端倪。該會設立的目的在爲法學者與社會科學家提供一座科際連繫的橋樑。美國西北大學前任社會學教授施瓦慈（Richard D. Schwartz）希望藉此機會瞭解法律如何創造、支持與規定現社會中之種種制度？法律的機械作用如何影響其社會中之地位？在何種情況下，可以導致法律制裁之合法性與有效性？反之，這類影響和輿論或壓力團體，或與政府機構底勢力發生何等的關係（Schwartz 1965: 1-3）？其後引發了社會學家史可尼克（Jerome H. Skolnick 加大社會學教授）與法學者奧爾巴哈（Carl C. Auerbach 明尼蘇達大學教授）有關法律社會學課題之爭論。依史氏之意，法律社會學應研究何者爲法律或合法，並研究法律在社會中之功能；奧氏卻不以爲然，認爲社會學僅可提供法律實務者，有關如何完成其職務的資料而已（Skolnick 1965: 4-38; Auerbach 1966: 91-104）。

一般來說，最近美國法律社會學的發展著重於經驗的研究，特別是與新發掘的社會問題底分析有所關聯。近來關於法律社會學的著作，少涉及法律與其他社會控制的方式——社會規範——之分界，而多涉及專門性問題的檢討。因此未來法律學將更形肯定法律的價值，而不是貶抑其地位。於是對法庭與行政機構的研究，乃能熔合法律的理念與實務於一爐，而實現「法律的道德意義」（Lon L. Fuller 之主張）。在這種思潮澎湃中，乃產生：對司法行政之研究（Harry Kalven 及 Hans Zeisel, Rita Simon），法律的運作模式（Alfred R. Lindesmith, J. H. Skolnick），少年犯罪（Paul W. Tapan; David Matza）等之分析。

近年也有人強調犯罪的社會意義，或是社會的乖離行徑。顯然地，在一個高壓的政權下，許多不同意政權的人，會參與政治行動，他們很容易被套上「反政府」的罪名，無形中這類「犯罪者」便與日俱增，於是法律乃產生桎梏公民自由、侵犯公民權利的違法現象（illegality）（Becker 1963; Schur 1965）。其他尚有人研究輿論與法律之關係（Julius Cohen 及同僚）、法律形式和經濟實態（Adolf A. Berle Stewary Macaulay）、法官的價值與觀點（Glendon Schubert）、公司行號的組織和

規定（Richard Eels）、發展地區的法律制度（James N. D. Anderson, Daniel Lev）、公民事務機構（法律救濟機構）和法律制度對貧民之法律求助之關係。由於公民收入與社會身分的不同，反映他們對法律事件的看法，也決定他們與義務辯護人接觸的情形（Mayhew and Reiss 1969: 309-318）。

自從「法律與社會聯合會」成立以來這34年間，美國學界恢復了古典社會理論家敏銳的觀感，俾能把理論應用到經驗研究之上。不只法律社會學關心法律與社會組織的關係，就是法律哲學也在檢討同樣的問題。法律實踐者一向視法律爲抽象的概念與律則合成的自主體系（法律形式主義），但這半個世紀來美國法哲學卻也看出運用的現實法律與立法機關制訂的法律，以及與法庭的判決之間的偏差，從而由法律形式主義（legal formalism）邁向法律現實主義（legal realism）。此外，法律之外的社會因素對法律制訂與施行的影響也值得注意（Hunt 1978），這便是批判性的法律研究。要之，法律社會學與批判性的法律研究，都對1960年代以來產生的美國民權運動的起因與結果加以研究。他們也同樣研讀法律服務商業化，法律訴求過程之政治影響。在這種研讀過程中，常常把馬克思與韋伯學說引入參考。批判性法律研究利用上訴法庭的裁判當成司法體系的資訊來源，也引起爭議（Trubek 1984）。這裡看出社會學的法律研究偏重統計資料，而法哲學（批判性的法律研究）則偏重文獻的解讀，顯示兩派方法論方面之歧異（Klare 1978; Wallace, Rubin and Smith 1988）。

過去美國的法律社會學比較注重刑法，而對民法、行政法卻較爲忽略。這點倒是引起法學界的注意，而予以匡正。後者對「訴訟的爆炸」（litigation explosion）進行考察與分析（Friedman 1989）。此外，法律社會學也討論經濟的管理與規範（Jones 1982），另外對工人補償法條的擴散進行經驗性的研究（Pavalko 1989），以及對工資與鐘點立法之考察（Ratner 1980）。

如以平等作爲社會公平、正義的原則來看待，則美國社會的階層化（stratification）乃爲對司法制度的挑釁。爲此社會學的法律研究，便在

分析階層化的勢力怎樣使司法人員偏離平等的法條，以及評估平等的法條如何使執法人員改變財富與權力的不平等（Baldus and Cole 1980）。法律專業者階層化以及市場勢力對司法服務的影響，也成爲研究的對象（Abel and Lewis 1988）。法律行動對社會資源的重新分配，或分配的修正有很大的作用，是故民權與訴訟的事件的增長，對婦女與少數民族造成一定的影響，這也是美國法律社會學研究的課題之一（Burstein 1985）。

美國法律社會學界還關心司法程序（legal procedures），亦即排難解紛的訴訟過程。一般而言，在美國司法程序最重要的三種：（1）正當的司法程序（due process）；（2）答辯協議（plea bargaining）；（3）非正式司法（informal justice）。美國最高法院推行各州刑事訴訟的一體化、標準化，以及華倫法庭對各州政府警察權力的使用限制被稱爲「正當訴訟程序之革命」（1953-1969），這固然對人權的保障大增，但也導致犯罪率的高升，成爲社會學檢討的對象。至於答辯協議與庭外和解相似，造成美國 95% 欺騙罪犯獲釋、逍遙法外，也引起學界與司法界之爭議。造成在尋求答辯協議的因由與操作之後，社會學家也擴張吾人對官僚機構的知識（Abel 1979, McIntyre 1987）。要之，美國法律社會學這半個世紀來尚無重大的發現，足以闡釋法律與社會組織之間的辯證關係。

德國方面的研究先是 1964 年在西柏林自由大學有「法律社會學與法律事實研究所」之設立，並由希爾士任所長。該研究所把世界各國有關法律社會學的著作分門別類製成檔案，俾利於進一步的研究。繼而有 1965 年波昂大學社會學教授艾塞曼（Gottfried Eisermann 1918-）之主張。彼認爲應大力研究作爲社會職業之一的法官專職，特別是分析法官的社會背景及生涯，法官之理想與心像，一般公眾對司法機關的態度和行爲模式，司法行政社會性兼經濟性的影響，以及「在社會制度之下不經官方的手段以實現正義的方式」等等（Eisermann 1965: 5ff.）。達連朵夫（Ralf Dahrendorf 1929-）及其合作者曾經在康士坦茲大學致力於法官之出身和社會地位的研究。不過達氏等人的研究，主要是在分析職業，俾瞭解社會層化的意義，而不能被看做嚴格意義下的法律社會學底考察。

近年來北歐法律社會學界全力研究方法論問題，其貢獻亦極卓著

（Treves 1967: 141-164）。

　　戰後日本對法律社會學的研究也頗有成績，其一是因爲否定戰前一味盲從國家訂立的法律，而使法律不致再成爲政治權力的婢女；其二，由於修訂民法、制訂勞工法而援用社會學的知識，因而產生法律社會學的意識，其結果遂產生三個努力的方向：

（1）經驗性的調查和研究，以分析意識形態（思想體系）的實質：其間重要的著作有磯田進的《村落構造類『型』的問題》、川島武宜的《農村之身分階層制》、潮見俊隆之《日本之農村》及《漁村之構造》。另有就農業水利權底行政判例，與其思想體系之關係爲主題的研究，計有渡邊洋三的《農業水利權與構造》。日本法社會學會編集的《家庭制之研究》及戒能通孝的《法庭技術》等作品。

（2）方法學方面，係重新評估艾理希的作品，研究「活生生的法律」與市民社會的構造底關聯：計有川島武宜的《就法社會學論法之存在構造》，並介紹龐德的社會法學。另有民主主義科學者協會出版的《法社會學之諸問題》，收集馬克思主義者對法律社會學的批判，法律社會學者的答辯等論文。

（3）介紹西方的法律社會學作品：川島與三藤正合譯艾理希的《權利能力論》，以及川島早期所譯艾理希氏《法社會學之基礎理論》之付梓。另有潮見俊隆與壽里茂合譯的居維治之《法社會學》，石尾芳久和小野木常及川村泰啓聯合編譯之韋伯的《法社會學》。另外龐德的作品都被譯述介紹，也頗有成就（關口晃 1958：279）。

　　就筆者孤陋寡聞而言，僅知半世紀前台灣只有一位楊樹人先生，曾經努力嘗試過介紹德國的法律社會學。如前面所述，楊先生曾翻譯艾理希（楊氏譯爲艾立義）的主要著作。在艾氏大型版本的原著 408 頁中，楊先生只摘譯爲 80 頁（小型版本，五十六開版式，五號字排印）。不過艾理希《法律社會學的基礎理論》（楊先生譯爲《法律社會學原論》）底精華，差不多已爲楊先生所採擷。尤其難能可貴的是楊先生把艾氏蕪離

冗長的引論濃縮爲簡明可讀的譯本，並且在〈譯序〉中引用了龐德的說
法來介紹法理學的社會學派，可算是盡了編譯者的職責。至於楊先生對
艾理希全書所作提要勾玄的一段說明，尤有畫龍點睛之妙。茲抄錄如下
以供參考：

> 艾氏本來對於西洋古今的律條法典有淵博的研究，其對於羅馬
> 法、德意志法、英吉利法，以及近世幾部聞名的法典的精闢的
> 知識，在他的著作中，都隨處流露著。他畢生研究的結論是：
> 人類的法律行爲範圍甚廣；法律條文只涉及這種行爲的一小部
> 分；而法官斷處的根據，愨爲法律條文，可以說是自由的尋覓
> 法律；所以研究法律的科學不應當以法典和法律條文爲對象，
> 法律的真理要向社會本身去尋找。他在本書寥寥數十字的序文
> 中說，如果要以一句話概括其全書的意義，這句話應該如下：
> 「法律發展的重心，在我們時代和一切其他時代一樣，既不在
> 於立法，亦不在於法理學，亦不在於司法，而實係在於社會本
> 身」。他甚且取消傳統的法理學代表法律科學的資格；他要指
> 定那以社會本身爲研究對象的法學爲真正科學的法學：這也就
> 是他命名《法律社會學》的原意。（楊樹人 1951：6-7）

　　除楊先生這冊譯本以及林紀東先生前揭文之外[6]，其他中文方面有關
法律社會學的譯著，當推蔡墩銘教授的近著較爲突出。彼係以刑法精義、
生命與法律、社會與法律等之關係來闡述法律社會學的精神，特別就當
代台灣社會的變化與法律案件的關聯，整理出一部厚達 637 頁的《社會
與法律》一巨著（蔡墩銘 1999, 2000, 2001）。

---

[6] 以艾理希的法律社會學爲主題的碩士論文有謝建新 1996，〈尤根‧艾里希（Eugen
Ehrlich）的法律社會學理論〉（黃錦堂教授指導），台大三研所碩士論文。

# 十、法律、民權、社群與後現代主義

## （一）世局的演展以及社會與文化的劇變

　　為了進一步瞭解 20 世紀下半法律社會學所扮演的角色，吾人有必要對過去 50 年間先進社會與文化的演變做一番鳥瞰與勾勒。在先進社會中，當推邁入後工業社會的美國之社會變遷最受各方所矚目。自從第二次世界大戰結束以後，寰球進入美蘇兩霸爭雄的冷戰時代，美國以自由民主陣營的龍頭，在對抗以舊蘇聯及中國為首的共產主義陣營。「美國式的生活之道」（American Way of Life），成為推銷西式自由與民主的意識形態，用以阻卻共產主義、或社會主義在世界範圍內的蔓延與擴散。

　　1950 年代與 60 年代雖是美蘇冷戰的高峰，但美國社會的群眾，卻在感受大公司、強力政府和社會流動的沖擊下，發現個人與集體的無奈、無力，開始體會熱鬧中的孤獨、和日常生活缺乏中心意義。這便是李斯曼（David Riesman）與懷特（William Hollingsworth Whyte）著書立說，倡言群眾的冷漠孤獨之因由（Riesman 1950; Whyte 1956）。其後，隨著越戰所掀起的學生、工人、少數民族之學潮、工潮、暴動，震撼了反共橋頭堡的美國社會之穩定與寧靜。陷於動亂中的美國，其人民在對政府強力干預不滿之餘，展開如火如荼的爭取民權之運動。於是黑人激進與緩和的民權運動，帶動其他亞裔、拉丁美洲裔（墨裔）等之有色民族，以及原住民（印地安人）民權運動的興起，也帶動性別歧視所引發的女性主義之爭權運動（洪鎌德 2003），導致美國社會的紛擾難安。要之，1960 年代，一般美國大眾，個別的性格逐漸形成，每人在關注本身利益之外，也已較能適應龐大的人事組織之要求，屈服於同僚的壓力，而變成更能隨波逐流的同型者（conformist），其興趣、口味完全受到大眾媒

體、廣告、電視肥皂劇、流行音樂等的型塑。

在 1970 年代與 1980 年代間，社會批評者如謝內特（Richard Sennett）和拉希（Christopher Lasch），把美國典型的個人之性格描繪為懷有自戀癖者（narcissistic）。原因是美國人民受到其日常生活諸勢力，也受到傳媒的征服，以致人人「視其生存的世界不過是他自己鏡中的影像而已」，而對外頭發生的事件興趣缺缺，唯一的例外是當這些事件「對自己的影像起著反射作用之時」（Lasch 1979: 96）。要之，此時美國的社會與其文化呈現著矛盾的緊張關係。一方面美國人民經由民權運動的獲得的成果，例如社會安全（Social Security）、教育機會與各種保險得一一落實，使個人的生存與工作得到保障，此是積極的一面。但另一方面，美國人又對本身的無能無奈，而必須倚靠政府與私人社團來落實這一連串的「社安」或「社福」計畫，極感挫折與憤怒，這是消極的一面。這種倚賴關係所產生的文化與情緒的緊張，卻促成了個人對權力、財富、美麗與青春等追求的幻想（Turkel 1996: 222）。

隨著雷根 1980 年代初的執政，美國社會重趨穩定，新保守主義的精神瀰漫社會各階層、各角落。貝拉（Robert Bellah）以歷史的與詮釋的方式，探討立國才 200 餘年的美國社會觀念之變遷，亦即藉歷代奠基者和觀察家的理解來解釋個人主義、法律、政治文化之遞嬗。貝氏指出，歷代立法者與執法者儘管看法有異，但其用心相同，企圖為人與人之間的互動、來往建立共通的意義。例如清教徒透過《聖經》傳統的道德信仰，堅信個人法律、社會可以合而為一；主張共和主義（republicanism）者（如哲斐遜），則相信一種平等的文化、公民的參與工作的尊重，把個人、社會與法律加以統合。可是當代的美國社會、共同的意義業已毀壞，其原因為消費社會與消費主義的興起，大企業商社、環球經濟、民族國家等衝破了地方的共同體（社群）的凝聚方法，而更嚴重者為「極端的個人主義」之推行，使共同意義難以取得，也難以受到公共的支持（Bellah 1985: 84）。上述這些社會勢力（大公司、環球經濟、民族國家等）使個人、家庭、地區（社區）的意義牽連到遙遠的政治、法律、經濟之上。因之，社會科學的當亟之務，便是要設法排除人們對現世理解的斷裂，

俾個人同社會、法律的聯繫得以恢復。

## （二）民權的擴大與公共領域的縮小

　　上述諸問題，牽連到法律的層次，曾引起傅立曼（Lawrence M. Friedman）的注意。他指出當代美國人對個人主義的禮讚，已把「自由的、公開的選擇」視爲個人主義的巔峰，而強調個人在「特別的、優勢的地位上之自我選擇權」，此時法律已不只在規範公共的行爲，而變成帶有個人色彩，亦即重視身分的權利（personal right）（Friedman 1990: 3）。人們把不斷擴大的身分的、個人的選擇權，看成是其個人的自由，於是動態的觀念遂告產生：集體的安排，包括法律與政治制度之設立，完全是以法律的權力之形式來界定與推進個人選擇之擴大，支持個人選擇的法律與權利，如今反而造成人們不再受到法政機構的羈絆限制。易言之，個人的自由與選擇愈來愈跳脫社會與國家的規約，而變得愈來愈獨立。這種邁向獨立的動力反而減損了權利與義務之間的連帶關係。個人主義與法律權利聲張結果，便是權威形式的減弱。不只地方官署權威消失，就是家庭中與學校裡的權威也大減。權威的存在本來在釐清團體成員的身分、地位、權利與義務，如今隨著權威的減損、個人只享權利，而不盡義務，其責任感也大爲萎縮。責任感的減失並不表現在人際關係上，而是在個人進行選擇之時，亦即個人在選擇行動時，常常沒有顧慮行動的後果，也不想對其後果負責。

　　傅立曼認爲美國人愈來愈喪失分發責任給別人之能力，特別是當人們的行爲造成傷害時，要其負起責任比登天還難。但人們一旦受到傷害卻不斷計較賠償，對他們而言，賠償要求權是天經地義，不容絲毫的忍讓（*ibid.*, 193-195）。要之，美國人只重視個人的選擇與行動，而很少計慮選擇與行動的後果，也無意爲此後果負責，其最終的結論是美國人忘記生活在現代，每個人與他人息息相關，人畢竟是社會人，也是道德人。在美國人這種法律觀之下，其道德關聯與社會關係不但沒有增進，反而轉趨鬆散，而這兩者卻是法律秩序的基礎。

為了矯正美國人極端的個人主義權利與責任的鬆綁，社會學者強調社群（共同體）的理念，也強調個人主義與自我中心來自於社會的，而非自然的、天賦的（Etzioni 1993; Selznick 1987）。

學者這種新研究途徑在於澄清人身（person）是透過與別人的互動而建立的。易言之，個人脫離不了社會，其選擇與行為是與社群的選擇與行動密切關聯。人們的生活場域與工作所在形成一個共同體與共同體的聯繫提供給個人認同與承諾。個人與社群之間形成共同的理解，對個人而言，社群是一個共享的世界，也是個人可以信賴，而肯負責的場域。可是 1990 年代，美國學者卻發現社群的聯繫愈來愈薄弱，無論是公共生活的競技場，還是公共政策，還是法律都逐漸喪失其被重視與尊重。這和涉及公共範圍之地位衰落有關。例如：

> ……公共醫院成為人們尋求醫療救助最後的機關，也成為惡名昭彰的地方，而非人們關懷的場域。一向被視為「民權搖籃」的公立學校，比起私立（商業化）的學校來矮了一大截，以致「私人財富、公家齷齪」的說法再妥切不過。公園更是人們裹足不前的危險地帶。（Fraser and Gordon 1992: 46）

## （三）公民身分與社群意識

造成美國社會公共領域的式微原因眾多，但最主要的因由是公民身分是由美國法政機構泡製出來的怪胎。公民身分（citizenship）本來是涉及市民的社會地位之保障，係由法律與政治之文化型塑的。所謂的公民身分是認為個人通過法律所制訂的穩固關係（像私產的擁有與契約的締訂），可以自由追求其自訂的目標和利益。在這種理解下的公民身分注重的是私人與身分的範圍，因而也忽視了公共的領域、公享的制度與集體的義務。

英國倫敦經濟學院早前著名的學者馬夏爾（Thomas H. Marshall 1893-1982）曾經將公民身分按時代之不同分為三種，其一為市民身分

（civil citizenship），這是 18 世紀，公民爭取財產與身家生命安全的權利；其次爲 19 世紀政治公民身分，人們爭取參政權，包括選舉與被選舉爲官（議）員之權利；其三爲 20 世紀社會民權，此時爭取的爲經濟安全、教育、衛生、健康與參與公眾事務之權利（Marshall 1964）。馬氏的學說應用到當代美國社會的結果，使學者發現市民身分權（第一期）之擴張，反而減損了社會民權（第三期）之落實。其原因爲第一，市民身分權歷史上便把婦女與少數民族排斥在權利主體之外（Frazer and Gordon 1992: 55-56）：婦女與少數民族形成的社團很少具有法政的形式，因之，在公共生活中，地位甚低。第二，市民身分權削弱社群意識，把財產與家庭之外的活動與關係，當成志願的、自願的事物來看待。因此，這類的活動與關係便沒有「應享的權益（entitlements）或責任」可言（*ibid.*, 59）。在法律文化與政治文化薰陶下，當代美國人看待公家機構，也有輕重不同的差別，像辦理社會安全制度的機關，涉及到人們納稅而獲得的社會保障（建立在契約關係上），其所受的支持與尊重就較高。反之，辦理社會福利的機關是拿全體國民的稅金來補助老弱傷殘（建立在賑濟、慈善的觀念），其所受國民支持度就不算太高。其他涉及公辦學校、公園、公共電台等，都類同慈善事業，遂無法獲得以講究財產與契約的市民民權者之熱烈擁護。

鑑於當代美國人太講究個人權益，而忽視公利，學人遂主張以社群的觀點來重振法治的觀念。法治的觀念是建立在依法行政與依法統治之上，亦即以法律的理性演繹，來落實實質上與形式上（訴訟程序）的公平。可是美國社會由競爭的市場經濟轉變爲公司行號、財團資本家的經濟，使生活理念的推行，只便利某些集團，某些分子的獲利，使後者的利益與特權大增。換言之，公私領域不同的減緩，對法治落實的結果影響重大，也就是當數目更大更多的人群變得愈來愈依賴他人之際，而當他們大部分靠公共制度如學校、醫院、公家機關或廣告等維生時，社會秩序和社會穩定的問題日增。於是家庭也好，藥物檢驗也好，刑法也好，經濟政策也好，到處都要求立法與執法的徹底有效，俾保障公共安全與社會穩定。這種要求對司法機關是一大挑戰，因爲司法機關與法律思想

逐漸轉變爲社會問題、經濟問題。人們期待法律制度解決其個人及集體的問題，但法律一旦涉及社會與經濟問題，其應用範圍便由一般而轉向特別，法律的普遍性遂告式微，司法機關也淪爲行政機構。行政機構一旦擴權，人民又感無力。官僚權力的增大也使法治理念隱晦不彰。這就是進入後資本主義、後工業主義的美國社會之特徵。由是吾人必須談談法律社會學與後現代主義的問題。

## （四）後現代主義與法律社會學

後現代主義的理論家，主要在批評現代社會已發展到歷史的終端，歷史的極限（Best and Kellner 1990; Dickens and Fontana 1990; Kellner 1990; Lyotard 1984）。所謂的現代時期乃是立基於工業發展、科學與理性和個人主義的時代。現代的特徵在於強調進步的主題：藉由工業的振興個人與社會改善其生活提高其境界。在法治之下，個人的權利與自由增長；也因爲科技進步與講究理性使文化提升。後現代主義者則排斥這種盲目地讚頌人類的進步，在他們眼中，現代的文化不只是立基於科學與理性，更是受到科技、知識、資訊、電腦、互網等通訊方式（一言以蔽之，受到知識經濟）所左右。後現代主義者認爲知識、溝通、訊息的科技，型塑了當代社會與法律。現代並沒有使人類更爲解放、自由與進步，反而造成 20 世紀人類的災難重重：極權主義與運動的勃興，核子武器的製造、競爭乃至威脅世人的安全，工業主義擴張所造成的環境污染與生態破壞、恐怖主義的肆虐等等。要之，後現代主義大力批判現代化主張者的中心概念與假設，例如個人主義、民權、法治等等。

在幾位著名的後現代主義理論家中，應屬福科（Michel Foucault 1926-1984）對現代社會與法律的批評，最引起學界的矚目，這位在 1970 年代參與法國囚犯爭取人權運動的健將所討論的主題是：科學進步、法律理性和個人權利的增長所顯示的並非人的自由與解放增大，而是社會的權力與控制的步步升高。易言之，現代社會並非標誌自由與進步，而是突顯制度性的控制之加強與有效。

　　福科指稱現代社會中，法律的作用在於擴大社會的控制，也在增強社會的知識、制度的權力，使其凌駕於個人之上，俾達致社會目標的完成。法律制度與法律知識在結合其他的制度與知識之後，企圖界定每個個人，把個人的資料形成其身分證件，分辨良民與莠民之區別，而便於管制。

　　福科的參與社會運動，使他考察的對象，不限於監獄，也旁及醫院、精神病院，在《規訓與懲罰》（1977）一書中，他討論了 18 與 19 世紀刑法、刑事學與處罰的變革。從而指出現代人有關人身（人的軀體和個體）之知識，來自於監獄與法律。法律學說與社會科學的演展，把監獄看成為界定與控制社會成員的有效方法。

　　過去對死刑犯的公開凌遲與刑求，在於彰顯王權的高漲。這點與現代行刑的不公開成為對比。同刑罰的方式由公開到隱蔽相反的，卻是訴求程序的改變：由祕密審判轉變為公開審訊。過去要懲罰的是犯罪者的身體，今日要矯正與控制的卻是犯罪者的心靈及其行為。易言之，現代懲罰的方法是療治、也是控制。

　　隨著現代刑法和處罰的發展，社會科學的知識也被廣泛引用，目的在為犯罪與罪人的定義與判斷，提供客觀的標準。由於刑罰的目的在治療與矯正，也就是改變犯人的心靈與行為，是故心理學、社會學、心理分析的知識紛紛納入法律斷案中，俾達到毋枉毋縱，回歸社會正常的地步。特別是對犯人精神狀態的診斷為其刑責大小的依據。對於現代犯罪者所遭受的處罰，福科並不以同情個人的新道德的關懷來加以解釋。反之，他把當前的刑法與處罰看做是社會與經濟膨脹下對個人動機與行動趨向精緻的控制之社會現象。對他而言，刑法與處罰乃為軀體「政治性科技」（political technologies）和「權力的微視物理學」（microphysics of power）之一環，這類科技與物理學在達成對人細緻的理解，俾增強社會的控制（Foucault 1977: 23-26；參考本書第 13 章）。

　　正如前述早期對罪犯的公開刑求，在展示君王的無所不至的權力。但由於圍觀的群眾逐漸由好奇轉變為同情受刑者之後，抗議公開行刑之呼聲削弱王權，迫使君王改以囚禁的處罰取代斬首示眾。此外，對財產

的侵犯多於對他人身體的傷殘，犯罪的形式有了很大的改變；於是犯罪不再是社會的重大事故，這也是處罰由報復、嚇阻，而轉向矯治補償的因由。同時，司法的改革要求，也隨時代的腳步甚囂塵上，迫使君王的讓步。改變刑罰與處罰最重要的因素，則是經濟與社會的巨變，亦即工業資本主義的崛起。

福科指出，投資於工廠企業的資本成為財富的新形式之後，對勞動的控制和有產者私產的保障成為生產過程基本的要求。從前在封建領土工作下的勞動者，可以把部分生產成果當成報酬的部分帶回家中，但是在資本主義的生產關係中不允許勞工如此做。於是新的法律規定之頒布，使勞工受到更不利的影響，反之，資本家卻得到更大的保障之好處。

上述社會的變動，產生一種新的需要，亦即需要一套更常用的，更排除個人恣意妄為（arbitrary）法律，特別是刑法與處罰，俾能適應勞動生產新關係的要求。新的刑法與處罰則在產生了一種新的政治與法律文化，其重點不再是罪犯與國王的對抗，而是強調社會的和諧運作，有利於投入生產過程的勞資雙方。新文化也鼓吹犯罪者的改過自新符合人道精神。這套新的法律觀指出每個個人都是擁有理性與意志的法律主體，由於自由締結契約，從事生產與勞動，而使社會與個人均蒙其利。個人一旦接受法律，當然也接受違法時應得的懲處。

在這種情況下，刑法與處罰變得更富理性與富有功利的色彩。處罰的痛苦常大於犯法的僥倖，人們對犯法得失的評估，使他們不致成為累犯，也脅阻別人去效尤。在此情形下，刑法逐形成法條，一一指明何種的犯罪得到何種的處罰。監獄完全成為適應這套新的刑法與罰則而建立的制度。它也成為「知識的機器」，用以觀察受刑人怎樣改變其心態與行為，而接受社會的規訓。就像學校、醫院、兵舍、工廠一樣，監獄不只限制囚犯的自由，更治療、矯正其偏差，並藉訓練與教育，使受刑人有朝一日，從監獄釋放後，重返社會。由於受刑人在獄中的一舉一動都有記錄可查，而其身心的變化也長期遭受監控與追蹤，是故現行的刑法與處罰可視為制度化權力的一環。由是可知制度化的權力與知識，把個人建構為社會裡一個遵守規矩，也接受控制的工具。

　　要之，福科不認爲監獄設置的目的在於成功地矯正罪犯，而是監獄的設立與擴大在於顯示權力與知識的關聯，也是法律與社會科學的結合。監獄只是現代生活受到監視與控制的表徵。在此意義下，法律的作用有二：一方面使個人屈服於愈來愈大的控制；他方面個人的法律權利與法律尊嚴變成社會與法律的主要原則。事實很明顯，在現代社會中，法律的平等、個人的權利、代議的民主和法治都在支撐同一權力體系，也就是那個把個人孤立化而嚴加控制的權力體系。法律下的平等權利和個人自由的原則，究其實際是靠著法律、權力和知識的關係來支持的，而這類的關係卻把個人置於制度之下，而遭受制度的規訓與控制（參考本書第 13 章）。

　　本書的結構略述如下：第 2 章討論早期法律社會學開山祖師如法律與刑罰專家貝卡利的司法改革論、研究古代法律成名的梅因，及其由身分發展至契約的法律學說、斯賓塞討論法律的進化階段說、乃至孫末楠強調民俗、輿情同法律的關聯，以及法律爲中產階級的利益所提供的方便。第 2 章的後半則集中在美國法學思想與法律制度的研討之上，從法律形式主義的湧起，到法律社會學運動中霍姆斯、龐德、列衛林等法律現實論的抬頭，兼述詹姆士與杜威的法律學說。最後則討論過去將近半世紀以來流行在英美的「法律社會學」思潮與運動。

　　第 3 章專門介紹馬克思及其信徒的法律社會學。弟 4 章析評涂爾幹，第 5 章討論韋伯，第 6 章論述帕森思。以上爲古典法律社會學家及其理念之介紹。第 7 章以後則討論當代俄國與西方幾位理論大家之學說，包括帕舒卡尼斯（俄國）、哈伯瑪斯（德國）、盧曼（德國）、屠布涅（德國）、艾德曼（法國）、福科（法國），以及批判性法律研究（美國）。最後殿以法律社會學研究的現狀和未來發展的趨勢。

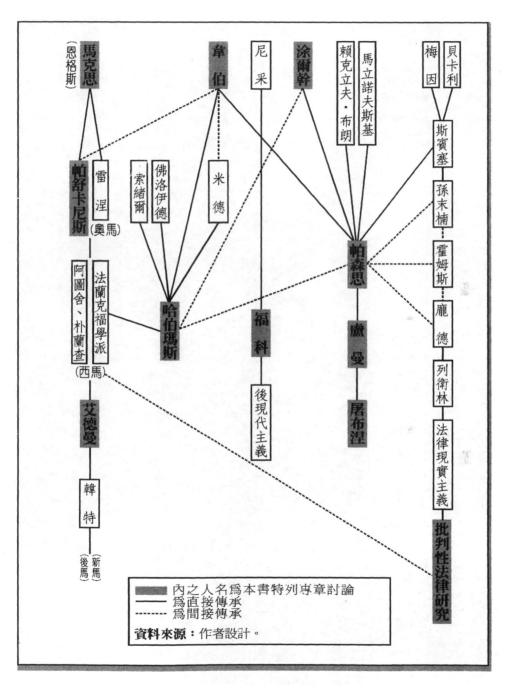

圖1.1 西洋法律社會學思潮的流變

圖1.2 赤裸裸的真理之神 Aletheia 不容謊言，毀謗所掩飾、所扭曲。
此圖為義大利文藝復興初期畫家 Sando Botticeli 所繪。

# 2 法律社會學早期的與近期的發展

一、西方法律社會學的開路先鋒
二、從法律形式主義到現實主義
三、「法律社會學」的思潮與運動

# 一、西方法律社會學的開路先鋒

在討論西方經典社會學三大家——馬克思、涂爾幹和韋伯對法律社會學卓越的貢獻之前，不妨先把另外四位首先論述法律與社會之間的互動之學者：貝卡利（Cesare Beccaria 1738-1794）、梅因（Sir Henry Maine 1822-1888）、斯賓塞（Herbert Spencer 1820-1903）和孫末楠（William Graham Sumner 1840-1910）之學說做一簡介。這四人的論述，構成當代西洋法律社會學的理論基礎。

這四位法學者與社會學家所關心的不只是法學理論，或是法律與社會的關聯，更為留心到社會與法律的變遷。他們共同的理念為：第一，他們以為歷史條件的變化，會促使社會的意識形態、制度和價值之改變，他們（貝卡利一人例外）幾乎是同代的人，也就是或多或少受到英國維多利亞時代社會進化觀的衝擊。第二，這四位思想家相信法律的概念在進步的風尚之下逐漸發展，為此他們也推論正面的社會改革。這些社會改革會產生更為公平的體系、財產更為私人化、更為增進的法律公平、對不道德行為更為有效的管制。

## （一）法律與刑罰改革者的貝卡利

作為義大利傑出的刑法學專家與首位歐洲法律社會學家，貝卡利對法律體系與刑罰制度改革的主張，成為其後兩個半世紀歐美法律思潮的標竿。貝氏在 28 歲時匿名發表了《論犯罪與處罰》（1764）一小冊，對盛行於當時歐陸殘酷的法律與刑罰作出尖銳的攻擊，他呼籲刑罰體系與刑法程序急需改革與轉型。

在受到啟蒙運動思想的洗禮下，當時的哲學思潮特別（1）尊崇理性；（2）人道理想的發揚；（3）對知識、自由與幸福的追求；（4）真理的強

調;（5）對現存社會秩序的批評。最重要的是貝卡利對社會與人性的看法深受同代思想家霍布士、洛克、孟德斯鳩、福爾泰、盧梭等人有關社會契約說與人性追求自由、平等和快樂的說法之影響。

社會契約建立在功利主義之上，爲達成最大多數人群最大的幸福，對於違背契約，也就是犯法的人施以處罰，是故國家便倚靠刑罰來保護守法的多數市民，而處罰少數離經叛道者。18 世紀的啓蒙運動之哲學家視人性之特徵爲享樂、自由意志和合乎理性。貝氏同意這種人性觀，而指出個人所以會違悖社會契約，是因爲意欲的與理性的選擇，每每使個人爲達致最大的快樂，或減少至最低的痛苦，而不惜爲非作歹，是故犯法雖可以滿足個人的需求，卻危害社會的快樂與福祉。既然有此看法，貝氏刻意要建立一個公平與合理的法律體系與刑罰制度，其基礎爲功利主義。不過環顧當時各國的法律與刑罰體系，卻是非常的不公，也不符合理性。

原來 18 世紀歐洲的法律與刑罰制度是過分的濫用與殘酷的。由於是不成文法，法律的引用常是不確定、隨便與偏頗。由於法律之混沌以致法官與行政人員濫加應用，不只裁決不公，更使法律缺少可信度與可預測性。法官之接受賄賂、官員之腐敗、量刑之嚴酷、刑不上大夫，以及被告對犯法之無知、訴訟管道之狹窄、草率，保護措施之短缺、拷問逼供之橫行，造成冤獄與死刑之充斥。

拷問制（inquisitorial system）同 15 世紀以及 16 世紀教廷設立神聖官署（Holy Office），引用教會法與羅馬法來對付異己（信仰不同的人）有關，造成對「異端邪說」的嫌犯之火燒、破門律、斬頭截肢、沒收財產等嚴酷的折磨與殘害。

與歐陸拷問制相對照的爲英國普通法之下的司法對抗制（adversarial system of justice），提供違法者一些保護，這包括（1）控訴之公開化；（2）嫌犯在未證實犯罪之前爲清白之假設；（3）有罪的證明由法庭舉證；（4）被告可以與原告對質；（5）拷打刑供、逼問皆非常規。

有感於歐陸法制之弊端，貝卡利提出改革司法的七大主張：

（1）貝氏主張只有立法機關，而非司法單位有權制法與解釋法律。

（2）由於社會契約的性質，是個人為契約當事人。因之，諸個人不因其社會地位或生命中不同的階段，而受到差別的待遇。

（3）法條應該以淺白易懂的文字書寫出來，俾一般民眾能夠理解、接受與遵守。人民認識法律之人數愈多，犯罪率愈低。

（4）人為理性之人，法律也要合乎理性，法律條文應有系統而具普遍通用的性質。

（5）舉證犯罪有無的證據，應該從被告移往法庭，也就是法庭負擔舉證之責。

（6）嫌犯與認罪之罪犯應有所區別，凡清白而被冤誣、監禁之人，事後不得烙上罪嫌之印記。

（7）貝氏痛斥當時流行於歐陸的私下指控，這種誣控不僅對被告不利，也造成人人之間的對敵，破壞社會祥和之氣。

　　貝卡利的目的在藉上述七點的改革設計出一套法律體系，該體系足以反映與照顧社會具有契約性質，也反映與照顧人群求取滿足的天性，人對其行為之決斷、人從事合理的思想和行為。是故他想像出建立一個法律體系能夠以公平、平等和邏輯的方式來管理司法。

　　從啟蒙運動的人道主義出發，貝卡利譴責流行於 18 世紀歐陸野蠻式的酷刑，主張公正的和功利式的刑罰管理。事實上，他認為刑罰的意義在於嚇阻，而非報復。因之，量刑應與犯罪成比例，刑罰不可過當。為此他提出刑罰三個尺度：嚴重性、迅速性與確定性。懲罰的嚴重性只比犯罪得來的快樂稍微重一點，才有嚇阻的作用。超過此一標準，懲罰變成徒具表面與粗暴。其次刑罰要迅速執行，俾犯罪的好處被懲罰的痛苦抵銷，讓犯罪者省悟犯罪要支付沉重的代價。至於刑罰的確定性，在於警告可能的犯罪者，不可存僥倖心態，所有大小犯罪都會被發覺，都會被繩之以法。貝氏這三項刑罰的標準，減少刑罰為報復的替身，而增加一種可能性，即視懲罰的目的在嚇阻，以及有系統地運用底看法。

　　值得注意的是貝卡利居然在 18 世紀中便提出反對死刑的建議。他認

為死刑既非必要,也沒有用處,因為死刑只是瞬間結束犯罪者的生命,不如終身監禁的苦楚對犯人的嚇阻作用更大。此外,死刑只是合法謀殺的形式,與兇犯殺人並無二致。死刑是野蠻殘忍的顯例,不足取法。總之,貝卡利對於刑罰體系的改革,可以用他自己的話來綜括,他說:「為了使處罰不必成為一人或眾人對個別的市民之暴力行動,刑罰必須是公開的、迅速的、必要的,在既定的情況之下,儘可能不必實施。即便是實施,也要同犯罪成為相當的比例,且接受法律的指揮」(Beccaria 1988: 99)。

貝卡利法律與刑罰制度的改革建議其後在歐陸引起很大的反響,包括普魯士、俄羅斯、瑞典、奧地利與法國在內都受到這一改革倡議的衝擊。英國的司法制度雖比歐陸進步,但仍有不公不平的缺陷。貝氏的主張促成英國功利主義哲學家,也是刑罰學專家邊沁(Jeremy Bentham 1748-1832)要求英國進行法制與刑罰之改良。

貝卡利的學說也擴大到新大陸,成為美國獨立宣言、憲法和人權法案的構成部分,美國憲法修正條款第 8 條禁止處罰的過當,哲斐遜(Thomas Jefferson 1743-1826)、亞當士(John Adams 1735-1826)等美國開國先賢常採用貝氏作品之良法美意。

## (二)梅因討論法律的社會演變

梅因對古代法律史的經典著作,和他有關法律之型態同社會特殊的種類掛鉤之說詞,至今仍為研究法律人類學以及法律社會學之學人所著迷、所推崇。1847 年只有 25 歲的梅因被聘任劍橋大學民法教授。40 年後他成為劍橋大學國際法教授,同時也擔任牛津法理學教授。他發表多篇有關法律與社會之作品。但最受推崇與稱道的為《古代法》(1861)。在這本重要的著作中,他追溯古代法律理念之歷史發展,特別是闡釋了羅馬法理學,並解析它們對當代社會制度之影響。儘管他使用了歷史兼比較的方法和其對法律社會學之卓越貢獻,他並未產生出一套解釋法律起源有系統的理論。因之,在其著作中無法找到「梅因式」的法律理論。

但由於《古代法》之出版，卻標誌了現代社會學的出現。因之，梅因可視爲法律社會學的先驅。《古代法》係在達爾文《物種起源》（1859）一書出版兩年後問世，使用的也是進化論的方式來闡述法律的社會史之發展，因而出梓之後大受學界好評[1]。

在這本傑作中，梅因指出社會的變遷，是從重視地位的社會轉變爲重視契約的社會。社會的進化牽涉到立基於家庭關係的社會地位所衍生的個人權利與義務，變成立基於契約、立基於個人意志所衍生的權利與義務。早期的社會，尤其是古羅馬的社會並非由個人組織而成，而是以長老爲主的眾多家庭（patriarchal families）之彙聚。長老或家長擁有管理家庭絕大的權力，可以決定家族成員的社會地位。古老家庭爲始祖主幹擴散至家族、部落，甚至國家，形成同心圓的群落組織。領域一旦擴張，法律的管轄也跟著擴張。擴張的結果造成民法較之家庭管裡的法規更爲重要。儘管長老或家長仍握緊大權，但子女們也開始從家族的束縛中解脫出來。這種解放可從古羅馬的財產法看出。

最初古羅馬的兒孫們不得擁有財產權。他們所取得的財產都歸其父執、家長所有，其結果私有權是不存在的。可是在羅馬帝國誕生的初年（西元 31 B.C.），一連串涉及私人財產的法律一再冒出、一再變更。最明顯的改變爲剝奪長老的財產權，轉移到個別的子女之上。直到奧古斯都大帝頒發禁令（castrense peculium），阻止家長奪取兒子服兵役時取得的財產。西元 300 年，新的禁令頒發，禁止父親把兒子從事公務獲得的錢財據爲己有。數年後，康斯坦丁皇帝更保護兒子從母親傳承之財產，不得讓父親擁有所有權。因之，引進了部分所有權（usufructus）的概念，也就是一家之主雖有特權取得其兒女的財產，但以不傷害該財產爲前提。最後在第 5 世紀查士丁尼大帝時，明訂法條宣示一旦家長逝世之際，他取自兒女的財產可被充公。

要之，父權的逐漸衰微，產生了人身的法律，其重點不再是家族，

---

[1] 海耶克反對有關社會與人文的進化論是從生物學借用的。反之，他以爲達爾文的進化說是把社會演變應用到生物學之上（Hayek 1973: 23）。

而是個人。隨著私法的擴張，家族與個人遭受的衝擊益形明顯。第一，羅馬私法開始對家族事務進行干涉，而國家對此擁有管轄之權力；第二，在家長權力日漸縮小之際，個人也從家族的束縛解脫出來。梅因解釋社會的進展使個人的權利與義務從家庭的地位轉向私人契約之變化。他說：

> 不難看出人與人的聯繫逐步從家庭成員權利與義務的相互關係轉變為新的形式。這個新的人際關係之形式乃為契約。地位一詞一般使用於建構一個公式，用來表述進步中的法律……地位的各種形式都是引伸自（如今都出現在人身法之中）……古代家族的權力與特權。假使我們使用地位……去標明這些人際的條件……那麼我們可以說社會進步的動向是從地位邁向契約。（Maine 1970: 163-165）

## （三）社會進化論的鼓吹手：斯賓塞

雖然從來未受完整的與形式的教育，斯賓塞的自修與苦讀，使他成為英國維多利亞時代中傑出的知識分子之一。他的知識影響面既寬泛而又深邃。在政治哲學方面他主張政府不宜干涉人民的私生活，因之是放任無為政策的辯護人。他的人口學說「適者生存」論與社會進化論，受到馬爾薩斯（Thomas Malthus 1766-1834）、拉馬克（Jean-Baptiste Larmack 1744-1829）、馮倍爾（Karl Ernst von Baer 1792-1829）等人觀念的影響，更受達爾文（Charles Darwin 1809-1882）進化論的衝擊。尤其是後者慣用的「適應」、「競爭」、「天擇」，都提供斯賓塞理論的架構。是故他的政治與社會哲學被稱為社會達爾文主義。

斯賓塞社會學的基本概念為社會進化和好戰社會與工業社會兩種截然有別的型態之分別。他界定進化為「物質的統合和運動的展開，其間物質從不確定、不連貫的同質性轉變為確定的、連貫的異質性，且其間保留的運動進行了平行的轉變」（Spencer 1880: 343）。在這種觀點之

下，宇宙的每一側面，包括社會在內都屈從於演進的變化之下。

應用到社會的層次，斯氏說社會在增加，其人口的數量與密度，同時社會的結構與組織跟著起了重大的變化。這個變化的結果就是分歧化、歧異化（differentiation）。這就是說社會一旦變遷，其制度會經歷更大的異質性（heterogeneity），也就是制度愈來愈多，且彼此變得更為不同，更為分歧。誠如他所說：「從同質性轉變為異質性，是造成進化的主因」（Spencer 1899: 10）。是故社會愈進步、愈異質，其政治組織也愈精緻、愈歧異。

斯氏說社會的歧異化最先產自政治制度之出現，也就是當某人宣稱他對眾人擁有統治的權威之時。隨著社會的擴大與發展，一人的統治變成少數人的統治。其後更發展為統治的垂直層化（hierarchy），由君王至諸侯伯爵分級管理。政治組織是否分官設職歧異化，決定了好戰社會與工業社會之分辨。

所謂的好戰的社會，就像古代埃及與印卡帝國，不時向其鄰國宣戰。為保護本身不致被他國侵併，好戰的社會發展為中央集權，很少社會分歧的政府趨向於權威性的組織。為了便利徵兵、動員，這種社會的政治組織趨向專權、獨裁，而為暴君式的統治型態。權力集中的君王，既是最高祭司，又是軍隊統帥，也是政治首腦。統治者依靠強制性的合作維持社會的團結，所有人民不分平民與軍人都必須參與備戰或戰爭的集體行動，個人的權利和自由備受壓制，個人們都為國家所擁有。

與好戰社會相對的，為英、美等工業社會，較少捲入戰爭，而致力於貨物、商品的生產與分配。工業型的社會之特質較少與外界發生衝突，而顯示商業與經濟的競爭。由於外部爭端和敵意的減少，工業社會不重威權式的社會控制，它擁有分權的、高度紛歧的管理型態，其眾多的統治者聽命於人民的共識。政府雖然立法干涉商業不當的交易，但在很多事務方面採取不干涉的作法，藉由「自然的競爭」讓工業求存的方式自生自滅。斯賓塞嚴格要求政府的放任自由，不干涉民間事務。工業社會的政治管理立基於自動的合作之上，也就是讓諸個人們可以自由地去追求其私利。

社會發展的階段與政府組織的形式顯然是從好戰的型態轉入工業的型態，從集權走向分權，這是古今社會進化之途徑。他的社會進化論也影響他對法律演變的看法。他認為法律的起源同社會演進的階段有關，這可以分五個時期來析辨：（1）個人利益的合致、共識的建立；（2）傳承的習俗；（3）逝世的領導人之禁令；（4）存在的統治者之意志；（5）重新建構的個人利益之合致。

## 1.個人利益之共識

法律首先從社群盛行的情緒與理念湧現的。由於早期社會沒有發展出政府權威，因之，國家機器欠缺。所以犯罪由私人以報仇方式加以處理。此一階段，犯罪不被看做對公共利益的傷害，侵權行為只視為對個人權益之損害。這時社群採用「沒有法律的法律」，也就是諸個人的意見、對利益的共識，而非國家機器的介入，造成沒有法律的法律之源泉，每人均擁有對他人同等的要求，有犯錯則必遭報復。

## 2.承繼的習俗

在社會發展的第二期，沒有政治組織的早期社會之理念、情緒和文化知識是從僵硬的社會規則，也就是從習慣和風俗衍生出來。習俗是社群成員行為的準則，也成為規範人們行動的命令，它們是代代相傳，而具約束力的。早期的人類或是祭拜祖先，或是祭拜神明，由此而得到規範社會成員的指導原則，透過靈媒、託夢而變成前例。前例一旦建立變成為約束行為的習俗。早期習俗控制人群行為的力量大於法律，這也是龐德所說「死人管理活人的法律」。

## 3.已死的領袖之指令

在發展的第三階段，傑出的、逝世的領袖之命令補充了前述習俗之不足。逝世的領袖包括酋長、國王、統帥，在其一生中是視為具有神力的超人。他們的勸告、忠言、命令被其子民當做行為的聖諭。這些傑出人才的超自然的指導力量常靠作夢、儀式、祭司、神諭而傳達給眾人。

違背這種神聖的法律會遭到強烈的譴責和嚴厲的懲處。斯氏認為遵守這類命令與神諭成為法律的首要之要求。不遵守神諭就是桀驁不馴，必受嚴懲。法律此一階段的發展，顯示社會行為受控於宗教權威，世俗法與神聖法幾乎沒有多大分別。

### 4.現存領袖的意志

在第四個時期的發展階段，社會規模擴大，複雜性顯現，也開始建立起政治權威。這時新的行為都無法受到神聖的法律所規範，於是社會的主權者、領導者必須立法、制法來處理行為的新型態。政治體（官署）制訂之法條已沒有早期神聖法的宗教性格。於是此時出現了對上帝背叛的犯罪和對人群施暴的犯罪之區分。

### 5.個人利益的共識之重建

在法律進化的近期中，世俗化分解為兩個部分。其一為從獨裁君王的權力衍生的法律；其二為個人們利益合致與共識所產生的法律。前者主要出現在好戰的社會，其目的在保持統治者絕對的權力，百姓的服從是被迫的、強制的。後者出現在工業社會裡。這種法律有助於社會的福利，對其服從係從自願的合作中產生出來。好戰社會中，人人在法律中是不平等。反之，在工業社會裡，法律根植於公共的意志，所以平等成為其特徵。法律必須平等看待所有的人民。

要之，在好戰的社會中，強制性的合作是主導的思想與作為。法律所關懷的為（1）管制個人的地位；（2）保存地位的不平等；（3）推行統治者的權威。反之，工業社會擁有分權的政府，其特徵為志願與自願的共識，是故其法律所關懷的（1）契約履行，生意合同的踐實；（2）導致社會的平等；（3）實現社會的繁榮與福祉。從這裡也看出斯賓塞同梅因一樣視法律從強調地位邁向強調契約。

## （四）中產階級的代言人：孫末楠

孫末楠把法律看做「民俗」（folkways）和「民情、輿情」（mores）的產品。藉由這些概念，他增大我們對權利、習慣法和實證法之關係的見解。此外，孫末楠的評論牽涉到法律的源起、界定和發展，這些都與社會達爾文主義攸關。

孫末楠在耶魯大學服務長達 37 年之久，爲美國正式開授社會學的第一人，曾捲入使用斯賓塞《社會學研究》當教本的爭論，本身也出版《民俗》一傑作，且擔任過美國社會學會第二屆會長。由於倡說斯氏放任無爲的學說，被後人視爲斯賓塞在美國的代言人。其實他大力倡說社會達爾文主義，主張美式獨特的資本主義，闡發自由派的政治理論，強調自主自強、個人主義、私產契約自由、社會進化、爲求生存而奮鬥和生活的競爭。他也贊成「個人在牽涉到其他有機體時，藉努力來進行追求自存之鬥爭」，因之不避「對峙、敵對和互相取代」（Sumner 1940: 16）。

孫末楠可以說是中產階級與富人的代言人與辯護士，他讚賞社會和經濟生活的競爭之理念。是故對老殘、矜寡等無競爭能力者之消滅是符合弱肉強食、適者生存的天演原則。原始部落，兒女殺害年邁的父母證明存活的第一項要件在維持活動的自由，可是自由對成爲年老的野蠻人已經不再是其資產，反而是一大負擔。自由一旦喪失，生存便不具意義。

在這種社會達爾文主義的觀念脈絡下，他賤視貧窮的大眾，認爲他們無能力參加生活中的競爭。另一方面，他讚美中產階級「被遺忘的人」。這些人誠實、有生產力、自我維持、勤勞、清潔、緘默、有美德、忍耐、堅毅和獨立。他指出一般工作者被忽視、被看輕，是因爲他們「不懂喧囂」、「不會要求」、不埋怨、不求取的緣故。反之，他指摘窮人爲懶惰、依賴、不自立、靠乞取別人的憐憫而生，更認爲他們不勞動、不操作、不實踐、無效率、甚至充滿罪過。窮人成爲中產階級被遺忘者之負擔。

在 1906 年出版的《民俗》一書中，孫末楠指出民俗是人類行爲的習

慣類型。在兩個層次上民俗進行操作。如果是由個人運作，那麼它成為個人的習慣行徑。如果是社群所運作，則成為風俗。人類在受到生物的本性之指引發展成求取快樂，避免痛苦的能力，也通過試行錯誤而參與行為的習慣類型中，俾方便社會存在的奮鬥。雖然大部分未被意識到，民俗協助個人們去滿足他們對飢餓、愛情、虛榮或是害怕的需求。孩子們通過社會的過程，諸如傳統、模仿和權威而學習到與內化民俗於自己身上。

由於民俗的出現是自動自發，所以人群最先並不意識到其存在，也不會體會它的湧現。但在時間過程中，民俗得到更廣泛流通，一旦受到群體的採用，那麼地方化的習慣就會變成風俗。語言就是風俗的一種。語言滿足人群通情達意、協助人群溝通合作，俾進行戰爭，或致力工商。語言本是少數個人適用的溝通工具，一旦成為群體之訊息手段，最後在傳統支撐下，成為一代傳給另一代的符號系統。

當民俗變成一個社會的福祉所必須之物時，也是當它成為諸個人心靈中可以意識到的事務之時，那麼民俗便化為民情或輿情、化為行事的準則。孫末楠稱民情、輿情為「一個社會流行的做事方法，俾滿足人們的需求。它結合了信心、觀念、符碼、生活程度等等」（Sumner 1940: 59）。輿情的顯例為愛國精神。愛國精神給予一個國家認同感和團結一致的意識形態。它提供給當做民族國家的社會繼續存活的動力。

民情、輿情也為社會指出道德之真諦，斷言何者為善、為妥當、為適當、為值得追求之物。在界定人群行為的範圍與疆界之後，輿情提供社會生活秩序與形式，輿情的消極面為禁忌。像人類相食（食人肉）的禁忌、或亂倫的禁忌，就是一種道德判斷，在於阻卻社會的式微或淪亡，而使社會的繁衍、福祉得以延續。從民情、輿情產生了權利與法律。

孫末楠聲稱權利是倫理上的有利於己的對外聲稱與要求（entitlement）。當這種聲稱與要求是公正之時，便可以出現在民情、輿情裡，也構成風俗的一部分。是故權利不可能在輿情尚未型塑之前便可向外宣示。他說追求生活、自由與幸福的權利一向都未能細緻分辨、精

巧表述,直到它們在格言、箴言、神話和法律裡發展成形,而有所表述。他進一步聲稱,近代哲學發明了天賦權利,為的是在法律成形之前引入帶有法律意味的權利一詞(Sumner 1934: 306)。不過孫氏說,由於權利寄生在輿情當中,它不該被處理為法律的一部分,而應該視為政治哲學的事項。像 1789 年法國《人權宣言》和 1791 年美國的《權利法案》都是政治的宣示,而非法律衍生的規定。

由於民情、輿情是社會現象,也受文化的制約,因之,產生自民情與輿情的權利也帶有文化相對的特徵。換言之,一個社會視為人們的權利,就不適用於另一個社會。因之,孫末楠不認為權利是天賦的、不容剝奪的、或上帝賜給的。權利的起源並非絕對的、超驗的勢力,而從「吾儕群體」、或「內在群體」衍生出來的。

內在群體是相對於「他人群體」、或「外在群體」而言的。內在群體的成員享受同群的和平與安全之感受。同儕的感受所以成為可能,是因為在生存競爭中,內群與外群之間的關係不是相互敵忾,便是互動干戈。內在群體的和平與安全只有靠統治與法律來維持。

內在群體在享受和平與安全之時,將不會挑戰權利的大小、真假。但艱難時期到來的時候,也就是當求生存的鬥爭陷於困難之時,當人們經驗到不公的痛苦時,他們會要求其權利之落實,或抗議他們的權利遭受侵害(ibid., 361)。孫氏認為埋怨、抗議來自於弱勢的個人與團體,也就是在捲入利益衝突中,較無能力處理問題的人。這些人所要求的權利,其實就是要求生存競爭的規則之改變。換言之,權利成為弱勢者挾持社會,要求更佳待遇的手段。

孫末楠的學說雖然顯示反對個人權利的色彩,但他卻也承認權利對社會結構提供好處,因為權利是「生存競爭中相互給予的〔公平交易〕。這是內在群體賦與同僚之強制性命令。其目的在使群內的和平得以維持,和內部群體能夠保持強大」(Sumner 1940: 29)。對他而言,權利雖是政治哲學的表述,但民情、輿情卻是社會存活所不可或缺的要素,其重要性反映在法律之上。

民情、輿情對兩種類型的法律有所關聯,其一為習慣法;其二為實

證法。孫氏指出早期的社會主要依賴習俗與禁忌來發揮社會控制的作
用。習慣法的根源為早期人民的習俗，以及敬拜祖先而繼承的前人民俗。
他說習慣法並非全是口口相傳的不成文法，也有以文字彙編的成文法，
像查士丁尼法典（528-534）就是把民情、輿情等同為法律，為習慣法的
典例。

實證法為立法機構所制訂，正式以書面公布的法條。實證法所以會
崛起，是因為對祖先的崇拜，以及早期的習俗逐漸地式微。不過為了使
實證法能夠有效規範人群的行為，它必須反映人民的道德信念，也就是
反映輿情、民情。

孫末楠認為有關「沒有道德」的行為之規範是經歷了三個階段：輿
情、警察規定、實證法。行為究竟怎樣受上述三種規範的影響，則取決
於下列四項考慮：（1）是否有適當的知識來立法，而獲取益處；（2）立
法是否有彈性，可以廣泛應用而收制裁之效；（3）立法能否獲得民眾的
支持，而使執行法律的政府得到正當性；（4）警察有否實力來使百姓遵
守法令。

濫用藥（毒）物、賭博、娼妓、及其他「不道德」的行為逐漸被實
證法一一收編，歸入其管轄之下，而遭到特殊的制裁。這些惡行敗德不
再是受輿情的管制，而為立法機構所制訂的法律所管轄。孫末楠說：「當
有意識的目的形成之後，法令便會被使用。因之，吾人可以相信特別的
〔法令〕設計可以制訂，靠著它社會中的目標可以一一實現」（Sumner
1940: 56）。換言之，人群如果認為某些行為是敗德的，他們可以制訂法
律來阻卻該項行為。

總而言之，輿情產生對社會生活的諸多側面重大的影響。不過在長
時間的變遷之後，輿情最終要讓位給法律。不過孫氏簡短而明白地指出：
「國法（stateways）無法改變民俗（folkways）」。因為沒有任何國家的
立法能夠改變百姓的風俗與民情。我們且探討一下法律與社會變遷之關
係。

從孫末楠所堅稱：「國法無從改變民俗」一句話，其後的法律社會學
家指出下列幾點結論：（1）法律永遠不可能在民俗、輿情之前移動一步；

（2）任何實證法如果未曾深植於民俗、民情之中,休想產生社會的改變。事實上,孫氏並未反對社會變遷。他未把法律當成消極、被動的工具,而是一項積極的勢力,可以被引用到社會變化之上。

　　不過孫氏的確說過,輿情、民俗一旦不斷地使用,則有拒絕或排斥社會變遷之虞。此外,他相信擁有政治權力之諸個人和一般百姓都有抗拒社會改革的趨向。有權有勢者所以抗拒社會改變,在於他們享有既得利益。至於百姓因為守舊與保守心態,習於舊式與傳統的生活方式,也無意看到社會的驟變。另一方面,孫氏又稱「民俗、輿情也有改變和變遷的情況」( *ibid.*, 84 )。民情之改變是迎合社會生活條件的變化。只有當民情、輿情具有彈性與靈活去適應外頭的轉變,社會的繁榮才有可能。

　　孫末楠指稱:當社會求新求變發生,而原來的民俗、輿情、民情卻一成不變,危機便會出現。危機或藉革命,或藉改革來解決,在革命中,舊的輿情被推翻,但新的尚未出現與取代。反之,改革表示對輿情採取隨意的、斷然的行動,而不急於,也無法大量地進行改變( *ibid.*, 113 )。由於實證法反映社群的道德信念,因之,對孫氏而言,實證法的制訂,較之毫無計畫和混亂的革命來說,是引進合理的、卓越的社會變遷之方法。不過他對立法也提出忠告:「立法要能強大〔有效率〕,就必須與輿情同調、一致」( *ibid.*, 55 )。其結果是社會兼法律( sociolegal )的變遷如能符合輿情則必容易實現。反之,社會兼法律的變遷與輿情相左,甚至違逆,則需費時費力才冀望有改革的可能。由於實證法對社會改革有所助力,孫氏聲稱:它是最方便去完成的,一旦人民的行為通過儀式性的實踐有意識地去改變的話。透過儀式去改變百姓特殊的行為無異是他們的思想和道德信念的改變。新的道德信念構成了新的民俗、民情、輿情。要之,孫氏所言的民俗、民情、輿情,就像愛國思想、民主觀念都是道德的標準,用以辨認正當的生活方式,而成為社會穩定、平安、和平、繁榮之主要支撐力量。

　　上述貝卡利、梅因、斯賓塞和孫末楠對社會與法律的生成、進化、變遷都藉其特別的概念、理論來加以析述,因之成為其後法律社會學的舖路先鋒。他們的說詞雖然含有哲學的思辨,而較少經驗的觀察與邏輯

的推理，但對法律社會學後期的推廣與深化卻有重大的貢獻。以下我們進一步討論法律形式主義的崛起。

# 二、從法律形式主義到現實主義

## （一）法律形式主義的興起

當 19 世紀至 1940 年代 100 多年間，美國的霸權崛起的時候，瀰漫在大西洋兩岸新與舊大陸之法學思潮爲法律形式主義（legal formalism）。但這種主宰性的法律學說，卻遭到以美國爲主的法律中之社會學運動（the sociological movement in law）的挑戰與批判。後者企圖以可以預測的、實用的和實證主義的法理學來取代法律形式主義。

法律中的社會學運動之代表人物有霍姆斯（Oliver Wendell Holmes Jr. 1841-1935）、龐德（Roscoe Pound 1870-1964）、列衛林（Karl Llewellyn 1893-1962）等人。他們三人的法學思想又稱爲社會學的法理學（sociological jurisprudence）、或美式的法律現實論（American legal realism），爲崇尚實用，以行動爲取向，也是以經驗性社會學爲資訊來源。他們學說的目的在滿足與衛護不斷變遷的社會之需要與利益。

美國法學者一般認爲新大陸的法律思想有兩個轉折點，其一發生在南北內戰之時（1860 年代）；其二出現在第一次世界大戰結束左右（1920 年代）。列衛林認爲美國獨立至內戰之間的法理學，爲充滿了磅礡氣勢，大而有爲的「大格調」（Grand Style）。但在內戰結束後，法律思想轉向法律現實論。在大格調、大氣勢之下，法官斷案的根據爲案情所牽涉的社會脈絡，斷案的後果和法官的知識、經驗、才情等等。要之，在不重視前例舊案之下，法官儘量發揮他創新的想像、直覺、因勢利導的想法，爲法庭的意見注入創新的觀念，而配合社會實用的需要，法官不墨守陳

規，不重法條的普遍應用性質，而更考量法律之外政經的因素。初期美國司法人員所可引用者爲美國的普通法，以及對該法之評論（Edward Coke, William Blackstone），而有普通法的美國化之意味。此外，自然法和日常行爲規範之道德箴言也在引用之列，是故個人私產之保護、侵犯之控制、與資源有限之分配，都是這種自然法與道德守則的引伸。

但自然法與普通法有其包容之處，也有其矛盾之處。矛盾之處爲自然法的道德訴求（公平、正義），與普通法新規範的商業功利（追求個人經濟利益與好處）有所衝突。這種矛盾情況只有靠美國憲法保證人人機會平等之規定來求取調和。蓋美國的憲法體現自由主義的精神，認爲政府無權干涉私人活動的空間；反而要對個人的權利，像締約之自由，加以保護。儘管有這種自由憲政精神的支撐，美國開國後的 100 年間，道德與商業功利之混雜，使 19 世紀初葉之法律顯得曖昧不明。爲有效保護個人的經濟利益，純粹私法的規定遂與公法的規範分開。司法機構遂賦予嚴分公私法界線之職責。其結果司法的大格調變成高度概念化統合的架構。不只法律，就是政治理論也獲得圓融統合的機會，這便造成法律形式主義之誕生。

法律的形式主義出現在美國內戰結束之後。有異於大格調時期注重制法所涉及的社會需要之細則和實用性，法律形式主義創造一個充滿符合邏輯、普泛的和概念論充斥的法律體系。所謂的概念論乃指一種理論，其中很多的法律原則可以用表列的圖式表述出來。換言之，法官在斷案之前可以視法律的規條有其格式、配置、關聯的位置，將之引用於案例便會八九不離十。所謂的法律的形式主義，便是指稱法官引用條文的過程，也就是他（她）從抽象的原則中，引用適當的法規，藉由邏輯與演繹的方式來決斷案件。這一種法律形式主義流行於 1870 年代至 1940 年代之間。

導致法律形式主義之出現，係商業與企業人士爲保障其日增的政治與經濟權力，而結合法律專業人員造成法律體系之轉變。在美國工廠紛紛建立、公司如同春筍般設置、金融業轉趨活絡、財閥似強盜一樣橫行之際，要求政府放任無爲之聲響徹雲霄。新興的企業家要求法律儘量普

泛,而非特殊,要求判案符合理性與邏輯,俾有利於商業買賣的可靠性、可預測性。就在美國從農牧業轉型爲工商與市場取向的社會之時,法律也從公共道德的衛護變成富貴者利益的護符。經濟在法律史中的角色爲抬高新的需要與要求。爲了掩飾法律對富貴者保護的偏頗,新的法理學在強調法律體系之中立、自足、非政治性、以及法律推理像數學一樣的合理與嚴謹。

要之,法律的形式主義代表商業與企業界轉變法律的努力,目的在使法律保護其利益,而又把法律當成一個固定的、無可避免的規則體系,這些規則在邏輯上是可以推演的。總之,排除法律與政治或經濟的瓜葛,而建立了一套純粹概念之體系。

## (二)霍姆斯及其貢獻

出身法官世家的霍姆斯成爲大力批判 19 世紀末葉流行於新大陸的法律形式主義與概念主義之第一人,且是引發法律中社會學運動的先驅。他在其成名作《普通法》(1881)中,便首先表達以社會學的途徑來探討法律之意義。他指出:

> 法律的生命並非邏輯,而是經驗。時間迫切的感受、盛行的道德看法與政治理論、公共政策的直覺、法官誓言的與非意識的偏見等等,而非三段論法,都曾大量地決定了規範人們行為的法條。數世紀以來,法律成為國家發展的描繪。它不可被處理為像哲學教本那樣包含公準,或必然的推論。為了瞭解它是什麼,有必要認識它曾經是什麼,和它傾向於變化成什麼。我們必須輪番地參酌歷史和現存的立法理論。但最艱難的事情為在每一個階段理解這是兩者〔歷史與理論〕結合的新產物。(Holmes 1963: 5)

霍姆斯主要的論點爲:法律係根據其便利社會群體之考慮而出現、而發展。但他不認爲法律乃是社群意願的普遍同意之產物。法律與日常

生活的實際經驗緊密地聯繫在一起。法律係從社群實在的感受與需要裡頭產生出來。對他而言，並非社群的共識，而是社會的衝突，導致人們採取社會政策來立法。法律真正的源泉為「社群事實上的最高權力之意志」（*ibid.*, 583）。在社會存在的激烈競爭中，公共政策之所以變成法律就是它能夠滿足群體的需要、利益和偏好，而這個社會群體乃是擁有政治與經濟的權力，可以強制性地把其意志貫徹在社會其他群體之上。這也是他後來所言：「法律體現一些信念，這些信念在擊敗其他諸理念之後佔上風，並把它們〔信念〕轉化為行動」（Holmes 1953: 294-295）。

霍姆斯對法律性質經驗性的看法，使他的觀點與法律形式主義截然相反。這也是導致他對形式主義的抨擊。在〈法律的道路〉（1897）一文中，他揭露法律形式主義兩項基本而相互牽連的假設。假設之一是認為法律與道德無法分開，也是完全倚賴道德標準的體系。假設之二是認為法律乃係一套完整的、包舉的、固定性的公準所構成，法律的意見能夠從公準合乎邏輯地、演繹地推演出來。而且案件一旦判決便一了百了。對此兩種假設，霍氏大不以為然，遂加一一駁斥和推翻。

首先，他不認為法律是抽象教條含有秘義的體系。法律只是為人所熟知的專業，也是實際上的行業。律師之職責在為嫌犯辯護解套、減除困厄而已。也就是預測法庭上的辯解與量刑的大小而已。對法案的預測宜採「壞人」的觀點。所謂壞人的觀點，就是避開道德標準與倫理規則，而只想及實質的後果，而從法律實際的知識出發，做出符合現實的預測。這樣做不但是實用的，也是經驗取向的，亦即實證主義的。法律所考慮與處罰的不是違反者的動機、心向、或其道德，而是其行為可觀察的、外表的事實，是故法律的標準為一種外在的標準，而不重視犯罪者內心的、主觀的想法。霍氏這種說詞無異為法律的實證性理解開闢新的途徑。也就是他論證法律實際的運作不是倚靠道德標準來支撐的。

其次，霍氏強調法律的生命並非邏輯，而為實際的經驗，是故他反對法律形式主義視法律是透過邏輯推演而出，也排斥後者視法條從行為的一般公準演繹出來。他雖然同意律師與法官的法學訓練，其推理要符合三段論法，但這種想法只是便宜行事而已，也就是使辦案更具確定而

已，但司法的裁決卻不是邏輯的演繹。法官斷案的決定性因素，較少受到邏輯的推演之影響，而較多受到擁有權勢的社會群體之意願和感覺的衝擊。不過霍氏他認為處於競爭中的社會群體之意願與利益並非一成不變，而是隨時在改變中。因之，法庭的判決並非確定、並非絕對，而是不斷地變化，也是相對的。他相信科學可以評估哪種社會的目標與需求是最強大者，法律就迎合這種需求，而做出有利於實現此種需求的群體之判決來。這種科學包括經濟學與統計學在內，事實上也應該包括社會學在內。但詳細闡述美國法學思想中社會學角色的人，卻不是霍姆斯，而為龐德。

社會法理學的崛起，基本上同美國在 20 世紀開頭的 25 年間制度與意識形態的轉變，有密切的關聯。在這段期間美國繼續向西部開疆闢土的形象逐漸褪失，取而代之是城市化、工業化帶來的現代化諸問題。經濟成長的驚人提升，促成社會變遷的快速，也導致美國進入世界列強的爭霸局勢。但貧富不均、競爭與矛盾激烈帶來的緊張與衝突、工廠內工作條件的惡化、政治的腐敗、城市貧民窟的擁擠髒亂，大批群眾的貧窮、經濟的壟斷與卡特爾化，在在顯示新大陸社會的龐雜、混亂、危機和動盪。

在社會亟需轉型、改造之際，向來的法律又陷身於形式主義的窠臼，自然無法因應時代變化的要求。放任無為的政策，雖不是法律管制的停止使用，但社會控制顯然從國家、從政府而轉往民間，流向市場。但市場的自我管理卻被普世的原則，像職業的專門化、財富的累積與自利的保障所指引。其結果是政策與法律只保護有權有勢的少數人，與特別群體，而無裨益於廣大群眾民生問題的解決與改善。

普世原則包括不變的規則、固定的公準和一般絕對性的規定（禁止亂倫、弒親、私刑等）。這些普世原則的概念也影響到諸如生物學、經濟學、社會學等科目的學界。是故在 19 世紀學界流行的觀念為這類一般或普世的絕對性規定主控自然與人文（社會）的世界。像斯賓塞就主張進化是一種普世的原則。不久法律形式主義也採用普世的原則。可是時序進入 20 世紀以後，生物學、經濟學和社會學產生了方法論的大轉變，不

再認爲知識可以從事先設定的公準引伸而得。法律學卻死抱傳統不放，造成法律的形式主義把法律僵硬化、教條化。

## （三）龐德的社會利益說

有感於法律無法與時俱進，龐德指出：「法律一直受著過去理念的主宰，甚至在其他學問的部門裡頭，這些理念早已停止存活之後」（Pound 1910: 25）。他說書本上的法律同事實上的法律存在著一條無法逾越的鴻溝。在法律形式主義籠罩下的法律已無法滿足現實的需要，是故對形式主義的撻伐，肇始於霍姆斯，而完成於龐德。

龐德在 1906 年美國律師協會的演講中，抨擊過時的法律制度，倡說法律的改革與現代化。他甚至不避誇張地宣稱「法律的真諦爲死的〔條文〕管制活的〔人群〕」（Pound 1937: 180）。他這一演講可謂石破天驚爲美國法制史樹立新的里程碑，因爲它啓開了法律的新運動，並且挑戰和動搖法律形式主義的教條與正統之地位。

龐德指出法律的形式主義爲崇尙科學的法律思想，自然有其貢獻（使法律合乎邏輯、精確、具預測性）。但法理學太倚重科學，卻也有其弊病。他說：

> 法律並非爲科學而呈現科學性。當作達成目的之手段，它〔法律〕必須從其獲致的結果來加以評斷，而不是靠它內在結構的美好來加以評斷。它必須以達致目的之程度而被評價，而非被其邏輯過程之優美，或從教條演繹成規則的嚴謹，而被評價。（Pound 1908: 605）

龐德認爲法律形式主義過分強調法律的科學性質，會把立法與司法裁判轉變爲抽象與人爲的企業。此外，司法人員崇尙科學對真理的追求，會導致忽視法律所追求的目的—— 滿足社會需要、需求和利益。再說法律形式主義對字斟句酌的法條之遵守使法律更無法適應變遷中的社會情境。其結果法律變成靜態的條文，喪失它處理與因應日常生活的實狀。

龐德敦促法律執業者拋棄法律形式主義技術性的操作，而接受更現實的和以行動為取向的「目的法理學」（jurisprudence of ends），要使法條符合案情，而非案情納入法條的公式中。隨著政治學、經濟學和社會學的成長，龐氏相信在法律學界中新的新趨向會逐漸展現，更為重視法律與社會的關係，這就是他標誌了「社會學的法理學」之原因。他的社會學的法理學促成人們對法律的認識，也就是承認法律為社會現象之一。

龐德的法理學中之社會學成分主要引用了他當代幾位著名社會學家（Albion Small, Lester Ward, E. A. Ross 等人）之作品。他強調法律的社會性質，並考察法律對社會的影響。因之，他界定法律為「社會控制高度特殊化的形式，根據一套權威性的指令在執行，應用到司法與行政的過程之上」（Pound 1968: 41）。社會控制的理念成為龐德的法理學，含有社會學的起步。對他而言，法律獨特的運動是把他法學的理念結合美國社會學的思潮。他對社會學的法理學做了這樣的描繪：

> 當今社會學的法學家之特徵為，他們把法律的研究看做社會控制的一環，而試行理解其在社會秩序整個架構中之地位。他們研究法律怎樣運作，而不在乎其抽象的內容。他們把法律當作社會制度之一，可供有智慧的人群加以改善，此外是法律從業者之職責在發現手段，俾增進與指引這種改善的努力。加之，他們強調法律所要致力的社會目的，而非關心制裁的理論。（Pound 1927: 326）

為了說明法律如何成為社會現象，也成為社會控制的手段，龐德進一步闡述了社會利益。他的社會利益理論成為其社會學的法理學之核心，絕非誇張的說法（Treviño 1996: 66）。他把人群的利益約略分成三個範疇，即個人的、公共的與社會的利益。這裡暫且不談個人利益與公共利益，因為前者與法律關聯不大，後者可視為社會利益的一部分。龐德在其歷年的著作中，對社會的利益多所論述，把它們綜合性的簡述，可以說是人群集體追求的主要的主張、需要、意欲和期待，而為社會所承認，且靠法律來加以保護之物。由於受到法律的保護，這些需要、意欲、

期待之類的利益轉化成法律的權利。要之，權利乃是受到法律保護的社會利益。

龐德認為社會利益為經驗的單元，因為在法律和法律過程上可以尋獲。換言之，社會利益並非抽象的設定物，靠邏輯的演繹，從哲學或神學中引伸出來。反之，社會利益可以從法庭裁決、立法宣示、或牽涉到法律的著作中引伸而得的資料。他把社會利益歸類為六種：

（1）涉及國民安全的社會利益，包括人群身體的安全、民眾的健康、和平與公共秩序、財產與交易的保障等等。

（2）涉及社會制度的穩定之社會利益，包括內政制度、宗教制度、政治制度、經濟制度之安全與穩定。

（3）涉及普遍的道德之社會利益，牽涉到公序良俗以及群眾的道德感受之衛護。

（4）保存社會資源之社會利益涉及公共資源與妥善使用，避免浪費、濫用。包括自然資源之保存與使用，尚未成年人，或殘廢、缺乏能力者之訓練、保護、優遇。

（5）普遍發展之社會利益，保障政治與經濟之發展。

（6）個人生活有關之社會利益，包括個人自我堅持、個人機會、個人生活條件之允諾、改善、增進等等。

在考慮到上述社會利益時，人們應當不時反省或自問：一個法條或一樁法案在其實踐中如何運作呢？也就是質問：法律在探討社會利益時能夠帶來何種的實際益處？實際功用？此外，龐德相信法律從業者要倚靠社會學，而採取實證的考察方法去確定人群在某一時間內，事實上的主張與要求。亦即社會學可以認清社會利益，俾維持一個「文明化」的社會。透過他法理學的鼓吹，龐德成功地指引他同代的法律界注意到法律的研讀之實際關懷面，也讓他們注意到法律與社會之關聯。在這方面他的貢獻與霍姆斯相等，兩人被尊為美國法律中社會學運動的先驅。他們的學說在其後卻被新興的美式法律現實主義（American Legal

Realism）所取代。

## （四）美式的法律現實主義

美國的法律現實主義是一種實用的法理學。它的出發點為一種懷疑論，也就是對法律形式主義的高度懷疑與批評，挑戰法律形式主義擁有高度的確定性、可預測性和一致性。就像社會學的法理學一樣，法律現實主義崛起於 1920 年代，也就是美國經濟、社會、政治劇烈變化的時期。這是第一次世界大戰以來全球動盪不安的時代，也是美國向來的進步時期所標誌的樂觀與喜躍之價值與理想受到現實挑戰與消失的年代。對進步的信心業已動搖、懷疑的心態瀰漫社會各個角落，戰前的認真嚴肅，變成戰後的輕浮犬儒，社會責任感也被異化疏離所取代。

第一次世界大戰結束後大約 10 年的期間，美國產生了 1929 年的股票市場大崩盤，隨之而來的經濟大衰弱、大蕭條，這兩樁重大的社經事件使得美國文化中的進步主義之觀念遭受空前的打擊。於是懷疑的、甚至犬儒的思想取代進步時代的樂觀看法，從而人們驚悉繁榮並非永遠，資本主義不是萬能，人們無法經常控制經濟環境，未來並非過去的改善。20 世紀初的理想與 20 世紀中葉之現實有了日益擴大的鴻溝。

儘管人們在理想與現實的評價上，日趨失望與懷疑，但對 19 世紀以來的科學發展卻深具信心，特別是對自然科學與物理科學的長足進步深信不疑。這時科學也在第一次世界大戰之後擴大到行為科學與社會科學，特別是心理學、文化人類學和社會學的範圍。這些科學採用歸納的經驗研究之方法，把研究技術放在資料蒐集、比較、觀察和事實的記錄與分析之上，從而抬高研究的結果之精確性。歸納法遂應用到社會科學各科學科之上，也應用到法律的考察之上。於是現實主義者乃發展出法律的經驗性研究。

在所有的行為科學當中，要數心理學，特別是其衍生的行為主義和佛洛伊德的心理分析，對法律現實主義影響最為重大。此外，在社會科學中，尤其是社會學成為鼓舞現實主義者探討在行動中的法律之動力。

心理學對法律實在主義之衝擊，爲提供人類行爲獨一無二以及非理性的
說詞，俾讓人的法律行爲做爲經驗研究的對象。因之，現實主義者相信
人的心智一旦藉科學加以揭曉之後，其對社會以及對法律制度之影響、
之效果，可以更易被理解。

　　要之，法律現實主義最大的貢獻爲在 1920 年代學界，特別是人文與
社會科學界之努力爲對抽象與普世原則之反響，而形成爲改變與發展社
會之運動。可以說當時存在一種知識的趨勢，用來排斥概念主義，而改
爲接受實用主義。

　　詹姆士（William James 1842-1910）一向被視爲實用主義的哲學之
父。實用主義可以說是 1920 年代至 1930 年代盛行於美國的主流哲學。
詹姆士指出實用主義是一種「取向的態度」，從探討第一事物、第一原則、
第一範疇，而轉向最後事物，最後成果、最後結果。因之，他認爲要達
致知識的真理，首先要考慮實用的事實、行動、和事件的結果，其次才
考慮到業已建立的有關事實、行動、結果有關聯的概念。因爲取向於經
驗事實使現實主義者懷疑法律形式主義對法律所做概念上的推理。對現
實主義者而言，很明顯地法律條文無論是邏輯上、或體系上無從影響裁
判，也就是無法使裁判追求到真理。詹姆士也指出法律的原則含有流動
的性質，不是絕對的；反之，隨著時勢而不斷地變遷。

　　杜威（John Dewey 1859-1952）的學說對法律現實主義影響重大。
杜威的實用主義，又稱爲工具主義、實驗主義，攻擊了長久以來對形式
邏輯與三段論法抱殘守缺的衛護態度，特別是抨擊在法律中死守邏輯原
則之不當。他認爲形式法理學的演繹法不足取，這種演繹法是從一個事
先建立的基本論調的圓融體系中，透過推理的過程演繹而得。以律師對
其當事人牽涉的訟案所做的勸告爲例，這是實際的事件，不是可以從法
條與以前的案例可以找出解決之方。他說，真正重要的事，是一個法律
理念如何真實地運作，以及它在實際活動中如何被人們所經驗，他認爲
法律人員（律師）要推進的是「有關〔法律〕後果，而非前例的邏輯，
有關可能性的預言之邏輯，而非確定性的演繹之邏輯」（Dewey 1924:
26）。

因之，杜威建議以工具性的思維代替法律形式主義僵硬的演繹程序。他的工具主義要求使用法律的歸納性邏輯，也就是建立在經驗主義基礎之上的歸納性邏輯。因之，他的邏輯並不開始於法律抽象的設定，而是案件具體的結論。這是一種更具實驗性與彈性的邏輯，而有異於從前形式主義的法理學使用的傳統邏輯，因為它探詢法律裁決可能的結果。

對杜威而言，案件的結果產生了實際的經驗，這些經驗有助於邏輯推理的方法之處置。對這些方法加以研讀，從而發現使這些方法奏效的原因。杜威的工具主義把邏輯變成經驗性的科學，而使霍姆斯下述的話得到更大的支撐。霍氏說法律真實的生活不曾是演繹的邏輯，而是實際的經驗。

事實上，法律現實主義者應用實用主義、實驗主義與工具主義，把與法律有關聯的因素擴大，也就是考慮到社會學、心理學對法官斷案的影響因素，從而彰顯龐德對法律實在的重視，也使他所分辨的「書本的法律」與「事實的法律」更具現實的意義。

現實主義者後來的努力在於預測案件的裁判及其結果。以致於接受法律預測的理論成為法律變成科學的根據。他們人數眾多，意見紛歧，但有一共同的特徵為反對法律形式主義。

## （五）列衛林的法律現實論

列衛林作為法律現實主義的代表，有三項理由：（1）他對現實主義採取中間路線；（2）在其眾多的著作中，闡釋了現實主義的法理學；（3）在其著作中展示哲學的研究途徑。列氏深受耶魯社會學家孫末楠社會學的影響，因而把法律當成一種藏身於文化氛圍中的社會制度看待。1930年，列氏發表〈一個現實主義的法理學——下一步怎麼走？〉文章，可以說是法律現實主義自我意識的正式宣告。在文內他分辨「紙上的法規」與「實在的法規」之不同。前者為書本上所談，而為法界採用的法律學說；後者則為具體行動（裁判）、法庭的實踐、或行政單位、官方人物的實際作為，是故對他而言，法律乃為司法官員對爭議、訴訟所做的處理。

不過法庭或官員究竟是根據紙上的法規，還是實際的法規辦案，需要採取實用的研究途徑來加以分辨。換言之，他主張從法律形式主義的概念原則離開，而走向以「行為內容」為主導的行為科學方法，去探討法庭或官員可以被觀察到的法律行為。1949 年，列氏甚至以邁向更進一步的觀察，不再以行為做為觀察的對象，而改以社會學概念中的「制度」，他說：

> 我寧願蒐集不只是積極的行為，甚至連相關的態度和相關的「非動作」（inaction）的資料，以及一個制度同另一制度部分的「相互動作」（interaction）〔之資料〕，以及制度內特殊人員聘用與解雇的機制〔之資料〕，以及在活生生的「制度」之類的複雜機構中相當數量明顯的因素〔之資料〕。事實上「法律」學科對社會學首先而又直接的貢獻，就存在於此。
> （Llewellyn 1949: 453）

對列衛林而言，法律現實主義並非形式的「學派」，而是「思想中的運動，以及對法律的工作」。之所以無法成為學派，乃是法律工作各有其特殊的工作方式，且自由地運作。因之，意見與作法十分分歧。不過在他第二篇主要的論文〈關於現實主義的一些現實論〉（1931），列氏仍舊提出幾項主張，可以歸納為六項（Treviño 1996: 72）：

第一項的主張又分成兩部分。其一，法律不是靜態、也不是先驗的結構，而是不斷流動的、始終變化的過程；其二，並非立法機構，而是司法機關在創造法律。

第二項的主張：法律並非目的本身，而是實現可欲的社會目的之手段。是故法律不時要受社會目的之改變而重估其功能。為此現實主義的法學者要不斷考察社會變遷，並透過立法與公共政策之改善，來迎合社會的變動。

第三項的主張：社會變遷的速度大於法律改變的步伐。因之，法律需要不斷的、繼續的再檢驗，俾發現法律是否能夠滿足變遷中社會之需要。

第四項的主張：「實然」與「應然」有必要暫時分開，俾達到法律成為客觀的科學。為了經驗研究的精確，所有涉及應為之事的價值判斷，暫時擱置在旁，改而透過觀察、描述與因果分析去探察目前客觀尚可以知悉之事象。

第五項的主張：現實主義者對法律形式主義的概念加以質疑，亦即質疑這些概念的目的在對法庭進行的訴訟能夠描述，也質疑這些概念能夠預測司法的結果。

第六項的主張：駁斥法律形式主義的說詞，不認為教條的法規和概念是法庭斷案決定性的主要因素。形式主義者雖辯稱，藉概念可以使判決的結果符合理性，也就是使裁決符合法規與概念，但列氏卻指出情境的感受（situation sense）才是決定司法意見的主因。因之，他敦促法官必須至少一次地以新鮮的看法來對案件的事實瞄它一眼（Llewellyn 1960: 293）。

列衛林有關法律現實主義運動六個主張的總結，可以簡單地概括如下：「內涵於法律現實主義之中的綱領乃是對法律作為一個工具細緻，而又客觀的研究，這個工具旨在一個變動中社會的脈絡上獲致可欲之目的」（Llewellyn 1960: 320）。

明顯地，法律現實主義對美國的法理學影響重大，其影響特別在法學教育、法學研究和司法機關、辯護制度之上。是故英國法學者韓特（Alan Hunt）強調西方今日之法律社會學「其根源不只是美國的社會學傳統，更為直接的是美國法律現實主義之傳承」（Hunt 1978: 37）。

# 三、「法律社會學」的思潮與運動

有感於法律專業者對法律狹隘的、教條的、抱殘守缺的理解，致力哲學思維與社會科學研究的學者，便開始考察立法、制法與法律執行的社會脈絡，以及法律對社會情境與條件的事實衝擊。於是對法律經驗性

的社會研究，便成為法學思潮中新的駢枝、新的部門，通稱為「法律與社會」之研究。法律與社會的研究就是學界對法律專業界奉法律為經典、為神明、為教條的反動，不再把法律僅僅看成為政策的工具，看成為政府推行政令的手段。

「法律和社會」的研究形成學界的一種運動，肇始於美國 1950 年代的新的法律思潮湧起之時。尤其是 1964 年成立的法律與社會協會（Law and Society Association）標誌著這個運動的制度化，這個以多種學科進行法律的經驗性研究之組織在 1966 發行了協會的機關誌《法律與社會評論》（*Law and Society Review*），自此之後成為美國法學研究一股嶄新的勢力。固然協會與評論的創立者多數為社會學者，但其他學科的理論家紛紛加入，目的在矯正法律專業者法律理解之偏頗（Levine 1990: 9）。事實上，法律與社會的研究，多年來以提供所有的學科，特別是人文與社會科學一個討論學問的論壇，他們都努力把法律專業者所理解的法律，或視法律為國家法，推廣到包括其他規範體系的法律概念之上。

自 1960 年代後期開始，流行在英國的類似研究之傾向，稱做「社會法律」研究（socio-legal studies），也採用多學科（multidisciplinary）的研究途徑。

法律社會研究係 1972 年由英國社會科學研究理事會（Social Science Research Council）設置於劍橋大學，稱為社會法律研究中心（Oxford Centre for Socio-Legal Studies）。其作法為模仿美國法律與社會運動，而設立的研究機構。其中對交通事故所引發的法律賠償問題之研究，對適當訴訟程序之考察等等，顯示英國不再受邊沁對法律的看法之拘束，而把法律當成社會實在中自主的因素。以社會科學的方法來研究法律，可以穿透與理解社會實在，這不是靠普通的常識或素樸的直覺可以辦到的（Galligan 1995: 1-16）。

有異於美國與英國，歐陸有關法律的社會研究，卻很少使用「法律與社會」的研究之名稱。有關現代法律社會學性格與社會影響之考察，卻使用「法律社會學」這一名詞（Cotterrell 1994: xi-xii）。

不過有人指出社會法律研究與法律社會學同是通行於 1970 年代中

期英國的兩個與社會科學有密切關聯的法律考察。這兩種名稱代表兩股
思潮，彼此批評，互相指摘。搞法律社會學的人認為法律社會研究缺乏
理論支撐，只是想通過現存法律秩序來推動社會改造工程，而不大存心
要對現存社會秩序有所批評。反之，從事社會法律研究者則責怪社會學
者為抽象的理論家，只懂玄思、思辨，而脫離社會現實。這種相互攻訐，
有扭曲對方實相之嫌。法律社會研究注重法律實際的運作，以及對民眾
的影響。反之，法律社會學以瞭解社會秩序、瞭解法律體系的社會脈絡
為主（Campbell and Wiles 1976: 547-555）。

　　法律社會學倒也不必視為學院式的社會學之一個部門、一項分科，
不必負擔其父母學科的社會學主要的關懷和命運（近年間西方社會學面
對很多學術的與非學術的打擊與乖舛，而有逐漸式微之虞[2]），也不必附
麗於學院社會學的理論發展（Cotterrell 1986）。不過法律社會學還是帶
有社會學考察與探索的意味，而受到社會學複雜的、隱晦的理論傳統之
影響。事實上社會研究的知識傳統牽涉到對社會認知與方法的爭辯，絕
非一個單純的學科。因之，法律社會學一旦捲入社會學的傳統中，則對
其帶有玄妙、思辨的想法、龐雜但又豐富的理論、各種不同的方法、途
徑、觀點，也會使法律與社會研究沾染和活用。要之，這一研究強調法
律的考察需要社會學傳統的知識源泉，否則法律的探索會面臨窄門，甚
至死巷，其觀點要大打折扣，要受相當的局限。

　　一般而言，法律與社會的運動並未挑戰專業法律人員有關法律的理
念、知識與學說。這一學術運動與思潮所使用的「法律的」（legal）概念
至今仍是法律專業者所界定的、所承認的法律制度與法律實踐。也就是
這一學術運動並沒有要排擠掉，或排除專業者的法律觀念。有異於法律
與社會運動，法律社會學則雄心勃勃，或至少在其潛力下，有意經營一
個法律社會學的帝國，因為社會學就是存心把社會中的各部門，無論是
政治，還是法律，無論是經濟，還是文化轉變為有關全社會的總體知識。
要之，法律與社會思潮主張理論的折衷與廣包，方法上的隨和與寬容，

---

[2] 20世紀末西方社會學有趨向沒落之嫌，參考洪鎌德 1996：41-43.

而避免把各種學科依其解釋能力的大小，安排高低的位階，也就是避免學術的勢利眼。它所關注的是輔助專業司法人員，使用立法者、司法者、法律學者及一般市民都能理解，也都知道取向的法律概念而已。

　　法律與社會運動之核心議題為探討法律學說、制度與實踐同社會脈絡之關聯。蓋這些學說、制度、實踐正是立法者與司法者企圖要建立與社會環境之關係。在這種情況下，專業法律人員（律師、法官、立法者、法學者）所堅持的是規範性的法條、法學理念、法律制度與法律實踐之本義，而不是像社會科學者對法律廣泛的、客觀的、不帶價值判斷的社會研究。西方先進工商業社會的法律工作者，在 20 世紀裡頭，很難分辨政策衍生的問題與法律原則衍生的問題之不同、之區別。因為法律原則在合理化法律教條中被視為統一化與穩定化的價值。只要政策與原則的兩分化無法克服，那麼法律與社會運動的著作對法律的論爭沒有直接的作用。

　　儘管如此，對法律的社會功能、社會起源和社會效應之研究卻十分積極、非常精緻，以致法律與社會的運動逐漸地揭發了正統與教條的法律觀念之不妥善。近幾十年來該運動發展為全面的戰線，批評了法律專業人員有關法律的性質及其範圍的種種假設之不當。

　　將近半個世紀以來，北美法律與社會的運動，逐漸發展出理論來配合其經驗研究，在學術界取得很大的成績。近來這一學界進行宏觀理論（macro-theory）的營構，激發了有關經驗性社會研究效率的條件之爭辯，也檢討了法律與社會運動的成就與局限，以及社會法律研究的目標同政策制訂人與政策實現者要求之分歧（Cotterrell *ibid.*, xiv）。

　　要之，法律與社會的研究在今日可以看做是把在行動中的法律去除神秘化的努力，不讓法律專業者對法律解釋與理解有所壟斷，而把法律歸還給一般大眾，把法律在各種社會情況下的真面目加以揭露，去掉法律繁瑣、晦澀的技術性語言，讓非專業的普通百姓也能夠瞭解法律的真義和作用。

　　法律與社會的研究之作品有什麼特徵呢？第一，為尊重經驗研究的嚴謹，它對法律的社會世界之描繪完全立基於正確與詳細的觀察之上。

透過反覆檢驗的、可信賴的方法把觀察到的現象加以描述、比較、分析、研判，從而獲得有關社會生活與法律多樣性（diversity）的觀點。這些觀點的對照與比較，可以使經驗研究方法之可信度（plausibility）大增。第二，此一新思潮、新運動在激發懷疑的、持續的知識上之好奇。這種好奇可以轉向現代法的某些側面，該類側面對法律專業者而言，可能嫌瑣碎與微不足道，但把該側面綜合起來考察卻會發現其規定對社會的後果十分嚴重。對法律專業者視為平凡通常之事，常是社會學家研究的課題。研究的力量表現在其轉化平凡通常為特別、異常的能力，或把法律瑣碎之事轉變為具社會重大作用之事件。這說明了法律實踐的「常識」需要解釋、或辯正、或改革。法律專業者心目中離經叛道的行徑，有可能是一般市民日常的經驗與作為。第三，法律與社會工作者可以發展出理論的力量，也就是通過專業者與一般人所經驗的法律之現實性、實踐性之觀察，而抽繹出理論的洞見。也就是在經驗性觀察與分析的結論之嚴謹，可以使理論的意涵也具有相似的嚴謹。換言之，法律的社會研究內含比較的性質。這並不意味著法律體系、法律制度的比較研究，而是說法律與社會的研究常會找出可以應用於較多的法律與社會脈絡上的理論意涵來。法律社會學開闊的觀點會產生理念，這些理念能夠連繫社會中的經驗和截然有別的法律體系來。

在幾近半世紀以來的法律與社會之運動中，其作品主要在討論法律的衝擊和法律的效率，以及法律作為改變社會的潛在性工具。法律的衝擊之研究在指明某些法律（像契約法、勞動法、環保法等）、某些法律制度（像醫療制度、家庭扶助制度等），以及法律策略（民權法、黑白分治之歧視的對抗等）之適用情形和影響，它關聯到政策的辯論之上。法律與社會變遷之研究，則探討法律的改變（特別是法學教條、程序和機構之改變）同廣大的社會之變遷的關係。討論的重點在於質問法律究竟能扮演社會變動的工具之角色，到何種的程度？什麼是這個角色的限制？以及要扮好這個角色需要什麼樣的技術、設備之輔助？

討論法律為自主的、或半自主的社會變遷之工具，便涉及到對社會變遷的總理論，也就是一般的社會理論。這時只把焦點擺在法律之上，

而不涉及社會其他的因素（政治、經濟、民風、世局的潮流之推移等）是不夠的。是故理論的問題從法律成爲社會變遷的獨立變數，轉到社會經驗（包括法律實踐、法律制度、法律理念在內的社會經驗）之諸變數之上，也就是體認法律因素（制度、實踐、理念）既影響，同時本身也受影響到社會的、文化的、經濟的、政治的勢力之上。必須承認法律因素與社會勢力的相激相盪是複雜的、辯證的互動。

法律與社會之經驗性社會研究之貢獻爲重新思考一個概念：法律是人群社會經驗之一。這是在法律的政策研究之外，對法律的概念的擴張、更新有所改善與推進。包括在社會中法律道德性的位置、社會生活中道德氛圍正面或負面的型塑。在今日英、美資本主義發達到過頭的工商業社會中，個人主義的橫行、獨立、自由、個人選擇的意識形態之飆飛，造成社群性質及其道德基礎乏人聞問。在此關鍵的時刻，法律的角色同西方社會人群互賴的團結協和，群體合作之社會結構能否協調，成爲棘手而又急迫的問題。這些問題牽涉到由上而下、由中央而及於地方的管理、或由下而上的地方自治，在地人自行解決的社會控制之問題。特別是透過直接參與的民主方式，把在地的民眾組織成團結的、合作的，而非靠壓制、強力的法律手段所組成的志願與自願社群。由是自我管理，而非外頭的法律控制，產生了日常生活中經驗到具有道德意味的社群秩序。

一些人類學和民俗學取向的法律社會學者，把其注意力從官方訂制頒布的法令轉移到社群或社會成員日常應用的規範之上，從而把狹義的、實證主義的「法」的概念推擴到社會互動的道德架構之上。考察國家法與社群結構之互動，鼓勵學者對管理之再思考。管理成爲與社會互動之在地條件最具反應性與最具妥善性的行爲管理方式。

法律與社會研究在 1980 年代以來所面對的嚴峻考驗爲後現代主義對傳統的和現代的知識、真理、方法論的挑戰。後者視經驗研究所獲得的科學的有效性與真理不過是炎炎大言的後設言說、話語、論述（meta-discourses）而已。爲此近年來有關法律的社會研究，要受到批判的目的之指引，和受到倫理原則追求的指引。這種要求引發了學界的辯

論。是否存在著批評性的經驗主義（Trubek and Esser 1989; Sarat 1990）？是不是批判的目標之設置取代了經驗科學價值中立的標準？是不是法律社會研究符合了一個不公不平的世界中，公平的意義和必要之再思考底呼籲？研究的結果能夠解決一向成為爭議不斷的正義的概念所滋生之問題嗎？

　　就像其他社會科學一樣，法律與社會研究的作品，只能透過資訊的蒐集、證據的排比、事實關係的建立、邏輯的運用，從假設的提出及證明，到理論的型塑，來對複雜多變，不斷溜走的社會實相，投以其瞬間的一瞥。因之，它對社會總體的瞭解只是滄海的一瓢，也就是只能掌握部分的真相而已。理論的職責在於理解、解釋、調和這些部分的、武斷的、甚至相互衝突的觀點。把它們整合進一個更為廣闊的、不斷擴大的觀點中，而不致把法律經驗特殊的看法扭曲、瑣屑化、而甚至無用化而加以丟棄。經驗研究的任務，永遠在於阻止理論退化為教條。反之，經驗研究在蒐集始終不調和，各說各話的新證據，也從經驗得到的各種新的訊息，以及社會具有秩序的意象的新挑戰細加收入與辨認。從這種作法中，它不只為理論提供新的材料，也阻止不成熟的、不妥當的理論之出現，以免我們誤認複雜與變動中的社會世界業已呈現了真實與完整的圖像（Cotterrell 1994: xx-xxii）。

表2.1 法律社會學開路先鋒

| 項目　　人名 | 學 說 內 容 摘 要 |
|---|---|
| 貝卡利 | 提出18世紀歐洲法律制度之弊端及改革主張，尤重刑罰之適當（嚴重性、迅速性、確定性），為刑罰學的奠基者。 |
| 梅因 | 在《古代法》（1861）一書中，闡釋羅馬法理學及其影響。主張中世紀以來，法律從地位的確定邁向契約的規定。 |
| 斯賓塞 | 仿達爾文提出社會進化的理論，社會的分歧化、異質化，標明社會組織趨向複雜。早期的好戰社會發展為當代商業競爭的工業社會，法律起源於個人共識、習俗、命令、意志和個人利益的合致。 |
| 孫末楠 | 法律為民俗、民情、輿情的產品，力倡社會達爾文主義，強調個人主義、私產契約的自由，維護中產階級權益，賤視貧窮大眾，民俗、民情與輿情非一成不變，當其變革之際，危機產生，藉改革與革命來恢復社會秩序，社會／法律的變遷要符合輿情變化的要求。 |
| 霍姆斯 | 批判法律形式主義與概念主義的先鋒，在《普通法》（1881一書中首倡社會學的途徑來探討法律。社會的衝突而非社群共識產生法律，為社會法理學的首倡者。 |
| 龐德 | 主張拋棄法律形式主義技術的操作，而接受經驗現實和以行動為取向的目的性法理學。法律為社會利益的保護機制，社會利益涉及國家安全、社會穩定、公序良俗、資源使用、政經發展和個人利益，法律應為實現社會利益帶來實際的好處。 |
| 詹姆士和杜威 | 美式法律現實主義的倡導人，主張以實用、實驗和工具主義來排除向來死守法律邏輯推演之不當，改以經驗事實之歸納邏輯，來求取法律裁決符合社會現實之要求。 |
| 列衛林 | 闡釋現實主義的法理學，以行為內容為法律研究與推行的焦點，法律是實現社會目的的手段，應隨社會變遷而俱進，駁斥法律形式之概念，法官在參酌法條之餘，應重法案情境的感受，強調法律研究、法學教育及辯護制度之改善。 |

資料來源：作者設計。

圖2.1 羅馬法之父查士丁尼大帝加冕稱帝之時(西元527年)的馬賽克磁磚畫。

# 3 馬克思及其信徒談法律、經社宰制和法律消亡

# 一、前言

違背了他父親一再叮嚀與懇切的期待,在波恩大學與柏林大學專攻法學的青年馬克思,雖然對羅馬法及日耳曼法勤做筆記,也寫了數百頁左右的法哲學,最後還是受到當時浪漫主義思潮的沖擊,沉浸在文學詩詞與哲學裡頭,終於放棄了法學的鑽研,這些法律筆記也從此消失於人間。尤其是黑格爾把實然與應然的區隔與對立加以辯證地統一之後,使馬克思成爲黑格爾學說「激進」的信徒之一,以抨擊基督教與普魯士專制保守的觀念爲職志,於是馬克思哲學思辨愈來愈深沉,而離法律思想與專業的興趣卻愈來愈遙遠。

在柏林大學求學的前後期,19 歲的馬克思比較喜歡上的課,包括甘士(Eduard Gans 1786-1853)的法哲學。這位以宣揚黑格爾的理性主義來對抗歷史法學派薩維尼(Friedrich Carl von Savigny 1779-1853)[1]的法律學說之大學教授,孤撐著當時柏林大學自由派的思想之大旗。他的口頭禪便是進步,贊成法國 1830 年的革命,也主張英式虛位的君主制。他宣傳了聖西蒙把現代工廠中被壓迫、被剝削的勞工看成爲當代的奴隸,而要求以自由的公司行號,自由的社會組合來取代工廠制度。

在甘士影響下,馬克思一度想要爲法哲學尋覓一個理性的基礎,而撰寫一部著作。但他卻被迫放棄這一寫作計畫,其主要的原因是唯心主義中什麼爲是(實然),以及什麼爲應當(應然)這兩者之間的對立與矛盾,令他困惑不解[2]。雖然他後來在黑格爾晦澀難懂的哲學中找到實然與

---

[1] 薩維尼為德國法學家、歷史法學派的創立人,曾於1842-1848年間任普魯士司法部部長,進行法律之修正的工作。馬克思在1836年至1837年柏林大學就讀的秋冬學期,上過薩氏所教授的羅馬法,得到「勤快」的評語(*CW* 1: 699, 703)。

[2] 在給他父親的一封信(1837.11.10)(*CW* 1:10-21; *WYM* 40-50)上,青年馬克思透露了他對法哲學濃厚興趣,以及從康德、費希德,轉向黑格爾心路歷程,特別是黑格爾

應然的辯證統一（*WYM* 40-50; *CW* 1: 10-21），但法哲學的著作仍未完稿。在柏林大學求學的馬克思最後還是放棄法學，改以哲學做爲其博士論文的主題，而以通訊的方式獲得耶拿大學的博士學位（洪鎌德 1986：12-13；44-47）。

儘管野心勃勃，從小便立下生涯規劃的大志，馬克思並沒有系統性的法律論著。他有關法律與社會的關係之理解，要從他的人性論、自由觀、解放觀、國家觀、政治觀、經濟觀、歷史觀（洪鎌德 1997a；1997b）來加以抽繹、概括和歸納。在他 65 歲的生命史上，人們也可從其青年時代、中年與壯年時代，乃至晚年時代，不同時期的不同論述，提出他對法律差異性的看法。特別是早期對黑格爾思辨哲學的推崇，強調人類與歷史的理性發展，使他變成一位黑格爾派左翼門徒——黑格爾青年信徒（the Young Hegelian）。及至受到費爾巴哈哲學人類學的衝擊與恩格斯早熟的政治經濟學之影響，26 歲的馬克思豁然大解，遂從唯心主義轉變爲唯物主義。隨之法律也從人的意志之理性表現轉化爲經濟利益與階級對立的煙幕——階級統治的意識形態（馬步雲 1992：172-224）。

顯然在柏林大學求學時代中的馬克思，其法哲學的觀念受到兩位意見與立場相反的大師甘士與薩維尼的衝擊。前者代表自由主義、後者則代表法律的歷史學派，是胡戈（Gustav Hugo 1764-1844）的傳人。青年馬克思崇拜前者，排斥後者，這種態度即便是後來放棄法哲學的研讀，轉向哲學的思索，也未曾有所改變（McBride 1993: 132）。

## 二、法律爲自由的理性表述

取得博士學位之後的馬克思，在擔任《萊茵報》短期的主編時期，

---

企圖把實然與應然的矛盾化化除個解，對他心靈造成的震撼，參考曾建元 2000：266-284。

他發表了一連串與法律有關聯的文章，包括攻擊歷史法學派倡議者的胡戈，認為後者對財產、國家、婚姻等制度之存在，並未賦與合理的必然性，是缺乏理性的懷疑論者。馬克思認為把法律當做「非理性」的歷史權力之表述，也就是把法律當做人民的傳統與社會生機的成長來看待，會造成人們對法律標準的放棄，而誤以為任何發生過的事物是合法的、是符合道德的，這種歷史法學派的法律，便被馬克思斥為「任意權力的法律」（*WYM* 96-105; *CW* 1: 203-210）。對他而言，法律乃為「理性」（Reason），一種抽象的能力，是從歷史裡頭分開出來的抽象能力，是法律活動中牽涉到必然的規則之合理表述（引自 Kamenka 1972: 32n）。

事實上，在馬克思擔任《萊茵報》編輯期間，他討論的不只有普魯士報紙審查令、土地權擁有者（地主）是否進入普魯士國會擔任代議士、報紙與自由等等問題，還涉及離婚草案（該草案的精神只是修法，而非婚姻制度的改革；婚姻關係只當做教會法的延續，而非世俗法的一部分；該草案規定離婚手續的繁瑣與顯示前後矛盾等等缺陷）。模仿黑格爾宣稱在家庭與兒女裡頭，婚姻是一種「倫理的實在」，是故他反對輕易的離婚。不過婚姻如果無法與「倫理的實在」之概念相配稱，則為婚姻的死亡。法律能夠承認這種名實不符的婚姻，而宣布婚姻無效，無異為「人民意志有意識的表示」（*WYM* 141; *CW* 1: 309）。馬氏續指出：「立法者必須把自己看做是一位自然主義者（naturalist）。他並不在制法，也不在發明法律，他只是〔按照自然法的考量〕在型塑法條（formulates laws）。他在有意識的，實證的法條中把其精神上的關係之內在原則予以表述。立法者如輕易地把事物的自然〔本質〕易以他妄想、私意，那麼會被譴責為大膽妄為（gross arbitrariness）。」（*WYM* 141; *CW* 1: 308）。立法者要證明婚姻是否已在道義上消失，而准予配偶離婚，只好訴諸婚姻這一概念。婚姻的現實條件與其實質是否符合，卻由每個社會的認知與普泛的意見來決定。因之，馬克思把法律當成「人民意志有意識的表述，法律是由人民創造，也通過人民來加以創造的」（*WYM* 141; *CW* 1: 309）。

他在這段期間尤其抨擊萊茵省議會有關盜林案的制法之討論，特別是把窮人在森林中拾取殘枝敗葉當成山林竊盜來重罰之不當。馬氏指

出，拾取殘技敗葉是日耳曼及其他各國傳統上窮人習慣法的權利
（customary right），這種窮人的權利與特權階級的權利剛好針鋒相對。
對特權階級而言，這種習俗是與法律相反的。習俗的歷史要溯源到人類
出現的歷史，故爲自然史之一部分。「人類變成了特殊的動物種類，這時
使人與人發生關聯的不是平等的關係，剛好相反，就是靠著法律所規定
的人與人之間的不平等。不自由的世界條件要求法律表述這種不自由。
另一方面人類的法律卻是自由存在的方式。只有動物的法律才表現了不
自由的存在方式」（*CW* 1: 230）。所以基本上法律應是自由的，平等的，
但現實上特權階級卻把人類的自由與平等關係，透過法律來造成不自由
與不平等的社會關係。

誠如澳洲國立大學思想史教授卡門卡（Eugene Kamenka）所指出：
馬克思作爲左派黑格爾門徒，也是激進的民主人士（「真正的民主」之主
張者），在 1842 年至 43 年之間，青年時代的他完全接受黑格爾的看法，
視「真正的」法律爲自由的體系化，也是「普泛的連貫的人類活動之內
心規則」。因之，這種「真正的法律不可能是從人的外頭，施予人類的強
制性規範，有如對待動物所施行的管訓一般」（Kamenka 1991: 306）。


# 三、馬克思批評黑格爾的法哲學


1843 年春馬克思在普魯士政權引用報禁命令封殺《萊茵報》的出版
之後，在其新婚妻子的娘家克羅茲納赫賦閑待業。爲了攻擊這個被黑格
爾描述爲「理性國家」的普魯士，馬克思在重讀黑格爾的《法哲學大綱》
之後，開始把該書從 261 條至 311 條，逐條登錄，然後一一加以析評。
這個歷時半年才完成的評論稿，就像馬克思（與恩格斯）早期的遺稿《德
意志意識形態》（1845-46），以及在此前的《經濟哲學手稿》（1844），也
如同《政治經濟批判綱要》（1857-58），遲到 20 世紀 30 年代、或更遲才
一一刊載與迻譯成英、法文版本出梓（洪鎌德・方旭 1994：33-58）。

馬克思對黑格爾法哲學的批評,誠如他在《政治經濟學批判》〈前言〉（1859）所指出:

> 我第一部排除疑慮,而著手撰寫的著作為黑格爾法哲學批判性
> 的論評……研究的結果發現法律關係,正如同國家的形式無法
> 從其本身去理解,也無法從所人的心靈之一般發展來捕捉,而
> 是要追蹤其根源於生活的物質條件。這就是黑格爾追隨18世紀
> 英、法人士所綜合稱呼的「民間社會」。要解剖民間社會,首
> 先便要弄清楚政治經濟學。（*CW* 1: 503）

換句話說,法律關係不是建立在國家或立法者的心意之上,而是立基於社會的生活條件之上。因之,法律根源與其說是政治國家,倒不如說是民間社會（市民社會、公民社會）。這是早期馬克思對法律與政制初步的看法,也是他試圖批評黑格爾從觀念論、唯心主義出發的法律觀與國家觀之緣由。

此外,黑格爾指出立法者的制法之權威,為憲法的一部分。但憲法卻不受立法所限制、所決定。換言之,立法權是憲法的權力,但卻超越於憲法之外;另一方面既然立法權是憲法權力的一部分,所以應該附屬於憲法之下。這種立法權既是附屬於憲法,但又超越憲法的說法,顯然是一個矛盾。黑格爾雖然舉了一大堆理由,都無法解開這一矛盾。換言之,憲法是政府與民間社會之妥協,本身含有各種各樣的權力。但法律無法宣布任何一個權力、或是任一部分有權去修改全部的憲法（*CW* 3: 54-58）。要之,黑格爾無法解開作為憲法保護者立法機關所當為（應然）,以及作為憲法修改與發展者立法機關之實際作為（實然）之間的矛盾（Kainz 66）。

顯然,在他最早期的著作中,馬克思強調法律為人類自由的存在之表現。法律無法從外頭去干涉、或強制人的行動。人的行動是受內心有意識理性之驅使,也就是受著自然法的規範,受著自我決定道德律之約束。此外,法律概念不容許外頭勢力的干預,特別是不能受到宗教、聖神之類的勢力之入侵滲透。蓋宗教是一種幻想,一股異化的力量,會把

自由、自決的人類踐踏成聽命於外頭勢力而自我作賤，自我矮化的禽獸。馬克思這種強調自然法的理性與追求自由的法律觀，隨著其後對黑格爾唯心主義的批評，而被迫改弦更張。最後，終於加以拋棄。

# 四、法律是人的自我異化

在撰寫《經濟學哲學手稿》（1844）、《神聖家族》（1845）、《德意志意識形態》（1845-46）和《哲學的貧困》（1847）之間，馬克思仍舊以哲學的批判來抨擊倚賴私產為基礎的資產階級社會。這時，他對當時工業資本主義社會現存的法律與實際運作的法律看做是一種異化的形式，乃是具體的人類與具體的社會現實之抽象化：法律就是法律主體，法律權利與法律義務的抽象化。在宣告人人在法律之前的平等，在國家範圍內的政治平等之外觀下，卻允許宗教的、經濟的、社會的不平等，甚至一方宰制他方之不合理現象底存在。從而把法律主體的人與政治公民，從市民社會經濟人這層身分徹底分開出來。

在《經濟哲學手稿》中，馬克思稱私產乃為人的自我異化。是故共產主義乃為私產的正面揚棄，使人回歸到社會，也就是恢復人的本質（*CW* 3: 296）。物質的、也就是看得的見的私產，乃是異化的人之生活底表述。人的生命活動就是生產與消費、也是人的現實生活之具體化。法律就像宗教、家庭、國家、道德、科學、藝術等等，只是特別的生產方式。因之，其發展、其運動，也與生產的發展律相同，是故私產的正面揚棄，乃是人的生活之重新掌握，也就是其異化之正面揚棄。使人從家庭、國家、法律、宗教等等異化的生活中，特別的生活中，返回人的一般的生活，社會的生活（*CW* 3: 297）。

馬氏又指出「人一旦看出：在法律與政治當中過著一種異化的生活，就會在這種異化的生活中，安排其真實的生活。這就是說在矛盾中的自我證實，自我確認……會找到真實的知識與真實的生命」（*CW* 3: 339）。這

些都是年輕的馬克思在批評黑格爾把民法、道德、宗教、民間社會、國家等真實的人之活動領域之存在，當做不斷轉化與變動之「瞬間」（moments）來看待，也就是變成人存在特別的方式、變成運動的片刻、變成只有靠思想與哲學才能掌握的抽象品，是人自我異化與抽象化（*CW* 3: 338-339）。

要之，從對黑格爾法哲學的批判裡頭，馬克思把法律視同為宗教、國家、家庭、藝術一般，都是意識的外化，也是人真正生活的異化。

造成人的異化主要的原因是在資本主義的生產方式下，作為勞動動物的人類不但從其產品異化出來，也從生產過程的單調乏味、勞瘁身心，甚至工作環境的險惡中異化出來。更重要的是在勞動中把別人當成競爭對手、對敵，而從人的夥伴關係異化出來。個人對別人乃至全人類禍福與共、彼此關懷、前途瞻望都逐漸消失。取代社群或共同體的聯繫，變成了只有法律的約束（Turkel 73）。

青年馬克思在 1840 年代中期的著作，以各種的方式分析了法律是經濟異化和政治異化的基本面向。法律把人群分散為原子化的個人，而建立了人際的、社會的關係，法律也便利擁有資源者對勞動大眾的操縱與控制。隨著資本主義的興起，法律的概念和範疇在於界定與落實人的勞動與日常活動，也就是把人群轉化為個人之間如何以別人為手段來追求自己的目的這類的社會生活。當每個人只顧自己的存活而不關心別人之際，法律支持與界定了社會的階級，也就是以人的財產、契約和資本主義生產的活力來界定每個人屬於那一個社會階級。

馬克思以為當人群區分為生產者與消費者之時，法律形成了以及界定了人的經濟異化。靠著法律的概念與理念確立了勞動乃是人的異化的活動，使人群必須透過市場來購買與出售人的生產品。此外，法律與經濟形式同國家以及同政治的組織密切關聯。只要經濟異化，政治也會異化，法律當然也會異化。

資本主義就是透過「基本的法律關係」建立起來。這些基本的法律關係反映了社會中的經濟關係，也是理解資本主義社會商業、工業、雇傭關係不可或缺的方法。經濟活動者用以瞭解他與別人的關係，就靠著

這種法律概念、經濟權利之維護、辯難也仰仗這些法律概念。資本主義的經濟關係與活動就是靠國家的警察力量在法官裁決後，以法律的面目來執行、來落實。

契約與財產是資本主義種種範疇中與法律「無從脫逸的聯結」之兩項制度，契約與財產是「靠法律來落實與保障的」（Stone 1985: 51）。

法律不只界定了經濟關係狹隘的範圍，更界定了廣泛的政治與社會關係。青年馬克思指出，型塑個人每日勞動與工作以及家庭與社區活動背後的經濟關係同法律關係，實際上乃是法治、憲政主義和政治的主要來源。換言之，馬克思說，造成法律與經濟同社會關係之邏輯，也就是使法律連結到國家同政治的邏輯。法律把人的產品轉變爲商品可供買賣，同樣法律也把個人轉化成公民。透過法治的概念身爲公民的諸個人，成爲擁有意志與權利的法律與政治主體，人成爲「抽象的法律人身」（abstract legal person）（Balbus 1977b: 577）。就像金錢和法律定義下的交易、私產把個人及其產品建構成異化的勞動以及人對別人的宰制一樣，法律的界定不管是平等、權利、公民權都把人群集體的，而非個人政治能力加以異化，原因是法律的自由與平等掩蓋了事實的不自由與不平等。

經營法治、憲政主義和公民的平等權是自由社會進步的象徵，卻無法把人群從壓迫的社會關係完全解放出來。一旦人與別人分開、疏離異化，而與別人站在爭權奪利、相互競爭乃至廝殺的劍拔弩張中，仇恨、怨懟、不寬容到處皆是，則猶太人企圖從宗教中解放出來、從政治的歧視解放出來是不可能的，這是馬克思在〈論猶太人的解放〉（1843/44）一文中的看法，他要求的是人從社會中、經濟中解放出來，也就是要求人的徹底解放（洪鎌德 2000a：1-21）。在政治上強調法治、憲政主義、個人權利雖提供個人的參政權與某些自由，但究其實際仍在保護私產與階級的宰制。在這層意義下法律成爲政治異化的表現。

# 五、法律與統治階級

　　現代國家的崛起完全是依循私有財產擁有者——布爾喬亞——之要求，配合他們內外之所需，為他們財產與利益提供相互保證與保障。「由於國家是統治階級的個人們保障他們共同的利益，也是一個時代中整個民間社會之縮影，於是各種的公共制度乃在國家協助下逐一設置，並賦予政治的形態。在此情形下，把法律看做是立基於〔眾人〕意志之上，就不免流於幻想。事實上法律已脫離其真實的基礎，而變做立基於『自由』的意志之上。同樣，法律（*das Recht*）也化成法條（*das Gesetz*）」（*FS* II: 93; *CW* 5: 90）。

　　在批評施提訥（Max Stirner 1806-1856）的自我中心學說時，馬克思也指摘施氏把社會主導意志當做法權，當做法律來看待。換言之，對施氏而言，法律成為國家主導的意志，或稱是國家的意志（*CW* 5: 328, 331）。馬克思駁斥法律為國家或統治者的意志，也駁斥權力是法律的基礎。他說不是個人的意志，而是人群的物質生活，生產與交易的方式才是國家與法律的基礎。「在這些條件下進行統治諸個人——暫時不談他們的權力必須取得國家的形貌——要把他們的意志作出表示，以國家與法律的方式來表示，這些意志表示的內容永遠是受到階級關係來決定，這就是民法與刑法最清楚明白的展示」（*CW* 5: 329）。

　　換言之，馬克思早便認為統治者在執法時，必須排除個人的喜惡，必須去除個人理想的意志，而以「客觀公平」的法律形式，以及照顧社會全體利益的名義來進行統治。如果此時還提到意志的話，那麼受到其共同利益所決定的意志表述，就是法律（*ibid.*）。原因是人人獨立自主，人人有其意志彼此在各自利益追求下，人人都是自私自利。在法律與權利當中有必要做一個限制，這就是人人必須自我克制、自我否定，這樣才能保有共同的利益。同理被統治者，其意志對現存的法律與國家影響

有限。在生產力不足之下，競爭仍舊頻繁，被統治者為苟存殘活而拚搏，縱然他們空有「意志」要求取消競爭，取消國家、取消法律、也只是奢想而已。

施提訥把反對國家、法權、法律等「神聖」事物，視為犯罪。這點受到馬克思嚴厲嘲諷與抨擊，這無異把政治犯罪與法律犯罪一概當做對「神聖的」國家、法權與法律之違背看待。須知包括施提訥在內的日耳曼意識形態家，都是從「概念」出發，幻想出「國家」、「法權」、「法律」等「神聖的」概念來。因之，一旦人們違反這些概念，便告「犯罪」了。馬氏說：「法權的歷史顯示在原始時期，〔不是概念，而是〕事實的關係建構了法權。及至民間社會浮現，個人利益轉變成階級利益，法權的關係發生變化，而取得文明的樣式。這種關係不再是個人的，而是普遍的關係，此時分工把分開的個人之間衝突的利益之保護給與少數〔統治〕者之手中，於是以野蠻的方式貫徹法權之作為遂告消失」（*CW* 5: 342）。因之法權不過是階級關係的法律表述而已。

馬克思進一步指出布爾喬亞以及民間社會的眾成員都被迫稱呼自己為「我們」── 這個法律上的人身，或是國家的公民，其目的無他，不過在保衛「我們」的公共利益，同時也為了分工的緣故，把集體的權力交給少數人。因之，也就造成少數的統治者（*ibid.*, 357）。這裡看出法律的人身，公民的身分，無非是為了保衛特定階級的共同利益，而產生的國家機制。基於分工的必要，國家機關分官設司，實行統治，也是階級社會必然的現象。個人的物質生活，他們的生產方式，他們所形成的利益，都彼此制約。統治者便是在這種人人追求物質生活，而又保護其階級共同的利益之情形下，藉國家的名義來實行統治，藉普遍的國家意志之名義，也就是藉法律之名義來進行統治。而法律做為普遍意志之內容經常由統治階級對別的階級之關係來決定（*CW* 5: 329）。是故法律與國家以及統治階級關係密切。一方面國家似乎獨立於物質生產與流通之外，國家擁有公權力，而統治的官員高高在上、站在社會的頂端，假裝超然於衝突的諸階級之上、之外，在進行排難解紛。另一方面，法律、政治如同宗教與哲學一樣，表面上也超越於各種物質條件之外，也超越

於國家之外，顯示某種的獨立自主，究其實不過發展爲意識形態的假相而已。是故國家、政府、統治者，資產階級都有其一脈相承的利害關係。

要之，馬克思與恩格斯[3]在長篇大論反駁施提訥的文稿中，不只批評後者的法律觀、法權觀、犯罪觀、懲罰觀，主要在說明法律並不直接處理階級與階級之間的關係。反之，法律主要目的在熨平統治階級本身之分歧，間接地凝固統治階級的優勢地位。換言之，把此時馬克思的法律觀解釋爲對工人階級鎮壓，甚至「壓制工人」（putting down the workers），「修理工人」（worker bashing）等等，都是對馬克思法律觀過度簡化，甚至歪曲（Cain 1982〔1974〕: 63-64）[4]。

# 六、法律的產生：分工與交易

馬克思曾經指出：造成階級社會的崛起是由於分工與私產兩項社會制度的運作。他擔任記者的時代開始就主張取消私有財產，也在早期的著作中抨擊分工，視分工爲造成個人原子化、零碎化的原因。可是年歲稍長的馬克思對分工的看法，已有相當大的改變。從《哲學的貧困》（1847）至《資本論》（1867）卷一第14章，都表示馬克思指摘資本主義的擁護者，何以在工廠講究分工，注重計畫，要求監督，而提升生產力，但在整個社會上，卻任憑各人各業進行惡性競爭，一切活動悉依市場的指標，以致完全陷入經濟的無政府狀態中。因之，他不認爲社會轉

---

[3] 本章以馬克思法律觀之評析爲主，而以恩格斯對法律的看法與說詞之剖析爲副，兩人觀點大部分一致。但在說明方面，恩格斯淺白的語言，條理的解釋，有時更能服人，所以在本章中也引用不少恩氏說詞。

[4] 事實上，馬克思強調壓迫、壓制是在生產圈中特殊的與具體的現象。反之，像自由與平等這些概念卻流行於流通圈中，而成爲普遍的與抽象的原則。是故法律主要在流通圈中運作，目的在便利商品的交換。法律形式的邏輯不在強制，只是價值形式拜物教之表現而已，法律便利和組織了商品的流通，而非壓迫、鎮制的技巧（Kinsey 1993: 205）。

變爲一個「龐大的工廠」對資本主義的擁護者而言有何不對，有何不可？（*C* I: 35；洪鎌德 2000a：401-402）。

事實上分工涉及到法律的產生，所以我們不妨在這裡加以討論。在《哲學的貧困》（1847）一書中，馬克思曾經把社會與工廠的分工做了一個比較，他認爲如果把工廠的分工投射到全社會的話，那麼爲著社會財富的生產，整個社會就要出現一名僱主，他根據固定的規則，分配職務給社會的每一成員。但這種譬喻與投射卻行不通，原因是工廠可有一位僱主擁有發號施令的權威與權力，社會卻沒有這種規則與僱主（領導人）可擁有工作的分配權。因之，至今爲止社會的勞動仍呈現人人各自爲政、各自競爭的無政府狀態。

現代社會無此一固定的規則，但以前的社會，不論是父權社會、教階（喀斯特）社會、還是封建社會、還是基爾特的體系，都有涉及全社會分工的原則。這些原則是不是任何一位立法者來制訂的呢？馬克思的回答是斬釘截鐵的「不！」。這些規則產自物質生產的條件，其後才演進到法律的地位。在規則變成法律的情形下，分工的不同形態變成了社會組織的基礎。與工廠的分工相比，所有社會形式的發展中，分工的發展與規律的發展都嫌太少，也嫌太慢（*CW* 6: 184）。

馬克思下了一個結論：監督社會裡頭的分工之權威愈小，工廠裡頭的分工發展得愈細緻，工廠中服從一個人的權威愈益明顯。「是故在涉及分工方面，工廠中的權威與社會中的權威是呈現了反比例的關係。」（*ibid.*, 185）。

上面這段話除了表示馬克思不滿工廠分工這麼仔細，主宰分工的權威如此重大。反之，社會卻欠缺分工，即便有所分工也是勞動的彼此競爭，因爲缺乏了有意識、有計畫、有理性的整個社會的規劃之緣故。這裡還透露他對法律的出現，是看做物質生產的條件使然，也就是爲進行物質生產，社會（群落、團體）必須分工，爲了安排分工，就要制訂一些固定的規則，其後才由規則慢慢發展爲法律。

在《共產黨宣言》（1848）中，馬恩認爲法律的產生，是由於握有生產資料者的資產階級與統治階級，藉著立法的手續，使法律產生的。他

們兩人指摘資產階級只是一心一意要保護其自由、文化與法律。因之「你們〔資產階級的成員〕的真正理念不過是你們布爾喬亞的生產與布爾喬亞財產情況之增長，這就像法哲學〔法理學〕是你們的階級意志轉變爲全體〔百姓〕的法律如出一轍。你們的這種法律與這種意志之基本性質和方向，不過是受著你們階級存在的經濟情勢〔條件〕所決定而已。」（*CW* 6: 501）。

這說明法律的制訂完全取決於有產階級與統治階級的意志，把一個階級的意志當成全體社會成員的意志來立法、來制法。但進一步觀察，這種法律與意志的性質只不過是反映了資產階級的生存條件與經濟利益而已。

恩格斯在《路德維希·費爾巴哈與古典日耳曼哲學之終結》（1888）一小冊中，曾經指出國家，特別是現代國家，儘管擁有龐大的生產與交通的資料，其發展卻不是獨立自主，而受到社會生活中經濟條件所制約。不只是國家，就是公法與私法也要受到當事者的諸個人之經濟關係所決定。這種經濟關係影響法律制度，可由英國法律與歐洲大陸法律兩者的不同形式來看出端倪。在英國古老的封建法律仍保有法律的外觀（形式），但其內容卻是布爾喬亞。也就是說法律規定的內涵是涉及資產階級之利益。在歐陸方面，各國法律都是師承羅馬法（因爲古代羅馬是一個最早商品生產的社會），蓋羅馬法詳細規定商品擁有者之法律關係（像買者與賣者、債主與負債人、契約、義務等等），遂成爲西歐各國法律的楷模。英國與歐陸的法制，或爲保護少數小資產階級、或是保障封建地主、貴族、僧侶之利益，而把法律建構在普通法，或法庭判決的先例之上；還是訂定特殊的與嚴密的法典，以滿足各該社會政經勢力之需求。其結果顯示即便是發生 1789 年大革命的法蘭西，居然可以**繼續在羅馬法之基礎上**，發展了法蘭西的《民事法典》（*Code Civil*）。恩格斯遂稱：「因此，布爾喬亞的法律規則，只是在法律形式下表述了〔資產階級〕社會經濟生活情況。他們〔布爾喬亞〕做得好或做得壞，完全依其情勢來決定。」（*SW* 3: 371; *CW* 26: 392）。恩氏這個說法一方面強調法律只是資產階級經濟情勢之表述，他方面也說明法律的產生與商品交易的出現有關。

從前面的敘述我們大概可以歸納馬克思與恩格斯對法律產生的因由，不外是：

（1）**分工的出現**：對工作分配的管理需要把固定的規則轉化爲明確的法令。

（2）**商品的交易**：特別是第一個商品社會的羅馬帝國之崛起，遂有各種各樣規範來規定，商品交易的人身（契約、義務、權利等等）之法條、法典之建立（SW 3: 370-371）。

（3）**私產的保護**：爲了對有產階級的私有財產進行保護法律乃告產生。

（4）**階級的崛起**：分工與私產制度造成社會分裂爲對峙的兩大階級陣營：有產階級與無產階級。

（5）**資產階級及其代議士的立法舉動**：目的在伸張資產階級的意志，同時也在保護資產階級與統治階級的經濟利益。

# 七、馬克思論意識形態

馬克思把法律當成兩層樓譬喻的社會上層建築之意識形態的一環，法律也就是下層建築的經濟基礎之反映。因此，瞭解馬克思對意識形態看法，是開啓他法律觀大門的另一把鑰匙。馬克思在早期談意識形態時離不開他對宗教的批判。如同費爾巴哈一樣，神是人的異化，人是神的異化，宗教是現世人類受苦受難的精神反映，是現實世界的翻轉與顛倒。（inverted）的意識。宗教的翻轉與顛倒，其目的在人的心態上彌補現世的缺陷，是故做爲現世充滿矛盾、災難重重的遮蔽、掩飾、變形、翻轉，宗教就是一種撫慰人間傷痛的麻醉劑—群眾的鴉片，它發揮了虛假意識的作用。

馬克思早期的意識形態觀不但來自於對宗教的批判，更是對古奧日耳曼觀念論重視意識的批評。這時的馬克思尚未對現實世界——資本主義社

會——展開猛烈的抨擊與客觀的分析,所以他的意識形態還談不上是對資本主義社會經濟的活動,特別是生產與流通之充滿矛盾,嚴詞撻伐。但至少已透露人的觀念,意識與其現實生活(物質)條件之嚴重分歧,也就是認為意識形態代表了思想的扭曲,因為它隱藏與掩飾社會的矛盾。

馬克思早期只論意識,但沒有使用意識形態這個詞彙。其首期為1842年至44年的作品,這一時期主要為哲學的論辯,其牽涉的人物為黑格爾與費爾巴哈。這時期他對宗教與黑格爾哲學之批判,使用「翻轉」、「顛倒」(inversion)等字眼,主要在揭發觀念與現實之不一致,甚至相反。黑格爾的翻轉是指主體變為客體,客體又變成主體的過程。例如說理念主體必須藉現實世界(客體)來體現,以及指出普魯士這一國家為理念的落實,政治國家為民間社會「絕對的普遍化」,忘記了國家基礎來自民間社會,是受民間社會決定的。

不過黑格爾對主客體的翻轉,並非意含幻想不實的看法;相反地,意識的翻轉顯示了事實(現世)的翻轉。

馬克思第二期的思想發展開始於1845年。這一年標誌著他與費爾巴哈劃清界限,也包括對黑格爾青年門徒展開猛烈的攻擊,這也是馬克思與恩格斯唯物史觀形成之始。這一階段延續到1857年《政治經濟學批判綱要》(簡稱《綱要》)撰寫之前。這段時間馬恩對社會與歷史發展有其特殊的看法,也就是告別黑格爾與費爾巴哈的思辨哲學與哲學人類學。其目的在使人們從錯誤的理念,錯誤的意識中解放出來。換言之,黑格爾門徒只是使用一些詞句來反對另外一些詞句,而不敢對抗真實的世界,不敢對抗矛盾的現世。馬恩指出人類真正的問題,並不是錯誤的,虛偽的理念,而是實際的社會矛盾。其實,理念的矛盾乃是真實社會的矛盾之反映。

人類物質活動的有限,使他們在實踐上無法解決生活的矛盾,於是把這些矛盾投射到意識裡頭,而取得意識形態的形式。換言之,在單純的理念或言說(論述)裡,意識形態掩飾了矛盾的存在,或誤解了矛盾的性質。由於遮蔽與掩蓋了現實的矛盾,意識形態的發揮扭曲的作用,有助於統治階級的延續,也促進了統治階級的利益。是故意識形態成為

負面的，以及自我設限的概念。所以是負面，因爲意識形態涉及到扭曲事實，對矛盾給與錯誤的表述。意識形態所以是自我設限，因爲它無法掩蓋所有的錯誤與謬失之緣故。意識形態與意識形態扭曲的理念之關係，不能看做是錯誤與真理的關係。換言之，意識形態的作用不能用批判來糾正，只能靠造成意識形態扭曲之事實矛盾，以獲得實踐上的解決與克服，才能掃除意識形態之弊端。

馬克思知識發展的第三期爲 1858 年開始著手撰述《綱要》之長稿，而這段時期延續到 1867 年《資本論》卷一的出版爲止。這段時期中致力於政經批判與科學分析的中年馬克思很少使用意識形態一詞，而是把前述「翻轉」、「顛倒」一詞的再三重覆引用與詮釋。此時馬氏研究的結論是指出某些理念被扭曲，或是對事實（實在）做出翻轉，乃是因爲理念與實在相互顛倒的緣故。這種實在與理念的顛倒，翻轉是直接的，不經中介的。他對資本主義社會關係具體的分析，所得到的結果是：存在於「翻轉的意識」與「翻轉的實在」之間，卻存在一個外觀所中介。這一外觀、表象進一步去建構實在。這一外觀就是「現象形式」（phenomenal forms）的氛圍、圈圈（atmosphere）。這一氛圍、圈圈完全受到市場與競爭的推動（流動圈）所建構。因之，流通圈變成了生產圈翻轉的表現。其下面還潛藏了一個「真實的關係」。

是故，馬克思說：

> 在競爭中每件事物都以相反〔顛倒〕的方式表現出來。我們在外觀上看得到的經濟關係之最後模式，在其事實的存在以及經濟關係載體與經紀人的理解中，都與這些人內心的，隱藏的本質模式相反，也與他們的內心的理解與看法相反。（*C* III: 209）

這表示在資本主義社會中，市場與競爭的運作構成了經濟關係「現象的形式」，也就是外觀上我們看得到的，也是進行經濟活動的生產人、流通人與消費人，企圖理解的經濟現象。但這種外觀與現象卻是真實的經濟關係顛倒過來的假相，也就是虛假的、意識形態的表現。

是故意識形態隱藏了看不見的經濟關係、本質的模式，也隱藏或遮

蔽真實經濟關係之矛盾性質。不探察本質,而只看表象,就是意識形態的功能。換言之,置生產圈的矛盾實質不談,只重流通圈和諧的表象,吾人乃得到經濟的意識形態。這種由經濟的意識形態所構成的外觀世界,包括勞動力買賣地域,甚至被看成「人的與生俱來的權利的伊甸〔樂園〕。在那裡只有自由、平等財產和邊沁在進行統治。所謂的自由是指勞動力當成商品來買賣的雙方是透過自由的意志來進行交易。他們以自由經紀人〔行動者〕之身分締結契約,他們買賣同意,也賦予共同意願的法律表示。之所以稱呼是平等,乃是進行〔勞動力〕買賣的雙方,都是簡化為商品的擁有人,在進行等價的交換。所以稱做是邊沁,乃是每個交易人只看到自己〔利益和功利之所在〕。把這些人結合在一起的力量,不過是人自私自利,也就是每人的所得、私人的利益。個人只關心本身,而不關懷別人。正因為他們人人如此做,他們是根據事先建立的事物和諧之規則以行事,而且是在巧妙的全能天命之庇蔭下進行,來為彼此的利益,共同的福祉,全體的利益進行交易。」( C I: 172) 。

　　市場不只是經濟意識形態的場域,也是政治意識形態的源泉,馬氏在《綱要》一草稿中指出:

> 交易是一種經濟形式,交易的主體,同時也是經濟形式的主體
> 必須各方面都是平等的〔包括主體之平等,與交易品之平等〕。
> 至於經濟的內容〔交易的內容〕是自由,原因是導致交易的個
> 人和客體物質就是經濟〔交易〕的內容,他們必須擁有自由。
> 是故建立在交易價值基礎上的交易,不但要尊重平等與自由,
> 而且交易價值的交換是具有生產性,也就是所有平等與自由之
> 基礎。當做純粹的理念,它們〔平等與自由〕乃是這一基礎的
> 理念性表述。在發展成法律,政治的與社會的關係上,它們是
> 邁向更高權力的基礎。 ( G 245)

　　這段話在於說明市場(也就是交易場所)與交易,不但必須尊重交易者平等與自由,就是平等與自由也是交易的理念的表述。它們(平等與自由)朝向更高權力邁進,也就是在政治領域上,形成為一種意識形

態而發展成法律的關係，政治的關係和社會的關係。於是作為政治意識形態的平等與自由理念是具有「生產性」（productive），能夠影響社會形貌及其發展。

不過布爾喬亞平等與自由的意識形態，只是就交易的表面而做的粉飾工作。在表面上的交易過程之平等與自由的背後人們卻發現：「這種表面的個人平等與自由失蹤了，取而代之的是可以證明的不平等與不自由。」（*ibid.*, 249）。

要之，馬克思從早期對宗教的批判及後期對神秘化經濟外觀的拆穿，特別是拆穿資產階級平等與自由虛有其表，都反映了他前後一致的意識形態觀。人在意識與在現實生活中的雙重翻轉，可以說是馬克思從青年時代至老年時期保留不變的觀念。把這雙重的翻轉應用到資本主義生產方式的分析，就顯得更為複雜，更為晦澀難懂。不過從頭至尾意識形態保持其帶有批判與負面的性質。這一詞彙的應用都牽涉到矛盾的實在，翻轉的實在之掩飾作用、扭曲作用。在這樣的說明下，通常把意識形態當做是虛偽意識，錯誤意識來看待，並不適當。這容易把意識形態混同為錯誤，假使沒有指明意識形態為某一實在之扭曲的話（Larrain 1991: 247-249）。

# 八、法律與意識形態

關於法律做為意識形態一部分，以及下層建築（生產方式）對上層建築（意識形態）的決定關係，都是馬克思唯物史觀的核心。依據他唯物史觀的看法，是人群社會存在決定人群意識，而不是意識決定人的社會存在。更具體地說，作為勞動生物的人，必須進行物質生產，為的是使個體得以生存和種族得以綿延。是故在《政治經濟學批判》〈前言〉（1859）中，馬克思指稱：

在人們從事社會生產中，人群進入特定的、必然的、不受其意
志左右的關係裡。這種關係可稱為生產關係。它與其物質生產
力一定的發展階段相配稱。這些生產的關係的總體造成了社會
的經濟結構，亦即實質的基礎。在此基礎之上矗立著法律的與
政治的上層建築，並且有與實質基礎相配稱的特定的社會意識
形式之存在。物質生活的生產方式絕然地決定著社會的、政治
與精神的生命過程。並不是人群的意識決定其存在，而是其社
會存在決定其意識。在發展的某一階段裡，社會的物質生產力
與其現存的生產關係——以法律字眼來表達即財產關係——造
成矛盾難容。這種生產關係突然由生產力的發展形式中變成後
者的桎梏，於是社會革命的時期不旋踵而降臨。隨著經濟基礎
的變遷，整個巨大的上層建築也跟著作或慢或快的變化。考慮
到這些變化，必須永遠分別生產的經濟條件之物質變化——這
是可由自然科學精密地加以規定——同法律的、政治的、宗教
的、美學的、或哲學的，一言以蔽之，意識形態之變化的差別。
因為在意識形態的方式中，人們意識到這種的衝突，並把此一
衝突以鬥爭方式顯示出來。（*SW* 1: 503-504；華文翻譯洪鎌德
1997a：25-26）

　　法律和道德既然受到生產方式，尤其是生產關係的制約，因此，在
很大的程度之內是生產方式的反映，甚至是其扭曲。這就是馬克思何以
稱上層建築的意識形態為遭扭曲了、也是錯誤的表述（*falsche
Vorstellung*）底原因。早在 1844 年青年馬克思便宣稱：「宗教、家庭、
國家、法律、道德、科學、藝術等等僅是生產的特殊方式，受生產方式
的律則底規定」（*Werke, Ergänzungsband* I: 537）。這些都說明法律不過是
特殊的生產方式之一，是意識形態的一環，本身沒有獨立自主的存在。
　　要之，我們可以這樣說，與法律為社會力量異化說不同，但卻有關
聯的看法，是馬克思自從 1845 年開始發展的唯物史觀。這一史觀強調法
律只是社會上層建築的意識形態之一環，也就是統治階級為了保護其需

要與利益而放出的煙霧，以及欺騙群眾的障眼法。換言之，法律爲資產階級生產方式的發展之反射，完全爲維護資產階級的利益之社會機制。法律本質上變成社會次要的現象（epiphenomenon），法律生成演變的根源在於經濟與社會的結構及其演展。法律的基礎在於社會權力的配置、在於階級的形成、在於國家的結構。

在與恩格斯合寫的《德意志意識形態》一長稿中，馬克思指出理念、概念、意識的生產都與人的物質活動，也就是人的交往，包括真實生活的語言溝通有關。人的思言行爲都是從物質行爲溢流出來，就像「人群的政治、法律、道德、宗教、形上學等的語言中，表達了內心的想法。」（CW 5: 36）。總之，法律就像其他社會上層建築的內容，隸屬於意識形態。這些意識形態沒有單獨存在、也沒有發展，也沒有歷史，都是受物質生產與交易的制約，是故「並非意識決定生活，而是生活決定意識」（ibid., 37）。

恩格斯在《路易・費爾巴哈與古典日耳曼哲學之終結》（1888）一小冊中指出：國家是以意識形態的權力之面目，出現在人群之前，國家從社會獨立出來，而形成統治階級對被統治階級的政治鬥爭。於是國家與經濟基礎之關聯暫時變成模糊不清。「不過一旦國家以獨立權力之姿態來與社會分開和對立之際，它就產生了意識形態。此時專業的政治家、公法的理論家、和私法的法學家成爲國家〔的代言人〕，他們便把國家與經濟事實之關聯拋到腦後。其原因爲經濟事實必須披上法律動機的外衣，才會得到法律的贊可（legal sanction）。只有這樣做才會考慮到運作中的整個司法體系。於是其結果就呈現每件事都具有法律的形式，而不再擁有經濟的內容」。恩格斯進一步指出：

> 意識形態一旦出現，會與既存物質概念相關聯之下自行發展，也就是說意識形態也會使此一物質進一步發展，否則它就不是獨立自主的意識形態……人們腦中進行的思想受到其物質條件的制約，對進行思想的個人之決定性是必然的，儘管這些人懵懂無知〔不知物質條件制約思想過程〕。（SW 3: 372; CW 26: 394）

這表示恩格斯在其後期一方面指出意識形態有獨立自主,產生衝擊社會的力量;他方面又難以忘情意識受到社會存在的決定。

顯然,恩格斯仍然堅持人類存在的經濟條件對社會變遷之重要性。人的觀念、意識,包括法律概念在內的意識形態之演變,總是比生存的物質條件之變化慢了半拍。擁有生產資料的統治階級,在每一新情勢之下,會找出對其有利的概念來解釋現狀的功能。換言之,人的社會行為本來是直接受到經濟基礎的制約,現在意識形態的出現,反而也會影響人群的行為。法律便成為界定人群鬥爭的範圍,而大大地影響鬥爭的結果。

總之,馬克思與恩格斯對意識形態濃厚的興趣與深入的批判,使他們把意識形態這個概念變成社會秩序的理論之重要成分。法律、宗教、哲學,甚至社會科學,對他們兩人而言,無異為意識形態的理論之化身。作為社會存在形式之法律,如同宗教、哲學、社會科學等等並非天然地出現在世上,而是經過人為的創造,而後才存在於世上。為了理解作為意識形態一環的法律,必須首先理解它特殊的歷史背景與理念的呈現之背後的權力基礎。換言之潛藏法律表象的背後是社會的實力,也就是階級的型塑和國家的結構(Cain 1983: 65)。

# 九、法律的功能

既然馬克思和恩格斯把法律當成社會上層建築的意識形態之一環來看待,那麼他們心目中法律的功能大概有下列三項:其一,為法律模糊了人們經濟利益與物質條件,把人群的社經關係「神秘化」(mystifying)為統治關係;其二,法律正當化階級統治與階級宰制;其三,法律表述了統治階級「平均的利益」(average interest),凝聚了統治階級共同的利益。

根據恩格斯後期的著作《家庭、私產與國家的起源》(1884),國家

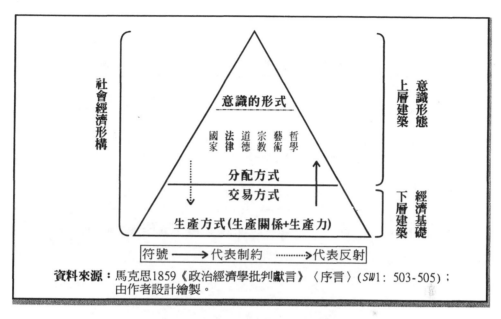

資料來源：馬克思1859《政治經濟學批判獻言》〈序言〉(SW 1: 503-505)；
由作者設計繪製。

**圖3.1 社會經濟形構示意圖**

是在階級敵對、階級鬥爭發展到你死我活、難分難解之際，爲防止整個社會耗損其精力，整個社會可能趨向崩解滅亡之際，鬥爭的雙方協議而暫時中止衝突的產物。因之，恩格斯說像古羅馬這樣的一個社會，由於其經濟條件的發展而使社會得以誕生與延續。但這個社會卻「分裂爲自由人與奴隸，壓榨的富人與被壓榨的窮人。這是一個無法調解其〔內部〕敵峙的社會，甚至造成敵峙發展到極端的社會。這種社會或是靠敵對階級持續的與公開的鬥爭而存在，或是靠第三勢力，表面上站在爭執的階級之上，〔以超然的態度〕壓制公開的衝突，而單單靠法律的形式，允許爭執發生在經濟的領域，而使社會繼續存在。」(CW 26: 268)。

　　恩格斯接著指出：國家是由於牽掣階級的敵峙而產生，從而政治上優勢的階級也藉國家中介之助力，成爲統治階級，用以鎮壓與剝削被壓迫的階級。國家權力在階級敵對相持不下之際，有時也會化裝成中立者、調停者，而獲得某種程度的獨立自主 (ibid., 270-271)。因之，國家成爲擁有生產資料，擁有實力的階級所創造的事物。這個由優勢階級所創造

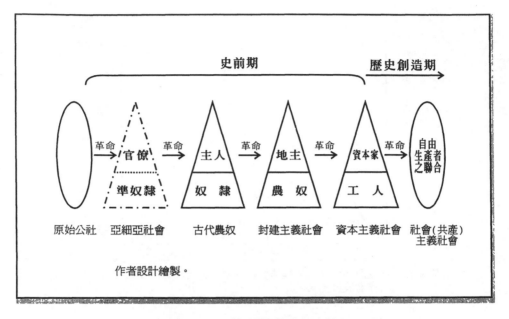

**圖3.2 馬克思唯物史觀圖解**

的國家，卻把國家中的階級關係、經濟利益衝突的實狀隱藏起來、模糊
起來，無異藉法律這項更高級的意識形態，把社會實況神秘化。是故法
律的第一項功能便是把國家的本質與生成，把統治機關與統治關係神秘
化。為何社會上人人真正的權力關係被掩蓋？被粉飾呢？原因是法律指
出人人在法律之前平等、人人擁有選舉權、人人可以自由訂立契約、進
行買賣。但究其實際，法律形式的平等，只存在「紙上」，只便利了擁有
生產資料的階級與統治階級，而不利於不擁有生產資料的階級，與被統
治階級。

　　法律的第二項功能為正當化。當做意識形態一環的法律，其另一重
大的功能在於正當化社會整體的結構，特別是合理化社會不平等的經濟
關係、階級關係。恩格斯指出：

　　　假使國家與公法是受到經濟關係所決定，那麼私法也是相同
　　　〔受到經濟關係的制約〕。因為在本質上私法在於認可

（sanctions）現存人人之間的經濟關係，俾保證它在既存情況下正常的狀態。它們〔法律認可經濟關係〕的形式每因地區和國度之不同而有相當的差異。像英國為了配合國家的發展，至今仍保留很多封建的法律，但已注入了布爾喬亞的內容……在西歐大陸，羅馬法，也就是世上第一個商品社會的法律，經過巧妙的精煉能夠把簡單的商品擁有者（買者、賣者、債權人、債務者、契約、義務等等）當成基礎。在此情形下，為著小布爾喬亞與半封建社會的好處，居然可以靠著法律的實踐（普通法），或是靠著開明的、說教的法學者之助力，……把它〔羅馬法〕化成特別的法典……甚至化做〔大革命之後的〕法國民法（*Code civil*）。（*SW* 3: 371; *CW* 26: 392）

社會為了保護共同的利益，避免遭受內部與外部的侵略與紛擾，因而創造了國家。國家由社會產生卻高高盤據在社會的上頭，甚至獨立於社會之外，國家便藉著專業的政客、公法學者、私法專家，來解釋經濟的衝突與問題。只要經濟問題取得法律的動機，也就獲得法律的認可，這就是法律把經濟問題司法化。不管如何，公法與私法都在解決社會內外滋生的各種矛盾，而使國家權力的運作獲得正當化（*ibid.*, 393）。

法律的第三項功能在整合有產階級、統治階級，俾優勢階級的「平均的利益」、「共同的利益」得到保障、得到維護。換言之，統治階級並非鐵板一塊，而是由統治、或有產、或優勢階級的個別成員、或其團體合聚而成。他們固然有其平均的利益、共同的利益，但彼此也因利害關係，而相互競爭、相互排斥。這時法律便儼然代表這一優勢階級的整體利益之面貌出現。早在《德意志意識形態》一長稿中，馬克思與恩格斯指出：

他們〔資本主義者〕的人治必須同時被建構為平均〔涉及所有統治者全體〕的統治。他們人身的權力是建立在生活條件之上，也就是他們所發展而為諸個人視為共同的生活條件之上。這種生活條件之維持與發展，是統治者的諸個人用以對抗別

人，同時也是他們自認對〔統治集團〕全體有利的作為。這種
意志的表達，也就是受其共同的利益所決定的意志之表達，乃
法律之謂。（*CW* 5: 329）

在這段引言之前，馬恩早便指出國家的實質基礎為諸個人的物質生
活，諸個人的生產方式與交換方式，而非諸個人的意志。換言之，國家
的權力並不創造這些人群實際的關係。反之，是人群實際的關係創造了
國家的權力。諸個人以國家的名義進行統治，不管用的國家的意志，還
是使用法律的名義。總之，法律在為統治階級凝聚團結、保護與促進其
權力與利益提供服務。馬克思並沒有討論法律的自主性或半自主性。反
之，恩格斯在致施密特（Conrad Schmidt 1863-1932）的私函（1890.10.27）
中彷彿提及法律的相對自主性，他說：

在現代國家中，法律必須不只符合一般經濟條件，並且必須是
內在連貫的表示，這意味儘管有內在的衝突，也不許與本身發
生矛盾。為了達此目的，「法律」忠實地反映經濟條件便逐漸
辦不到。當法律的條文「符碼」是一個階級宰制的直率的、赤
裸的、不加偽飾的表述之時，它尤其如此〔不反映社會的經濟
條件〕。（*SC*: 399-400）

# 十、馬克思論人權與法權

在〈論猶太人問題〉（1843-44）一文中，青年馬克思從宗教的批判
發展成至對自然法之批判，以及對市民社會中人的權利之批判。

他指出平等權、自由權、財產權並不是普遍的人類權利，而是民間
（公民、市民）社會所展現的利己主義的權利。

可見，任何一種所謂人權都沒有超出利己主義的人，沒有超出

作為民間社會的成員的人，即作為封閉於自身、私人利益、私
人任性、同時脫離社會整體的個人的人。在這些權利中，人絕
不是種類存在物（species being）；相反地，種類生活本身即社
會，卻是個人的外部侷限，卻是他們原有的獨立性的限制。把
人和社會聯結起來的唯一紐帶是自然的必然性，是需要和私人
利益，是對他們財產和利己主義個人的保存。（*CW* 3: 134）

換言之，在〈論猶太人問題〉一文中，馬克思認爲所謂的人權云云，
不過是作爲民間社會一分子的個人之權利，是自私者之權利，亦即與別
人脫離、和社群（community）脫離的個人之權利。這種人之自由權利
並不立基於人與人之組合，而是立基於人與人之離析。這是一種同離析
分不開的權利、是嚴格的受限制底個人之權利，亦即完全收縮到他自身
的個人之權利（*CW* 3: 162）。這種個人實際上可以適用的權利，也不過
是對私產擁有與支配的權利而已（洪鎌德 2000：171）。

馬克思視這種私產的濫用與私產權利的支配，而不考慮到別人、或
社會的需要，乃是「自我利益的權利」，擁有這些私益之權利乃爲民間社
會的基礎，其結果導致「每個人視他人不是自己自由的實現，而是自由
實現的阻礙」（*CW* 3: 163）。

不過馬克思與恩格斯並非完全排斥人權，他們是肯定人權問題提出
的進步性、必然性，尤其恩格斯指稱人權問題的產生，是商品經濟發展
的必然要求。現代人已不生活於像羅馬帝國當中，而是生活在彼此平等
交往的現代國度中。因之，人類對人權的要求就變成普遍的、超乎國界
的要求，是故自由平等被宣布爲人權[5]。

德文的 *Recht*，相當於法文的 *droit*，也相當於義大利文的 *diritto*，
比英文的 law 涵義更多更廣，而有點介於道德與法律之間，它也包含正
義、公道、權利與義務等概念（Lukes 1985: 28）。因此，在這裡我們把
*Recht* 翻譯爲法權，亦即廣義的法律兼道德的意思。

---

[5] 關於馬克思與恩格斯對人權與法權的看法，可參考馬步雲著《馬克思主義法哲學引
論》，西安：陝西人民出版社，1992：200-207.

　　馬克思與恩格斯瞧不起「個人對法權（*Recht*）概念的信持」，這些概念應該要「從個人的腦子裡剔除出去」（*CW* 5: 362）。談到「法權」，他們說：「我們和許多人都強調共產主義是反對法權的，不管是政治的、還是私人的，包括這種法律在最普遍的形式下所顯示的人權」（*ibid.*, 209）。

　　對馬克思而言，規範民間社會與國家的關係之法律與原則，是植基於物質條件之上，所謂的物質條件乃是造成某一社會秩序中生產關係和階級關係的穩定力量。法權的原則只有這樣理解才能解釋清楚。正如恩格斯所言：「社會公平與否完全取決於討論生產和交易的科學，亦即政治經濟學」（Marx und Engels 1955: 412）。總之，法權原則既不能理解爲一客觀的規範、一組獨立的評定社會關係的理性標準，也非黑格爾所說的把主觀與客觀的自由加以統合，或維持社會關係理性的方法，而是法權本身必須解釋爲從物質條件中衍生出來的事物。

　　這表示馬克思所以反對法權的理由在於它內在、內涵的意識形態性。原來法權自認提供客觀的原則以界定何者爲「公道」，何者爲「公平」，也爲「權利」和「義務」下了定義，它還主張這些原則是放之四海而皆準、俟諸百世而不惑，也爲社會所有成員的利益提供服務，它自稱自主而獨立於特殊的、個別的、系派利益之外。事實上剛好相反，這些原則就在掩蓋法權原則之社會功能，目的在保護已存在的秩序所形成的社會關係。因此，依馬克思之觀點，法權的所有主張都是表面的、虛幻的，它是徹頭徹尾爲布爾喬亞利益服務的意識形態。

　　馬克思斥責國家是社會力量的異化，是市民社會的扭曲。由立法機關制訂、行政和司法機關執行的法律和命令，自然是偏袒資產階級，成爲統治級權利和利益的護身符，是以法律無從實現正義和公平（洪鎌德 1991: 176）。

　　爲何要設置法權？是否設置法權有其條件？這是值得吾人思考的。

　　法權設立的條件至少有三：（1）資源的稀少性，或稱對於可欲之物的限制；（2）人的自私，或稱無條件的利他及助人的精神之缺乏；（3）造成各種衝突性的要求。有了這三種條件遂導致人群必須設置官司以公

平裁判何者爲是，何者爲非，何人對何物之擁有占優先，何人居後。要之，這種人與人的衝突乃爲產自個人、或人群之不同的利益之衝突。

除了上述三個條件之外仍可加上第四個條件，亦即（4）欠缺完整的訊息與理解。人們沒有辦法把各種互相衝突矛盾的看法取得一致的見解，或對公共利益和私人利益的共同重疊之處加以統一起來，凝結成共識（Lukes 1985: 32）。但對上述存在於人類生活的條件，馬克思及其黨徒都否認其存在。馬克思和恩格斯說：法權是從人們的物質關係中，也是從人們彼此的敵對中產生出來（CW 5: 318）。

馬克思和恩格斯相信人的關係與衝突必然會化解，原因是他們不認爲稀少性（匱乏）、自私和爭執是一成不變、內涵於人類的生活的條件裡。因之，他們相信未來共產主義社會，將以人類團結一致的「透明」形式呈現出來。原因是未來的社會生活必定受著大眾理性的管制。此外，人類將會把未來社會中重大衝突的因由化解於無形。在《神聖家族》（1844-45）一書中，馬克思與恩格斯說：

> 假使啓蒙性的自我利益是所有道德的原則的話，那麼個人的私
> 利必須與全人類的利益相符合相一致⋯⋯。假使人是受到環境
> 的塑造，所以他的環境必須是符合人性的，能夠為人所接受
> 的。（CW 4: 131）

因之，馬克思認爲法權設立的條件是受到歷史制約的，只存在於階級社會裡，而早晚會被消除、被取代的。馬克思主義相信人類未來的統一，是一種透明的、過著富裕生活的統一、和諧，也是消除公共人（公民）與私自人（市民）的分別，同時也化解自私與利他的分別。

由是可知，法權不僅其內涵是意識形態的，只爲階級社會的穩定而服務，也掩蓋了階級利益，而促使它自認可以排難解紛，作出合理的仲裁。

法權提供給爭執的雙方（敵對階級）解決衝突的妥協辦法，從而使階級鬥爭延緩，這是馬克思何以反對法權的另一個因由。在這種瞭解下，馬克思對作爲法權的道德之理解，是把它看成與宗教一樣都是麻痺群

眾，使群眾喪失鬥爭力量的鴉片（Lukes 1985: 35）。一旦解放的道德取代法權的道德，那麼後者麻痺群眾的作用全部消失，自然不需這類的道德來規範人們的生活，這將符合盧卡奇所言：「共產主義最終的目標乃是建構一個不需道德的社會，亦即在該社會中規範的、道德的自由將取代了法權的限制。」（Lukács 1972: 48；以上參考洪鎌德 2000a：172-175）。

# 十一、法律的消亡

　　中年與壯年以後的馬克思，因爲集中時間與精力於現代工業與壟斷資本主義之分析，也全力進行對於維護資本主義的學說——政治經濟學——之批判，更忙於聯合第一國際工人黨團進行普勞階級的革命運動[6]，因此，他比較少討論法律的問題，只把法律看成爲資產階級宰制無產階級的工具，把法律與國家看做是資產階級維護其共同利益之手段。至於法律與法權係對生活在現實社會不自由不平等的工人階級之經濟實狀，只有掩飾的作用，只有扭曲的作用，也只能發揮意識形態掩蓋社會矛盾之錯誤表述一節，馬克思在其龐雜的著作、通訊、演講稿中屢屢提起，在這裡我們沒有必要再加複述。

　　由於馬克思一生並沒有經歷任何一次成功的普勞革命，更沒有機會見到革命成功後新社會、新秩序的建立，因之，他所理想的共產主義社會，仍舊是停留在他的願景、或偉景（vision）之中。其中比較接近他的理想的是 1871 年法蘭西內戰所建立的短期巴黎公社（Paris Commune），不只馬克思對公社的出現讚美備至，就是恩格斯也以無比的興奮寫信告訴友人，認爲巴黎公社是一個民主方式的組合。他說：

---

[6] The proletarian revolution 以前譯爲普羅革命、工人階級革命、無產階級革命。本書作者主張以普勞取代普羅，不但是基於其譯音，也是兼具普遍勞動之意，參考洪鎌德 1997a：47n, 68；1997b：65n, 72.

大家一再談到的「國家」這一個字眼應當（從『哥達綱領』中）
刪除，特別是從（巴黎）公社出現之後，人們已不認為公社是
一個國家……只要人們可以在（公社中）大談自由的話，國家
便不再存在。於是我們打算在（綱領中），凡是出現「國家」
字眼之處，換上「社群」（Gemeinwesen），後者是一個好的
古舊的德文字彙，這可以充分代表法文 Commune 的字義。（SC:
175）

就像恩格斯一樣，馬克思認爲巴黎公社是勞動解放的理性形態，它
已不再是一個「國家」，甚至可以說是國家的消亡。他指出：

公社成員對抗國家的革命，這是一個對抗超自然的社會流產之
革命，也是靠人民的力量，達成人民的需求、恢復人民社會生
活之革命……這不是把權力從統治階級轉移到另一個統治階
級的革命，而是把可怕的階級、宰制之機器加以打破的革
命……〔1848年路易・波拿帕・拿破崙所建立的〕第二帝國是
對國家奪權的最後一次之形式。公社則是對第二帝國的明確否
定，因之爲19世紀社會革命的肇始。（CW 22: 486）

馬克思分析了法國內戰導致政治國家（政府）與民間社會的分裂。原
來資產階級爲組織其集體的階級權力，並加以有效運用，乃建構一個與民
間社會有別的政治範圍（polity），也就是號稱照顧全民利益的國家。由是
國家遂與照顧私人的、個別的利益之民間社會分開。國家與社會的分開成
爲理解晚期馬克思國家觀一個重要的環節，也是使我們瞭解他何以在晚年
仍舊主張要打破國家機器的原因（洪鎌德 2000a：362-365）。不僅因爲國
家成爲資產階級的工具，所以必須要加以摧毀，更因爲「透過分工國家變
成脫離社會的特別生物體（a special organism）」（SW 3: 27; CW 24: 96）。

馬克思晚年的一項政治遺囑爲〈《哥達綱領》批判〉（1875），這是對
剛剛組成的德國工人黨黨綱的批評。一開始對《哥達綱領》要求「公平」
與「公正」的分配所做的評論時，馬克思是認爲當前資本主義體系下的

交易與分配都已符合公平的原則，他說：

> 布爾喬亞不是堅稱目前的分配「公平」嗎？在當前的生產方式
> 之基礎上，它難道不是唯一的「公平」分配嗎？經濟關係不是
> 靠法權觀念 (Rechtsbegriffe) 來規範？而法權關係不是由經濟
> 關係衍生的嗎？社會主義的流亞對「公平的」分配不是持有各
> 種各樣的看法嗎？（CW 24: 84；參考洪鎌德 2000a：281-282）

在談到工人黨涉及勞動分配的問題時，馬克思把未來共產主義社會分成兩個不同的發展階段：（1）初步的、也是過渡的階段，此時共產主義仍「帶有資產階級舊社會的胎記，蓋新社會是由舊社會的子宮孕育而成的」；（2）除此之外，還有另一個更高的階段：也就是共產主義理想具體落實的階段（SW 3: 19; CW 24: 87）。列寧稱前者爲社會主義階段，後者爲共產主義階段。

依馬克思的說法在前一階段中，分配的原則是各盡所能、各取所值。只有在高階的共產主義社會中，階級消失了、國家消亡了、連同法律也不存在，社會分配才採用「各盡所能、各取所需」。下面這段話正明顯表明馬克思對高階共產主義社會之看法。他說：

> 在共產主義社會更高的階段上，也就是在個人受分工勞役取消
> 之後；亦即勞心與勞力的區別消失之後；亦即勞動不再成為生
> 活的單純手段，而成為生活主要的需求之後；也就是生產力隨
> 著個人完善的發展劇增之後；這時合作的財富之源泉充沛洋溢
> ——只有在這些現象都告產生之際，那麼資產階級法權狹隘的
> 範圍才完全衝破，於是社會的旗幟上可以大書特書：「各盡所
> 能、各取所需」。（SW 3: 17; CW 24: 87）

資產階級法權狹隘的範圍之打破，無異是資產階級法律的廢除或取消，可知馬克思最終的理想在打破國家、階級、法律、分工、市場、異化、剝削等等違犯人性、違犯合理、違犯自由的典章制度。

在上述馬克思引言的上段，我們還看到馬克思對資產階級法權的評

論。他指出：「法權永遠不可能比社會的經濟結構更高，也不可能比受經濟結構所決定的文化發展更高」（*ibid.*）。這意味著談法律、談法權，是無法拋棄一個社會的經濟結構與文化發展，從而否定法權有其獨立自主之存在。事實上，馬克思也指出「現代國家」大部分立基於資本主義的「現代社會」，現代資產階級的社會終將消亡。於是現代國家也會轉變成共產主義的社會，從國家轉變為社會的政治過渡期乃為「無產階級的專政」。未來共產主義的社會之政治要求無他，包括全民公投、直接立法、群眾權利、人民的民兵等等（*SW* 3: 26; *CW* 24: 95）。是故隨著資產階級社會之經濟結構與文化發展告一個結束之後，法權終於式微、法律也告失效。

恩格斯也指出：在普勞階級奪取政權之後，會把全社會的生產資料轉化成國家的財產。一旦做到此一地步，普勞階級無異取消它自身，取消階級的區分與階級的敵對，最終也把國家取消了。作為代表整體社會的國家一旦被取消，它的存在成為毫無必要，國家也不再壓迫任何的階級，它不再是一個壓迫的勢力。國家不再干涉社會的關係，於是國家也就消亡，「對人身的統治，被對事物的管理所取代，也被生產過程的行為所取代。此時國家非被『取消』，它消亡了。」（*SW* 3: 146-147; *CW* 24: 320-321）。一個國家已告消亡的社會、一個階級分立被取消的社會、一個無商品在生產與流通的社會，自然無須法律來規範人群的社會關係。則法律之消亡就非常自然、非常清楚。

# 十二、馬克思法律觀的析評

馬克思在大學畢業的前後幾年間，把法律理想化為人類自由與理性的表現，這是深受黑格爾唯心主義哲學所影響的。其後在批判黑格爾法哲學時，他才主張法律是人民意志的表示，而非統治者（更不是君主一人）的意志的貫徹，這時馬克思開始主張「真正的民主」，準備把「真正的民主」轉化為「哲學的共產主義」。由於對普魯士專制政治的抨擊，馬

克思體會到法律成為有產階及與統治階級的護身符，也是壓制窮苦大眾變成順民的工具，法律、人權、法權都是徒託空言，掩飾社會矛盾、美化社會和諧表象的異化之社會權力。

在為資產階級成員本身排難解紛，凝聚共識，製造團結協和的假象之際，法律變成了資產階級共同利益的保護手段。另一方面透過教育、宣傳、洗腦讓廣大的工人群眾、普勞階級俯首聽命於國家機器之統治。這時法律構成了意識形態的一環。意識形態是利用思想、意識、信念來反映社會的現實。但它所反映的並非矛盾重重的社會現實，而是把現實翻轉過來、顛倒過來，只見現象，不見本質。換言之，也就是把社會矛盾、階級對立、階級鬥爭加以掩蓋。法律一旦化做意識形態的一環，則其扭曲現實，保障既得利益，使社會趨向保守、反對改革、反對革命之基本態度，也就暴露無遺。成年以後的馬克思仍堅持法律為階級統治、階級利益服務的工具觀。他在晚年鼓吹普勞革命之餘，期待共產主義新社會之降臨，在新社會、新人類出現之後，法律做為資產階級宰制的工具，將徹底消失。隨著階級分化之消除，國家將遭揚棄，法律也告消亡。這是馬克思烏托邦式的願景，或稱做他的偉景。

在當代西方國家的新馬克思主義當中，把馬克思主義（簡稱馬派）的法律加以引伸發揮的計有兩派：其一為視法律統治階級或權力菁英的工具，可稱為工具派；其二視法律並非完全反映統治階級的意志與利益，但卻體現資本主義體系的結構，以致法律在某種程度內享有相對的自主，這一派可稱為結構主義的馬克思主義之法律學說。換言之，後面結構派的人，認為法律表面上可能自統治階級獨立出來，而呈現某種程度的相對自主，可是法律卻在滿足資本主義體系的要求，因之必須細加剖析、區分（articulated）與解釋（explained）（Balbus 1977a: 572）。

結構主義的馬派法律解說重視的是資本主義體系運作的內在的韌性與彈性（internal dynamism）。法律形式發展的基礎在於資本主義生產方式的需求。以此來推論，統治階級未必親手控制法律，但對法律的繼續存在卻獲得效益。法律的形式，亦即形式的理性，便得到相對的自主。在此一意義下，不再視法律為階級的統治工具。不過法律也未獲完全的

獨立發展。此時資本主義者把國家看成「他們將其意志加在一個〔統一的〕降服結構——或者可以說由於大家都降服，使得這個〔國家〕結構的功能能夠保全他們階級的利益」（*ibid.*, xxi-xxii）。

　　法律的相對自主使法律既能夠壓制（repression），也擁有正當性（legitimation）。馬派結構主義者更進一步討論資本主義社會把正當性搞成唯我獨尊的宰制性（domination），把法律披上權威的神秘化（mystification），轉化成霸權（優勢）、意識形態和物化（reification）（Milovanovic 1988: 67-70）。

　　如以西方主流派的法學思想、政治觀點或經濟理論來看待馬克思的法律觀，則其法律學說確有可議之處：

（1）把法律當成工具，不管是統治的手段，還是保護資產階級的利益之設計，似乎窄化了法律的本質與職能。人類早期的法律或脫不掉統治階級貫徹其意志、保護其私利的色彩，但近期的立法，特別是福利國家的社會法、福利法、保障法、社會救濟法等等，恐怕不只是攏絡群眾而已，也有改善與提升人民的福祉之善意[7]。

（2）以經濟結構與物質條件來當做法律或立法的基礎，是馬克思法律觀遭到評議的所在。這種經濟決定論或科技決定論，使社會制度都得化約為經濟利益或生產關係，是典型的化約論（reductionism），為當代社會科學者如柏波爾、紀登士、卜地峨、哈伯瑪斯等所無法苟

---

[7] 反對馬克思把法律簡化為統治階級的工具說法的人很多，包括美國近時出現批判性法律研究（參考本書第12章），也有英國著名的歷史學家——湯普森（Edward P. Thompson 1924- ）。他在其有關18世紀英國農民與貴族的關係之歷史分析中指出：當時的農民在可見的與不可見的法律結構下討生活，法律完全溶化於生產關係裡。換言之，證實馬恩教條式的說法，生產的社會關係在邏輯上無法與法律的上層建築分開。不過湯氏所強調的卻是生產活動展開的社會關係是由法律關係來建構的。建構生產關係的法律因素之結果，影響了農民的切身經驗或奮鬥事實。像農民依習慣法可以除草、伐木，這並非基於經濟利益，也是法律所承認的習慣法之權利。換言之，法律雖是一大堆條規，但卻是社群代代相傳下來、大家支持的規範。所以農民不但遵守，還不惜以抗爭來護衛（Thompson 1975: 216）。馬克思本身一度也讚揚英國有關勞動時間限制的立法為進步的立法，參考《資本論》卷1，（Marx 1977: 394）。可見法律與立法不全是負面的。

同。更是後現代主義者如布希亞（Jean Baudrillard） 等攻擊馬克思主義之焦點。布氏認爲馬克思的學說之基礎爲唯生產主義（productionism）。須知現代人之生活並非以生產爲核心，而是以消費爲趨向。馬克思把法律化約爲經濟、或生產活動，就是不理解當代人的消費慾望。事實上，法律牽連到消費過程，比涉及生產活動更多更廣（洪鎌德 2000a：439-442；這點也可以參考註4）。

（3）馬克思把法律當成意識形態的一環，使法律與司法制度喪失了自主性。固然法律觀受到每個社會特殊的經濟結構與文化發展所影響，但法律的制訂與推行，對經濟活動的改善與促進也產生了推手的作用。把法律當成非自主性的依變項，而把經濟關係與社會情勢當做自變項，正是決定論者之盲點。

（4）馬克思談法律，固然會把國家、政治、階級鬥爭，乃至社會意識牽連在一起。但對法律的演展、進化卻不肯以其發現的唯物史觀加以剖析、闡釋。換言之，有異於涂爾幹討論人類由壓制性法律邁向復原性法律，也有異於韋伯討論從非理性、非形式的神諭、天啓之原初法律，發展到合理而又重形式之實證法，馬克思對西方（或世界其他地區）法律之演變完全棄置不顧。他更不會像韋伯一樣詳細剖析資本主義的崛起與運作如何與法律專才的貢獻掛鉤。總之，馬克思對法律是採取敵視的態度，這與他不願奢談道德與倫理如出一轍。是故他期待未來的社會，不需藉助法律的力量來規範人際的關係。

（5）由於馬克思對國家缺乏有系統、有連貫的分析，造成他連帶忽視了法律在國家與政治上扮演的角色。就在《政治經濟學批判》〈前言〉中所提及的，馬克思有意就「國家、外貿、世界市場」，各以專書的面貌來詳細討論，「其目的不在爲了出版，而是自我釐清」。這些資料他在不同的時刻先後蒐集抄錄完畢，且各成一個專冊，只是尚未定稿而已（SW 1: 502）。換言之，馬克思對國家理論未能完稿，也就影響了他對法律有系統的敘述。基本上馬克思在不同時期把國家看成（1）理性的表述；（2）異化的力量；（3）統治階級利益的護身符；（4）社會的寄生蟲；（5）統治資產階級剝削勞動群眾

的工具等等（洪鎌德 1997b：307-345），與本章討論的法律之角色相搭配。要之，馬克思把法律與國家一概看成社會意識形態之一環，不但剝奪國家之自主性，也否認法律之自主性、目的性。在他心目中，法律只有工具性而已。

（6）馬克思不認為法律可以代表正義，也與公平無關。因為在他的道德觀（雖然他厭談道德，但仍有其道德觀）中存在著一項矛盾：一方面重視人格、重視人權、把人格、人性的尊嚴看做神聖不可侵犯（源自康德的學說）。但另一方面，他又認為道德、法律為權力者的護符，替統治階級服務。假使馬克思要效法康德推崇人的價值和尊嚴，則不能不倡說自由權、平等權、生存權等等權利。但另一方面馬克思又蔑視法權、正義。他認為法權、正義隨生產方式與階級利益而變化，因而不承認有普泛的、永恒的正義之存在。

康奈爾社會理論教授伍德 （Allen W. Wood）遂指出：

> 我認為馬克思所以持有這種的觀點，是因他把法權 *(Recht)* 和正義 *(Gerechtigkeit)* 看成法律的關係 *(Rechtsverhältnisse)* 之故。這些概念只有在社會中道德的或法律的制度裡，才能發生作用。根據馬克思的唯物史觀，這種制度和關係都是意識形態的一部分，是社會的「生產關係」 *(Produktionsverhältnisse)* 的法律性 *(rechtlich)* 表述。 （Wood 1980a: 5; 1980b: 107）

在更早的一篇文章中，伍德認為對馬克思而言，「從法律的觀點來看，正義是社會行動和制度理性的天平」（Wood 1980a: 32）。它不是利益衝突發生爭執的雙方所求取的權利平衡。原因是在階級社會中，法律關係的管理，一般而言，牽涉著由於生產方式內在矛盾而引發的利益衝突之解決。其解決之道只符合該社會占優勢的階級之利益，而不一定是利益爭執的雙方權利之平衡（洪鎌德 2000a：209）。

要之，忽視道德、正義、法律對社會制度與人群共同體（社群）具有正面、積極的作用，而強調其負面的、束縛的作用，這是馬克思法律

觀的特質。這是受到 19 世紀他所處時代競爭的資本主義體制，以及走向中央集權對外膨脹的民族國家所影響的法律看法。

### 表3.1 馬克思法律學說扼要說明

| | |
|---|---|
| 社會秩序的看法 | 任何一個社會的結構都包含了意識形態的上層建築（典章制度）以及下層建築的經濟基礎（包括生產方式，這是由生產力與生產關係組成的）。法律是上層建築的一環，是意識形態的一種。經濟基礎為上層建築的形式設限。經濟決定法律。工具性的馬克思主義強調基礎徹底制約上層建築；結構性的馬克思主義認為上層建築享有相對的自主。 |
| 方法論的取向 | 歷史唯物主義：社會的變遷首先來自人類生產力的改變，特別是科技與生產組織帶動生產力的飛躍發展，從而與生產關係進入矛盾衝突，最後突破生產關係的束縛。經濟基礎的改變帶動上層建築的改變，從而整個社會跟著變化。生產工具的擁有與否，形成階級的區分、敵對，乃至鬥爭。造成社會變遷的動力也就是階級鬥爭。社會研究側重歷史過程中的變化，理解社會上下層建築之間的矛盾與辯證發展。 |
| 法律變遷的概念 | 法律是人群政治、經濟、社會異化的表現，是統治階級護衛其階級利益的工具。法律是意識形態具體而微的表徵，目的在正當化有產階級的統治。法律的制訂取決於有產階級的意志，反映有產階級的生存條件與經濟利益。資本主義把人格零碎化，目的在符合其零碎的法律秩序。法律並不處理活生生的人群，而是把人轉變為理念化的「法律主體」，只擁有財產權利，而非實質的權利。 |
| 法律變遷的原因 | 在資本主義體制下，新興的布爾喬亞（資產階級）要求法律秩序的改變。法律遂強調財產權，而忽視傳統的權利。工人與資本家之關係完全建立在只有利於資本家，而不利於工人的契約之上。在資本主義下，法律扮演壓制的角色，也就是只會保護財產，而壓迫反抗、異議。法律意識形態的功能在於把工人眩惑為在法律之前與政治之上大家均等平等的公民，法律變遷的原因為階級社會的改變和階級利益的變動。 |
| 評　論 | 優點：顯示經濟勢力對法律之影響，以及資產階級的意識形態之手段掩蓋了法律不公不平的真面目。對於以階級為基礎的法律、以及壓制性的法律有較為清楚的剖析與批評。<br>缺點：對法律變遷無法完全與明白的說明，無法把非經濟性因素對法律的影響有所剖析；法律的自主性無從解釋。對資本家所受自由的部分限制（例如反托拉斯法）無說服力。 |

資料來源：取材自 Sutton 2001：93，由作者修正。

# 十三、早期馬派法律社會學——雷涅法理學的介紹

## （一）從老馬到後馬

如果說馬克思與恩格斯的學說稱得上古典的、或經典的馬克思主義（簡稱老馬、或舊馬）的話，那麼馬恩逝世之後，考茨基、列寧、史達林、托洛茨基則撐起所謂正統的、或官方的馬克思主義之大纛，為掌權的共產黨做理論的鋪排與裝飾。與正統的、東方（舊蘇聯以及中、韓、越等共產黨）的馬克思主義相對抗的則為 1920 年代出現在歐洲中部（德、匈）與南部（義、法）的西方馬克思主義（簡稱西馬）。西方馬克思主義秉承青年馬克思主義所受黑格爾哲學的影響，企圖在人的主體性、能動性、生存目的、求取自由與解放之上大做文章，又強調了歷史與總體以及辯證法的重要，故另名黑格爾式的馬克思主義。黑格爾式的馬克思主義尤其在 1950 年代至 1960 年代氾濫於西歐。此時西馬與英國、北美的新左派、與南斯拉夫的實踐學派相互輝映，都是強調歷史、總體（整體性）、社會實踐與文化批判的首要性（洪鎌德 1995；1996；2004）。

1970 年代以後，英倫、北美、南美、日、印、澳、紐、北非等地出現了激進的思潮，它們活學活用馬克思的批判精神，對當代資本主義社會重新分析與抨擊，這便是新馬克思主義（簡稱新馬）的興起與擴散。不久整個歐美文化界與學術界便浸淫在這股結合存在主義、精神分析、現象學、結構主義、語言哲學、甚至生態保護、女性主義、少數族群的覺醒、中心與邊陲的世界體系等等思潮中。可是隨著佘徹爾夫人與雷根主政英、美之後，新保守主義的社經政策阻遏了新馬理論的流行。加上文化、思想與學術、媒體等各界出現了後結構主義、解構主義、後現代主義，逐把馬克思的學說排斥為炎炎大言的「大敘述」、「後設敘述」。配合社會思想中

哈伯瑪斯、卜地峨、紀登士、杜赫尼等對歷史進化論的攻訐，對反思的強
調，對個人行動與社會結構之解析（洪鎌德 1998），使馬克思主義進入無
主體（不是共產黨、也不是普勞階級）、去中心（不在以普勞階級的社會
運動為中心）、失目標（不再強調全體人類的徹底解放，只要求在地的、
各種弱勢團體之團結奮鬥為主旨）的境地，這便是後馬克思主義（簡稱後
馬）時期的降臨。由是過去一個半世紀中，以歐美為中心，而擴及到全球
的範圍，馬克思主義經歷了老馬、正統馬克思主義、西馬、新馬、和後馬
幾個不同的階段，其中官方的馬克思主義只剩下中共、韓、越、古巴等國
的共產黨在繼續撐持與宣揚，而與西馬、新馬、後馬相抗衡。150 年來馬
克思主義在幾次危疑震撼中蛻變成新的模樣，脫胎換骨而結合了當代各種
新的理論、新的意識、新的意底牢結（意識形態），而以新奇的學說延續
馬克思批判的精神（洪鎌德 2000a：420-451；2004）。

　　在對馬克思與恩格斯的法律社會學說做出評析（黃維幸 1991：
67-104；洪鎌德 2001）之後，我們準備在這一節介紹 20 世紀上半葉兩
位最著名的馬克思主義（以下簡稱馬派）的法律學者。他們不但以其法
律理論著名，而且因為擔任法政界的重要職位，而聲名遠播。其一是兩
度擔任奧地利共和國總統的雷涅（Karl Renner 1870-1950），可以說是奧
地利馬克思主義（簡稱奧馬）的理論先鋒，也是影響其後西方馬克思主
義壯大的思想家。另一位則是以馬克思的商品經濟理論把法律演繹為商
品交易學說的帕舒卡尼斯（Evgeny B. Pashukanis）。帕氏是布爾雪維克
十月革命奪權成功之後，舊蘇聯建國時代傑出的法律學者。1936 年還一
度擔任蘇聯司法部副部長的高職，因其學說牴觸獨裁者的偏執，而於
1937 年被整肅身亡，但其商品交易學說卻成為馬派法律理論中最富學
理、最具創意、而贏得國際學界矚目的新說（洪鎌德 2000b）。有關帕氏
的學說的精義煩請參考本書第 7 章。

## （二）法律的性質

　　不討論法律是否產生於人群的社會活動或經濟交往，雷涅只注意到

法律形成制度之後的穩定性和相對的不變之情況。也就是說自羅馬法制訂之後的 1500 多年間有關財產、繼承、婚姻、讓渡、抵押，以及各種形式的契約，都屬於私法的制度。這些私法的制度及其精神經歷那麼漫長的時期，仍舊保持不變。換言之，法律的條規、形式、功能都隨著時間的過程而發生變遷，但人們對財產權的所有、對買賣、債權與債務、抵押與繼承的看法卻大體保留不變，這是什麼原因呢？法律制度依舊成為無上命令，能夠與各種社會組織的形態相牟合，是使法理學家、法哲學家深覺困惑好奇之所在。羅馬皇帝查士丁尼一世的制法，使羅馬法在帝國的殘垣斷壁之餘得以不朽地存在、且影響後世千餘年，也可謂人類文明偉大的創舉之一[8]。

受著概念法理學（*Begriffsjurisprudenz*）[9]的影響，雷涅認為法律概念在法律當中有其自身的性格、意涵和生命。作為實證主義者，他認為這些法律概念既非天賦、也不是神明啟示的，而是從人類的社會與歷史發展中產生出來的。他不大關心法律概念的起源，但視其存在為天經地義。他聲稱任何的人群或社會要生存下去，必得對勞動有所組織與分配，也對貨物的配給有所安排，更重要的是對人與對物的上下管理之權力與協調以及合作之權力有所規定。於是行政上的三項無上命令，乃是雷涅所稱的勞力秩序、貨物秩序和權力秩序（Renner 1949: 70-72, 110-118）。

法律就是這三種（社會、經濟、政治）秩序的規範。雷涅的法理學就是推演社會生活中法律規範和法律制度所扮演的角色之理論（Kamenka 1983: 62）。作為馬克思主義者，雷涅相信社會的下層建築為「經濟底層」（economic substructure）。社會底層包括經濟的結構與過

---

8 依據索維爾（Geoffrey Sawyer）的說詞，造成羅馬法千古不朽的原因至少有三：其一、法律之廣包、覆蓋複雜的社會生活之各個角落、各個層面；其二、羅馬法的抽象程度、使其能夠長期規範社會種種的關係，而不必做重大的修改；其三、法律結構的自主與超然，使其獨立於社會發展的干擾修改之外。Sawyer 1965: 112-13.

9 赫克（Philip Heck）在1933年出版的《概念法理學與利益法理學》一書中指出，概念法理學是以法律觀念依其原則、範疇的序列，而形成規範、法條的體系。這有異於利益法理學依法律訟爭之當事人利益為考量。因之利益法理學較之概念法理學更符合社會的現實，故為較進一步之法理學。

程；而經濟過程乃是社會過程的部分與整體，這就是馬克思所稱呼的生產與再生產的人群活動，也是開物成務、利用厚生，而使人群生生不息的求生活動。法律規範與制度正是協助社會過程與經濟過程，達成人類營生、求生的目的之手段。它們是社會產品（貨物與勞務）、生產、流通、分配和消費的機制之零件。法律制度是社會過程全體的構成部分，法律與社會是處在辯證的互動關係裡。

對雷涅而言，法律規範和制度無異為一磚一瓦，用以建築古羅馬的苦役大住房，也用以構築現代的大工廠、公司行號的辦公大樓。就像馬克思在政治經濟學中視商品為「拜物」（fetish）一樣，雷涅認為法律制度為「僵硬的、抽象的、結晶凝聚的、無上命令之連串」（Renner 1949: 196）。作為法律專業人員的律師法官和立法者，就在於考察這些法律磚瓦的內在結構和邏輯關聯。法律制度的功能，隨社會與時代之不同而有所改變，這些制度的社會功能之改變必然與社會過程、經濟過程之變遷緊密相連繫。

有異於教條式馬克思主義者把法律化約為經濟、或把法律當成意識形態來看待，雷涅堅持法律規範是抽象的、中立的、不帶意識形態的。它們不是經濟上的要求、也非社會需要的反射（映），因之，不是次級的現象（epiphenomenon），而是本身有其歷史、有其邏輯、有其生命的體系。雷涅拒絕接受經濟活動為自變項、而法律為依變項的說法。他反對法律完全是經濟關係之附屬、之反射底教條式的說法。

雷氏主張，法律規範乃是經濟與社會過程，基本上組織與描述的原則、指令。法律不帶意識形態的色彩，它成為任何複雜的社會組織所必需的管理工具，其用途種類繁多。他甚至指出縱然有朝一日，一個取消私產的社會（像共產主義的社會）真正降臨人間，但財產的規範仍然會存在（ibid., 260）。因為人與物之間的聯繫仍須建立，也就是規定某些事物交給某些人負責保管與處理（仍含對某物擁有權的意思）。須知財產不意味只有好處、而不含壞處，財產擁有權事實上也包涵照顧的、負責的、監控的責任觀念在內，當然有些法規早晚會陷於不再使用（desuetude）的狀態中，但法律制度卻不可能消失無蹤。這大概是他與教條式馬克思

者主張法律會趨向消亡持相反的意見之處。

除了不主張法律消亡之外，他的學說受到教條派馬克思主義者抨擊之處，便是不堅持階級鬥爭、不贊成普勞革命一朝一夕對法律制度的驟然改變。換言之，雷涅比較傾向於非暴力的革命，而傾向於緩進的改革，或稱進化論式的法制變革。就像第二國際時代的理論家一樣，雷涅相信社經累積的、緩慢的變遷是造成法律改變的主因。即便是走改良式的、演進式的路線，他也不像帕舒卡尼斯一樣，把法律化約為經濟。反之，經濟過程的描述與實在（實相）卻牽連到法律的概念和法律的權力。他深覺有趣的是法律規範及其底層（經驗性的經濟與社會實在）之關係：這是法律所牽涉、所指涉的過程。必須指出的一點，就是經社底層（所謂的「經濟基礎」）並非雷涅視為法律規範之「起因」（cause）（*ibid.*, 252），法律並非起因或溯源於經濟。

要之，對雷涅而言，法律乃是無上命令之體系，也是意志的關係之體系。法律從來不討論人身與物之關係，而是論述人與他人之間涉及物（因物的占有或使用而起的衝突）的關係。他認為財產在法學觀念上來說，是排除他人對物、或過程的控制之權力。

## （三）財產與所有權的性質與功能

財產與所有權作為法律的規範和社會的事實由來已久，對其發展軌跡的追蹤，有必要仿效馬克思分辨封建主義社會與資本主義社會的不同。前者為簡單商品生產的社會；後者則為分工繁細、組織複雜的大量商品生產之社會。在封建社會中家計的財產代表著影響了家庭生活的經濟過程同社會過程之合一。家族的擁有者（家長），成為家族男女、老少、僕役、農奴的生活之總管。不僅勞力、貨物和權力的三種秩序都由他一個人管理負責，他所管轄的財產，就是他處理人與物與權的權力，他的意志完全在排除別人的意志之下任意申張。羅馬法規定，凡有形的物體、標的物，才構成所有的客體。這時財產的規範同經濟的底層並未分家。是故財產成為私法的核心制度，成為支配、指揮、安排所有家族之勞力、

貨物和權責的源泉。家長或族長便是握有財產「實權」（*potestas*）的人物，一手調控人、物、權，俾組織社會的生活。易言之，財產無論在公、在私都發揮了組織社會生活之功能。

由封建社會轉變為資本主義社會最大的特色，為財產從實物變成抽象的東西（金錢、貸信、科技、資訊、知識等等）。在資產階級社會中，再也沒有法律支撐、認可（legally sanctioned）的貨物秩序，也無法律認可的勞動（力）管理秩序。法律容許任何人可以自由勞動，出售自身的勞力，也自由的擁有所有的東西（包括占有別人的勞力）。不像封建社會有穩定的勞動秩序，資產階級社會不能夠再倚靠財產的觀念來規範勞力，而是以相輔相成（complementary）的規範，如勞動法、契約法、公共基爾特法，來雇傭別人，完成「自由的雇傭」。

對資本主義式的生產及其社會政治和法律的結果加以描述，使我們看出雷涅完全師法馬克思之作為。資本家把財產從封建的束縛中解放出來，特別是把財產當成不斷持續的基金，擁有社會生產和社會角色真實的、可以碰觸的基礎等等中古的觀念解放出來，這種基金是由一個人傳承給家族的另一個人。如今財產變成資本，變成觸摸不到、但卻持有交換價值的東西。同時所有的社會活動彼此分開，從事形式上與法律上都可以分開的活動（從前農奴為地主的財產附屬品，其勞動成果絕大部分歸地主所有，其耕種或農牧的活動，與地主的家臣、僕役分不開。如今賺取薪資的勞工，則單打獨鬥、各自受人雇傭而操運各行各業的工作）。

在這種情形下，財產都分散開，也無法為生產的社會過程整合在一起。財產的抽象化，變成價值的積累，導致經濟意義下的財產是一種客體，它擁有諸種功能。反之，作為法律人身的財產所有者之主體，卻喪失了各種的功能。更具體地說，股票擁有特殊的經濟功能（公司的盈虧、個人的財富、市場的旺衰等等之作用），但股票擁有者則無功能可言，最多變成了股票的附屬（股票擁有者）而已（*ibid.*, 104-118; 195-209）。

對法律秩序而言，其結果是法律的財產規範喪失了在法律當中核心的重要性。財產的定義不變，但作為碰觸得到的客體，諸如家計、田園、廠房、機器逐漸在經濟過程中失掉其中心地位。經濟財產逐漸從其所有

者手中脫離，而它的經濟功能分裂成部分的功能。為了保證法律秩序下的資本主義能夠持續其社會與經濟活動，於是財產的規範便要受到輔助的、互補的其他法律規範（像買賣契約、雇傭、借貸、信用契約等等）的增添、補強，否則資本主義的生產與再生產難以為繼（*ibid.*, 104-122, 124-129, 139-149）。過去被當做法律零件的輔助規範（各種契約），如今躍身一變，與財產平起平坐，扮演資本主義經濟運作的操手角色。

## （四）互補制度的出現

資本主義內在的動力會造成體系本身的社會化，這麼一來以「私產」起家的資本主義有弱化的情形發生。私法中的「互補制度」（complementary institutions）固然協助資本主義中的財產規範去履行其社會功能，但卻也剝奪所有者對其財產技術性的處理大權，這使主體變得權力大減。加上私產所產生的矛盾之明顯，造成社會愈來愈意識到經濟財不再是私人的，而應該擁有公家的功能。「一般〔公眾〕的意志變為要把財產置於公家直接控制之下，至少以法律的眼光來看待，是有這種的主張。新秩序的元素已在舊社會中醞釀已久」（*ibid.*, 298）。自 19 世紀中葉以來國家扮演愈來愈大的角色，從放任無為變成步步干預經濟生活。公法有逐漸補充與取代私法的趨勢。

現代的財產，在法律上來說是屬於私人的，但事實上已不再是純粹私人的部分。出租的房屋和鐵道容納各色各樣的租客和旅客，財產的法律概念再也無法反映其社會功能。「它是社會操作的秩序用來決定事實上的活動，而把具體的內容灌入法律提供的空白之中」（*ibid.*, 271）。財產的法律概念包括了讓渡的自由。「銀行的顧客〔存款人〕能夠被個別地支配他的財產嗎？股票持有人或協會成員能夠個別地支配其財產嗎？……難道不是市場在統治〔主宰〕最獨立的工廠老闆、或是偏僻的田園的孤獨園主嗎？」財產的法律概念包含對他人占有與使用的絕對排他權利，但「房東卻把其房屋讓租給陌生人，地主也把其田地租給佃農，〔私人〕鐵道所有權人讓千百旅客在其車站、火車廂中到處亂走」（*ibid.*, 285）。

於是財產的法律概念改變了，它建立起所有者及其多層累疊積的占有之間一個特殊的關係。

在工業革命之前的中古時代，人們擁有的是一個排他性的小天地，但現代人的所有、占有（possessions）的卻無法自成一個天地、一個小宇宙，而是一種不定型的占有之累積（amorphous agglomeration of possessions），這種累積旨在便利現代資本主義的生產與消費。這種占有完全在一紙憑據之上表現出來，也可以說是「紙面上的占有」（paper possessions）。這種靠記錄、憑據的占有與占有者的個體性、人格特徵無關。如果說現代的占有有其統一性、一體性的話，那是由於法律抽象化的結果，完全是人造的（*ibid.*, 289-290）。

由於占有的多面性、歧異性（diversification），因之，財產所有者也帶著各種各樣的面具，出現在社會與經濟活動之上。同一個人在不同的場合，也帶上不同的面具，或是變換其面具（有如蜀劇中「變臉」）。他說：

> 君主的法律面具可以同釀酒者的面具相匹配，一國部長的法律
> 面具同股票市場賭輸贏者的法律面具不生牴觸，大主教的基督
> 教會之面具同汗流浹背勞動中的雇員之經濟面具可以相容。
> （*ibid.*, 290）

在現代工商社會中「規範和底層變得如此的不同，這樣地不相通，財產的運作，也就是表現其功能之方式，已變得無法解釋，無法以財產規範來解釋」。是故有必要觀察一下「互補的制度」，也就是地主和佃農的法律、市場的法律、薪資的法律，來補充財產之不足。

他接著說，對任何特別的法律（雇傭法、薪資法、市場法）而言，財產已退居到法律舞台之後，原因是舞台上的主角為真正進行的農耕的佃農、操縱機器的工人、進行買賣的賣者與顧客。對標的物主觀的、絕對的、無所不包的處理權業已消失。規範與底層很少是互相搭配、互相對稱，它們彼此不再相似。規範目前的功能可以說是生產關係和法律關係分別發展時之產物，這就會造成法律規範與經濟實在之間難以避免的

衝突。衝突一旦擴大，現代財產變成愈來愈突出，也愈來愈分歧。於是
「一大堆不斷增加的互補制度正在發展，且愈來愈明顯地，財產返回到
單單只供處理價值或求取價值的地步」（*ibid.*, 291）。

雷涅看出私法的概念與私法的社會功能在資產階級的社會中達到其
發展的高峰，他看出私法未來的發展爲目前改變的延長，也是資本主義
式生產的內在矛盾之延伸。爲法律之目的，這個矛盾在於衝破私人財產
和個人意志的連結，一項人際勢力與安排的力量終於湧現，卻日趨茁壯，
其結果人們開始考慮怎樣從私人的轉變爲公家的領域。這種從資本主義
內部轉型的社會化之識見，卻不爲主張暴力革命的馬克思主義者所認
同、所接受（洪鎌德 2004：26-27，148）。

在 1929《私法制度及其社會功能》初次出版後三年，貝列（Adolf
A.Berle）和米恩士（G. C. Means）所出版的《現代財團與私人財產》
（1932）一書中，便企圖分辨消費財（以私人財產法來規定）和生產與
投資財產（慢慢由私人轉化爲公家，也逐漸擺脫個人的控制）（Berle and
Means 1932）。這兩位學者已爲經理管制的社會（managerial society）進
行鋪路的工作，也發展了不擁有財產而進行統治的階級（統治菁英、官
僚行政等）的理論基礎。在很大的程度內，雷涅、貝列和米恩士正確地
看出私有財產的經濟重要性和法律核心性正在衰敗，也正確地論斷個人
意志和個人控制的物化，也就是私人的部分，逐漸變成體系，而可以被
界定的新現象（Kamenka *ibid.*, 69）。

## （五）雷涅法律學說的評估

雷涅藉「互補的制度」來對法律秩序進行內部的重新安排，這是不
泥守馬派的教條，而具多元主義的觀點。他以更爲宏觀的角度看待法律，
法律爲規範有系統的與有次序的的應用到人群處理事物關係之上。他不
強調法律一個重要的面向－排難解紛的功能，蓋排難解紛涉及到法律主
體的權利與義務，也就是形式的法律設定先決條件之上。對雷氏而言，
法律不過是社會行政的體系。他不認爲資產階級的法律成功地運作，運

作的核心雖仍舊是圍繞著財產權與財產法在打轉，但財產的概念本身卻已發生重大的變化。這是由於資本主義生產邏輯的作用，使財產逐漸擺脫個人的私自控制、擺布，而轉向公家的、大眾的關懷之途邁進底緣故。

雷涅承認法律規範和概念有其特定的整體性和內在邏輯，而非消極因應社經的現實，從而賦予法律有塑造世界的功能，但法律規範並非萬能，當它們無從約束或限制經濟與社會發展時，便會變成無關重要，甚至喪失規約的功能。要以社會的與歷史的眼光看待法律，而非把法律看成社會或歷史勢力的消極性反射，因為這樣做，便會誤會社會只存在著赤裸裸的利益與需求，而不存在法律的規範與概念，這是一偏之見，為雷涅所不取。

不過雷涅的法律學說並非毫無瑕疵，他把法律秩序的發展看成與社會和經濟過程的發展並駕齊驅，這固然是馬派法律理論家的習性與偏好，但任何與經社發展無關、或相衝突的過程、實在，他都會加以忽視、漠視。須知當作社會制度的法律並非始終圓融的總體，它並沒有能決定一切的本質，俾其特徵得以引出，也無單一的功能、單一的目的、圓融的計畫。因之對法律可以說明、指出、描述的東西實在太多。有些地方法律的特質更為中心、更為重要。在應付各種各樣的目的時，沒有那件東西是中心的、是重要的，而雷涅卻以財產做為私法制度的重心，這就值得檢討。

不過雷氏法律分析的優點為使吾人能夠承認法律當中有變與不變（連續）的所在。他藉概念的引伸來指出法律當中的變與不變。主張革命的馬派法學家，對這種進化式、改良式的法學觀不覺興趣，甚至懷疑走向社會主義依靠緩進的改良路線能夠完成，更抨擊資本主義本身內在的社會化是行不通的。不過法律中的連續不變之承認，以及當代資本主義與社會主義法制與法理在某種程度的合流（convergence），卻證明了雷涅的洞燭機先。

不管如何馬派理論家必須承認，法律的理論比他們所信仰與想像的要複雜得多、困難得多。這種法學理論涉及歷史發展的理解、法律體系內在特性的發現、法律體制競逐的趨向等等，都不是照抄照搬馬克思與

恩格斯的著作便可了事。它需要嚴密的邏輯分析，積極的歷史追蹤和大膽的假設提出，以及細膩的理論建構。

# 十四、處於20世紀後半葉的馬派法律社會學

由於馬克思與恩格斯並不把法律認同為重要的理論問題（Campbell and Wiles 1980: x），因之，馬克思主義者對法理學、法哲學以及法律社會學在理論上的闡述，比起對哲學、政治經濟學、歷史學等等學門來，顯得非常的失色。20 世紀初對馬克思法律社會學最具貢獻的兩人如前述為為俄國的帕舒卡尼斯和奧地利的雷涅。他們的學說除本章上節（第十三節）介紹雷涅之外，有關帕氏法理學請參考本書第 7 章。

毫無疑問地，在 20 世紀的開端，由於俄國的馬克思主義混雜了列寧主義（所謂的馬列主義），使馬派的法律觀反映了正統觀念與教條思想（Gouldner 1980; Jacoby 1981）。這種正統的馬克思主義完全以「本質主義」（essentialism）之面目呈現，把「所有的社會現象在做經濟的化約、或是從經濟衍生出來」（Sugarman 1981: 81）。是故把所有的法律現象化約，或追溯到經濟的勢力和結構之上。結果造成馬派法律社會學發展的障礙（Spitzer 1983: 104-105）。

法律的經濟論是把法律視為資本主義的經濟體制之社會形成底化身。最先贊同這種說法者為帕舒卡尼斯，他堅持商品形式的邏輯與法律形式的邏輯是同源、同系、同類的（homology）（Beirne and Quinney 1982: 21）。這種見解固然有助於把資本主義法律的面紗揭露，把其意識形態的迷思打破，從而把資本主義社會中法律的負面與特徵暴露無遺。不過這種說法只建立在資本主義法律的自我毀亡之上，也就是論述「作為分析特殊的對象之法律底最終消失」（Hirst 1979: 163）。這不過是馬派反對法律，詛咒法律，期待法律滅亡的理論而已。這種「法律的虛無主義」（legal nihilism）最終造成馬派法律研究的困局與死巷。自帕氏之後，馬派理論

家的努力就是把法律從資本主義的糾纏中解脫出來，合理地、經驗性地
瞭解法律與資本主義（特別是經濟體制）之間的關聯。

　　雷涅在 1906 年便嘗試尋找另一條道路，他把資本主義法律的根源放
在布爾喬亞財產關係之上。有異於帕舒卡尼斯，雷涅主要關心的不是法
律的形式，而是法律的目的（Kinsey 1979: 52）。對雷涅而言，法律是「合
法性中立的架構和法律統治，在其架構與法治之上『社會主義國協』的
社會功能得以運轉與發揮」（ibid., 53）。在不同的經濟體制之下，法律既
然可以為不同的目的而服務，那麼社會主義有其法律，資本主義有其法
律，法律也為不同的政治或經濟的目的而權充工具。這種說法既能夠使
法律保持與經濟的連繫（傳統馬派的主張），另一方面兩者的關係不再是
居決定性的，不可避免性的，反而是鬆懈的、弛緩的。

　　這種說法造成的問題是導致法律形式和法律內容欠缺特殊連結的關
係。像雷涅把法律當成「空洞的架構」，而在欠缺其他因素的說明下，將
形式納入內容中引起了很多的批評，雷涅的說詞反而滋生幾種不同的工
具論（Miliband 1979），變成了另一種的化約論，而引起修正主義之論爭。

　　一定要把法律與經濟體系掛鉤的話，那麼法律的變遷時間就比經濟
的變遷緩慢，資本主義的法律就是衝破了封建主義的方式而湧出，而社
會主義的法律性質（legality）之形式與原則，也是從資本主義的社會中
發展出來（Sumner 1981: 88）。這樣的馬派說法，在強調法律與其特定時
期生產方式相左，也說明法律對某一制度（譬如資本主義制度）是具功
能性，對另一制度（譬如封建主義制度、或社會主義制度）卻是反功能
的、或負面功能的。但要解決法律的矛盾，然後確定其正功能、或反功
能卻是不易的。

　　在馬派法律修正主義中，至少有兩個不同的理論流派，值得我們注
意，其一為「結構主義」；其二為「文化主義」。前者以法國阿圖舍（Louis
Althusser 1918-1990）為代表；後者以英國湯普森（Edward. P. Thompson
1924-）為代表。他們兩人都以不同的解釋方式來回應馬克思有關法律是
上層建築的說詞。這種回應方式不過是外部結構，人作為主體和法律三
者關係的再度界定而已（Hirst 1980; Spitzer 1983: 107）。

結構主義理論的起點爲法律的「相對自主性」。阿圖舍主張法律，同哲學、美學、科學及其他上層建築的成分，都有它們「本身的歷史」，因之，以「相對自主的方式，也就是相對獨立的方式」存在於社會「整體」之外，這表示法律獨立於經濟之外，不過有時也依賴經濟，原因是所有上層建築「最後的例子」，也就是「最終」要回溯到經濟體系之上（Althusser 1970：99-100；洪鎌德 2004：271-277）。

阿氏的合作者巴利霸（Etinne Balibar）以國家、法律、政治權力的干預來說明從封建主義轉型到資本主義的過程，是靠法政的力量來爲「生產方式的界限加以轉變與固定」，法政在面對經濟時不再求取適應，反而使其「脫鉤」（dislocate）（Balibar 1970: 306-607）。由是法律開始鬆綁，而進行破壞、骯髒的工作。不過這種鬆綁並沒有阻擋法律朝經濟的流動，它只在使兩者的通道更爲彎曲難行而已。

朴蘭查（Nicos Poulantzas 1936-1979）雖擷取阿圖舍的結構主義，但也把結構主義轉化爲後結構主義，他與阿氏不同之處在於他指出：「法律不只在欺騙和掩飾……而且它也不斷強制、或命令群眾去做某事〔或不做某事〕來壓迫他們」（Poulantzas 1982: 190）。儘管朴氏接著指出法律所給予百姓的權利不過是幻象而已，他至少指出法律在法政領域有其正面及其負面的功能（Edelman 1979）。

朴蘭查強調法律自動的，型塑社會的作用和葛蘭西（Antonio Gramsci 1891-937）的文化霸權說，使結構主義的法律學說跳出一度空間的界域。法律塑造社會的功能成爲後來「法律建構理論」（constitutive theory of law）。這一理論不再強調法律是抽象與客體化結構，而把注意力移到作爲實踐的法律制訂（立法活動）。建構理論視法律是「表達性社會實踐的形式，其中一個社群參與到社會生活，道德的、分配的和司法的文本（text）的形塑（shaping）之上」（Klare 1979: 128）。是故對所有社群成員（包括被壓迫的個人與團體）在建構法律秩序時所扮演的角色，甚爲尊重。這也是把人群召喚回來參與解釋的體系，也對人群所推動的歷史過程重加界說（Thompson 1978: 79）。

於是湯普森所主張的文化主義便告浮現。被其他的學者視爲「層層

覆蓋者」（imbricationist）的湯普森曾經主張法律「深沉地層層覆蓋
（imbricate）在生產關係的基礎之中」（Thompson 1975: 261）。這就是說
法律是在社會之中，也是在社會之外，法律的結構既是看得到，也看不
到。對一些結構主義者而言，湯氏的說法是「文明化約主義」之一（Merritt
1980: 210）。不過湯普森並沒有說經濟的基礎被「吸收」到上層建築（法
律、政治、意識形態或文化）裡失去。他只是指出把基礎（下層建築）
和上層建築嚴加區分是有瑕疵的。他不以為法律單純地影響社會的物質
基礎，而是以為法律因為規範了社會關係，因此也是基礎的一部分。這
種處理法律的方式可以稱做把上層建築與下層建築「打平的計畫」
（flattening project），也就是否認圖 3.1 中馬派有上下層建築的分辨之圖
形底說法（Spitzer 109）。

　　傳統的馬克思主義者緊抱馬克思建築學上的譬喻，把社會當成意識
形態的上層建築與經濟基礎的下層建築兩樣合起來構成之物。柯亨
（Genald A. Cohen）遂移「屋頂（roof 指上層建築）不但靠支柱（struts
指下層建築的經濟基礎）來支撐，還使支柱更為穩定」（Cohen 1978:
231）。這就是說馬派的分析離不開上層建築與下層建築的區分，及其間
的關係。反之，「打平計畫」則離開結構主義和文化主義的說詞，或是以
為這兩派的主張有把上層建築的意識、文化、宗教、藝術、政治和法律，
同下層建築的經濟結構與經濟過程之分別取消的趨勢。

　　把上下層建築打平和重加界定之後，法律的理論便開始嚴肅地對待
法律界與非法律界之間的相互穿戴，從而可以討論社會主義與資本主義
社會中法律制訂的過程。這項工作之要點為有能力分辨「表述的」
（expressive）法律與「壓迫的」（repressive）法律之不同，從而評估某
一特殊的社會安排是否始終聯貫或是前後矛盾？假使法律是社會實踐，
那麼我們怎樣決定這種實踐是表述的、還是壓迫的、還是兩者兼具的？
既然理論的重點從物化的經濟體系轉移到有血有肉的人民，這些民眾既
創造了法律，又在法律下過生活，於是一個新的問題又跑出來：我們如
何能夠瞭解作為社會實踐和社會制度的法律之本質及重要性呢？

　　因之，可知法律絕對不單純是社會實踐。一個社會不管如何的自動

自發、如何生氣活潑、如何的具有革命改進的精神，單靠社會實踐是不夠的，還需要社會制度來指引、界定實踐的範圍和疆界。法律是在人群歷史過程中凝聚和結晶的社會實踐，但它也是社會實踐的條件，以及其形式，也就是在社會架構裡不斷地制法、造法。是故法律既是社會實踐；也是社會結構，因為法律一定比其創造者活得更久、活得更自在逍遙。

因之，像前述湯普森等位所謂的「層層覆蓋的理論者」，把法律結構面、法律拘束力或限制的作用降低，也會造成另一種的困擾。他們把馬派社會變遷造成結構性緊張的弛散。對馬克思主義者而言，在歷史過程中的階級社會之運動、之變遷，完全建立在生產力和生產關係的矛盾、或是緊張關係之上。假使法律需要「再建構」（reconstituted）的話，那麼它的地位是否從靜態的生產關係轉變為動態的生產力？馬派只指出法律在社會主義中是表述的，在資本主義中卻是壓迫的，這種說法只是一個議題，而非理論，也解決不了現實的問題。

因之，「打平的計畫」不但要求馬克思主義對體系重加概念化，也必須把體系置於運動中加以思考。假使法律嵌在階級社會的基礎上，那麼我們不禁要問：法律為什麼支持或禁止這類階級社會之轉變？我們是否把法律看成是生產力和生產關係呢？法律的地位是受到每一個經驗性實例的決定嗎？還是最好把法律在不同層次上的不同加以區別？是故馬派法律理論的重建需要進一步考慮法律與非經濟因素，像法律與政治、法律與歷史、法律與意識形態之關係（Spitzer 1983: 107-110）。

我們將在本書第 14 章第一節第 3 點再評論當代馬克思主義，特別是工具論的馬克思主義與結構派的馬克思主義，有關法律與社會的關係之闡述。由此可見在馬克思、恩格斯兩位經典的馬克思主義奠基者之觀念影響下，當代馬派學者對法律與社會的辯證互動繼續在探討與思考。

# 4 涂爾幹論社會與法律的同時進化

# 一、前言

　　涂爾幹（Émile Durkheim 1858-1917）不但是 19 世紀下半葉與 20 世紀初法國一位傑出的學者，更是舉世聞名的社會學家。他是繼孔德、馬克思、斯賓塞、杜尼斯之後把社會學發展到高峰的學派創立人。他的學派以及他創立的法國《社會學年鑑》（L'anée sociologique），都為 20 世紀西方，特別是歐美社會學說開闢了一個理論與經驗研究的天地，難怪當今英國社會學大師，也是倫敦政經學院的院長紀登士要把他與馬克思和韋伯並列，當成社會學界「經典的三雄」（canonical trio）來看待（洪鎌德　1998a：153）。

　　涂爾幹在1858年4月出生於法國東方羅連地區窩格省的首府埃皮納爾（Epinal），其先世有三代擔任猶太教師職務。他求學巴黎高等師範大學，專攻哲學。在他宗教信仰淡化之後，改而主張道德的改革。1882 年至 87 年當中執教於巴黎郊外中學。1885 年與 86 年之間留學德國，受德國實驗心理學大師溫德（Wilhelm Wundt 1832-1920）之教導。1887 年受聘波多大學，在此教學長達 15 年，從講師升到教授，講授的是社會哲學。1896 年創立《社會學年鑑》。之前他的博士班論文《社會分工》（De la division du travail social, 1893）已出版成專書，繼而為《社會學方法的規則》（Les Règels de la méthode sociologique, 1895）和《論自殺》（Le Suicide, 1897）。這幾本專書，以及《年鑑》上的文章都使他在學術界聲名大噪。1902 年位於索邦的巴黎大學予以禮聘，1906 年為該大學正教授，直至 1917 年 11 月逝世於巴黎為止。晚期最重要著作為《宗教生活的基本形式》（Les Formes élémentaires de la vie religieuse, 1915），以及身後出版有關法國教育演展之講稿。有異於當代英、法、美著名學人到處旅行考察，涂氏是屬於那種安樂椅上閉門造車的學者。他有關初民社會禮俗、傳統、信仰、宗教生活之資料，都是來自於二手文獻，但經他詮

釋，點石成金，而化成天地間的大塊文章。第一世界大戰末期，他因其獨子及學生友好戰死於巴爾幹半島，痛感戰爭之禍害，致罹疾遽逝，享年才 59 歲而已。

涂爾幹的社會學說一般稱為功能論（Functional Theory），也就是比擬生物器官雖各自獨立運作，卻能共同發揮生物體維持生命的功能。換言之，一個社會是由眾多的個人組成的，每個社會成員雖然追求各自的目標，也因人群需要愈來愈大，被迫進行繁瑣細緻的分工，而顯得分歧差異。不過儘管個人的職位與工作極為分殊，極為不同，社會卻展現更為合作、更為和諧的關係，亦即展示了社會的連帶性（social solidarity）之不斷的增大。社會不但趨向團結一致，本身也在變化、改變當中。就在社會變遷中，整個社會維持相當的穩定與進步，這種個人的分殊與社會的連帶，說明了做為社會動物的人類，有異於其他禽獸之所在，是故涂氏說「人之所以是人，乃是〔他〕存活於社會之緣故」（Durkheim 1957: 60）。

涂爾幹不算太長的學術生涯中，產生了幾項開創性的研究路數，為後代的學人指引探討社會及其變遷的方向。其中包括對自殺原因的剖析、社會科學方法論的問題（特別是把實證主義和經驗研究應用到社會的考察之上）和原始社會宗教的探討。在所有的這些研究與思考中，他追求一個簡單而偉大的論據：把社會基本上看做一個道德的體系來看待。這不意味他把社會看成為人群善良的、遵守倫理的大型組織，而是強調人類所以會成群結黨、組成社會、經營集體的生活，乃是人群團體的成員信守一些共同的價值。他的大部分著作完全致力於價值系統的變更，以及遵守道德對社會的凝聚和統合所產生的後果（Sutton 2001: 32）

那麼造成社會在變遷中，仍舊能夠維持與發展，表現相當程度的穩定之原因，是由於社會秩序的存在。社會秩序怎樣產生，怎樣維繫不墜？便成為涂氏社會學研究的對象。造成社會秩序的產生與維持，乃是人群的結合。而人群的結合之因由，或是基於同氣相吸、同志相求。這是志同道合的聯結，也就是基於血緣、地緣關的聯合，涂氏稱之為「機械性的連帶」（mechanical solidarity）。另一種人群結合的方式則為每個人發展其不同的、特殊的才能，俾滿足社會上其他人各種各樣的需求，也就

是走上分工繁細，社會功能分殊之途，然後透過有意或無意的合作方式，來達成全社會相互倚賴（interdependency）。這種的結合方式，不再仰賴血緣和地緣的基礎，而以業緣爲主要的關鍵，並形成的關係，就是涂氏所稱「有機的〔官能的〕連帶」（organic solidarity）。機械的與有機連帶關係之區分，並非涂爾幹原創的新穎的說法。就是其同代的社會學者如分辨地位與契約對立之梅因（Henry Maine 1822-1888），或分辨社群（*Gemeinschaft*）與社會（*Gesellschaft*）歧異之杜尼斯（Ferdinand Tönnies 1855-1936），也持這種社會不同時期發展的不同形態之看法（洪鎌德 1998b: 50）

根據涂氏的主張，原始人類社群結合的方式機械性連帶關係占上風，但其後隨著人類知識、科技與文明的進展，當代以西方爲主的工業社會，乃發展爲倚賴社群的有機的連帶關係。這種發展有其進步的一面，可喜的一面（物質生活的改善），但也埋下分解、破壞的一面、可憂的一面（人類之個人化、原子化、物質化，以致與傳統規範的乖離、脫序）。是故終身致力於促進人群統合、團結的涂爾幹，在關心社會的實證論的與經驗性的研究之後，更關懷社會應然面，規範性的落實問題，也就是道德、倫理乃至宗教的訴求，以致其晚年似乎在宣揚著，如何促進人類和諧團結的世俗化教義，或稱爲現世道德學說。

涂爾幹社會學的焦點，爲確認「社會的」、「社會性的」（the social）的存在，乃一種事實（fact），也就是「社會事實」（*fait social*; social fact）。社會事實就看得見，摸得到的事物一樣（*chose*），在於個人之外，對個人思感言行起著影響作用東西。換言之，社會存在於個人主觀想像之外，具有外在性（exteriority）、拘束性（constraint）、無法摔掉、拋棄、脫離的性質（ineluctability）。他爲社會事實做如下的界定：社會事實是人們行動、思維和感覺的方法，是外在於個人，但有強制的力量，也就是靠這種力量，它能夠控制個人（Durkheim 1964b: 3）。人的存在是社會的事實，不過「集體的生活並非由個人的生活中產生出來。剛好相反，後者是從前者誕生的」（Durkheim 1964b: 14）。就因爲主張社會優先於個人，使得涂氏的學說採用方法論的集體主義（methodological collectivism），

而排斥方法論的個人主義 [1]，從而也使他的學說變成了社會學主義（sociologism），用以排斥社會的心理學主義（social psychologism）。

在方法論方面，涂氏因為標榜社會事實的存在，因而主張社會學為實證主義的一種，是以社會科學的方法，來研究可觀察的社會現象為主旨，而排斥思辨的、形而上學的社會實體之猜度。是故做為社會科學駢枝之一的社會學，其研究途徑在於針對可資觀察，可以計量社會之客觀實在（objective reality）所呈現之資料與數據，進行蒐集、排比、分析、評估與論證。這些數據與資料都出現在研究者主觀意識之外，而單獨存在的事物。人是有意識，又能夠反思（自我意識）的動物，人群結合的集體生活，也就是意識與自我意識的表現。於是集體的想像（collective representation 表現、想像）、集體的心像（collective conscience 意識、良知、倫常），也變成一個客觀的社會事實可供社會學者的觀察、分析與詮釋。

既然社會事實是外在於個人，而對個人有規範、拘束、制裁的作用，因之，集體生活中最能表現為社會事實者，莫過於法律的存在，其他的社會事實則為習俗、道德、宗教等社會制度。所有這些社會制度都是人群在特定的歷史與環境下為了推動集體生活而創制與推行的人造物。是故討論社會與個人之間的互動，社會對個人的型塑就成了社會學的主題。

## 二、社會、社會生活與集體心像

一般人的看法是認為社會係由諸個人所構成的群體，也是眾人的集

---

[1] 主張方法論集體主義者，是以為社會存在於個人之外，超過個人之間，社會總體不只由個人組成，其存在還超越個人之上，甚至比諸個人之集合體還多還大，可稱為方法論的整體主義（methodological holism）。與此相對的則是韋伯等人的主張，他認為社會現象儘管是人群壘積的現象，基本上仍可以把這種社會現象化約為其成員的個人特質，或個人與個人之間的關係之上（參考洪鎌德 1999c：112）。

合體，涂氏卻指出：「社會不只是諸個人的集合、綜合而已。事實上，社會做為一個體系，乃是諸個人集結、組合，它代表了一項特殊的實在，而擁有其特質」（Durkheim 1964a: 103）。換言之，社會有其獨特的存在，它存在於構成它的諸個人之外。也就是說除了眾多的個人構成社會之外，包括人們理念、價值、心意等主觀因素也是型塑社會的因子。原來構成一個社會的主要因素，除了該社會的成員（諸個人）之外，便是這些成員對社會的看法、想法。這更是上述，也是涂氏引述到他社會學的中心概念之集體心像（ *conscience collective* 社會良知）。集體心像不但是人群對其社群的集體的意識，或是集體的感受，它還是人群把當成社會成員之個人行事的準則──良知、良心──之源泉。

涂氏社會心像的主張，無異把社會加以客觀化、對象化（objectification）與物化（reification），使社會變成事物，變成社會事實。由是社會成員共同分享的理念、價值、意圖、觀感這類屬於主觀性質的事物，也就慢慢轉化為學者研究的客觀對象，成為個人之外自存的、獨立的客體，可供學術的觀察，可供社會科學的探索。這些隸屬於群體，共同的看法與想法，也是涂氏所稱呼的「集體想像」（collective representation，集體表述）。那麼這兩組概念（「集體心像」與「集體想像」）對涂氏社學的建構有何重大的意義呢？

其一，顯示社會不但是一個物化的概念，有其獨立自存之特色，對個人還有控制、干預、影響的作用。涂氏說：「個人會發現一種高高在上的力量，出現在他的前面，對這種力量他只有俯首聽命的份」（Durkheim 1964b: 123）。又說「社會命令我們，由於它外在於我們，比我們優越的緣故」（Durkheim 1953: 57）。在其後期，涂爾幹把社會的物化擴大到對國家的崇拜。他勸公民要順從國家，因國家是社會的落實、社會的體現（Durkheim 1961: 86）。他對國家的崇拜。並不是要人們重返早期君主專制所形成的絕對權力之國家，而是接近韋伯所嚮往帶有幾份威權的民主國家。

其二，他使用集體心像，集體想像這些概念，不免沾染或多或少形而上學的色彩。蓋這些主觀心態的存在設定了「群體心靈」（group mind）

的存在。認爲群體在撇開其成員思感言行之外可以思想，可以感覺，可以行動。不過這種形而上學的外觀不久便被其實證主義的心態所拆穿、所摒棄。原因是群體畢竟是由其成員的個體所組成，群體的思感言行離不開個體成員思感言行。涂氏所以會採用集體心像，集體想像，乃是他對個人主義的反對，尤其反對古典的政治經濟學建構在個人主義——「經濟人」[2]——的概念之上。事實上，他認爲只有透過意識形態共同體之存在，才能有效標示「社會的」（the social）之存在。他指稱：

> 總之，社會生活不過是包括個人四周的道德境遇（moral milieu）——說得更精確一點，乃是各種各樣的道德境遇之總和在圍繞著個人。稱這種境遇爲道德的，乃是因它們由理念構成的。（引自 Wolff 1964: 367）

在哲學的光譜上，涂爾幹是屬於實證主義者，有時可以說是自然主義者，甚至接近唯物主義者。但因爲他要爲社會的本質定性，所以又不免成爲觀念論（唯心主義）者。要之，涂氏的社會學是把實證主義的研究方式應用到社會凝聚的觀念論或唯心的理論之上。事實上，他的社會學是在研究道德生活的社會事實，也就是他何以把社會學等同爲倫理科學之原因。

涂氏稱社會學一方面要應用經驗的觀察、科學的方法來探討社會界的規則性事物；另一方面社會學的探究在於討論人行動最終的目的——道德價值、人生意義——這些價值與目的在指引人們行爲，俾創造社會凝聚、和諧、團結一致的契機。顯然，社會之所以存在，是因爲人們擁有共同的價值、理念與信仰的緣故。

由於涂氏對現代西方工業社會的社會秩序與社會穩定之始終關懷，使得近期歐美學者判定他爲一個保守主義的思想家。不過保守主義這一標籤無法解釋涂氏廣泛的研究題目，以及他研究立場的變換，甚至研究

---

[2] 經濟人（*homo oeconomicus*），主張個人爲能夠判斷，抉擇，追求自利的理性動物，人之經濟行爲與經濟活動，完全由這種經濟人爲主體所展現。參考洪鎌德 1999b：249-256.

立場的自相矛盾。他並不嚮往古代或中古田莊的農村社會，而在政治上堅持工業化的「現代社會」。現代社會是立基於分工的複雜精細與個人主義之基礎上。只是要達致現代的社會條件，在事實上，社會是不易掌握的。因之，他主張先行分析造成現代社會的「脫序」（anomie）與強制性的分工（有如馬克思所指出的「異化」與「階級鬥爭」）之因由，然後研究社會穩定之道。他的研究計畫，包括如何保證社會的統合，使社會擁有一技之能的專業人士，形成群體來推動新的、世俗化的道德。這些主張，使他的學說與 19 世紀保守主義掛鉤（Hunt 1983: 29-30）。但不意味著他的學說是保守主義的說詞。

在涂爾幹早期的著作中，法律扮演兩項重要的角色：其一，法律是集體良知、集體道德最好和最客觀的單一指標；其二，法律是在社會當中運作，用來限制（規範）個人的行為，而產生社會秩序。對於法律的觀察，涂爾幹採取與梅因等同世紀的理論家相似，以及相異的看法，這就涉及涂氏對社會採取一種實質的看法，同時對社會科學採用了實證的、經驗的研究方法。

19 世紀社會理論家通常關懷的主題，就是由於工業化與城市化造成社會生活分崩離析的結果。梅因跟隨著斯賓塞以及功利主義者的說法，並不關心工業化、城市化造成的社會生活之潰散；反之，認為社會是一個交換的龐大網絡，每個人的利益藉契約來調解他與別人的紛爭。這種看法之下，國家扮演消極的角色，只有在諸個人為其利益而發生衝突時，出面擔任排難解紛的和事佬之作用。可是同時代中其他的學者卻不抱這種樂觀的看法。涂爾幹前身和精神導師孔德就聲稱：現代化（工業化、城市化、世俗化）會腐蝕社群傳統的基礎，這時需要有權威的國家提供道德的向心力，並對社會的操作活動予以協調、整合。德國的社會學家杜尼斯，對由社群轉變成社會的西方世界，亟需強有力的政府來阻卻人民之間契約的違背。杜氏悲觀地指出：以人造方式產生的國家無法持久，也就無力阻止人群的貪婪與暴力，最後社會會陷入崩潰中。

不管是梅因、孔德或杜尼斯的說法，都不為涂爾幹所認同、所接受。他力稱工業化並沒有摧毀人群道德的能力，倒是伴隨工業以俱來的勞動

分化── 分工── 把社會分裂為擁有不同道德觀點的不同群體。不同的
職業群體產生它們內在的團結（連帶關係）的形式，因之，也就產生了
不同的世界觀。不過這些不同的世界觀並不妨礙人群因為相互倚賴而結
合成一體── 一個社會。與斯賓塞持不同的看法，涂爾幹認為諸個人之
間的經濟交換都是短暫的人際交往關係，無法使諸個人緊密連結。他說：
「沒有比利益更不穩定的事物。今天它可能把你和我連結在一起，明天
卻會把我當成你的敵人」（Durkheim 1933: 204）。他聲稱，對人們最重要
的是契約長期的存在預設了制度化道德共識── 例如契約法── 之存
在，也就是靠契約法來界定契約義務的性質和引發（召喚）一個超越當
事人的政府機關來強制契約的履行。因之，在分工之下發生的事物，不
再是連帶關係的喪失，而是連帶關係方式的轉變。國家並沒有創造社會
的連帶關係，只有藉著法律的形式把連帶關係加以象徵化、代表化。

　　以上是涂爾幹對社會實質的觀察有異於其前代或同代的學者之處。
以下則談他社會觀察與分析的方法。我們在第 2 章中曾經提及梅因，他
對歷史事實的應用並不高明，可以說是沒有方法論可言的思想家。與他
相比，涂爾幹卻採用嚴謹的科學方法來觀察與分析社會現象。他從自然
科學借用了方法，以供建立社會生活的分析之用，甚至企圖建立社會生
活的演變規則。這就是說涂爾幹是一位實證主義者，實證主義的科學可
不同於實證主義的法理學，關於科學的實證主義之文獻極多，涉及到涂
爾幹的研究之上，可以說是應用客觀的證據來發展有關人群行為一般性
因果關係。這與人文學科只使用闡釋的方法不同。也就是對人文現象只
解釋說明其情況，而不會追問其源起、原因，再來說明源起、原因與目
前的狀態、結果之關聯。不過他雖然強調因果關係的實證方法，但把研
究對象從自然轉移到社會，而社會中涉及道德、良知、習俗、信仰諸事，
完全是理念的、理想的、主觀的，這樣一來不免令人生疑，如何利用客
觀的資料、資訊來研究主觀的社會良知、社會心像呢？

　　涂爾幹為了解決這個困難，遂發明了「社會事實」（*fait social*; social
fact）這個概念，他界定社會事實為「任何方式下的動作，不管是固定
的、還是非固定的動作，這個動作會對個人產生一種外部〔形體〕的拘

束」，或是「對某一社會的整體是一種普遍的〔約束力〕，本身擁其存在，而獨立於個人表現之外」（Durkheim 1982）。因之，社會事實有兩個特徵：其一為「外在性」（exteriority），處在個人身外、個人表現之外；其二為「限制性」（constraint），能夠對行動者產生拘束、限制的作用。其實我們還可以加上第三個特徵，那就是「無可躲避性」（ineluctability），也就是無法避免的、必然發生的（洪鎌德 1999a：306）。社會事實的外在性可用典章制度來說明其存在，不因個人的好惡、不因個人是否遵守都是外在於個人的社會事物。至於限制性則是說這些社會現象的上面附麗了道德的義務，要個人去接受、去服從。一旦個人違犯這些社會事實，便會受到社會的奚落、譴責、制裁、懲罰。至於無可躲避性正說明個人一旦碰上社會事實，想要逃掉、想要避免是不可能的。

在涂爾幹的社會理論中，法律是最明顯、也是最連貫的社會事實的典例。法律是社會良知客觀的形式。法律的成長、發展是外在於個人或人群，它的拘束力小部分來自官署等司法機構，大部分則來自社會成員共享共信的價值、信念。大部分的人群尊重司法維持秩序與公平的理念，儘管我們對某些法律（譬如戒嚴法）的痛恨、不滿。大部分的時間人們相信司法是公正的，也期待他人對司法有相似的期待，而且遵照法律去行事。雖然法律常遭破壞，但法律作為道德秩序的象徵，一般為大家所接受。由是可知個人無法躲避法律的規範。就像自然科學家使用器具測量物理世界一般，涂爾幹就用法律做為指標，來探察社會道德核心的深淺（Sutton 2001: 32-35）。

## 三、法律與社會連帶關係

涂爾幹並非一位法律學者，因之並無系統性的法學著作。不過他對法律作為社會事實之一，作為社會秩序的支柱，卻懷有濃厚的興趣。因此，在其豐富的廣泛的著作中仍然可以找到他對法律論述。他對法律研

究可謂為使用社會學的途徑，來闡述法律對社會和個人的作用。換言之，在解析法律的社會功能。

對涂氏而言，法律為社會規範與社會價值具體化與客體化最凸顯的例子。法律是社會事實的典例，他在其《社會學方法的規則》一書中，所引用闡釋社會事實之主要例子，都涉及法律。法律是「社會的」、「社會性的」事物，所顯示出來「可以看得到的象徵」（a visible symbol）。

在其成名著《社會分工》中，法律與社會的連帶關係成為涂氏分析社會形態及其變遷的指標。涂氏指出人類的社會產生了兩種不同形式的社會連帶關係：機械的與有機（官能）的連帶性。這兩種形態的社會團結力量雖是截然有異，甚至針鋒相對，但卻是在一個發展延長線上的兩端。也就是遵循著進化的軌道，從原始社會發展到現代先進社會所呈現的兩種形態。原因是原始社會分工粗具規模，因而社會凝聚與團結也就處於機械的階段：以血緣（兩性）與地緣（鄰近地區）為主；每個人的謀生的技術與生活形式大同小異；社會重視「集體主義」，而抑制「個體（人）主義」；這就是簡單、劃一的社會心像所表現的價值與理念。現代工業社會，也是資本主義盛行的西方社會，卻是社會結構複雜，典章制度嚴密，職業種類性質繁多，分工趨向精細的時代。社會連帶關係建立在歧異的個人、制度、理念（意識形態）之相互倚賴（interdependency）之上，也就是以業緣（職業之龐雜）為分工與凝聚之關鍵。這時人人之間的分殊，大於其相似之處。集體心像減弱，取而代之的是職業群落所要求與表現的特殊性道德，亦即涂氏所稱的「職業道德」（Durkheim 1964a: 227）。在其後期的著作中，涂氏強調這些職業道德將取代過去發源於宗教之道德，成為規範人際關係的倫理，也是促成社會凝團結的動力。

由於社會的連帶關係是一種理念類型，其範圍太寬大，其層次太玄妙，不易為一般人所察知，因之，有必要找一項為人群容易體認的社事實，這便是法律。他說：

這個看得到的象徵符號乃是法律。（Durkheim 1964a: 64）

顯然一個存在甚久的社會生活，必然趨向於取得一個特定的形
式，也趨向於自我組織。由於法律擁有較大的穩定性和精密性，
便成為社會生活的組織〔原則〕……。是故吾人確實可在法律
當中找到社會連帶關係各種本質的多樣形態。（*ibid.*, 64-65）

涂氏進一步說明法律與社會連帶關係之關聯，他說：

由於法律不斷提供社會連帶關係的主要樣式，因之，我們有必
要把法律不同的形態加以分類，再從中把與法律樣式相對稱的
社會連帶關係之形態一一指明出來。（*ibid.*, 68）。

那麼如何來為法律分類呢？分類的依據標準是什麼呢？根據涂爾幹
的說法，法律正如同所有其他的規範（禮儀、習俗、慣例、道德、宗教
等等）之特質為其外於個人，對個人的言行產生牽扯、壓制的作用。換
言之，「制裁」（sanction）是法律作為壓制個人言行的機制之最大的特
色。制裁分為壓制的（repressive）與復原的（restitutive）兩種。由是法
律也分成壓制的法律與復原的法律這兩種。

## 四、壓制的法律與復原的法律

壓制的法律之特徵，為其制裁是懲罰性的，這類的法律隸屬於刑法、
違規之範圍，少數行政法規，如交通罰則，也屬於這類壓制性的法律。
壓制性的法律還帶有強烈的、持久的社會揚善去惡的感受。人們一旦違
反這類法律，更要付出錢財、名譽、自由，乃至生命的代價，接受懲處。
由於壓制的法律分散在生活的各方面，其執行機關，不限於政府的官署，
幾乎是社會整體都有加以援用執行之可能。

與壓制的法律明顯地有所區別的是復原（補償）的法律。這種法律
要求違反者，恢復舊有狀態、或重建正常的狀態與關係。民法、商法、

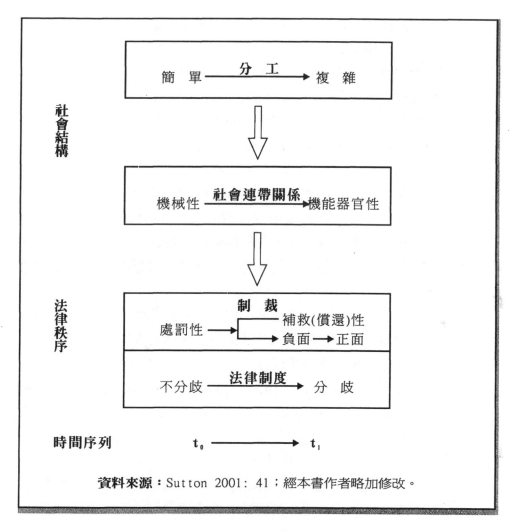

圖4.1 涂爾幹社會組織與法律演展示意圖

訴訟法、程序法,及大部分的行政法與憲法都屬於這類復原的、或補償的法律。涂爾幹這種區分法,顯示沒有遵循傳統的做法去分別刑法與民法、公法與私法。他甚至認為把公法與私法加以分開,並沒有多少實質的好處。對他而言:「我們相信所有的法律都是公共的,因為法律具有社會性的緣故」(Durkheim 1964a: 127)。

復原的法律關懷的是社會關係的調適,蓋這類關係產自分工的歧

異。這類社會關係並非由於「集體心像」所產生。因之，並沒有牽涉到社會整體的強烈的感受。一旦對違犯者課以復原的制裁，並沒有造成他、或她的失去面子，或喪失名譽、財產、生命、自由等利益。

涂氏旋在復原的關係中細分為積極的與消極的兩種關係。消極的關係涉及的是「不為」、「不做」，也就是牽涉社會自我設限形式，也是涉及人與物之關係。財產法、侵權行為的法則就是規範這種消極性的關係。其法條規定人們不要去傷害別人的財產，不要去侵犯別人的權利。至於積極的關係卻是由於合作而產生的關係。這種合作關係乃分工之必然結果。他還指出：「契約就是合作最精彩的法律表示」（*ibid.*, 123）。

屬於這種積極性的復原法律，包括親屬法、商法、程序法、行政法等有關反映合作的條規。因為它們規定了社會交往過程中有關行為主體所扮演的角色。

復原法律之日趨複雜化、日趨分殊化正表示對應著分工的細緻，社會結構的日趨複雜。這類法律內涵的豐富增加與執行機關的不斷增設與專門化，可以顯示社會合作的積極性。

涂爾幹把法律分成壓制的與復原的兩大類型，不只做了性質的描繪，還曾企圖做數量的測算。這就是他說的：「要之，為了測量分工深淺的程度，我們可以把〔這兩類的〕法律條規比較一下，也就是比較它們在法律數目之中所占的比例」（*ibid.*, 68）。

雖是提出這種幾近測量、計算的念頭，涂氏並未真正去計算壓制的與復原的法律數目之多少，從而測出某一社會從機械性連帶邁向有機性連帶的進展程度。

不過吾人卻可以經驗研究的方式來評估涂爾幹法律進化論，看看法律是否從壓制的性質變化與進展為復原的性質。要全面評估諸種現存法律體系與一般性法律之進化需要更多的精力、時間與篇幅，我們採用任教加拿大卡勒頓大學的英國法學者韓特（Alan Hunt）的方式，把問題加以縮小與簡化。也就是先提三項問題：第一、原始的法律是否為壓制的？第二、先進的社會之法律，是不是過渡到復原的法律？第三、現代社會的法律規定中壓制的成分已減退、逐漸消失嗎？

　　歐美不少人類學家曾經熱烈討論原始的法律之性質。他們找到證據絕大多數都是反駁涂爾幹的說法，或是強調原始的法律之多樣性、歧異性，無法支持涂氏一概主張的壓制性之原始法律。除了嚴格限制亂倫之外，一般原始的條規在於阻止私人的報復，使更早時期不具壓制性的社會管制，變成了壓制性的法律。因之，涂氏未免誇大原始社會壓制性法律的角色。

　　至於第二個問題，一牽涉到進步的社會，展示了更多復原的法律乙節，大體上沒有引發爭議。事實上先進社會仰賴復原的制裁之法律，不但法律數量多，且其重要性與日俱增。復原法律成長表現在法律覆蓋與應用的所在（區域、對象、標的物）愈來愈大，為從前所未曾有的現象。新增闢的地區中最顯著者為財產方面法規的暴增，以及與財產有關聯的社會活動之激增。其突出的所在則為契約法的膨脹。只是這部分牽連到實質法律之增長。按照涂氏原來的看法是強調法律的形式與社會連帶性之關聯。換言之，他比較不關心法律實質與法律形式之間中介的分析，誤以為法律實質必然與法律形式完全牟合一致。因之，現代社會固然呈現涂氏所指出的復原性法律之高漲，但卻規避了他有關法律進化的說詞。也就是他的說法，並未碰觸法律實質與法律形式之間的衝突，以及因此可能引發的法律進化之問題。

　　至於第三個問題的解答是這樣的。在最一般、最普遍的層次上，他的理論是設定復原法律之增長，伴隨著壓制法律的式微。就先進資本主義社會的法規文獻所顯示的情形，也可看出一大堆復原法律之訂定，但卻看不出壓制性法律的萎縮。制裁的形式與嚴苛有所改變，傳統式的犯罪案件似有減少或消失之跡象，但新型（包括白領階級犯罪、智慧型犯罪）卻急速增加。就因為新型的犯罪案件的增多，以及伴隨而來的壓制之制裁也水漲船高。如果我們把這類新型的犯罪與懲處加以歸類與分析的話，那麼涂爾幹的說詞很難站得住腳。

　　隨著資本全義擴散至世界各角落，與財產有關的犯罪特別是涉及背信、侵占、竊盜等案件有增無減。加上國際活動與干涉之擴張，新型的犯罪手法，例如「違反公共福利法」、「法規違反」一一產生。這類範圍

廣闊、不斷膨脹的違法、違規之行徑，所受懲處也都是壓制性的，而非復原性的。但是這類的犯法違規與涂氏所下犯罪的定義不盡相同。因為這些新型的違法，一般不涉及公眾的唾棄斥責，也與榮譽的喪失無關，而其懲處常是罰鍰了事，這也不合他對壓制性制裁所界定的意涵。

這些近期的西方發展的工業社會所面對的社會問題，特別是違規犯法的問題之叢生，正說明涂爾幹把法律兩分化的草率，特別是由此以說明法律的演進，似乎未掌握到法律制度變遷之細節。不過吾人如進一步加以省思，則儘管學者對涂氏這些瑕疵的批評，它仍然具有某種的說服力，原因是它集中在法律發展的逐步分析，這樣做才會造成學界的爭辯，而使法律進化說贏得大家的注視。

顯然，把法律的形態與社會的凝聚或連帶性之類型相提並論的是涂爾幹的貢獻，這是他一般的、撅括性的理論可取之處；儘管其特殊的、具體的分析方面或有所疏忽，有所失誤。涂氏不朽的貢獻為提出：每一特殊社會中的法律類型與該社會之結構形式完全結合。也就是分工簡單的社會，法律的特質是普遍相同一體應用（universalism），為規範全社會的成員之唯一標準。反之，在分工複雜、分殊多於相似的進步社會中，法律本身就反映了人人的不同（分殊）與專業。因之，涂氏所主張的無非是不同的社會擁有不同的法律，而法律的進化是與社會的進化相推移的。

因為涂氏主張社會學主義（sociologism），而反對心理學主義（psychologism），主張整體論（holism），反對個體論（individualism），因之，他的學說對刑罰學、犯罪學的影響頗大。不過因為見林不見樹、見樹不見枝和整體論者的毛病，只見到社會的整體、總體，以此看出社會的性格，而看不出組成社會的成員的個別性格。因之造成一種缺陷：社會特殊的性格就是社會的本身，社會特殊的性格之原因、來源，也是社會的本身，這就是一種套套邏輯，因果循環論的分析方式（Lukes and Scull 1983: 39-58）。

晚年的涂爾幹不再談他社會與法律兩分化，以及由簡單分工進展到複雜分工的社會進化論。反之，他集中在「集體心像」功能與性格改變

之上。他也於後期放棄使用法律做爲社會連帶性的指標之主張，更不再強調社會控制鎮壓的性質。取而代之的是加強道德與宗教的重要性，認爲道德與宗教是實現社會連帶性最具關鍵性的方法[3]。作爲社會事實的「是然」（is）被道德規範的「應然」（ought to be）所取代（Hunt, *ibid.*, 33-38）。

# 五、契約進化的學說

涂爾幹解釋社會現象的方法，常是以個人的意見來駁斥眾議，亦即標新立異。例如常人視自殺爲個人最隱私、最孤獨的行徑，與他人、與社會無涉。但在涂氏心目中卻視自殺牽涉到社會，自殺的原因常是來自社會的，而非個人的。換言之，現代社會管制的不足或過分，無法使個人融入社會的統合中，是造成自殺的原因，這是他何以對自私的自殺與脫序的自殺特加分析之因由。這種獨排眾議的論述方式，也發生在契約的闡述之上。

一般而言，契約的特徵在於個人的行動，也就是個人自由意志的表現。可是涂爾幹卻堅稱：契約本質上是社會的，而少有個人的色彩。在19世紀的經濟、哲學、法學和社會學思潮中契約扮演重大的角色，涂爾幹在攻擊斯賓塞的個人主義與功利主義的學說之後，強調契約的意義。他說：

一個契約並非本身自足，契約之成為可能，只有歸功於對契約的規定，而這種規定的開頭卻是社會的。（Durkheim 1964a: 215）

---

[3] 涂爾幹的宗教社會學強調「神聖的」（sacred，聖潔的）與世俗的（profane，俗濁的）之分別，他視宗教為信仰與行為的連帶體系，此種體系牽涉到神聖的事物，亦即分離與禁忌之物。參考洪鎌德 1998b：376.

　　一般的看法是認為：契約乃存於訂立該項合同的締約者雙方間的協議書（或口頭上的承諾）。但涂氏卻強調契約除訂立的雙方之外，還要加上第三方、第三者，那就是使契約活動得以成立的社會。亦即契約不是締約兩造的行為產品，還包括促成契約得以成立、維持、或判定有效抑無效的第三者之社會。原因是契約乃是一種社會的制度，其成立與維持有賴社會──「契約中非契約因素（non-contractual element）──來參與。他說：

　　假如契約有拘束力，乃是社會賦予契約這種的力量……。此
　　外，社會所以只賦予契約這種力量，這就表示契約的本身含有
　　社會的價值。（Durkheim 1964a: 114）
　　因為契約是一種的社會制度，因之，在其法律實踐與法學觀念
　　中獲得廣大的承認與支持。因之藉由「脅迫」（duress）或不
　　當干預而產生的契約，特別是社會契約，更成為執政者與選民
　　之間經常性的議題。（ibid.）

契約與社會分工有密切的關係。他說：

　　契約關係必然與分工齊步發展，原因是造成分工成為可能的條
　　件乃為交換，而契約就是交換的法律形式。（ibid., 381）

　　在《專業倫理與公民道德》一書中，他試圖對契約的產生做了歷史性的描繪。一反普通人主張，契約早便出現在初民社會，幾乎成為人類「自然的制度」（不是人為的制度）。另一方面涂氏這類說法又認為契約的產生是人類近期發展的新產物。契約主要的社會功能為獲取財產的手段。可是初民獲取財產的方式為繼承。只有當繼承，不再是唯一獲取財產的途徑之時，契約才發展出來。涂氏激烈反對繼承制度。只有當繼承制度剷除之後，他所嚮往的績效政治（meritocracy）才有實現之可能。

　　涂氏把契約演展的情況分成兩期，也就是仿效梅因的說法，他稱：第一個時期為「身分地位的契約」（status-contract）期，第二時期則為「意志的契約」（will-contract）期。他說：

> 一方面我們發現根據法律的形式所形成的關係，這種關係的起
> 源為人身或物的地位、或是存在於此一地位中而能夠修正的部
> 分；另一方面，依據法律而形成的關係，此種關係之起源為「人
> 們的」意志，也就是改變身分地位的協同〔意志〕。（Durkheim
> 1957: 177）

　　早期的契約形式，倚靠的是身分地位，其源起是宗教的，契約的當
事人與標的物被賦予神聖特質，使契約行為產生遵守義務的本質。涂氏
基本的關懷為如何從地位契約發展成意志契約。換言之，是什麼力量驅
使當事人把不同的意志化成相同，而最終又能夠使彼此受到拘束。結果
指出，在宗教進化中居於關鍵地位的儀式（rituals）扮演了拘束當事人
的角色。所謂的儀式，包括握手、同飲、共食等等，也包括土地、房屋
過戶的其他儀式性的舉止。這些儀式提供交換（易）以神聖的意涵，特
別是訂立契約的動作，獲得神聖性，就具有拘束力。是故對同意的宣布
本身，便成為外在的，具有外在性（exteriority）的事物。儀式的樣態逐
漸湧現，於是發誓、咀咒、歃血為盟都成為普世同欽、普世同用的契約
之儀式。訂約本身一旦取得「神聖的形式主義」，接著便取得「法律的形
式主義」。這一象徵性的舉動就取代了財產的實際移轉。於是涂氏說：

> 象徵主義僅代表一種〔實質〕的式微，也就是習俗主要的意義
> 告一終結，而象徵動作取而代之。並非象徵，而是習俗作為社
> 會關係的起因。（ibid., 189）

　　當儀式的與象徵的因素褪色，甚至消失之後，真正的合意之契約乃
告產生。契約就像其他的制度一樣，其出現絕非憑空任意，而是先有要
求其形成的一般輿論，其次這一制度的出現不為其他相似相近的制度所
排斥。因之，「只有經濟生活的要求，是無法讓合意的契約（consensual
contract）制度出現的。反之，公共的心態要支持這一制度，要感受它出
現的可能〔與必要〕」（ibid., 191）。以上的說法表示涂氏對契約的產生，
採取自然生成的觀點，而反對決定論（例如經濟因素決定契約與法律之

形式）。

涂氏規避決定論的結果造成其契約說陷於含糊不清的狀態。因爲對契約的社會學研究，其起點爲考察交換關係之不同形態，進一步探究造成交換不同類型之經濟活動。顯然對經濟形式與內容之理解，乃爲闡述契約進化中儀式與形式主義之關鍵。

涂爾幹只是簡單地假定交易只是分工的自然結果和不變結果。須知從物物交換至資本主義的交易，這些交換（易）的行爲內容與形式經歷了重大的變化。這些變化對財產與貨物的讓渡產生法律表述上重大的衝擊，這是不容忽視的。可惜這部分他沒有加以辨析與論述。

涂爾幹認爲合意的契約反映了社會日增的世俗化。合意的契約已無法只靠語言的承諾爲訂立的基礎，而要靠當事人的心意。就算是單靠語言的表示，也證明這些具有拘束力的語言承諾，乃是心意的表述。爲此原因他說：「合意的契約造成法律革命性的創新」（*ibid.*, 203）。合意的契約在社會關係中所扮演的角色愈來愈重，其中，雇主與員工的關係就是合意的契約所造成的。其基礎乃爲「自由意志」。

是不是合意的契約之出現，便標誌契約發展的高峰呢？涂氏的答案是否定的。他以爲還有一個更新的階段：讓契約的發展更上一層樓，那是指「公平的契約」（contract of equity）而言。這一階段標明締約者不但理解契約活動的本質，就是體認契約活動的結果，都會促成他們立刻地意識到社會利益。走上公平的契約之過程所遭逢的有：造成契約有效性減弱的因素日漸增大，公共政策愈來愈講究，要求「公平的契約之呼聲愈來愈大，必要時形成一種活動，要求社會進行干預而使公平的契約之理想落實」。涂爾幹理想社會的模型就是這種公平契約充斥的社會，而不是自由意志締結的契約之社會。這種理想社會之暫時無法實現，據涂氏的說法，乃是受阻於遺產繼承制度之流行。繼承制不但是社會不平的表現，更是社會不平的原因。是故他反對重視個人利益功利主義，而宣揚以公平契約爲基礎的新社會（Lukes and Scull 1983: 192-237）。

# 六、財產與財產權

　　與契約有關聯的事物，就是財產與財產權。對此議題涂爾幹的論述不夠詳盡。他論述的途徑主要是哲學的，而較少歷史的或進化的方式。他所以對財產與財產權不做發展的、進化的討論，與他在意識形態上對繼承權之拒斥有關。

　　在型塑他有關財產的理論過中，涂爾幹首先批判了「財產勞動說」。這是古典政治學說，特別是洛克的主張，也是大部分社會主義者的說詞。他以簡短的說明來駁斥這種財產勞動說，指出某些貨物與商品的市場價值，像藝術品並不完全繁於投入該項產品之勞動時間與精力的多少。因之，藝術品當成財產顯然與投入於製作該藝術品勞動的時間之短長與精力之大小無關。是故他不認為勞動是造成財產的因由，更不是財產制度所以建立的源起。此外，涂氏也反對康德把財產權歸因於「第一手獲得（占取）」（first appropriation）的個人意志說。原因是「第一手獲得（占取）」畢竟是意外的，任意的事件，無法做一個普泛理論的基礎（*ibid.*, 121-170）。

　　對涂氏而言，財產的配置乃是一種本質上隸屬了社會活動的事實。「是社會配置了財產」（*ibid.*, 215）。為了避開前面那兩種財產論的毛病，他指出財產關係的源泉在於集體的信念與價值，特別是宗教的信念與價值。「每個社會都有公共的意見，顯示那些財產可供占取、那些財產不容其成員占取」（*ibid.*, 138）。宗教的本質在於指明某些事物具有神聖性，某些事物不具這種特質。凡具有神聖性質的事物（以及部分俗濁的事物）便不容侵犯。他逐加以綜概下了結論：

> 財產的源起必須在某些宗教信念的本質中找尋。由於〔不容侵犯的〕效果是相同的。因之它們〔不管是聖潔的、還是俗濁的〕相似性，歸因於相似的原因。（Durkheim 1957: 143-144）

　　為了說明財產的起源為宗教，他論述首先神聖性只賦予少數特定的個人，也就是祭司或神職人員。靠著這少數的個人，神聖性與不可侵犯性就轉往標的物。逐漸地事物，而非人員，被看成神聖的與不可侵犯的。「人類的財產之所以神聖的，之所以變成神的財產，乃是透過一些儀式的禮節交到人的手中」（*ibid.*, 160）

　　涂氏發現很多部落的與封建的社會中，財產之不可被侵犯、不可被剝奪，以及圍繞著事物的禁忌，像在土地產業上所樹立的石碑，都是支持他學說的證據。

　　涂氏雙重社會的模型（在後期不再逕稱機械性、或有機性的社會）反映了早期社群的共同財產轉型到今天私有的財產。其演變為首先父權家族的興起，伴隨著少數個人獲得優越的地位。這時神聖的性格不再賦予土地，而給與家族中的頭目。其次動產取代不動產而在經濟活動中占重要地位。此時動產與不動產一樣，也獲得其神聖性。人格則是實物（動產與不動產）「比較弱的反射，也是真實財產一個削弱的形式」。因之，實物的財產在歷史發展上先於身分的財產，這些都是集體對個人的割讓，集體對個人的妥協。

　　他的財產理論比之他的契約論缺乏說服力，其探討的方式也較為薄弱，其尋找的證據尤顯無力。原因是要對財產的進化加以捕捉，其出發點為財產的經濟功能之理解，也就是在經濟與社會過程中，財產所扮演的角色。注意的焦點不只是古代社會的土地，而是土地與生產形式有關而滋生的各種變化，也就是分辨土地財產權的特殊形式（Lukes and Scull 1983: 158-191）。

# 七、涂爾幹法律社會學的評估

　　作為現代社會學奠基者之一的涂爾幹，並沒有演繹一套系統性的法律社會學，儘管法國社會學家居維治（Georges Gurvitch 1894-1965）讚

賞他「發展了一套法律社會學」（Gurvitch 1974: 83）。事實上要為居維治
這一論斷，作一客觀與公正的評估並不容易，原因是撇開涂氏對社會學
整體的研究不談，而表面地把他法律社學單獨地抽繹出來，我們無法掌
握他社會學的全貌。換言之，他的法律論述離不開他對社會，特別是社
會連帶性的探究。

　　涂爾社會學著作的基本重要性在於他創造了知識的空間，俾現代社
會學得以發展。他治學的開端在於對 19 世紀以來歐陸與英國政治經濟學
與道德哲學的批判。在這種批判中他挖出一塊知識探討的場域，也就是
他稱呼為「社會學」的研究園地。儘管社會學的名稱為孔德所創設，隨
後的英、法、德學人跟著耕耘開發，但沒有人比涂氏更認真為社會學的
園地標示疆界、範圍與經營的方式。顯然得很，他標明了這塊園地的大
小，而提供 20 世紀學人發揮才思、營構理論、進行經驗研究之機會。

　　構成涂爾幹社會學說的中心議題為個人與社會之間的關係。在《社
會分工》中，他說：「這本著作的源起乃是個人對於社會連帶性之間關聯
的疑問。問題是何以愈來愈趨向自主的個人，反而更為要倚靠社會？個
人如何在更為獨立自主之下，同時又變得與別人更有連帶性，更有團結
性」（Durkheim 1964a: 37）？就因為這個問題意識導致涂氏關心社會的
統合，也造成他社會學取向於把渙散的社會關係凝聚在一個單獨的體系
中。他社會統合的觀點之特別形態，乃是藉科學的分析邁向倫理的要求，
由描述走向規範，而視社會的統合是人類經營集體生活所嚮往的，所應為
的目標——一個他帶有意識形態的共同體（ideological community）——
之達成。換言之，現代化的西方工業社會以及其政治民主乃是這種意識形
態共同體的雛型。

　　只有在這種脈絡下，我們才會理解紀登士對涂爾幹的評價。前者強
調吾人無理由把後者看做是一位只注重社會秩序的理論家，更不該把涂
氏看做是保守主義代言人。這是針對 1970 年代某些學者（特別是 Lynn
McDonald 等人），把至今為止的社會學說分成「同意理論」（consensus
theory）與「衝突理論」（conflict theory）兩大陣營，而把涂氏歸類於同
意理論之行列的說法提出反駁。雖然質疑涂氏理論只當做同意，而非衝

突的理論陣營之說法，這種挑戰並沒有彰顯他學說可大可久之貢獻。必須指出是儘管涂爾幹主張社會的統合，有趨近維持社會秩序，而傾向保守主義之嫌，但他的學說中指出當代社會脫序與被迫的分工，卻擊中了先進資本主義社會之要害。正因為他指出現代的社會穩定與統合表象之後的隱憂與問題重重，才會使他的社會學理論獲得學界特別的關注。他的一般觀點，也就是他功能性的社會統合並非存在於現實社會之經驗分析上，而毋寧存在未來理想社會規範性的訴求中。

在瞭解他社會學整體的觀點與主要議題之後，我們才能轉向到他對法律現象處理之上。他對法律看法是建立在法律不變的、不容置疑的社會功能——功能上為促成社會統合的機制——之上，也就是建立在法律對社會連帶性不變之關係上。他把法律當做社會連帶關係的反射與指標。這種觀點使得他對法律的處理與眾不同。依他的看法，社會凝聚的動力來自於集體的感覺、態度與價值。這些集體心像是對社會成員的諸個人發揮影響作用，也成為他們社會力量之產品。社會凝聚深植於社會的規範體系，法律與道德遂成社會和諧的載體，也是社會和諧的體現。

涂氏這種研究取向與觀點，對他法律社會學之處理產生了特定的影響。也就是在人群的社會關係裡，他力求社會和諧，而忽視或無視社會關係中不和諧，甚至衝突的那一面向。他把衝突當成社會的病態（例如強迫性的分工）、或社會的毛病（像脫序）。因為不處理衝突與不協和的問題，使其法律社會學留下很多空白與不足，像他未能對論法律與權力、法律與宰制、法律與國家之間的關係，就是明顯的瑕疵。

他把法律當成社會連帶性的反射與指標加以看待，也只討論到法律的「功能」，而無法碰觸到法律的自主或半自主。也就是不把法律當成自主的社會勢力來看待。再說他強調法律規範性的功能，也只注意到法律促成社會統合規範性的內容，而忽視社會體系中制度性的形成。

至今為止，我們指出涂氏對法律現象採取邊緣性處理態度，是由於他關心的是社會，而非法律。因之，法律成為社會的一部分（社會的規範之一），法律也是社會學方法中，為了證明社會事實之存在，而採用可資辨識，「看得到的象徵」。是故他對法律的論述是邊緣的、隨興的、任意的。

這種做法忽視了一般社會學中法律的重要地位。須知法律存在的形式，以及與法律存在形式相關聯的意識形態是整個社會凝聚最真實的表現。換言之，法律是意識形態共同體中制度化的表述，體現與工具（載體）。

要之，涂氏法律社會學的特徵爲聚焦於法律與社會凝聚之關係上。這無異是對法律與社會關係之社會學觀察。這應該是法律社會學起碼的要求，而非法律社會學特別的方向、特殊的探究。考慮到前述涂氏法律社會學中未處理問題（法律對權力、宰制和國家之關聯），那麼他的學說無法被評定爲對法律社會學的發展有何重大的突破與驚人的貢獻。但無論如何其作品仍將被廣泛引用，而做爲法律社會學往前推展的一塊踏腳石，這是韓特的總評（Hunt, *ibid.*, 41-43），值得我們留意。

# 八、結語

總之，涂爾幹的法律社會學可以說是他社會學一般理論的延伸與發揮。綜合前述我們可以指出：在《社會分工》一書中，涂氏對法律提出三個假設，其一、法律是社會連帶關係的「外在」象徵，目的在指示社會凝聚的本質與程度；其二、社會進化反映在法律的進化之上：原始、簡單的社會爲機械性連帶爲主、重集體主義，故其法律的特徵爲壓制性的制裁；反之，今天西方工業資本主義的社會，人類的分工精細，相互依存程度極高，於是呈現了個人主義爲主的官能性、有機性連帶關係，法律的性質也由壓制性邁向復原性的制裁。其三，法律的功能，表現在犯罪與懲罰之脈絡上，在對集體心態的表示，從而顯示懲罰的真正職能在維持社會凝聚之不容侵犯，也就是「藉懲罰之嚴厲凝結共同的意識」（Durkheim 1964a: 69）。

他這三個假設因牽連到他社會學思想的核心，因之，其優缺點也要從他整體理論的精采與瑕疵中來加以評估。不過 1970 年代，英、美、法、德學者在重估涂氏法律社會學的貢獻時，指出他對犯罪視爲社會現象，甚至看做「健康的社會整合的因素」（Durkheim 1964b: 71），雖有幾分嘲

諷的意味，卻含新意。因之，他的犯罪論，被讚賞爲偏差行爲「充分的社會之理論」（fully social theory）（Taylor, Walton & Young 1973: ch.3）。至於他認爲犯罪行爲本身重要性不大，但指出：社會對待犯罪的態度或看法卻對社會的團聚有其重大的意義。這種說法被視爲標籤（labelling）理論，或社會反映說（societal reaction theory）之先河[4]。

就方法論方面而言，我們發現涂氏愈到晚年愈關懷集體心像與集體表述，因此，他認爲人類對社會的知識，就是從社會事實的體認上一點一滴建構而成，也因之，他忽略了社會行動者個人對行動所賦予的主觀想法、或行動者彼此相互主觀的想法——社會實在的意義。把社會事實當成事物來看待，就是關心這些社會事實所呈現的外表，所呈現的指標。換句話說，在我們無法瞭解作爲道德現象的社會關聯性質與程度之前，它的指標——法律、道德、宗教——就浮現出來，只要研究這些外頭顯露出來的指示符號與象徵，我們就會進入社會生活、社會實在的核心。這也就是說：「我們必須把這種內在的資據〔社會凝聚〕，這種躲避我們理解的〔心理因素〕，改易以外在的資據，改易以其象徵性的事物。透過後者來研究前者。這種看得見的象徵，便是法律。」（Durkheim 1964a: 33）。法律便成爲社會組織最穩定和最精確的元素，在法律當中人們發現了社會連帶關係本質上的諸種樣相。

法律對涂氏而言，其存在是永續的，也是構成一個確定客體與經常性的標準，使人人可覺識其存在，而它是不以個人主觀意志而轉移的社會事實。這種把法律視爲集體心像的表徵之看法，以及把法律懲罰制度緊密連結的主張，正如上一節所指出，有可能會排除現代社會視法律爲正當化權力的工具之流行看法，從而對複雜的先進社會中的衝突與鬥爭無法做出妥善的解釋。要之，忽視權力與法律的關係，不討論國家形態與法律的關聯，不處理經濟組織對法律的影響，使涂氏的法律觀無助於處理當前千變萬化的現代人群的生活。

---

[4] 陸克士（Stephen Lukes）與史考爾（Andrew Scull）不同意涂爾幹的法律社會學說，特別涉及犯罪與懲罰的部分，可以看做標籤說或社會反映說，見兩氏所著 *op.cit*, 20-22.

　　雖然涂氏的法律社會學在現實的運用上有其侷限，但近年間西方法學界仍舊推崇他堅持法律研究與社會境遇以及與歷史脈絡之不可分，也就是他所強調的法律與社會關係之形式密不可分的關聯。此外，近期的考察也體認法律對社會生活之重大作用，犯罪不只是社會的負擔，也可以視爲正面的，有積極性（對社會凝聚有助）的社會現象。法律制度就像其他的社會制度，其持久性與有效性不能只著眼於其功能，還要考量其運作的物質條件，這些研究的方向都是受到涂爾幹法律社會學的影響，這點似乎值得吾人矚目與反思（Lukes & Scull, *op.cit.*, 27）。

表4.1 涂爾幹論機械性與有機性的連帶關係

| 類　別　　　特　徵 | 建立在相似性的基礎之上，原始社會之**機械性連帶關係** | 建立在分工基礎上，現代進步的社會中之**有機性連帶關係** |
|---|---|---|
| **形貌（結構）的基礎** | 橫的區隔性關係（以血緣氏族爲開始；其後發展爲地緣的領土）少許的相互倚賴（社會連結弱）人口數量相對的少，物質和道德密度低。 | 縱的組織性類型（市場與城市成長的合致、業緣）很大程度上的相互倚賴（社會連結強）人口數量相對的多物質和道德密度高。 |
| **法律的形態** | 以刑法爲主；壓制性的法律。 | 以合作的法律（民法、商法、訴訟法、行政法、憲法）爲主；補償（還原）性法律。 |
| **集體良知的形式特徵** | 高量 高強度 高度決定性 絕對的集體權威 | 低量 低強度 低度決定性，個人倡議和反思的空間大 |
| **集體良知之內容** | 高度宗教性 超現世（超越人群的利益、而不容討論） 把最高價值賦予社會和社會全體之利益 具體的而又在地的。 | 逐漸世俗化 以人群利益爲取向（關於人事、容許公開討論） 把最高價值賦予個人，重視個人的尊嚴、平等、工作倫理和社會主義。 抽象而又普世的。 |

資料來源：Lukes and Scull 1983: 9；經本書作者改正補充。

資料來源：Daniel Chodowiecki, "Kunstkenntnis," from the Goettinger Taschen-Calendar, 1780 (July). Graphische Staatsgalerie Stuttgart.

## 圖4.2 對司法女神的讚賞

# 5 韋伯論法律變遷與形式合理的法律

# 二、前言

作為西洋 19 世紀下半與 20 世紀初葉，在思想界與學術界聲望最高的社會學家、歷史學家、經濟學家、文化哲學家的韋伯，誕生於 1864 年 8 月 21 日的德國圖林吉亞邦埃福特（Erfurt）城。其先世經營紡織業；父親（Max Weber sen. 1836-1897）曾任律師，屬於親俾斯麥的國族自由派人士，做過國會議員，與柏林政要多所來往。其母（Helene Fallenstein 1844-1919）為虔誠的喀爾文教徒。父親威權式的作風，與母親壓抑本身喪子之痛（韋伯有手足兩人早夭），為了顧全父親的面子而強顏歡笑相忍持家。亦即父母的不睦，造成他在 33 歲（1897）之時一度精神崩潰，經過 5 年的旅行與講學交互療養之後才告復原。韋伯在 1882 至 84 年間在海德堡求學，習法律史與經濟史。其後受其姨父鮑姆加騰（Hermann Baumgarten 1825-1893）影響至深。鮑氏對自由主義深信不疑，不肯接受俾斯麥國族主義的影響。韋伯的政治理想在很大程度是受到鮑氏的啓發。1884 年在史特拉斯堡服完兵役的韋伯返回柏林與其父母同住。直到 1893 年秋才又獲得外出工作之機會，此時他在柏林大學擔任助教職，並與德國女權運動先驅的瑪麗安妮・史特尼格（Marianne Schnitger 1870-1953）結婚。

由於專心研究，加上他的慧識特出，只在柏林大學工作一年之後，便被佛萊堡大學聘請為正教授，開講經濟史，1896 改前往海德堡大學任教。這時韋伯已出版了有關古羅馬的經濟史與中世紀歐洲行會商會之組織，也撰述德國股票市場的興衰。這些年代他在政治上也相當活躍，接近的是新教社會協會的黨派。1903 年他精神病癒，之後已辭掉海德堡教職，剛好父親逝世（1897）後獲得一筆遺產，在 1907 年財政上得到獨立。令人不可思議的是他的久病，不但沒有傷害他的智力，反而在病困中獲取真知灼見，而覺悟到喀爾文教的清規勤儉，逼迫教徒努力工作，俾來

世有機會做爲上帝的選民。這種新教的倫理對資本主義企業家經營精神產生重大的衝擊。1904 至 1905 年間韋伯在《社會科學與社會政策彙編》上發表了〈新教倫理與資本主義精神〉一長文，後來結集變成專書出版。此書引起的爭議與轟動，更證實韋伯的才華。

1910 年在韋伯的協助下德國社會學會成立。在成立大會上，他發表了俄國神秘主義對他思想之衝擊的演講。俄國的神秘主義與德國入世的禁慾主義剛好針鋒相對，前者指示教徒的救贖在於與上帝融爲一體，成爲聖神的容器；反之，後者強調人的工具性，人藉勞動與祈禱的手段，來邀取天寵，獲得拯救。自 1910 年以後韋伯的思想，特別是涉及經濟史與文化史的社會分析，便受到禁慾主義與神秘主義相反而又並行的關係所左右。

1910 年，歐洲面對第一次世界大戰即將爆發之際，中產階級社會有趨向解體之虞。韋伯的海德堡住宅成爲當時文藝批評家、學者、思想家集會討論的場所。在這段時間韋伯也經歷了平生第一次的婚外情，在 1916 年刊載的文章〈用宗教來排斥世界及其流向〉，韋伯把宗教形式中情慾、禁慾與神秘做了深刻的剖析。

在對社會學基本概念與方法論的剖析之外，韋伯致力於中國、印度、猶太、伊斯蘭的宗教與文化的考察。其重要的著作《經濟與社會》，便在分析西方文明特質的理性如何產生，其對社會生活與經濟生活會產生什麼樣的結果：合理性會不會把現代人化做「鐵籠」中的囚犯？韋伯在第一次世界大戰結束後，幫忙德國民主黨之成立，並協助起草威瑪共和新憲法，卻於 1920 年 6 月 14 日罹患肺病逝世於慕尼黑，享年才 56 歲而已。

在韋伯主要著作的《經濟與社會》（*Wirtschaft und Gesellschaft*）[1]一書共兩卷中，亦即 1138 頁裡頭，法律社會學（*Rechtssoziologie*）位居全書第七章約占 150 頁（S.495-626）左右。這部分共分八節，從法律涉及的範圍（公法、私法、民法、刑法、犯罪、偏差行爲、法律與程序、

---

[1] 韋伯的名著《經濟與社會》首次於1925年出版於德國涂賓根（Tübingen）之 J. C. B Mohr 出版社。第二次世界大戰後科隆與柏林的 Kippenheuer und Witsch 出版社以研究版本（*Studienausgabe*）的面目再行出版，有華文翻譯，請看參考文獻。

理性法律的範疇），至主觀法律的理由（包括自由權、委託、契約在內）、
法律思想與法律主事者（*Rechtshonoratioren*）、法律形式與實質的理性
化、法律制訂與明文化、透過革命的制法與自然法至現代法律的形式性
質，可謂琳琅滿目，範圍廣泛、包羅詳盡、討論深刻，是韋伯作為一位
法律史家、法律理論家，也是他後來參與德國共和新憲法的起草工作，
把法律的理論與實踐加以綜合精鍊的思想結晶。

　　韋伯有關法律社會學的著作，除了顯示他廣博的學識（他引用了羅
馬法、日耳曼法、法蘭西法、盎格魯撒克遜法，還進一步探討猶太法、
伊斯蘭法、興都（印度）法、中國法，甚至波利西尼亞習慣法）之外，
便是一大堆有關法律的概念專門術語，使讀者無法跟進，不易掌握他的
本意。更何況他使用了精粹的語言、簡約的文體，使讀者「看到理念與
觀察的拼湊……也看到各種案例的東擺西放、隨便堆積……讀者常由一
個主題轉換到另一個主題、由一個層次升到另一層次，而看不出他們之
間的關聯」（Kronman 1983: 2）[2]。顯然韋伯並沒有期待讀者在沒有獲得
有關法律制度與法律歷史的知識之前，就冒然閱讀他這份艱澀的著作。
不只人們要具備相當的法律知識，也要對韋伯整個社會學，甚至整個有
關經濟、法律、社會、宗教的學說都有了相當的概念與認識之後，才能
踏入他法律社會學殿堂的門檻（Zeitlin〔1985〕, 1991: 268）。而他的社
會學說又與他的社會科學方法論分不開，所以我們有必要先討論他對人
文與社會現象所採取特殊的研究途徑。

---

[2] Kronman 有關韋伯法律社會學的專著不只在說明韋伯思想的前後連貫，也把他理念
中的前後矛盾顯示出來，原因是韋伯的法律理論與他的社會性質之分析，以及社會科
學的見解充滿衝突，這無疑地顯露韋伯知識方面之精神分裂（見Kronman 1983; Trubek
1972, 1985, 1986）。

# 二、韋伯的方法論

　　韋伯的社會學說與其方法論關係密切。韋伯的方法論在很大的程度內反映了德國自康德、黑格爾、馬克思等先行者對主體與客體，心靈與物質的雙元論，或精神意識之推崇、物質生產之首要等學說之反彈、修改與吸收。有異於馬克思談異化與剝削，韋伯的方法論，特別是方法論的個人主義，促使他認爲在資本主義生產方式下，理性化的過程導致人之被宰制。宰制的來源爲經濟與官僚體系擴大與彼此滲透，以致每個個人，包括個別的工人都要受到傷害，這也就是他所說的現代人被關進「鐵籠」子當囚犯之宿命（Beirne 1982: 44-54）。

　　韋伯曾經參加至少兩次有關方法論的爭辯（*Methodenstreit*）。其一爲社會科學究竟應採用演繹法，還是歸納法。主張前者爲孟額（Carl Menger 1840-1921），贊成後者的爲史末勒（Gustav von Schmoller 1838-1917）。韋伯因爲是德國「社會政策學會」（Verein für Sozialpolitik）創立人之一，似乎也與該派領導人史末勒的觀點接近，至少重視經濟現象的歷史變化，不過從他演展出一套社會學的基本範疇來看，他似乎也不排斥演繹法之應用。其二爲韋伯與史丹木勒（Rudolf Stammler 1856-1938）[3]爭論社會科學是否應把事實揭述（或分析）與價值判斷分開的所謂「價值中立」之爭。在這裡韋伯大聲疾呼作爲社會科學的學者，必須摒除個人主觀的偏見，進行客觀的經驗研究。也就是研究者對研究目標好惡的態度與感受擺在一邊，或事先確認並讓他人知道其立場，完全以客觀如實的中立心態來進行研究。易言之，不要把主觀

---

[3] 史丹木勒為19世紀末20世紀上半葉德國著名的法律哲學家。他主張法律觀念應回歸到康德哲學之上。他引起韋伯注意的著作爲《唯物史觀的經濟與法學》（1896, 1924）。史氏另外主要的著作爲《正確法權之學說》（1902, 1926）、《法律哲學教本》（1922, 1928）、《法哲學論文與講稿》（1925）2卷等。

的想法混進客觀的研究對象裡頭，也就是不要把價值判斷與事實分析混爲一談（洪鎌德 1998b：80-95；1999a：190-193；1999b：142-146；1999c：22-26）。

事實很明顯，之所以會引發德國學界 19 世紀末 20 世紀初方法論之爭執，主要是因爲社會學家力圖把自然科學研究法引進到社會的考察之上，這是自孔德以來社會學主流的實證主義所堅持的研究方向。可是受著世界觀哲學或精神科學等新康德學派影響的韋伯，卻主張以「瞭悟」（verstehen）的方法，來理解人文與社會現象。其原因爲人文與社會現象所呈現的是獨特的人群之本質，像意志、意識、心靈、自主，都是人類與其他動物，以及世界其他事物截然有別的所在。只有對人們行動的動機、目的和意義有所瞭悟，我們才可望對社會、歷史、文化有所掌握。

韋伯認爲社會現象的因果關係固然要加以理解，但人類行爲的意義更要社會學者去「瞭悟」。作爲科學之一的社會學必須去掌握行動者賦予其行動的主觀意義，並瞭悟其行動的客觀原因與結果。是故對韋伯而言，社會學在兩個層次上提供解釋，其一爲意義的層次，其二爲因果的層次（Zeitlin, ibid., 362）。

所謂的瞭悟包含同情的理解，以及設身處地代人設想之意思。由於人們的行爲從最富理性到充滿情緒衝動不一而足，是故可被檢驗爲真確的瞭悟包含了合理的分析、同情的參與，以及美學上的欣賞。事實上我們所以能夠瞭悟到別人的心境，常是以心比心參與到其情感、情緒之中。但瞭悟有時卻是冷靜、冷酷的、分析的，那是當人們進行邏輯推理、數據測算、訴訟析判之際。當行動者的手段與目標設定，並以其手段來達其目標之後，吾人才算掌握了他行動的意義，這便是韋伯所稱呼的目的合理性行爲（Zweckrationales Handeln）。這是講究以何種有效的手段達成既定目標的行爲（洪鎌德 1998b：9-13；1999a：199-204；1999b：227-243；1999c：162-206）。

人們除了擁有目的理性的行爲之類型以外，尚有追求一個崇高，或遙遠的目標而不惜支付個人自由與身家性命的代價（例如捨身求仁），這就是價值合理的行爲（Wertrationales Handeln）。至於因激情或情緒失

控，完全率性而行的行爲，韋伯稱做情緒的行爲（*affektuelles Handeln*）。
此外，日常生活充滿慣習行徑，完全師法過去例行的做法，這便是他稱
呼的傳統的行爲（*traditionales Handeln*）。由是可知韋伯以「理念類型」
（*Idealtypen*）的分類方法把人們的行動做了四種的區分。這四種行爲並
非人們實際行爲的分類，也就是並非「實在類型」（*Realtypen*），而是在
學理上勉強區分爲四種。實際上的人群行爲是上述四種類型的重疊交錯
的表現（洪鎌德 1999a：199-200）。

對韋伯而言，社會界乃是互爲主觀的世界。不過強調互爲主觀，並
不排斥人群互動所產生的結果可能是客觀的，外在於個人之外的事物。
原因是社會關係影響到人類存在的品質，也就是影響到他們的「生活機
會」（Life-chances），儘管人們往後還要生存下去或面對死亡。更不要忘
記互爲主觀常造成、或取得客觀的表象，形成行爲的模式，這些互爲主
觀的行爲模式在人類的行動中，起著指引的作用，並且會把其行動發展
成特定的模式。但不是所有的行動模式都有行動者所賦予的主觀意義，
是故韋伯提醒社會學者不可忽視沒有意義的行動模式。人群的行動、條
件、事故儘管也會出現無意義，但這些行動、條件、事故卻可能妨礙他
人的行動。是故只要有這類足以讓人們取向的無意義之行動、條件、事
故出現時，社會學者仍不可掉以輕心，還是要加以注視與分析。

最後，學者關懷行動者的主觀意思，並不意謂所有的行動者永遠會
意識到其企圖與心向。事實上韋伯上述行動四分法，亦即其理念類型所
關懷的不只是有意識的，也兼及無意識的人類行爲。更不要忽視人們所
進行的行爲，常會產生意想不到的結果，或側（負）面的效應
（*Nebenswirkung*）。這是人群雖然有明確的目標，和自認爲有效的手段，
但在目標追求手段施展的時候卻獲得事與願違、或與預期完全相反的結
果，這就是所謂側面或負面的效應。這種負面效應的出現或歸咎於突發
事故，或歸因於思慮不周，或由於「運氣」欠佳，不一而足。這也是社
會學者在研究時，不忘幫忙行動者做前瞻性的分析，而及時提出預警之
所在。

# 三、韋伯法律社會學的出發點

　　馬克思採用一種工具性的觀點來解釋法律，認為法律隸屬於社會的上層建築，是意識形態的一環，它是下層建築的生產方式之反映，也是資產階級壓榨與剝削無產階級的工具。這是採用唯物史觀的方式來看待法律與社會的關係。對此韋伯有相當的批評，儘管他認為唯物史觀是啟發思想發現新知的設計（heuristic device），但把法律視為受到生產關係的決定，是一種經濟決定論，這就像法律理想論一樣的片面專斷。至於主張法律理想論或法律唯心論的人，乃是批評馬克思唯物論的德國法哲學者史丹木勒[4]。因之，韋伯的法律社會學可以說是既批評馬克思的唯物論，又拒斥史丹木勒的唯心論，而企圖從歷史事實勾勒出社會學的概念，而把法律當成思想、制度、執行者合建的社會次級體系，但卻靠政府的權力來強制推動，其獨立的運作，不是受個人主觀意念或外頭經濟勢力所直接操控的。

　　韋伯與馬克思的關係，並不限於前者對後者唯物史觀的批評。根據蔡德麟（Irving M. Zeitlin）的說法，在與「馬克思鬼魅爭辯」中，很多韋伯的最有成果的觀念，就表現出來。他在與馬克思主義的對話中，韋伯或挑戰馬氏本人、或其徒子徒孫的說法。在某種場合下，韋伯似乎又讚賞馬氏對經濟的強調，在另一情況下，他甚至運用馬氏的概念予以發揮、補充。在馬恩逝世後，他們有關經濟發展與階級形成的唯物史觀被其黨徒化約為科技決定論（technological determinism）。韋伯便批評經濟

---

[4] 史丹木勒不討論法律本身，而討論對法律的想法與看法，也就是企圖在法律實質材料上尋找觀念的「範疇」。依據他的說法，法律的基本範疇為「意志」（Wollen）。因之，形式化的法律乃為「不容毀損、自我克制、具有拘束作用之意志」。正確法律的理念或基本原則為形式的，因為立基於遵守與參與裡頭。法律在體現具有自由意志的人群所形成的社群之形式化理念。

與科技的決定論爲片面的說詞，認爲帶動歷史變遷的固然是人類滿足物質的需求（唯物論），但意識與意志的獨立自主也可以扮演推動歷史進步的動力。韋伯的學說是採用開放、多元的方法，探討經濟與社會其他制度之間的互動。經濟條件（求生存的物質奮鬥）對其他制度的影響，以及受其他制度的衝擊，成爲韋伯終身研究不輟的主題。他對宗教的研究，在於發現新教倫理對近世歐洲資本主義精神，也就是西方經濟制度產生的刺激，但他反對以精神、理念、宗教改革等唯心論單因方式來解釋資本主義的崛起（Zeitlin 1991: 305-314）。

在反對馬派經濟決定論時，韋伯指出法律與經濟關係變化多端，不能一概化約爲決定論的因果模式。在其鉅著《經濟與社會》一書中，韋伯分辨了「經濟的」、「經濟關聯的」、和「經濟決定的」三者之不同（洪鎌德 1999c：74），而反對把「與經濟有關聯的」事物（或因素）混同爲「受到經濟因素所決定」。舉個例子，契約是資本主義生產方式有關聯的法律形式，而非受到資本主義生產方式的決定之法規（Turner 1996: 319）。

如果說韋伯拒斥了馬克思以唯物論來解釋法律的生成與功能，他也反對史丹木勒把法律視爲民眾心靈的反射，也就是反對後者的唯心論。原來史氏在 1896 年出版了《唯物史觀的經濟與法律——社會哲學的探究》，批判了馬派的法律唯物主義。

史氏聲稱社會生活的構成取決於人民的遵守公共規則，這些公共規則的本質具有法律性。但遵守公共規則的原因在於這些規則與法律體現了公平與正義，也就是含有道德倫理的目標。是以法律學者與社會科學家只能「解釋」民眾守法的行爲，而有異於自然科學者採用因果關係來「證明」自然現象受到什麼因素的決定，自然現象的規則性是靠因果關係來說明清楚的。由於史氏把法律當成道德體系來看待，而有異於韋伯把法律當成政治勢力所支撐的強制性命令來處理，因之，史氏學說之受到韋伯的抨擊是不難想知。

含蘊在史丹木勒學說之內的是，認爲公共規則與法律在體現公平與正義的目標，這是把遵守法律這一事實，與實現公道這一價值混爲一談。

韋伯則認爲執法者（包括立法人員、司法人員、法律詮釋者）都是確認
法條的價值，屬於教條的擁護者；反之，社會學者（也包括法律歷史學
者），卻要把價值擺在一邊，專心致志去研究事實，是故必須把價值與事
實分開，做到價值中立或價值祛除的地步。法律工作者在尋求法律的真
實、精確、適用；反之，法律社會學家則在鑑定法律判決與執行後的
經驗性後果。因之，法律科學者（法律社會學家、法律歷史學家，及
其他法學研究者）不在尋求、證實或詮釋法律本身裡頭的「真理」、「正
義」、「公平」。前者注意法律的實質效力和法律規範的意義，後者則注
意：

> 社群中眞正發生的事件，這是由於社群中的成員參與公共的活
> 動之可能性（chance）所造成的。特別是那些使用與社會有所
> 關聯的權力之士，他們在主觀上會考慮到某些規範對他們有拘
> 束力，而願意遵守。換言之，他們的行動完全朝著這些規範的
> 方向而展開。（Weber 1968b: 311）

這裡韋伯只注意到法律所呈現的經驗性效力（empirical validity），
而不討論造成人們順從法律、遵守法律的種種動機。因之，對他而言法
律僅是一種「命令」，這種命令具有保證其經驗性效力之可能機會
（*Chance*, probability）。法律命令之具有經驗性效力，在於有一群人（司
法人員），其職責爲以強制的方式來保證法律的推行（Weber 1968b:
317）。換言之，對執法者而言，法律規範是一套邏輯結構非常嚴密圓融
的規則之總和。人們的行爲是否牴觸這套規則，是由法官、檢察官、律
師來爭辯裁決的，其辯論之焦點在於社會行爲與法律規範有無牴觸，以
及行爲結果所受的懲處，也就是法律規範的適用問題——適法的問題。
反之對社會學者而言，有效的法律規範與人們實際的行爲之間有很大的
差距，前者爲恆定的常規，後者則爲變化多端的實踐。同一常規卻有不
同的行爲反應，這就成爲社會學考察的課題。進一步來說，法律社會
學不探究法律體系本身的內在效力、不追問法律內容是否符合社會公
平與群體價值，而是以價值中立的態度來探討法律的應然對人群實踐

的實然之影響，也就是法律推行的實際效果與社會的反應。這是他法律社會學的第一個主題。

韋伯法律社會學的第二個主題是，他認爲經過一段世俗化與專業化之後，無瑕疵、無空隙的理性法律之體系便成了資本主義貨務穩當的交易與流通之必要條件。法律固然在爲宰制階級服務，成爲資產階級保護與促進其利益之手段，但有異於馬克思視法律爲資產階級剝削無產階級的工具，韋伯坦承法律特別是勞動契約，對資產階級固然有利，但對工人則爲解除經濟壓力、滿足生存的需要，因而便利工人尋求工作機會的契機。因之「契約自由的結果，不過是爲〔資產階級〕開啓方便之門，善於利用市場上擁有資產的好處，而在沒有法律限制之下援用其資源，以達到對別人行使權力之意圖」（*ibid.*, 188-189）而已。韋伯接著說，儘管法律對資產階級有利，但法律的產生與壯大並非資產階級單獨的努力，而是歷史與社會因素促成的。這包括大專學院接受過法學訓練與養成的法律專才，他們自動形成社會一個群體與階層，而講求其專業利益的成長。是故把法律當成是資產階級推動的產品，而忘記了專業人士的奮鬥與爭取，都是片面的說詞。上述韋伯法律社會學這兩大主題，成爲近年間西方，特別是英美法律社會學家、法律理論家爭執的議題（Turner 1996: 329）。

# 四、韋伯的法律定義

前面提到韋伯強調以社會學的觀點來看待法律，法律規範須具有「經驗性效力」（empirical validity），以別於法律工作者視法律擁有「實質的效力」。對他而言，法律乃是一種「命令」（order），這種命令必須具有展示經驗性效力的機會。也就是藉「鎮壓的機構」（coercive apparatus）來保證這一命令被接受、被遵守。因之，他說合法的命令會變成法律：

只要有軀體的、或是心理的鎮壓手段之存在，只要是這些鎮壓
手段握在一人或一群人的手中，只要引用這些手段於某些案例
之上。換言之，只要我們能夠找到一個團體，其職司為專門致
力於「法律的鎮壓」。（Weber 1968b: 317）

這說明了韋伯認為法律有異於其他社會規範的地方，在於法律經驗
性的效力，有保證其展現的機會、或稱展現的可能性。法律經驗性效力
有機會展現的原因，則為背後有一個國家機關的鎮壓，在要求或脅迫老
百姓順服與遵守。因之，韋伯進一步說明法律為「人群行為確實的決定
理由（*Bestimmungsgründe*）之綜合體」（*ibid.*, 312）。法律效力之有無繫
於人民遵守與服從機會的大小。韋伯引進「機會」（*Chance*, probability）
這一概念對社會學理論的建構與演展有重大的貢獻。原因是社會學家使
用「機會」一詞來衡量法律的效力，可以避免把效力解釋為人群百分之
一百的遵守，只要有多數的人群的默認、順從，那麼該法律規範的有效
性便可認定，更何況這種遵守的機會與可能性還因為法律後頭的鎮壓機
構之存在而大為提高哩（Käder 1988: 145）。

在歷史的過展過程中，法律鎮壓由家長、酋長、長老、祭司的手中，
轉變成國家的專利，是故韋伯接著說：「法律被國家所保證，是因為法律
的鎮制，是藉由政治社團〔國家〕特殊的、直接的、形體的鎮壓手段所
執行的」（Weber 1968: 314）。不過單靠鎮壓，無法保證法律施行的效果，
「人群之守法在很多情形下是怕周遭〔人群〕的恥笑、譴責」（*ibid.*, 134），
也就是基於功利的、論理的、私自主觀的動機。

歐爾布洛夫（Martin Albrow）認為韋伯在早期批評史丹木勒的法律
理想主義（唯心論）時，已把法律分辨為法學家與法律工作者的教條觀
與社會學家的經驗性法律觀。這種以維護法律的價值與剖析法律做為人
群社會生活之一部分，而探究法律與其他社會制度之關聯，是兩種不同
的法律界定，這是有所差異的，終韋伯一生這種差別並沒有取消。只是
後期的韋伯（撰寫《經濟與社會》的時候），把法學者（與法律工作者）
對法律的看法擴大到不只在法律規範中尋覓更適當、更妥切的條文，或

是把法律適時嵌入到法條體系中，也兼及其他因素之上。這樣一來法理觀與社會學觀的法律之區別就較符合學術之觀點，而不致成為韋伯獨斷的主張（Albrow〔1975〕1991: 328-329）。

　　上述這兩種對法律不同的看法之所以存在，乃是由於韋伯堅信價值與事實不容混淆的結果。換言之，價值的判斷與事實的分析分別了法律專業者（法官、律師、檢察官、法律解釋者）與法律社會學家工作與角色之不同。韋伯的社會學就是建立在這種價值與事實分開之必要的確信之上。

　　正如前面所提起法律與慣習、道德命令、宗教教條之不同處，為法律帶有強制性，且有機會供專職有司來執行、來制裁，當法律被侵犯、被違背之時。是故韋伯說：「在我們的情境〔脈絡〕之下，法律概念可以界定為仰賴執行人員。可是在別種情況下，〔法律〕別種的定義也可以適用」（*ibid.*）。換言之，韋伯所選擇的定義，主要在以社會學的觀點來加以界定的法律。在這種說詞下，國際法就不被視為法律，因為國際法上無執行的機構（不要把國際法庭、國聯或聯合國看成國際法的執行——對違法者加以懲處——的機構）。

　　另一方面，韋伯又分辨法律條文理想的有效性與經驗的有效性這兩者。前者是法律專業追求的目標，後者則是法律社會學家衡量法律條文對現實世界有無可資證明的效果之判準。為了強調法律具有經驗性效力之重要，韋伯說：「我們所理解的法律簡單地說是一個『秩序〔命令〕體系』，此一體系擁有特殊的保證，亦即保證其經驗效力有實現的機會」（Weber 1954: 9）。在這裡看出，韋伯基於社會科學方法論的考量，一再強調法律必須具有經驗性效力，但這種界定下的法律與法律專業（才）人士的法律觀有何不同嗎？這都會啟人疑竇，而成為後人對韋伯法律社會學批判的所在。換言之，韋伯排斥了馬克思的唯物論，也排斥了史丹木勒的唯心論，認為唯物或唯心的決定論都無法彰顯法律的真義。但他對法律所下經驗性效力的說詞卻陷他的理論於社會學的決定論（sociological determinism）之窠臼中（Albrow, *ibid.*, 330-331）。

# 五、法律的分類

　　韋伯利用理念類型（ideal type）的方法，來為法律做一個分類。他分類的坐標一方是理性、或非理性；另一方為形式與實質，這樣我們便獲得四種不同的法律類型：

表5.1 法律制訂中法律體系的分類

| 理性或<br>非理性<br>形式<br>或實質 | 非 理 性 | 理 性 |
|---|---|---|
| **形　式** | （1）形式／非理性 | （4）形式／理性 |
| **實　質** | （2）實質／非理性 | （3）實質／理性 |

資料來源：Trubek〔1972〕, 1991; 133；經作者改製。

　　形式與實質涉及的是「形式化」（formality），所謂的形式化衣據儲貝克（David M. Trubek）的解釋是「使用內在於法律體系的決斷標準」（employing criteria of decision intrinsic to the legal system）。也就是這類的社會規範完全符合法律系統的要求、內在於法律系統的本身，而非求助於法律之外的社會需求（道德要求、宗教需要、政治命令、經濟利益的考量等等）。此舉在說明規範是屬於法律規範，而不與其他性質的規範相交錯，這也做為衡量法律體系是否發展成熟，達到充足、自主、自決的地步之標準。

　　至於合理性與非理性，則牽涉合理性（rationality）的有無、或合理性的程度大小。依儲氏說詞「合理性是遵守能夠應用到所有同質或類似案例的決定標準」（following some criteria of decision which is applicable to all like cases），也就是法律規範能夠普遍地與廣泛地應用到涉及的人

與物與事之程度。亦即所有類似的案例，可否使同一條文來裁決的問題。合理性的指標為法律規範的普遍性（generality）與廣被性（universality，普泛性、普世性）。

## （一）形式的非理性之法律

是指法律的裁決，靠祭司或先知的決定。其源泉或為上天的神諭、顯靈、或為卜筮之顯示。當執法人員宣布決斷（裁決）時，他不引用一般的標準來裁定，甚至也可能與爭執的當事人，以及與案件無關的事項來裁定。即使裁決的標準內存於該司法制度（神的召示之制度、祭司制度）本身，但卻是外人所無法明瞭的。在裁決作出之前，觀察者事先既無法預測結果，事後也無從理解裁決的因由（除了「神的意思」、先知的決定之外，無從理解何以做出這類的裁定）。

## （二）實質的非理性之法律

此種法律的裁定，其標準可被觀察與識知，但裁決的標準，卻非基於法律體系本身的考量，而是具體的道德要求，或其他現實（政、經社會、文化、價值）的考量，以此考量去理解或預測類似的案件，則無任何的把握可言。

## （三）實質的合理之法律

這種法條所引用的標準不屬於法律體系本身，而是其他體系的考量（政治上的意識形態、宗教上的流派與信條等）。這些法律以外的思想體系一旦獲得認識與瞭解，人們或可以合理地理解法律的運作。但這種合理的理解之程度有限，原因是把體系外的概念轉換為法律體系內的規則，常不易準確掌握，而其間的變化與差錯頗大。

### （四）形式的合理之法律

這是由訓練有素、經驗專精的法律專家（立法者、法律執行者、律師、法官、檢察人員與法律學者），依據法律思想之邏輯、推演與建構的一套可以規範所有社會行為的法律規章，也是法律思想具體而微、落實的法典、判例、實質法與程序法之總和。因此這種法律也叫做合乎邏輯形式的合理性（logically formal rationality），其典型代表為延續羅馬法的精神所建構的德國民法及與此相關的整個德國法律制度。

形式理性的法律之制訂牽涉到「方法論理性與邏輯理性最高的量度」，這是從下列五個設準引伸而得：「第一、每一個具體的法律裁決都是抽象的法條對其體的『事實情境』之『應用』；第二、依靠法律邏輯從抽象的法條中能夠找出裁決，俾解決每個案例；第三、法律必須在現實上與真正地能夠建構一個『無瑕隙、無漏洞』的法條體系，或至少被當做這種無漏洞體系來看待；第四、凡是用理性的方式無從做法律上的『引伸』（『意涵』）之物，被視為與法律無關之事；第五、人群每項社會行動必須看做，或是法條的『應用』、『執行』、或是對法條的『侵犯』、『違逆』」（Weber 1954: 64）。

# 六、法律的演進

韋伯這四種法律、或法律體系的分類方法，是他以法律社會學的觀點，或稱是概念的分類方法來加以區分的。正如同理念類型並不反映現實的世界，也無法從歷史經驗來證實，卻可以藉「選擇的近似性」（*Wahlverwandschaft*）來尋求接近的例子。同樣這四種法律體系或法律思想的分類，只有在歷史的案例中方能找到相近的例子。

在歷史哲學的研究途徑上，韋伯採用的無疑地是進化論。而上述四

種典型的法律體系，似乎也循歷史進化的軌跡在往前發展。這四種類型的法律體系，代表四種不同的法律工作者（專司法律案件之制訂，裁決、執行、詮釋的人員），在不同時期對法律所做的工作，是故韋伯說：

> 法律與程序一般的發展可以看做歷經以下不同的階段：第一、卡理斯瑪式法律的天啟（啟示），依靠的是「法律先知」；第二、法律經驗的創造與尋求、依賴的是法律優位者……第三、世俗的、或神學的權力所強制推行的法律；第四、專業的法律，也就是有系統精緻的法律和司法專業的行政管理，是由接受博學與形式邏輯之法律訓練的人士來擔任的。（Weber 1954: 303）

誠如卞狄士（Reinhard Bendix）指出，韋伯的法律社會學主要在研究西方文化中法律概念和法律實踐日漸增大的理性。因之，他考察的不只是法律思想與制度理性化的過程，同時也分析了社會群體與制度對法律進展的協助或阻礙。是故他特重某一社會的特殊的身分（地位）群體，對法律發展的作用（Bendix 1977: 391-392）。

顯然，韋伯發現只有歐洲的文化，才會發展到邏輯的形式之理性，也就是造成法律的優勢——法律的統治（legal domination）之地步。相對於歐洲的中國、印度等古文明發達的國家，卻因為家庭倫理的發達、或來世輪迴的宗教觀念，而無法產生穩定的、去掉身分關係的法律制度。要之，歐洲法律的特色是合理的、官僚的，類同機械似的法律處理程序。這些特徵使歐洲法律去除人治的色彩，揚棄魔咒、神祕天啟等怪力亂神的騷擾，而使法律徹底世俗化、合理化、普世化。

伊斯蘭教中的神聖法（Shariah）雖然呈現明顯的穩定性，其法律內部也十分融通沒有重大的矛盾，但卻不能配合社會情勢的推移，而作必要的修改，其結果造成法律理想與社會政治現實的衝突。為了縮短這種衝突的差距，法律的設計或法律的制訂遂傾向隨意、專斷。與此相反的是歐洲形式與理性的法律，這種法律體系固然趨向穩定，但容許彈性變化，法律決斷並不只取決於社會變遷，而是靠法律專業者之靈活執行，以及社會結構的分殊，容許法律脫離宗教與政治的干涉而獨立出來。

　　歐洲理性的、無瑕隙的、無漏洞的（gapless）法律體系之建立與成長是幾種制度發展與特殊情勢的推移所造成的。其中基督教新教派的救贖觀（特別是喀爾文教對個人死後能否變成上帝的選民，而進入天堂的期待），影響了人們現世的生活態度，也促進世俗化、理性化法律體系與司法管理之成長。早期基督教會強調神聖法與世俗化的並存，拒絕國家的干預，而排除了神權與政權的合一（Weber 1954: 251）。其後羅馬教會龐雜的上下位階之組織造成官僚或科層制的產生，有助於其後法律形式主義之產生與發展。教區官僚的制訂法律（法律明文化），也成為封建制度的君主與地主、貴族階級的政治鬥爭之焦點。在與其屬下的封侯鬥爭中，君主更有賴其部屬，特別是查稅、徵稅的官吏之協助，統治者追求社會穩定與國家統一的興趣，遂與集中制的官僚之晉升利益合而為一，於是助長法治觀念之擴張。

　　事實上，法律理念也隨著實際辦案的經驗與大學法學教育的深化而不斷提升，終而在制法時兼顧一套有系統、抽象化，而又具普遍應用性的法律體系之建立。在歐陸方面，接受學院訓練的法律工作者在公私機構地位的竄升，與法律理論之受到重視有關。而法律理論的哲學發展又與歐陸承繼與發揮羅馬法攸關。羅馬法典（ *Pandectae* ）係紀元 6 世紀拜占庭的羅馬皇帝查士丁尼一世（Justinian I 483-565），於 528 年設立委員會從事法典之整理與編修，構成查士丁尼法典之一部分。其中吸收 50 本法學著作，而取其精華形成「摘要」（*Digest*），而於 533 年正式出版，查氏並賦予法定權力。19 世紀初德國歷史法學派重新研讀查士丁尼法典之邏輯結構之完整，這就成為韋伯心目中形式合理的典範。

　　正如前面所言，韋伯整部社會學的著作，特別是他的政治、法律、經濟與宗教社會學，都在探求何以資本主義出現在西方而不在東方古老帝國的中國、印度或西亞的伊士蘭世界。在這方面，講求合理的宗教思想、法律思想對資本主義的出現影響重大。因為資本主義的社會，其社會秩序的維持是一個大問題，這個問題涉及到諸個人的意志（祈禱、救贖、勤勞工作、禁慾、致富、追求利潤），是故諸個人的意志怎樣形成、發展及產生結果等等，便成為社會學考察的對象。

諸個人的意志在市場中相互競爭、相互衝突，對資本主義的興起有關。換言之，在資本主義的市場運作下，如何擺平人人之間追求利益而滋生的衝突，有賴一套法規來規範。只有形式的理性的法律才能解決這類的衝突，而使社會秩序維繫不墜。由是說明資本主義只能出現在西方這種擁有穩定的法律體系之國度，也是理性得以發揮的地域。

韋伯早已注意到任何進行交易的場所（市場）總會出現一些「市場倫理」，協助交易者進行誠實的、公平的買賣，而不是人人為著利潤進行殺頭式或割喉式的火拼（Weber 1954: 194）。資本主義的市場安排就靠制度、規範和相互尊重的交易者來支撐、來推動。是故資本主義的興起在很大程度內仰賴合理的法律之施行，而合理的法律也靠資本主義的多元價值、開通而具彈性的政經結構，而走上邏輯上更為形式化，更為合理化的巔峰。要之，合理的過程（process of rationalization）之終極為資本主義制度的出現、專業人士與官僚體制的崛起與法律體系的完整（「無瑕隙」、「無漏洞的」法律體系之建立）。

從上面的分析可知韋伯最矚目、最關懷之處，為西方文明建構了邏輯嚴謹、秩序井然、系統圓融、能夠普遍應用到各方面，處理每一個個案的抽象法條，亦即把形式理性發揮到高峰的法律體系。這種種特殊化形態與流風（fashion）所表現的對法律之特別重視，把法律抬高到社會各種規範之上，而予法律以優遇，可以說是法律主義（legalism 或稱做崇法主義、法律至上主義）之表現。

法律主義不僅是在制度上、實踐上重視法律的地位凌駕於禮俗、道德、教條、個人（統治者）的偏好之上，更在知識上、理論上是由一群好學深思的法學者，在羅馬法的基礎上耕耘、闡釋的作品。而這些法律學者，配合受過嚴格訓練與教養的立法人員與執法人員，更形成為法律的專業者。法律專業者為推銷自己的理念，也為抬高本身的地位，一方面發展更為精密、更為專門、更為獨特的立法與尋法技巧，形成特殊的法律思想、法學學派；另一方面在社會上也形成為一種特殊身分的地位群體（status group）。

在歐洲以法律專業為主的社會地位群體,使法律成為社會規範獨立自主的機制,也發揚了法律的理念。法律理念也變成了社會價值的一種,變成了社會利益的一部分,因之也成為社會衝突及其解決的基礎。這就意味法律是有意識制訂的、自主的技術,用於解決社會的衝突。這種想法所以會產生,是由於法律專業從其他行業分化出來的結果。專業一旦分殊出來,便成為法律工作者團結合作的動力,法律工作者遂擁有社會特殊的聲望與地位,而為社會地位群體之一種(Trubek, *ibid.*, 139-140)。

在歐洲近世封建主義式微的年代,君主一方面照顧新興的資產階級,以對抗沒落的地主、貴族、僧侶階級;另一方面也引進與重用有知識、有專業的人士進入統治階層,這便是官僚制度的崛起。在日耳曼法律發展的初期,還出現了法律思想的分工與專精之過程,也就是尋法(law-finding)與制法(law-making)之區別。前者為法律思想的醞釀栽培、法律條文之鑽研、適法之尋覓;後者為立法、司法的開拓、發展,有計畫、有意識的立法(conscious enactment),使法律世俗化、普遍化。加上歐洲唯一獨特的自然法體系之產生,儘量把各地分歧的、特別的、偏差的地方法、特別法消除,對法律普遍化與合理化的增進有所幫助。

歐洲這種生命力充盈、富有理性的立法與尋法技巧,配合了強烈的民族國家形成之政治勢力,以及工業革命帶來的經濟需要之擴大,是使現代的法律的理性能夠蓬勃發展之原因。這種發展的結果促進了官僚國家的崛起,官僚國家要求人民服從的理由,便是依法行政、便是理性的法規之普遍應用。由是可知理性法律與法律統治成為雙生體、連體嬰,它們成為超越其他社會控制的最佳手段。

# 七、法律與政治結構(統治形態)之關係

西方文明獨特之處為講求合理化、理性化。這種獨特的理性化表現在歐洲法律之上。但歐洲何以會產生這種特別形式的法律呢?在他的政

治社會學中，韋伯強調政治結構與法律體系之間相互的密切的關係。也就是說歐洲的、現代的法律體系只能出現在歐洲特別的政治情境中。它的產生與現代官僚國家的崛起息息相關。另一方面，這種官僚國家之壯大，卻有賴現代形態的法律制度之支撐、協助。

在他的政治社會學中，韋伯建構了政治體系的類型說。政治體系也就是合法統治（主宰、宰制）、合法權威的形式，也是政權如何獲得百姓服從、支持的緣由。韋伯分辨傳統的、卡理斯瑪（賢人）與法律的統治。這是依百姓接受指揮、命令和統治，究竟是根據不變的習俗，還是根據領導人特異的資稟（「天縱英明」），還是基於有意識的立法行動（conscious legal enactment）而定（Weber 1968: 215-216）。

由於法律決斷為統治總結構的一部分，就像統治者所有的行動一般，都必須是合法化的。法律裁判更是統治總形態之一環，則其合法性、正當性更必須與政權能夠贏取人民信服的要求完全一致。因之，在此理念類型分析下，法律要配合上述三種統治的類型。每一統治類型有其相適應、相配套的司法程序，以及法律裁決的合法性基礎。在傳統統治之下，法律裁決的特質為經驗性的，其正當化的標準便是不變的傳統。在賢人統治下，法律之所以被民眾視為具有拘束力，乃因法律的源泉為統治者的異稟、才華。因之，法律裁決乃是個案的（case by case），也是隨機因應（ad hoc）的。這兩類型的法律，都表示法律的合法性、正當性是靠外頭的力量（習俗、賢人的異稟）來加以證實、加以建立的。一旦法律轉化為特別類型的理性法律時，它變成了本身便可以正當化、合法化的原則，也成為合法統治的基礎。這是現代法律和現代國家的特徵。

韋伯在此建構了統治的形態與法律思想形態的緊密關聯。合法的統治立基於邏輯謹嚴的形式理性（formal rationality）之上，這種形式上的合理也只有在法律統治（法治）的脈絡上才可以實現。他認為法律一旦發展為現代的、合理的法律，則統治的形式也趨向現代官僚國家之路邁進。是故現代國家也就是理性法律的產品。

那麼理性的法律怎樣脫穎而出呢？韋伯指出有下列幾個條件：（1）提供一般應用的規範之設置；（2）人們相信法律制度是由一套抽象的規

則（彼此關聯，但不生衝突、不出現矛盾，而邏輯上有圓融連貫）的體系所建構的，而法律的管理與應用（司法工作），也是把這些規則應用到特別案例之上；（3）「上司」（執政當局）本身也服從這套法律規章，而不受個人意願、情緒所左右；（4）只對法律服從，而不服從法律之外的其他社會秩序要求（上司的命令、其他社團達法的要求）；（5）只有在合理的、有限的範圍（司法管轄範圍）內、人群表達與堅持服從的言行（Weber 1968: 217-218）。

西方法律統治的核心就是依「法」統治，而這個特殊的「法」，其特色為邏輯的、形式的理性。只有這種邏輯形式的理性之存在，才能包涵「抽象規則圓融連貫的體系」，也才能支撐法律統治，其他的法律思想無法創造系統性的規範，也無法保證這些規範能夠決定司法裁判、能夠影響法律決斷。

在考察西方之外的其他法律制度，韋伯發現這些與現代以及合理類型相異的制度無從創制一套普遍的規則。像靠魔術或神蹟顯示（神諭）的形式之類的非理性，就不知一般規則為何物。實質非理性是依照個別事件來逐案處理，它所考量的不是一般的原則，而是就案例中當事人的情況，求取其公道，與此相反的是實質合理，實質合理中判案的標準雖是規則（是故稱合理），但依循的原理卻存在於法律之外的思想體系，像根據宗教、倫理、意識形態等來辦案。這類的法律類型經常要聽命於法律之外的外在原則、外在價值觀，而無法事先估量裁判的結果。觀察者對這類法律的運作既無法預測，更難全面把握，其理性或合理性之程度便相對很低。

由於形式的法律有利於創造法律統治，也是法治合法性證實的必要條件，與此相關的是法治的出現，也促進形式法律的成長。是故除了歐洲之外，其餘國度或區域無從產生類似的形式的法律制度。其原因是這些國家與地區太遵守傳統，造成「傳統主義為形式理性的管理設下嚴重的障礙」（*ibid.*, 239）。像古老的中國太重視歷史傳統與宗族觀念；君王或家長的命令不容置疑、不容抗辯，成為他們統治與主宰的來源；立法成為累贅、成為多餘，甚至可能危害君主的威信。不只不變的傳統規則

成爲傳統君主、或賢人（聖君賢相）統治之基礎，就是這類君主根據「功利的、福利的，其他絕對價值」，而實行的「仁政」，也是收攬人心、延續政權的手段。在這種情形下，傳統統治「破壞了形式的理性，蓋這類理性是靠技術性的法律秩序來引導的」。不只傳統的統治，就是賢人的統治也阻卻現代的、合理的法律之產生。原因是賢人統治對規則及其引用完全陌生。反之，現代理性的法治主要的是靠官僚來推動，而官僚懂得掌握規則，能夠分析與應用規則（ *ibid.*, 244 ）。

由此可知歐洲的法律與其他地方的法律是有幾個層次方面的不同。不像其他的法律體系，歐洲的法律發展成爲規則的體系，透過形式的程序，保證這些制訂的法律能夠一體施行。其結果導致統治群體無法濫用其權力，隨意來進行統治，統治者之行徑及其結果完全可以預測、可以逆料。在歐洲法律施行下，管制經濟生活的規則容易形成、容易制訂、容易推行。這種法律秩序可以把經濟活動不確定性排除。歐洲法律可以估量的特質是促成資本主義經濟活動的功臣。我們以表 5.2 來說明法律與政治結構（統治形態）之關係。

# 八、法律的自主與經濟的自由

韋伯的法律社會學不但與他的政治社會學息息相關，更與他的經濟社會學有緊密的關聯。換言之，法律主義（崇法主義、法律至上主義）如何有助於市場活力的展現？如何促成資本主義的發展？法律對資本主義發展可歸因於兩個方面：其一爲法律預測性、計算性（calculability）的強調；其二法律有能力發展實質上的規定（法規），使市場體制能夠運作，特別是有關訂立契約的自由之規定，使貨物的生產、交易與流通，在穩定中向前發展、向外擴張。

在這兩種法律的特徵中，韋伯認爲前者比後者更爲重要，原因是資本主義體制需要高度可以計算的、評估的法律規範。在他列舉的四種法

表5.2 統治類型下行政、法律和經濟管制之比較

| 統治型態<br>變項 | 傳統的統治 | 賢人的統治 | 法律的統治 |
|---|---|---|---|
| **百姓服從是由於** | 在傳統的實踐下遵守過去的慣例。 | 賢人的異稟才華感動群眾。 | 透過制法的過程，從合理的標準下完成法條的制訂、頒布。 |
| **法律正當性與合法性之來源** | 不變的傳統，過去業已存在大家遵行的慣例。 | 來自於賢人天賦異質、天縱英明、法律由領導者宣布，當成為天啓、神諭的表現。 | 來自於合理的制法過程、由專司立法的機構透過邏輯技術與法律思想原則制訂之規條。 |
| **司法程序與裁決的正當化、確認化** | 經驗的/傳統的、按個案來裁決，可能考量先例。 | 個案為主，啓示性（天啓、神諭），每一案件之裁決視為神意（天意）之表現。 | 一般的/理性的、每個案例依形式法規來裁決，重視裁決過程之合理性，法規一體通用。 |
| **行政之結構** | 父權的（長子繼承），以傳統的血緣與地緣做為徵聘下屬的標準，主人分配工作任務。 | 沒有行政上層級分科授權之結構、賢人領袖隨意挑選部屬、部屬職務沒有分殊、沒有專職。 | 官僚行政體系、接受訓練教育的專才通過甄選拔擢，而在行政垂直結構中擔任一定職務、職權分殊。 |
| **統治者裁量權** | 高 | 高 | 低 |
| **法規對經濟生活管制的預估性、計量性** | 低 | 低 | 高 |

資料來源：Trubek 1991: 137；經作者加以修改補充。

律類型中只有符合邏輯形式的合理性才能提供必要的預測性、估計性、計量性。法律主義支撐資本主義發展的所在，爲提供一個穩定的，以及可以預測評估的氛圍。反之，資本主義鼓舞法律主義，原因是由於資產階級意識到他們對那類政府結構──理性的官僚體系──之需求，俾完成由此需求而引發的法治要求。

爲何資本家對穩定、或確定的環境那麼在意、那麼關心呢？韋伯說

「假使資本主義對其控制的資源欠缺國家法律強制的保障，也就是資本家的『法律』權利無法〔藉政府公權力〕以武力威脅作為後盾，而獲得維持的話，那麼它〔資本主義〕就難以為繼了」（Weber 1968: 65）。他進一步地說：「一般而言，法律的合理化與體系化，特別是法律程序運作的日漸透明化〔可見化、預測化、計量化〕，構成了資本家企業存在最重要的條件之一。沒有法律的可靠性，企業無法經營」（*ibid.*, 883）。

韋伯當然知道早期競爭的資本主義之出發點，乃是人人為著自利與別人展開殺頭式或割喉式的競爭。利潤的追求是無窮盡的、無了時的。但經濟人（洪鎌德 1999b：249-256），或稱是經濟的行動者卻也知道只靠盲目的競爭，不能保證財源滾滾而來。合作在某種程度內還有必要，特別是在市場的貨物競技場上人人是相互依賴的。不管是生產的部門，還是流通的部門，任何經濟活動者都要靠其他人的配合，經濟活動才能繼續展開，利潤也才會不斷滾入。是故減少不確定的因素，增加人際的相互信賴，是做生意、經營企業最起碼的條件。是故個人的自利與社會的穩定之間怎樣來求取一個平衡點，變成了社會學者探究的主題。於是韋伯建構了他社會行動的類型觀，他承認社會行動無從預測的特性，可藉各種不同的規範或機制來加以控制、加以「保證」。而各種類型的規範或機制，也就是社會控制的各種方式，這些控制方式會影響到經濟的活動。例如行動者可把規範內化，而自動與「志願地」完成社會的期許。但行動者也有可能匐伏、順從「外部的懲處」，假使他違規、悖法的話。這些外部的壓力也可能來自於不具形式的制裁體係（宗教的禁止、道德的規勸、輿論的抨擊、習俗的不容等等）。所有這些社會控制的方式都在保障穩定的權力與經濟的資源。在所有這些控制形式之外，最有力量、最具形式的莫過於法律。

韋伯相信法律組織性的鎮制力量（organized coercion）是現代資本主義的經濟活動所必要的條件。在以往原始與傳統社會中，把教諭、禮儀、道德訓示內化於人心，以及採用公序良俗，便可以把社會衝突加以解決，但在今天交易經濟的複雜社會中，不靠國家或政府的公權力與鎮制手段，經濟秩序無法維持。

　　為何市場經濟中須要鎮制？為何鎮制要披上法律的外衣？這是由於法律鎮制指涉的是國家的權力。國家的權力有時赤裸裸地運用（對違法者課以財產、生命、自由的剝奪），有時只是展示這種權力，而為暴力的威脅。鎮制之所以必要，在於制止因私利而引發的衝突。由於慣習、風俗、道德勸諭無法有效制止衝突，是故代表國家權力的法律，成為唯一解決問題的工具，此其一。

　　此外，經濟活動的步伐與市場經濟對預測與計量的依賴，使得必要的鎮制必須採用法律的形式。蓋法律規定犯法違規者一旦不遵守商業契約之規定，會獲得怎樣的處分。是故其行動之可預測性與不履行契約所遭逢的鎮制手段之確定性掛鉤，此其二。

　　有了這些理由便可以知道可預測、可算計的法律體系提供給經濟活動以黏合劑，把鎮制與可預測性結合起來。這裡法律至上主義與資本主義的活力合併在一起。靠法規來治理的政府比起其他的政制，其本質上更是可靠的、更可以預測的。風俗習慣太散漫，對於受到市場驅使的群體與結構而言，要限制私利的違法擴張，沒有制止的效力。可是家庭、教會、行會式微之後，人的自私自利卻成為崩堤的洪水，衝擊與氾濫全社會，此時剛好民族國家崛起，它擁有合法的暴力。而這種暴力也需要靠法律來規範，以免被統治者所濫用。是故在政府與國家方面，權力之被節制、權力之防止濫用，也要靠國家根本大法的憲法。是故法律至上主義又再度提供給政府結合鎮制與可預測性之間的黏合劑。

　　這裡我們還看出法律已超越國家的暴力，又超越市場上私利的橫行。於是法律取得了國家與市場之外高高在上的地位，法律得到自主。一個講究法律的社會中，自主的法律體系是一種組織的複合體，它只有遵循邏輯與認知的程序、依照法律的普遍規則，行使鎮制的職務。只有在符合邏輯、講究形式、機械性的操作之下，鎮制的結果才是可預測的、可證實的。這也是韋伯指出「法律的形式主義使得法律的操作如同理性機器的操作一般，因為它保證在此法律體系下的個人與群體一個相當高的自由空間，很大地增長他們對其行動法律效果預測之可能性」（*ibid.*, 63-69）。

　　無論是神權，還是父權的統治者，都不會頒布實質的規範，讓經濟活動得以自立自主。只有後來的法治國家才會讓人民彼此訂立契約，並保證契約的自由。是故法律體系一方面要擺開其他規範（宗教、道德、習俗）的糾纏而獨立自主；他方面也從政治勢力或純權力解脫出來而獨立自主。要之，法律的自主在於不受政治與其他社會勢力的束縛與干擾，這兩點對資本主義的生成發展影響重大。換言之，在法律至上主義之下，自主的法律使得人們的社會生活從親屬、宗教及其他傳統權威之中解脫出來，同時也使人們的社會生活從政府或國家的恣意干涉下解放出來。這樣做必然要求國家接受法治，兩者的結合，使其力量增大，超過其他社會控制的力量。但在國家勢力增大之際，法律的自主卻又限制了國家的權限，使國家不致侵犯人民經濟活動的範圍。國家只提供形式的秩序，或提供方便的架構，俾方便經濟活動者自由地活動。19 世紀自由國家便包含了自主的法律秩序與自由的經濟活動之理念。

　　總之，當韋伯討論一個有效的法律體系之運作與結果時，他注意到法律規範與經濟規範的功能性關係。對個人而言，法律的主要影響效力在於產生「某些可以估計的機會，也就是對現存經濟財貨的占有或取得之機會，或是未來在某些條件下，擁有這些財貨之機會的估計」（*ibid.,* 315）。法律規範（其存在不只靠國家機器的壓制或鎮壓威脅之保證，也靠社會組織如家庭、教會、產業機構等運作而證實）之變為可靠、變為可以估量，是這些規範影響經濟最重大的部分，特別是法律規範影響了經濟未來的計畫與發展。

　　當韋伯指出法律為指導人群活動的確實之決定理由時，他強調了法律規範與風俗、習慣是同一個連續體（the same continuum）之一環，都是對人群社會生活的規範。在採取社會經濟的研究途徑下，韋伯解釋了法律與經濟之關係。其中比較重要的六處引言，闡述法律與經濟相互依賴及各自獨立之關聯，我們把它迻譯下來：

（1）（以社會學的意思來解釋）法律並非單靠經濟利益，而且依賴各種不同的利益……，來保障政治的、教會的、家庭及其他權威，也保

證各種社會特出的地位，這些權威與地位或受到經濟的制約、或與經濟有關聯，但本身卻非經濟性質者。

（2）在某些條件下，一個「法律秩序」可以保持不變，當經濟關係經歷急遽的變遷之際……只要這種情況發生…這種法律秩序仍舊要被迫使用其鎮壓的機器……。

（3）根據法律體系的觀點來考量，一樁事體的法律地位基本上可能各個不同。但這種（法律分類）的不同並不會產生有關的經濟結果之不同來……。

（4）明顯地，法律的保證在不同程度之下直接為經濟利益提供服務。就算在某些場合表面上並非如此……經濟利益成為影響到立法最重大的因素之一……。

（5）……與過去的情形相比，法律對經濟行為的影響力愈來愈弱，而非愈來愈強。……對經濟活動的可能性影響之衡量，不能單純視為對法律鎮壓服從的程度之大小。

（6）就純理論的觀點來說，靠國家〔的力量〕來使任何基本的經濟現象獲得法律的保證〔障〕，是必不可少的〔也無別的方式可以取代〕……但一個經濟體系（特別是現代類型的經濟體系）不靠法律秩序是無法存在的。法律秩序除了在公共的法律秩序之架構之外，其特徵幾乎無從發展……現代的商業交通需要明確、可以預測的法律體系之運作，也就是需要一個靠鎮壓權力的支撐之法律體系之運作……市場群落的普泛優勢需要仰賴一方面法律體系之運作，也就是仰賴理性法條可以計量、可算計的運作。另一方面市場不斷的擴大便利了一個普遍〔全面〕壓制機構對「合法的」鎮壓權力之壟斷與管制……。（Weber 1968: 333-337）

從以上韋伯討論法律與經濟的關係，吾人不難理解他何以把西方經濟運作靈活的資本主義制度，看做是形式合理的法律體系所產生的經濟制度。這也是他的法律社會學必然同他的經濟社會學掛鉤的緣由。

# 九、法律與資本主義的關聯

韋伯認爲西方文明有異於東方文化最大的特徵爲講求「理性」（rationality）與追求「理性化」（rationalization）。所謂理性化或合理化是講究運用何種的手段，以達到既定的目標之方法，也是使用科學的、可以估量的技術來辦事，以及知識上與文化上人定勝天的信念。韋伯對西方理性化出現之因由很少討論，只是指出西方歷史的發展中理性化的過程自然湧現，而神秘地成爲西方世界一股主導的力量。這種理性化過程之不易找出原因，並沒有阻卻韋伯尋找一些與理性化合流的因素，包括資本主義的興起和官僚體系的建立。在他視理性化的繼續存在與發展，是無法阻止的過程時，他又認爲理性化就成爲西方人、乃至世人，未來的宿命。韋伯遂悲觀地指出要找出取代官僚的宰制與資本主義的橫行（兩種理性化具體而微的表現）之其他辦法、其他制度，幾乎是奢望，幾乎是不可能的事（洪鎌德 1999c：19, 105-106, 111-112, 117-118, 166-172）。

就在他這種從事學問的態度與追求知識的心態下，我們來檢討他法律社會學，就顯得意義重大。原來韋伯的法律社會學與他的政治（國家）社會學息息相關。他的政治社會學立基於合法權威三種類型之上，亦即前述的賢人（卡理斯瑪）的、傳統的，和合理兼法治的三種合法性權威。合理兼法治的合法性權威等同爲官僚的統治。在現代與未來科技發達的社會中仰賴合理法治之觀念、仰賴官僚宰制之現實，成爲世人要面對的命運，更何況官僚體制與資本主義這兩者之間，必然相輔相成、彼此增強（Walton〔1976〕1991: 287-288；洪鎌德 1999c：52-55, 116-118, 197-198, 204-206, 214-217, 253-255, 261-262, 268-270）。

不過韋伯面對的問題，也是他研究內容的重心是：資本主義需要何種的法律形式主義來使其對權威的特殊要求合法化，也就是合法化其對

權威的要求。首先他比較資本主義與封建主義的不同、強調資本主義愈來愈使用「制訂（立法）的規範」（enacted norms）來取代過去封建時代的慣習典例（convention）。因之，韋伯認為制訂的規範便利了合理化過程對社群活動全面的滲透，也造成了資本主義發展的靈活與創新（Weber 1969: 35）。韋伯雖然視法律、法治與資本主義的關係為本質上的關係，但並非因果性的關係。他雖然熟悉資本主義的社會是階級的社會，也充滿了階級鬥爭，但他卻把資本主義體制下的法律發展化約為合理化的個（案）例來看待。他使用合法權威三個分類（賢人、傳統、法律合理）的方法來解釋從封建主義邁向資本主義的轉型，並非社會或物質的理由。這點與馬克思生產方式變遷造成社會形態改變之說法完全不同。換言之，韋伯雖然承認個人利益與擁有財產者的共同利益是社會秩序或控制社會變遷的要素，但他堅持這些因素的影響力卻日漸式微，這除了由於這類利益愈來愈分歧之外，也是由於對傳統的看法與信念愈來愈淡薄的緣故（Weber, *ibid.*, 39-40）。

　　因之，韋伯放棄尋求階級和階級對立、階級和階級鬥爭的原因，而採用單純觀察的方式指明傳統的解體。韋伯避開了馬克思對階級及其利益之分析，而退居於觀察社會各種不同勢力在相互競爭之後，導致傳統之解體，社會又朝新的均衡狀態前進。

　　馬克思分析了資本主義的一個特徵，即異化。異化產生自資本主義的生產方式。也就是說在資本主義制度下，資本家的財產與財產權從對物品（物質體）、或對農奴生產品的支配，轉變到對別人勞動力的控制。在封建主義下，地主擁有對農奴生產品部分占取的權力；可是在資本主義下，資本家不但購買了勞動者的勞動，還購買了後者的勞動力這也就是說，勞動力怎樣使用、在何處使用、在何時使用，完全聽命於資本家的擺布。在封建社會中當農奴的人，如今在資本主義體制變成自由的支薪工人。但工人只有出賣其勞力的自由，雇傭契約的內容仍舊由資本家在規定、在操控。本來勞動者握有生產工具的權利，如今卻在法律保障資本家的權益下，讓勞工與其生產工具分手，最終導致勞工受資本家之剝削（洪鎌德、梁文傑 1995：199-235；洪鎌德 2000c：32, 77-83, 216-220,

241ff.）。

韋伯分辨資本主義的法律秩序與封建主義的習俗慣例之不同。前者
擁有專門的職司與人員來落實法律的治理，後者則無此類的機構以保證
慣例之被遵守。西方的特色在於法律優勢地位的保持與發展，也就是國
家或政府主宰了法律。可惜韋伯卻未曾對法律秩序轉變爲法律宰制（優
勢）有詳細的討論。其原因爲韋伯未完成其政治社會學便逝世（Bendix
1960: 386）。但真正原因可能是法律優勢（宰制）涉及資本主義發展的
重心，韋伯一旦討論它，就必須在實質上比較英國與歐陸資本主義發展
之不同。兩者雖然都發展了法律體系與健全的資本主義。但發展的快慢
不同、法律思想的演變重點也有異。也就是說「英國的問題」構成韋伯
學說的困惑與瑕疵，是故他寧可少談論法律秩序轉變爲法律優勢的問題
（Walton, *ibid.*, 291）。


# 十、大陸法與英國法之區別：韋伯法律社會學之困惑


韋伯法律社會學的一個棘手的論題，爲比較歐陸（特別是受羅馬法
影響至深的日耳曼法）與英國法律體系（普通法、海洋法）之異同，以
及它們對資本主義興起的衝擊。在他建構的歐陸法律之特質上，強調符
合邏輯講究形式的合理性（logically formal rationality），這是專業尋法與
制法人士演展出一套可以普遍（一體）應用的規則法條之體係。但如果
以這種合理性來衡量英國以法官爲中心，參酌陪審團有罪與否的決斷，
援用先例前判而作的裁定，則似乎又扞格難容。也就是說英國法律並非
韋伯心目中那種注重法條闡釋、引用、下達裁判的形式合理性之要求。
偏偏英國的法律促成了資本主義的發達，如果韋伯還強調法治是促進市
場經濟進展之動力的話。這裡我們看出做爲經濟歷史家之韋伯與做爲法
律社會學家的韋伯兩者之衝突，是故「英國的問題」（"English Problem"）
是韋伯學說的致命傷，也是他法律社會學最遭物議之處。

前面我們提及韋伯所以強調符合邏輯、講究形式的合理性，以及法律制度的獨立自主和法條之完備，可以一體應用都是保障法律運作趨向穩定的原因。法律運作的穩定、可靠性、可預測性，便利市場上的交易、便利貨物的生產與流通。由是可知法律的可資預測與估量之性質（legal calculability）是資本主義興起的推手。

但把這個理論應用到英國的歷史分析之上，卻發現有重大的問題：其一、英國缺乏韋伯所強調的可資估量、形式的理性之法律體系；其二，資本主義在英國崛起與壯大之後，對英國法律的理性化似無重大的影響。對此，韋伯坦承英國法律的理性相對歐陸法律的理性來講，顯得相當低（Weber 1968: 890）。但弔詭的是英國卻是近世西方資本主義的發源地。那麼韋伯對這個困惑他理論的「英國的問題」，採取怎樣的解說呢？他提出下面幾個假設：（1）英國法律體系呈現低度的可預測、可估量的特性，不過它卻以犧牲下層階級的利益協助資本家拓展其企業；（2）英國達致資本主義的方式是非常獨特，也就是不靠其法律體系的協助，反而是其法律體系之渙散，便利了資本主義的誕生，這種情形在世上別處都不曾發生，也不曾出現；（3）英國的法律體系儘管離邏輯形式的合理性之理念類型太遠，但仍提供相當程度的估量性來促進資本主義。也就是說英國的法官袒護資本家，以先例前判為裁決之標準（Weber 1968: 814, 1395）。

從韋伯上述三種假設的提出，顯示他對英國法律演展的歷史缺乏清楚的、一致的看法。這些假設透露他對法律估量性的過分關懷，但這種法律的透明化、形式化、可預測性、可計量性偏偏不出現在英國。因之，在主張法律的可估量性之際，他最後已發展為「合理的」法律體制，是故韋伯分辨英國法與大陸法是沒有必要的，甚至這兩者的區分是錯誤的（Trubek, *ibid.*, 145）。

在「英國的問題」上，韋伯的理論是否觸礁，而行不通，衣雲（Sally Ewing）女士就採取不同的看法。資本主義首先在英國出現沒錯，而當時英國並不擁有形式的合理性法律體制，這表面上顯示韋伯法律社會學說的漏洞。不過仔細重讀韋伯的作品，我們必須承認他把形式的正義和

保證過的權利視爲相同之物，而不是斤斤計較邏輯上形式的法律思想，也就是他不會認爲便利計算、預測的法律體系，才是資本主義興起最大的動力。英國的普通法就法律觀點而言，是涵攝了實質上的非理性。不過如以法律社會學的觀點來理解，都是根據形式正義的原則去運作的體制，是故能適應資本主義的需要。韋伯並沒有聲稱普通法比歐陸的民法更適合資本主義。他指出不管是普通法還是大陸法對經濟體系造成的後果「都是孤立的、單獨的現象，而不是對經濟體系的總結構在碰觸〔衝擊〕時有何不同〔之表現〕」（Weber 1978-891）。韋伯顯然地不認爲「非符合理性」的普通法對資本主義是一種負面的負擔，甚至對他所營建的法律社會學是一種威脅，如同近期間學者對「英國的問題」之討論所表現的憂慮之一般（Ewing 1987: 500-501）。

要之，對衣雲女士而言，引起學者對「英國的問題」的關注，是未把韋伯純粹法律意涵之下的法律思想，以及他視法律爲社會現象這兩者的分別搞個清楚所引起的。她認爲韋伯心目中有兩項職責等待去完成。第一、韋伯主張法律思想中日漸增強的合理性過程，應該追蹤記錄，這就是邏輯上合理性的法律之概念盤據了他，使他著迷。爲此那把法律發展分成不同的階段來處理，而他所得的結論是邏輯上合理的法律，終必是法律發展的最高階段（Weber 1978, II: 882）。不過他也指出一個特別的因素（「爲強而有力的利益〔團體〕所挾持、所保護的全國性法律訓練體系」〔Weber, *ibid.*, 883〕）阻止了英國人向形式理性的法律之途邁進。因之，只要是對法律有關懷的專精人士，在不受利益團體影響之下，最終必然會傾向於建立邏輯儼然的合乎理性的法律體制。對於英國法律專才不走這條理性的道路，並沒有使韋伯大驚失色，故不是什麼了不起的大問題。他的第二項職責在於分析可以計算、可以預測的法律（「形式的法律」）同資本主義興起之關係。關於這一職責，與法律思想中「內在於法律」的各種特別的性質無涉。這兩者是不同的問題，不要混爲一談。是故衣雲強調對韋伯而言，無「英國的問題」之困擾可言（Ewing 1987: 496-497）。

# 十一、對韋伯法律社會學之批評

　　「英國的問題」，甚至「蘇格蘭的問題」不但顯示韋伯的學說與歷史有些出入，進一步也現出他對法律的分類與定義仍不夠詳盡與妥善。首先，談到他法律分類第（三）與第（四）兩種，亦即實質的理性與形式的理性這兩種類型的法律。前者是認為法律受到倫理的要求（實施公平正義的理想）、經濟的利益（便利資本家獲取利潤）、或功利的考量（增加多數人的最大利益）等等之影響，而非從法律體系本身的標準作為制法、尋法與執法的根據。反之，後者就是把法律當成邏輯圓融、抽象的、形式的原則與法條之體系，是由法律專才所制訂、執行與詮釋，而由國家或司法機構背書，必要時採取合法的暴力來貫徹法律命令之施行。

　　顯然，韋伯理想的法律體系就是第（四）種形式合理的法律制度。但以英國為例，由於工商業擴展的影響，實質合理的法律〔第（三）種法制〕，像商業法，卻由一群工商業的生意人（資產階級）在大力推動，而非接受過法律專業訓練與學院教育者之專利。由是導致韋伯形式合理法制與實質合理法制兩者之緊張與對峙。換言之，在討論英國的法律政策是雙重的，對資產階級而言，法律成為保護其私產與權益的工具；對勞工階級而言，法律並沒有伸張其正義（Weber 1954: 230）。英國法律的形式合理性比起歐陸來逐被韋伯視為較低。但這種較低的形式合理性的法律，反而促成英國資本主義的產生與發達，這就是令人深感困惑與弔詭之處。

　　其次，從韋伯實質合理與形式合理兩套法制之緊張關係，我們還可以推論其淵源在於他為法律所下的定義，強調法律專才對法條的價值深信不疑，而採取教條式的、含有價值判斷在內的法律定義。與此相反的則是社會學家，以經驗為取向、著重事實考察與袪除價值所做的法律研究，從而為法律所界定的意義（法律為一套類似技術機械性機制，為強

制性的國家命令，其運作完全依賴法律專業人士，或法律專才所形成的社會身分群體）。韋伯終其一生沒有放棄這種法學觀與社會學觀截然有別的法律區分，這主要的是他在認識論與方法論中堅持價值與事實不容混淆所產生的個人信條（the article of faith），有以致之。

韋伯方法論影響下對法律的界定，使他的法律學說不但接近前面所提社會學決定論，也可以說是社會學實證論。他的社會學實證論把法律專業者所津津樂道的價值完全排除於法律概念之外。換言之，他極力避談法律中的正義、公道等原則，也不討論法規所要體現的價值，這就與他在國家社會學中不談國家所追求的目標相同。這種只討論法律形式，也就只討論法律條文的體系是否在邏輯上圓融連貫，而不涉及法條所要表述的價值，可謂是一種形式主義（formalism）。作為形式主義者的韋伯，遂視實質理性所牽涉的種種價值，例如公共好處、福利、經濟利益、公道、正義等等，是不足取，且會與他崇尚的形式理性相衝突。他甚至指摘群眾對法律的看法與公道的感受是情緒性的，係非理性裁判的根源（Weber 1954: 75）。這些說詞表示他所看重的是法律的形式，而非法律所要表述的實質與目的。

在討論法律與經濟的關係時，韋伯把形式與實質的分開，使他對經濟涉及的問題，諸如經濟利益、經濟福利、利潤大小，當成是異質的、實質的、非法的事物來看待。就因為太強調法律形式的性質，使他在進行法律與經濟之間的關係底分析之前，便設定兩者各自獨立，都是獨立變項，然後再討論這兩個變項之互動。在考察經濟對法律的影響時，韋伯斷言經濟利益對法律理性化之方向，無決定性的作用。造成法律理性化的動力還是一群法律專家，在接受專業訓練後，基於「法律理論家及其徒弟、博士群，也就是法律學者中典型的貴族之知識上的需要，發揮出來的結果」（ibid., 278）。這些理論都在「英國的問題」上觸礁，使他不得不另尋下台階來自圓其說。換句話說，他被逼放棄奢談英國法律的形式問題，而改口略談英國法律背後的實質問題：英國法律的階級基礎，以及法律對下層階級的不公。

　　韋伯說：在英國只有富人才有能力付出訴訟費進行訴訟，窮人則必須忍受差別待遇，是故富人有一套法律，而窮人也另擁有一套法律。這種說詞，顯示韋伯一反常人把法律與公道連在一起的說法，他不認為法律是伸張公道、正義的機制。反之，視法律在很大的程度內展現社會的不公不平。事實上，在法律當中呈現的是「永續的不公平」（permanent injustice）（Walton *ibid.*, 287）韋伯說：

> 沒有財產的階級特別無法接受像資產階級所獲得的形式「法律平等」，以及「計量的」〔可以預測、可以計算、比較確定的〕司法與行政處理。（Weber 1967: 355）

　　韋伯對英國階級社會所滋生的雙重法律，亦即階級對立與階級利益對法律的衝擊與意涵不欲進一步深論，只指出這是傳統的解體。這點與馬克思指出異化深植於生產方式之上大為不同。馬氏認為在資本主義的生產方式之上，財產與財產權從對物（物質客體）的處理，轉變為對他人勞動力（別人）的控制，原因是資本家購買的不是勞動，而是勞動力。資本家透過契約，而支配了他人的勞動力。這種說法對封建社會習俗的解體，轉變成資本主義社會法律秩序的建立，有比較圓融的解釋。反之，韋伯強調合理化的概念，造成他的理論既無法指出導致合理化的主要勢力，也無法分辨封建主義如何轉型為資本主義。再說韋伯只分辨法律秩序與法律統治（宰制），而沒有詳細討論法律秩序怎樣演變成以國家或政府為執法者的法律統治。這都是韋伯學說的缺陷[5]。

---

[5] 韋伯之所以沒有詳細討論法律秩序轉變為法律統治的原因，依據卜狄士的看法是由於韋伯未完成政治社會學便病逝之緣故（Bendix 1960: 386）。Walton 卻指出是由於法律統治被看成為資本主義本身的一部分。歐陸與英國都是資本主義國度，儘管兩地資本主義發達、法律制度健全，但西方法律思想發展有異。韋伯深怕「英國的問題」要砸掉他法律合理性形式主義之說詞，故不欲加以深論（Walton *op.cit.*, 291.）。

# 十二、結論

韋伯的法律社會學是建構在（1）一套彼此分開，但卻又相互關聯的理念類型之上，也是建構在（2）法律思想之特質上，以及法律與社會其他的（宗教、倫理、政治、經濟）結構之關係上。換言之，他的法律社會學就是以（1）理念類型與（2）思想同社會結構之關係所形成的分類法（typology），這兩部分為主體演展而成。在強調理念類型與法律體系分類法這兩種情形下，韋伯法律社會學的中心關懷卻是圍繞在兩個主軸上打轉，其一為法律與資本主義的崛起之關係；其二為以豐富生動的歷史實例，來證實他方法論上高度抽象類型說。他認為只有以邏輯形式的合理性為主建立的法律體制，才能促進資本主義的成長。為了證實這種理論，他在歷史與經驗世界中進行東西文明的法律制度之考察與比較，其結果就造成他法律社會學與他宗教社會學的並列與互通（Beirne, *ibid.*, 54）。其實豈只法律社會學與宗教社會學有水乳交融的關聯，就是他的政治社會學（特別是有關官僚與法治的闡釋）與經濟社會學（市場機制的合理性源頭的探索），也是建構他法律社會學理論大廈的基石與支柱。

韋伯的法律社會學是他比較東西文明歧異的一環，也就是說他的學說在探索何以合理性與資本主義會出現在歐洲，而不出現在古老文化的埃及、中國、印度等國度。除了說明西方近代法律怎樣脫離迷信、魔咒、人治、神秘的與個人專斷的羈絆，而通過官僚、專家、學者（一言以蔽之，法律專才）發展出邏輯嚴密、概括性、包攝性極高的形式法條體系之外，他闡述這種內含於法律體系本身的合理性，是造成大陸法與英國法走上穩定、可靠、可預測、可估量之途底原因。法律這種可計量性，便利了資產階級經濟活動的推展。資本家利潤的獲得與財富的累積，勢須藉契約及其他法律形式的規範來縮小市場的風險、控制市場的無政府狀態。是故一套無瑕隙、無漏洞的法律體系是工業資本主義崛起必要的

條件。

　　韋伯接著指出法律雖然迎合資本家的利益而發展，但法律專才所形成的社會身分團體，對法律演展也扮演著產婆與推手的角色。這些法律專才為顧及本身的利益，其尋法與制法的結果，並不完全與資本家的利益一致。是故行會出身的，與大專法律科系出身的法律工作者所制訂出來的法律或引用法條，無論就內容或就形式而言是有重大的差異。在法律專才的大力推動下，現代形式理性的法律更趨精密，他們以其專精成為技術官僚的一部分。這助長近世西方官僚國家的興起。正是因為現代官僚國家的崛起，使得法律與國家的統治關係更為緊密。韋伯把國家當成一定領域上合法使用暴力的組織。國家為了獲取人民的順服與遵從，遂有各種不同的統治方式。國家的權威儘管有傳統的、賢人的與法律合理的三種純粹類型，但就近代國家的統治之穩定與有效而言，必然顯示法律合理的統治成為大勢之所趨。既然形式理性的法律有助於資本主義之發展，同樣這類的法律制度，也會促成統一的、集權的官僚國家之茁壯。

　　儘管韋伯嘗試以宗教、法律、經濟、科學、政治等各種面向與途徑，也就是多元的方法觀，來探討現代西方工業資本主義及其背後的支撐力量——合理性過程之激化——但他仍舊無法擺脫 19 世紀末葉與 20 世紀初西方主要的學說之羈絆，他可以說是其時代流行的理論之「囚犯」。他沒有批判地接受他那個時代經濟學與法律學典範，這就導致他在法律社會學說的局限。比起他的政治社會學說、宗教社會學說和社會科學方法論而言，韋伯的法律社會學與經濟社會學對同代與後代的學術影響就顯得很低。本身承認與自傲為資產階級成員的韋伯，把法律與經濟看做資產階級維繫與發達的工具，也把當時這兩方面的學問視為永恆的原理原則，而忘記身處世紀之交，正是歐洲乃至全球面臨社會與科技劇變之際，這些被他看做無時間限制的原理原則，終究不敵現實情勢的考驗，或被摒棄、或遭修正、或改頭換面，而必須另覓出路（Albrow〔1975〕1991: 326-327）。

因之，韋伯的法律社會學在闡述資本主義的崛起茁長與壯大方面，固然有其發人深思的宏論，但其學說受制於時代的思潮，因而也呈現了理論的局限與瑕疵。

表5.3 韋伯法律變遷理論的扼要

| 社會秩序的看法 | **理性**：只有西方現代社會才會在理性原則下進行社會的組織——表現在經濟（資本主義）、宗教（誓反宗教）和法律方面。<br>**優勢統治**：所有的社會都會有各種各樣的統治形式。以往傳統與稟異權威是合法的統治基礎，現代西方社會建立在法律合理的權威之上。 |
| --- | --- |
| 方法論的取向 | **歷史進化論**：自然與社會科學有基本上的差異。社會變遷無普遍的規律可循，只有脈絡的、多元原因的敘述，其基礎則為具體案件的分析。這些人文的與社會的解釋必須考慮到行動者（個人與群體）怎樣在不同的歷史時期和不同的社會中看待他們所處的世界而後定。使用**理念類型**與**瞭悟法**。 |
| 法律改變之概念 | 法律體系沿著兩個界域在變化。他們或是**合理的**，或非合理的；他們或強調**形式主義**，或是實質的公正。韋伯主要的興趣所在是從實質合理的法律轉變為形式合理的法律。這種現象剛好發生於歐洲開始現代化之時，而在歐陸完成（英國反而沒有走這條形式合理之路）。 |
| 法律改變之因由 | **資本主義**是形式合理性成長最大的推手。但其關係卻是互惠的。另外三種先決條件為：（1）建立在法律權威基礎上之中央權力集中的國家之興起；（2）世俗化；（3）自主的法律專業之發展。英國未能使其法律形式化，原因是法律並未完全專業化，也受階級利益所左右。 |
| 評　　價 | **優點**：法律變遷的概念化極具影響力，這使歷史變化有關的解釋奏效。對西方法律的崛起以及西方法律體系之歧異有良好的說明。<br>**缺點**：對資本主義的民主國家而言，原創性形式之解釋有限；對美國的說明嫌不充足。 |

資料來源：Sutton 2001: 129，經本書作者稍加修正。

資料來源：Justice with two faces, one veiled, the other with eyes open, frontis-
piece of J. de Damhoudere, *Praxis rerum civilium...*
(Anvers, 1567). Bibliotheque Nationale, Paris.

**圖5.1 司法女神的兩個面目**

# 6 帕森思論法律與社會體系的關聯

# 二、前言

在當代社會學理論裡頭，首推結構—功能論（structural functionalism）源遠流長，衝擊面既深且廣，最具影響力。尤其是梅爾頓（Robert Merton）與帕森思（Talcott Parsons 1902-1979）的功能論與社會體系論，不但成為美國 1940 年代與 1950 年代一枝獨秀的社會學說，也是影響全球社會思潮一股澎湃激越的湍流。雖然後來被 1960 年代末美國學潮所淹沒，而於 1970 年代與 1980 年代陷於退潮狀態，但就 20 世紀幾種重大的社會理論加以比較而言，結構—功能論不失為勢頭洶湧、波瀾壯闊的重大思潮。

1959 年金思理·戴維斯（Kingsley Davis）在美國社會學會就任會長的演講中，直指功能論可以與社會分析相提並論，從而凸顯社會學界對功能論的矚目。他指出功能論一方面在論述社會的部分對社會整體的關係，他方面也致力觀察社會部分與其他部分之間的關係。一個部分怎樣來發揮其功能，以及對整體社會的需求能夠加以滿足，便成為社會功能論研究的對象（Davis 1959: 758）。

由是可知功能論與結構功能論有相當程度的關聯，都是把社會當成一個體系來看待。這個體系是由分歧的和關聯的結構組合而成，每個結構各負責特定的功能。當這些不同的功能結構及其功能共同或個別操作時，便會造成社會整體的運轉、持續和不斷地經營下去。這一理論的典範（paradigm）集中其注意力於下述三個焦點之上：

(1) 功能上的無上命令（functional imperatives），也就是體系賴以存活與發展所需的條件及其需要。
(2) 相互關聯的結構（社會次級體系、典章制度之類）。
(3) 各種典章制度重組的方式，俾體系保持其和諧與平衡。

因之,「討論一個制度對社會或社會中其他制度的功能,就無異討論在〔社會〕體系中那種制度是必要的、關係重大的」(*ibid.*, 772)。

在考察社會體系如何保持或恢復其平衡之際,功能論的學者便會留意到社會成員共享的規範與價值。因為這種規範與價值對社會是基本的、不可或缺的。在這種情況下,理論家傾向於強調「共識」(consensus)的存在,也就是社會成員對現存社會的結構,採取認可、接受的態度。對功能理論者而言,自願的合作和一般的共識是社會體系所以能夠運作不息的凝聚之力源。因之,在共同生活中,任何的衝突或騷擾都要迅速地、有效地制止與解決,這樣社會體系才能保持其秩序與穩定。

要之,結構功能論理論是以整體論(holism)[1]的眼光來看待社會。他們視社會為一整合的體系,由各個不同的結構,各司專職的部分,既分工而又合作地操作,目的在使整個體系能夠保持其均衡,而繼續存在與發展。這些分歧的與相關聯的結構要達致社會的均衡,必須採取兩種方式。其一、滿足體系的需要;其二、克服社會體系中之騷擾或動亂。


# 二、社會學與人類學當中功能論的起始


## (一)孔德與斯賓塞

功能論不只肇始於社會學,也與人類學對原始部落的考察有關。一般而言,孔德(Auguste Comte 1760-1825)在生物學影響之下,把社會

---

[1] 整體論強調世界的事物的決定因素為整體(whole)。就像有機體、有生命的事物(organism)一樣,其存活與發展固然由部分構成與運作,但把整體切割為分析部分時,則整體無法發揮其生命、發揮其意義。另一方面,整體論也強調整體雖由部分構成,但其功能運作,大於個別部分之積聚、之總合。

譬喻為有機的生物，不只是體系論的開端，也開啓了社會學理論中的結構功能理論。不只生物學有機體由不同的器官、組織合構而成，就是社會的有機體也是從各種不同的結構構成的。他說：「我要把社會有機體看成是眾多的組合，家庭就像〔生物體〕的細胞或基本的元素；其次階級或喀斯特〔教階〕，這就像〔生物的〕組織，最後，城市與社區就成爲真正的器官」（Comte 1875: 29-40; 242）。

就像孔德一般，斯賓塞（Herbert Spencer 1820-1903）也廣泛使用生機說的譬喻，不過其強調的則是社會的分歧（differentiation）。他指出社會有機體在往前發展的過程中，其規模與密度不斷增加，就會造成愈來愈大的分歧，也就是造成體系中不相似的部分更特殊、更歧異的發展，但這也造成部分與部分之間愈來愈緊密的相互依賴。他這種看法顯然是從生物學的功能論引伸而得。

## （二）涂爾幹

在古典社會學家當中，要數涂爾幹對社會功能論分析最爲深入。他視社會應當自成一類，是一個特別的範疇（*sui generis*），也就是一個整體，這個整體無法化約爲其構成部分。他認爲每一部分，也就是每一社會事實都在「滿足社會有機體的一般需要」。即便是像帶有儀式的處罰行動，也有凝聚集體情緒的作用，使受傷害的社會可以從懲罰行動之中得到補償與復原。換言之，懲罰滿足了社會基本的需要，也就是社會連帶關係的需要，他說：

> 我們稱為「懲罰」的社會反應，乃是由於集體情緒〔感受〕遭受侵犯的激烈反彈。不過就另一種角度觀察，它卻有良好的功能，也就是維持這些情緒具有同樣強烈的程度之功能。原因是犯罪不受到懲罰的話，這些集體的情緒不久之後便消失無蹤。
> （Durkheim 1966: 96）

此外，涂爾幹把社會條件分解爲「正常的」或「病態的」，正顯示社

會有機體本身擁有其均衡點。所謂病態的狀況，是指它「干擾了社會正常的功能」（*ibid.*, 54）。也就是社會視爲平均的、正常的、可謂爲正常的狀態，因爲它導致社會體系的平衡。涂爾幹便以犯罪的社會事實來說明他心目中正常的與病態的狀況。

犯罪是反常的社會行徑，但幾乎都存在於每一個社會中。因之，在某種程度之內，犯罪被視爲正常。只有當犯罪率太高時，才被視爲病態。犯罪的適當發生率，也就是平均的數量，可有助於社會的均衡。而且也提供了一個有用的角色，也就是促成社會變遷之有用的角色。他說：「犯罪不僅意涵必須改變之道路業已打開，而且在某些犯罪案件中，它爲改變做好安排。只要有犯罪，集體的情緒便會充分地靈活，而發展出新的形式，犯罪有時協助去決定集體情緒因應之形式」（*ibid.*, 71）。

要之，在涂爾幹心目中，社會事實具有功能性，因爲這些事實能夠滿足社會的需要，所以它們是有用的，在社會中扮演有用的角色。換言之，社會事實是具有功能的，因爲它們對社會有利（洪鎌德 2000b：3, 6-9；及本書第 4 章）。

功能理論除了受惠於社會學領域之外，也從人類學吸收了不少的養分。兩位著名的人類學家賴克立夫・布朗（Arthur R. Radcliffe-Brown 1881-1955）與馬立諾夫斯基（Bronislaw Malinowski 1884-1942）對原始社會的考察，也爲他們的文化活動找出理論的基礎。

## （三）賴克立夫・布朗和馬立諾夫斯基

賴克立夫・布朗在其名著《原始社會中的結構與功能》（1952, 1965）一書中，細心解釋結構與功能應用到社會人類學是一組有用的概念。與涂爾幹一樣，他相信所有的社會現象都是社會結構直接的成果。不過與涂氏不同之處，他不只研究社會結構，還進一步研究人群的活動。他甚至主張，只有當社會結構與人群活動相互牽連、對照之後，這種研究才會有成。賴克立夫・布朗說社會活動與社會結構之關係構成了一個「功能上的一體」（functional unity），這會造成社會體系某種程度的和諧。

賴氏指稱：「功能牽連到結構，結構乃為諸單位體（unit entities）之一組關係。結構的延續是靠著構成單位的活動所形成的生命過程（a life process）來維持」（Radcliffe-Brown 1965: 180）。他接著又說：「反覆活動的功能，像對犯罪之懲罰……無異是當作整體的社會生活所扮演的部分角色，因之，其所做的貢獻也就是維持結構共同體之存在」（ibid.）。這種說法與涂爾幹視犯罪及懲罰具有某種程度維持社會秩序之不墜，導致集體感受之鮮活，有異曲同工之所在。

馬立諾夫斯基曾經在新幾尼亞附近的特洛布立安島進行原始社會部落生活之田野調查與實地考察。他在瞭解這些原始部落的文化生活之際，發現功能論幾乎與社會體系的相互關係（interrelations）以及相互對應性（reciprocity 互惠性）分不開。他的說法是這樣的：文化的真正單元乃是制度，制度乃是一般的、相對穩定的活動，這些活動所以被組織起來，目的在應付部落緊要的需求。因之，他說制度提供一個功能：一個有用的功能、有用的活動，為的是滿足社會的需要，以及維持社會的均衡。加之，社會的均勢是靠著成員的相互對應性（也就是有給就有取、有取就必須有給之「取予原則」〔the mutual give-and-take principle〕）來維持的。換言之，這種取予和相互對應的互惠關係也就是馬氏考察特洛布立安島民生活方式所得的結果（Malinowski 1982: 46-47）。

馬氏認為特洛布立安島民生活的指導原則，也就是相互對應（互惠）的關係，這種關係並不立基於實用物品的交換之上，而常是象徵性物品像頸帶、手鐲、魚、芋等禮物的交換。對該島島民而言，相互對應之關係構成了「基本的心性之展示、之共享、之賦予，而造成了社會聯繫深刻的趨向」（Malinowski 1984: 175）。在這種看法之下，可知該島原始住民相互交換的網絡有其功能，也就是社會生活整合的功能。

在馬氏 1926 年出版的《野蠻社會的犯罪和習俗》一小冊中，他討論了「原始的法律」。原始的法律乃是「能夠導致秩序、同形和凝聚的數股不同之勢力」（Malinowski 1982: 2）。特洛布立安島民的原始法律之執行，並不靠暴力的壓制，而是靠「一種特殊的機制，也就是互惠性與公開性，而互惠性與公開性是內在於他們社會的結構裡頭」（ibid., 58）。由

是可知該島島民所以遵守法律並不是害怕違法時，會受到法律的制裁、報復，而是體認他們的社會要求成員克盡相互的、有約束的義務。

馬立諾夫斯基聲稱：原始的法律有三層的功能，第一、在文化層次上它滿足社會擁有經常的和穩定的活動之需要，也就是滿足社會擁有各種各樣的制度；第二、在結構的層次上，法律滿足人們行為規定的需求；第三、在生物學層次上、生理層次上，它滿足人群共同享有、共同負擔的需要。由是馬氏再三強調法律最終的目的在於社會的整合（洪鎌德1998a：50-51；52；62-63）。

## （四）梅爾頓

進入 20 世紀中葉之後，結構功能論有飛躍的進展，其中梅爾頓與帕森思的貢獻卓著。我們先談梅爾頓分辨顯性的與隱性的功能論，以及負面的功能（dysfunctions），俾以價值中立和客觀的眼光來看待各種的社會功能。

梅爾頓採用馬立諾夫斯基和賴克立夫‧布朗以及其他人類學家對未受現代化洗禮的原始民族之文化研究，並把他們應用到現代複雜的工商社會之剖析。不過他對向來的傳統功能論之三個設準（postulates）加以拒斥，這包括（1）社會功能上的一體（functional unity）之設準；（2）普世的功能論之設準；（3）無可取代（indispensability）的設準（Merton 1968: 81-87）。

社會功能上的一體性之設準是說每一種文化活動或信念，不只對社會有益，也對生活於其中之每一個人也有益。普世功能論之設準認為所有的社會結構對整個社會有正面的、積極的後果（consequences）。至於無可取代的設準則涉及兩個預設的說詞。其一、某些功能並不是非發揮不可，否則社會無法存續、必然崩潰；其二、某些社會結構無可取代，這些結構在完成某些功能。由於對上述三種傳統的功能論之質疑、挑戰、乃至拒斥，梅爾頓引進負面（消極）功能的新觀念，也分辨了顯性的功能與隱性的功能之不同。

梅氏指出功能是那些可以觀察到的後果（consequences），卻有助於體系的適應與調整。反之，反功能或負功能是觀察得到的後果，其特質在「減輕體系的適應和調整」（Merton 1968: 105）。這一概念在傳統的功能理論中正是普世功能論的設準所忽視的，蓋後者強調所有的功能之單位都以正面的方式在維持社會的整體。梅爾頓一反此一設準，指出任何的事項都會造成正面與負面，也就是正功能與負功能的後果。他認為這些後果對社會中不同的群體之經驗是相對的，對甲群體好，未必對乙群體也好。所以必須指出：「這種功能究竟對誰有利？對誰不利？」是故對甲群體有利的功能，有時對乙群體變成不利的、負面的功能，特別是衝突理論便建立在負面功能的分析之上。

梅爾頓進一步分辨顯性的（manifest）功能與隱性的（latent）功能。前者為「客觀的後果，對體系的適應和調整有所貢獻，為體系的成員刻意的（intended）和承認的舉措」。反之，隱性的功能為「既非刻意，也非被承認之功能」（ibid., 105）。由於梅爾頓對功能重加界定與型塑，由是功能的概念便轉趨普遍性和價值中立性（客觀化）。蓋使用「後果」可以看出它們對社會體系正面或負面的貢獻，或是社會成員對功能刻意追求的心向，以及承認這種功能之存在或價值的心態。

此外，梅爾頓倡說「中程理論」（theories of middle range），發展一項普通的或稱大理論之間中間性的解釋模型，也就是介於「大理論」（grand theories）與「工作假設」（working hypotheses）之間，既非大而無當、渺不可及，也不是瑣屑簡單的說詞，為社會學界所稱道（洪鎌德1998a：144-145）。

把梅爾頓顯性的與隱性的功能之學說應用到挪威女傭法析辨之上，就可顯示這一學說之現實關聯性（Treviño 1996: 316-317）。

挪威女傭法係 1948 年挪威國會所通過的法律。法律社會學者敖伯特（Vilhelm Aubert）分析這種法律所隱涵的顯性的功能和隱性的功能。

當挪威國會的左右政黨在議會上引進這一涉及家庭雇傭女幫手的法條時，其顯性的功能反映了左右黨派相互衝突的政治觀點。左派視此法在保護女傭工作權利，改善其家務勞動之條件。右派，也就是保守派的

觀點則在維持主婦發號司令指揮僕役的權益,也就是保障家庭的隱私權。

此法頒布兩年後,敖伯特及其合作者進行研究,俾測出這一新法律對女傭和主婦產生何種的影響。詢問、測試、衡量的結果顯示這一新法律在效率上並沒有多大改善女傭的工作條件。特別是女傭利用此一新法律控告僱主的案例不多。結論是挪威的女傭法並未達成改善工人的顯性的功能。不過新法的頒布卻完成了一項與雇傭關係無關的隱性之功能,也就是國會中左右黨派的妥協。這種法律能夠通過意識形態針鋒相對的議會之兩大陣營之對抗,正顯示它也有其不明顯的功能。由是可知法律隱性的功能爲「在相反的利益有可能把政治人物及他人撕裂的情況下,恢復了平靜與諧和」(Aubert 1967: 112)。

從上面的案例之考察與驗證,可知梅爾頓分辨社會結構中後果(consequences)的正負,以及顯性的與隱性的功能,確有真知灼見。以下我們討論當代美國乃至全球最著名的社會體系論著者帕森思的法律學說。先介紹其生平著作與社會學理論,然後析評其法律觀。

# 三、帕森思的生平、著作與學說主旨

帕森思的行動理論是涉及現代人、文化、社會及它們的演展之學說,採用的爲韋伯、涂爾幹對現代社會大規模的考察,包括學習理論、人類學的功能理論和佛洛伊德的精神分析和心靈動力學。他這種史無前例的理論綜合是造成行動理論多面發展的驅力。帕氏還把行動理論同控導學(cybernetics)、結構語言學、投入與產出經濟學、微遺傳學(microgenetics)牽連在一起,目的在加強社會學同其他行爲科學之聯繫。

帕森思的社會學集中在考察社會主要的制度之普遍與發展的特徵之上。他對社會概念上的理解是建立在社會體系總(全稱)的模型(the more generic model)底基礎之上,目的在爲人類互動有組織的形式之自我保

持的要素，標識其特別之處。任何互動的組織要求其參與者的成員做出親身的參與和承諾，俾共享與共守文化的規範，也就是成員自動自發的動作、行動、行為都能推行與加強這些文化的價值。

帕森思於 1902 年 12 月 13 日出生於美國科羅拉多州史普林（Springs）城，其父曾進入耶魯大學神學院接受神學教育，並被封為公理會的牧師。由於開明，竟然接受達爾文的進化論，主張科學對信仰的輔助功能，被推崇為一位「社會福音的傳道師」（social gospel）。在第一次世界大戰爆發前全家移居紐約市，使年輕的帕森思得進入哥倫比亞大學實驗中學就讀。1920 年他進入 Amherst 學院唸書，雖主修生物學，卻對社會科學興趣最濃。進入研究所階段，他致力於社會學和經濟學的分辨，從此為他日後致力理論的研究奠下基礎。

1924 年至 25 年帕森思以遊學的方式至倫敦經濟學院（現時倫敦政經學院之前身）進修，係受到政治經濟學大師拉斯基（Harold J. Laski 1893-1950）和經濟史教授陶尼（Richard Henry Tawney 1880-1962）之吸引。這時他也旁聽社會學演化論者霍布豪斯（Leonard T. Hobhouse 1864-1929）以及金斯貝（Morris Ginsberg 1889-1970）、坎南（Edwin Cannan 1861-1935）等人的課。但此一時期，他收穫最大的，則是參與馬立諾夫斯基有關〈魔術、科學和宗教〉一論文（1925）的研討會，對後者攻擊進化的實證主義印象深刻。蓋馬氏不同意「野蠻人」的理性是縮小的，文明人的理性是擴張的說詞。馬氏對當成體系來感知的文化闡釋其功能，也就是視文化為各部分組成，背後潛藏著大同小異的生理與心理需要，以及社會需要。儘管文化呈現著不同的形式，這些觀點對帕森思都產生歷久彌新、終生難忘的印象。

在他結束倫敦經濟學院第一年課程之前，帕森思獲得學生交換研究的獎學金，而得有機會改赴海德堡大學留學。儘管韋伯已於 1920 年逝世，但其影響在海德堡及西南德還廣泛留存。整個德國學界深受黑格爾以來的歷史觀念論的衝擊，認為人的行動深受文化理念的決定，每一文化受其時代中主流精神的薰陶，也反映了其時代精神、歷史精神。這種觀點與馬克思的唯物史觀是不同的。韋伯的研究途徑則是新康德學派的

「第三勢力」、「第三條路線」，這是帕森思所嚮往、所追隨的學術道路。

帕氏在註冊後，跟韋伯之弟阿爾弗烈德・韋伯（Alfred Weber 1869-1958）學習文化社會學，也參與後者跟卡爾・曼海姆，以及薛爾丁（Alexander von Schelting 1894-1963）討論韋伯之社會科學方法論。此外，接近韋伯兄弟之經濟學者薩林（Edgar Salin 1892-1974）成爲帕氏博士論文的指導老師。除此之外，帕氏還跟雅士培（Karl Jaspers 1883-1969）研究康德的哲學，並透過雅士培對「瞭悟」（*Verstehen* 爲韋伯所倡說，而由雅士培闡釋）的發揮，而澄清了帕氏對方法論的疑惑，這有助於他以後翻譯韋伯社會科學方法論一書。

藉著韋伯與馬克思對資本主義研究途徑的歧異，加上宋巴特（Werner Sombart 1863-1941）對現代資本主義的通盤考量，帕森思終於在海德堡大學完成其博士論文。題目是《最近德國文獻有關資本主義之概念》，而於 1929 年獲得哲學博士學位。

在 1928 年與 1929 年帕氏利用其博士論文之章節發表兩篇文章，爲其後學術生涯拍板定調。其一爲仿效馬克思、韋伯與宋巴特視西方資本主義爲歷史上一個獨特的體系，這一體系的市場規律與明顯動機（利潤的追求）反映了文化的制約情形。其二，他拒絕接受宋巴特對資本主義獨特性過分理想化的看法，也反對馬克思以單線演變、物質的觀點來指陳資本主義的產生。反之，他贊成韋伯在其作品《新教倫理與資本主義精神》（1904-1905）中，對上述宋巴特和馬克思理論的調和折衷。他還在 1930 年將韋伯此一重要著作譯成英文。他支持韋伯歷史與比較的分析和多線的進化觀，把歷史譬喻爲枝葉繁茂的大樹（branching tree）。

但帕森思並不盲從韋伯的主張，對後者也有所批評，譬如批評韋伯未能貫徹歷史與比較的分析方法，對「理念類型」的隨機因應之態度、對社會缺乏體系的模型等等。另一方面他讚美馬克思對資本主義始終如一的體系觀，以及「體系裡頭階級利益的基礎之改變，才能〔把資本主義〕的浮濫誤用補救過來」。他也承認德國的社會學有關社會生活的動力之起點爲馬克思。這種說詞比紀登士把馬克思列爲經典社會學開山鼻祖的三人（另兩人爲涂爾幹和韋伯）之一，還提早了 40 年（洪鎌德 1998b：

105, 110）。

在尚未獲得博士學位的 1926 年，帕森思便返回美國，在哈佛大學經濟學系執教。他編輯了同系資深教授陶悉格（F. W. Taussig 1859-1940）的經濟理論之講稿。陶氏宣揚英國新古典派大師馬歇爾（Alfred Marshall 1842-1924）的經濟學說，這些講義編排的工作有助於他把經濟學與社會學加以聯結，也造成他思考經濟學與社會學必然成為一個理論矩陣中占有中間位置之兩種學科。這也是促成他為社會行動尋找一個普遍的、一般的理論之肇始。

1931 年哈佛大學成立社會學系（首位系主任為 Pitrim A. Sorokin 1889-1968），帕氏也隸屬創始教員的行列。其首屆研究生包括梅爾頓、戴維斯、韋廉斯（Robin M. Williams Jr.）、穆爾（Wilbert E. Moore）。他們身受帕氏分析才華、廣博學識、待人熱誠等幾種特質所吸引。學生的支持和鼓舞導致老師的勤勉，而使理論計畫得以壯大。

由於從經濟學系轉向社會學系教學，使帕森思不受經濟學技術性的概念、方法、模型所束縛，而能夠把非經濟的，而為社會的、文化的、心理的因素引進經濟理論內，自然其視野更為廣闊。他的第一本重要的著作《社會行動的結構》遂於 1937 年出版，被當成是一部卓越的作品，後來也被推崇為經典之作。其中對資本主義的研究已不限於德國，而擴大為歐洲各國，特別涉及英、法、義等國所做的比較，也圍繞著馬歇爾、涂爾幹、韋伯和巴雷圖等學者的主張加以闡述。這應是第一部以嚴謹的方式把涂爾幹、韋伯和巴雷圖的主張介紹給英美的社會學界，而成為英美瞭解歐陸社會學理論的導引。第一次世界大戰結束後不久，帕氏的興趣擴及人類學與心理學，一度參與剛成立的波士頓心理分析研究所，而接受佛洛伊德的心理分析理論。1946 年哈佛大學成立社會關係學系，帕氏出掌系主任職長達 10 年之久，在其後 20 年間著名的心理學家、人類學家與社會學家紛紛加入，造成帕氏聲譽的高漲。

要之，1940 年代帕氏對行動的架構繼續經營與深入分析，而成為1950 年代兩本主要著作的藍本。這是中年時期帕氏學術成就的擴大，其主題圍繞著現代化（modernization）的問題打轉，延續韋伯與涂爾幹對

現代化理論而有所發展。自 1960 年代中期之後，他關心的是新的演化論，而把注意力放在古代社會及其演變之上，目的在找出社會變遷的順序，以及各個階段和歷史變化的次序。

在 1950 年代末，帕氏的理論雖然引發爭議，但卻是美國學術界人盡皆知的名教授、名學者。1967 年被選為美國社會科學與人文（藝術）學院的主席，標誌個人生涯的最高點，也顯示戰後美國國力的巔峰與大學校譽的頂尖。

造成他戰後聲譽的崇隆之原因，第一為 1950 年代初的功能論；第二為 1960 年代末期功能－進化的模型。這些學說涉及現代職業、經濟組織、教育、社會層化、家庭、老年與兩性、兒童的社會化、疾病與心理健康、反文化、偏差行為、民主化過程、法律、官僚體制、種族問題、宗教世俗化和科學各種各樣的問題。由於他把這些問題以散文體的型態，也是以中程理論的方式呈述出來，而引發學者、專家的興趣。

帕氏比較完整的理論架構出現在其第二部主要作品之上，這是指 1951 年出版的《社會體系》而言。此外，他與席爾斯（Edward Shils 1910-1995）合編的文集《邁向行動的一般理論》（1951），也把早期社會行動論做更仔細的闡述。這兩部中年著作強調社會體系下的次級體系有社會的、文化的與人格的三個重大、重要的成分，另外把政治與經濟當成特別的社會體系來看待（洪鎌德 2001b：32-33）。從早期到中期有關社會行動理論的改變為從個別的行動者轉化為社會化諸個人在選擇方面的相互倚賴，其中涉及的不只有社會的互動，更注意到人類學和心理學的因素。換言之，個別的或集體的行動者以情境為取向，而行動者也是受到文化薰陶，帶有特殊人格特質的活動者。

1973 年帕森思從哈佛大學退休，但教學與寫作不輟，且在賓州大學、布朗大學、拉格斯大學、加州大學（柏克萊分校）和日本關西學院講課。這段時間其著作為 1977 年出版的《社會體系和行動理論的演變》以及 1978 年出版的《行動理論與人類條件》。而後帕氏於 1979 年赴海德堡接受慶賀取得該大學博士學位 50 年，當年 5 月 8 日病逝於慕尼黑旅次，象徵一個社會理論時代的結束（黃維幸 1991：190）。在他逝世之前，

正著手另一鉅作的撰述，暫時定名爲《現代社會之整合》，是他企圖把過去 30 年間有關對現代化多面向的分析做一綜合性的舖陳，可惜未完稿，而哲人遽逝，留下部分遺稿則等待整理與發表（Martel 1979: 609-630）。

# 四、帕森思的社會體系論

在受到韋伯、涂爾幹、巴雷圖、和米德（George Herbert Mead 1863-1931）等人學說的影響，帕森思在 1937 年出版《社會行動的結構》一巨著，闡述了行動自願性、自發性的理論（voluntarist theory of action）。他認爲社會學分析的起頭爲「動作」（the "act"）。動作涉及個人所引發與進行的社會行動。社會行動是自願自發的，也是具有意義與心向的。原因是個人處於特殊的境況（社會情境）之下，經過考慮之後，自願自發地，同時也是理性的決定，採取何種的行徑，俾達致特定的目標。

1951 年帕森思出版了最重要的，也是最著名的作品《社會體系》，指出人群社會行動相互關聯，型塑了概念上的社會體系。他指出：「社會體系包涵了眾多個別的行動者，他們互有來往，而處於有形的，或環境的情境之下」（Parsons 1951: 5-6）。因之，社會體系並非只是國土範圍內的社會而已，而是任何一個單元（小至情侶、補習的師生，大至世界寰球的社會），在其中很多的互動不斷地產生，這些互動不限個人與個人、人群與人群，也是社會與社會、國家與國家之間的來往、交換。是故我們可以把社會當成一個社會體系來看待，而法律制度（司法制度），則看成社會體系的次級體系，法庭或法學研究機構又是法律制度的次級體系。是故大的體系，包含中的體系，中的體系再包含小的體系，成爲層圈包圍，也是層中有層、圈中有圈，這便是體系論或系統論的特質。

要之，法律一旦本身成爲一個社會體系，那麼屬於法律所管轄、所牽涉的事物、機構，諸如法條、立法機關、司法機關、法庭、監獄，甚至以法律爲專業（律師、檢察官、法官、書記官、法學者、獄吏等等）

的人士，都成爲法律的次級體系、次級系統。

一個社會體系所以能夠存續與發展，靠的就是四個「功能上的無上命令」（functional imperatives）。帕氏認爲任何的社會體系都少不了下述四種功能上的無上命令：（1）適應（adaptation，簡稱 A）；（2）目標達致（goal attainment，簡稱 G）；（3）整合（integration，簡稱 I）；和（4）潛勢力（latency，隱性的力量，簡稱 L）。這四種無上命令的英文縮寫合起來變成一個特殊的字 AGIL。帕氏說社會體系之再生與永續經營就建立在 AGIL 四大功能的範疇與運轉之上。

適應是指體系要從其周遭的環境吸取必需的資源、養分、訊息，來分配給體系的各部分，俾作爲體系活動的能源與認知及其處境的憑據。

目標達致或追求是指體系要能夠界定與分辨目標的大小緩急，也涉及體系怎樣運用其所擁有的資源、能源、認知能力，以及解決問題的手段與策略，去追求目標、落實預定的計畫。

整合意指體系必須管制、協調、促進體系內諸次級體系，乃至同級其他體系，或上級超（大）體系之間的聯繫。爲此它必須能夠把其他鄰近的同級體系的投入與產出之交換，妥善處理。體系也要把其他三種功能的無上命令（適應、目標達致、潛勢力）之間的關係，做出調整與整合，而使體系的持續與再生成爲可能。

潛勢力又稱類型保持（pattern maintenance）和緊張處理（tension management）。它意指體系必須保持某種程度的前後一致、連貫性、持續性。也就是藉激發其成員的動機，使其行爲符合（conform）體系之要求，而最終使體系之行爲趨向一致性，使體系自成其類型、自成其典例，而有異於其同級的其他體系。潛勢力也意涵體系必須解決其成員的諸個人所體驗的緊張、壓力。簡言之，AGIL 的四種功能的發揮可以保證體系能夠控制衝突、脫序、離經叛道之行爲，而保持了體系之均衡。

帕氏強調在今日工商業發達的西方先進社會中，其重大特徵爲上述四大功能達到驚人程度的相互分離，並且與同樣獨立的次體系之間產生一一對應的關係。在次體系中有所謂的「社會共同體」（Societal Community），主要著眼於社會連帶和公民的權利與義務的協調系統。法

律對這一系統具有特殊的聯繫。因此,對社會進行分析,固然可以從功能的分殊以及滿足的要求之途徑著手,但還可以採用另一種方法,就是從規範性的結構(normative structure)著眼。帕氏就用這種方式來分析社會,認爲社會的規範性結構由四項排列有序的要素組成:價值觀、社會規範、集體活動和個人角色。其中社會的價值觀是「社會成員共同持有關於理想的社會之概念」(Parsons 1960a)。價值觀成爲社會體系內部規範性結構一個組成的部分,它是社會凝聚力的基礎。社會規範是基本價值觀的適用。集體則爲社會規定場合的活動模式,如行政機關、商業機構、學校、家庭、工廠等。至於個人角色,則是附加於個人活動之上的規範性期待。當人們以集體成員身分參加活動時候,他們必須意識到自己所扮演的角色。

上述四項結構表面上似乎爲靜態之物,但卻構成社會變遷理論的基石。例如價值觀控制了集體活動的方式,集體活動決定了諸個人所扮演的角色。從價值到規範,經過集體再到角色逐級而下的貫穿運動,對體系的穩定與變遷起了很大的作用。在帕氏的理論中,存在兩種方向的運動,其一爲自下而上的適應運動,產生壓力,促進社會變革;其二爲自上而下的控制運動,加強體系對其成員之約束,以求社會的穩定。社會變革與社會穩定的較勁造成社會的變遷。

帕森思其後綜括他對社會體系的全面理論(general theory,或稱一般理論、普遍理論)指出:社會體系是結構分殊,圍繞著兩個縱橫主軸而展開的概念。縱橫兩主軸在各自分裂爲兩個對立面(dichotomies)而成爲四個「基本問題」,在衍生爲四個功能上無上的命令。

在縱軸上可以分歧出內部與外部的指涉事項(references):第一組的功能涉及體系及其外在情境之關聯,這就是涉外的、外部的層次。第二組的功能則涉及體系內部各單位類型的穩定性之保持,以及各單位彼此之間趨向整合的適應問題。要之,這一主軸牽連到社會結構上下位階的次序(the hierachical dimension)。

在橫軸上,體系展示了涂爾幹式的分工。藉由分工不同而又造成整合的部分完成了「有機的連帶關係」(organic solidarity)。就行動而言,

這是手段與目的之分化，可以用工具性和消費性（instrumental and consummatory）來做爲分辨的基準。就對應內外指涉架構之不同，消費性的優先爲目標達致和整合的功能。如以工具性的優先來析論，則適應的功能與保留類型和管理緊張之潛勢力扮演主要的角色，這是把體系當成總體來對待其外在環境而言的。

綜合上述，我們依帕氏的圖樣來呈現體系的功能。

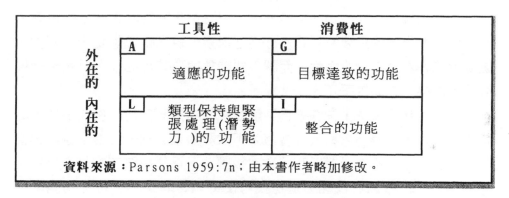

圖6.1 社會體系四大功能

根據盧曼（Niklas Luhmann 1927-1998）的說詞，帕森思社會體系論的貢獻在於綜合涂爾幹與韋伯的觀點，企圖建構一個普遍的、一般的社會學理論，因爲他嘗試說明社會體系是由於其他規範的結構來決定的。帕氏認爲功利主義建立在個人、自然的利益之觀點上無法解決社會價值累積的問題。涂爾幹遂在反對功利論之下提出社會規範的客觀實在之說詞。另一方面韋伯提出社會行爲之分析，以及在分析基礎上所形成的理念類型，以爲對抗唯物史觀與唯心史觀。帕森思認爲涉及涂氏與韋氏的這種說法，意涵社會行爲亟需規範的引導，是故法律對社會行爲的管制成爲絕對的必要。但法律不可化約爲最低程度的強制性秩序，不可化約爲物質利益的表示，也不可以化約爲歷史性、詮釋性的解讀。

帕森思看出涂爾幹與韋伯對社會秩序得以維持之道德、宗教、法律雖有不同的概念論述，但基本精神確有契合之處。是故終帕森思一生，

便是企圖把這兩位大家之社會學思想匯聚爲一個綜合性的社會學說。他超越了涂爾幹的規範現實主義（*Normrealismus*）與韋伯的意義主體論（*Sinnsubjektivismus*），而建構了結構功能論。他的社會規範結構之客觀性是取材自涂爾幹，而將之牽連到韋伯主體行爲之隨機選擇，因應情勢之突變、無常（*Kontingenz*）之上。

帕森思的論證在於說明社會體系中規範之絕對必要，而其論證的方式是指出規範的功能，由於功能而產生社會的結構。帕氏的社會理論遂成爲有關人群規範性行爲的功能分析，把社會化約爲社會體系的概念。而社會體系也變成只涉及規範性行爲之考察。這是帕氏學說的片面性。盧曼批評帕森思這種片面性，而認爲要補救與改善片面性，有賴全面展開的行爲科學來加以匡正。

依據盧曼的看法，帕森思爲了解規範的結構同其他（例如認知）的結構之關係，不得不求助於社會體系下次級體系之關聯，因之發展出文化次級體系、人格次級體系和社會次級體系。這種做法在盧曼心目中是個問題轉移的技術與伎倆。這種技巧使得規範的應然之特殊功能的問題，也就是法律的特殊性功能的問題，也就是牽涉到不定性、機遇性、風險性、無常性的問題，得不到進一步的發掘和引伸。而盧曼的努力正是補充帕森思學說之不足（Luhmann 1972: 18-21）。

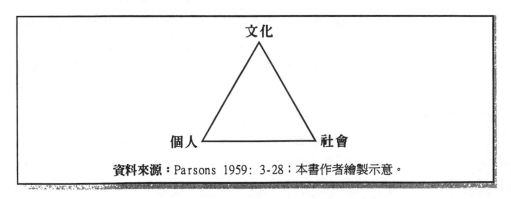

資料來源：Parsons 1959: 3-28；本書作者繪製示意。

圖6.2 帕森思社會總體之三個要素（次級體系）

# 五、帕森思論法律體系及其社會功能

　　前面我們已提起帕森思社會體系的理論是建立在四個主要的功能方面之分工與合作。這不只是社會當成整個的體系來看待，擁有 AGIL 的四種功能，就是其他次級或超級體系也離不開這四種功能的無上命令。但就社會當成總體而言，其次級體系的法律與司法制度，無疑地可以執行更佳的專門性功能，這就是整合（integration，簡稱 I）的功能。與此相對照經濟體系在控制環境、分配資源、生產勞務與貨物，滿足各種需要而言，更能善盡體系適應的功能。此外，政治體系，或稱「政治體」（polity），在為社會總體拍板定調、選擇發展目標、運用與動員資源方面，來完成目標追求與達成社會的功能。依帕氏的說詞，「政治體的目標在擴大社會的〔權力〕使其〔社會〕體系的目標能夠獲致」（Parsons and Smelser 1968: 48）。

　　隱性的模式維持（latent pattern-maintenence）也就是第四種的基本功能——潛勢力（latency，簡稱 L），係指涉社會體系中的個人們如何來遵守大家同意的規範性期待（normative expectation），而成為他們行動的動機。由於社會期待其成員遵守與符合傳統的行為模式，所以會訂立各種制度化的價值（取向於宗教的信念、意識形態、公序良俗、流行看法等等），讓其成員透過社會化的過程，潛移默化而變做個人行事的依據。帕氏把價值當做社會成員共同抱持珍惜的概念，也是他們視為可欲的信念。教育的、家庭的和宗教的體系就能符合模式維持的功能，因為它們灌輸給諸個人以社會共享、共有的價值之緣故。在這種方法的推行下，社會體系型塑了與控制了其成員的諸個人之人格。

　　至於整合的功能方面，帕氏基本上注意兩項事物：其一為「使體系中的諸單位保持內部『和諧』，或避免『衝突』」（Parsons 1953: 625）。其二為「從次級體系對整體體系有效的功能底『貢獻』之觀點，來看待次

級體系之間相互調整適應的情況」（Parsons 1961: 40）。法律體系（最重
要的是司法制度中的上訴法庭與法律專業）所做的工作在便利各種不同
的次級團體相互交換，有時也調整他們之間的交換，而使社會和諧得以
維持，從而也善盡其整合的功能。

　　爲了理解帕森思社會理論中法律的地位，有必要明瞭規範性結構與
四大功能之間的紐帶關係。也就是弄清楚價值觀、社會規範、集體活動、
個人角色同適應、整合、目標達致和類型維持（潛勢力）之間的關係。
在當代西方社會中，不只各個功能互異的次級體系極爲不同，而且規範
性結構中各個要素也相互歧異。法律主要的是與規範性功能以及規範性
結構中社會規範的這一特定層次相聯繫。當某一社會的功能任務之間相
互分離，以及規範性結構的要素之間相互分離達到一定的程度時，就必
然導致法律與社會其他方面、其他制度的脫鉤，也就是法律獨立自主之
始。

　　此外，在現代西方社會裡，隨著功能上和結構上的分化趨勢，規範
性結構的四個層次（價值、規範、集體、個人）日益緊密地與功能上四
個次體系（適應、整合、目標、類型）產生了一一對應的關係。於是社
會規範被歸入專管「社會共同體」的結構要素之內，個人角色則對應「經
濟」、集體活動對應「政治」、價值則屬於類型保持（潛勢力）之次級體
系中。因之，在由規範性結構所決定的控制與適應等級中，最能感受來
自適應方面求新求變的壓力爲經濟的領域，其次是政治領域中的行政規
劃與行政組織方面，再其次是法律層次上的社會共同體。至於爲感覺上
比較遲鈍，應變彈性低的是社會價值層次上的類型保持，也就是潛勢力
的部分。

　　由此產生的結果是，儘管法律最終必須反應與仰賴於社會的價值
觀，但在西方社會，卻是由法律來普遍控制政治和經濟活動模式或類型。
換言之，「法治」（rule of law）成爲高於一切的制度。

　　帕氏列出法律體系進行的調適之三種過程，俾有效完成其整合功能。

　　其一，法律體系必須在最普遍、最週全的層次上營構其法條、律則。
普遍性、周全性提供法律廣泛的解釋，這樣便可以給宗教、家庭、教育、

職業等次級體系有充分的時間來適應新的法律環境。例如美國最高法院在布朗對抗教育局的案件中裁定種族隔離政策的取消，應依各該地區情況「酌量其速度」來推行。這種裁判使用語文既不確定又很曖昧，但卻給有關的學校和公家機構一個自由的空間，按其形勢來解除種族隔離，而不致引發社會的動盪不安。

其二，法律體系的法令規定既不能僵硬，也不可太富彈性，這就是說立法的、司法的和行政的裁決，其頒布的方式，不要造成其正當性遭受質疑、或是它們的融貫性格受到損傷。例如美國憲法第八修正款禁止「殘酷和不正常的懲罰」，該修正條款是在 1791 年訂立的。當時農民不認為在牲畜身上打烙印或耳朵穿刺做記號是對動物的虐待，因為當時法律是允許農人這樣做的。但今日時移境遷，烙印與穿耳乃為野蠻殘酷的舉動，為憲法所禁止。因之，儘管第八修正條款的原意不改，但其精神仍舊符合時代的需要，故其彈性大到可以同變遷中之社會的規範標準相一致。因之，第八修正條款雖經歷 200 餘年，其法律上的權威與條文上的效用仍歷久彌新（Treviño 1996: 319）。

其三，為了使法律體系適應社會的變遷，它必須從事社會控制，這就是規定個人行為以及減縮偏差的過程。帕森思認為法律體系需要控制個人的動機和情緒，其方式為使諸個人懂得如何來界定他們的要求，指引他們追求人生的目標。譬如說美國的文化價值視個人追求金錢為天經地義，值得鼓勵。但要完成這個目標，法律要保證，也保障傳統掙錢的方式，而阻止竊盜、詐欺、賣淫、販毒等不當得利、不法致富的手段。是故諸個人可以追求金錢、可以發財致富，但法律的職責卻在導正他們以合法的方式獲得錢財。藉由人們動機與意欲的控制，法律在調適文化價值與社會需要之間的互動與交易（互相交換），最終促成社會的整合。

總之，帕森思認為法律體系在善盡整合的功能，其方式為調適、或協調社會不同的成員與成分之間的交易。他把調適的三個過程一一列出，俾法律能夠完成整合的功能。這是第一、法律必須在最高層次的普遍性方面頒布周知。第二、法律必須擁有相當程度的彈性與隨機應變的能力。第三、法律必須以機制方式進行社會控制。其中尤其是社會操控

的機制對法律之操作與社會的再生影響重大，所以我們接著要進一步加以詳細闡述。

# 六、法律做為社會操控的機制

帕森思認為以社會科學家觀點來觀察法律會看出法律的兩個明顯的、突出的特徵。第一、法律並非實在的、具體的行為可供人們來加以描述。反之，卻是一大堆類型、規範和規則，這些法規應用到各種人的動作或角色之上，有時也應用到這些人所組成的集體之上。法律是社會結構的一個面向，但卻是一個特別層次上的面向，而需要小心標明。以社會學的詞謂來看待，法律乃是一種制度的現象，它涉及規範的類型，而應用了不同的制裁方式，它有別於其他社會集體及其角色的具體性結構。

第二個凸顯的特徵為在較低的層次上，法律功能性內涵是無法一一特別指出，也就不是特殊的（nonspecific）。像經濟的、政治的和其他事物，其功能內容卻是特殊的，可以特別指認的，惟獨法律是例外，法律既可以界定憲法，也可以界定憲法裡頭的政治過程。法律可以規定工商業、勞動和實業與勞動的關係，法律也可以規定家庭、人際關係，及其他主體之間的關係。換言之，任何的社會關係都可以藉法律來規定，就是任何社會學家關懷的社會關係，都會受到法律的規範。

是故帕森思認為在考慮到上述兩大特徵，法律應該被當成社會控制普遍化的機制來處理，這種機制事實上在社會任何的部門，任何的角落都在活動、都在運行（Parsons 1996: 334）。

帕森思曾經界定法律為「規範與規則的組合，目的在主控人們在社會情境中的行為」（Parsons 1954: 372）。在運用其體系功能論的研究途徑之際，他像上述使用兩個理由說明法律何以必須當成社會控制普遍化的機制看待。其一、法律是一種制度，在處理典型的規則，涉及行為期待

與義務，並以各種制裁與懲罰方式來對付違犯與偏差行為。其二，法律為一種普遍的功能，規範任何的社會關係。因之，在帕氏心目中，法律規定方面的干涉在於協助社會保持秩序與和諧。

一如上述，帕森思認為法律的首要功能在於致力體系的整合，是故法律乃為「減少衝突的潛在因素，潤滑社會交往的機器」（Parsons 1962: 58）。此外，法律體系也提供規範的融貫（normative consistency），這是指法律必須藉無偏無倚的作法，使所有的人民服從於同一的普遍期待與普遍義務，也就是有系統地規定大家的來往與互動。反之，規範的不融貫意指法規不須把諸個人納入無法調解的期待或義務當中。

不過無論如何，體系整合和規範融貫完成之前，法庭必須提供制度化的回應，也就是回應規模龐大、高度分歧的社會所滋生的四個問題。這四個問題牽涉到制裁、管轄、正當性和解釋。簡單的說詞如下：

（1）假使吾人無法符合法條的要求，那麼我們會遭逢何種的**制裁**或懲處？誰來負責和懲處？

（2）哪個機關、官署有**管轄權**，可以界定和下達法律規範？法律應用的情況是什麼？

（3）是什麼東西**正當化**、**合法化**法律規範？在我與別人互動時，我對別人的因應，何以非遵守規範不可？

（4）這些普遍性的規則，其意義為何？在面對特殊的情況之下，如何來**解釋**這些規則呢？

在談到制裁的問題時，帕森思指出法律體系與政治體系關係密切。鎮壓、鎮制一對於期待的行為沒有遵守時，要受到負面的懲處，包括暴力的對付之規定或威脅──在強制執行法律條文時──有可能會被引用。假使政治體系壟斷了暴力的使用與法律的執行，那麼法律體系與政治體系關係密切的另一個連結因素為涉及管轄權的問題。基於合法權威與合法控制牽連的領土範圍的問題，政治體系，也就是國家對其所屬人民與領土擁有至高無上的主權與管轄權，也就界定了法律管轄的對象與

範圍了。帕氏說法律的特徵爲法條普遍性的應用。普遍性（universalism）
遂與領土性（territoriality）結合在一起，也就是在國家的領土範圍內有
效地執行法律、政令。法律體系的執行機關便是國家的重要官署。官署
不限於政策決定的行政機關或法律制訂的立法機關，更包含獨立不倚的
司法機關（各級法庭）。儘管執行機關的法庭獨立自主，但法律體系大體
上從屬於政治體系（Parsons 1996: 236）。

但涉及法律的正當性、合法性，以及解釋方面，法律體系享有更多
的自主，因而與政治體系分家。法律體系本身的正當性與合法性，也就
是法律的有效性[2]造成人民遵守法律的正當要求。這無異爲在政治干預的
排除之下，法律體系的程序法給予法律體系的實質法（政府的命令、規
章等）以權威，而便利各級政府之操作。帕氏進一步還聲明，所有的法
律爲達成社會控制的目的，而成爲人民行爲合法的機制。在其基礎之上
必須尋求價值的支撐。價值不只是政治上的進步、繁榮、穩定、自保，
更需宗教或準宗教（倫理、道德、美學、公序、良俗等）的價值。

在美國社會正當化與合法化的過程之推動力源，可謂是建立在兩個
主要的價值（亦即自由與平等）的基礎之上。美國的開國元勳便把其憲
法建立在自由與平等的價值基礎之上，視這種價值爲「不可割讓、不可
捨棄的〔天賦〕權利」。這種主張無疑地是立基於自然法、準宗教的基礎
之上。

對帕森思而言，解釋也就是賦予意義，是法律體系的中心功能。解
釋的功能主要在闡明法律與倫理的關聯和區別。一般而言，法官與律師
都視正當性爲不容質疑、不須反思之事。也就是對現存的法條在政治上
與道德上不加挑戰。反之，在引用條文於案件之上，就算法律的解釋有
所衝突，最後必須遵循的還是憲法，而非道德的正當化。不過法律體系
仍應倚靠適當的正當性。這與宗教或準宗教有關。換言之，法律的焦點
仍離不開宗教或政治的關係（ibid., 237）。解釋可分成兩部分：或是以律

---

[2] 對法律的有效性（Geltung, validity）討論最爲詳盡的當推當代批判性哲學家哈伯瑪
斯。他在其1992年出版的《事實性與有效性》（Faktizität und Geltung）一書對法律
的正當性、合法性、有效性做了仔細的剖析。參考洪鎌德 2001a：99,108-114.

則、規則爲焦點，或是以顧客（法案當事人）爲焦點。以法律、規則作爲解釋的重點，就是對法律體系本身之一體性、融貫性、整合性（integrity）做出說明。這種說明和解釋存在司法（judiciary）體系當中，像美國的上訴法院，特別是最高法院，都擁有法律詮釋的權力。一個顯例，最高法院的法官之甄選與任命是透過總統與參議院的政治過程，也就是由行政機關（總統）的提名，經由立法機關（參議院）的投票來決定（ibid.）。

另一方面在美國也存在著「司法相對的獨立，獨立於行政和立法機關之外」（Parsons 1960b: 144; 1996: 337-338）。這個獨立指的是由於司法人員的專業化。上訴法院的法官其專業爲律師（廣義的意思，也就是從事法律專業者，包括狹義的律師、檢察官、法官等等），而非政治人物（政客），常是終身被任命爲法官，而不能或不易被罷黜、被停職，也就是行政上無法對法官之裁決有所影響、有所干預。

以顧客或法案當事人爲取向的解釋落實在律師的辯護之上。律師的專業，以及他（她）與其顧客（當事人）非親非故的關係，可提供給當事人適當的忠告，儘管他（她）們之間的來往是建立在律師費的支付與收取之信任與信託的關係上。換言之，律師與顧客之關係聚焦於「真實的或潛在的社會衝突之情境上，也是裁決（adjudication）與化除衝突的情境之上」（Parsons 1980: 63）。總之，以規則爲焦點和以顧客爲焦點的法律兩種解釋面向，以及與此相搭配的兩種機制。都在便利法律體系解釋的功能。

綜上所述，吾人可以看出，在涉及制裁及管轄兩方面，法律與政治之間有整合的功能，它們保障了規範的關係前後一致與融貫性[3]。不過在正當性與解釋方面，法律對政治有了相當程度的獨立與自主。但就體系的整合方面，無論是法律還是政治都在減少或緩和政令的衝突，而使整個社會體系得以保持均衡與穩定。

在 1950 年代中期帕森思曾爲文討論法律專業，認爲法律專業之執

---

[3] 關於法律的一體性（*Einheit, Geschlossenheit*；unity）雖有異於整合性、融貫性（integrity）卻爲盧曼所倡說。參考洪鎌德 2001b：44-49.

行是法律體系整合的必要之功能要件。他指稱法律專業爲「直接的機制」，其整合的方式有兩種。其一在顧客面對特殊的實踐情境需要靠解釋來聯繫到法律問題時，法律專業的介入，便是造成它整合法律之功能。換言之，律師針對案情向其顧客解釋其境況與相關法條之關係，從而讓當事人明白其應享的權利與應負的義務。在此情況下，律師讓當事人明瞭他（她）與法律之關聯。其二，法律專業藉法條早先的體系（前例、案例）之維持，而使現存法律體系得以整合。這也就是律師們給與法律體系以穩定與連貫，當他們遵守向來的判決結果之時。

　　法律專業並負有整合法律體系的任務，透過法律專業團體的活動，使法律體系的功能落實，並使法律體系的權威和自主得到維護。這些活動表現爲法律原則體系內部的一致性、運用法律規定處置具體法律關係、解決國家立法原意與具體司法實踐的矛盾、兼顧法規明確性和原則一致性之要求。綜上所述，可以視法律體系爲社會體系之一，把其功能以圖 6.3 表述。

　　帕氏續稱，法律專業在扮演直接介入的角色之際，就是在立法的具

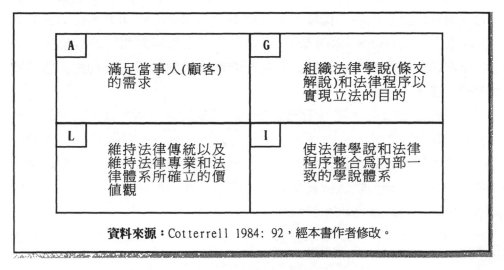

圖6.3　法律體系功能上的無上命令

體目標與政治實體所倡說抽象的目的之間做一協調與平衡，也是於立法同顧客特殊案情之間，立法同法律內在融貫之間做一個合乎分寸的拿捏，而求其衡平。這一切使帕氏對法律專業正面的評估：「法律專業在我們的社會結構中擁有一席的地位，而有其專門的功能等待去發揮」（Parsons 1954: 381）。要之，法律專業就像法律本身一樣，是一個整合的機制，也是一個整合的次級體系 （Cotterrell 1984: 90-95）。

帕森思清楚地指出，法律最具效力去實施體系整合的基本功能，就在一個價值共識很高的社會裡，也是在一個使用暴力以執法程度最低的社會裡。換言之，共識凝聚的最高與暴力執行最低的社會，才能使法律發揮最大社會整合的功能。換言之，在公開而自由的社會中，法律的運作最爲暢旺。在一個威權濫用與封閉落後的社會中，社會控制的形式顯然與公開與自由的社會之法律大爲不同。爲此他分辨了法律的三種特徵，以別於其他社會控制的方式。

（1）帕氏說，有異於其他社會控制的機制，法律強調過程的事項，從而使政府權力受到限制與分立。法律維持社會的自由和社會的秩序，就是靠分劃與限制行政能力，也分開與拘束上訴法庭的權力、甚至立法的權力。

（2）帕氏區別了法律與傳媒（報紙、新聞、電視、廣播等）等等社會控制的機制。他也區別法律同個人私下或細緻的控制力量（自律、心理治療）。換言之，法律不同於傳媒，避開其廣告、宣傳周知的作用，也避開捲入個人隱私權保密的企圖。他認爲心理治療也是社會控制的一種方式，因爲「病人處於忍受〔治療〕壓力之下，目的在解破偏差動機產生的惡性循環」（Parsons 1951: 313）。從這種說詞，可見他既不把法律看做擁有宣傳的群眾影響力，也不把法律視爲心理治療，只對個人有影響的控制手段。

（3）帕氏認爲法律有別於社會控制的其他機制，諸如政治或是宗教。政治與宗教「聚焦於價值導向基本問題的解決之上，這些價值導向牽連到當做整體的體系之生死存亡」。於是帕森思說，當做社會控制

　　普遍化機制的法律，不可同政治學說（像自由主義）或是宗教信仰
（像基督教義）相提並論。蓋後面這些東西（自由主義與基督教義）
有其獨特的理想與可欲的社會觀，而不像法律直接在保持社會體系
之穩定與和諧（Parsons 1996: 338-339）。

　　綜合上述，帕森思視法律為社會控制普遍化、一般化的操控機制，
其主要功能在獲得體系之整合，也是通過協調與調整其次級諸體系之操
作，而達成社會總體的存在、再生與繁衍。當做社會操控的機制，法律
運作最佳之處為公開而又自由的社會。法律自我設限，不在群眾影響與
個體影響方面發揮作用，也不為理想的、可欲的社會願景或偉景（vision）
提供藍圖。誠如倫敦大學法學教授寇粹爾（Roger Cotterrell）所言，對
法律社會學而言，結構功能論的重要性乃是「帕森思的分析造成社會體
系中諸功能性的因素之關係的整個圖像可以描繪完成，而其中法律所占
特殊的地位得以特別標出」（Cotterrell 1984: 81-82）。

# 七、帕森思論契約、雇傭與財產

　　法律專業人員的養成教育與訓練向來注重的是契約、雇傭關係和財
產制度所牽連的法條規章，把契約當成締約人相互交易的形式，而雇傭
關係也以契約的簽訂與解除做為開端與結束，財產則被視為交易的對
象。至於契約、雇傭之社會條件以及社會作用，其功能與結構則少論及。
有異於法理家，法律專業人員的做法，涂爾幹對契約財產與財產權有相
當詳盡的討論（洪鎌德 2000b：9-12）。帕森思對這些私法核心問題也有
所析論。他的研究途徑與涂爾幹不同。後者由契約及財產去分辨有機的
與機械的社會連帶關係，前者則把契約及產權當做社會結構、社會制度
來分析（黃維幸 1991：194）。

依據帕氏的看法，社會總體系之下，有了幾項重要的次級體系，這是社會分工而又合作的必然結果。經濟做為社會總體系之下的次級體系必須專業化，其特質為專門發揮社會總體適應的功能，因之必須尋取社會資源進行各種生產，再把生產成果重新分配。在生產、流通、分配的過程中，運作的機制便是契約制度。契約就是滿足人群需要的貨物與勞務（商品）交換過程一種制度化的架構，也是市場經濟的制度之基石。在帕氏眼中，經濟群體是經濟活動的中心，而經濟群體對生產因素的挹注安排，也要倚靠契約制度。在整個貨務交易裡頭，處置的標的物主要的是貨物、勞務、商品，也是（別人的）財產，以及無形的文化財（管理本事、技術發明、商譽、商業祕訣等等）（Parsons and Smelser 1956: 104-106）。

事實上，不只經濟體系有其促進社會總體系適應外頭環境變遷的功能，就是構成社會總體的成員之諸個人，也以契約當事人的角色進行微小體系之目標達致、適應、整合以及個人人格類型之保持的四種行為功能。契約訂立者的目標在於互惠互利，滿足雙方的需求。契約訂立的過程中，訂立人的當事者必須認清情境、適應環境及其條件，也符合本身才能，而受到某些條件的限制，更要受到契約規定對角色造成的約束。由於契約訂定人的利益有共同、共通之處，也有利害不一致，甚至相反的衝突之處，只有去異存同，以象徵價值來維持契約之履行，才能發揮契約整合的功能。最後契約所以能使其類型保持，也使雙方緊張衝突降至最低程度，靠的是彼此所服膺的共同價值。例如在雇傭契約中，類型的維持在於從事經濟活動的人，對生產的價值有共同的確認與肯定（*ibid.*, 107-112）。

契約從個人的角度來觀察是角色行為的體系。但從契約訂立者雙方的角度來考察，則是一種等價的交易關係。再從群體的立場來瞭解，則是一項市場的體系，也就是市場的制度。在整個社會體系中，經濟組織是社會存活的核心。經濟組織主要的是一個生產單位，其次才是流通與分配機制提供勞動和生產資料，來達到貨物與勞務生產與分配之目的（*ibid.*, 113）。

契約的目標在以金錢、薪資換取勞動。雇傭契約使契約訂立者的一方（資方）得到勞動力，另一方（勞方）得到工資與薪水。勞力與薪資的交換關係就是契約在目標達致方面的功能。雇傭契約中的訂立者（當事人），其所扮演的角色也帶有適應的功能。職業場域上講究勞動者適應工作的環境。雇傭契約的整合功能表現在職工對經濟群體的向心力，這是一種象徵性的價值。另一方面雇主對職工除了按時發放薪資之外，對他們心身的照顧，也是另一種象徵性的價值。是故勞資雙方的相互尊重與扶持，是雇傭契約發揮整合功能之方式。再說，經濟組織做為有效的生產、流通與某種程度的分配單位，提供職工生活資料，使他們可以活命養家，培育新一代的勞動者，這就是他所謂類型保持（個人、家庭、社會的生存與發展）之功能（ibid., 114-118）。

此外，雇傭契約含有帕氏所稱呼勞動資源特殊挹注與安排的特性——特殊化。在這個特殊化的過程中，勞動者從廣義的社會成員轉化成具有一定才能，從事一定專業的從業者，也成為勞心還是勞力的勞動者，然後特殊化到某一經濟組織、某一特別行業、擁有特殊職位的員工（ibid., 121-122）。

依帕森思的說法，財產的作用主要發生在投資類型的契約上。從市場經濟的角度來觀察，財產權無異一種契約的關係。產權所有人把他（她）的產權以契約的方式讓渡給經濟的生產組織。從上述 AGIL 的四種功能去分析，帕氏認為投資契約的目標，在投資者而言，是利潤的追求與回收，在生產者而言是資本的取得，但契約雙方當事人追求的目標為經濟活動方面生產的推行與擴大。投資的適應功能，在於利用資本的投入或擴大而維持、或增大經濟組織的生產能力。在投資過程中，投資人對經濟組織做出信託，是故對經濟組織的經營顯示相當程度的控制企圖。而在經濟組織方面也負有對資本妥善運用的責任，這樣雙方的盡職與負責之態度，就會促成契約整合的功能。而整個投資契約表現了像有效生產和有效投資的共同價值理念。總之，投資契約是對整體社會極具經濟有益的社會行為。以帕氏的分析架構來說，投資契約運用了財產權來達到社會類型維持和穩定的功能。最終在投資過程中，也如同雇傭契約的特

殊化過程。資本最初表現為一般的購買力,然後轉化為經濟組織取得生產因素的資金,最後才變成某一特定產品的生產因素(*ibid.*, 123-131)。

從上面的分析不難理解,帕森思所謂的契約、雇傭、產權等,是資本主義市場經濟下的經濟體系及其制度。他後來認為契約、財產、職業三項經濟體系之下的次級體系是現代社會結構的特質(Parsons 1960b: 44-46),已經略為修正早期的主張(黃維幸 1991:193-196)。

# 八、帕森思法律理論的批評

誠如寇粹爾(Roger Cotterrell)指出,帕森思理論中最有問題的部分,是涉及社會價值的概念。社會價值也就是維持西方社會凝聚力的共同目標,曾經是涂爾幹苦心焦慮未曾解決的問題。這個問題同樣困擾著帕森思。他後期的著作,雖意識到價值觀同其他社會程序的要素的重要性,但仍舊是一個亟待解決的理論問題,而非一項需要去推測、猜想的事實材料。然而必須指明的,他的理論探討欠缺充分的證據,既不能說明當成社會基礎的共同價值觀的本質,也不能解釋價值觀形成的途徑和方式。他只是指出,法律只有在社會中對基本的社會價值毫無爭議,以及執行無異議時,才得以蓬勃發展(Parsons 1996: 338)。共同價值的存在,被他適當地用來說明複雜的社會環境。這些價值觀曾經是西方社會工業化進程的精神支柱,時至今日仍舊是社會秩序的基石。深藏於法律之內的價值觀的根源和本質,無論如何也是法律的社會學分析要解決的中心問題(洪鎌德 2000a:910-911)。相對地,帕氏的著作把當代西方社會的產生和維持,說成只是機械性的系統調節過程,而不是探源尋幽、亟待分析其源遠流長的問題。這就是暴露其學說之瑕疵(Cotterrell 1984: 89-90;中譯 100)。

同樣透過法律專業團體的分析,可以容易看出功能分析存在著一個重要的缺陷。就其本質而言,功能分析的方法是將觀察到的社會現象分

門別類地加以整理，然後根據各類社會現象之間的相互關係，對這些社會現象做出解釋。然而，這種方法傾向於將注意力集中於各種社會現象的孤立表現，以及它與其他社會現象之間的外部聯繫，而較少把這些社會現象放在一個複雜的、變動的社會環境中加以考察。因此社會學的功能分析中，對法律專業團體往往只能停留在靜態分析的層次上，而忽略把它們與其內在複雜的歷史進程相互聯繫。其實正是由於這一歷史進程，才最終決定了西方社會中的法律專業團體現在的重要地位。帕氏的理論同樣有這一毛病。他在法律功能分析中只著眼於流行的西方法律概念的表面價值，似乎從未曾意識到法律原則的複雜，以及其演變，像規則、裁量權和法治概念的變化。而這些正是爲當代西方法學家們所熟知，而又經常感受困惑的問題（Parsons 1977: 148）。

此外，帕森思承認法律的功能分析，只著眼於說明已確認的各種法律活動的正確性，而忘記其他的方法可以彌補功能分析的不足，也能夠指出法律負功能或「功能不良」之處。換言之，其觀點是建立起一個他自認爲真確，但不一定可靠的假設之上。問題在於人們要求確定實際的社會需要，是否與他的理論中所假設的社會需要相一致？

依據理論上可以確定的各個次體系功能之間的相互關係，對社會生活的實際經驗各種條件進行分析，難道就能揭示法律體系中的負功能或「功能不良」嗎？令人遺憾的是帕氏並未能提供法律與社會體系其他次級體系之間相互關係的分析。反之，美國社會學家布雷德麥（Harry C. Bredemeier）就利用帕氏的分析架構識別了法律體系的特徵。

布雷德麥在三方面修改了帕森思的概念；其一，他認爲把法律關係看成社會一個必要的次級體系，而不像帕氏把法律等同爲社會其它控制機制；其二，他認爲現代社會適應性的次級體系不限於經濟，而應該把適應環境的任何難題，乃至科技問題也包括進來；其三，解決爭端是法律整合功能的主要工作，所以對法律的分析，主要環繞法庭的活動來進行，才能收取實效（Bredemeier 1962）。

社會的四個次級系統之間的相互倚賴依存，有待彼此之間的「交換」。其中法律體系和政治體系，由國家權力合法化的需要連結起來，其

基礎是法治觀念和用法律來表述政策目標的社會需求,從而使此目標得
以實現。法律與政治的次級體系也被法律對政策指導和執行機構的需要
連結起來。其次,法律對社會化的作用是:通過法庭的裁判發揚和運用
正義的概念,從而維護和加強社會的基本價值。與此相對的,法律也依
賴於公民的社會化,從而使他們普遍接受法律,並遵守法律。再其次,
法律有助於適應性次級團體中吸收社會和經濟活動的高度組織化,同時
從適應性次級體系中吸收社會生活條件和環境的知識、訊息、資源(養
分)。這樣法令與裁判才能令人民信服,而維持其有效性。

　　將布雷德麥的補充,畫成下圖,以示法律體系與其他社會次級體系
之關係:

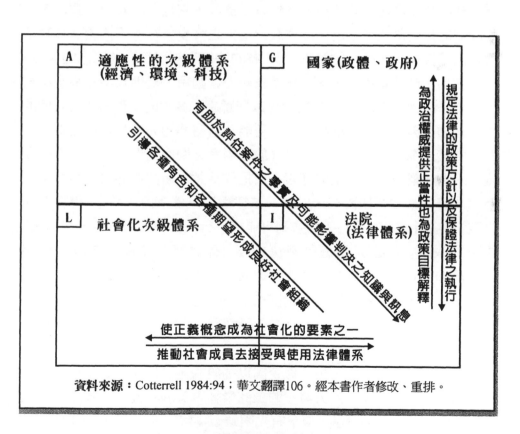

圖6.4 法律體系與其他體系之關聯

　　盧曼更藉政治體系與法律體系的雙重交換，而把兩個體系利害與共的關係凸顯出來，這兩種次級體系之間的交換關係，不是字義上彼此進行交易，也不是互動論者互動的意思。也就是涉及在相互倚賴的關係之形成過程中，彼此的歧異、差異之保存。換言之，政治和法律都要仰賴有形的暴力之使用，怎樣把暴力正當化、合法化造成暴力使用的共生機制之分歧，一邊是政治的暴力，另一邊是法律的暴力。兩者分隸而屬於政治體系與法律體系的各自運作。政治與法律各基於需要而有功能性的分殊。透過不同的功能體系，政治和法律都共同在使用強制性的暴力。

　　盧曼利用帕森思雙重交換的模型來闡釋政治與法律之關聯。在交換的軌道上，政治體系提供法律體系一個「不對稱化」，也就是提供以條文為形式的決定議題。政治體系既然有所提供，它也有所收取。政治體系所收取的是跨越法律之上，而為政治權力之實現。在法治名義下，政治體系滿足其中央集權化的需求，而公布的法條也被視為政治意志的伸張。

　　在另一交換軌道上，法律體系為暴力之動用、提供政治體系「不對稱化」。對政治體系而言，這樣做可以把意志和暴力的循環打破。人們的意欲之物，非藉強力而取得，也不可能在所有強制力發生作用之場合，而伸張其意欲。法律的形式正是介於這兩者之間而出現，使意欲與強制獲得平衡。換言之，法治的意義在於把政治意志所塑造的自主與民主，不因政府的暴力行使而有所動搖。法律體系既然有所「給」，也會有所「取」。它所取得的是必要的強制可能性（行使公權力所給予的暴力）。法律的決斷，特別是法庭的裁決是要付諸實行，要產生制裁的作用（Luhmann 1999: 154-172；洪鎌德 2001b：58-63）。

　　綜合上述，盧曼應用了，也補充了帕森思的體系交換理論發展為政治體系與法律體系的雙重交換，他的示意圖經本書作者修改呈現如圖 6.5 的樣貌。

　　誠如黃維幸所指出，帕森思企圖以抽象的、普遍的理論架構，亦即以一個社會類型（現代西方發達的工商業社會）的觀察，而建立他所想要主張的一般的行為理論，似乎有點困難。「再者，他的社會基本功能的分類，看不出有顯然的標準。我們可以同意他所指出來的一些功能，但

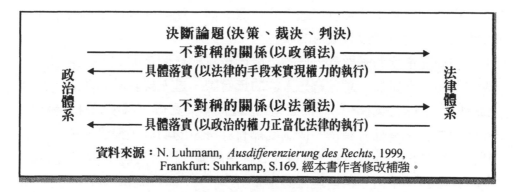

圖6.5 法律體系與政治體系雙重交換圖

是否一定要用目標、適應、整合、型態穩定〔類型維持〕這樣的模式分析，也有商量餘地。我們也可以看出來，他為了套公式，對契約及財產的分析顯得非常勉強。我們可以問：對契約及產權的說明，是否一定要用一些抽象晦澀的詞藻？用了這些詞藻有沒有增加我們的瞭解？如果沒有，功能模式的優越性又在哪裡？他的整個分析停留在對現行市場經濟的解剖，並沒有深入到契約及財產制度的背後。他對契約制度的解脫，只能說是在某種程度之內的『現代化』了，並沒有超越托克維爾、馬克思、韋伯等人那種對這些制度的歷史的批判性。他對產權的解析，也是滯留在現代資本主義經濟活動的層面。雖不能說是一定是有意的粉飾，無可諱言的帶有一股保守的意味，更不能說是超越了涂爾幹的分析」（黃維幸 1991：196）。

# 九、結論與影響

結構─功能理論，又稱功能論或社會體系論，是社會學諸典範中對法律社會學影響重大的學說。結構─功能理論強調社會是一個大體系，由數個次級體系所形成，每一次級體系無異為大體系或總體系的一個結

構，也就是整體中的部分所顯示的特殊架構。這些架構是由整體的部分（或成員）之行為凝聚成形的事物。

帕森思主要的是要為人群的社會行為建構一個普遍的、總括的、一般的理論。他雖然同意社會是人群的集合體、是人群互動的產品，卻強調這些人群的行為模式、行為類型、行為樣態凝聚與沉澱成為社會結構，社會制度。每一社會結構、或制度都有其特定的功能。集合這些不同的制度、不同的結構之功能，才會促成社會總體，社會整體、運行、活動、存續和發展（繁衍、再呈現、再生產）。

作為功能論者的帕森思視社會整合的體系，包含了功能分歧，但卻是互有關聯的次級體系。社會體系的目標在於維持秩序和保存平衡。體系在規範、調整個人的行為下，滿足了各方的要求，而達成社會井然有序、和諧協作的目標。

可是社會體系要達成維持秩序與和諧的目的，則其所屬的次級體系非發揮功能上的職責不可。帕氏遂認為任何的社會體系逃不掉四種必須的「功能上無上命令」，也就是適應、目標獲致、整合和保持潛力（類型的保留與緊張的管制）四項功能。

帕氏聲稱法律體系特別擅長發揮整合的功能，因為它能夠規整、協調和便利各種次級體系之間的互動與互換。法律便是排難解紛的機制，其主要的整合過程有三：（1）法律的表現是面面俱到，也呈現最高度的普遍性，普世適用性；（2）法律應擁有相當程度的彈性與韌性；（3）法律應發揮普遍性的社會控制之功能。這些過程最終導致社會體系的整合。

帕森思除了強調法律的體系整合功能之外，也主張法律提供規範一致性、融貫性的功能。在完成整合與融貫的功能之前，法律必須處理制裁、管轄、正當化與解釋四項問題。在對此四個問題的解答中，帕氏有意無意觸及法律與政治之關係，並強調在某些領域法律有獨立與自立，而不致為政治的奴僕。只有在自由與開放的西方社會中，法律才能不偏不倚地扮演社會控制的角色。

帕氏對契約、雇傭和財產有所析論，重點仍擺在這些社會結構與制度對資本主義市場經濟的正面作用，是故其分析為保守的，為支持與偏

向建制（establishment）的學說。故在 1970 年代歐美學潮氾濫之際，受到左翼運動者與新左派理論家的抨擊。

但作為 20 世紀影響最重大的社會學理論，結構－功能理論的法律社會學，並沒又因為帕森思的逝世（1979）而潰散。反之像德國的盧曼，在修正了帕氏體系論之後，倡說新功能論（Neo-functionalism），先是把法律當成一般化、普遍化的規範期待之體系看待，繼而把生物學自生或自導（autopoiesis）的觀念引進法律體系當中，從而產生可「自生的法律」（autopoietic law）學說。法律不只自生、自導、自演、自我參照、自我指涉（self-referential），還會自我觀察、自我描述、自我修正。西方先進國家法律體系之獨立自主，不受政治、道德、宗教之影響，在於法律之圓融連貫、一體性、統一性（洪鎌德 2001b；本書第 9 章）。

在盧曼發展其自生法律觀的同時，德國法蘭克福大學教授屠布涅（Gunther Teubner）也闡述現代法律的實質性與反思性特別標榜「反思的法律」（reflexive law），且演展另一套自生法律學說（Teubner 1983, 1987, 1988；本書第 10 章）。

此外，波蘭學者柏戈列基（Adam Podgorecki）對法律的社會功能進行經驗性的研究。他認為法律社會學為一種實用的（pragmatic）科學，討論實際、應用的法律之特徵、社會工程（改造、管制）之特徵、經驗研究之特徵、和社會實在之特徵。他認為法律社會學應該從事理性的與有效的社會之管理工程（建設、改造、管制）。不過他也認為，除非法律制訂者（立法者）與政策制訂者（政治家）能夠充分瞭解社會體系中法律如何有效運作，把法律當成改造社會的工具，否則理性的社會變革無從產生（Podgorecki 1963, 1967, 1968, 1971, 1974）。

以上為帕森思功能論的法律社會學說所引起的學界反響，足見其影響與衝擊之大。

表6.1 帕森思法律學說之摘要

| | |
|---|---|
| **研究的途徑與模型** | 體系論、系統論；結構功能論；把法律在社會體系中所占的結構位置，以及它的社會控制之功能加以闡釋。 |
| **結構╱功能學說的前輩與思想前驅** | 孔德、斯賓塞、涂爾幹、賴克立夫·布朗、馬立諾夫斯基、韋伯兄弟、米德、佛洛伊德、馬歇爾、陶悉格、梅爾頓。 |
| **社會體系四大功能及其運作** | 1.適應（adaptation, 簡稱 A）<br>2.目標達致（goal attainment, 簡稱 G）<br>3.整合（integration, 簡稱 I）<br>4.潛勢力，隱藏的力量（latency, 簡稱 L）<br>社會便是四大功能 AGIL 的運轉 |
| **法律的社會功能** | 1.法律與司法制度的專門性社會功能為整合體系，使體系不致分崩離析；<br>2.使社會總體系之下的次級體系（政治、經濟、宗教、文化等）保持相互和諧，避免彼此衝突；<br>3.法律發揮規範性功能，並使此一功能與社會規範性結構連結，達到社會控制之目的 |
| **法律管理－法治－調適之三種過程** | 1.在最普遍、最週全的層次上營構法條、規則；<br>2.法令不能太僵硬、也不宜太富彈性，應重穩定性與圓融性；<br>3.法律從事社會控制、規定個人行為，減縮偏差程度。 |
| **契約、屆傭和財產** | 法律專業人員的養成教育注重契約、雇傭關係和財產制度所牽涉的法條、規章。帕氏把契約雇傭（另一形式的契約）與財產當作社會結構、社會制度來分析。社會資源的生產、流通和分配靠契約達成交換之目的。雇傭在以金錢、薪資換取勞力，含有資源挹注與安排的作用。財產的作用則發生在投資類型的契約之上。以市場經濟觀察，財產也是一種契約的關係。總之，契約成法律的核心。 |
| **評　　價** | **優點**：深藏在法律之內的價值是法律的社會學分析之中心問題，帕氏加以注意是其學說的長處。此外，視社會為整合體系，包括了功能分歧、相互關聯的次級體系，影響其後盧曼與屠布涅的自生法與反思法之發展。<br>**缺點**：太重視社會的整合，而忘記社會的衝突、矛盾、鬥爭為其學說之弊端。對社會價值概念及其形成，未有說明。把法律看成維持現存主流價值之工具，未免嫌太保守。未提供法律與社會體系其他次級體系的互動之分析。 |

資料來源：作者自行整理設計。

# 7 帕舒卡尼斯論法律與商品交易

# 一、前言

　　馬克思逝世後的 100 年間，在馬派的法律理論諸大家之中，只有兩個人，也就是兩度擔任奧地利共和國總統的雷涅[1]（Karl Renner 1870-1950）和 1920 年代主宰剛成立不久蘇俄法律思想與制度（一個充滿真正「創造性的馬克思主義」時代）的帕舒卡尼斯（Evgeny B. Pashukanis）。這兩人曾經討論了法律的特殊性（the specificity of law），所謂法律的特殊性是把法律有別於社會安排、社會型態，也就是把法律看作為有別於特別的社會命令、特別的意志（奧士丁的說法），或是把法律當成有別於某一規則或理性的特殊形式（非奧士丁的說法）。雷氏與帕氏兩位都反對把法律當成是意識形態看待、當成上層建築消極的成分看待。要之，帕舒卡尼斯認為法律就是一股物質的力量。帕舒卡尼斯對法理學的貢獻為把法律的概念當做組織的形式來看待，便利資本主義下的商品之流通，而反對修正主義者，如雷涅等人把法律形式中立化，把法律問題化約為目的之選擇。在帕氏的著作中，法律的形式、而非只法律的內容受到嚴苛的批判，以致權利和義務是立基於特別的與最終具有限制作用（limiting）的本體論上（Kinsey 1993: 203）。正如同寇士（Karl Korsch 1886-1961）所指出，帕氏的著作是正統馬克思主義的突破，這是其優點與嚴謹所在（Korsch 1960〔1930〕: 1978）。

　　在前蘇聯存活的 74 年間（1917-1991），真正享有國際學術聲譽的法

---

[1] 雷涅不注重法律與其他規範之不同、或差異，而是觀察某些法律與法制在長時間中能維持不墜，例如羅馬私法歷經兩千年還會發生作用。其主要著作為《私法的制度及其功能》（1904）。他質問財產與契約的法制歷史不衰之原因。雷氏認為法律制度是社會產品的生產、流通、分配、消費的工具。要瞭解法律過程必須首先瞭解更為廣大的社會過程與經濟過程。法律規範為經濟與社會過程的組織與描寫，兩者（法律與社經）非各自獨立發展，而是彼此有辯證的互動。法律乃為無上命令和意志關係之系統，是處理人與物之關係的手段。參考 Kamenka 1983: 60-70. 及本書第3章第十三節。

學家寥寥無幾。其中以開創商品交易法學學派的帕舒卡尼斯最為各方所稱讚與看重，儘管他以 46 歲的壯年消逝在史達林大整肅之下。帕氏崛起於 1920 年代，其聲望的巔峰為 1930 年代初。1937 年元月 7 日《真理報》宣布他為「人民公敵」，遭史達林爪牙逮捕，未經公開審判，即遭定罪行刑。直到 1956 年 3 月，屍骨已寒的他才獲得平反[2]。

　　帕氏於 1891 年 2 月 23 日出生在俄國特維爾省（Tver）斯大里坦（Staritan）市，其先世居住立陶宛，第一次世界大戰之前，在聖彼得堡大學就讀期間，即積極參與俄羅斯革命。在參與革命運動的年代，青年帕舒卡尼斯深感本身學力之不足，遂決心赴國外求學。一度在慕尼黑大學就讀，專攻法學與政治經濟學。其早年的活動留下之紀錄不多。我們僅知他於 1918 年加入布爾雪維克黨，短期內在莫斯科地區任地方法官與巡迴法官。1920 年代初做過外交事務人民委員會之顧問。

　　1924 年帕舒卡尼斯出版其處女作《法律之一般理論與馬克思主義》（*Obshchaia teoria prava i marksizm*）[3]，遂由籍籍無名之士，一變而為蘇維埃法律哲學界的明日之星。他出版此書的初衷，只是企圖建構馬克思主義的法律一般理論，而不是提出有關此一主題的定見。因之，在這本成名作的主題之外，附以副標題「基本法律概念的試評」，其主旨在於作者觀念的自我澄清而已。基本上，這段時期為蘇聯建國之初混沌不安的年代，也是帕氏致力其他作品的撰述之時，加上後來的政治壓迫，使

---

[2] 其生平事蹟可參考 Sharlet 1977: 169ff。雖稱平反，但1974年出版的《蘇維大百科全書》（1982年有美英的英文版）卻以簡短篇幅介紹了帕氏的生平與著作。令人好奇的是居然把他的成名作《法律的一般理論與馬克思主義》誤為《馬克思主義與法律的一般理論》。這個改稱倒符合帕氏1978年英譯本的名字，但卻失掉帕氏原來書名的本意。對他的學說之「錯誤」，也就是低估社會主義國家的法律角色，加以批評，顯見並未恢復帕氏應有的聲譽。見 *Great Soviet Encyclopedia*, A translation of the third edition, New York: Macmillan, and London: Collier Macmillan Publishers, 1982, 19: 319.

[3] 由俄文以及德文翻譯 *Allgemeine Rechtslehre und Marxismus* 看出帕氏這本著作的正式題名乃為《法律的一般理論〔或學說〕與馬克思主義》，而非後來英譯的 *The General Theory of Law and Marxism*（Babb and Hazard 所編1951年版），或 *Law and Marxism: A General Theory*（Barbara Einhorn 所英譯1978年版）之題名。如同上面註2所提包括《蘇維大百科全書》（1982年英文版）也把帕氏著作之題目誤為《法律與馬克思主義的一般理論》，可見以訛傳訛之可怕。

這部著作保留其初步芻稿的形式，而非他定稿的終身大作（Warrington 1981: 2），當然他也希望藉此引發大家的討論。此書在 1926 年出第二版，1927 年第三版，其後又刷印三次，直至爲史達林所禁刊爲止。德文譯版於 1929 年在柏林和維也納推出，馬上贏得國際的矚目與讚賞，從該書中得到一股創新的思想與風格，爲蘇維埃知識界所獨有的氣息，可惜這股清新的氣流不久便在俄國消失。該書俄文版於 1982 年獲准重刊。除了這部處女作之外，帕氏尚有大量文章、書評，以及下列幾本重要的著作：《帝國主義與殖民政策》（1928）;《對抗官僚主義的蘇維埃政府》（1929）;《政府與法律之研究》（1932）;《國際法散論》（1935）。可見他擅長的不只是法律與國家源起的學說，還兼及憲法、一般法律理論與國際公法。

　　帕氏的《法律之一般理論與馬克思主義》（以下簡稱《一般理論》）出版後，頗受初生不久的蘇維埃法學界之推崇。此書的原創性在於仿效馬克思《資本論》的旨意，指出法律思想幾項相反相成的概念。首先，他從黑格爾那裡得到本質與外觀（現象）的對立。其次，也從黑格爾法哲學中瞭解羅馬法涉及「人身之法」（lex persona）無法作爲資本主義生產方式之下，普遍權利之基礎。再其次，他也從一位老布爾雪維克黨人兼史學家朴克洛夫斯基（Mikhail. N. Pokrovsky 1868-1932）那裡學習到要認識俄羅斯資本主義的發展，必須先要瞭解商業資本在歷史上所占的優越地位（Beirne and Quinney 1982: 307）[4]。

　　帕氏以一個真正獻身法理學與法學史的學者之身分，致力於把馬克思的方法與關懷，結合成一個嶄新的學說。他對其同代法理學、法哲學、法社會學的前輩與同輩（Laband、Jellinek、Dugit、Maine 和 Meitland）等之成就，不但耳熟能詳，還排斥了對馬克思精緻學說的簡化（恩格斯和列寧的簡陋註釋）。仔細研究馬克思主義的經典作品，吾人可以獲得兩項

---

[4] 朴洛克夫斯基曾任人民司法委員會副主委長達14年（1918-1932）之久，也曾任共產主義學院院長，是帕氏的上司兼同僚。他是20世紀初俄國最著名的史學家，曾主張商業資本的崛起，是資本主義湧現的源頭。商業資本對一國政府內政與外交的影響重大。他甚至聲稱俄國自17世紀至19世紀初，受到商業資本主義的宰制。見 Great Soviet Encyclopedia, New York: Macmillan, and London: Collier Macmillan, 1982, 19: 265-266.

彼此競爭的趨勢。其一爲恩格斯所採取（接近奧士丁的看法）的立場，他視法律爲命令的集合體，因之，其本質主要爲懲罰性的，在於貫徹國家的意志，不管國家如何表達其意志。另一個趨勢則是馬克思較爲細緻的、精巧的說法。他視法律爲裁判或判決的體系，使用的是抽象的概念，這些概念聯繫到民間社會的衝突當中。是故馬克思將民法及其範疇當作法律的楷模，也以民間衝突的解決作爲理解法律的起點。

列寧雖然是學法律出身，也曾短期執律師業，但他視法律爲政治權力的表述。法律代表統治階級的意志，藉形體上的懲罰來發揮其作用。在 1917 年布爾雪維克革命成功，無產階級專政之後，法律變成勞工階級的意志，被用做對抗勞工的敵人之鎮壓手段，也是宣傳擴大革命與建國運動的工具，毫無拘束勞動階級行動的意思。一旦勞動階級獲得全勝，所有的人都變成工人，屆時再也沒有任何一個階級將其意志強加在另一階級之上，此時法律便要徹底消亡。這時人群將生活在合作的社群中，不拘形式地、隨時隨地解決其紛爭。這是 1920 年代最流行的說法。要之，都是把法律看成工具，也就是社會中一部分人將其意志強加於另一部分人身上的統治手段。這樣看來在社會不同的發展階段中，法律成爲統治階級的意志（**Kamenka** 1983: 54-55）的看法，他認爲馬克思以分析資本與勞動之間的辯證關係，作爲對布爾喬亞（資產階級）政治經濟學的批判之始，絕非偶然或巧合之事。原因是資本與勞動之關係乃是受到政治經濟學的範疇（諸如地租、利息、利潤）之神秘化。爲拆穿這一神秘的帷幕，有必要分辨外觀與本質之不同，亦即把勞動轉化爲資本，資本壓榨勞動的過程加以披露。帕氏指出，如果馬克思能夠依照他兩次宣布的心意，完成有關國家與法律的完整理論，那麼馬氏必然會沿著對布爾喬亞政經範疇的析評之途徑，揭穿主流派政經範疇對社會實狀的表述與規定，基本上是不夠真確的，甚至還故意把它們加以神秘化、模糊化。就在對馬克思學說的延伸上，帕氏展開了他有關法律起源的探索。

# 二、歷史的對象與帕氏的研究方法

## （一）歷史與對象

帕舒卡尼斯視法律理論爲歷史的研究。這有兩層意義：其一，爲了瞭解資產階級（布爾喬亞）的法律，必須以歷史的眼光來看待社會的變遷，原因是法律乃爲社會變遷某一階段之結果。其二，帕氏認爲他的時代之法理學的功能只是法律概念的演變。作爲馬派法理家，帕氏認爲法律只存在特定的時期中，最終法律會萎縮、會消亡。他說：

> 法律的形式包攝其本身，只存在於現實狹窄的天地之內。它的
> 存在只是為了消耗的單純目的而已，馬克思〔法學〕理論的職
> 責在於證實這個普遍性的結論和追蹤具體的歷史材料。
> （Pashukanis 1978: 133）

因爲是以歷史的眼光來看待法律的演變，因之帕氏無意研究法律的「客觀性」理論。他的理論負荷了正統布爾雪維克主義的政治要求。它是純粹爲政治目的效勞，法律在加速革命流程，革命最終在結束財產關係。

帕氏贊同馬克思與列寧兩段革命理論，首先由普勞[5]（無產）階級的革命推翻了資本主義，其建立之社會主義過渡時期之特徵爲「各盡所能，各取所值」，這個過渡時期爲「普勞階級的專政」。接著而來革命的第二

---

[5] *Das Proletariat* 前譯為普羅階級，但今天台北街頭琳瑯滿目的廣告不乏普羅汽車、普羅飲水機、普羅齒科，係由「專業的」（professional）英文前綴詞 pro 翻譯而來。為了有所分別，本人特把 *Das Proletariat* 改譯為普勞階級，取其普遍勞動之階級的意思，參考洪鎌德 1997《馬克思社會學說之析評》，台北：揚智，47頁註釋。

階段在揚棄資產階級狹隘範圍內的權利，而達到「各盡所能，各取所需」的共產主義階段。在帕氏心目中，1917年的十月革命標誌了第一階段革命進程的開端。究竟第一階段歷時多久曾引起廣泛的論爭，不管如何要使用正確的方法來對這段時期的政治與經濟形式進行理論的鋪敘。

根據當年共黨正統的說法（帕氏死心塌地附和這種教條的說詞），革命必須經歷兩個階段是有其正當的理由。其一，為了使生產力能夠符合階級的需要，對於資產階級、或準資產階級的法律與法制沒有加以限制之必要，這樣社會的財富才可保持和擴大。其二，資產階級心態的「遺毒」要有機會暴露，才會遭徹底的清除。第二階段中取代私產而實現合作的社會，只有在資產階級的態度（不只限於財產）克服之後才會建立。作為學者，帕氏的職責在於推翻資產階級的心態，同時也在掃除資產階級法學者的殘思。

就是第二項的理由使帕氏陷身於矛盾中，是他終身無解的難題，也是他遭受整肅的原因。他說 1917 年之後的蘇聯之法律為資產階級的法律，所有的法律思想都帶有抽象的、普遍的概念，這種情況就是在從社會主義邁向共產主義的過渡時期之法律，也同樣可以適用。可以這麼說，對他而言，1920 年代蘇聯的法律體制是布爾喬亞式的。

1930 年帕氏撰述一篇文章可以說是蘇聯法律理論史上的一個新里程碑，也是帕氏學說的重大轉折。在這篇文章中，帕氏努力去調適其本身，使其理論符合獨裁國家的需索。其後的 6 年間，帕氏在堅持其理論的同時，卻始終無法解決重重的矛盾。他的論證在於聲稱社會化的（集體的、合作的）生產尚未達成。他企圖把 1930 年代的俄國之政、經、法、社之體制加以範疇化，但卻不符合共黨，特別是史達林的口味，特別是他把過渡時期的法律當做資產階級法律概念到處充斥的法制看待，引起各方的非難與抨擊，但卻藉這種批判來正當化他的理論，原因是他認為要克服資產階級的世界觀之迫切需要，正好證明他理論的正確。

## （二）理論與現實

　　儘管帕舒卡尼斯對政治的看法幾近天真、幼稚，對世局的變遷感覺遲鈍，他的理論卻被「事實」所塞滿、所著迷。他同代的人批評他耽溺於抽象思辨中，而他卻自豪於其理論可以銜接到現實之上。他說：「科學的，也就是理論的研究只能同事實打交道」（Pashukanis 1978: 88）。他對其同代布爾喬亞的理論家（像柯爾生）之批駁論據，就在於強調他的理論同現實的掛鉤與牟合。為此他認為其理論與其稱為法律學的，倒不如叫做社會學的。他說：「我的目的不過是在陳述法律形式的社會學詮釋，和法律形式所要表達的特殊範疇之詮釋」（ibid., 107）。

　　在這種主張之下，法律規範性的理論對他而言，是完全無法接受的。他說：

> 要聲言法律的客觀存在，單單知道其規範的內容是不夠的，反之必須知道這個規範的內容在生活、在社會關係中實質化〔落實〕……當一個法律教義者〔法律教條詮釋者〕要決定某一法律形式有效還是無效時，那麼他大部分不會嘗試去確定客觀社會現象是否出現，而是去確定已存範疇的命題與較為廣泛的規範前提之間有無邏輯的連結。（Pashukanis 1978: 87）

　　他所以譴責自然法理論、國家理論、意志理論就是因為這些理論「與實在沒有對稱呼應的關係」（ibid., 143）。對他而言，法律理論應當在於發現真正存在的東西，有如政治經濟學在考察實存的事實一般（ibid., 59）。

　　帕氏對「事實」之關懷其實問題重重，1920 年代的馬克思主義者對法律理論的研究早已脫離了布爾喬亞日常生活之實在。這時他還大聲疾呼要重視事實，並沒有能解決現實的問題，他由盛名位尊，而最終身敗名裂，遭受整肅，也許可以說明事實勝於雄辯，或是事實打破了理論。當他為法律的前程做了龐大的計畫——法律之消亡——之際，他的學術

基礎卻遭挖掘掏空，這豈非他對事實的感覺之落空？再說，什麼是「事實」？怎樣解釋事實，就是一大問題。對馬克思主義者而言，雇傭關係就是壓榨、剝削的「事實」、出賣勞力以換取工資完全在不平等的基礎上進行。但對布爾喬亞的理論家而言，雇傭卻是僱主與工人不受壓迫、自由意志的表示，而工資代表等價的「事實」。這兩種對事實針鋒相對的解釋，彼此無法妥協調和，但對兩派的人士而言，卻是其理論體系同樣有效的說詞。

## （三）形式與實質

在研究方法方面，帕氏的做法至少代表馬派對法律分析的一大突破。當傳統的馬派人士強調法律、經濟、政治、歷史都應注意到資本主義裡階級屬性、不平等屬性等實質問題時，他卻在解釋法律實質與形式之並重。有時甚至因為視法律的形式是由商品的形式引伸出來，未免有過分看重形式之嫌。他的理論顯示法律的形式及其實質的運作，都是內涵於布爾喬亞的社會裡頭。保留法律的形式，而不徹底變革法律實質的內容是不可能的。法律的形式本身要求新的社會要把法律全體（形式與實質）做一個徹底的揚棄（Warrington 1981: 2-5）。

# 三、法律的湧現

在有關法律的一般理論中，帕氏為了彰顯法律是布爾喬亞（資產階級）社會商品交易的產品，也是資本主義社會物質商品交換的結果。因此，特重法律性質的解析。他首先按照馬克思及其信徒的說法，指出法律如何產生，如何與資本主義的崛起同時出現在人間。

帕氏認為馬克思主義的法律理念之出發點為嚴密地確認社會關係的規定，以及尋覓這些規定的法律性質。在其主要著作《法律的一般理論

與馬克思主義》中，他堅持法律基本上是布爾喬亞（資產階級）社會規定的特殊形式，亦即法律是專屬資本主義社會的機制。法律權利與義務取得了拜物教的形式，取得了客體化、物化的形式，而成爲大家所接受爲普世的制度，乃是資本主義商品生產與交易的結果。法律所以是源於布爾喬亞，乃是由於它反映了布爾喬亞的交易方式之緣故。是故法律概念的邏輯與商品交易的社會關係之邏輯完全搭配，完全對稱。要尋找法律的源泉，並非由於某些人具有宰制他人的野心，或是大部分人容易屈服於少數人的壓制，或是由於權力取得的企圖。事實上法律產自人們彼此間商品的交易，而法律的主體無非是商品的持有者。

帕氏旋指出：馬克思對法律形式存在的基本條件有所提示，也就是說馬克思在政經批判〈前言〉上，把生產關係當作財產關係來看待，還刻意地說：生產關係以法律的語言來加以表述就是財產關係。是故帕氏認爲法律是一種社會關係特殊的形式。這種理解的方式，與馬克思把資本當成凝聚的結晶的勞動——勞力轉化的事物，也是把資本理解爲社會關係的化身——幾乎是異曲同工，沒有什麼不同的。法律是商品擁有者，社會關係的反射。是故法律概念的邏輯與商品生產以及商品交易的邏輯是相互搭配、相互對稱。

帕氏稱在資產階級崛起之際，他們反對封建地主的原因，並非爲著藉暴力奪取財產，而是反對封建制度下財產不易轉移、不易買賣、不易流通。易言之，資產階級反對封建地主的主要原因爲，財產的轉移並沒有當事人的相互保證，也就是欠缺法律規定，欠缺資本主義社會抽象的、基本的原則：「獲取不平等〔的事物地位權益等等〕必須循〔當事人法律地位〕平等的可能性〔手段〕」（Pashukanis 1924: 83）。

歐洲中古封建時代末期，隨著城市、會集、市場等的出現，人際關係也出現雙重的神秘化：一方面是商品與商品交易的關係，他方面法律主體的人與人之關係。這時法律也與價值以及交換價值同時出現。此外，只顧本身的利益，同時也是自主自決的具體性人格，亦即財產的持有人與私自利益的載體（持有者），化做法律上的主體，變成了羅馬法規定的「人身」（persona），也就是變成法律舞台上各種面具與角色的持有人。

只有在資本主義的經濟活動中，被當作歷史性、特殊性的標的物之商品，才以完整純粹的方式湧現。資本家的權威建立在資本的人格化之上，這點與奴隸主或地主的權威截然有別。只有資本才會與勞動站在完全對立的兩端，亦即資本家與勞動者（直接生產者）成為人類的兩極。資本主義的社會乃是商品擁有者的社會：一方擁有資本，另一方擁有勞力（勞力可供買賣，也是商品的一種）。商品具有雙重而又矛盾的性質：一方面商品代表與具有使用價值。可是商品所擁有使用價值各個不同（這是因為商品要滿足不同需要的緣故，也是製造商品的勞力每每不相同的緣故）。他方面商品卻擁有，也代表了交易價值。一項商品可以同其他的商品進行交換，儘管其間的交換比例隨時、空、物而不同。商品交換的價值最終通過貨幣當媒介，把它們標示出來。貨幣成為普遍的、經濟的等價（等值）之標誌、之形式。

商品交換的潛能係假定性質互異的商品可以進入一種形式上的對等關係，而使其最後成為相等。商品交換使在雙重的抽象化中被模糊掉、被神秘化：其一為具體的勞動與具體的商品彼此之間化為相等（每一商品，包括勞力都有一定的價格，都可以等價來交換）；其二，具體的勞動與具體的商品又被化約為抽象的勞動（薪資）和抽象的商品（貨幣）。這雙重的抽象化使拜物的觀念不斷產生，從而使商品本身，包括貨幣在內，擁有活生生的權力，亦即商品反過頭來凌遲與宰制其生產的人，這也就是人為物奴役，造成人的物化與異化之現象。

# 四、法律商品交易理論

帕氏法律的商品形式論建立在邏輯和歷史兩大先決條件之上：

## （一）邏輯的前提

既然法律關係乃是主體之間的關係，所以帕氏邏輯的起點為主體的

分析。他說財產是法律形式的基礎，財產能夠在市場上轉手在中古時代是無可能，只有在資本主義的社會才有可能。法律的主體表現在處理財產的自由，可以把財產自由割讓。瞭解法律的關鍵爲在於事物（財產）與眾主體之間的矛盾。根據馬克思的說法，商品之間的關係，就是價值的關係，靠著等價（投入於生產商品之勞動時間）的基礎，商品便由買賣雙方易手，而達到交換的地步。爲了交換能夠順利進行，商品持有人必須承認他們是站在平等的關係上，進行非強迫性的交易。「商品的交易或流通是建立在彼此相互承認爲進行交換的〔商品〕擁有者」（Pashukanis 1978: 161）。交換不是被迫的意思，係指沒有任何的一方被迫去做交換，同時交換的結果是雙方心滿意足之事，也就是買賣雙方能夠從和諧的交換中各獲得利益。

他進一步說：

> 為了使人類勞動的產品彼此以價值的面目相互關聯〔交易〕，就必須假定交易者為自主與平等的人格者……當做道德主體的人，就是具有同等價值的人格之人，根據價值的規則，這種人成為交易必要的條件。作為法律主體的人，也就是做為財產擁有者的人，是〔交易〕進一步的必要條件……價值關係的經濟學提供鑰匙去打開〔瞭解〕法律的和倫理的結構，這不是法律規範或道德規範內容的意思，而是形式本身的意思。
> （Pashukanis 1978: 151-152）

對帕氏而言，契約在邏輯上是最重要的法律前提，法律的其他側面就立基於此。契約也是擁有商品主體的最高表述之形式。其原因爲契約的關係是商品生產社會最緊要的關係，也就是契約成爲商品擁有者能夠在市場上應用（處置、處分）其商品（與別人交易）的必要性之法律表述。所有資本主義社會的法律關係都從契約衍生出來。商品擁有者的法律關係表現在兩個「荒謬」的形式，其一爲商品價值的形式；其二爲擁有權利的能力之形式。前者已隱涵在商品的「權利」當中，其表達是通過市場、獨立於個人之外而表達出來。後者是「法律」

的財產擁有人，是權利載體抽象觀念的擬人化。這兩種形式主宰商品。在法律上而言，商品擁有者是商品的「護衛者」。這個荒謬、或稱矛盾存在於一個兩難之困局，一方面在經濟上商品主宰商品擁有者。他方面在法律上商品擁有者的個別主體被頌揚為有能力行使權利的人。在現實上個別的主體成為資本主義社會中財富的附庸，成為財富主體的一個盲腸而已。

## （二）歷史的前提

帕氏的法律理論並不建立在抽象的公平、平等之概念上，而是靠歷史的追蹤來建構其商品交易的法律理論。也就是從瑣屑、微小的商品生產怎樣轉變為資本主義的大生產之歷史發展中，尋覓商品形式，以及法律形式的變化。

效法馬克思的分析，交易社會的完整發展之形式是從早期的小生產方式發展出來。是故交換的商品形式早於法律體系出現，法律體系是從交換的商品形式誕生。不過，交換的商品形式不只產生了法律形式，更進一步必須指出商品形式早於法律形式出現，只有商品形式羽翼豐滿之後，抽象的法律形式才有可能發展出來。「只有布爾喬亞的關係充分發展之後，法律才會變成含有抽象的性格」（Pashukanis 1978: 120）。他說：

> 歷史無論如何，嚴格來說，交易的轉手（exchange transaction）產生了主體概念，也就是產生了各種可以想像得到的法律主張〔訴求〕的載體之觀念。只有在商品生產中抽象的形式得以出現。換言之，只有在那裡擁有一個權利的普遍性能力變成與具體的法律主張可以區別。（ibid., 118）

法律主體變成了「可以通天〔進入天堂〕的商品之抽象擁有者」（ibid., 121）。商品生產是從商業交易中發展出來。商業交易為資本主義的生產，而拆除了封建的藩籬。法律便從商業交易日漸重要中發展出來。從事商業交易的國家需要法律來處理商品。商業一旦擴大，與商品連結的特殊

法律形式也擴大。

　　帕氏也考察了由於契約爭執而產生的法律關係。要之，他指出：商品擁有者，在相互承認的平等基礎上，可以不用法律而進行交易。只有當交易的雙方有爭議時，法律才介入。法律也是在等價交換的原則上進行排難解紛的工作。隨著交換的增加、爭執的頻率擴大，造成更需要發展的法律體系來加以排解。「爭執、利益的衝突，創造了法律的形式、法律的上層建築」（*ibid.*, 93）。這個發展的另一個涵義為商品的交換在歷史上早於法律的產生。而在更理論的層次上而言，是在法律體系建立之前、之外，就出現的。他說：

> 因之，交換的經濟關係必須在買賣的契約之法律關係產生之前
> 出現……商品和貨幣經濟的存在基本上是先決條件。一旦這種
> 條件不存在……具體的〔法律〕規範便毫無意義。（*ibid.*, 93）

## （三）商品拜物教

　　要把帕舒卡尼斯商品交易論做一個摘要的說明，可以把他與馬克思拜物教的觀念聯在一起探討。這是把柏巴士（Isaac Balbus）20多年前嘗試的方法。馬克思聲稱商品是一種拜物的形式，商品形式被推理或設想為形式上的平等。柏巴士說這裡重要的部分在於法律上的平等與事實上的不平等之分別。他說，依據各國憲法的規定，所有公民在法律之前平等，在法律的表面之下，不該有任何歧視與差別待遇，但事實不然。

　　柏巴士氏說商品形式包含兩個側面：「商品的使用價值和交換價值。可是當商品出現在市場的時候，人們都『忘記』了它的使用價值，而只關心投入商品生產的勞動時間之均等的數量。因之，商品之具有拜物的形式，乃是因為商品本身是人所生產的、製造的，這層人的關係被遮蓋起來，這便產生了一個表面的外觀，也就是意識形態的翻轉，誤認為商品有了活生生的力量」（Balbus 1977: 574）。

　　柏氏說從馬克思的著作中可以建構相似的法律理論。他說公民們也

是接受兩重的形式：基本上他們是不平等的，但他們卻進入法律所關懷的形式之平等中。法律形式對人群的不平等之「盲目」，是與商品形式對使用價值之事實上的不平等之「盲目」，相輔相成、並行出現。柏氏說法律形式（如同商品形式）獨立於個人意志之外（不受個人意志的左右）。於是產生了幻想「法律就像普遍的政治平等一樣，自具生命〔可以發展、成長〕」（*ibid.*, 584）。

## 五、法律與主體

何以商品拜物教後來又轉變爲法律拜物教呢？這就成爲帕氏法理學的重點之所在。馬克思在《資本論》卷一中曾經簡述商品無法自行走進市場，而彼此進行交易，因之「吾人有必要把注意力轉向它們〔商品〕的保護者，亦即商品的擁有者」之上（Pashukanis 1924: 75）。

就在勞動的產品取得商品的性質，也成爲價值的載體之同時，人們也獲得法律主體的身分，變成了權利與義務的載體（持有者）。在法律範疇發展中，能夠全力來完成交換關係，正是法律能力與行動能力之表示。不過就歷史上時間的先後來觀察，則首先是商品的交易，然後才發展出主體的概念來，也就是後來發展出所有法律要求（權利、義務）的抽象持有者之概念來。在這種說法下，法律形式的本身無異爲資本主義下商品交易的重要部分，也是商品交易的結果。在資本主義體制下，一般公民被宣布爲權利的主體，這種宣布並非等同爲他們應該擁有權利、他們真的享有私產，他們真的都是財產的擁有者。這只是表示在法律的規定下，權利的主體，其所擁有的權利係純粹形式的規範，而非實質的描述。帕氏認爲主體在法律思想上扮演重要的角色。因之，他稱「主體爲法律理論的原子」，「每一種的法律關係乃是主體與主體之間的關係」（Pashukanis 1924: 160; 1978: 109）。

帕氏說，不是所有的規則和規範都是法律的。在他之前的馬派人士主張國家的強制是法律的主要因素，但帕氏卻拒絕接收這種的說法。軍

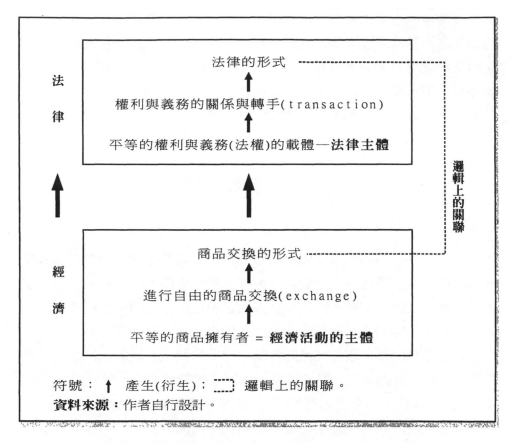

圖7.1 帕舒卡尼斯商品交換的法律學說示意圖

隊的規定、教會的規矩、家長的約束並不構成法律,儘管這些規範靠權威來撐腰,甚至有時靠國家的權威來做後盾。這些規定、規矩、約束是建立在統治、主宰和降服的基礎上涉及的服從關係,而非對權利的決定,所以不具法律的形式,也就不是法律(Pashukanis 1951: 154)。

法律的特徵和構成法律形式上的性質之要素,依據帕氏的說法是法律主體的概念,也就是一個法律主體在平等與「等價」(equivalence)的基礎上碰見另一個法律主體。他說:

使法律秩序有別於其他社會秩序的特殊事實……它立基於私

自的、孤立的主體之上。法律的規範之獲得其與眾不同之特別
（*differentia specifica*）……乃是由於它〔法律秩序〕設定一個
人身，該人身擁有權利，且進一步積極地主張一個要求〔claim,
申請、聲明、主張〕。（*ibid.*, 153）

　　法律的特徵就是審判的、裁決的（adjudicative），是與行政有所區別。
其要素牽涉到、也表現在契約的概念，而較少牽涉到、也較少表現在命
令（decree）之上（*ibid.*, 170）。作爲法律特徵的範疇與原則乃設定了法
律主體。法律主體就是個人，自由行動的個人，他與其他自由的個人們
有所關聯，每個個人都擁有權利和義務。在法律中的主體必須從他們的
社會脈絡上抽象出來，而化約爲法律的個體（legal individuality），化約
爲抽象的平等，以致國家在法律當中也變成另一位個別的主體，擁有權
利與義務來對待公民，然後公民也擁有權利與義務來對待國家一般。

　　在這樣的說詞下，帕氏嘗試說明，契約的模型事實上主宰了法律各
個部門、各個領域——公法（社會契約的觀念）、民權（*ibid.*, 190-192）、
刑法（使犯罪者依固定的罰則來爲其罪過「償付」受罰的代價）、婚姻法、
家族法（把家庭關係溶解爲相互權利與義務的體系）。在這方面帕氏比起
列寧、維辛斯基（Andrei I. Vyshinsky 1883-1954）等人來，還推進馬克
思對「抽象」的法律、「抽象」的布爾喬亞法制的批判，這些法律與法制
在階級社會中幾乎達到真正不平等的程度。在《一般理論》俄文第二版
中，帕氏寫了：「市場的共和國隱藏了工廠的專橫暴政」。

　　英國法律社會學家希爾士特（Paul Hirst）就稱呼帕氏這一觀點，無
異把法律界定爲「相互主體性」（intersubjectivity）的規範來看待（Hirst
1979: 8）。法律乃是主體與主體之間在追求與體現權利時的媒介，也是
主體發生爭論時求取排難解紛的範圍。法律的本質爲主體們與諸權利之
間的關係。權利的特性爲占有的（possessive）。因之，一個主體對一項
權利之間的關係也就是私產擁有的關係（proprietal relationship）。

　　換言之，當我們提出「這是你的權利，這是他的權利」時，就意涵
你與他對該項權利擁有的關係。再說權利的內容也是涉及占有

（possession），可以被主體所擁有、所占取。當成權利擁有者的主體，在面對其他主體時是平等的，因爲每個主體是他（她）所占有的事物之擁有者、占取者（appropriator）。權利的本質乃是對占有的承認。也就是每個平等的人對私自占取的承認。

商品交易發展到一個相當進步的階段，就會出現一種新現象：擁有普遍的、一般的權利與擁有特殊的、分別的權利之分開發展。資本主義社會的特徵就是一般利益同特殊（私自）利益的分開與對抗。市場上權利的不斷移轉會產生權利堅持者的觀念，同時也造成把主體之間特殊的歧異加以抽象化、概括化的作用，俾化小異爲大同。具體的人轉化爲抽象人，也就是轉化成追求私利、擁有自由，以及擁有人格最高價值的抽象人。這時擁有諸權利的主體也與活生生的人身分開，而變成了擁有法律屬性、社會屬性的人。這就是法律主體的產生：法律主體就是抽象的商品持有者之化身。一個人擁有法律主體的身分，反而比他的肉身更爲重要。在現實生活中每個屬於靈長類而擁有知識的人（*homo sapiens*），被迫放棄他種種與別人不同的性質（人格特質），而轉化爲在法律前人人平等、抽象的擁有權利、負擔義務的法律人。

資產階級的特徵爲商品的生產與交換，所有的法律所關懷是商品交換的過程，這些商品都是在商品保護者的主體之間進行交易。交易主體是法律創造出來的行動者，其目的在使社會能夠發揮商品的生產與交換，也就是使社會成爲帶有商品生產的形式。另一方面，法律是商品交易關係的產物。法律乃是主體們形式的表現，這些主體們透過勞動而生產了商品，爲了滿足彼此的需求把生產出來的商品透過市場與貨幣相互交換，而法律就是承認這些彼此交易的主體，爲該商品的占有者，也承認交易過程的合法性、公平性。主體們地位的平等（人人在法律之前平等）是產自商品交易的社會過程。是故法律爲「主體的哲學」，因爲「每項法律的關係，都是主體之間的關係」（Pashukanis 1924: 160; 1978: 109）。不只交易人是平等的，就是生產人也是平等的，其原因是進行生產的勞動被視爲對等的，而通過生產可供交易的商品之勞動時間，也在生產與交易中顯示其比例，而促使人們對勞動採取平等的看法。

　　當作排難解紛的機制，法律變成一種社會事實，而其存在變成必要與可能乃是由於生產方式把主體們變成彼此相似、平等的權利與義務的持有者，也就是不考慮他們之間社會地位的差別，而逕自確認他們對權利是否擁有、對義務是否負擔。當這些進行生產與交易商品的主體陷入爭執時，爭執的標的（對象）也轉化為實質的與相等的形式（也就是說在商品社會中，每項商品都有其價格，法律可以判定該項商品一旦受損或喪失時，受害者可獲得賠償與復原）。是故法律對私產可賦予擁有的頭銜（財產權），也可以對透過契約產生的義務，要求當事人負荷（履行義務）。法律就是藉這些占有與交易的形式之表現進行調解，當主體們（當事人）產生爭執之際。是故法律乃是商品關係有機的衍生物（organic outgrowth）。換言之，在商品社會中，法律主體就是經濟主體的形式表現。在法律出現之前，人們早已經營社會生活，擁有社會關係。因之，法律所代表的、所表現的諸主體，可以說是社會關係所型塑、所建構的，是故社會關係中的諸主體成為法律的起點。

　　帕氏始終一貫地堅稱：商品形式之邏輯與法律形式之邏輯之間，存有共通一致性。這兩種形式的邏輯中，都是企圖把不平等的事物當成平等的事物來處理。一方涉及不等的貨物與勞動，其交易卻成為表面上的對等；另一方則為不同的公民與權利義務之主體，在法律之前的平等。假使帕氏這一論證大體無誤的話，那麼我們要進一步提出兩個重要的問題。其一為法律要求中的特殊內涵無法解釋，為何宰制階級的利益一定要形諸於法律形式當中。換言之，為何不在法律形式中把赤裸的壓制，具體明訂於法律條文中？其二，假使資本主義體制下，商品生產者彼此的競爭是藉著平等交易的原則來進行，則無產階級與資產階級之間的鬥爭不是也可以循法律形式的公平原則來進行嗎？此一學說如果說得通，那麼法律的改革如何能夠轉變為政治的革命呢？為了解答這兩個問題，帕氏的法律學說一方面要抨擊流行的說法，抨擊法律是捍衛統治階級的利益之工具說。另一方面，主張法律將隨著資產階級被鬥垮鬥倒之後，完全消亡，而只有革命沒有改良，亦即他反對另立新法律體系，不管該新法律體系叫做普勞階級的法制，還是社會主義的法制。

# 六、契約、資本主義與階級利益

　　為了使財產能夠交換與轉讓，不再受到別人分歧的意志所左右，於是契約或合同逐漸抬上桌面。契約（合同）遂成為法律的中心概念。契約的概念一旦出現，它便獲得普遍性的認同與重要地位。與法國法律哲學家狄驥（Leon Duguit 1859-1928）[6]的看法完全相反，帕舒卡尼斯不把法律當成公法與憲法，反而把法律當成私法來看待，蓋法律淵源於商品交易的緣故[7]。對帕氏而言，公法與私法的分別純屬意識形態誤謬的觀點，這是反映資本主義社會整體利益與個人利益之間矛盾重重的說詞。

　　帕氏稱資本主義的國家，其政治權威與資產階級在經濟上宰制的優勢地位是分開的。因之，他提出資本主義國家雙重性的假設，也就是說資本主義的國家既是政治國家，也是法律國家。他說：

> 當成階級宰制的組織，當成對外發動戰爭的機器，國家不需法律的解釋，且其本質上也不需法律解釋〔這就是政治國家〕。……〔反之〕，當國家貫徹赤裸裸的方便規則之原理時，它便需要法律的解釋〔它是法律國家〕。（Pashukanis 1924：92）

---

[6] 狄驥為法國法律學家，他放棄傳統理論，視法律為君主或國家元首權威的命令。反之，他認為法律立基於團結一致與相互依賴的人性之上。由於這種人的本性乃是普世的、一般的、與生而俱來的本質，所以人能夠認知在社會裡經營群體生活所必須的行為規則。對他而言，國家並非擁有主權高高在上的組織，是產自人們的社會需要。政府就像個人一樣必須受到維繫社會存在的規律所束縛。他的法律學說強調人類的團結和諧，法律成為人際聯帶關係的韌帶，著有《憲法論文集》五卷（1921-1925）。

[7] 其實帕氏把所有的法律當成私法看待，與狄驥的看法固然相反，更與涂爾幹的看法南轅北轍。涂氏說：「我們相信，所有的法律都是公共的〔屬於公法的〕，因為所有的法律都是社會的〔緣故〕」（見 Durkheim, Emile 1964 *Division of Labour in Society*, Glencoe, IL : The Free Press, p.127）。參考本書第4章。

在資本主義國家中，階級的宰制，也就是布爾喬亞的宰制就由國家倚賴銀行界與資本界表現出來，也從勞工倚靠雇主表現出來。這些倚靠關係就把國家化成法律的國家；另一方面在階級的鬥爭，特別是一個階級（資產階級）即將消滅另一個階級（地主階級）的緊要關頭，也就是政治鬥爭，就是革命的時機。國家就表現爲一階級對另一階級組織性的暴力之統治機器。這就顯示了政治國家的面目。要之，法律國家反映了商品交易非人身的、抽象的與平等的形式。法律國家以不偏不倚之第三者的身分來保證商品擁有者，彼此進行各種交易，而使社會秩序得以維持不墜。

傳統或教條的馬克思主義者，都會把法律、政治、國家當作社會的上層建築來看待。根據馬克思的說法，上層建築所指涉的就是意識形態。因之，蘇維埃剛建國不久的法學家，便把法律當成意識形態的一部分來看待。關於此，帕氏認爲有重加析辨與重新詮釋的必要。他說在政治經濟學的範圍裡，商品、價值和交換價值這些概念都是屬於意識形態的範疇。不過它們之所以被視爲意識形態，或帶有意識形態的屬性，乃是這些概念代表了社會關係，而又有意或無意地混淆（扭曲）客觀的社會關係之緣故。不能因爲概念本身是一種理念，是人們主觀的表述，便一概視它們是虛僞或錯誤的意識。換言之，一個概念含有意識形態的性質，並不消除概念所表述的社會關係之實質本相（material reality）。更不可以藉口這些概念含有意識形態的色彩，而放棄追尋其神秘帷幕之後的真相。必須指出的是法律概念雖然是意識形態過程中結構之一部分，也已融入該結構裡頭，但這些法律概念仍有其實在的、客觀的、物質的存在。因之，帕氏遂主張法律乃是社會生活與社會存在真實的形式。

帕氏反駁許多馬克思主義者把法律等同爲意識形態，他們還強調國家控制性是法律的要素，強調法律背後隱藏了階級利益。這些馬派人士都忽視法律與社會的經濟結構之間直接的牽連。法律的基本假設，乃爲法律主體的原則（涉及自由與平等的形式上之原則、個人自主的原則）。法律並非布爾喬亞僞裝的工具，用來奴役普勞（無產）階級。法律是布爾喬亞社會中真實的、積極的原則之落實，也就是該資產社會在打破了

封建與家長制的秩序之後所建立的新社會及其新機制。法律的勝利並不僅僅是意識形態的過程而已，而是真實的、物質的過程。是人際關係的「司法化」（judicializing），這種人際關係乃伴隨商品經濟與貨幣經濟的發展而俱來。法律與經濟進展推翻了農奴制，而使政治權力從社會中分離，變成了部分的權力，是故法律不是布爾喬亞的意識形態，而是商品交換的假定中做了事實的反映。法律反映，也確定了產品交換所需的條件。在產品交換上商品的生產（為市場而生產）得以建立（Pashukanis 1978: 164-167）。在市場裡，商品擁有者站在自主和平等的基礎上進行交易。因為有法律的助力，這些交易者在拋開其他的顧慮之下，得以全心全意進行商品的交換。

法律的範疇同商品生產的社會之「抽象」的經濟範疇並行發展。對資產階級的經濟與經濟學最重要的範疇有價值、資本、勞動、租賃。可是在以使用、而非交易的社會中，這些經濟範疇失去其存在的意義。正因為布爾喬亞的法律也是發展最高的法律，而其法律和法律關係也是發展最高的形式。是故法律主體是升上天堂抽象的商品擁有者（Pashkanis 1951: 169）。法律主體所進入的法律關係同他進入市場之內的商業關係是相對稱、相配套的。法律關係在於表示和捍衛這些關係存在之條件。據帕氏之說法，法律的發展完全圍繞著以物易物或商品交易的活動之上，其發展的起點在城市，但卻與家長制的關係產生摩擦，也同其他統治和服從的關係發生衝突：法律發展的巔峰是布爾喬亞的社會。帕氏雖然接受馬克思把國家當作階級宰制的形式看待，不過把這種面向的國家當做沒有能力解釋法律的國家。公法與私法的分別就是內在於布爾喬亞社會的矛盾。「公法」並非法律，而是命令，是階級統治，這種統治很難在布爾喬亞的法律觀念中找到適當的位置。

帕氏的導師司徒奇卡（Pavel I. Stuchka 1865-1932）曾任蘇聯國家初創時代司法委員會委員長，對帕氏學說大加讚揚，而又不次拔擢，遂使後者能夠躋身建國年代最有影響力的法理學家之列。但司徒氏卻主張法律為宰制階級，維護其利益的工具說。對於這點，帕氏不敢苟同，甚至大加批評。對他而言，法律形式包括了階級內涵固然可以理解，但把法

律當成「社會關係的體系，目的在藉有組織的暴力，保護宰制階級的利益」（司徒氏為法律所下之定義），卻有混淆法律與其他社會規範之嫌。作為規範人類集體生活的法律，只是眾多社會規範之一。這些眾多的社會規範，包括了習慣與傳統的規定，其基礎可能是道德的、美學的、功利取向的考量。其原因是並非所有的社會關係都是法律關係，只有在某些情況下，規範社會關係之規定，取得了法律的性質。馬克思法學的理論不只在改變某一特定時期法律規定的物質內容，進一步還提供法律規定當作某一特定歷史形式之唯物論的解釋。

那麼法律和其他社會規範有何不同呢？帕氏說：法規的基本原則是對私人利益的對抗與規定。人類的行為儘管可以藉各種複雜的規範來指引，但這些規定中法律因素的出現，確是在限制與反對私人利益作為起始的。帕氏稱:「法律規定具有與眾不同的特質（*differentia specifica*）……是由於它的前提在假定人身擁有權利，而可以積極地主張這一權利」（Pashukanis 1924: 72）。模仿馬克思在評論萊因邦邦議會制訂盜林法（1842），以及在〈論猶太人問題〉（1843）兩文上所透露的法律觀，帕氏分辨兩項社會規範，其一為涉及普遍的、全民的利益之規範；其二為替特別的、少數人利益服務的規範。前者只是技術性的規定，其目的在促成人群趨向和諧統一；後者是法律規定，其特徵為爭議的、興訟的，但其目標則在排難解紛，止爭息訟。

舉個普通的例子，我們知道醫療涉及到一大堆技術性的規定，其目的在促使病人的康復，但病人與醫師卻有不同的身分與角色，兩者是隸屬於對立的、孤獨的主體。在治療過程中，兩者各有權利與義務要履行。因之，這兩組主體之間的法律規定，便涉及特殊利益的安排與規範。

要之，對帕舒卡尼斯而言，並非所有的社會規範都是法律。那些能夠促使社會和諧團結的規範，是屬於技術性的規定，不具法律的特質。是故帕氏對憲法、行政法等公法的討論比較少，也不夠深入。反之，他卻集中在討論私法、經濟法所滋生的問題。法律只是商品社會排難解紛的機制，其產生是由於商品交易的結果，是故與資本主義的產生與運作攸關。一旦資本主義消失，商品經濟廢除，法律的存在成為多餘，帕氏

遂有法律消亡論的主張。

# 七、法律的消亡

## （一）帕氏法律消亡論的大要

　　理論上受著馬克思與恩格斯對國家消亡的影響，又師承恩氏所稱過去至今人受制於人，最終被未來人管理物所取代。因之，帕氏也主張法律的消亡。實踐上新生的蘇維埃政府正在大力清除沙皇留下來的各種舊法典、舊章程。因之，也贊成法律制度的取消。不過蘇聯初期法學者對法律消亡的主張，不久便因內戰與社會秩序的混亂被迫改弦更張，布爾雪維克執政當局在 1918 年便急踩煞車，收回早一年頒布的廢除階級與市民等級令，結束了法庭平民化，以及地方法庭與革命審判庭制兩級兩審制。在新經濟政策展行的初期，亦即 1924 年第一部蘇維埃聯邦憲法頒布之年，又開始了立法與制訂新的法律體系，亦即企圖建立社會主義或普勞階級的法制。

　　帕氏在《一般理論》中，一開始便把法律界定為資產階級獨特的社會規範，認為社會主義一旦推翻資本主義，無須再使用法律，而應該以技術性的條規來處理社會關係。帕氏相信在社會主義的社會中，生產不為交換而進行，法律變成不相關，會隨著市場經濟的消失而消亡。政策、經濟計畫、行政將取代法律。法律主體就像原始公社、軍隊或工作團隊一樣，變為不適格、不合適。法律最後讓步給社會兼經濟的規範，而告萎縮（Pashukanis 1951: 178-179）。因之，他對 1917 年革命成功後，革命者擬建立無產階級的法律體系，是持堅決反對的態度。

　　帕氏引用馬克思對德國工人黨《哥達綱領》的〈批判〉來說明法律有走向消亡的必要。雖然在該〈批判〉中，馬氏深刻地理解商品形式與

法律形式之關聯，也明瞭共產主義的初階過渡到高階，不需法律的轉型。帕氏遂聯想到法律既然源之於商品交易，而共產主義在於取消商品交易，而使生產促成使用價值的再現（不再爲交易而生產），那麼社會主義的法律，或普勞階級的法律就沒有誕生的必要。假使個人企業（資產階級、小資產階級）或群體企業（資本主義國家或社會主義陣營），仍要靠市場而維繫其存在，那麼法律的形式仍有保留的必要。

在這種理解下，帕氏認爲新經濟政策推行下的所謂社會主義法律體系，仍然是援用布爾喬亞的規章律條。就算 1922 年蘇聯頒布的《刑法準則》仍然是採用布爾喬亞刑法的精神，儘管此法有些用字諸如「罪過」、「犯罪」、「刑罰」等，被「社會防衛的措施」之字眼所取代。對他來說，這只是法律用詞的改變，並非法律形式之取消。由是可知他認爲 1920 年代的蘇維埃法規並非「社會主義的法律」，而是布爾喬亞的的法律，因爲商品交換關係尚未自蘇聯絕跡的緣故。就算是刑法，其條文仍舊是資產階級的，因爲條文容許採用報復均等的原則。真正的社會主義的原則是立基於保護社會的基礎之上，因之，他宣稱社會主義的原則「不須詳列犯罪分別的因素（以及與此相關的懲罰措施），而是對〔犯罪〕的徵象之描繪，也就是指陳危害社會之情況，以及爲了使社會獲得安全而必須採取的方法」（Pashukanis 1951: 223）。

1928 年隨著新經濟政策的取消和第一個五年計畫的倡導，帕舒卡尼斯認爲蘇聯在人群事務方面有消除法律因素的跡象。他所領導的研究所遂改名爲「社會主義建設與法律研究所」，他甚至天真到早晚要把「法律」兩字從這個所名除掉。在他影響之下，民法的課程已易名爲「經濟／行政政策與法律」，研討國家與企業的關係之管理，在他看來法律的特質正在消失中。這時個人的權利在課堂中討論的不多，且移到學期的末端講授，其地位只是暫時性，也是布爾喬亞關係強弩之末的附屬話題。換言之，這個時候法律的理論與實踐徹底分家，一方面是蘇聯境內實行的法律及其措施、過程；他方面則是馬克思所主張「法律的消亡」之理念（Sharlet 1977: 157, 158）。總之，這時蘇聯法學教育機關的師生都在朝著法律消亡的預期心理下，進行前途渺茫的法律研讀（Warrington 1981: 1）。

帕氏指出 1924 年的蘇聯擁有兩套經濟規範。其一爲行政兼技術性的規則，用以規定一般的經濟計畫；另一套則爲民法、經濟法、訴訟法等規定商品交易的律條。後者成爲新經濟政策下人們商品交易的主要規範。前面那套技術性的管理辦法一旦得勢，後面這套交易法規便要式微，這就是馬克思人的解放之理念的實現。在 1929 年刊載的一篇文章〈經濟學與法律規定〉中，帕氏仍強調法律的消亡是法律人是否接近馬克思主義的衡量指標。要之，帕舒卡尼斯對法律消亡的理論是他法理學的一大貢獻，也比起商品交換論來顯得更爲重要（Warrington, *ibid.*, 16）。1929年他再度證實他對法律消亡的信念，他說：「法律消亡的問題是一個基石，用來測量一個法學家與馬克思主義的親近之距離」（Pashukanis 1980: 268）。

## （二）資本主義之前沒有嚴格意義下的法律可言

帕氏主張法律是一個特別的資本主義之問題，這是由於他主張商品形式的理論所產生的結果。所有的法律乃是由於商品交換而生產的後果。那麼在商品交換之前，也就是資本主義之前的社會不存在著法律這類的社會安排。所以他指出：「中世紀不存在著法律主體的抽象觀念」（Pashukanis 1978: 170），「古代的奴隸社會中奴隸與奴隸主人不構成法律關係，沒有特別的法律規範來管理奴隸制度 」（*ibid.*, 110）。

這種粗糙的簡化之觀點在《一般理論》出版後一直爲帕氏所信守，這種主張之立證脆弱不難想知，但卻是它理論的堅強處，也就是用它來爲未來法律的取消當做社會新組織的手段。他的論據是在論述資產階級的法律理論，法律以外的社會規範（古代與中古）在布爾喬亞的觀念中都是非法律的（爲神學的、道德的、習俗的等等）。非法律的形式最後會取代法律形式變成社會的新規範，這就是帕氏所獲得的必然結論。

### （三）資本主義之後也沒有普勞階級的法律

1920 年代蘇聯法律學界熱烈討論從社會主義過渡至共產主義時期的法律制度問題，其結論大體上認爲過渡時期的無產階級專政，也有其特殊的法律形式之必要。帕氏反對這種說法，主要的原因是無產階級專政乃是過渡時期，過渡時期自有其變通的、靈活的性質，是故無所謂無產階級法律的存在，他甚至對司徒奇卡使用「無產階級的法律」表示遺憾。

帕氏認爲一旦有了「無產階級的法律」，那麼豈不是把法律形式永續化，誤會每一個時代便有一個特殊的法律形式，把法律形式「不朽化」（immortality），誤認爲法律隨時都會更新（Pashukanis 1978: 61），是故「無產階級的法律」不但不是進步的、革命的、還是反動的。不能因爲蘇聯建國初期採用資產階級形式的法律，便認爲過渡時期自然會發展出無產階級的法律。「資產階級法律某些範疇的消亡……並不意味著無產階級的法律之新範疇取而代之……資產階級法律的範疇之消亡意謂所有法律的消亡，這是指法律因素從社會關係中消失之謂」（*ibid.*, 61）。

### （四）財產的取消

對帕氏而言，革命最終的關懷仍舊是財產及其取消。他認爲過去革命的形式和當前他也參與的革命形式之區別爲對財產關係之歧異。過去的革命單單是把財產社會形式換上另外一個形式，基本上財產還是存在。但未來的革命，也就是要建立完整的共產主義之革命卻是要把財產徹底的取消。革命的目標在於廢除財產關係，取消商品交易的社會關係。由此可知財產對帕氏而言是瞭解他自己和未來的社會之關鍵，也是一個達成完整的共產主義亟須克服的阻擋、藩籬。把它看成爲最終（必遭摧毀）的形式。他曾經把財產的商品形式當成法律的「創造者」，那麼財產的揚棄意味著法律的揚棄。

### （五）道德的國家與犯罪

　　值得注意的現象是帕氏把道德、國家、犯罪串聯到商品生產的社會。因之對他而言，這三個概念在歷史上是受著限制的，也就是革命的過程最終會把這三個概念化成無用之物、累贅之物。「我們因此要記住，道德、法律和國家乃是在布爾喬亞社會的形式」（ *ibid.*, 160 ）。

　　不過在帕氏的論證中並沒前後一致、始終連貫。當他論述法律的最終發展會導致犯罪、國家與道德的消失。他在敘述犯罪時顯露他的曖昧態度。一方面刑法在資本主義的社會乃為必要，因為它牽連到布爾喬亞社會的公平原則，刑罰的必要顯示在犯罪與懲罰的適當比例，不過等價的原則只是布爾喬亞諸側面之一。犯罪與懲罰的範疇化（歸類、論等級）卻是從等價交換的法律衍生出來。如此一來「反之，『刑法』的特徵化〔分門別類、以及標示其特徵〕將變得毫無意義，假使等價關係的原則從它〔刑法〕裡頭消失的話」（ *ibid.*, 176 ）。這就是說沒有等值交易的原則，就談不到刑法以及刑罰的特徵和作用，這種論述便指向未來的社會。在未來的社會中犯罪的過程不再是社會的重大威脅，不過這種說詞使寇士批評了帕氏前後矛盾。因為帕氏曾經這樣寫著：「只有當階級完全消失之後，才能使懲罰的政策之制度建立起來，這種制度不再有敵對、對峙的性格」（ *ibid.*, 173 ）。在這裡帕氏一方面在於呼籲建立一個新社會可以把刑法的必要消除，可是另一方面他又為新社會的犯行處罰侃侃而談，這不是矛盾是什麼（Korsch 1978 ）？上面帕氏引言之後的句子使讀者懷疑在新社會中有否設立懲罰制度的必要。

　　替帕氏辯解之可能方法為刑法就像歷史一樣，不適合於放置在帕氏的學說裡頭。帕氏的理論只涉及私法與民法，刑法只是附帶加上去的一章，無關全書的宏旨。帕氏僅在嘗試應用他的商品理論，因為商品理論對私法和民法有邏輯上的關聯力量；反之，對刑法則無關聯力量。

## （六）法律對抗計畫

要之，帕舒卡尼斯論證法律對社會而言並不是有用的東西，是故有必要讓它壽終正寢、自然凋零。他反對那種把法律當成社會上有用的見解，也反對把法律提供革命之用。他說：

> 沒有絕對的公式之存在，即便是從最進步的西歐法學者的著作中抽繹而出，也就是說可以從民法產生的法律處理〔交易〕轉化為社會上有益的處理〔行動〕，或是把每個財產擁有者變成了履行社會功能的〔善士〕。這種把書面上私人的經濟和私法取消只能模糊它真正取消的期待與可能性的觀點。（Pashukanis 1978: 98）

不過假使對帕氏而言，法律在社會上無甚作用，最多只是抑制的功能。那麼「計畫卻成為未來社會的基礎，它能夠揚棄布爾喬亞權利的狹窄地平線」（Kamenka and Tay 1971）。事實上他指摘所有的法律理論家，認為他們的著作是沒有必要的。「只有當個人主義的經濟體制被社會生產和分配所取代時，這些人類知識精力非生產性的浪費才會停止」（ibid., 80）。法律交往的無可避免乃是商業交換關係的產物。「計畫經濟最終的勝利會把它們的關係轉變為完全技術的方便之道，從而把『法律人格』加以丟棄」（ibid. 134, 135）。在他的心目中，法律關係為新社會計畫的理性經濟之對立面，他努力去擁抱新社會的到來，但終其一生壯志未酬身先死。

# 八、帕氏學說的修改

事實上在列寧在世的最後幾年，為了推行對戰時共產主義的新經濟政策，其採行的策略為中央統制經濟與農民部分自由買賣（市場經濟）

的混合模式，以致新建立的蘇維埃法律體系共有兩套，這正如帕氏前面所揭示的。配合新經濟政策之推行，帕氏的著作也贏得官學兩界一致的讚譽，其地位之也節節升高，特別是在 1924 至 1930 年之間。他先後出任黨中央法律與國家研究委員會（其主任委員爲司徒奇卡）委員、蘇維埃建設研究所研究員、社會與國家理論組組長等職位。1926 年他加入莫斯科國家大學與紅色教授研究所，兼任《蘇維埃大百科全書》法律部門主編。1927 年標誌蘇聯官方法律學說最重要的學報《革命法律》發行，帕氏不只擔任副主編（主編仍爲其導師司徒奇卡），還在該刊上刊載他商品交易法學之主要論文。

在 1927 年刊載的文章〈法律的馬克思主義理論與社會主義建設〉中，帕氏一方面重申他反對制訂無產階級或社會主義法律。他方面也對 1924 年出版的《一般理論》，做一個重大的修正。這個修正就是承認其導師司徒奇卡所言，中古封建主義時代，存在著商品的交易。因之，封建社會仍然要採用法律來規範人們的買賣，是故法律形式並非布爾喬亞之專擅與特質。雖做了這方面的讓步，帕氏仍辯稱蘇維埃法爲馬克思所主張共產主義初階適用的條例，而與布爾喬亞的法律有重大的不同。

1929 年帕氏在前述〈經濟學與法律規定〉的文章中，對法律形式的反思情形作了闡述。他認爲馬克思把社會當成上層建築與下層建築的兩層樓譬喻，不該造成當代經濟學家（如 Yevegeniy A. Preobrazhensky〔1886-1937〕、Abram I. Rubin〔1883-1918〕和 Egon Böhm-Bawerk〔1851-1914〕等人）把這上下層建築物誤爲截然有別的、完全相反對立的兩項事體。事實上，所謂「社會的（the social）不過是經濟的（the economic）另一表示」（Pashukanis 1929: 241）。每一敵對的階級社會中，階級關係完全表現在政治鬥爭、國家結構與法律秩序當中，最終的決定來自於生產力，上層建築的種種形式（政治鬥爭、國家結構與法律秩序）無法脫離經濟與社會關係而自存。這種說詞已顯示帕氏學說面臨修改的時刻。儘管此時他尚沒有承認政治在馬克思政治經濟學中首要的地位，但至少不敢忽視生產關係所扮演的角色。換言之，他不再強調生產力，而注意到生產關係。換言之，他的結論是「生產關係在最後的分析裡起

著決定性的作用」。這多少表示法律的源起不再是商品交易。

1929 至 1930 年間，帕氏聲望抵達高峰，蘇共法律與國家組併入共產主義學院的蘇維埃建設研究所，而共產主義學院成爲當年蘇聯馬列主義理論大本營。《革命法律》易名爲《蘇維埃政府與革命法律》，由帕氏出任總編輯。藉著這些重要職務，使帕氏商品交易理論變成馬克思法哲學的主流。由帕氏所領導的學派主宰法律的一般理論，也在刑法與民法、經濟法中發揮其所長。共產主義學院成爲馬克思法學研究與教育中心，至此帕氏乃成爲蘇維埃法學界的泰斗。1935 年在被整肅之前兩年居然擔任到人民司法委員會副主委（相當於副司法部長）之高職。

# 九、帕氏商品交易理論的學術批評

在 20 世紀的法律理論家當中要數帕舒卡尼斯受到最大的質疑與謾罵（Fuller 1949）。不過指摘者與讚賞者都有一個一致的看法，就是帕氏商品形式的理論是他法哲學或法社會學的創見，不過他這一理論卻也難掩錯誤與瑕疵。

## （一）商品交換的首先性

帕氏聲稱社會關係的商品交易之形式無論在邏輯上或是在歷史上都比其他的社會形式，包括法律形式提早出現。這種論調是令人質疑的。在這一理論中他雖然強調，財產關係披上法律的外衣只有在資本主義出現之後才有可能，可是在法律尚未存在之前，他便對財產加以概念化，卻是他的失誤。他更指出竊盜這一個對法律冒犯的概念是在財產概念成立之前便告存在的「事實」，這就招致資產階級法理家如柯爾生和拉平納（I. Lapenna）等人的抨擊。也就是財產概念未釐清，何以界定竊盜？沒有界定某些事物（和人員）歸某人、或某一集團單獨而排他的使用，就

無從爲財產確立概念。有了財產概念，才會說到對財產的侵犯、竊據、濫用等等，這點說明剛好與馬派重視歷史的傳統相反。替他辯護之方式爲說他的理論事實上不在強調歷史，而是集中在歷史上出現的資本主義社會。在這個社會中法律成爲特殊社會形式所不可或缺的規範。不過這種爲他辯解的方法豈非意涵只有資本主義社會才有法律，古代的奴隸社會與中古的封建社會沒有法律？這就違背帕氏寬廣意義的法律之原意了。因之，帕氏如果刻意要爲法律做歷史的鋪述與分析，則其努力顯示徹底的失敗。反之，如果他的理論只在分析資本主義的社會，也把他的理論只應用到這個發展的資本主義社會，那麼勉強還說得通。

## （二）商品交易的主導

帕氏的理論集中在商品交易之上，他認爲法律之職責在於保證商品自由交易的要件具備。法律就爲達成這目標而發展，法律也克服由於商品自由交易而滋生的現實問題（違法交割等）。法律最終的目的在保證資本家可以自由進入所有法律範疇裡最重要的「自由」契約當中，也就是對勞力的購買。不過交易的過程並不是資本主義運作所有的過程。資本主義最重要的是生產的過程，交易只是這一生產過程的一部分。法律理論不只關心交易，更應該關心生產，但帕舒卡尼斯似乎把生產排除在其法律理論之外，這是連他也無法接受的做法。就歷史上觀之，商品形式的體系是生產力與生產關係達致某一階段的產物。造成商品形式成爲主導的、主宰的形式乃是技術與社會發展特殊過程之結果，這包括了生產過程的完全轉型在內。帕氏未能提供邏輯的空間，俾正視社會體系發展中生產過程之重要性。帕氏的學說建立在商品生產社會的基礎上，但卻把生產過程的重要性加以抹煞，是其最大的敗筆。

## （三）商品形式的普遍性

帕氏不只明顯的忽視生產的重要性對法律的衝擊，他的法律觀並不

基於資本主義商品的生產之上。帕氏假定商品形式本身便會產生法律關
係。但這種商品形式在社會發展的某一階段上卻不這樣做（不產生法律
關係）。他假定前資本主義商品生產的法律形式單單在擴大與發展，後來
商品生產的方式才因為它變成了主導的世界之形式。明顯地，他所忽視
的是商品生產的改變，在發展過程中業已變化為現代的世界體系。因之，
他的理論不能被視為寰球的、普世的理論，只能應用到小型的商品生產
之階段上。

## （四）強制之缺席

　　帕氏的法律理論中不談法律的強制性、壓迫性。這是連其同代的司
徒奇卡都深覺困惑之處（Stuchka 1970: 230）。當時以列寧為首的共產黨
領導人強調向來各種統治階級的意志，都用來壓垮其他階級，充當統治
工具。就是革命的法律也是對付階級敵人的武器。馬派的法學理論所強
調的鎮壓、強制，居然不出現在帕氏的法律定義中，不免令人嘖嘖稱奇。
由於他把法律關係視同為商品交換的表述，而商品交換係交易的雙造自
由意思的表現。這樣暴力、壓迫、強制就被他視為毫無必要。他認為強
制就與商品自由和平等的交換完全矛盾，甚至交換價值如果由市場之外
的任何權威人士或機構來決定，便喪失其意義（Pashukanis 1978: 143）。
　　事實上，帕氏並非完全無視於強制的角色。他在討論國家的性質中
不忘國家的鎮制功能。他只是對古典馬派法律理論過分強調暴力、壓制
有所不滿與反彈而已。1932 年帕氏在自我悔過中，承認他自己把法律視
同為交換之不當，尤其沒有討論到強制性和人際的降服這兩點法律體系
必要的因素，是他的錯誤（Pashukanis 1970: 235）。不管這種悔過、被迫
公開承認錯誤是否出於他的真心誠意，但他理論中欠缺強制性，可以說
是由於他忽視階級關係的緣故。這也就是說他的理論在強調資產階級平
等交往的經濟與法律關係，而忽略了資產與無產階級不平等之關係。

## （五）使用價值與交換價值之分別

帕氏利用馬克思商品具有使用價值與交換價值之分別，而指出法律形式與商品形式相似之處，在於忽視不等的使用價值，但卻重視平等的交換價值。對他而言，法律只在處理公民形式上的平等，而忽視公民之間實質上的不平等。

但法律真的不注意人民彼此之間實質上的不平等嗎？法律中最重要的範疇無過於在契約發生糾紛時，法庭難道只注意交易的雙造對交換的形式是否遵守，而不重視雙方實質上地位的差異嗎？以實行普通法的國家來說，很多的法規就在糾正這種實質的不平等、不平衡。英國 1914年的租賃法規就盡量壓抑出租人的優勢，而保護租借者的權益。就算雇傭法的規定，法律不會只偏袒資方而忽視勞方的好處。同樣英國的法制中，對契約的使用價值之關注大於契約締訂時的交換價值。

契約的真正標的並不是等價交換價值之交易，而是不等的使用價值在訂約雙造之間的流通、轉手。

要之，帕舒卡尼斯把法律的範圍同經濟的範圍混為一談。他使用了上下層建築的譬喻，只看經濟會決定法律，而忘記、或忽視法律對經濟的型塑作用。把法律化約為經濟的反射是化約論者、或本質論者[8]所犯的毛病。法律雖然無法獨立於經濟之外，但也有其獨特之處。承認法律對經濟的影響，並不一定是涉及法律的自主，但至少是對傳統馬派法律觀的修正，這點可說從葛蘭西和朴蘭查的西馬、或新馬的法學理論中看出端倪。

---

[8] 化約論（reductionism）是把一個更廣泛、更複雜的現象，簡化為較低的概念。例如說，歷史為精神演展之說法，就是把歷史化約為精神。本質論（essentialism）則強調有事物的本質（essence）可言。「馬克思與恩格斯的作品，整體說來並不陷身於本質主義，那就是說他們並沒有把所有的社會現象化約或衍生自經濟的現象」（Sugarman 1981）。

## （六）對馬克思作品的誤讀

帕氏認為他的做法只不過是馬克思經濟分析應用到法律的研究之上。但他這一任務證明為不可能的任務，原因是為專門為一個特殊的領域 （經濟）所設計的分析，要應用到另一個領域（法律）是不可能的。「對政治經濟的研究合法（legitimate，正當的），未必對法律性（legality）的」研究也合法（正當）的」（Fine 1979: 36）。法律的形式與實質之分析雖然可以同經濟的概念掛鉤，但卻不可能單單是經濟的分析而已。

事實上，帕氏曾有誤讀馬克思經濟學之嫌。這在上面他集中在商品交換過程，而忽視馬克思重視生產過程一節上可以看出端倪。他在《一般理論》中曾經說：「作為法律社群的先決條件、或稱法律主體之間的買賣先決條件之資料，為馬克思本人在《資本論》第一卷中所特別標出，儘管這種材料在一般的敘述之下展現出來」（Pashukanis 1978: 111）。這表現了帕氏誤把馬克思在《資本論》第一卷開頭所講的東西當做是馬氏經濟理論的全部，這是帕氏誤讀所在。事實上，《資本論》首先討論的是個別商品生產者和個別商品交換者之交易行為。在這裡馬克思所強調的是個別人進行交易時勞動時間的相等。顯然資本家財富的來源（利潤）不可能在個別交易中找到；反之，它是在流通圈中資本家榨取勞工的剩餘價值而得到利潤，也就是在生產圈中生產力產生了多餘的價值，亦即剩餘的價值。資本家便在榨取與剝削勞工的剩餘價值而致富（洪鎌德1999: 60-65; 2000a: 30, 32）。除了第一卷偶有提到剩餘價值之外，《資本論》第二卷與第三卷則全部討論剩餘價值。須知馬克思的經濟學是討論階級社會特別形式裡剩餘價值的生產、流通和分配。這似乎為帕氏所忽視。

正是社會上（而非個人）生產的剩餘價值在帕氏著作中漏掉。他分析的重點為孤絕的個人（在前資本主義時代的商品生產以這個孤絕的個人為分析單位，勉強還可被接受），假使要把他（孤絕的個人）納入已發達的資本主義社會中論述剩餘價值之生產的話，則其交易行為的重要性

就會大爲降低。當帕氏說：「商品經濟的先決條件爲原子化的經濟
（atomized economy）」（*ibid.*, 85）時，他顯然不正確，因爲變成世界主
要的形式之商品交換牽涉到高度發展的社會狀態，甚至捲入世紀經濟
中，而絕非原子化、個別化、孤立化的經濟。

總之，只強調商品交換而不重視商品生產，是帕氏對馬克思及馬派
經濟分析的誤讀和誤解。帕氏最大的失誤就是忘記、或忽視勞動力變成
了商品是資本主義的生產中最大的特徵（Picciotto 1979: 170）。一旦資本
主義建立起一個世界體系，也就是資本獨霸的局面，那麼法律理論的建
立不再單單靠商品的交換爲其最終的目標（Warrington 1981: 9-16）。


# 十、蘇共對帕氏學說的批判


就在帕氏的學說影響日漸加深的年代（1925-1930），一股反對與批
評的聲浪也逐漸擴大蔓延。批評的重點是認爲他把商品交易的概念作了
擴張性的詮釋，把法律方法論與法一般理論混爲一談，忽視了法律意識
形態的性質，以及其學說反規範主義（anti-normativist）等等。此外，也
有批評他對封建社會的法律看法之偏差，對公法無正確的掌握，對群眾
參與行政管理之不夠積極。總之，他甚至被批判爲「法律虛無主義者」
（legal nihilist）（Beirne & Sharlet, *op.cit.*, 318）。

所有批評的聲音來自於共產主義學院的同僚，他們都是馬克思主義
者。也就是批判首先來自學界，最後才是黨政界，而種下帕氏殺身之禍。
當商品交易學說大行其道之際，其學說的大本營爲共產主義學院，卻分
成溫和派與激進派。激進派的領導者爲帕氏本人，溫和派也就是批評其
學說的那一派，則以帕氏的導師司徒奇卡爲首。而所有批評者中，最尖
銳、最厲害者則推共產主義學院之外的蘇維埃法律研究所研究員皮翁特
柯夫斯基（Andrei A. A. Piontkovsky 1898-1973）。皮氏後來也加入共產
主義學院任研究員。

在 1920 年代中，帕氏的學說便遭受質疑與抨擊。他對布爾喬亞法律解析的精細，對共產主義宣傳者不具吸引力。後者寧願把法律看做布爾喬亞利益的護符。他視蘇維埃法律仍舊沾染布爾喬亞的色彩，也同蘇聯死硬派份子鼓吹社會主義優越的虛榮衝突。很多批評者認為他在法律中縮小規範性因素，而忽視了蘇聯的特別立法凸顯社會主義法律與布爾喬亞法律之不同。

1927 年司徒奇卡的批評，可以說是帕氏學說至此階段面臨最重大的挑戰。前者認為後者把法律概念從民法擴充到其他法律分支是過度地膨脹法的概念。其次在司徒氏眼中，帕氏對「平等」、「對等」的理念也做了過分的擴張性解釋，對法律的階級內涵強調不足，把公法化約為私法，對封建法律與蘇維埃法律之存在加以否定。他又指出法律不只反映了市場的範疇，也反映了生產中組織的需要。司徒氏的批評是在共產主義學院同僚間的善意指正，這並非惡意攻訐，也不是外界批評者所誇大兩位師徒之間的重大歧見。

事實上做為帕氏的導師司徒奇卡的法學貢獻，在 1920 年代蘇聯法學界，無人出其右。他不只充實法律的唯物觀、階級觀，還主張由資本主義邁向共產主義過渡時期建立蘇維埃法律制度之必要性，儘管這一制度為過渡時期之措施，卻為史達林的獨裁所濫用，遂成為蘇維埃政權長期（幾乎是永久）的統治工具。那麼司徒氏視蘇維埃法律或普勞（無產階級）法律之特色為何？他指出普勞法律為過渡時期的法律，其特徵為對「我們新社會體系的簡化與大眾化」。他在 1931 年莫斯科出版的《為革命馬克思主義法學理論而奮鬥》文集中指出：「法律的革命乃是革命的法律體（revolutionary legality），目的在促進社會主義的擴展與社會主義的建設而服務」（ Stuchka, 1931 *let boriby za revolutionno-marksistskuiu teoriiu prava*, Moscow, pp.24-34 ）。

就在鼓吹法律革命、或革命的法律之場合下，司徒奇卡才展開對帕氏學說的批評。他批評帕氏的法律理論為一種「省略」，一種片面性地把法律化約為市場的運作律，化約為商品生產者關係的工具化，化約為這些商品生產者的交易行為，因之誤把法律當做資產階級社會的特質

（Stuchka 1970: 563-564）。皮翁特柯夫斯基的批評則懷有敵意。他本人
為刑法專家，贊成發展蘇維埃法律體系。他認為帕氏把一個理念類型的
概念——商品交易的概念——誤解為法律理論。他認為像俄國這樣一個
長期受沙皇封建主義統治的國家，其社會的型塑亟需政治與經濟的發展
來推動，因而質疑帕氏法律的一般理論缺少創新革命的措施，無法滿足
革命時代求新求變的非常要求。

# 十一、商品交易法學派的影響與式微

　　在 1920 年代末期，儘管圍繞在共產主義學院內外日漸抬高的批判撻
伐之聲，商品交易法學派的影響力卻有增無減，帕氏及其師生奮力宣揚：
隨著私產與市場體制的逐漸萎縮，私法與國家將趨向消亡。在他們的觀
點下，認為政經發展的趨勢，正朝此方向邁進，特別是 1925 年蘇共第
14 屆黨大會宣布新經濟改革的施行，大規模工業化的推動，都被商品交
易法學派看做是法律制度的減弱的跡象。1927 年第 15 屆黨大會呼籲建
設社會主義、擴大社會主義的基礎，自稱具有革命性法學的商品交易學
派，更認為法律的消亡為時不久。

　　帕氏及其學生，也就是激進派的商品交易論者，在第一次與第二次
五年計畫中，要求對新經濟政策的法律條規進行革命性的修改，也就是
大力推動幹部接受法學教育，俾迎接法律消亡後未來的司法轉化為行政
的工作。另一方面則把布爾喬亞殘留的法律文化（部分凝結在新經濟政
策的法典中）做適當的修正。譬如說，布爾喬亞的團結一致和社會和諧
是建立在經濟與法律的對等關係上，如今激進的法律學者兼革命者則要
求廢除這種對等，改採方便原則。所謂的方便原則就是把新經濟政策的
法條簡便化、靈活化，而去掉其穩定性與形式化。不過激進法學者這種
便宜行事的作法卻使 1930 年代前半的蘇聯民事與刑事工作受到顛覆性
的威脅。這種「法律陣線」（the Legal Front）的鬥爭，也就是法界的革

命性活動，造成一種「法律虛無主義」的氣氛，也是後來反對者斥責帕氏爲「法律虛無主義者」之主因。

　　1930 年 6 月蘇共第 16 屆黨大會決議工業化迅速推進。此一決議造成帕氏商品交易學派主張法律消亡的理論，與共黨大規模工業化，以及強迫性集體操作需要強有力的政府與法律做後盾，產生了嚴重的衝突。這是帕氏開創學派以來所遭逢致命的打擊。史達林在 1929 年 4 月蘇共中央委員會會議上便警告群眾不准宣揚反對法律與國家之言論。更在次年 6 月的第 16 屆黨大會上禁止使用國家與法律消亡的概念。

　　爲此，1932 年在《國家與法律的學說》一書中，帕氏坦承他不該把當做歷史現象的法律等同爲商品的對等交易。在所有的階級社會（不限於資產階級組成的資本主義社會，也包括奴隸社會與封建社會）中，生產的每一個關係都含有直接生產者被剝削其剩餘價值的特殊形式。因之，他現在終於改口稱:「生產者與生產資料聯繫關係的性質是瞭解社會經濟形構之鑰匙」。決定每一個既有法律體系之因素就是剝削的形式。至此我們不禁要懷疑帕氏法律起源說的經濟主體（後來經由商品交易的法律形式轉變爲法律主體），既非黑格爾，也非馬克思，更非朴克洛夫斯基等人的說法，反而更接近布爾喬亞法哲學家如耶林（Rudolph von Jhering 1812-1973）[9]、耶林內克（Georg Jellinek 1851-1911），甚至是韋伯等人的主張，畢竟他在慕尼黑大學求學期間所接觸的法律學說就是這幾位布爾喬亞的思想大師的觀點（Beirne and Sharlet, *ibid.*, 322）。

　　在這本新著中，他也開始質疑生產關係和交易關係之外的社會關係可否變成法律的內容。他也承認在布爾喬亞社會中，法律不只方便商品的交易，就是布爾喬亞的財產也不能用商品擁有者之間的關係一語帶

---

[9] 耶林以為法律是一種的機制，俾達成不斷流動之目標。換言之，法律提供社會生活條件固定的強制性，當其他的機制（宗教、道德、習俗）無能為力之時。他與 19 世紀德國法學者爭辯，後者只強調法律為概念與規則的上下位階的安排。法律在滿足人群的利益與目標，它不但「保證人群身命存在的條件，還保證其貨物與決策，也就是個人以為其生活最有價值的那些看法與判斷」（《法律作為達成目的之手段》1877-1883: 331）。為達此目的，人群必須合作，個人的利益與別人的利益遂告結合。凡是義務、愛，或經濟利益無法促成人們把這些利益合在同一點之上時，法律就扮演其角色。

過。把法律關係化約爲經濟關係，最後會造成只有財產關係與契約關係才是法律的內容，也變成財產法與契約法成爲剩下來的法律，這是把法律範圍狹窄化。同時只見到經濟關係對法律體制的決定作用，而忽視了法律對經濟關係的制約性、規定性、反射性。這時他得承認法律乃是統治階級發布政策的基本形式。他說:「統治階級的組織之積極影響，把事實關係轉化爲法律關係，賦予事實關係以新的性質，也就是把它〔事實關係〕併入於法律上層建築的設立之中」(Pashukanis 1932: 297)。

1930 年代初帕氏爲了貫徹史達林「由上而下推動的革命」(revolution from above)，即由共黨領導強行推動的迅速工業化與強制性集體經營，不惜修改其國家消亡論，他把史達林集權與獨裁的國家主張硬性套在其原創性的法律學說之諸範圍中。史達林式國家觀的擴張與蘇聯刑法的萎縮(把「蘇維埃刑法」改爲「蘇維埃刑事政策」)，使帕氏的新學說成爲史達林恐怖司法的幫兇。換言之，此時刑法訴訟手續完全在政治干預的便宜行事下被犧牲掉，從而爲共黨政府對百姓的的迫害、屠殺開方便之門。帕氏的後繼者，曾任總檢察長的維辛斯基成爲史達林清算與整肅異己的大執法，他極力詆譭與抨擊帕氏的法律學說。

1936 年 12 月史達林欽定的憲法之頒布，標誌此時的蘇聯比早前更迫切需要法律的穩定與國家權力的擴大，帕氏國家與法律消亡論成爲獨裁政權的眼中釘，必須拔去而後快。1937 年 1 月被斥責爲左派共產主義者、法律虛無主義者、「人民公敵」的帕舒卡尼斯遭逮捕而告失蹤[10]。其跟隨者、合作者也一一被清算。這可以說是商品交易法學派的徹底垮台。

---

[10] 顯然帕氏並非一位溫文儒雅的學者，根據與他有過接觸的同代西方人士之回憶，帕氏是一位帶有威權性格(authoritarian)與盛氣凌人(domineering)的學者。由於是一位狂熱的革命者，「既不知禮貌爲何物，又以攻擊別人來獲得苟延殘喘的機會」。見 Brown,Grechie (ed.), 1990 *The Soviet Union: A Biographical Dictionary,* London: Weidenfeld and Nicolson. p.282.

# 十二、結語

　　馬克思主義的創始人馬克思與恩格斯對法律並沒有提出一套完整的看法，只是強調法律屬於社會上層建築意識形態的一環，都是社會下層建築的經濟基礎、或稱爲生產方式的反映。恩格斯倡導未來共產主義社會，人對人的宰制將被人對事物的管理，以及對經濟的計畫所取代。這種概述性、前瞻性的看法造成馬克思主義者的困惑。列寧的著作《國家與革命》有意闡述馬克思的國家觀，但對法律的討論卻相當有限，且非學術性與專業性。在這方面帕舒卡尼斯的法律哲學，就能補充馬、恩、列說法之不足，而把法律思想融合於歷史唯物論裡頭。他把法律形式與生產形式視爲人類集體生活的兩個面向，還把法律引伸爲商品交易的結果，都能反映馬、恩原始的意旨。

　　不過，帕舒卡尼斯所關懷的問題，不是馬克思、不是恩格斯、不是其他馬克思主義者所覺興趣的問題。他所關懷的是法律突出獨特特之處（the *differentia specifica* of law），也就是法律與其他社會規範不同的地方，它與其他的規則、命令體系有何差異？依帕氏的看法，差異並不存在法律的源泉或功用之上，而是在法律的「形式」之上。他形式上的假定是假設有一個潛存於法律裡頭的法律主體，一個權利與義務的載體，一個對主張不屈不撓的、聲嘶力竭的堅持者（asserter of claims）。這個主體、載體、堅持者爲了法律形式的目的顯示爲自主的和自由的，同時在面對其他主體時卻是平等的和等價的。

　　帕氏不以爲法律是命令，而是規範和決定主張的概念合成之體系。爲了細心營構「形式的性質」之看法或設想、以及法律涵義的結構與價值，帕氏掌握了西方法律傳統一個重要而又中心的因素，這就是造成法律的特徵──系統性邏輯的趨勢（a systematic logical tendency），是建構在法律結構裡頭，隨時間之變化而發揮作用。這就是他掌握了「社會」

（*Gesellschaft*） 的要素，包括裁判的、個人主義的、契約的社會因素，用來同「社群」（*Gemeinschaft*） 的、以及官僚的／行政的要素相對照，相對抗。所有現實的法律體系都是這兩種因素的混合，但卻常在不同的方向中發展，造成彼此的摩擦、衝突，特別是現代西方複雜的社會中。而帕氏似乎能夠體會「社會」因素浮現的重要性（Kamenka 1983：59-60）。特別是強調資本主義崩潰後，過渡到共產主義的初階，將是無產階級的專政，此時國家的角色逐漸褪失，而法律有走上消亡的必要。這種過渡時期國家與法律的消亡說，卻與史達林獨裁專權的做法完全牴牾衝突。這是帕氏何以從權力與聲勢的雲霄墜入地獄的因由。

要之，帕氏法學的貢獻在於探討布爾喬亞法律的源起，強調法律形式之邏輯與商品交易的形式之邏輯之一致性、融通性。他另一方面的努力為探索在資本主義私產廢除後，真正的高階的共產主義建立之前，這一過渡時期國家與法律所扮演的角色。也就是這段時期中，政治上號稱普勞階級主控的社會，如何還要援用資本主義生產方式有關的布爾喬亞法律條例？這是他何以反對建立社會主義法律，或稱為普勞法律之主因。

就因為帕氏太堅持共產主義社會法律的消亡，而反對蘇維埃法律的制訂，使其法哲學充滿個人的想像，而流於一廂情願、甚至烏托邦式之不切實際。再說，他心目中的共產主義還是社會主義，是經濟計畫徹底施行，而商品的生產與交易不再出現的社會。因之，行政方面的技術性管理條例，將取代資本主義或布爾喬亞的法律。這種理想的社會既不曾出現在舊蘇聯 74 年間的共黨統治之赤色帝國，也不出現在中、韓、越、古巴現存（actually existing 事實上仍舊存在）的「社會主義」國家。則他所期望的共產社會不是要落空了嗎？

不錯，帕氏對布爾喬亞法律本質的分析是精緻的，他對商品交易作為法律泉源的解剖是具有相當的創意。但把所有的法律視為布爾喬亞社會的特產，視為資產階級、經典的世界觀，那麼想透過新經濟政策推行年代的「法律陣線」之鬥爭，來對法律進行改革，甚至聲稱是「法律的革命」，無異是緣木求魚。其不走向失敗，甚至招致殺身之罪，幾乎是不可能的。他對法律的徹底排斥，反而造成蘇共的違法亂紀，便利史達林

的專政橫暴。在很大的程度內，帕氏不只是作法自斃，也可以說是「廢」法自斃[11]。

在介紹與評估雷涅（第 3 章第十三節）與帕舒卡尼斯兩人的法理學之後，似乎有把他倆學說相同與歧異之處點出的必要。

兩人同為馬克思主義者，都相信人類在生活中追求最重要的為貨物與勞務的生產、交換和消費，也就是說經濟生活是社會活動的核心和基礎。兩人都同意法律衍生自人群的經濟活動。但與教條式的馬克思主義經濟學者不同之處，為兩人都反對把法律化約為經濟，都反對經濟化約論（economic reductionism）或經濟決定論（economic determinism）。在這方面，雷涅比帕舒卡尼斯更為激進，連列寧的反映論、反射論（法律為經濟的反映、反射）都加以反對。

雷涅和帕舒卡尼斯都強調法律為物質的勢力，都有其物質底層或物質基礎，都有其經驗的實在，有其歷史的脈絡。雷涅視法律為經濟與社會生活的組織原理，本身與經濟兼社會的活動很難分開；帕氏強調法律為布爾喬亞經濟活動中商品交易的規定，離不開歷史脈絡之產物。對他而言只有商品交易、市場交易、資本流通，法律才告產生與持續。

兩人有異於教條、或正統的馬派法理學者的主張，都認為法律本身有其內在的動力與運作的邏輯。不管視法律為概念的體系（雷涅），或視法律為主體與主體之間權利義務的形式規範（帕氏），都是受到 19 世紀下半葉德國概念法理學、形式法理學的影響，這點是兩位有別於傳統馬派唯物論的法律觀之所在。

再說兩位所重視的為私法而忽視公法，都視私法為布爾喬亞社會發展到高峰的指標。雷涅重視私法的諸種制度，包括財產法、婚姻法、繼承法、遺產法、離婚法、抵押及各種買賣契約。帕氏則以商品交易的買賣契約為核心，展開他有關法律的生成、運作與消亡的析述。兩人都認為整部西洋法律的內涵是圍繞著私法有關主體的權利與義務在打轉。反

---

[11] 關於帕氏法律學說之貢獻，與實踐上之困難。參考田興撰，洪鎌德指導2000年1月〈帕舒坎尼斯法律思想之研究〉，淡江大學俄研所碩士論文，pp.131-143.

之，公法、政府命令、社會管理計畫、或行政律令都不是兩位法學思想
家的關心之所在。帕氏甚至主張所有法律都是屬於私法的範圍。反之，
公法固為涉及國家與個人之關係，但不可視為法律，原因是國家遠遠高
於法律之上，也在法律規定之外。

　　兩人不同之處，為雷涅不認為法律是意識形態；反之，為一中立的、
抽象的社會規範體系。法律的變遷是緩進的、累積的、改良式的，並非
作為推進革命建國的工具。法律的存在不會隨人類進入共產主義的大同
境界而消亡。反之，帕氏力陳法律為布爾喬亞商品交易的規範，在蘇聯
建國初期，社會仍舊有商品的生產與交換，故布爾喬亞的法律仍可以發
揮其對交換主體權利與義務規定的作用，故使用的是資產階級的法律。
也就是法律有其時代功能、階段性功能。但有朝一日社會主義邁入共產
主義之後，法律便會凋萎、便會消失、

　　在討論法律的變遷時，雷氏的觀點比較務實，它不只看出法律產自
目前資本主義式生產的矛盾中，還指向國家愈來愈繁重的干預角色，特
別是在「互補的制度」不斷衍生擴大之下，公法將會侵入與取代私法的
領域，而使私產和個人意志根深柢固的掛鉤遭受鬆綁、解構。

　　雷涅「互補的制度」之觀念，也就是輔助財產權繼續發揮作用的其
他法律制度（雇傭、買賣、信貸等等契約）之說法，使他的法律觀趨向
多元，而不像帕氏狹隘的馬派說詞，特別是幾近烏托邦式的預言法律的
消亡。這種對未來法律消失的預測，固然符合馬、恩的革命熱情，但其
實現可能性卻是遙遙無期。

### 表7.1 帕舒卡尼斯商品交易理論的法律學說扼要表

| | |
|---|---|
| **學說產生的背景** | 1.受德國形式主義（特別是韋伯、耶林、耶林內克）法學的影響；<br>2.採用馬克思對資本主義經濟的特徵爲商品經濟之說法；<br>3.法律形式與商品形式雷同。 |
| **法律的淵源** | 生活的核心爲商品的交換。商品擁有者變成自由意志的商品交換者，對商品的崇拜變爲對法律的崇拜；契約保護與便利商品交換；法律的形式從商品的形式衍生，法律產自經濟。 |
| **法律的性質** | 是財產關係的性質，也是商品的社會關係之反映。只有資本主義的社會才是商品生產與交換的社會，是故嚴格意義之下的法律只出現在資本主義當中。是故法律與資本主義是同義字。 |
| **法律與上下層建築** | 法律不只是單純的意識形態；反而是客觀的社會關係－商品物質關係－之反映，也是由物質關係來決定；法律也反映了社會關係，故具物質性。 |
| **法律與國家** | 當商品交換市場日趨複雜時，需要第三者來穩定市場、維持秩序，也就是統治階級的出現；其最高的發展形式爲國家。法律與國家都是從商品交換產生；但其異化造成資產階級剝削無產階級。 |
| **法律的消亡** | 不存在普勞階級的法律；<br>法律形式將隨商品形式的失蹤而消亡；<br>計畫與技術規則取代法律規定。 |
| **評　　論** | **優點**：將法律與經濟（商品交換）扣緊；爲法律的消亡提出完整的理論。<br>**缺點**：只論商品交換，不談商品生產；只重法律形式，不重法律實質；對法律的強制性、壓迫性沒有敘述與分析。 |

**資料來源**：參考帕氏主要著作《一般理論》，由本書作者自行設計。

資料來源：Piers Beirne and Robert Sharlet, 1980, Pashukanis:
Selected Writings on Marxism and Law, p.iv.

圖7.2 帕舒卡尼斯（1896-1937）相片

# 8 哈伯瑪斯：言說、溝通與慎思的民主

# 一、前言：哈伯瑪斯的生平與著作

　　作為法蘭克福學派第二代的重要人物，哈伯瑪斯的生涯是平順、祥和而發達，並沒有像第一代的霍克海默、阿朵諾、馬孤哲、卞雅敏、佛洛姆、賴希等受到納粹的迫害，必須亡命異域，顛沛流離。反之，他的學術事業是一帆風順、節節高升，著作的質量都遠遠超越過其前輩，甚至贏取當今德國、乃至全球聲望鼎盛的哲學家、社會科學家、歷史學者與文化政治批評家之美譽。

　　哈氏出生於 1929 年 6 月 18 日德國杜塞朵夫。在離科隆 50 多公里的小鎮古默斯巴哈（Gummersbach）長大，其父為當地商業團體的會長，也就是說他出身在布爾喬亞的家庭。紐崙堡納粹分子的大審判與美英法聯軍對戰敗後德國青少年的民主教育，對幼年曾經參加過希特勒少年團的哈氏是一次思想上重大的衝擊與洗禮。在納粹政權垮台後，西德政府剛成立之間，他一度憂心獨裁轉型為民主，是否表現在政客的變容、化身之更替的問題上。

　　他先後在哥廷根、蘇黎世、和波恩幾所大學念哲學、歷史、心理學與德國文學。1954 年以一篇有關謝林的論文獲得波恩大學哲學博士學位。其後數年間他投身報界為記者，顯示他對公共領域中的傳媒有敏銳的觸覺。1956 年任阿朵諾助教，亦即在戰後重建的法蘭克福社會研究所進行教研工作。1962 年出版了《公共領域結構的轉變》一書。有意跟隨阿朵諾完成升等論文（*Habilitation*）被拒，改在馬堡大學跟隨左派社會運動史專家阿本特羅（Wolfgang Abendroth）完成升等論文。在海德堡擔任一段短期的哲學教授之後，哈氏於 1964 年出任法蘭克福大學哲學與社會學教授職，其開學演講〈知識與旨趣〔利益〕〉收於英文版《知識與人類旨趣》（1968）一書之上。之前，《社會科學的邏輯》（1962）和《理論與實踐》（1963）已分別出版，引起學界的矚目。

　　1968 年，不但美國、法國、英國學生運動高潮迭起，就是當年的西德也陷於學界、思想界、文化界波濤洶湧的洪流中。哈氏全力介入學運，認爲學潮對自恣自滿的西德民主是一項知識上與政治上的挑戰。不過他早在學潮爆發前之 1960 年代初，也就是在《學生與政治》（1961）一小冊中對學生政治意識和取向之非政治性表達了憂心。其後在學潮中，特別是社會民主與學生聯盟之偏激言行，居然把教授與學者排斥爲布爾喬亞，使他與偏激的、激進的學生領袖意見相左，從此雙方漸行漸遠。

　　1971 年年哈氏離開法蘭克福，前往南德斯坦堡（Starnberg）擔任新成立的科技世界生活條件研究所所長（另一位所長爲科學家 C. F. von Weizsäker）直至 1982 年。就在這段研究寫作的十多年間，他完成了《正當性危機》（1973）、和《溝通行動的理論》（1981，兩大卷）等極爲重要的著作。自 1982 年以後他返回法蘭克福大學繼續擔任哲學與社會學講座，1994 年退休。

　　哈伯瑪斯廣博的學識、深湛的慧見、等身的著作，使他被譽爲德國自馬克思與韋伯以來最有學問與識見的大思想家。假使把韋伯當作是布爾喬亞的馬克思來看待（洪鎌德 1999c：86），那麼我們可以指出哈伯瑪斯爲一名馬克思主義者（馬派）的韋伯（Marxist Weber），這是英國蘇塞斯大學社會學教授奧茲外特（William Outhwaite）的讚語（Outhwaite 1994: 3）。我想這種盛讚並無失實之處。

　　不過哈氏是否是一位馬克思主義者，則是聚訟紛紜的問題。他知識上所受馬克思學說的影響是深遠的。但他在《歷史唯物論的重建》文集（1976）中，對馬克思學說有嚴峻的批評。造成社會變化與歷史變遷除了經濟勢力以外，還有人群的學習能力、規範結構與世界觀。認知和道德的發展也是衡量社會進步的標竿，而非僅經濟與科技的進步而已。他對馬克思過分重視自然科學及技術，直斥爲「科學主義」與「教條主義」。哈氏認爲馬克思的錯誤是視生產力爲歷史變遷的主力，也視勞動是社會進化唯一的範疇。他主張在生產力與勞動之外，必須加上語文與互動。他又在《晚期資本主義的正當性問題》（1973）一書中，認爲馬克思視經濟危機爲資本主義的危機是不足的。當前資本主義的危機除了經濟危機

之外，還有合理性危機、正當性危機和動機的危機。

要之，哈伯瑪斯對發達的資本主義國家，也就是西方的民主政治之公共領域自始至終寄予關懷。無論是透過慎思明辨、爭論不休的民主議決，還是透過溝通行動的言說倫理，他都希望藉由合理的程序、公開的辯論來為公共的事務把脈與定案。為此原因，他的理論離不開現代國家法政的範圍。自從 1986 年他發表了一系列《譚涅人類價值演講集》（*Tanner Lectures on Human Values*）以來，特別是《事實性與有效性》（*Faktizität und Geltung*）（1992）出版以來，他的關懷面集中在法哲學、法理學、法社會學之上。哈伯瑪斯的法律觀遂成為他晚年學說的巔峰。他不只以哲學，也兼用社會學來討論法律與社會、法律與國家的重大問題。

哈伯瑪斯 1992 年的著作可以看出他整合當代法政思想之主流（羅爾士、德沃金、米啓爾曼〔Frank Michelman〕）的努力，特別是對羅爾士《正義論》（1971）的補充與完善，強調歧異的社會行動者之間真實的對話與歧異的消解，而縮短民主與權利（法權）之間的鴻溝。在很大的程度內，哈氏企圖把羅氏近著《政治的自由主義》（Rawls 1993）之核心概念「重疊的共識」（overlapping consensus）加以援用，也就是避免對共同享有的規範束縛之沖淡。依據哈氏在該《事實性與有效性》一書第九章中所陳述的，法律的正當性來自於它自我賦予（self-imposed）與拘束力（binding）。只有自我賦予與拘束力之法律才能縮短民主與權利（法權）之間的鴻溝（Rosenfeld and Arato 1998: 5）。

哈伯瑪斯認為所有服從於法律的人，應被視為自由與平等的行為者，都應該在法律上與事實上獲得平等的對待。他認為至今為止的法律典範（paradigms of law）可以粗略分成三種：其一為自由主義和布爾喬亞的法律典範，其目的在促進法律的形式觀，把正義化約為權利的公平分配；其二為社會福利的法律典範，強調實質的平等，但卻無法顧及個人的自主與尊嚴；其三為他所倡導的重視言說倫理與過程主義（proceduralist）的法律典範。第三種主張不只克服第一和第二種法律觀的缺憾，還能達成法律上與事實上的平等。原因是透過言說、溝通、討

論審議的過程，使社會成員既能明智立法，又能心甘情願接受法律的拘束。這種法律觀與女性主義者的法政看法相當的接近。過程主義者的法律觀理解「基本權利的實現，乃是一種過程。這種過程，可以保證平權的公民之私人自主與他們的政治自主的同時落實」（Habermas 1998: 25）。

　　本章主要參考哈伯瑪斯的德文原著與英文翻譯，也取材戴福冷（Marthieu Deflem）所編《哈伯瑪斯、現代性與法律》（Deflem 1996）一文集，加以濃縮摘要，重新整理而完成，盼望對晚年哈氏的法律觀有一個比較詳盡的析述與評估。

## 二、溝通理論與兩界說

　　哈伯瑪斯自 1962 年出版了《公共領域結構的轉變》一書以來，一方面採用馬克思人解放的觀念（洪鎌德 2000a）；他方面反對把解放之因由歸之於客體化的典章制度與意識形態之變革，也反對理性為人類歷史走上解放的唯一力量。他一直在努力建構互為主觀的人際關係，從人的互動到互相溝通，都成為他重建歷史唯物論的基礎。無論是馬克思，還是佛洛伊德都過度強調客觀化、外頭的、非以個人為中心的社會意識之存在。這些客觀化的意識壓迫人內心的慾望、追求，並且以龐大的規模在控制人群的行為。這是一種單一的（monolithic）、進化的社會觀，是哈伯瑪斯要克服的對象。是故存在於人與自然、人與他人（社會）、人與自己之間有三種不同的知識旨趣，也就是構成人行為三種指引理性。這種人行為調整的控制，涉及到工具理性和溝通理性（Raes 1986: 183-184）。

　　在討論哈伯瑪斯的法律觀，或法律社會學之前，有必要先闡明他的溝通理論。因為他理想的法律，就是建立在慎思熟慮的、審議的民主（deliberative democracy）與人際溝通之上，法律也是呈現為靠著人際溝

通與程序性公平所建立的社會規範體系[1]。

哈伯瑪斯認為人類的行動是靠著兩種理性的指引。其一為認知兼工具性的理性，這是個人私下選擇的目標如何達成的行動指針。這種理性又可分成兩部分，第一個為工具性的理性，也就是選擇最適當的手段達成既定目標。例如，適當勞動改變外頭世界的情況 — 開物成務，利用厚生。第二、策略性的理性，講究怎樣運用人際關係去影響別人的決斷，而有利於自己的企圖。換言之，就是善用人際不平等的統屬關係，去爭取到別人的合作（或減少別人的對抗、反對等）。其二，溝通的理性，這是藉由言辭、行動或象徵性的動作來達到彼此的瞭解，最後達成共同一致的看法。

當然除了言辭的動作（speech-acts）之外，其他心靈溝通的方式，包括善意的默契，也是溝通理性的運用。至於溝通是否一定產生同意的結果，還是由於溝通不良而產生誤解，這都不是溝通理論要處理的急務。要之，透過語言、論述，而以合理性的論據與不受拘束的對話方式，社會成員——諸行動者——可以在追求相互理解之下來協調彼此的行動，「在社會生活中，協調行動的必要性產生了對溝通的某種需要。因此，為了滿足需要的目的而要有效地協調行動，就必須溝通」（Habermas 1984: 274）。這樣做便會使社會互動成為可能，也是社會不致分崩離析的因由（Habermas 1984: 8-12, 168-185）。

在溝通行動中，理性的思考與爭辯非常有必要，這種理性的討論之條件每隨有效性的訴求（validity claim 主張、聲稱）而有所不同。這種有效性的訴求每每在言辭動作和交談中，有意或無意地流露出來。哈伯瑪斯分辨了下列幾種的有效性的訴求：可以被理解而形式完備之言辭動作，這是屬於對外頭事物客觀的認知，因之其有效性的訴求也就是接近真理、瞭解真相，可謂為真理的訴求。有關人際關係規約的、規範的言辭動作，則其訴求為正當，亦即符合規範的要求，也就是正當的訴求。

---

[1] 法律乃是人群有企圖的活動與信念之場域。在此法律的象徵（法條）與意義成為企圖與信念的對象，在此這些象徵與意義可以溝通、解釋、創造、傳承，見 Peters 1966:120.

至於表述的與估計的言辭動作，其有效性的訴求，分別爲真誠（sincerity）與本真（authenticity）（*ibid.*, 319-328）。我們可以用下表來分別言辭動作與有效訴求之關係：

表8.1 言辭動作與有效主張

| 溝通型態 | 言辭動作的類型 | 主 題 | 追逐的有效訴求 |
|---|---|---|---|
| 認知的 | 敘述的 | 命題內容 | 真理 |
| 互動的 | 規範的 | 人際關係 | 正當 |
| 表述的 | 表達的 | 說話者的心意 | 真誠 |
| 估計的 | 衡量的 | 對象的呈現 | 本真 |

資料來源：黃瑞琪 1996：240-241，由本書作者修正與補充。

　　不同的言說（話語、論述 discourse）的類型也在於表述其有效性的訴求，像理論性的言說訴求，其最終在彰顯真理的追求。道德的兼實踐的言說則主張正當、合乎情理，美學的與精神治療的言說則在追求本真與真誠（*ibid.*, 22-42）。就靠著溝通理論與合理討論的說詞，哈伯瑪斯發展他的兩界說 —— 生活界與體系界之分合與互動說。

　　所謂的生活界（*Lebenswelt*; lifeworld）乃是胡塞爾在其晚年（1934-1938）撰述《歐洲科學的危機》一書時所揭示的概念。生活界是歷史的過程中男女群眾存活過的真實世界，在該現實生活界中，呈現著特殊的目標（*telos*），也呈現了獨特的倫理實在（ethical reality）。每個單獨的時代都會對生活界作出反應。生活界是物理界的一部分，也受到物理界的包圍。生活界是由思想、政治、倫理的心向所構成的，它也是一個互爲主觀、有責任、有呼應的整體。哈伯瑪斯從胡塞爾和舒慈[2]（視生活界爲共同分享的經驗世界）那裡獲得生活界的概念，而建構了他自己的社會學說（洪鎌德 1998a：13-20；1998b：341-346）。

　　哈伯瑪斯認爲日常的社會生活中，也就是平常的生活界中，大家享

---

[2] 舒慈融合韋伯含有行動者主觀意義，而以別人行為取向之社會行動與胡塞爾的現象學，演繹成社會現象論（洪鎌德 1998a: 1-22）。其弟子貝爾格與盧克曼更把舒慈學說推擴到「實在的社會建構」，都大談生活界中人類意識與行動建構了所謂的社會實在（洪鎌德 1998b：342-346）。

有共同的文化背景、文字使用方式、相似的生活經驗。因之，社會成員不大會留意到溝通動作中的有效訴求，不管人的言辭動作是在追求真理，還是正當、還是真誠、還是本真，大家都習以爲常，不加分辨，更不會加以批判。生活界提供人們共同的、認可的背景知識，在這種認知模式下，社會行動總算會有所牽連、有所協調。

　　不過西方世界，特別是西方資本主義社會一向以富有理性、走合理的路自居，則其特徵爲何呢？西方人在溝通行動中採取三種不同的態度：（1）對外界事件與情況採取一種求真求實（客觀）的態度；（2）對同一群落（社群）的他人則採取一種規範的、規約（人情、人際）的態度；（3）對每個人主體性的內心世界則採取表述的、表達（主觀）的態度。由是可知哈伯瑪斯的生活界並不限於文化、傳統而已，不限於大家對世界共同的相似解釋而已。社會界還提供成員—— 社會行動者—— 行動時遵循的社會規範、規矩，目的在造成群體的團結協和，從而使社會行動者能夠擁有各自的人格，擁有本身的認同體，而可以在社會環境中與人和諧交往，而融化爲社會的成員。

　　由此可知生活界中結構性的成分包括了文化、社會和人格三個部分，也是這三個部分辯證的互動與功能之發揮，才能使生活界得以生產與繁衍（再產生）。在文化的層次上，文化的再生產（持續發展）涉及的就是生活界成員共享的生活方式、觀念、思想、習俗文化產品之複製、之傳承的一再解釋。在社會互動的層次上，社會所以能夠統合，主要靠的是社會成員對互爲主觀共通的規範之遵守，藉由共同規範、共同價值、來凝聚目標，而使人際的關係達到合法的秩序安排。在人格的層次上，個人透過社會化過程接受社會的價值，使社會行動者獲取與別人互動與溝通的本事。

　　由此可知，文化、社會和人格乃是合理化的生活界之構成要素。所謂的社會合理化過程，乃是把原來單一的生活界分化爲不同的結構範圍和特殊化的社會制度。在這一意涵下，社會界有兩重意義，一方面按橫的層次來分開爲文化、社會與人格三個部分；另一方面社會界提供社會行動者資源與便利，俾他們可以把文化知識加以傳承與更新（文化再生

產），也建立與別人的團結合作（社會的凝聚），以及建立個人對社會之認同（個人人格之型塑）（Deflem 1996: 2-4）。

從上面的敘述，可知哈伯瑪斯視生活界爲行動取向的人群之活動場域，不過今日歐美西方先進世界卻是分工繁細、結構複雜的工商社會，也是資訊發達的現代社會，單單使用生活界一概念無法道盡現代社會之狀貌。使用韋伯理性化的社會一概念也無法刻劃現代社會之特質。不錯，理性化的過程不但出現在生活界，也出現在與生活界本來合一，然後又告分離的諸種制度之上。哈伯瑪斯稱這類與生活界緊密結合，而又告「仳離」（uncoupling）或「離本」、「失根」（disembedding）的社會典章制度爲所謂的「體系」。其中特別是政治體系和經濟體系構成了社會溝通秩序的「物質下層」（material substratum）。這點有似馬克思視生產方式，經濟活動爲社會的基礎。不同之處爲哈伯瑪斯不只把民生問題的商品之生產、交換、消費當成「物質下層」，連講究行政效率、官僚統治與政府活動機制（這點被馬克思視爲意識形態的上層建築之一環的國家）之政治活動，也當作「物質下層」來看待。要之，他認爲合理化的過程不只是生活界逐漸分散的文化、社會、人格之分歧化、細緻化，還牽涉到社會種種制度之體系愈來愈講究分工、分殊，特別是諸體系對生活界的滲透與控制，而造成生活界之被殖民。是故生活界之被殖民（colonization of the lifeworld）成爲現代社會一個非常嚴峻的挑戰（*ibid.*, 318-331）。

哈氏兩界說（生活界與體系界）在於指出現代社會主要的職責在於保證文化價值、合法規範和社會化過程，可以順利傳承，也就是保證這些象徵性的社會資源能夠一代又一代地傳承下去。爲此體系的建立、制度的運作，其目的在操縱與控制外在環境，使這種傳承可以有效而又順利推行下去，這也就是他何以在生活界之外，又加上了諸體系這一界的原因。

這兩界的目標都在社會的整合。一個是生活界的整合，讓人群經由互動、合作，而把生活界變爲社會界。另一個是體系界的整合，讓體系的運作，形成一種規定、管理而把人群的社會活動協調與整合在一起。

社會的整合是依賴有意向的、有企圖的、用符號與象徵的方式建構的關係——溝通、意向性的行動、共同的信念、正當的規範、信賴和團結協和關係、團體的認同,以及爭論與衝突及其解決方式,來建構起來的關係。個人的宰制與鎮壓,固然在生活界時常發生,但哈伯瑪斯認為這類宰制與鎮壓,在規範性的關係中毋寧為反常與病態。另一方面,體系的整合存在於有心意的、企圖的行動結果之無法計畫性與無意向的聯繫,以及功能性的相互倚賴之上。社會整合需要對生活界的活動有所詮釋,也要對體系界的機制進行經驗性的分析(功能分析)。因之,這兩界的分別有其必要與意義。

體系界本來與生活界連成一體,但在歷史變遷中,體系界卻由生活界溢出,而獨立發展俾發揮其功能。這些體系、這些制度不再倚靠溝通行動來求取人際的理解、建立共識,而是靠著駕馭性的媒介:金錢與權力,來發揮其影響,甚至體系界宰制(殖民)了生活界。很明顯地,在諸種社會制度與體系中,以政治和經濟制度、政治與經濟體系最值得吾人注視(Habermas 1987: 338-343)。

現代社會之所以需要政治體系和經濟體系之運作,主要的原因是社會的複雜性、行動可能性與替代性的繁多,以及異議意見不時的浮現,使得現代人要靠溝通的方式來達致共識困難極大。為此之故,利用駕馭性的媒介,像權力與金錢,來協調眾人的行動,比靠生活界中的溝通還容易、還定型、還有制度與標準可以遵循。權力與金錢在規定人的政治與經濟行為。靠權力的媒介政治上便可以對價值與資源作出權威性的配置,靠著政治家與官僚的有效運作,使公共領域中的興革得以推行。經濟上藉著市場的供需、貨幣的運轉,使貨物與勞務能夠不斷生產、交換、流通、消費。換言之,國家與市場不以個人的意向為考量,而以集體的利益為出發點,越過個別行動者的心意及企圖,越過個別行動者的相互溝通與理解,而進行規定,形成非個人心意的機制(unintentional mechanism)及行動。

是故哈伯瑪斯並不認為體系界與生活界的失聯(脫鉤)會造成任何的問題。由於最重要的兩種(政治與經濟)體系可以藉權力與金錢的媒

介來協調人群的行動，也把異議、歧見減至最低的程度。換言之，就是政治上有效率和經濟上有產率（生產的效力 productivity）就會導致社會運行的順暢。不過必須注意的是體系有回過頭來重新滲透與侵略生活界的能力。以成功作為協調取向的機制常會重新入侵生活界，進占文化、社會與人格等領域。這就是哈氏所言的典章制度、或稱諸社會體系殖民生活界的緣由。是故在體系發揮作用的同時，應該讓生活界中的溝通行動有所抗衡、有所抵制，藉溝通行動達致大家的同意、建立眾人的共識，也是使生活界避免陷入體系界的殖民地，避開騷擾與危機。

哈氏相信把體系界的問題交由體系理論家去處理，而他則大力研發生活界獨立自主之可能途徑。易言之，靠著溝通行動而形成的生活界本身會變成愈來愈富有理性，愈走向合理化之途。這表示世界觀或文化範疇會愈來愈分歧，對傳承的信念之批判性的反思、學習與言說的檢驗將提昇到更高的水平[3]。

由於哈伯瑪斯反對化約主義[4]，使他的兩界說真正成為體系界與生活界的兩大分化、兩大對立（dichotomies），這便使他企圖把科學與社會整合為一體的理論發生困難（Raes 1986: 202）。

總之，所謂生活界的殖民化是指體系藉著拜金主義與官僚主義，而干涉到生活界之自動自發、活潑自在之生命表現而言。

我們也把黑格爾將國家範圍內的社會（national society）當成市民社會與政治國家之結合，其後轉變成馬克思兩層樓的社會觀，把社會當作經濟基礎與上層建築看待，再轉化為哈伯瑪斯的兩界說，看出這三人有異曲同工、一脈相承的關係。事實上，哈伯瑪斯的學說中影響因素最重大的為黑格爾與馬克思兩人的思想。故把三人的理念相提並論，是有重大的意義。

---

[3] 這是把哈氏複雜而又不清楚的析述，經由本書作者依其原意重做簡單的介紹，這種做法應該不失其本意才對。參考 Peters 1996：121,130.

[4] 化約主義又稱化約論（reductionism），係企圖把複雜的社會現象簡化為某些單一的範疇。例如馬派主張社會市兩個對立的階段，為控制與使用生產資料（財產）而展開的鬥爭之社會經濟結構（socio-economic formation）之類，為化約主義之典例。

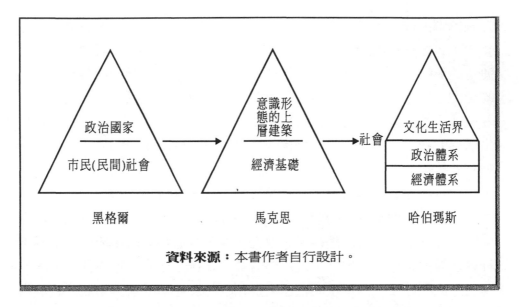

**圖8.1 黑格爾、馬克思、哈伯瑪斯社會觀的演變**

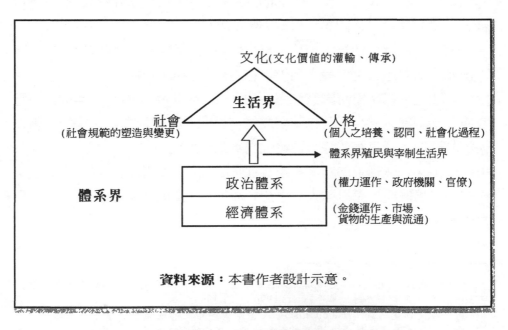

**圖8.2 哈伯瑪斯的兩界(生活界與體系界)說示意圖**

# 三、法律與生活界，以及同體系界之關聯

在《溝通行動的理論》一書中，哈伯瑪斯在談到社會愈來愈趨向合理化（rationalization），而合理化的過程是無可抗拒之際，他討論了法律所扮演的角色。在這裡有兩項社會合理化的過程，對法律之功能有重大的影響。其一、法律從道德分開是造成體系脫離生活界的主要原因；其二、法律聲勢的擴大，法律演展的過程顯示了西方社會諸體系如何把生活界加以殖民之表現。

## （一）法律造成體系界和生活界之分歧

哈伯瑪斯賦予法律一個穩定社會秩序的角色，也就是說法律的作用在使駕馭性的媒介，諸如金錢和權力的運作上具有制度性和穩定性的特質，俾經濟體系和政治體系可以獨立行使功能，亦即從生活界獨立出來營作。將金錢與權力予以規約、規定、規範（norming），就是法律的職責。金錢和權力一旦用法律加以規約，那麼經濟體系和政治體系便可以大大方方地與生活界分家（Habermas 1987: 164-197）。我們回顧歷史，便會發現政治體系怎樣從生活界跳脫而出，那是靠著司法的定位，使政治權威得以樹立，也就是讓擁有政治權威者同時可以擁有暴力的工具（軍、警、情治、徵稅與徵兵的機構）。隨後設官分職，使政治組織愈形膨脹擴大，官職也隨現代國家之進入歷史舞台愈分愈細，不只官僚倍出，而且衙署遽增，機關林立。

當社會建立起國家組織時，市場成為貨務（貨物與勞務）與金錢流通的交易場所，工商業取代了以往農牧漁獵的生產方式。人群在生活界中依靠溝通而進行貨務生產與交換，這是經由市場供需的機制來指引。於是經濟體系也跳脫生活界，獨立行使其功能。可以這麼說現代國家的

政治體系靠著權力的運作做出具有拘束性的決斷，而凝聚眾民的意志，追求集體的目標。另一方面在經濟體系中，貨物的生產與分配則靠金錢的流通與市場的機制，達到貨暢其流、民生樂利的地步。這些體系都是「行動形式化組織而成的領域……也就是說它〔行動〕在其最終的分析中，不再靠彼此理解的機制來統合。它已完全脫離生活界的脈絡，而凝聚成一種脫離規範的社會體（norm-free sociality）」（*ibid.*, 307）。

為了使體系界與生活界脫鉤或「解聯」（uncoupling），哈伯瑪斯聲稱法律的作用在於把市場與國家制度化，使經濟與政治脫離了生活界的結構而獨立（*ibid.*, 164-179）。法律乃是一種制度，為生活界中居於駕馭性地位的媒介──金錢與權力──建構規範性的錨定（normative anchoring）──起著固定的作用。換言之，經濟體系與政治體系所以能夠獨立存在，也能獨立運作，就是靠著金錢與權力這兩種主導性的媒介之法律化──披上法律的外衣──才能跳脫生活界，但又回頭來影響生活界，也就是使兩個體系重新與生活界掛鉤（重新接合 recoupling）。就以金錢這一媒介為例來說明，涉及金錢與貨物之交易，乃是一種交易者的交換關係，交換關係的規定就落實在財產法和契約法之上。就以權力這一媒介為例，我們知道政治體系的權力運作有待國家憲法分官設司的規定而發揮作用，特別是行政、立法、司法等官僚機構的組織及其職掌，都必須依靠各種組織法來明訂。

一句話，法律為散漫的、無組織的、隨意的人群之生活界提供管道，亦即制度化的管道（使政治與經濟呈現了法律的程序），也就是為生活界提供媒介與語言（具有約束力的金錢與權力的規範）。靠著這些媒介的運作，使非形式的意見溝通，慎思明辨的、審議的民主討論之結果轉變為對社會有約束力、有效力的政策。這種法律的功能推到極端。反而回過頭來抑制、或管制體系界本身（Habermas 1992: 399-467）。

要之，法律與道德的分開是促使生活界邁向合理化之途前進的起點，也是經濟與政治體系得以分開運作的開端，在法律出現之前，社會的秩序是靠領袖的魅力、宗教的信仰、道德的遵守與約定成俗的民風、慣習、常規（convention）來維持。一旦社會進入後慣習、後常規

（post-conventional）的階段，法律與道德便告仳離。法律的基礎爲普泛的、可被批評的抽象原則；反之，道德則拘泥於特殊價值，以及受到具體倫理傳統拘束的行爲規範。道德變成個人信持與行動的指引，基本上是自動自發的、主觀的原則（良心、良知）。反之，法律則爲一種社會制度，具有獎懲的外力、強迫與拘束個人之言行，其效力及於社會全體成員。法律中之公法與私法的分辨，也與獨立行使功能的經濟（契約法）與政治（稅務法）相搭配、相對稱。總的來說，法律與道德分家，造成經濟體系與政治體系從生活界脫離出來而獨立運作。

哈伯瑪斯把法律視爲獨立行使職權的體系界之規範化與法制化，其潛在的看法是遵循一般人把法律當作社會規範的實踐言説（論述、話語discourse）之轉化成一種制度，也就是規範的制度化（Habermas 1984: 243-271）。與韋伯一樣，哈氏承認西方社會的現代法律在表達擁有主權（國會主權）的立法者之意志，因而具有實證的、正面的、積極的意涵。現代法律除正面的特性之外，還擁有在法言法、依法處理，對違反規範的偏差行爲進行懲處、制裁的性質。除了正面、守法之外，還有一個特質，那就是形式的，也就是法條所沒有禁止的行爲，是被視爲合法的行爲，是故現代法講究法律的形式條件，而不重行爲的實質內涵。

在這種特質的觀察下，現代法律已實證化爲一個具有功能的技術體系，有此體系之存在，就可以把道德的考量擱置在一邊。不過有異於韋伯的看法，哈伯瑪斯認爲處在後慣習、後常規的進化階段上之現代法律，其基礎仍舊是道德，人們只是把道德考量暫時束諸高閣，而非徹底加以拋棄。哈氏說：「法律秩序實證化的特殊成效在於移開正當化的問題，也就是解除法律的技術操作不再受到正當化問題的干擾，但只是移開而已，並非放棄這個正當化的問題」（*ibid.*, 261）。

現代法律的總體仍舊需要正當化，法律之所以必須接受批判，主要在揭發它具有體系的特性，也就是批判法律聲稱對規範的正當具有普泛的、寰宇的效力（有效性）。而正當的訴求都是道德追求的目標，是以現代法律正當性的檢討無法與道德的論述徹底的割捨。

上面的敘述在於闡明哈伯瑪斯對法律與道德關係的釐清之企圖。在

獨立運作方面，法律早已超越道德，也與道德分開。可是一討論到法律的有效性與正當性時，道德的影子又冒出來，法律背後仍有道德力量在支撐。

## （二）法律、法制化與生活界之殖民

除了說明法律在促使體系界脫離生活界這一角色之外，哈伯瑪斯還賦予法律另一個角色：把生活界做內部的殖民（internal colonization）（Habermas 1987a: 356-373）。法律如何進行內部的殖民生活界呢？這可從他對歐洲史法制化（juridification）的過程之討論上看出。所謂的法制化一詞，一般是指涉形式的法律之增加而言。也就是實證的法律之擴張：更多的社會關係依靠法律來規定，也是涉及法律精密化——法律規定更爲細緻。在歐洲近世國家發展上法制化的過程以四波的形式顯露出來。

（1）第一波爲專制國家的法制化：專制君主獨攬大權，私人的契約權利與義務受政府管制，俾彰顯絕對君主之權勢，但也順應新興資產階級之要求開放市場，便利貨務的交易。

（2）第二波爲資產階級的立憲國家之法制化：19世紀出現的布爾喬亞向君王爭取個人權利，特別是生命、財產與自由的權利應明列憲法條文，而獲得保障。

（3）第三波爲自法蘭西大革命以後出現的民主立憲國家之法制化：公民社會權、參政權之落實，不但展示公民對政治秩序之塑造，還進一步使國家的權利民主化。

（4）第四波爲社會的福利國家之法制化：這是20世紀以來資本主義的經濟體系第一次受到立法的束縛，俾個人的自由與社會權力得以保障與伸張，而足以對抗市場的盲目擴大與操縱。

後面這三波的法制化之趨勢在於指出：生活界是有迫切的需要，也就是需要抗拒國家與市場的獨立操作、抗拒政治與經濟的獨立運行。這

種抗拒表現在政治秩序的民主化和對抗經濟體系的個人自由與權利之保
障。現代福利國家法制化的形式卻有點曖昧不清，原因是每項官方保障
的自由，意味著另一項自由的喪失。從社會福利法的四個基本問題，我
們便可以看出當代福利國法制法之困局與曖昧：（1）對生活界的法律干
預採用了形式上再建構的模式，其結果造成法律要求的個人化（因人而
異的處置方式）；（2）社會法應用的條件都得在形式上有所規定，有特別
指出才行；（3）與社會問題有關的法律權利其落實就得靠官僚來執行，
且由集中的、電腦化的組織來進行；（4）社會福利的要求常以金錢補償
的方式來解決，完全是消費取向的行為。由此可知生活界的需要（對福
利的要求）都轉化為官僚組織和貨幣組織的無上命令。在這種情形下，
法律以系統化的方式來干預人們日常的生活。當法律規定符合了國家（政
治）與市場（經濟）的命令，那麼生活界再度被殖民就難以避免，它是
被新的媒介——法律——由生活界內部展開的殖民與宰制。

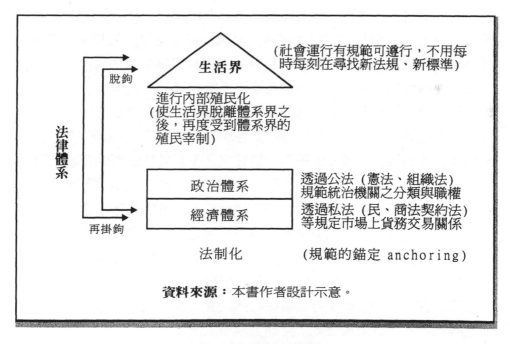

圖8.3 法律的功能圖

# 四、有效法律的建立

　　1992 年哈伯瑪斯推出其新作《事實性與有效性》一書（Habermas 1992），試圖解釋有效的法律如何成為可能，這是他至今為止對法律理念最清楚、最有系統的表達。此書對 20 世紀末與 21 世紀初的法理學與法律社會學有重大的影響（Rasmussen 1996: 21-26）。

　　這本書主要在說明是什麼東西，賦予法律以效力？因而一開頭，哈氏便又重彈溝通理性的老調。不同於他以前的舊著，這裡主要以事實性與有效性的緊張關係來說明溝通理性的重要。他的論據是認為自從 19 世紀末尼采批判啟蒙運動的理性之後，除了認知的理性之外，還有實踐的、道德的理性，以及 20 世紀語言分析帶來的理性要求。一般而言，實踐理性因為受限於事實，特別是現實性（*Faktizität*, facticity），因而無法跳脫出境地、或脈絡、或文本的拘束，其所談的理性便是被局限的理性。20 世紀盛行的語言哲學、語言分析學聲稱理性可被發現，理性正是「嵌入在語言的目標之中，該目標旨在達致人際的溝通和理解」。

　　語言分析這種藉由溝通過程的掌握，而重新恢復理性的地位，其作法可以解除傳統哲學對行動主體的定性與定位的麻煩，也揚棄 19 世紀以來爭論不休的人之主體性的爭辯。換言之，不談社會主體的屬性，而逕自走入互為主觀、彼此溝通的過程。其假設是認為造成相互瞭解的過程之條件，包括了行動者對某些事項（前提條件）有所承諾、有所共識的行動態度。換言之，行動參與者在溝通過程達致理解之時一定要求某一共同目標、共同目的。理想地說，社會行動者為了達成理解與共識，會根據同意（默契）按照程序行動，俾完成整個溝通的過程。這種理想狀態之可以實現，必須假定行動者雙方的同意、協定內含有效性，是以達成理解過程中，有效性變成了整個過程中的核心。

　　根據哈伯瑪斯的說法，人們藉溝通行動可以達致理解與共識。因此，

有效性只有透過理想化（idealization）過程來獲取。所謂理想化、或理念化係與經驗性之理解之日常途徑互相並存的事物。為了達成有效性的同意，那麼在進行溝通與理解的過程中，必須不時把事實性與有效性並列比較。在從事溝通的個人常會把要達成的目標與共識，同實踐上與事實有出入（反事實）之情況作一個比較、做一個衡量，也就是在願望與理想、現實或反現實之間所做的考量。易言之，個人們會產生「一連串無可避免的理念形式──在達成現實的理解之上與事實相反的可能後果之間，以及對此後果之揚棄的種種想法」（Habermas 1992: 18）。這種理念、理想與事實之衝突中會轉化為日常生活中依靠語言來建構的事實性，以及從語言結構規則中，產生的有效性之間的緊張關係表現出來（*ibid.*, 19, 29）。

換言之，由語言結構產生的事實性與有效性之緊張，也影響到社會秩序中，這兩者（事實性與有效性）之衝突。在言辭動作中具有拘束力的理念化、或理想化也成為不同的社會行動者協調行動之指引。假使語言世界與社會世界都有共通的所在，那麼我們要進一步質問：從社會的觀點出發，是什麼東西使事實性與有效性之間的關係得到穩定？哈氏企圖為這個問題的設準找到答案，他說：「溝通行動的概念在於帶來〔人群〕相互的語言理解，這就是協調〔社會〕行動的機制。行動者即便採取反事實的理念化，其假定是把其行動取向於有效性，他們也主張這種有效性對〔當前〕建構與保持有直接的關聯。原因是這個秩序所以能夠存在，是依靠對規範的有效性訴求之承認」（*ibid.*, 33）。

在語言溝通中尋求理性，不免會引發事實性與有效性之間的緊張之考量，此種考量也可以應用或擴大到社會界，從而成為協調社會行動者種種行動的主力，也就是造成社會秩序可以運行的主因。就社會秩序的穩定性而言，古代社會是把事實性同有效性透過神聖的權威（神意、帝王意旨）融化為一。但後來社會進化，分工繁細、結構複雜，世俗化使行動者能夠分辨溝通的互動與策略的互動之歧異，法律乃應時而生，變成穩定事實性與有效性之統合模式。易言之，古代是把事實性同有效性藉神聖權威熔為一爐，近世則靠制度（法律、習俗）權威聯繫事實性與

有效性，現代則依賴彼此的理解（溝通），以機制取代權威來使事實性與有效性獲得平衡。在現代世俗化運作下，強大的制度受到社會異議的挑戰，不再成爲社會統合的保證人，這就造成當代人類的困惑：「如何把內部呈現分歧與多元、去除魔咒〔迷信〕的生活界重加社會性的整合？」這種困惑如以言說的理論來解釋，便是溝通言說與策略言說之分歧。哈氏遂指出：「走出此一困境的唯一出路，爲諸行動者達成共識，達成有關策略性互動的規範之規定的共識」（*ibid.*, 44）。換言之，必須把規範重新注入人際關係的規定中，俾社會秩序的凝聚與穩定可以得到保障，以真實的合理性取代表面的合理性。問題的關鍵在於維繫社會秩序的不墜之同時，又能指出社會秩序是建構在合理的基礎之上。也就是溝通行動與策略行動兩個範圍分開情形下，如何使這兩個範圍再度統合，而不致使溝通溶化爲策略、或使策略溶化爲溝通？爲了回答這個問題，我們便要引進法律，也就回到本節開頭所提出的疑問：是什麼使法律具有效力、有效性呢？

霍布士以結束自然狀態的處處殺戮、人人爲敵，通過社會契約，把保護自己的權力移歸給主權的統治者，來間接說明法律效力的來源。康德與盧梭則以人群遵守法律，來說明法律正當性、合法性的主張。言說理論的看法是認爲事實性同有效性的緊張關係所以出現，是由於通過立法程序而出現的法律，無法通過法律過程之合法化（legality）來建立其正當性（legitimacy）。因爲正當性之有無繫於法律應用的對象——民眾——的態度與動機而定。只有當自由與平等的公民以統一的意志來形成社會統合的勢力，才會認可法律所擁有的正當性。

法律哲學與法律社會學的職責爲一方面釐清法律與正義之關係，而不把法律混同道德；另一方面在指認法律的功能時，理解世俗化、合理化的進程，促使法律進步。但在法律健全的過程中，不要把法律混同、或誤會爲統治者主宰群眾的手段。將法律看成爲正義的手段、或權力的僕役，都是一偏之見。但就社會學的觀點來看，法律需要擁有權威性，藉權威機構之強力執行，來取代道德對社會秩序之維護。以哲學的觀點來說，法律必須擁有正義的基礎，俾在民主社會中使法律的正當性獲得

提升。

在仲介哲學與社會學的法律觀點上，哈伯瑪斯認為羅爾士與盧曼都有缺憾，都不像傳統理論家如韋伯、帕森思、涂爾幹諸大家建立理論架構，來重新討論法律的有效性。哈伯瑪斯批評羅爾士把法律建立在公平的制度上之交代不夠清楚，他也批評盧曼認為法律是自創自導的（autopoiesis）體系說，甚至不談法律的規範性，都是一偏之失（洪鎌德 2001b: 53-54）。

因為對當代兩位理論家的批評，使得哈氏建構了社會科學言說的法律觀，既要論述法律的規範性，又檢討了法律的制度性。社會科學言說的法律觀之出發點為韋伯所析述的世俗化、合理化的問題。世俗化牽涉到合理性的過程，它雖然鬆綁了法律秩序超社會（後設社會）的保證，卻「不致瓦解法律正當主張非工具性的性質」（ibid., 90）。這表示法律對正當性主張之規範基礎，由神聖的權威轉向世俗的權威。在這裡哈氏批評韋伯不瞭解「法律作為特殊的社會整合的功能」。因為他假定立憲國家並不仰賴「政治意志型塑的民主形式」，而是從「政治統治」中引伸出國家的功能。這種作法只是現代法治國，也就是政黨精英統治的「德國式解釋」。這種韋伯式的解釋只在世俗化方面講得通，但在合理化方面卻是錯誤的。

顯然，哈伯瑪斯不把社會整合的力量當作政治統治看待。他使用帕森思「權力的法理化」（juridification of power）與涂爾幹「社會群落的進化」（evolution of social community）來討論韋伯世俗化與法律之關聯。換言之，取代韋伯政治統治（法律為統治者的命令）則為哈氏「民主的意志塑造」（法律為促進民主合理性之工具）。這時涂爾幹的「社會群落」也轉化為民間（市民、公民）社會。於是哈氏說：「現代法律能夠使〔諸個人〕在複雜的社會中把他們的行為期待趨向平衡，使他們擁有結構上不同的生活界，也擁有功能性各自獨立運作的各種次級體系〔體系界〕。現代法律所以能夠這樣做，是當它像『社會的群落』的王者一般把此群落轉化為民間社會，也就是法律能保持對團結的向來主張，也就是以抽象的方式提出令人相信的正當性主張之時」（ibid., 101）。換言

之，民主的意志型塑，是現代法律的特徵，也是法律地位的重建
（reconstruction），也是何以法律具有效力之因由。

是故公民的自主與法律的正當是彼此互通。在一個形而上學消失的
現代世界，「唯一正當的法律乃是從平等的公民經由言說的意見與意志型
塑湧現的法律」、「一國的公民在其私人自主獲得保障之餘，靠著民主參
與權利之保障，能夠適當地運用公共的自主」（ibid., 491）。這樣私人的
自主和公共的自主彼此影響加強，使得法律的效力成為可能。這就是溝
通理論的觀點下對現代法律有效性的詮釋。哈氏說：

> 在對〔現代〕社會做如此看法之下，規範性一般的期待之負擔
> 將從個人的特質、能力和機會的層次轉移到溝通形式的層次。
> 在後者的層次上非形式化的與非制度化的意見型塑和意志型
> 塑可以淋漓發揮。（ibid., 492）

哈伯瑪斯認為「一個法律秩序所以是正當、是合法，乃是它同時能
夠使公民的私人自主與公共自主同時實現」之緣故。之所以能夠做到這
一點是因為「它的正當性乃拜賜自主表達與證明的唯一方式」（ibid.,
493）。也就是拜賜法律理解的過程主義之看法（proceduralist）[5]的助力。

# 五、法律之生成

近年間西方法學界對法律的生成、製造、生產（production of law）
漸感興趣，套用互動論者（interactionist）的觀點，法律的生成、製造、
生產大概包含以下幾點要素：（1）法律不是由某人（國王、立法者）製
造的，而是由多股社會勢力的較勁干涉而成；（2）法律不是上述不同社

---

[5] 所謂過程主義看法是認為法律之有效性建立在法律訂立、執行、改變之程序上，也就
是強調這些程序之公平、合法、透明、正當，以下會再詳細說明。

會勢力衝突、妥協而生成的。反之，卻是靠一個專門的法律生成機構（production apparatus），在排除法律專業分歧、或政府部門相互爭持不下的情形下製造而成；（3）不管是生產機構的內外、或是外頭環境的衝突，法律作為社會競爭與妥協過程之產物，具有某些實質性，也就是法律的實證性（positivity）；（4）上述（1）至（3）三點正反映現代社會之特質。法律之實證性，含有工具性，可供社會行動者使用，這也反映法律實踐的合理性，必須由專業者來執行和落實，由是法律的生成與現代化、現代性（modernity）緊密關聯（Guibentif 1996: 47-48）。

哈伯瑪斯的近作屢次涉及到「法律的生成」（Habermas 1988: 229, 274; 1989a: 150; 1992: 239, 241, 242）。他的意思是指涉法律精構化、細緻化、分辨化（law elaboration）的過程而言，牽連到法律與正當化之關係。在其早期的作品《理論與實踐》（1963/1974）中，他便指出社會科學對掌握社會實在之困難，其原因為社會科學與社會政策之分裂，前者為科學知識的追求，後者為政策制訂（包括法律制訂與執行在內）。雖然此處他主要的研究目標不在法律之生成，但多少已討論到實證法的出現，以及涉及實證法的社會問題之轉變，這些都是歷史變遷的一環。

哈氏把社會演進簡單分成四個階段來處理：首先有關社會的知識與政策決斷的實用形成實證哲學之一部分，簡稱為「政治學」。在第二階段以霍布士為首的社會哲學之出現，便由實踐哲學脫穎而出。在第三階段，也是法國大革命之後，黑格爾、馬克思建立了社會的新科學，這時把科學與社會的規範之理解再度結合，企圖建立自由、平等、公正的理想社會。第四階段呈現規範的制度又從社會科學分殊出來。在此一階段哈氏指出：自 18 世紀以來，文明的發展沾染科學的色彩，也以科技作為生產力。這時人們發現現代社會為科學、技術、工業、行政捲入一個漩渦的時代。至此，理論與實踐要有所關聯的話，那就必須把經驗科學所保證的技術能夠做目的性與合理性的應用（Habermas 1974: 254）。

涉及到現代的行政，哈氏提出兩個有關法律生成的看法。今日法律的制訂，主要依靠經驗資料所提供的政策決斷之手段與效果，而忘懷立法背後的價值，這是一種技術性、政策性的考量的法律生成。另一種法

律生成則是法律理論家從社會劇變（革命）的經驗中取得的激進想法，他們認為立法的基礎除了是經驗性的與合理的、決策的有效性之外，就要靠決策者的意志。這就是決斷主義（decisionism）。哈氏說：決斷主義把規範化約為決斷，再以公共的、政治的意思來加以詮釋，強調的是決斷影響到生活的實踐。因之，這些決斷未必經過深思熟慮，也就不能形成合理的實質的共識（Habermas 1974: 266）。

由是可知在法國大革命時期所建立的法律生產機構如今以獨立自主，與公民所形成的社群漠然對立。政治決策者與法律工作者儼然以合理的、正當的法律生產者自居自視，這就是決斷主義造成的教條觀。今日技術官僚之橫行、之擅權，之恣肆，已忘記立法之基礎在民意，在人民的慎思明辨。反之，以為在國家指示下，科學的經驗性結果可權充法律生成的源泉，這是現代人的狂妄與困境。

自 1970 年代初以來，哈伯瑪斯在受到語言哲學影響之下，最常使用的字眼為「正當性」（legitimacy）和「正當化」（legitimation）。他以社會活動的溝通模式來處理正當性與正當化的問題。他說具體的人際互動所以能夠成為可能、成為事實，在於參與者自認處於一個理想的談話情況、或稱理想的溝通情境中。這種理想的情況之先決條件有二：其一，吾人期待別人存心遵守他們設定的規則；其二，我們期待別人遵守他們接受為正當的規則。這就是他所指稱的「對正當的期待」（legitimacy expectation）。

這種溝通的模型是哈伯瑪斯有關規範浮現的基本設想。也就是說溝通互動的前提為行動正當的期待，人們之所以會繼續互動，就是承認了規範的存在，不管這個承認是否經由雙方事先的討論，還是討論時的同意才達致。一句話，溝通產生了正當性。

進一步哈伯瑪斯認為法律的程序可以提供正當性，因為這些程序牽連到溝通的經驗，同樣也倚靠相似的標準在進行法律程序。他說：

正當性一旦透過合法性的基礎，就顯示其存在的可能性，原因是法律規範的產生與應用完全是合理性的運作，也就是在程序

理性（procedural rationality）的道德與實踐的意義下運作出來。
（Habermas 1988: 230）

以上是在法律的層次上，或稱微觀的層次上討論正當性。另一方面在全社會的宏觀層次上，正當性與正當化如何產生呢？哈氏引用公共的程序一概念，這又分成兩部分，其一為涉及政治意志形成的程序；其二為來自公共領域之溝通流程（Habermas 1989a: 154）。

由立法機關、行政機構與司法體系經由法律程序所產生的規範與執行、應用的規範，當然是正當性的法律產生的途徑。但透過自主的公共領域（媒體、講堂、論壇、咖啡座等）非正式的辯論，也是現代法律無上命令（imperativity）的產婆。公共的爭辯產生了「溝通的權力」，靠著法律把這種溝通的權力轉型為行政法（Habermas 1992: 187, 235）。

綜合上面的論述，我們知道哈伯瑪斯對法律的生成，可歸納為下列四點（Guibentif 1996: 60）：

（1）能夠產生法律、能夠製造法律，不是人類原始的本事，而為現代的現象。法律的生成首次發生在法國大革命之際，隨著現代社會的複雜結構，法律產生的機關也趨向眾多而複雜。
（2）溝通產生了法律，而非統治者、立法者等等決斷者隨意創造了法律。溝通的行動、公共的辯論、溝通的權力塑造了法律。
（3）當法律過程從自主的公共領域分離出來之後，合法的法律才會產生。但公共領域中知識分子的干涉仍屬必要。
（4）在考量其他的情況下，法律的生成離不開法律專業者的努力，他們對法律的態度每隨各地法律文化之不同，而有所迥異。

哈伯瑪斯上述法律生成說具有三層社會學的意涵。其一，分殊的社會之存在乃是法律產生過程之背景。其二，法律作為自主的社會圈，從社會分殊出來、獨立出來。其三，法律文化內在的緊張關係對法律的生成、製造有所影響（*ibid.*, 60-61）。

# 六、言說倫理與人權

從上面哈伯瑪斯強調法律的正當性，可知現代法律一味注重立法、司法與行政的技術面，俾應付日益複雜的社會情勢，是導致法律與道德愈走愈遠、彼此隔閡的原因。哈伯瑪斯認為重視法律的效力，而忽視其他規範的前提，無視其他道德的意涵，都會威脅到法律的正當性。

法律需要正當性，需要道德標準的支撐，尤其表現在刑法之上。傳統上對犯罪的界定都是立基於道德價值的破壞或違逆之上。政府擁有權力懲處違逆者，無論是監禁或殺頭，無非是藉嚴酷的法律制裁來阻遏犯罪之再現與流行。刑法的基礎，不管是犯罪的界定、處罰的適當與否，都牽涉到道德標準的應用。藉法律而採取的鎮壓手段，會引發道德的論題，諸如犯罪偵察、判罪之輕重，因為這些都涉及犯罪者身家生命、自由與財產受到剝奪的程度大小的問題。

可是刑法的歷史發展又是呈現脫離道德基礎之趨勢，今日各國強調刑法在打擊犯罪之效力。也就是視刑法及其執行機構工具性的價值，以及能否有效阻止犯罪之再現與蔓延成為大家矚目的焦點。亂世用重典與犯罪偵察技術之改進的說法甚囂塵上。因之，再度審視刑法的道德基礎及其正當性也愈來愈迫切。

哈伯瑪斯有關言說倫理（discourse ethics）的提法對重估刑法或一般法律的道德基礎有很大的幫助。他對法律正當性與道德意涵的說法與韋伯有所不同。韋伯認為法律形式的合理性之前提為法律與道德之分家，韋伯主張法律的正當性並不源之於道德，而是從法律形式的特質中衍生出來。這些形式的特質包括：

（1）一套法律規範體系，由專才演繹而成，目的在把現存的社會規範分門別類形成秩序。

（2）立法機構創造具有一般性效力，而又抽象型塑的條文。

（3）司法機關與政府其他部門受到這些法律的約束，特別是涉及法律的引用與執行時（Bal 1996: 72-73；洪鎌德 2000c: 911-923）。

由於法律具有這些形式的特質，遂產生了其合理性，而不再依靠道德作基礎。因之韋伯做一個總結，法律與道德應該分開爲兩個不同領域。法律的正當性，不再仰賴道德，而是合法性（legality）。

哈伯瑪斯批評了韋伯對法律採用形式和理性之說法。依據哈氏的說法，法律同道德無法分開，而必然聯繫在一起。法律的形式特質，不能用道德中立的眼光來指出其含有合理性。透過實證法的執行，政府權力的合法性本身不帶有正當的力量，合法的不一定正當。哈氏認爲法律形式上的實質隱含道德的成分，這才是法律具正當性的泉源。首先，法律專才對法律的系統化不一定提供正當性，除非他們在制法時，把道德證成也一併考量。其次，一般（普遍）和抽象的法條必須立基於道德原則之上，才談得上正當。再其次，司法機關並非盲目地引用法條，在解釋或引用法條時，道德的看法也會介入。具體案件的決斷雖然不一定引經據典，但也要做規範性的考量。是故實證法應該把內涵的道德成分當作它正當性的來源。

哈氏說在保證法律的正當性之同時，法律程序（制法與用法）必須提供道德辯解的機會，也就是討論規範性有效訴求的正確、正當與正直（rightness）。他認爲在實踐的言說（論述、話語）中，道德的討論是理性的決策不可或缺的程序。由是可知法律的言說必須被視爲道德／實踐的言說之一種。造成實踐言說之條件爲：

（1）不受鎭壓、抑制的左右，也不分權力的大小不同。

（2）提供大家參與的平等機會。

（3）所有的問題都可碰觸，沒有任何禁忌的話題。

（4）唯一被接受的意見，是那個經由深思熟慮、反覆激辯，爲大家比較上可以接受的較佳意見。

在這種理想的言詞情境下，參與者能夠對道德議題達成一個合理的共識。理論上這種言說的結果既符合道德上的正當，也是大家一般能接受的。這就是哈伯瑪斯所提的言說倫理。採用這種道德／實踐的言說倫理應用到法律的言說，自然會增強法律道德的正當性。

當有人批評哈氏的言說倫理是否太注重道德的形式主義，而缺乏道德的實質內涵時，哈氏的回答是強調言說倫理包含兩個道德原則：公平和團結。前者注重言說參與者之平等權利與平等機會；後者顯示對人群的同情與關懷，所以言說倫理不欠缺實質的內涵（Habermas 1987b）。

德沃金（Ronald Dworkin）認為言說倫理避免道德的冷漠與中立固然正確，但在涉及法律的正當性方面，明示地把道德基礎標誌出來最為重要。他對民主的程序理論提出批評，主張法律的應用與解釋必須使用實質的、規範的論據。法律的理由化是立基於道德原則之上，而具體落實在憲法權利之上。憲法權利保護公民以對抗別人、或政府的不當損害。這些權利對少數族群尤有保護作用（Dworkin 1977, 1985, 1986）。

當德沃金以美國憲法對公民權利的保障視為道德原則的應用時，哈伯瑪斯也認為美國與西德的憲法之原則與基本權利為大家所公認，而不失為寰宇性有效的道德規範（Habermas 1985: 90）。

在 1992 年的近作《事實性與有效性》一書中，哈氏聲明實證法的正當性是仰賴對一系列基本權利的承認。這些權利包括平等的主觀自由、行動自由、私人的自主，以及平等參與民主意志的塑造，俾個人政治自主得以保持。他甚至指出一旦缺乏平等的自由權，合法的法律就不存在（Habermas 1992: 159）。如果把這些平等的自由權擴大，則聯合國人權憲章所規定的人權，正可以聲稱擁有寰宇的有效性，可以當作法律的道德基礎。因之，人權可以看做實踐的／法律的言說最起碼的實質性道德指引，法律的正當性可以從人權引伸而得（Bal 1996: 77）。

# 七、法律與政治理論之重建

　　在其近作《事實性與有效性》（1992）中，哈伯瑪斯聲稱以「重建的分析」來為現代西方社會的法律與政治把脈。所謂重建的分析是針對著社會界中諸體系和諸程序之結構所呈現的象徵、符號、意義進行解剖、重組。換言之，在這種分析中描述法律規條，指出那一部分受到社會成員的遵守（他們如何使用、解釋與改變這些法條），那部分受到成員的排斥擯棄，他們接受與拒絕法條的理由何在。只有描寫與歸類這些法條及其遵守或拒絕的理由還嫌不足。進一步要超越於法條與理由之外，尋找背後的深層結構。在所有的法律的意義與解釋的總體中有些潛在的象徵性結構，它們存在於社會信念和言說之中，形成了體系與體系的關聯，規範性與認知性的模型、或典範、前提、或背景假設。這類東西在法律實踐裡頭不易明文說明，但其存在卻是看得見、體會得到的，這些構成法律言說無意識、無反思，但卻有影響的潛勢力。這些就是集體的無意識，集體不識不覺卻包含著溝通談話的信念與意義。將這些東西找出來，有助於信念的澄清，而使溝通的扭曲化除，集體自我欺騙降至最小程度，也把偏見、定型觀、秘思神話一一拆穿，而有助於人群的自我了解和社會定位。

　　換言之，重建的分析，首先是設身處地對參與者有企圖、有心向的活動之理由，動輒予以「心向性的解釋」（intentional explanation）；然後分析整個象徵圈（symbolic sphere，法律為種種象徵圈之一），因為它成為這些企圖、動機、理由之背景。分析在於理解這個象徵圈與體系之關聯，其潛在的深層結構、建構性範疇、假設前提、生成規則等等。上述這些東西都不是參與者意識得到，而為觀察者、理論家要去挖掘發現的。其後觀察者可能會找到曲解、前後矛盾、教條，或自我設防而加以排斥的信念和溝通，而予以評估與矯正，最後達成對法律結構與運作有更為

深刻的瞭解。

　　爲了使這種判斷、或診斷呈現有意義的研究，理論家必須要能夠找出社會行動者信念與行動的合理性之標準。這裡理論家要做一個假設：假設社會科學與人際行動之間合理性、或合理可信的程度有共通，有延續的可能，這樣才可以從人際實際的活動中得出理解與解釋。也只有這樣做理論家才能分辨社會界所倚賴的理性力量與外頭加進來的理由（宰制、操縱、意外情勢、物質因素等等）。這樣吾人才能指出：行動者何以採取這些行動，是否由於他們認爲這些行動是合理的，還是由於他們信念的維持與改變是基於真知灼見、或經驗學習的結果。

　　哈伯瑪斯便認爲，基於語言而進行的人際互動和相互理解的企圖，包含了學習的*可能性*和種種*限制*（蓋真知灼見不能隨意改變、撤回、否定之緣故），包括了*刺激*（追求更加理解的激發因素）。合理性與有效性的基本原則可使參與者（行動者）和觀察者（理論家）共享的假設，這恰好表示這些原則有對稱的、相配套的關係，這就是認知對稱的原則（principle of epistemic symmetry）。

　　這種理性的重建和理性的解釋是否可能、是否可欲是值得辯論的。辯論的結果會導向有關意義、理解和合理性是否具有普遍性、寰宇性的問題，以及象徵的有效性大小的問題之上（Habermas 1988）。

　　哈伯瑪斯和施路赫特（Wolfgang Schluchter）都曾嘗試對現代法律給予一個抽象的、結構的分析。他們試爲法律的演變加以分期，這種分期的前提就是認爲法律往著規範性的和理性之途邁進。其情形有似韋伯的法律社會學之四個分期（形式非理性；實質非理性；實質理性；形式理性）（洪鎌德 2000c: 193-917）。這兩人（哈氏與施氏）都企圖在韋伯的作品上，重新型塑現代倫理與法律。施路赫特發展一套道德生成發展說，而主張愈往後發展，人的行爲愈趨複雜的階段，其合理的道德能力也更形提升。因之，韋伯所謂的西方社會之倫理與法律合理性云云，便可藉由這種階段發展觀來予以補償重建（Schluchter 1979: 148）。儘管哈伯瑪斯比起施氏來更爲批評韋伯的法律進化模型，但也以階段演進論來看待倫理、法律與政治，也就是主張相續的階段呈現了愈來愈強的寰宇的與

合理的象徵結構，這種演進階段提供制度更新的必要階段，就像合法的
政治秩序和現代立憲政府一樣，成爲寰球發展的趨勢，也成爲合理性、
合法性、正當性的更高表現（Habermas 1979, 1984）。

　　哈伯瑪斯近期的著作就是對現代法律與政治秩序象徵的、基本的、
甚至「深層的」結構之重建，也就是考察歷史上民主國家和法律政府怎
樣致力憲政與法治偉業之營造。他採用的是程序的觀點（process
perspective），考察生成（generative）的原則、或結構，這是指象徵的生
產與再生產之過程，因爲這一過程本身也是靠符號與象徵建構起來。他
研究的起點爲社會合作、集體意識型塑和衝突解決的過程之分析。在言
詞動作做爲社會合作的方式下，行動者發展出共通、共享的理解，也對
象徵性有效性（真理、本真、道德上的正當）不同的範圍有了共同的看
法與同意。就靠著早期的溝通理論，他最近又演繹出實踐言說的類型論，
這種實踐的言說是立基於講理的共同意識之上，而非靠著壓制或操縱而
達成的（Habermas 1991: 100-118）。他分辨實踐言說爲幾種類型：實用
的言說（在多種手段與目的之間尋覓最有效的途徑）、倫理／政治言說（尋
求集體認同和良好生活的定義）、道德言說（對彼此競爭，而有利害衝突
的要求給予不偏不倚公正的考量）。靠著講理的同意，上述三種言說有造
成人們溝通合作之作用，但也有人際衝突無法靠同意、辯論、講理來解
決。這時就得靠妥協來求取解決。妥協的正當性來自於達成妥協的條件
之公平。

　　現代世界中，靠講理的同意或公平的妥協，來進行合作的模式愈來
愈重要。原因是這兩者是集體自立或自決的規範性理想，也是解決糾紛
有效的辦法。過去依賴不容質疑的傳統觀念、或種族、或玄思的觀念來
維繫社會的統合已成爲明日黃花，毫無作用。但要完全倚靠講理的同意
或公平的妥協也並非容易。原因是言說未經規定，而行動者常失去行動
的憑據、行動的指針。爲了及時達成具有拘束力的集體決策，必須藉制
裁或制裁的威脅，以及集體計畫執行所需的組織來完成。換言之，有必
要把上述各種言說，特別是法律與政治言說加以制度化，這就是法律與
政治之誕生。

　　集體的堅信和集體的意向需要深思熟慮予以型塑——民意的形成。
但民意要形成有賴政治權力（立法）之運作。權力的正當性來自於言說
的過程（政見的發表、政綱的提出、民意的爭取、政黨的輪替、執政與
監督的制衡等）。現代法律與政治團體（組合體）乃是擁有權利的人群之
共同體（社群），在其中人人之權利與自由力求平等，而符合道德的要求。
現代法律與政治團體是工具性社會合作的組織形式，它還是一個倫理的
共同體，目的在實現社會成員對生活共同的熱望與價值。這種社群的正
當性有賴上述三種實踐言說聯合起來共同創造的。哈伯瑪斯說每一種實
踐言說的特質加上公平妥協的條件，暗示某些過程的原則之存在、過程
或程序的原則包含在憲法法律條文中，像有關立法、司法和行政之控制
都有一定的流程與程序之規定。這是哈伯瑪斯所強調的現代「法治國家」
（*Rechtsstaat*）基本規範結構。

　　顯然，法治國家乃是一個政治社群，能夠用自主的與本真的方式，
透過公開、不受限制與平等的言說來型塑公共的堅信與集體的意志，也
能依靠理性辯論和公平的妥協來解決衝突。除此之外，法治國家健全之
道為採用合適的過程與規定來把集體的思慮轉化成特殊的決策。集體決
策的過程和結果之所以具有正當性，乃是由於程序所顯示的公開、公正、
公平為參與者所折服、所信任，而所得的結果乃是參與者從過程中得來，
大家都可以接受的結論之緣故。於是我們看出法治國家營運中集體自由
與正當性之掛鉤：同樣的條件，亦即公開考量之條件，製造和執行公共
決策之條件，乃是構成自由與正當性之條件。把自由和正當性兩個概念
結合的同時，我們也看出合理性這一概念轉變成公共裁量、公共思考（慎
思明辨、審議）的現實、實在（reality）。易言之，沒有受到限制的裁量、
或慎思為其結果（決策）提供了合理性。

　　藉由全民主權的程序性概念可以把盧梭全體的意志（*volonté de
tous*）轉化為普遍意志（*volonté générale*）。這種轉化在盧梭是一股神秘
的社會勢力，在哈伯瑪斯則是公共裁量與制度化程序。這兩者（公共裁
量與制度化程序）便可以保證群眾的意志轉變為清明在躬、大徹大悟
（enlightened）的意志（Peters 1996: 113）。

哈伯瑪斯的言說原則和程序原則是造成法治國家的集體自由與正當性的兩大基柱。不過程序原則多少滋生一些問題。裴特士（Bernhard Peters）參考羅爾士對程序正義之四分類（Rawls 1971: 85-87, 354-366），試圖為哈伯瑪斯的程序原則做如下之分類（Peters 1996: 113-118）

表8.2 程序的正當性

| 範疇〔類型〕 | 定 義 | 舉 例 |
|---|---|---|
| （1）完整程序的正當性 | 流程之外的獨立標準，但過程保證正確的結果。 | 理想的言說 |
| （2）不完整程序的正當性 | 流程之外的獨立條件，經過進一步矯正而產生可以信賴的結果。 | 專業制度（醫療、科學之診斷） |
| （3）純粹程序的正當性 | 沒有流程之外獨立的標準來保障結果之可被接受。 | 彩券、抽籤之方式、無遊戲規則之競爭 |
| （4）準純粹程序的正當性 | 流程之外的獨立標準；程序進一步矯正結果；以程序為基礎的標準會增添影響力。 | 法庭的訴訟程序、民主的過程 |

**資料來源：**Peters 1996：118，經作者修改補充。

先從第（3）項純粹程序的正當性講起。在這依範疇或類型中，不存在獨立的標準來決定接受或拒絕結果，只能倚靠程序之公平或可被接受之程度而定，抽籤和沒有遊戲規則的競爭就是顯例。但在完整的（1）的與非完整的（2）的正當性類型中，卻存在實質的標準或理由來接受結果。完整的程序正當性就靠這個獨立的標準，每次只產生一個「正確的答案」，這大概只有理想的言說才會有這種情況產生，在現實世界的言說和程序很難獲致的。是故（2）代表現實世界中專業者如醫師、科學家，他們常在試行錯誤中修正其診斷、判斷，而找出可以信賴的程序標準。至於（4）的準純粹程序的正當性類型中，人們找到可信賴的程序標準，人們期待最終會獲取可以接受的結果，而且對該結果之具有拘束性也深信不疑。其原因是人們在程序未進行之前就已接受其結果（審判的結果、

民主決策之結果），但也接受其間的錯誤或扭曲，相信有朝一日這些錯誤、扭曲可獲得矯正。但錯誤、或扭曲如太過分，人們也可能拒絕接受，這大概就是西方法治國人民對待法律程序與民主程序之基本態度罷！

　　綜括上面所說，可知哈伯瑪斯及其流亞都認為：現代世界觀之所以是合理，正如同科學、法律、政治是合理的制度與事業，並非這些制度、或事業實質上有何重大的貢獻或「成就」，而勿寧為它們公然接受辯論、挑戰、批判，以及依靠公開的言說之形式，而通過各方的檢驗。任何一個社會參與者不只相信這套公平的檢驗過程，也相信討論的內容，含有真實、合理和合法的實質，他們才會把這個法律秩序和政治序視為正當的。是故這些實質的理由與原則之描述與評價，為正當秩序之重建分析所不可或缺。

# 八、哈伯瑪斯法律社會學之瑕疵

　　哈伯瑪斯重建的理論不免有方法論的困難。當作社會象徵體系一環的法律，其社會定義及瞭解並非一成不變，而是隨著環境之變遷而改變。因之，法律的定性與定位常是不穩定、含有歧義和不夠系統性。加上字義本身的變遷與爭議、詮釋方式之不同，造成文化領域異質性凸顯。哈氏企圖為西方法政秩序內涵的一些基本和抽象規範性概念重建為相互關聯而圓融的系列。在真實的信念、溝通和實踐的表面，他嘗試要揭開其深層結構，可是他也知道這一深層結構卻以曖昧的、折射的方式，同其他的概念混雜在一起。在這種情況下，他仍然標明某些基本原則，諸如集體自由與正當性之存在。他的說法是這些原則至少存在憲法條文中，也存在於法律與政治的實踐裡。這些基本原則不斷在促成人們對法律實踐與政治實踐的批判與修正。

　　除了對現代社會的象徵結構做經驗性的分析與重建之外，人們也可以捨掉現實面的考察，而回歸到哲學的、政治的、法律的思想史傳統、

或是日常的信念上去尋求一套完整的理論，也就是建立一套規範性，而非經驗性的法律理想與道德理想。由是可知經驗事實的研究之外，尚且有價值取向的規範途徑。哈伯瑪斯法律社會學的瑕疵，可能就是遊走於經驗與規範兩種分析模式之間。他 1992 年的著作比較接近「有效性」，而離開「事實性」，因之，比較接近規範性理論之塑造（*ibid.*, 118-119）。

此外，哈伯瑪斯有關法律正當性問題的解決方式，也招來反對聲浪，那就是有關程序理性的概念欠缺道德標準、欠缺道德力量（Eder 1986, 1988），而只留下有關法律正當性的程序而已。也就是他沒有明言，什麼樣的道德規範可以視為正當的，只談理想的言辭情境下的道德論據，給人的印象是法律之具有正當性只是法律具有實質與形式而已（Bal 1996: 74）。假使這種批評正確的話，那麼哈伯瑪斯與韋伯的看法完全相同，兩人的分辨就不大了。

其次要批評哈伯瑪斯之處為他把法律放在生活界與體系界之間，顯得妾身未明、處境尷尬。原因是法律與政治的過程都有把生活界的溝通行動媒介為國家決策的作用，那麼把法律、政治視為體系，而又與生活界分開、脫離，有無必要？有無意義？更何況所有的體系最終都要具有約束力、有規範的作用，也有法律的影子。因之，法律圈、民主的「法治國家」、法政言說等等，究竟是體系？還是生活界的一部分？或是兩者之間的混合物？顯示地位不確定。再說，科學與公衛也具有社會統合的功能，要把它們硬行區分為「社會統合」（生活界之功能），還是「體系統合」（體系界的功能）都不適當。同樣可應用到政治體系與經濟體系之上。在政治與經濟裡頭，有多少成分影響到社會的統合不是先驗的哲學問題，而為經驗的社會學問題。這是哈氏在 1992 年近著中似乎有新憬悟，而力圖匡正之處（Peters 1996: 122）。

在質疑哈伯瑪斯把生活界與體系界強行分開之不當的同時，人們還可以進一步質問他生活界受到體系界「殖民」的問題。不錯！「殖民」的概念有助於吾人對當代社會生活的商業化與拜金主義（monetarization），以及官僚主義的盛行，職業角色的異化，消費主義取代精神修鍊和主動參與政治活動的公民變成福利政策的「受惠者」、「依

賴者」等等社會現象的解釋。但殖民這個譬喻則未免把問題過度的簡化。以離婚贍養費之給付為例，法律對負有義務支付贍養費與收取贍養費的離婚夫妻有明確的規定，但其執行是否順利，只有當事人兩造之實踐，外頭（法院）的干預只涉及法庭的判決與兩造執行的意願而已，而無法恢復兩造原來的夫婦關係。換言之，法律的干預只有在對付夫婦的社會仳離，而非恢復或重建他（她）們的社會統合。很明顯這種小家庭的煩惱產生自生活界，而企圖從體系界（法律、調解）來求取解決。家庭關係的敗壞之日漸嚴重，顯然不是「司法化」、「法律化」的結果，更不是生活界受到體系界殖民之結果。是故使用「殖民」一概念無助於說明法律的干預（Peters, *ibid.*, 125-126）。

# 九、結論：哈伯瑪斯法哲學與法社會學之貢獻

哈伯瑪斯使用溝通理論和重建的分析方法，在哲學之外，也涉及社會學的途徑來討論法律與社會以及同文化之關係。他分辨了生活界與體系界的不同，前者為活生生、活潑潑的人群之活動、交談、溝通，而富有創造力的世界，儘管在這個生活界中的成員——社會行動者——未能正式地與分辨地將其意見匯聚成有系統的理論或主張。但循著民主程序的軌道，這些理性的辯論、爭議、磋商，會逐漸形成成員間的相互理解與共識，這便標誌著生活界邁向合理性之途前進。與此同時卻有兩套機械的、自我定向的社會體系——經濟與政治體系——之出現，它們獨立於生活界的社會過程之外，在自行運作。它們靠的是金錢與權力當媒介，而規定生活界的人際關係，也就是回過頭來宰制與凌虐生活界，這也是哈氏所說生活界受體系界的殖民之始。

法律的地位正處在生活界與體系界之間，其作用在於協助兩界進行社會的統合，也就是把原已從生活界脫出的體系界再度拉回，使這兩界再度掛鉤。換言之，法律一方面透過公法使統治機關能夠依法統治、分

權設施、經營政治的活動；他方面也藉私法規定市場上的交易，使體系
獲得錨定（anchoring）的力量。

顯然哈伯瑪斯的法律觀與德國傳統的「法治國家」（Rechtsstaat）觀
有密切的關聯。近代德國的歷史文化中早已產生兩位偉大的法理家：黑
格爾和韋伯。哈氏可躋身爲第三位重要的法律思想家。其成就甚至有超
邁前人之所在，值得讚賞。黑格爾的法哲學是以具體的證明來解釋法律
中互爲主觀的承認之重要。韋伯則視法律的研讀，可幫助吾人瞭解，社
會的統合係藉法律的優越與統領的地位來獲致。

哈氏從黑格爾吸收到法律是社會哲學的核心，因爲法律不只展示某
些理性的形式，更重要的是這種合理的形式可以在公共的領域和制度的
領域中具體而微地展示出來。從韋伯那裡，他學習到：依賴統治法律在
現代社會中擁有正當化的角色，也就是經過有效法律的認證，社會的種
種事象（政治、經濟、學術、文藝等等）才獲得其正當性。

可是哈伯瑪斯並沒有照搬照抄前人的學說，也有他獨特的見解。與
黑格爾不同的是，他不把法律的演展歸因於生產的經濟活動、或國家合
理的獨立（自社會中獨立出來）。有異於韋伯之處，法律不只是強制性的
規範，有公權力的執行做後盾，法律卻可以使用言說、辯論、溝通來使
其趨向合理性、公平性。黑格爾同韋伯都沒有預料到民主的爆發力對現
代法律制度之衝擊。這點卻是哈伯瑪斯所強調的，民主的激發力成爲他
法律觀的主要成分（Rasmussen 1996: 21）。

在《事實性與有效性》（1992）一書出版一年之後，哈伯瑪斯寫了〈後
言〉一篇，強調何以法律規範的生成與應用與溝通行動密切而不可分，
這是由兩者結構的相似之緣故，特別是法律爲人群面對面互動與相識之
「輪帶」。由這個輪帶把信息、意見轉化成陌生人之間互相信賴，形成團
結與聯帶關係（solidarity）。也就是在金錢、權力、團結這三項社會統合
的媒介能夠發揮作用，法律扮演演重大角色（Habermas 1996: 136）。

法律的正當性來自於自決的觀念，但自決不在是社會契約說中訂立
契約的私人，而是經過深思熟慮、慎思明辨的民主程序，是以審議
（deliberative）模型取代社契模型。法律社群非由社會契約而成立，而

是由溝通言說的基礎所達致的同意和共識所構成的。

　　法治與民主的關聯不是歷史的偶然，乃是法律平等與事實平等的辯證發展。爲了法治與民主之內在關係，哈氏再度說明爲何實證法不能放棄道德的基礎，也說明人民主權與人權互相尊重與加強的必要；此外，也說明民主的原則和道德的原則各有所本，而大力分辨法律不能與道德混爲一談（*ibid.*, pp.138-148）。

　　從這篇〈後言〉來看，哈伯瑪斯這本涉及法律與民主的關係、或稱法治與民主之關聯的書，是他多年來法律觀的心血結晶，值得關心當前西方世界法政制度之結構與未來人類走向的人士加以認真研讀。哈伯瑪斯晚年致力法哲學、法理學與法社會學之分析與鋪述，正反映他平生治學的一個主張：學說的真理，尤其在最後的分析上，應該與真實的生活和良好的生活結合在一起。在這一意義上，他不失爲當代啓蒙思想的標竿人物，理性在法政領域的擴張會爲人群帶來真實與美好的生活（Johansen 1987: 313）。

**表8.3 哈伯瑪斯法律觀扼要**

| 建立的理論 | | 言說、溝通理論；愼思熟慮的民主學說 |
|---|---|---|
| 兩界說 | 生活界 | 由思想、政治、倫理的心向構成之生活界，乃人群共同分享的經驗世界（包括共同的文化背景、文字使用方式，乃至世界觀、社會觀、人生觀）。<br>文化、社會人格合成生活界。 |
| | 體系界 | 政治體系：權力運作、統治與管理的組織、政府機關、官僚制度。 |
| | | 經濟體系：金錢運作、貨物與服務透過市場機制進行生產、交換、流通。 |
| | **體系界逐漸對生活界進行殖民與宰制** | |
| 法律 | 功用 | 穩定社會秩序；有如金錢與權力等媒介的駕馭，俾經濟與政治兩體系能夠獨立運作；把金錢與權力加以規約、規定、規範爲法律之職責，使市場與國家制度化；凝聚化。 |

| 法律 | 作 法 | 使體系界與生活界脫鉤或解聯；亦即在生活界與體系界居中的媒介——金錢與權力——建構起規範性的「錨定」——而起了固定的作用。法律促成社會的連帶關係——團結。 |
|---|---|---|
| | 結 果 | 經濟體系和政治體系所以能夠獨立存在與運作，就是靠金錢和權力兩大媒介之法律化；也才能跳脫生活界的羈絆，但又回頭來影響生活界，使兩個（經濟與政治）體系與生活界重新掛鉤。 |
| 法治化的四波 | | 第一波：專制國家法治化：絕對君主權勢之膨脹；<br>第二波：君主立憲法治化：資產階級爭生命、財產與自由之權利；<br>第三波：民主立憲法治化：落實公民參政、社會權；<br>第四波：福利國家法治化：個人自由與社會權之保障與伸張。 |
| 有效法律的建立 | | 人群溝通達致理解與共識，有效性只有通過「理想化」過程來取得。由語言溝通事實性與有效性之衝突擴大到社會界；法律成為穩定事實性與有效的綜合模式——由古代神聖權威至近代習俗權威至現代彼此的瞭解（溝通理性）；目前以機制取代權威來使事實性與有效性歸於平衡。 |
| 法律的生成及其特徵 | | 法律精構化、細緻化、分辨化的過程：<br>法律的產生是近世社會複雜造成的；<br>並非統治者、立法者隨意創造法律，而是溝通塑造了法律；<br>法律由自主的公共領域分離出來；<br>法律專業的努力使法律質量抬高。 |
| 言說倫理與人權 | | 現代法律過分重視立法、司法與行政技術面，而減少道德意涵，會使法律正當性弱化。法律的正當性需要道德支撐；言說倫理對法律（尤其是刑法）道德基礎的重估有助；法律程序及程序正義加強法律的正當性。聯合國人權憲章所規定的人權，具有普世、寰宇的道德基礎。 |
| 審議的民主是法律與政治之重建 | | 法治國家營運中自由與正當性掛鉤。把自由與正當性結合，可使合理性轉變為公共裁量，公共思考、審議的民主。藉由全民主權的程序性概念把全體意志轉化為普遍意志，這是公共裁量與制度化程序合而為一。 |
| 評 論 | | 優點：企圖建構一個符合西方自由民主社會複雜的體制之法律學說；繼黑格爾、韋伯之後對法律理性的重大闡揚。<br>缺點：其學說遊走於經驗與規範兩種分析模式之間；有關程序理性的概念欠缺道德說服力量；法律在生活界與體系界中的地位無明確的指出。 |

資料來源：由作者自行評析設計。

**圖8.4 魔鬼遮蓋司法女神的雙眼**

# 9 盧曼：法律的新功能論與自生體系論

# 一、前言：盧曼的生平、著作與思想特質

尼可拉斯·盧曼（Niklas Luhmann 1927-1998）於 1927 年 12 月 8 日誕生在北德呂內堡（Lüneburg）釀酒商家中，出身於中產階級，而崇尚自由主義的世家。在故鄉念完中學，而於第二次世界大戰最後一年服役於空軍，退役後在佛萊堡大學修習法律學（1946-49）。其後完成法律人員修習課程，在 1954 年至 1962 年曾任職尼德薩克遜邦行政部門，後改任該邦文化部官員。1960 年至 61 年赴美留學，在哈佛大學受教於當代社會學理論巨擘帕森思（Talcott Parsons 1902-1979），造成他後來與帕氏爭論結構功能論，從而拓展了新體系論。

1962 年至 1965 年盧曼在德國史拜耳（Speyer）行政學高校研讀，加深他從法律學轉向到社會學的興趣。1965 年社會學家謝爾斯基（Helmut Schelsky 1912-1984），任命盧曼為其助手，並兼任多德蒙社會科學研究室主任。1966 年在閔士特大學獲取社會科學博士學位，同時也利用業已出版之書文，完成教師升等論文（*Habilitation*），而在 1968 年取得剛成立的畢勒菲德大學社會學講座，從此致力教研生涯。

由於他一開始便有充分的學術生涯計畫，所以能夠在進入學術殿堂之前後，採用「連貫的和系統的出版策略」（1984 年《明鏡》〔*der Spiegel*〕50 期評語），贏取學界的矚目，終而聲望直線上升。事實上除了懂得怎樣治學出書之外，盧氏對社會學基本概念之精心的剖析與細緻的重構，也是他聲名遠播的因由。他企圖以概念闡釋與理論建構，藉結構功能論來掌握當代複雜多變的社會實在（*soziale Wirklichkeit*）。

在社會科學界與社會哲學界中，以這種理性的、單面的方法切入觀察，是否足夠、是否適切，引起很大爭論。1971 年盧曼的理論槓上了比他年輕一歲，但聲望更大的哈伯瑪斯。於是兩人的爭辯圍繞著社會科技（*Sozialtechnologie*）還是社會的理論（*Theorie der Gesellschaft*）的分辨

之上。兩人的歧見至 1990 年代仍成爲德國、乃至歐美社會哲學界爭論不休的主題。

關於這一爭論有兩人共同出版的《社會的理論或是社會科技》（1971）一文集，但盧曼另外有兩本著作對此爭議仍具重大參考價值，那是指《社會體系：一般理論的綱要》（1984）。該書聲稱要找出普世的社會學理論。另一著作爲《社會的科學》（*Wissenschaft der Gesellschaft*, 1991）。在這本著作中盧曼繼續發揮他對科學作爲社會認知的工具之闡述。他說並非認知的主體在引用利益、或意義的觀點下，對社會有所了解，而是對現代社會必須採取控導學（*Kybernetik*），或自生自導（*Autopoesis*）的方法，也就是說帶有建構主義的（*konstruktivistische*）認知模型，才能掌握業已化身爲功能體系之現代社會。

誠如駱徹爾（Florian Rötzer）在評論盧曼《社會的科學》一著作時所指出（*Zeit*, 22.3. 1991）：「盧曼的認知理論不只擱置了體系內在批判的每一可能性。他是以致命的（*fatalitisch*）與冷眼旁觀的方式，建構起一大群循環演變的體系群中一個自我操作的體系。在這些各自操作的體系中，每個人都成爲階下囚而無法逃避。此外每個人都是在結構功能上變成生物的、心理的和社會的諸體系辛苦合構的事物中形成更大的體系。這些次級體系各自獨立操作。這些體系本身的活力、動力會自我證實、不需外求。體系的主體都得向『真理』和『理性』這類概念告別」。這意思是指每個人都是諸次級體系構成的一個大體系。每一次級體系都有其活動與操作的動力，而不必藉口人的理性，利益等等「真理」，來說明人作爲諸次級體系構成的大體系之存在與發展。盧曼的這種認知論，還遭受另外一位學者的扼要的解說與評論。史賓勒（Rolf Spinnler），在盧曼撰述的《傳媒之實在》出版時指出（*Stuttgarter Zeitung* 10.12. 1996）：他的思想是從實體（*Substanz*）轉向體系（*System*），從而放棄了道德規範的基本價值。在此情形下他的社會學科學觀，既不以文化的觀點來批評現代性滋生的問題，也不爲未來提供烏托邦式的遠景。

儘管學界批評盧曼的學說太抽象，觀念太玄虛，而很難把他的理論付諸實踐，或批評他用字遣詞、闡述說明不夠清楚明白，但這位受德國

學界與輿論界譽為「理論大王」（*Theoriekönig*）的盧曼，卻在學界中建構了廣泛的，但又獨特的體系論和社會理論。他治學最高的目標在把他的看法對普世現象作一徹底的解說與應用。他的理論觀點不僅牽涉到人在社會階層的隸屬、變遷和互動，而且還包括社會實在各個範圍與面向。他那廣博的學問，有如百科全書家那樣，巨細靡遺地處理社會總體系的各個次級體系。特別是法律、經濟、宗教、藝術、道德、教育、科學（知識）、兩性關係和傳媒，這些社會的駢枝、分門，各有可以互相比較、類似的組織原則，當然也有其特別的功能。他終其一生以個人獨自經營的方式，詳論各個社會部門的體系理論。也就是在其晚年，他把這些不同部門的知識與理論完整地加以結合，而形成一個可靠的理論網絡，也就是把社會現象的解釋者和觀念相近的人，用一個理論網絡結合起來。他一生重大的學術成就就是臨死前一年出版的《社會的社會》（*Die Gesellschaft der Gesellschaft*, 1997）一書。

盧曼自 1993 年從畢勒菲德大學退休，但仍然在該大學主持一項討論會（*Kolloquium*），而備受尊崇。1998 年 11 月 6 日逝世於大學城近郊的歐陵豪森（Oerlinghausen）鎮，享年 72 歲。拜爾（Horst Baier）在弔詞中指出：盧曼的治學方式，證明「在科學的領域上，單打獨鬥的偉大之個人〔學者〕，仍有存在之可能」（*NZZ,* 18.11. 1998），譽他為當代「社會學界中的黑格爾」和「為社會學攜帶亮光的使者」（*Lichtbringer*）」（*NZZ,* 12.11. 1998）。卡烏貝（Jürgen Kaube）更譽之為「本〔20〕世紀最重要的社會學家」（*FAZ,* 12.11 1998）。

根據德國《世界報》（*Die Welt*）的統計，盧曼出版的專書多達 50 冊，論文有 300 多篇，是一位多產的作家。可以說是「大規模經營的個人秀」（*Ein-Mann-Grossbetrieb*）（*Die Welt,* 30.1. 1993），比較著名的作品為：

（1）《當作制度的基本法權：一個政治社會學的新猷》（1965; 1974）。
（2）《目的概念和體系理性：論社會體系中的功能》（1968; 1973）。
（3）《藉由程序取得正當性》（1969; 1983）。

（4）《社會學的啓蒙：社會體系論文集》（卷1，1969；卷2，1973；卷
　　　3，　1981）。

（5）《社會理論或社會科技》（與哈伯瑪斯共同出版　1971）。

（6）《法律社會學》（1972；1983；英譯1985）。

（7）《法律體系與法律詮釋》（1974）。

（8）《權力》（1975）。

（9）《宗教的功能》（1977）。

（10）《社會結構與語意學：現代社會的知識社會學之研究》（卷1，1980；
　　　　卷2，1981；卷3，1989）。

（11）《福利國的政治理論》（1981）。

（12）《激情之愛：隱密之私的符碼化》（1982）。

（13）《社會體系：一般理論的綱要》（1984）。

（14）《當成建構的認知》（1988）。

（15）《社會之經濟》（1988）。

（16）《社會學的啓蒙》（1990）。

（17）《社會之科學》（1991）。

（18）《社會之法律》（1993）。

（19）《社會之藝術》（1995）。

（20）《社會結構與語意學》（1995）。

（21）《傳媒之實在》（1996）。

（22）《社會之社會》（1997）。

（23）《法律之歧異》（1999）。


　　　就像哈伯瑪斯及當代德國著名學人一樣，盧曼晚期的大部分著作多
由法蘭克福的　Suhrkamp　出版社出版，以袖珍書（*Taschenbuch*）的形式
出版。

　　　1988 年盧曼獲得德國最高的哲學與文化獎——　黑格爾學術獎，先後
獲得 Gent, Bologna, Maccerata, Lecce, Recife 等大學之榮譽博士學位，爲
德國社會學會之會員，擁有衛斯法理亞研究院院士之頭銜。盧氏育有一

女兩男,其夫人於 1977 年便告逝世,盧曼作爲鰥夫長達 21 年之久,似未續絃(上述傳記與著作資料取材自 Munzinger / *Internationales Biographisches Archiv*, 5199 Lu-Me 1-3)。

　　誠如《法律社會學》一書英譯者,英國卡地夫大學社會學理論教授歐爾布洛夫(Martin Albrow),在該書英譯版的〈前言〉中所說,盧曼的學識、能力與聲望可與哈伯瑪斯相匹敵。但由於其作品譯爲英文者屈指可數(此書英譯題目改爲《法律的一個社會學理論》。之前有《信託與權力》〔1979〕和《社會之分歧》〔1982〕兩書,及之後的《生態學之溝通》〔1989〕、《自我指涉論文集》〔1990〕、《福利國的政治理論》〔1990〕等三本書的英譯本出梓),造成英美社會學界與法學界對盧氏學說之陌生。這並非盧曼與哈伯瑪斯在理論或學說上有優劣之差別,而是由於後者藉第二次世界大戰之後法蘭克福學派的聲光,而獲得殊榮。反之,盧曼不屬於任何學派,而是一個單打獨鬥的理論戰士。影響他思想的人,主要爲德國學術前輩。這些人同影響哈伯瑪斯的馬克思和法蘭克福學派之享有國際名聲完全不同。這點顧忠華也在引介盧曼社會系統理論的中譯序文上感慨指陳(顧忠華 1998:3)。

　　對盧氏而言,戰後西德所發展的社會理論,不過是 19 世紀日耳曼法治國家(*Rechtsstaat*)學說之延伸,就像其前行者的馮士坦(Lorenz von Stein 1815-1890)和韋伯一樣,盧曼在大學修習法律,擔任具有法律性質的官吏職務,後來才獻身大學的教育與研究。盧曼的法學養成教育,提供他一般社會理論的基礎,這是典型德國式的,與英、法、美的社會科學家之出身截然不同。法律提供國家統治的架構,法學人才(行政人才、立法人才與法官、法學者)成爲國家重要人才庫之資源,也被視爲公務員的一環(德國大學教授身兼公務員身分),法學理論成爲研究社會性質的理論。在此情形下,德國的法律社會學所處理的議題與英美法律社會學指涉的題目有很大的不同。

　　要之,對盧曼而言,法律和社會是一而二、二而一密切關聯的事物,這兩個詞彙的關係和關聯幾乎是互相的,缺一不可的。他的法律社會學不在討論社會因素對法律的生成、運作、功能、演變之影響,而是指出

法律與社會生活內在的，必要的聯繫（Albrow 1985: vii-viii）。

誠如顧忠華所說，盧曼的思想常像「泥鰍」一般滑溜，連德國人自己讀起來都頭痛萬分。事實上，盧曼常被比擬為社會學中的黑格爾，擅於驅使與使用抽象度極高的概念、文字，營造出既複雜又辯證的理論體系（顧忠華 1998：4）。他的系統論以系統與環境的差異為起點，討論體系自我再製之機制，提供另一種的「啓蒙方案」（*Aufklärungsprojekt*），或啓蒙策略。雖一度被英美學界誤會為異端，「但回顧 20 世紀的社會學理論史，盧曼確能躋身於獨創一支理論學派的大師間而毫不遜色。盧曼的理論不歸路，就是肇始於他去敲開另一扇的啓蒙窗口！」（顧忠華、湯志傑 1996：167）。

本章在介紹盧曼生平、著作與基本思想（第一節）之後，將討論他早期的社會學思想，特別是他對古典法律社會學諸大家理論的扼述（第二節），以及初期的體系論和新功能論，與早期的法律觀（第三節）。接著鋪敘他晚期自生自導的體系論及其對法律體系之分析（第四節）。稍後則指出自生自導的法律體系的一體性、自立性、自足性（第五節）。至於自生法律體系之優點（第六節）與缺點（第七節）也詳加剖析。此外，法律與國家、法律與政治之關聯也加以簡述（第八節），最後指出自生法律體系的理論之主旨與影響（第九節）。

# 二、盧曼談法律社會學理論的發展

盧曼認為法律社會學之所以少為學界所接受，一方面是由於社會學家對法律概念的複雜性、專門性所知有限；他方面是由於法律不像家庭、組織、或政治是社會的一部分，可以從社會整體分割出來，予以特別的處理與研究。法律幾乎滲透到社會的各個方面、各個分殊的領域──社會的駢枝、次級體系──因之，不具有全社會的知識，無法掌握社會、也無法理解法律；不知法律在社會中的確切地位，也不知法律學同其他

社會學界的界限之分劃,使得法律社會學又難以成為獨立自主的一門科學(Luhmann 1972: 1-2)。

法律社會學的出現與一般社會學在 19 世紀下半時的崛起有關,一般社會學對法律的科學的興趣,表現在與傳統歐洲法律觀的區別之上。傳統歐洲的看法是把社會與法律的關係當成具體的關係來掌握,認為法律存在於人類社會的本質之中,社團內在的本質。社會上人人親近(友誼)與上下垂直的不平等關係(統治關係)都是社會共同生活的特徵。在政治制度中的自由,只有藉法權自然的、真實的彰顯才有可能存在。換言之,不是抽象的、隨意的自由造成法律上的問題,而是根據自然法衍生出政治上的自由。主張自然法的思想家,認為社會共同生活需要具有內涵之規範(應然的形式)的標示,也就是需要規範來發揮不可或缺的功能,更需要有特定的內容的規定來導正共同的生活。是故他們把社會看成為法律關係、看成一種群體的契約關係(社會契約)。這是法律秩序的被看重與不可或缺的理解,在這方面法律社會學者也深信不疑,而不需要再反覆予以強調(洪鎌德 1998b:257-301;2000b:49-61)。

由於自然法思想最後階段強調的是理性法,故設定人是理性的動物,可以質疑與挑戰傳統的觀念。再加上把社會當成契約看待,於是契約的法律性質,便引起社會學家的新解釋。重點已不在客體的自然法內容之上,而改以人為主體,把人抽象為權利與義務的主體,契約成為共同生活中可以安排、決定的範疇。共同生活的社會界域(*soziale Dimension*)不但可資安排、處置,而且其型塑都是隨機定奪,受條件的選擇(*kontingent*)之法律的形式,而這種法律的形式,不再是一般的、抽象的、固定的原則,而是因時制宜、因地制宜、因人制宜、因事制宜的規範。也就是把契約當成化約的機制,俾擴大至整個社會,也就是轉化社會(*Gesellschaft*)為社會體系(*soziales System*)。

與自然法學家的看法相似,社會學家也認為法律與社會分不開,不過可以用抽象的眼光來看待這兩者(法律與社會)之關係,也就是彼此的變化更為開闊與多樣。社會學家也同意自然法學家認為每一社會必然有其特定的法律秩序,但不贊成把某些法律規範視為各種不同的社會共

同遵守的原則。法律只當成某些原則上不可或缺的社會事物，但它的頒行，卻隨每個社會的需要與條件而各個不同。於是隨機性、不定性、風險性（各種可能性條件之選擇）成為法律社會學研究的一個題目。

於是可知法律社會學是在與古老的歐洲自然法思想保持一段距離、跳脫出來的、抽象出來的思維方式——與自然法分家，不再承認社會中有特定的、一般的、放諸四海而皆準的法律規範。反之，以相當距離的角度來觀察每個社會之法律，不能再從社會的存在演繹法律，而是把法律與社會當成兩個在經驗上可以考察的變數來加以認知與掌握，這兩個變數在特殊的情形下發生互動的關聯（Luhmann 1972: 10-11）。

古典的法律社會學儘管說法互異，內容分殊，但卻有三個共同的立論基礎：

（1）當成社會的規範性之結構，有異於當成事實性的生活與行動關係之社會（法律不再是社會）；
（2）法律與社會當作兩個互相依賴的變項來看待。這兩者各自變化的關係，是一種演化的關係，至少在19世紀被當成文明的進步來處理；
（3）法律與社會之關係，是以經驗科學可以檢驗的假設來敘述，其變化之關聯則由觀察來證實（*ibid.*, 12）。

馬克思的法律社會學之重點在符合時代的演變大勢，把過去重視政治的現象，扭轉為經濟優先。所謂的經濟係涉及人類滿足需要的物質生產與分配的行動，是建立在超歷史的、重視人類的真理之上。就在這種唯物史觀之範圍內，馬克思演展一套辯證的社會發展史。社會發展的動力來自於生產力與生產關係之矛盾（而這兩者正是造成人類物質需要的滿足所不可或缺的手段與機制）。生產力與生產關係之矛盾乃是社會的矛盾，這種矛盾產自生產與分配（需要的滿足）發展過程當中（洪鎌德1997a：171,182ff；1997b：265ff）。為了使這種矛盾可以穩定化、堅固化，法律遂藉著規定的形式來安排個別人獲得不平等之機會。換言之，藉著對財產的保證與保護，人群得到好與壞，有利與不利的發展機會。

在財產中法律把需要滿足的機會融化成家族繼承的利益,也把決定能力
(對生產與分配之決定能力)轉化成生產力提升之手段(參考本書第 3
章)。

　　法律的改變無法靠著別人的立法意志而是要靠革命的方式,去改變
那些為有產(財產)階級量身訂製的條文。不過在社會的發展中最終會
出現財產社會化(共有)的階段,在此階段中財產的公有,把需要滿足
(分配)與生產決定(計畫)兩者隔開,而把客體化,但又與利益(階
級利益)掛鉤的法律消滅,取代法律的為理性。是故馬克思有法律最終
要消亡的看法(洪鎌德 2000a:391)。

　　馬克思的社會學說與法律觀可以簡單化約為下列的觀點:也就是把
需要的滿足與決斷的過程做一緊密的、在地的(地方的)結合,此點顯
示馬克思學說的高明。究其實,馬克思法社會學所牽扯的為「結構可以
容忍的變化」(*strukturell zugelassene Variabilität*)更高的程度,也就是
法律與社會彼此在結構上相互辯證發展與變化之程度。對這種變遷法律
是否可以介入分配與生產計畫活動中,而造成生產與分配不致與特定階
級利益掛鉤,反而彼此獨立運作、相互變化,而符合理性的要求,達致
分配與生產之合理化。法律的結構應當與社會的複雜化與多變化可以相
容,可以有解決大部分的問題之能力,而不致使經濟過程的操縱與運轉
和家庭的繼承混為一談,而造成有產者的巧取豪奪,奢華炫耀。問題在
於這是不是唯一的觀點,俾法律可以制約社會的複雜性。這便是馬克思
法律社會學的要點,這一問題的爭辯只有在抽象的社會學理論中才能展
開(Luhmann 1972: 12-14)。

　　梅因(Henry Sumner Maine 1822-1888)視人類從古代社會演變到現
代社會是「從身分轉變為契約」的運動,身分和契約並非法律名詞上兩
個截然相互排斥的概念,而是不同的法律秩序之建構的原則,與權利與
義務分配的原則,這是由不同的社會結構之背景而決定的。建立在親屬
原則中的社會,成員在家庭與氏族中的地位決定了他們參與社會的權
利。也就是每人按其位階之不同賦予特定的權利與義務,從而其自由是
相對地被限制。家庭的結構和階層的結構同時管制著具體的權利與義務

之分配與執行。但隨著社會體系往更形複雜的方向發展，社會規模大小的提升、經濟的獨立，導致法律關係的變遷，於是傳統的、堅固的、在地的種種關聯逐漸鬆綁，個人也慢慢享有更大的自由與變遷的機會，人的法律行為能力遂告擴大。隨著 18 世紀階層秩序的解體，過去的抽象人格轉化為法權的主體（載體）。權利與義務的重新分配手段謂之契約，契約便利彼此不相識的當事人迅速的相互理解，俾防阻彼此可能的損害，也提供明確訴訟管轄之管道。這樣社會可以容忍人們非固定性、隨其意志之轉變與合調改變的行為。

因為契約的仲介，使得社會結構與法律規定之間的關係漸趨鬆散。法律不再像從前一般地與社會的分歧化之發展主軸糾葛在一起。這種糾葛對社會分歧化的穩定是一種高度的風險，對法律的說服力與確信性也是有所威脅。契約的範疇顯示了無需中心之安排（去中心化），人們的簽約行為更具靈活性、更富機動性，這也顯示法律對益形複雜的社會之適應情形。

契約的主要議題在梅因《古代法》（1861）出版 30 多年後，成為促進法律社會學出現的催生劑，這時契約成為個人隨興與功利計算轉換為法權的手段，而沒有考慮到這種的個人行為在社會結構上所占的據點（參考本書第 2 章）。

涂爾幹獨排眾議，有意引發爭論，也就是他選擇了契約的社會基礎作為討論的重心（洪鎌德 2000d：9-11）。換言之，契約的當事人不僅有簽約的兩造，還涉及第三人——社會的見證與保證。在一個分工繁細的社會中，契約規定的擴散並沒有改變一項事實，那就是法律成為社會連帶關係（團結協和）的表示，也是道德規律的具體化。連帶關係的形式及法律的樣態，是受法律分化的發展所制約的，也就是每受社會發展的分歧之形式所決定的。涂爾幹視這種發展為從區塊、段落、部門（*segmentäre*），而演變為功能、職能（*funktionale*）的分化。區塊、段落、部門的分化在社會結構不夠複雜的情形之下，把社會分為相似的、相等的單位，像家庭、氏族、部落。反之，功能、職能的分化卻因為分工的需要把社會分割為不同的次級體系，每一次級體系都有其不同的、

特定的功能。在這種功能分化與分工之下，社會的複雜性提升。在區塊、段落、部門的分割之社會中，社會的凝聚力來自於內容上共同的集體意識。這種集體意識表現在道德的規律之上。一旦道德規律遭受批判損傷，則社會必以壓制性、報復性的作為來加以懲處，這便是所謂機械性的連帶關係。反之，在複雜的現代社會中，透過功能的分化，集體意識、集體想像之共同性逐漸瓦解，取代機械性的連帶關係，如今成為官能性、器官性、有機性的連帶關係。它把社會當成有生命、有生機的活物看待，各部分就像器官的運作一致來促成整個社會之生存與發展。這時法律不再是壓制，而是恢復的工具，在修補部分器官之損壞，而非對違法者之報復。涂爾幹認為這種社會結構之改變在經驗性可以觀察、可以驗證，社會結構與法律之相互影響與共同變化、也可以獲得證實。由是他提出對社會總體系之層次上建立的經驗性法律社會學學說（Luhmann 1972: 15-16）。

顯然，涂爾幹首先強調社會體系的分化，其次才涉及這種社會分化造成的法律形式之改變。法律問題的焦點為法律違背（犯法）之處理。這種看法顯示涂氏法社會學之分歧與缺憾，復原的制裁雖然比壓制的制裁更富變化，也較能因事制宜特別處理，適合情勢變遷。但近代是否復原的法律比報復的法律在數量上和程度上有遞增之問題，卻引起學界的質疑（洪鎌德 2000d：7-9；本書第 4 章）。

潛藏在馬克思、梅因和涂爾幹法律社會學說的底下之主軸為社會與法律演化進展的問題，不過這幾位思想家的理論興趣顯示在對社會總體進行部分的燭照與闡明。將這些部分與體系聯繫起來，與其他社會體系進行比較，變成瑪克士・韋伯的研究重點。儘管法律社會學是韋伯龐大的、深刻的學術志業之一小環（洪鎌德 2000c：909-911）。但以歷史詳例來佐證其理論，確為他治學（特別是認識論）之特色。韋伯的認知旨趣在於說明歐洲和近代社會發展趨向合理化，也就是擺脫宗教、迷信怪力亂神的「去魔力化」、「除魅化」（Entzauberung）。世界的除魅化、合理關係之增進是資本主義經濟興起的因由，但資本主義體制的建立有賴法律，而法律的茁長也是資本崛起的結果。法律要從首重實質（material），包括倫理的內涵，享樂與功利的目的等實質內容和目的，轉變為首重形式

（formal），也就是法律概念的精確，制法與用法程序之合理實用等等
（Luhmann 1972: 17；洪鎌德 2000c：913-917；本書第 5 章）。

隨著近代法律社會學的發展，人們逐漸分辨法律的「形式」與「實
質」之不同。在幾近繁瑣儀式的形式逐漸喪失其重要性之同時，講求法
律實質方面之彈性、韌性的看法逐漸占上風，這也就是把法律當成能夠
適應變遷難測的社會情境之衡量工具。對此韋伯持不同的主張，他認爲
法律規範的架構日趨分歧與獨立，也就是法律規範從社會的結構與期待
之混雜中逐步分開，而爲特殊的功能之利益而精確化、專業化。過去把
法律的操作寄託在少數人群之手中，他們的權勢與利益反映在其個人的
專斷隨意之上，以致多數人對法律既乏了解又不具信心。如今法律立基
於長期的、廣泛、可靠、而又可以算計的機會之上，法律才會有助於社
會複雜的目的與手段關係之組成，而使關係之環節能夠不愁脫落。要之，
在使每個人、或社會每一部分可藉抽象的，事先可以計測的的機制固定
其發展機會。只有靠這種改建的法律秩序，才能進一步藉由行政的助力
達成民生樂利，建立福利國的最終目標。

帕森思的貢獻在於綜合涂爾幹和韋伯的觀點來建構一個普遍的、一
般的社會學理論。這種一般理論使法律社會學普遍化、一般化，因爲他
嘗試說明社會體系是由於其規範的結構之絕對必要性來決定的。因之，
用帕森思的眼光重新審視涂爾幹與韋伯的學說是有益的。帕森思說，功
利主義建立在個人、自然的利益之觀點上無法解決社會價值累積的問
題。涂爾幹逐在反對功利論之下提出社會規範的客觀實在之說詞，他認
爲唯物史觀或唯心史觀（包括人成群結黨的天性之社會動物看法）不能
圓滿解釋規範和利益的關聯。對於兩種史觀無力解釋利益與規範之關
係，韋伯也有同感。後者提出社會行爲之分析，以及在分析基礎上所形
成的理念類型，以爲對抗唯物與唯心史觀。帕森思認爲涉及涂爾幹與韋
伯這種說法，意涵社會行爲亟需規範的導引，是故法律對社會行爲的管
制成爲絕對的必要。但法律不可化約爲最低程度的強制性秩序，不可化
約爲物質利益的表示，也不可以化約爲歷史性、詮釋性的解讀。

涂爾幹的學說在強調規範性的應然之社會實在底獨立存在，這種社會

實在致力於統合分歧的、有別的各種社會秩序。他討論的不只是遵守規範的行為，也討論到偏差的行為（包括自殺在內）。可惜他對法律概念缺乏精確的界定，造成涂氏及其學派把法律社會學與一般社會學混為一談。

韋伯的做法剛好相反。他的法律社會學擁有醒目的形式，但卻分在這個狹窄的看法之中，使得韋伯對法律社會學概念在理論上貢獻有限。由是韋伯的法律社會學不再是韋伯社會學理論的延伸與發揮。他的貢獻在於行動的概念回溯到行動主體之上，從而使吾人理解，對人行為的描述不再是本體的、自然的特徵，而是遵循或趨向「行動者所持的意義」（*der gemeinte Sinn*）。所有的行為都是主體選擇的，因之，也是非固定的，而為條件所制約的、臨時起意的行動。行動有時並非事實所呈現的，也有以另一方式出現之可能。是故社會秩序、對個人自由的發揮並非只有限制的作用，而是把行為的不定性、風險性加以限制，尤其是當行動者的行為以別人的行為之意義為取向之時，社會秩序就在化約、或減少這種對別人行為期待的不定性、風險性與隨意性。在涉及不定性、風險性方面，韋伯的認知理論是取材自新康德學派，而以文化為價值、為導引、為取向。

帕森思便看出涂爾幹與韋伯對社會秩序得以維持之道德、宗教、法律，雖有不同的概念論述，但基本精神確有契合之處。是故終帕氏一生，便是企圖把這幾位大家之社會學思想匯聚為一個綜合性的社會學說。它超越了涂爾幹的規範現實主義（*Normrealismus*），也超越了韋伯的意義主體論（*Sinnsubjektivismus*），而建構結構功能的體系論。他的社會規範結構之客觀性是取材自涂爾幹，而將之牽連到韋伯主體行為之隨機選擇，因應情勢變化（*Kontingenz* 無常性、偶發性）之上。換言之，根據帕森思的說法，只要有數個行動者（他們各自主觀地選擇其行動意思、主旨）處於與別人交往、互動的情境中，則必須把相互的行為期待加以統合。要統合彼此相互的期待，則有賴長期間、學習的、內心的規範之助力才有可能。任何持久的人際關係、人際互動都需要規範的引導和保證，也就是法律的約束與規整，這也才能構成社會的體系，也使社會體系運作順暢。

帕森思的論證在於說明社會體系中規範之絕對必要，而其論證的方式是指出規範的功能。由於功能而產生社會的結構，這是後期帕氏的說詞。也就是他在 1960 年代末與 1970 年代初提到社會體系的結構，是從規範的期待中產生出來的、建構出來的。帕氏的社會學理論，遂成爲有關人群規範性行爲之功能分析，把社會化約爲社會體系的概念。而社會體系也變成了只有涉及規範性行爲之考察，這種片面性、有賴全面展開的行爲科學來加以匡正補救。帕氏爲了解釋規範的結構對其他（例如認知）的結構之關係底問題，只好求助於社會體系之下的次級體系彼此之關聯（像文化體系、人格體系、社會體系等著名的帕氏三角關係；參考本書第 6 章，圖 6.2）。

這是帕氏著名的問題轉移技巧。這種技巧使得規範的應然之特殊功能的問題，也就是法律的的特殊性功能問題，也就是牽涉到不定性、機遇性、風險性的問題，得不到進一步的發掘和引伸，而盧曼的努力正是要補充帕氏學說之不足，不僅發展出新體系論與新功能論來，還在其早期建構有盧氏特色的法律社會學新理論（Luhmann 1972: 18-21）。

以上有關古典的法律社會學的演展，大體上以盧曼的敘述爲主，偶而穿插本書作者之意見。這種思想史的回顧與評估就成爲盧曼建立他獨特的法律社會學理論的開端。換言之，盧曼早期採用新體系論、新功能論來論述法律，主要是受其前人一連串學說與理論之影響，特別是對帕森思結構功能論的批評，而促成他發展出新的體系論。後期的盧曼則從新功能論轉化爲自生自導的理論，而使其法律社會學獨樹一幟，成爲新的典範。以下我們先介紹他的體系論，或稱新功能論，然後才說明法律與體系論，以及與功能論之關聯。

# 三、盧曼初期的體系論與法律觀

盧曼把法律當成一種對別人行爲期待的普遍化之體系（系統）來看

待，這是因爲他在 1960/61 之間在美國哈佛大學進修時，受教於帕森思的體系論——社會學說裡頭結構功能的體系論——之結果。因此，爲了說明盧曼的早期的法律體系觀，有必要把他的體系說做一個簡要的鋪陳。而他的體系論可說是一種新功能主義（Neofunctionism）理論（Treviño 1996: 323）。

盧曼認爲體系是人對實在（*Wirklichkeit*；reality）——人周遭世界（包括人的內在世界）——一種概念上感知的方法，一種的觀點。也就是說我們把世界當成層層包圍，由大而小的各種體系之集合體。體系是一個首尾圓融的單位，它以界限來分清其本身及其外頭的環境、外圍世界（*Umwelt*）。是故辨識與劃分體系與環境（外圍界）的不同，就靠體系的疆界、界限，體系就靠著兩分法的符碼（bifurcation code），不斷進行本身（體系）與非本身（外界、外圍、環境）之分辨，而保持體系本身的首尾連貫，乃至體系對其他體系之封閉、體系對外圍環境之封閉。是故任何體系之特質爲一個封閉自主的體系。由於體系在時空的變化之下，隨著環境的演變，日漸邁向複雜化。因之，複雜化（*Komplexität*）之遞增，以及不可預測的偶然事故、偶發性、無常性、風險性（*Kontingenz*）之頻生，是自然體系、生命體系、社會體系共同的演變特徵[1]。

依據盧曼的看法，世界是充滿了無窮的複雜性與無常性。放棄了本質與表象的區別，他認爲現象學的回歸自身的做法，可以讓一個觀察體系的自我來觀察外頭的實在。不過比起現象學更進一步的所在，是他居然把進行現象還原的現象學家也排除，這也就是把歐洲傳統的主體哲學之主體移開，而只剩下實在——體系與環境——的一體性而已。在超越世俗的主體——超驗的自我之後，人們只好回到生活的現實中。依據生活界的理論脈絡，盧曼主要從意義與實在的關係來把握現世。現世是隨時隨地，任何人都可以進入的，因而無中心可言，也無上下垂直不平等的關係可言。對盧曼而言，意義只是「爲各種可能性所包圍的現實性」

[1] 盧曼對「複雜性」與「無常性」的界定，不是一般經驗性的説明，而含有濃郁的哲學意味，使其體系論不致流於經驗事實累積的闡釋。見顧忠華、湯志傑 1996：169-170.

（Luhmann 1990a: 83）。複雜性則涉及「總是存在著比所能實現為更多的體驗和行動之可能性」（Habermas und Luhmann 1971: 32）。在實際的操作上，複雜性意謂「選擇的強制性」（*Selektionszwang*），在各種可能性中被迫去進行選擇（*ibid.*）。因此，現實、實在、世界正是這種帶有無常性、偶發性與複雜性之整體。作為觀察焦點的體系，包圍它的外在環境正是其疆界、其界域，而世界則是界域的界域、最終的界域、所有界域的累積與重疊。要想超越界域的思想，實際上無異是擴大它的範圍，這些企圖仍需要一種對世界的概念來開始、來著手（顧忠華、湯志傑 1996：171）。

盧曼初期的法律社會學理論便建構在他這一體系理論上，一開始他便指出：

> 在生活體驗中各種可能性的複雜性與無常性〔偶發性〕以結構確定的「世界」之面目出現。向來屢試不爽，相對也排除失望的選擇方式，也以「意義」的字眼，浮現在我們的跟前。於是我們稱呼這類意義的認同體為物、為人、為事、為象徵、為文字、為概念、為規範等等。就在這些〔指涉性的概念〕之上，「期待」也告確立。在這個既複雜又無常，但卻是可以期待的結構性世界上，且不談別的，還存在著其他的人群，它們像你我一樣是經驗和行為的泉源，在我的心目中是「另一種我」（*alter ego*）。於是這個充滿複雜性和無常性所建構的世界又增添了一項變數，別人所能實現的可能性，對我而言也有實現的可能。為了排斥別人〔的占有〕才出現財產的意義……沒有需要進入別人所體驗的一切可能性，我也可以將心比心加以體會……但這種對別人感想的體驗是感覺的選擇性之增強……是幾近偶然的做法……也就導致單純的無常性轉化為社會界中雙重的無常性……。（Luhmann 1972: 32）

換言之，在人類的經驗與行為當中，我們發現充滿無限的可能性，可是面對這種林林總總無限的可能性之際，我們對這無限的可能性之感

覺、意識、處理的能力卻是非常的有限。因此，面對浩瀚無邊、駁雜無序的可能性（我們謂之爲複雜性）人們不能不回應。複雜性也就是強迫我們在多樣、繁雜的可能性當中，選擇其中的一項、或少數幾類可能性，因之它是選擇的強制（*Selektionszwang*）。至於無常性、風險性就是人選擇時的不確定性，也就是對期待的落空，陷入失望之可能性、危險性。換言之，人們對風險的預期，對冒險的必要，是生活中無時不有的日常現象。

爲了使失望減到最低的程度，人們的期待總是要趨向穩定、可靠。可是人際的來往，使期待的期待（*Erwartung von Erwartung*），更趨複雜、更趨不穩定，這就是上述雙重無常性的出現之因由。社會規範就是使行爲期待趨向穩定的機制。

是故在生活與經驗的安排下，人們發展出一些結構來，這些結構就是在規範複雜性與無常性（風險性），也就是透過選擇的作用，使運作順暢，使失望減少，而最終造成行爲與人格體系的穩定與發展（Luhmann 1972: 31-32; 1985: 25）。

社會愈趨向功能的分化，愈趨向複雜，生活在其中的個人面對愈多的不確定性、愈多的偶發性。因之，他被迫做出更爲小心的選擇，也就是個人在與其複雜的內外環境（體系及其外界）打交道時，他所作的決定與選擇之冒險性也越高。套用涂爾幹的說法，他把從前的社會關係視爲機械性的團結（連帶關係），而現代的社會關係當作有機性、官能性的團結（連帶關係）來論述，我們會發現現代人所扮演的角色之繁多與雜亂、應付的事項之龐雜與艱難。是故處在現代狀況下的人們經常要飽受失望、奚落之苦。易言之，現代生活是偶發事故充斥、失望頻繁、挫折紛生的不確定性之生存狀態。

在個人的經驗中，要減少偶發、限制失望、減縮不確定性的方法，就是透過正確的認知，作出合適的期待，俾正確下達處事做人的決斷，作出正確妥當的選擇。不僅個人要作出令別人不失望、不偏離常規的行動，社會體系也會爲眾多的個人預備好處事待人的種種機制或結構，而讓個人合情合理地、有意義地處理期待與失望。特別是社會能夠透過機

制、或結構，使深陷失望的諸個人渡過難關、化解危機，而使其行為回復平衡與穩定。不只正確認知的期待有助於個人克服失望，最重要的是社會規範的期待（normative Erwartung）使得遭逢失望的個人之行為得以克服挫折，恢復正常，使人們「雖然難免失望，但〔對未來〕仍充滿盼望與期待」（Luhmann 1988a: 22）。

盧曼界定法律為「規範的行為期待之一般化、普遍化」（Luhmann 1985: 77）。法律也是社會行為「首尾圓融、前後一致的」一般化、普遍化（kongruente Generalisierung）。原因是在高度複雜、風險頻生的現代社會中，社會行為需要有減縮（化約）的能力，它使人人彼此之間的行為期待成為可能，而且也能夠導引對別人的期待之期待。因之，行為期待的普遍化、一般化成為必要，特別是當行為期待牽涉到時間、社會與事物三個向度（Dimension 界域、天地）。在時間的向度中，透過規範化（Normierung）使得期待結構防阻失望，而趨向穩定。在社會的向度中，透過制度化，眾人達成共識，也就是使行為期待走上穩定的方式。在事物的向度中，期待的結構依賴意義的認同（Identifizierung），而獲得從彼此的證實認可，便利彼此的溝通。由於這三個向度中行為機制在發揮功能時有重大的落差（Diskrepanz），以致造成在社會結構中的矛盾難容（Inkongruenz）。法律便在這個社會出現前後不一致、矛盾難容的情形下挺身而出，而企圖把行為之期待，特別是規範的行為之期待加以普遍化、一般化，而且是圓融的、連貫的普遍化、一般化（Luhmann 1972: 94-95）。在這一意義下，他說：

> 首尾連貫、前後圓融一般化（普遍化）的規範性行為期待，我們稱之為社會體系的法律。法律提供選擇性的連貫（selektive Kongruenz），也因此構成了社會體系的結構。（ibid., 99）

是故在盧曼的眼中，法律構成了社會體系的結構。他說：

> 法律必須視為一個〔體系〕的結構，它在界定社會體系的疆界與選擇的形式……法律本質上就是結構。原因是人們無從以別

人的行動做為取向，或無從對別人的期待有所期待，假使不再
有行為期待融貫的普遍化之存在的話。（Luhmann 1985: 105）

以上為前期盧曼法律觀，也就是應用體系論、或新功能論來解釋作
為社會體系的次級體系之法律，是故法律乃為普遍化規範性的行為期待。

盧曼早期的法律觀顯然與其後期的法律自生說有很大的不同。這點
遭到美國耶西瓦（Yeshiva）大學法學院訴訟與辯論理論教授賈可遜
（Arthur J. Jacobson）之批評。賈氏指出：在 1972 年《法律社會學》出
版時，盧曼的法律觀參雜著實證主義和自然主義之色彩，而這兩種主義
卻與自生的法律理論相牴觸。他早期的著作，強調法律體系由於功能的
分歧，而成為是社會體系的次級體系，從而把個人在法律體系中「去中
心化」（de-center）。他認為把法律體系限制在功能分殊的範圍內，有助
於闡明法律的一體化（團結、凝聚為一個單元）；但強調法律體系的一體
化與自主，反而使他從自生自導的理論中退縮下來。

在早期著作中，盧氏強調文明的個人為著獲取最大的舒適與方便，
不能不減縮複雜性與風險性。要達成減縮最有效的途徑為與別人合作，
別人也期待藉減縮複雜性與無常性來增加其舒適與方便。於是在追求合
作的每一努力中都有「雙重的無常」（double contingency）。每一個人對
減少複雜性與無常性的結果都有所期待。當他們與別的個人合作之際，
他們逐產生了對別人期待的期待。

「期待的期待」成為早期的盧曼法律理論之基石，也構成了合作的
特殊問題。問題在於當別人令他失望時，個人是否打算修正其期待，如
果是修正這種期待，這便是一種認知的回應。反之，如果遭逢失望，仍
舊不改期待，這便成為規範的回應。究竟個人要採認知，還是規範的回
應，並無一定的公式，完全看減少複雜性與無常性的欲望所推動的合作
的方式來決定。要使這種欲望得以實現的辦法為把期望制度化。這種期
望的制度化，建立在連第三者也會接受的期待之期待的基礎上。制度化
使期待一般化、普遍化，也使各方對期待的期待趨向穩定。法律便是規
範的期待普遍化的方法之落實，也是這種方法之制度化。在合作的方法

之自然選擇方面要算社會體系最積極、最有效，其原因為社會的分工使其次級體系有效運作與合作。是故功能的分殊成為社會進化的動力。盧曼認為法律的功能在為諸個人提供合作的、調整的方法，法律調整了社會所有的調整之方法。法律成為「連貫的一般化（普遍化）的規範性之行為期待」（Luhmann 1985: 77）。

上述法律體系的界定，明顯地把法律體系在功能上視為社會體系之一環，是社會體系的次級體系。此一次級體系之專業為社會各種各樣調整方法之調整。盧曼早期的法律界定是功能取向的，在三個理由方面含有濃厚的實證主義與自然主義之意味：第一，他把法律當做規範性期待概括化、普遍化的選擇計策，完全不討論規範的性質。他所關心的是認為法律主要功能在普遍性、一般性的情況下使期待趨向穩定。法律的特色為過程、為程序，俾把握一般化、普遍化的實質。這些法律普遍化的實質完全從社會過程的演進與發展中得來，法律不能教誨人群，只能表達業已存在的事物。

第二，盧曼界定規範是對失望的反應，在遭遇失望之後仍不放棄期待。是故這一界說完全取決於對失望之反應。由是他不把「熱望」、「希冀」（aspiration）含括在規範的定義中。規範成為一個人對別人的行為期待，而卻是對別人期待的失望之反應。它沒有表達個人對自己行為的期待。因之，規範只是對別人行為的期待，儘管個人與別人之間是相互的、對稱的。就像實證主義者一樣，盧曼法律體系中的使用者、占據者（法律人），把規範當成外人（而非本人）對別人行為的描述與看法。是故規範變成了對別人行為期待加以穩定化之工具。規範不再是法律人把自己牽連到別人的工具。於是在盧曼的法律體系中個人消失了，不在現場了。別人降身為滿足、或使吾人的期待或失望的條件。於是別人也不再是諸個人，不再是追求熱望、希冀的協作者。

第三，盧曼分辨對失望的兩種反應：認知的期待與規範的期待。前者涉及「實然」，後者涉及「應然」。這種實然與應然之區分正是實證主義者的堅決主張。在法律實證主義中的程序主義者，就主張實然與應然應有明確的界限，不容踰越。不過實證主義者較為關懷的卻是認知的方

面，而不大注意規範的方面。而盧曼早期的法律觀念因爲參雜了實證主義和自然主義，以致從自生的法律觀倒退出來，不像自生的法律觀那樣重視個人與個體，這也就是批評他的法律體系欠缺對個人──法律體系的使用者、居住者、占據者──的關懷，成爲一個人不在現場，人缺席的法律體系（Jacobson 1989: 1668-1672）。

# 四、法律爲溝通的自生體系

自從 1980 年代初，在受到兩名智利後裔的神經生物學家馬圖拉納（Humberto Maturana）和瓦列拉（Francisco Varela）的影響下，盧曼把自生（autopoiesis）概念引進到他的體系論與法律觀當中，從而產生了法律爲溝通的自生體系說。

馬圖拉納和瓦列拉研究人類大腦與神經組織的聯繫方式，主張「認知」乃是一種生物現象，所有環境的刺激都在有機體的封閉體系中轉換爲訊息。但大腦細胞只選擇它能夠辨識之訊息，再製成可供自我維持之必要元素，生命因此是自我（auto）創造（poiesis）的過程──自生、自導、自給、自足的過程。盧曼以此概念應用來比擬「意義」在社會網絡中被創造與再生產的過程，而賦予體系更爲自主與自導的地位（Luhmann 1984, 1986, 1990a, 1994；引自顧忠華、湯志傑 1996：176n）。

要討論後期盧曼的法律觀，有必要看它怎樣把自我生產、自我再產的生物學說引進體系論當中。*Autopoiesis* 意指「自我生產」，是由構成體系的元素（成分、成員、變數）自我生成、自我產生新元素，而促成體系之存在與發展，是一種自我指涉的體系。最明顯的例子是一個生物體（individual organism），從它的元素中不斷地生產新的元素，使每一個新元素在物質和能源的基礎上成爲無法再溶解的單一體。所以自生自導的體系是一種生物學與體系論中的模型，強調其生成變化來自體系本身而不假外求。體系之元素是由體系的操作而產生，也就是造成體系操作

的因由。凡不再參與體系之再生產（reproduction，繁衍、發展）的元素便從體系脫落，而成為體系的外圍，或體系的環境的一部分（Jacobson 1989: 1647）。是故體系及其外圍（環境）之分別是非常重要的概念。體系要能夠維持和發展，必須不斷地檢討它以及其外圍的環境之關係，原因是體系的物質、能量、資訊都來自其外頭的環境，體系是仰賴其外圍的環境而存活。這是體系對環境的依賴，也是體系對環境的開放（*Offenheit*）。不過體系在其操作上卻是自滿自足，而成為一種幾近封閉的、首尾銜接的操作的完整體（*Operative Geschlossenheit*）（Luhmann 1997: 44）。是故體系對環境而言，既是開放，也是封閉。這是把體系當成自我生成、自我改變、自我認知、自我觀察、自我描述，也可能是自我終結、自我毀滅的自生自導之單元來看待的緣故。

由於體系及其外圍環境逐漸走向複雜，而又面臨頻頻發生的事故、危險之挑戰，也就是面臨「無常性」、「偶發性」之挑戰，因此如何把複雜轉化為簡明，如何減少風險與無常，成為體系存活之急務。一旦體系及其環境的複雜性與無常性無法減少、無法控制，如此體系的結構便會鬆散廢弛，最後導致體系的崩潰。是故減少體系內外情況的複雜性、控制了內外的無常性，成為所有（有生命與無生命）的體系之基本功能。

盧曼認為，可藉時間、空間與符號之名目，把體系及其成員之活動和操作納入於昨天、今天和明天的時間範疇內，或限定其間之關係，或設定其彼此溝通之符號數量，來減少體系及其環境之複雜性與風險性。換言之，體系之功能就是把複雜轉化成簡單，把無常轉化為穩定，把回測轉變為可靠。

對盧曼而言，社會體系是以意義為取向的人之行動、人之操作（*Operationen* 運作）的總體。操作以及對操作的管理（導引、規範、協調，一言以蔽之，也就是「結構」）成為新的體系論之焦點。換言之，新的體系論，也就是所謂的自生自導的體系論（*autopoietische Systemtheorie*）強調體系內各種操作的重要性。只有重視這類體系內的操作，才會分辨體系及其外界（環境）之不同。操作產生體系內其他的操作，每一操作係牽涉到聯繫、或掛鉤（*Verknüpfung, Anschliessung, Koppelung*）其他的操作，

造成操作連結的反覆性、重複性（*Rekursivität*），也造成操作自我認知、自我觀察、自我修正、自我描述，而形成體系首尾銜接、自成一個封閉自足的單元。要之，盧曼最大的興趣在於揭示功能上分歧的社會體系內部的各種操作，以及這些操作所形成的結構。

　　一如上述現代高度工業化社會（後現代社會）是一個自主自導的體系。這一體系能夠自生自主（自我生成），也能夠自我控制（自我管理），更能夠不斷地分辨它自身（體系）和其外界（環境）之不同（自我指涉 self-referential）。任何一個自導體系，只能進行體系之內的溝通，卻無法與體系之外的環境進行溝通。這是由於體系與外界彼此並沒有相互的交換、交易之緣故（但體系卻從外界吸收物質、能源、訊息，而釋出無用之物給外界）。

　　因此，自導體系的特徵就是「反身性」、「反思性」（*Reflexität*），這就是該體系有能力自我觀察、自我描述、自我修正路線、而因應日益趨向複雜與風險之變化。就在反身性、反思性的基礎上，體系可以選擇是否繼續再生產（維持現狀，保持存在），還是拒絕再生產（反對維持現狀或是走改變、進化的路途，或是走向崩潰消失之路途，例如 1990 年代初舊蘇聯解體爲獨立國聯合體）。一個看似前後矛盾而令人困惑的現象，那就是體系的不斷的自我更新、自我改造變成了它內在不停的、生機勃勃、動力十足的過程，這種機動的過程，反而造成體系得以維持、得以趨向穩定化之因由。

　　盧曼早期強調法律爲社會的結構之說法後來有了修正，也就是他晚年強調法律是一種含有法律意義的溝通，而溝通代表體系的操作。是故操作和結構成爲法律最重要的兩大元素。他又指出向來的法律理論也談到結構，包括法條、規範、文本等之結構，這樣的看法會把法與非法的分別只靠法條之有無來決定（像法實證主義者之主張，也像英國法學家哈特視「承認的法規」〔rules of recognition〕才隸屬於法律範疇），但新體系論者卻把結構置於操作、或運作的層次之下，認爲法律並非一個穩定的理念體（*stabile Idealität*），而卻是一大堆的操作，這些操作在產生與再生法律特殊的意義（Luhmann 1992: 41）。

　　這樣看來操作與結構似乎有很大的不同，其實兩者是相輔相成、可以互相轉換替代的概念，這兩者之間存在著一個循環的關係，因爲結構靠操作而建立，也靠操作而改變。因之，存在於操作與結構之間並沒有本質上的差異或物質上的差異。與法律有關聯的溝通乃是法律體系中的操作，它擁有雙重的功能，一方面是生產的因素（造成操作的因素），另一方面又是結構的維持者（使結構保持）。這些溝通一方面對操作提供聯繫其他操作之條件，也證實或修正這些條件；他方面對操作的範圍、方式有所限制，也就是形成了操作的結構，結構就是爲操作提供進一步活動的限制——操作的架構與規定[2]。

　　盧曼認爲現代的法律體系之特徵爲「實證性」（*Positivität*），這是指法律體系產生改變，選擇法律、或使法律生效的過程是按部就班，是透明可見，而不像從前神諭的、傳說的、約定俗成的自然法那樣充滿神秘、猜測、思辨，或缺乏明確的規定[3]。人們之所以視法律決斷爲有效，是因爲法律裁決是由法律體系的成員（立法機關、法庭、公法官署等）依法條與程序所下達的宣示與實證性相關的問題。如以體系論的方式來處理，比較不會滋生歧異和誤解，因爲體系並不是相關的法條之總和，而是事實上進行的各種操作，亦即與法律意義牽連的溝通之社會操作底關聯（*Zusammenhang von faktisch vollzogenen Operationen*）（Luhmann 1997: 39-42）。

　　法律體系愈來愈走向實證之途，當它變得愈來愈分化，也愈來愈來從社會的其他次級體系分開出來，獨立出來，自給自足的表現之時。雖然立法機關的國會是政治體系的一部分，但它在立法、制法時，卻遵循著法律體系（憲法）所規定的程序。一旦法律體系從社會其他體系獨立出來，也與其他體系愈來愈分開之際，法律體系就會進行一個獨特的功

---

[2] 我們還可用英國社會學家紀登士的說法來補充盧曼的不足，紀氏認為結構不只為操作、行動帶來限制，也為操作與行動帶來方便（facility），提供規範。參考洪鎌德1998a第二版127-130頁。

[3] 它牽涉到法律的「決斷」、「裁決」（*Entscheidung*）。決斷、裁決並非由擁有權力的人士或機關隨意的、恣肆的決定，而是審時度勢，按情勢之變遷，而做的法律改變。

能：爲社會不同成員之行爲期待提供一般的、普遍的同意。換言之，法律爲人群提供規範性的共識（*normativer Konsens*）。所謂的共識並非所有社會成員通通同意，而是幾個人（立法者、法官）認爲法條、該規範對所有的人具有拘束的效力，只要透過這個「幾個人在替所有的人」宣告有效的過程，社會的共識便告建立（Luhmann 1997: 261）。

爲著要說明法律排難解紛的作用，盧曼提出一個看法，把法律應用當成爲「衝突的觀點之利用」（exploitation of conflict perspective）（Luhmann 1988a: 27）。他說：法律體系利用人們的誤會、衝突，而扮演排難解紛的角色，也就是說在人們互動中產生的誤會之解決，來建立是非（守法／違法）的標準，來讓人們知道遵行怎樣的行爲期待是人們可以預期的，那樣的行爲期待則是人們應該避免的。換言之，也是人們可以避免失望的方式。要之，法律協助人群解決由於溝通而必然衍生的衝突。

由於人群之間，透過溝通的行動所表達的期待和互動的意義不斷的在改變，法律體系跟著也不斷地在調整。在修改法律決斷（裁決）之時，法律可以對付期待和互動的變化所衍生的不確定性、無常性、偶發性，而適應體系內外的變遷。法律體系擁有特殊的機制，對法律決斷的制訂與修改形成了多種的結構，這些結構也就是程序法、訴訟法，專門討論制法、修法、用法之程序，和法律運作之過程。程序法規定了實體法。換言之，法律體系不斷地在進行自我反思性（self-reflexity），它使用第一級的法律（程序法條）來改變、或修正第二級的法律（實體法條）。因之，自主的法律體系，在一個循環的、首尾銜接的圈套裡不斷地產生與再生溝通的架構，包括法律體系對其自身的溝通、反省，與自我修正、自我調整。

像美國憲法中的修正條款（第五條）便規定了憲法修正、證實、公布的程序。自 1791 年至 1996 年至少已完成 16 次的修正。這種法律的修正與更新，完全在法律體系中進行，不只證明了法律體系的自主自足，也說明法律程序只有在法律體系內展開，也取決於體系內的溝通與運作。這就是法律自我指涉、自我觀照（self-reference）的表現。這種循環式的溝通完全出現在體系本身，使得體系成爲一個首尾連貫、自我封

閉的統一體（*Einheit*, unity）。盧曼說：

> 只有法律才能夠改變法律。只有在法律體系中，法律規範的改
> 變才被視為法律的改變……
> 法律體系靠著法律事件，也唯有靠著法律事件的出現，而使其
> 不斷的再生、繁衍、存續。（Luhmann 1990a: 229）

法律不只靠自主自導的體系操作而更生，也是靠此操作而使法律體系自我生效（self-validation）。換言之，法律的效力產生自法律體系本身，而非溯源於主權者的命令、基本規範、人的理性、人的遵守等等理由之上。

法律體系既然是自我指涉、自我觀照的體系，則其溝通也是限於體系內的成員、元素、變項之間的溝通，而不可能與體系之外的外在環境溝通。這種循環式的自我溝通，使法律成為一個封閉自足的系統。因之，盧曼稱法律為規範性自我封閉的體系（a normatively closed system）。這就是他所說：

> 法律體系就是法律操作的體系，它運用規範的自我指涉〔維持
> 與發展〕其本身，而且也選擇了訊息。（Luhmann 1990a: 230）

在選擇訊息時法律體系對外界卻採用開放的作法，是故法律體系在操作時，為一個規範性的封閉體，卻是一個認知的開放體（Luhmann 1992: 77-78）。這是封閉與開放兩個矛盾的結合。在辯證的層次上，我們發現愈是封閉的體系，也就是愈開放的體系，這也是法律何以在枝節橫生、困頓阻遏中益形蓬勃發展的因由。要之，盧曼認為自生自導的法律體系只是以先進工業（自由民主）社會之法律體系為藍本，他強調下列兩大特徵：

（1）從法律的質料（實質內容）不停地產生（與修改）法律質料之法律
　　 體系；
（2）法律體系本身之效力（有效性）完全取決於法律體系對該有效性條

件之設置（或改變）。政治、道德或其他非法律的事項對法律當然有所影響、有所衝擊，但對法律行動、法律案例、法律之溝通有效性的決定完全無涉（Jacobson 1989: 1648）。

# 五、法律體系的一體性

有異於其他法律社會學者的理論，盧曼不願意討論法律所受其他社會因素的影響，他也不願意討論立法者與法官制法與用法的社會因素、或心理因素，甚至不討論一般學者與眾人對法律持有何種特定的看法。這些林林總總的社會事實雖然有趣，也能增加我們的見識，但是卻可以稱爲沒有法律的法律社會學，根本沒有深入檢討法律與社會之間的緊要關係，甚至把法律與社會當成兩截彼此迥然有異的事務來看待。盧曼要討論的不是法律與社會之關聯，而是社會中的法律（*das Recht der Gesllschaft*），法律怎樣來變成社會的結構，怎樣來使社會運作，怎樣能使社會維持、改變、溝通、繁衍（再生產）。

法律與社會彼此滲透共存、關係密切，以致在社會的構成與法律的構成，在概念上是一致的、是互相依賴的。法律不是法官、律師、立法者、或法學者心目中一連串的法條、或技術性的公式之累積，而是涉及社會秩序之基本問題。因之對盧曼而言，法律社會學並不是討論社會因素對法律的衝擊，或分析決定性的影響關係，而是探問法律與社會生活的種種面向之間，存在何種必然的內在聯繫。

雖然受著帕森思體系理論的教誨，認爲人的行動爲體系構成的一部分，但由於盧曼除了體系論之外，也受到行政法與行政學強調決斷制乃是一種過程的影響，他更喜愛控導學（cybernetics）與自生論（autopoiesis）的理論，因之，把這些理論應用到法律與社會體系的分析之上。

由於法律的演變導致法律體系的歧出、差異（*Ausdifferenzierung*），因此法律體系有異於其他社會體系。儘管法律體系有所歧出、有所差別，

卻能夠在相對的自生、自主、自導之下，落實它對社會總體系之功能，這是由於法律自成一個首尾圓融封閉的體系，也就是法律體系的一體性、統一性、團結性（*Einheit*）所造成的結果。可是向來的法律社會學並不討論法律體系的一體性、圓融性、連貫性，這是盧曼不滿意之處，也就是他指摘它們爲沒有法律的法律社會學之因由。

　　盧曼指出不論是法學家，還是法律社會學家，一般而言都不關心法律體系的統一性、一體性、最多只注意到法律裁決的先後一致圓融而已。其結果造成法律與政治界限劃分不清，法律裡頭所含蘊的社會工程（對社會生活的塑造、控制、操控）之意義無從顯露。新功能論或新體系論便使用自我指涉（參考、觀照）的理念來爲法律、或法律體系尋覓統一或一體性、圓融性之理論。爲此他強調體系構成的元素主要的爲操作，而操作分爲兩類：一類爲自我再生產（self-reproduction），另一類爲觀察（observation）。觀察不只是別人對體系的觀察，也包含體系的自我觀察（Luhmann 1988a: 12-13；湯志傑、鄒川雄譯　1994：164-166；魯貴顯譯 1998：96-110, 174-179, 188-191）。

　　一個體系能夠因爲自我指涉而進行生產，生產的過程與結果都在使產程與產品呈現出前後呼應，始終一氣呵成的統一樣貌（一個完整的圈套中之一環），也就是體系製造出來的元素有助於體系的團結圓融。統一性概念的延伸就在涵括組成體系之元素是如何構成（constitution）的。在一個體系求取存活的結構裡，一般討論到體系的存在、保持存在（preservation of existence）或維持（maintenance），這時會涉及體系各種元素及功能，這是傳統的以及帕森思爲主的結構功能論之主張。但隨著自生、自主、自導的新體系論出現之後，強調元素在物質與能量的基礎之上所遭逢的重大複雜情形，因而解釋體系中各個元素都是促成體系一致性所不可或缺的部分，就像生物體的分子、細胞、或是社會體系的行動、理念，都是體系不可或缺的、無法消融的必要成分。是故一個元素對體系不可或缺的貢獻──促成體系的團結與一致──就只在體系、或通過體系之運作才有可能，也只有在體系裡，元素的這種結合能力才能發揮作用。

　　正如前述，社會作爲一個總體系，是自生、自主、自導的。社會總體系是帶有意義的溝通所造成。社會的基本元素是由三項東西綜合而成，這三項爲訊息、傳播（溝通）和理解。這三項事物都經由選擇而篩掉不需要、無關聯的東西。因此，社會乃經由這三項選擇之綜合而構成的。社會對這三項選擇只能部分控制，而無法全面控制。這三項事物其實都涉及溝通，這也是說何以盧曼一開始就強調社會體系的基本元素就是溝通之原因（湯志傑、鄒川雄譯 1994：138-141；魯貴顯譯 1998：102-139）。元素的形成之先決條件就是社會，除了社會之外沒有溝通可言，也只有溝通才能構成社會。任何事物（或人）在進行溝通之際，就是在建構社會，這就是自生、自主、自導的體系是自我指涉的體系，因爲它是自生、自主、自導，所以在社會擁有它的一體性、統一性。而一體性與統一性在於分辨體系之不同於外界的環境，也就是體系是有異於環境而自存的統一體。

　　除了在社會、或社會總體之外，其下的次級體系都不享有這種獨特的一體性，唯一的例外爲法律體系。原因是溝通的行動是由溝通的操作建構而成，這些溝通的行動與操作產生了法律性的結果。換句話說，在溝通中法律體系對各種事件進行分門別類，也使事件成爲法律的議題，也就是把事件「議題化」（*Thematisierung*），這些事件的法律議題化就是法律體系的基本元素。因之，所謂的法律一體性，無非是法律產生法律、法律決定法律、法律的效力取決於法律、法律回歸其本身，指涉其本身而造成法律體系之循環、反覆、完整、封閉、首尾連貫，也成爲一種套套邏輯（tautology）。

　　法律體系能夠分解規範的期待與認知的期待之不同。所謂規範的期待就是指人們不因爲失望的緣故就改變期待。反之，認知的期待卻會由於失望的緣故而隨時改變。換言之，前者不涉及學習，後者則牽涉到學習，其理由是認知的期待必然對未來不定的狀態，研究如何採取因應之道，也就是利用學習來化解錯誤或不適當的步驟，俾不再陷身於失望之中。法律體系就是擁有這種分辨的能力，能夠分辨規範的期待和認知的期待的不同。這就是說法律體系藉回歸其本身反覆操作，而自我生產與

自我繁衍，完全再生產其成分（要素）的規範性，使其體系變成規範的封閉系統。法律體系就是擁有這種分辨的能力，能夠分辨規範的期待和認知的期待之不同。

但另一方面，法律體系卻因為要吸收新知、吸收資訊、吸收營養（能量），而向其外在環境開放。在這層意義之下，法律可說是規範上封閉的體系，但在認知上卻是開放的體系。法律體系的自生、自主、自導在於法律體系能夠界予其成分、元素以法律性質的規範性，因為賦予其成分以規範性，才能建構這些成分為其（體系）之因素。所謂的規範性云云，也不過是這個目的——法律生產法律，法律界予其規範性的效力——而已。也就是任何有法律關聯的事件，其規範性只有產自法律體系，而非體系之外在環境。

另一方面，法律體系在認知方面卻是開放的，在法律的元素以及元素的再生產（繁衍、發展、擴大）中，卻隨時注意條件的變化，也仰賴事實的情況，一旦事實有所變化，情勢發生變遷，法律體系的規劃也會做適當的調整（Luhmann 1988a: 15-21）。

反對柯爾生等人強調法律體系中有不對稱（asymmetrical）的上下位階（hierachy）之說法，盧曼強調作為統一體的法律之規範性（normativity）是無分上下之差別，而為嚴格對稱的結構體，原因是法律體系中任何一個元素的規範性是從別的元素之規範性衍生而來。例如法條與法官之裁判同具規範性，法官在裁判之際引用法條，看來法條的規範性大於法官裁決的規範性。其實不然，裁決就是規範性的應用，裁決的功能在體現規範性，在使法律的規範性彰顯。因之，就規範性而言，法條與裁決（法條之應用）是循環的、相互指涉的，它們的關係已不是演繹的，也不是因果的，沒有必要把規範訴諸最後的權威原則（例如沒有必要把法律的規範性，效力性回溯到憲法之最高原則之上）。所謂的規範性就是在面臨失望之際，仍舊堅持期待絕不放手之性質，這也就是何以法律是規範性的普遍化之因由（*ibid.*, 21-22）。法律體系中當然也有不對稱之處，那是透過認知的，而非規範的取向而引進的。例如法官辦案在引用法律時，他的裁決與法律相對稱，具有一樣的規範性。不過在認知事實方面，法

官可能有所偏頗、有所矇蔽,以致誤引法條,造成裁判與法條之精神之不對稱(誤判)(*ibid.*, 22)。總之,在規範性方面法律體系呈現對稱的結構,可是在認知性方面法律體系有可能出現不對稱的結構。這種對稱、或不對稱之結構的出現,並不影響法律體系之統一性、一體性。

要之,依據盧曼的說法,法律體系之有效性的訴求,既不在主權者的命令,也不是由於民眾的信服、或康德學派主張的理性,更非柯爾生「基本規範」(*Grundnorm* 如憲法、基本法等),更不是哈伯瑪斯所主張的溝通倫理(*kommunikative Ethik*)[4]。法律的有效性在於體系的本質上,內容上的連貫,就是沒有合理的可以表達的事物,來標明這種體系的連貫性,也對體系的效力無損。易言之,自生、自主、自導的法律體系敢於宣稱該體系為一動態的、靈活的體系,又擁有本質上的圓融與連貫,在於該體系的一體性、統一性。也就是說法律體系可以持續控制其本身之操作與進行。法律體系能夠自生、自導、自觀、自描、自我修正,就在於它是自主的,不需外求的特質,「因為這種體系之操作既不是從〔外在的〕環境衍生,也不把這些操作轉往〔外在的〕環境之上」(Luhmann 1988: 18)。

# 六、自生的法律學說之優點

依據賈可遜之說法,盧曼引進的自生、自導的法律理論是法律思想史上與法律理論上「嶄新的典範」(a novel paradigm),足以與傳統的實證主義與自然主義鼎足為三、相互媲美。實證主義採用物理學的模型視法律為一種工具,其運作有如機制(mechanism)。法律之所以被人們視為維持秩序之工具,在於制法與用法有其程序(procedure),對違法者

---

[4] 有關哈伯瑪斯的法律觀與溝通理論、言說倫理(discourse ethics),可參考洪鎌德 2001a,刊於《哲學與文化》 321:97-114;332:193-204.

可以藉制裁來矯正。法律之拘束效力在於立法者對法條之宣布，以及法律當事人對法律之遵守。自然主義的法律觀在強調「理性的觀察者」對法律的看法。觀察者運用其理性把法律當成實質，當成生物學的種類來看待。他所探討的是法律的實質，只要這個實質符合觀察者的目標與意願，便具有效力。違法的行為、被制裁的行為都是生物體罹患疾病的徵象。是故法律上的制裁，無疑地是對違法者的治療、矯正，對畸形者的排除。實證主義者的法律理論重在實驗的方法；自然主義的理論重在觀察的方法（Jacobson 1989: 1647, 1654-1656）。

賈可遜認為對法律的自我生成、自我控導、自我繁衍的觀念並不是開始於盧曼，可以推溯到更早的柯爾生與海耶克的學說。更何況盧曼早期的法律觀為 1972 年出版的《法律社會學》中之體系論（結構功能理論），後來（1980 年代中期之後）在受到馬圖拉納等生物學家的影響下，才把體系論轉化為自生體系論。自生的典範之用意在於說明有機體（有生命之體系）懂得控制其本身，而擺脫外在環境之影響，俾該有機體作為一個集體能夠不斷演變，也在環境壓迫下能夠保持其自我認同體（identity）、保持其一體性（unity）。是故自生的典範注意到體系的個體化（individuation）之保留所需的特徵，包括自我動機（self-motivation）和自我維持（self-maintenance）（*ibid.,* 1661）。

盧曼是第一位把自生理論引進社會學的學者，但他並沒有把自生論的重點應用到社會過程的分析之上。至於柯爾生的法律理論雖有法律自生自導的意味，不過由於主張法律規範有上下位階（hierarchy）之分別，而不像盧曼把法律規範當成首尾連貫的循環圈套（circle）來看待，所以柯氏的法律自生觀不夠完整。在 1970 年代中期，海耶克幾乎已建構了完整的法律自生學說，但因為他拒絕使用科學（經驗的）模型，卻有意將其學說奠基於規範性的法理學說之上。因之，使盧曼成為引進自生說進入法律理論的第一人（*ibid.,* 1662）。

嚴格來說，要談自生、自主、自導、自給、自足的體系，只有社會體系才足堪這些稱呼或描述。是故盧曼首先發展的、闡釋的是應用自生學說於社會體系之上，其後才把自生說也引伸到法律體系之上。但是後

者（法律體系）所呈現的自生與自導，就遠不如前者（社會體系）之完整。在這一意義下自生的法律學說牽連到法律，也牽連到社會（而法律為社會的次級體系）（*ibid.*, 1662-1663）。

雖然把自生說灌入法律體系，其應用的好處並非十分明確，但畢竟為法律理論家，特別是對法律理論興趣缺缺的人們，注入一點新鮮的活力，也擴大人們的視野。

首先，盧曼及其支持者，認為法律之任務，在於分辨什麼是法律、合乎法律（*Recht*）；什麼不是法律，違反、或外在於法律（*Unrecht*）。也就是採用兩分化（*Bifurkation*）的方法，分辨合法與非法（與法律無關，或是超脫於法律之外）之不同。自生法律說嶄新的貢獻在於仔細尋出界定法律的意義與界線，對法律本身具有什麼意義。進一步指出在何種的社會的、法律的、文化的（但絕非政治的）條件下，法律的界定才能成為可能（*ibid.*, 1663）。

其次，法律體系乃是法律的溝通（legal communication）體系，每一次的法律溝通都要對上次的法律溝通有所回應（引用條文、或前例），每次的法律溝通也要對下次、續生的法律溝通造成拘束、有所管制（成為下次裁判的案例）。這種說法比起柯爾生的「基本規範」（上下垂直的法律位階）、或哈特「承認的法條」更為激進、更為徹底。其原因為自生的法律說否定了「位階」（hierarchy）與中心（center）的說法。位階的說法與自然主義的傳統有關；而中心的說法與實證主義的傳統有關。

位階與中心都是吾人在討論社會秩序時不可或缺的兩個元素，像霍布士以主權者（the sovereign）之權力來維持社會秩序，就是預想社會有一個中心── 權力行使的中心。柯爾生法律位階說主張憲法（基本法）的位階高於法律，法律的位階高於行政命令，都在設想社會規範的位階性。盧曼就企圖解釋社會秩序的存在，並不需要靠中心與位階的概念。社會既然是一種溝通，溝通就不須設定中心，也不須設定位階。他的觀點與創見在於強調「法律進行對談」（law talk）、法律進行「法律溝通」（legal communication）。並非吾人在服從一位中央的、有權者之命令，或在反映自然的、或人造的法律位階之後，才算我們在發布一些法律聲明或裁定一

項法律訴訟。我們發布一項法律聲明或裁定一項訴訟，是因為我們要對別人的理解造成一種衝擊，造成一個法律結果，特別是期待我們做這個法律聲明之時。我們的法律聲明或裁定形成一種自生的體系，在其中任何一個法律聲明或裁定，可以用來產生一連串的操作之網絡，這些操作會產生更多的、有關聯的、下一步的法律聲明（或裁定）。

再其次，法律自生說的優點在於充分說明個體性的兩項特徵：自我動機（法律體系的機動性、活動性〔dynamism〕）與自我維持（法律體系能夠抗拒外力的壓迫、干涉）。法律體系產生法律規範的機制不是假借外力（政治、宗教、道德的勢力）。就算一個社會非常穩定，但其次級體系的法律有時會產生機動的能力來改變社會、或防阻社會的改變。換言之，在某些狀況下，自生法律學家可以解釋社會變動的勢力源頭就是法律，而法律並非外在任何的勢力所主控、所主導的。

實證主義也好，自然主義也好，這兩派的法理學雖然立基於科學（物理學與生物學）模式之上，但對觀察者或被觀察物之個體性卻不肯給予主動的角色。因之，無法成功地捕捉個體性之成分（構成要素）。實證主義的法律體系最多說明法律體系之獨立、自主，但卻是不受外力干涉的角色，而非法律體系產生法律的主動之自主，因此這種說法下之法律常是宗教、政治、世俗的產品，也就是外力的產品。反過來說，自然主義的法理學強調法律與自然的靜態本質（stasis 靜止停滯）相似，自然法乃是對自然本質的看法（perception）。自然主義的世界中充滿各種各樣的法律，有神聖法、自然法、人造法等等。法律只表述了大堆的事物（stuff）而無法改變它。自然法律學者只有在表達對這些本質的看法，避免本質惡化而陷入社會的混亂、或是像生物體一樣罹患疾病。

與上述實證主義和自然主義相反，自生的法律學說界定法律體系為有別於其外在環境、獨立運作的封閉體。自生體系基本上是自主，而又抗拒外在環境的施壓。自生體系的法律觀是認為法律產生法律，法律不是從宗教、政治或習俗等外在勢力產生出來的。自生能否看作一種價值？對主張自生說的人並不重要，對他們而言，法律的自生是經驗性的事實，自生說是建立在法律獨立自主的事實上，而非視獨立自主為可欲的價

值。當實證主義容忍法律的改變，視改變爲正當（legitimate）之時，自然主義者視法律的改變爲不正當的（遠離本質）。反之，自生法律學說要求法律要不斷地再生與改變（*ibid.*, 1666-1668）。

雖然盧曼所受的法律教育與成年後投入的行政與教學工作是屬於德國的大陸法系，因之，其自生法的理論主要在分析與應用大陸法，不過賈可遜卻強調自我創造與自我生成的體系爲英美普通法研習者與使用者更爲熟悉能詳。換言之，普通法學者與法律人員（法官、律師、法律相關人士等）都知道援引適當的法律先例來處理當前的法案，以及每一法案對未來的法律決斷之密切關聯。這使得普通法更符合自生法律的說詞，也表面上使自生自導的觀念獲得經驗上的效力。這就是盧曼法律學說比較會受普通法理論家歡迎的因由（*ibid.*, 1677-1678）。

美國西北大學法學院教授范讚德（David E. Van Zandt）視盧曼的自生法理論更符合美國司法人員與法學者的胃口。因爲它們視法律爲活生生的單元、活生生的統一體，靠著本身的內在邏輯或「內在道德意涵」（internal morality），而在不斷成長、不斷發展。這就是它們發現法律有其生命，可以不靠外面的勢力，只靠法律內部的規則而被決定。盧曼的法律自生說不但指出法律自我管制的經驗事實，也指出法律靠本身的規範力量，而不是強力者的奴僕，使得法律成爲自足（self-contained）的體系。法律不再是被製造的工具（實證主義），也不是早已存在而等候人們發現，從自然或是超自然衍生而出的法條（自然主義）。是故盧曼的法律工具說比工具論來，比自然或超自然的衍生物來，要高明得多。這一新學說無異把法律灌注了生命的氣息（breath of life）。是故自主性和機動性（不須外力而能自我成長與改變之能力）爲自生法律學說兩大優點（Van Zandt 1992: 1745-1747）。

# 七、自生的法律學說之缺陷——對盧曼理論的批評

在討論盧曼自生法理論的瑕疵之前，不妨先談他體系論的缺陷，原因是他的法律體系論是從他的社會體系論引伸出來的。

哈伯瑪斯認爲盧曼的體系論是企圖把康德的主體哲學同尼采對理性的否定結合在一起。有異於康德談自我與意識的關係之主體學說，盧曼改論自我與體系的關聯與反思，也就是以體系與環境的差異來影射身體與心靈之間的對立。與尼采批評理性不同的是，盧曼激化了對理性的批評，甚至把對理性批判的企圖一併棄絕。他的學說爲新保守主義對社會現代性之確認，大力地推進一步，也爲後現代主義者的各種說詞大聲應援。他的體系論強調功能分工，卻無視金錢與權力的媒介所形成的次級體系（經濟體系與政治體系），發揮作用的後果：社會分配的不公不平，階級的分化是明訂在財產法與憲法的保障之下。對盧曼而言，現代世界是功能歧化的社會，其體系業已殖民了生活界，而生活界受威脅的情形，以及生活界如何重申其意義，他毫不關心（Habermas 1987: 354-355）[5]。

哈伯瑪斯進一步批評盧曼體系中所強調的「意義」，不過是胡塞爾現象論中的心意、意圖（intentionality）。因之，體系對意義的運作（meaning processing）是體系分辨其本身與外界環境的手段，這是主體的意識（心靈）與意識的客體（世界）之翻版、之擴大。不過主體哲學中的客體（世界）只有一個，而盧曼所謂的環境則有無數個（例如相對於法律體系之外的環境，有政治、經濟、文化、知識、藝術、科學等，甚至社會總體系）。體系論強調體系的認知在於把複雜的情境轉化爲容易識別的事項，而又不注意理性的作用，只注意到體系的維持，也就是以維持體系的存

---

[5] 關於哈伯瑪斯所言，體系界藉金錢與權力來奴役與殖民生活界之解說，請參考洪鎌德 2001a：102-104；又參考本書第8章。

在與再生為功能性的分析，只討論體系怎樣延長其生命而已，這無異把傳統的後設物理學（metaphysics 形而上學）轉化為後設生物學（metabiology）。再說體系論否認理性，而只求縮小複雜性，因而忽視語言學的功能，以及有效訴求對真理的主張，也忽視互為主觀的重要性。要之，盧曼是以體系的合理性（system rationality）來取代了傳統主體為中心的理性（subject-centered reason），是不以人為中心，甚至是反人本主義的世界觀。這種學說既非社會哲學，更不是社會學（Habermas 1987: 368-385）。

此外，盧曼的新體系論建構在人群對他人行為期待之穩定機制之上。這種體系論應用到私法方面可能相當的適當，但應用到公法方面則頗有疑義。公法的目的在保護人民的權益，特別是憲法所規定的基本人權與民權之保障，絕非把法律視為與倫理和政治無涉的獨立自生之自我指涉體系（Rosenfeld and Arato 1998: 2-3）。

依據紐約社會研究新學院社會學與政治學教授伍爾斐（Alan Wolfe）之說法，他質疑盧曼強調體系的自生自導對構成體系的成員之人群究竟有何意義？缺乏人在現場（the absence of people）的社會，對生活於其中的諸個人而言，有什麼關聯？有何重要意涵？從韋伯以來經帕森思至民俗方法論，社會學家研究的焦點為人的行動及其意義，而這一研究焦點卻是盧曼極力避免的，這點顯示他的學說受到後現代主義理論的喝采（這還包括前述他拋棄社會有中心、有層級之說詞）之原因。依盧曼的看法，人類的社會除了讓社會繼續自我生成與發展之外，別無其他的目的，這樣的理論是否精確反映事實（Wolfe 1992: 1729-1743）？

談到人群，特別是組成社會的個人，而非人群集體的種類（人類全體），成為 20 世紀開端諸科學考察與研究的焦點。個人成為事件的觀察者，而個人所造成的事件也列入 20 世紀初以來新科學研究的對象。諸個人的特徵，以及諸個人之間的互動便是新科學研究的主題。個人在型塑（建構）實在所扮演的角色，不但是科學考察的客體（對象），也執行科

學研究的主體。在這方面涂爾幹[6]、韋伯與佛洛伊德和哈伯瑪斯的方法論
——強調個體的探究——都提升了個人在社會和科學研究上的重要性。
受著哈伯瑪斯的影響，盧曼才強調溝通之重要性，從而也會引進自生的
法律學說（Jacobson 1989: 1656-1660）。盧曼把法律定義為前後融貫一
致、普遍化的行為期待，顯然有從規範中把真實的個人排除之嫌，正是
英美法系的普遍性，重視個人在法律案件上所扮演的重要角色，個人成
為必要的規範性關聯與參照點，法律才變成普通人規範的應用。要之，
捨棄個人及其應用等於無規範可言，也無法律存在的必要（*ibid.*, 1652）。

　　雖然自生學說能夠說明個人、或個體怎樣擁有自我動機和自我期
待，但這個個人不是構成社會的諸個人，卻是構成法律界的體系。換言
之，盧曼把一個團體（法律體系）的個體性，包括自生、自主、自導歸
諸、或賦予一個首尾封閉的法律體系，而忘記或是故意疏忽這個體系的
住民（denizens）——法律體系中的諸個人（法官、律師、立法者、法律
學者、法律相關人士）。他只見林而不見木，只見木而不見枝幹樹葉。這
是只重制度，而忽視運用制度的諸個人的理論之通病。

　　賈可遜認為盧曼企圖超越實證主義與自然主義，但仍舊不免掉入實
證主義與自然主義的窠臼，其原因是盧曼把自生體系看做超個人生物體
的社會體系來看待，由是把個人邊緣化，乃至造成個人的缺席與清場
（*ibid.*, 1649-1650）。

　　盧曼雖然從哈伯瑪斯那裡借用了溝通理論。對哈伯瑪斯而言，溝通
的行動是一種規定的理想內在於經驗性的社會互動裡頭。這是社會成員
調整其行動的背景或境界（setting），俾追求意義的共同看法。因之，對
哈氏而言，他在體系與溝通行動之間寧取後者而放棄前者；對盧曼而言
剛好相反，他偏好體系，而捨棄溝通行動。不過盧氏也不是把溝通行動
拿來與體系相對照，而是把溝通拿來和行動對立。所謂的行動乃是溝通
對象的選擇，也就是不與沒有選擇好的對象進行溝通之意。行動是「有

---

[6] 在這裡我不贊成賈可遜把涂爾幹列入。原因是涂爾幹所主張的是方法論的集體主義
　　（methodological collectivism），與韋伯、佛洛伊德的方法論個人主義（methodological
　　individualism ）完全不同。參考洪鎌德 1998a：64n, 450, 151.

利地簡化自我觀察、或是體系對其自身之描述」(Luhmann 1997: 53-54)，
是造成溝通繼續，也是造成社會繼續存在的主力。

　　自生的法律體系強調法律本身的法律溝通，而溝通的對象又區別了
認知的期待與規範的期待之不同。但盧曼後期的法律觀仍舊在堅持別人
期待的失望時，所採取的認知性與規範性之反應及其分別。這時法律變
成了規範的分辨，有助於說明法律體系在社會總體系下諸次級體系中的
突出（歧出、分別）之角色。在功能上把法律突顯、歧出，就在使法律
擁有自主自立，而與社會其他次級體系有所分別。靠著規範的自生、自
導法律體系成為規範體系，而不再是認知體系。但在對待法律體系自身
時，固然為規範體系，但在對待體系的外界、環境時，則為認知體系。
這就是他說：法律體系在規範上是封閉的（首尾連貫的統一體）；在對外
認知上卻是開放的（瞭解外頭環境的變遷，因應外界的變化）。

　　換言之，只有規範才會反覆自生、不斷繁衍，把規範應用到人際的
爭論、或是為了應付政治、道德、經濟等議題（議題化）而制訂的規範，
卻不是法律意義上的自生自導、反覆操作。就因為在規範上法律體系會
自生自導，所以法律體系是封閉的、自足的、自立的，也保持其一體性。
反過來說，當個人們使用法律體系來解決紛爭、或執法人員來引用法條
時，就表示非法律的勢力在影響法律體系，這是指法律體系認知上的開
放。認知的開放為法律體系引進不對稱的關係，也就是新的案例，引發
了規範制訂的新問題。新的社會條件要求對應的案件採取新的回應，這
也就促成法律體系不斷地發生變化。是故法律體系認知的開放，是導致
它充滿活力、機動、不斷生成的力量。但這種活力與機動並非產自體系
本身，也就是說不是體系內在的自我動機造成體系的自我維持、體系的
自立自主。體系對內在規範之反思，也只能促成體系的首尾相融，造成
體系為一個封閉體，展現其一體性。由是可知對體系真正的批評是來自
外部，而非自內部衍發的。

　　盧曼分辨認知與規範，以及把法律體系在功能上分配（歸屬）於社
會體系的次級體系，會使法律底自生自導的典範的效力受損。這是賈可
遜的批評。其理由至少有三：

第一，自生理論是涉及個人、個體的學說。但盧曼卻在其社會理論中既不談個人，更不談個人共同追求的希冀、熱望及價值。對他而言，社會只是溝通、溝通的反思。社會雖是獨立自主，但社會除了繼續與反覆的繁衍之外沒有目的、沒有目標。

第二，社會總體系可以自生自導，但何以社會總體系之下的次級體系，特別是法律體系也會自生自導？社會之所以分工，所以形成次級體系，依據涂爾幹的說法，是每一次級團體在善盡其功能之際，促成社會總體的維持與發展，也是由於共同的語言、共同的價值與職業上的連帶關係（occupational solidarity）所促成的。次級群體之所以擁有自生自導的能力，是由於在總社會中形成一種社會體系，就像細胞形成器官組織，而器官組織協助生物體得以生存與繁衍。次級團體不可能在它本身所擁有的功能之外，還包辦了社會其他的功能。盧曼使用法律語言溝通來排除其他的溝通（法律有關人士實質上的決定、背後的講價還價、規範內容的界定），也就是以形式的符碼（code）作為法律的形式，而把其他與法律有關的事物（實質的決定、講價還價、規範內容）當做不屬法律來處理。

第三，為了強調法律體系的自生自導，盧曼主張法律在功能上的設限（functional confinement）。只有在此設限的條件下，法律的溝通才會形成自生的次級體系，其特徵為自主和法律溝通的自成封閉、自成一體化。在經驗的檢證中，無法證實有任何的體系可以把法律壓縮為自主的符碼。顯然他為追求法律體系的穩定和自主，而犧牲了法律體系的機動與活力（ibid, 1672-1677）。

總之，賈可遜批評盧曼為了強調法律體系的封閉性與自主性，不惜犧牲法律體系的機動性以及靈活性。為著強調法律的封閉性與自主性，盧曼指出法律對法條而言是封閉的，也就是說在規範上是封閉，但法律需要成長、需要活力，也需要彈性，因此他又說法律對其周遭環境而言是開放的，也就是對訊息與情報的認知方面採取開放的態度。賈可遜質疑這種規範性的封閉與認知性的開放如何可能？規範與認知的分辨標準在哪裡（Jacobson 1989: 1650）？為了強調法律體系的獨立自主，不惜把

政治與道德的影響排除，這種想法、這種研究計畫是「無意義的」、「不可思議的」（*ibid.*, 1652）。原因是盧曼要解釋的是先進工業社會的民主國家之法律體系。在這些先進的民主國家中，政治與道德並沒有企圖毀滅法律體系。這些國家的法律體系絕對不是由於擺脫了政治與道德的壓力，才會使法律體系在知識方面圓融連貫，才會使法律自主獨立（*ibid.*, 1651）。也許爲了因應或反駁批評者指摘他不討論法律體系的實質，特別是不討論法律與政治之關係，所以盧曼特別對政治國家與法律體系作爲社會總體系下的兩個次級體系之關聯，做出一個回應，以下我們譯述他的觀點。

# 八、法律同政治的關係

在法治國家（*Rechtsstaat*）的理念之下，憲法有其法條型態（*Gesetzförmigkeit*）和行政要受法律拘束（依法行政）。此外，立法機構要受政黨角力的影響，也就是受到政治勢力的推動，都顯示法律與政治之緊密關係。但這種關係卻也是建立在法律與政治隸屬不同的體系，亦即兩者都有平行互異的基礎之上來展開的。是故法條形態和權力、或暴力的處分方式（*Disposition über Gewalt*）是法律與政治相輔相成、相激相盪的關鍵所在。

在早期以區塊或部門爲分工與分殊的社會中，暴力的擁有者可以隨意使用其暴力。但在現代結構複雜、功能分歧的社會中，暴力的擁有和使用完全依上下垂直的位階而作出不對稱的分配，並且也大受節制（完全家畜化、文明化），其目的在抑制強者保護弱者。暴力轉化爲規範上下階層，掌握各個領域的高低次序（*Über- und Unterordnung*）。

隨著領土（民族）國家的崛起，政治體系擁有暴力使用的壟斷機會，而後啓開了誰可以進入（*Zugang*）暴力的擁有與使用的問題。換言之，正是因爲社會結構的趨向複雜與功能的分歧，改變了過去封建社會中權

力的分配與暴力的使用。如今在社會邁向工商發展的時期，個別人以權力與義務的載（主）體出現，個別人不但成家立業、參與家庭與經濟活動，還因為接受教育，識見增廣，在法律能力方面足堪參與公共事務的決策，遂能夠進入赤裸裸暴力的手段之處理中。

過去把法律視為強者與優秀者之手段,現在已被社會互相容忍的自由之理念所取代。由是強制性的參與，以及暴力的使用也得以自由的意涵來加以解釋。韋伯更提出一個問題：國家如何能把赤裸裸的暴力藉政治手腕來包裝，甚至組織化（軍營化 kasernieren）呢？他的回答：就是把暴力轉化為非正式的慣例。像立基於契約上強制要求之執行，是公權力的暴力對抗違法的私權力之暴力的顯例。很明顯地，如果沒有具有任何的強制力、拘束性，法律要流於虛有其表的具文。另一方面，如果無法控制暴力（或以暴制暴），政治權力不可能組成與運作。於是法律與政治成為息息相關的共生體、或是連體嬰。兩者只有在條件制約之層次上作一分辨。不過一般而言，政治權力是要降服於法律的形式要求之下，要以法律形式來開展的、來運作的（Luhmann 1999: 156-158）。

現代法律受到政治之控制，固然是領土國家的勢力膨脹，制法、用法與執法的機關一一矗立，組織嚴密、職權擴張，有關法律的體現之政治決斷不願假手別人的緣故。更因為社會分工與歧異愈來愈明顯，政治體系的獨立自主促使它把法律的功能本事也延伸到經濟的領域。這時學者開始質疑強制性暴力的立論依據，只有來自自然法的說詞，於是有批評自然法不符合科學性，有視自然法為抽象的思辨。法律的強制性主要為法官跟前呈現的證據、或是司法審判過程的複雜。自然法可否當成法律執行的保證來源，依然是無解的問題。

關於暴力與政治以及法律的關係，思想家已不再從自然法的論述切入。取代自然法的說詞為社會學理論的分析，著眼點為政治體系與法律體系之關係。問題的關鍵為，是否這兩種體系建立在有形暴力之上？具有法律效果的制法是否以政治的可能性為取向、為導引？政治的成敗在於產生無分歧、無專化（偏袒某方）之效果？答案卻是否定的。其原因是這種提問給予法律體系和政治體系彼此相互依賴（*Interdependenz*）的

看法，也就是視這兩種體系彼此依賴，彼此有不對稱的關係。

　　盧曼在此遂引用了帕森思「雙重交換」（double interchanges） 的模型[7]來解釋法律體系與政治體系之關係。其基本構想是認爲體系與體系之間溝通方式高度的歧異化與普遍化，使其溝通方式不只是單軌，也有雙軌的可能。每一體系在對內方面，只要能夠自主自決按照其本身標準規定，便能與他體系發生關係。這種關係只存在兩個體系之間，而非體系與其環境之間。因爲若與其環境也進行這種溝通，便要喪失體系對環境之依賴關係。獨立抑依賴的問題只好轉向體系之上，更高（全社會、社會總體系）的層次之上去考慮了。

　　那麼什麼是政治體系和法律體系的交換對象（標的）呢？換言之，是什麼動機促成兩者造成交換呢？初步判斷，我們會以爲政治體系只有「給」而不「取」；反之，法律體系只「取」而不「給」。也就是指政治體系在立法、制法和提供強制手段，而法律體系只接受政治機構（立法機關）制成的法律與提供的強制手段（法院、警察、監獄、拘留所、集中營等）而已。這種說法就是傳統上視政治爲高高在上，而法律不過是政治組織的手段、工具，在上下垂直的金字塔權力結構中居於中下階層的位階而已。

　　假使我們拋開目標（政治）與手段（法律）的想法，而改以體系的觀點，特別是把體系看成爲自我指涉、首尾連貫的系統來看待，就會把體系裡的結構當成是循環的、首尾銜接的事務來對待。體系的操作之決定與同一體系的其他決定有關，也就是體系特別的功能在於涉及到自身的操作、活動、決斷之際，產生了新的操作、活動、決斷。造成這種自生自導的主要價值、主要目標，無過於體系本身之功能。

　　體系在時間過程中卻不斷要接受（開放給）新穎的、嶄新的事項之挑戰，這才會使體系日新又新，表現出各種各樣的變異來。否則在長期

---

[7] 帕森思這裡所言雙重交換是指家庭生計與廠商（經濟團體）之交換而言。家庭提供廠商人力而換取薪水、工資（貨幣）；另外家庭也付出金錢購買廠商生產的產品或勞務，參閱 Parsons and Smelser 1956: 70ff ; 及 Parsons 1959: 3-38.

僵化、繼續維持的狀況之下，事物、體系無從產生進化。體系依賴歷史，固然是明顯的，體系依賴環境，而增強其變遷與進化，也是另一明顯的事例。是故，體系與時間（歷史）、體系與環境（空間）的相互依存，本來乃是循環的、對稱的，現在由於體系要倚靠歷史、體系要依靠環境，這兩種依靠關係結合起來就導致相互依存的打破，也是導致了去套套邏輯化的作用，也導致體系從對稱關係改變為不對稱的關係之功用（*ibid.*, 166-167）。

在我們已把體系論做了扼要說明之後，接著便要質問什麼東西成為體系與體系之間，或是體系及其環境之間的交換物？顯然這種交易的對象，就是交易的雙方對於不對稱的需要，也就是要把循環式的相互倚賴關係打破。如以政治體系和法律體系這兩方來說，就是要藉它們的「環境」之助力，打破雙方彼此倚賴的關係，而使這種關係再顯示「不對稱化」（*Asymmetrisierung*），有高有低、有開端、有結束、有影響者與被影響者之分別。政治也好、法律也好，很難以獨立自主、自我指涉的套套邏輯之面目呈現再眾人之前。在今日巨變橫生、分工精細、結構複雜、衝勁十足的現代社會中，政治也罷、法律也罷，要靠傳統習俗或是自然力來合法化其優越地位，來正當化其「不對稱化」，是一椿不可能的任務。借助於這些超越的先驗（*Transcendentales Apriori*）之事務來證明政治或法律優先的作法，只是思想要控制情勢的玩意兒。其結果反而造成另一個概念的對抗：理智對抗強制，而使政治和法律兩者陷於不對稱的的狀態中。所以這種推論是對自我指涉的體系來說無異是失敗的嘗試、或稱為理論的短路。

在社會的實在中找到的解答方案，就是以體系的關係之分析著手，而採用了上述帕森思的雙重交換模型來加以闡釋。在交換的軌道上政治體系提供給法律體系一個「不對稱化」，也就是提供以條文為形式的決定議題（*Entscheidungsprämissen*）。政治體系既然有所提供、有所給、它也有所收穫，有所「取」。政治體系所接受的就是跨越法律之上，而為政治權力之實現。廣大人群在其私領域中的互動、交易所遵守的規律限制，擴大了權力的影響作用，就在權力影響擴大的同時，私人也達成其利益

之追求。在法律統治遂行的條件下，政治體系滿足其中央集權化的政策制訂之需求（其實是一種幻想），而公布法條被視爲政治意志的伸張，被當作政策貫徹的成功來看待。

　　但在另一個交換的軌道上，法律體系藉有形的暴力之動用，提供政治體系「不對稱化」。對政治體系而言，這樣作可以把意志和暴力的循環打破。人們不可能把所有想要的東西、意欲的東西都藉強制力而取得，也不可能把所有強制力發生作用的場合，而伸張其意欲。法律的形式正是介於這兩者之間而出現，使意欲與強制獲得平衡。換言之，法治的意義在於把政治意志所塑造的自主和民主，不因政府的暴力使用，而有所動搖、有所質疑。法律體系既然有所「給」，也會有所「取」。它所取得的是必要的強制可能性（行使公權力的暴力）。法律的決斷，特別是法庭的判決，絕對不是空穴來風，而是要付諸實行的、要產生制裁之作用的。制裁或強制的可能性，在法律的裁判中一向被慎重地考慮，假使法庭的裁判無法落實、無法執行，那麼一個社會中的法律體系也就無法存在。

　　綜合上述，盧曼爲政治體系與法律體系的雙重交換畫出圖 9.1。

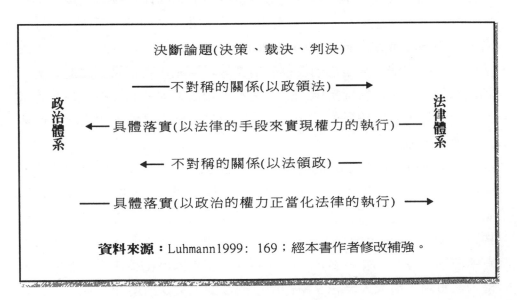

圖9.1 法律體系與政治體系雙重交換圖

　　這個雙重交換模型同傳統的倚賴環境之說詞有何不同呢？不同之處在於對環境牽涉方面的專門化、特殊化（*Spezifikation*）。不像早期自然法時代，強調環境為天然的，甚至是超自然的神明等宗教說法，認為自然和神明在主宰人事和社會之變化。而是把全社會或社會整體當作環境來看待，而把政治體系和法律體系當作其次級體系、功能體系來處理。於是兩個體系的利害與共之問題，也就顯露出來。這兩種次級體系之間的交換關係，不是字義上的彼此進行交易，也不是互動論者的互動之意義。也就是涉及在互相倚賴的關係之形成過程中，彼此的歧異、差別之保存。換言之，政治和法律都要仰賴有形的暴力之使用，怎樣把暴力正當化、合法化造成暴力使用的共生機制之分歧，一邊為政治的暴力，另一邊為法律的暴力。這兩者分隸屬於政治體系和法律體系的各自運作。過去把統治當作由上方（政治）貫徹到下方（法律）的暴力使用之觀念，現在已由體系論加以修正（*ibid.*, 167-170）。

　　政治與法律各基於需要而有功能性的分殊。在歧異的社會體系中，功能性的分殊卻藉由自主和自涉（自我指涉），而再度產生另外的功能性的分殊來。透過不同的功能體系，政治和法律都共同在利用強制性的暴力。但暴力並非萬靈丹，常有失效之時，則不同的功能體系怎樣因應暴力失效，各有不同的作法。例如在政治領域中，可藉容忍或強者的優勢，而暫時不訴諸暴力。但在法律的體系中則作法要更為小心，因為它涉及的是象徵性的期待之普遍化，也就是涉及人們守法的特殊期待之上。

　　由是可知建立在政治權力之上的暴力之減少或擴充，是政治體系必須接受的事實。政治體系的特殊功能在控制暴力，在於保證集體而具有拘束力的決斷（決策）付諸實行。但今日政治體系的分歧化、多元化，加上政策以福利為取向的作為，使得政府控制暴力的問題沒有獲得應有的重視，以致喪失控制力的政府之正當性，不再是政治理論界加以討論的重點。與此相反的是法律體系已滲透到今日社會各角落、各個部門，這不只是法典、法條、文本之氾濫，更是向法律求助的事件有增無減。一旦法律體系阻礙了人們使用法律的管道去解決問題，那麼幾乎生活中每件事項都有訴諸暴力去求取解決的可能。

在這種觀點下，可以理解私人的法律關係，包括私人的權利（私法）是包括了何等重大的政治意涵。藉由學說、教論、判決而再生的和再現的私法問題，可以阻止意志型塑至暴力應用之間的短路，而使大堆的行為可能性獲得實現，也就是不用暴力，而以和平的手段來解決紛爭。政治體系與法律體系的分殊，有助於當前複雜結構社會之維持與發展，任何超越體系界限，而使體系疆界趨向模糊或「去掉分殊」（*Entdifferenzierung*），都會造成暴力的滋長，而使政治或法律喪失其特殊的功能（*ibid.*, 170-172）。

# 九、結論：盧曼法律觀之概述與影響

誠如盧曼在 1985 年《法律社會學》再版的結論（英譯本將初版與再版的結論都並列呈現）上指出：由於近年間一般體系論及其應用的重大學說、部門（像控導學、活生生體系之理論、認知論等等）之出現，刺激了法律理論的新發展，其中最重要的成就便是把自我指涉的理論引進到一般體系論當中。電腦的自行製作程式、自我組織的問題浮現，都可與法律問題中的實證化相提並論。不只是體系的結構會自我指涉，就是任何自我指涉的體系本身，還會產生與應用各種各樣一體性、封閉性、自足性的類型，包括構成體系之各種要素（包括溝通與行動在內），這些要素本身自成單一體、封閉體、自足體（unity）。這就是馬圖拉納所指出的自生自導體系。自生自導體系之特徵就是透過它們的要素之活動，能夠生產和劃定它們要素的操作統一體之範圍與疆界。體系之統一性、封閉性、自足性，完全靠這種要素之自生自導過程來達成的。

自生體系顯然是一個封閉體系，在體系內的功能不是從外頭引進的，而是透過體系、也在體系內產生的。在與外頭的環境發生關係時，每一體系有各種累積的與選擇的功能，這些功能不是來自周遭環境，而是產自體系自身，其目的在減少體系運作的種種複雜性、不定性、風險

性。但另一方面，這種反覆操作的自我指涉的活動，必須預設外頭環境之存在，也就是在同外頭環境做一個區隔與分別之後，體系的一體性、自足性、封閉性才會顯露。也就是體系在對照環境時，才會觀察自身、描述自身。

封閉與開放在傳統的意義下雖是截然有別的兩種狀態，不過其間的區別是程度的問題，而非截然不同性質的問題。要朝外開放必先預設體系封閉的自我再生產，是故開放有賴封閉為條件，問題是哪種條件允許事務往複雜的情況發展呢？在這種考量下，自我指涉的體系是靠著封閉與開放，而進入演化的過程中。

由於社會完全是靠著其造成的要素（個人、社群等）之溝通構成的，社會並不與其周遭自然環境進行溝通，是故為一封閉自足、統一性的體系。吾人一旦提到溝通，則只有存在社會體系裡頭的溝通，是社會體系內部的過程。這種過程的過去、現在與未來都是操作，是故社會的認同可能只存在社會的操作、過程上。社會可以是一個開放體，可以從周遭環境獲得能量、訊息等影響勢力，但卻無法與環境進行溝通。因此社會只有在訊息方面對環境開放，但其開放卻建立在其自身溝通（內部溝通）封閉性基礎之上。

社會總體系有這種既封閉而又開放的特質，但其下面的次級體系卻不一定也具有這種特徵，這是由於社會次級體系之分化與其歧出之緣故。分工的原則每隨時代的不同而異，早期社會結構是一種垂直的上下位階關係，靠自然法使各階層獲得其特定之權益；現代社會則為其功能的分工，次級體系使各盡其責、各盡功能來解決特殊的社會問題。

對全社會的一般理論，也可以應用到法律體系之上。法律體系是一個規範上封閉自足的體系，它產生了被視為具有法律關聯的要素。就靠著這個事實（生產法律有關的要素之事實），也就是靠著這些要素之協助，使法律體系擁有規範的性質。這些要素包括生產、死亡、意外、行動、決斷等等，它們出現在物理的、化學的、生理的、意識的各種層次之上。這些要素被賦予特別的地位，也就是在規範的脈絡上，這一地位與法律體系有關，而其他事情便以此要素之功能為依賴。要之，這一地

位具有規範性質。

　　法律體系在規範上是封閉的、自我指涉的，但在認知上卻是開放的，以其環境爲取向。法律體系有觀察、學習的能力。體系有分辨其功能的本事，它也能夠靠著本身的行動把規範的有效性，從一要素傳送給另一要素。在維持自我指涉之時，體系保持封閉，在使體系本身的溝通不斷再製之時，體系對環境條件改變的不斷適應，使體系得以保持開放的態勢。

　　由此可知盧曼不認爲法律是靠投入與產出的模型來建構的觀念體系。反之，他卻把注意力放在法律的再製之內部操作與活動之上。從而爲法律社會學的理論建立新興的典範（paradigm）（Rottleuthner 1989: 779）

　　如果把法律體系當成自生自導的體系看待，那麼法學理論所討論的一系列問題，便要重新予以看待與檢討：

（1）不管是自然環境，還是人爲社會的宗教、道德，對法律體系沒有規範性的拘束力。
（2）法律的自我指涉和適應環境之學習能力係以法律的社會功能爲取向。法律的特殊功能在於規範行爲期待之普遍化。
（3）法律體系之一體性、自足性在於自生自導的能力——再生產之能力。此種能力非得自創物主、非源於基本法、非衍生自人類的理性、意識，而爲體系自我指涉的再生本事。
（4）法律的有效性不內在於法律的本質，也非源於人類的理性，而在於法律自我指涉，在於法律案件不斷的再生。
（5）法律的永續性在於事件（events）的不斷衍生，而非上下垂直的結構（a hierarchical structure），而事件乃是對稱的、反覆出現的。
（6）法律體系所以是規範的封閉與認知的開放之結合體，乃是由於法律體系日增的複雜性、尖銳的分化性與從社會其他體系形成的逐漸自主性。這是法律的「條件性」（conditionality），以及「公平」與「不公平」的兩分化所引起的。

（7）整個法律體系的符碼化是由於「公平」與「不公平」兩分化區別所
引發的效應。蓋每一法律事件被判爲合法的、或是非法的（不法
的），而這種區別成爲法律演化的條件（Luhmann 1985: 281-286）。

　　盧曼以上的結論，也爲他的法律社會學劃下完美的句點，而不失爲
他法律學說的概括說明，所以加以特別摘譯，作爲本章之結論。

　　盧曼的法律社會學所激起歐美人士熱烈討論，以幾次規模龐大的國
際法學研討會之召開而顯示出來。其一爲歐洲大學研究院（European
University Institute）於 1987 年假威尼斯召開自生法律研討會，會上至少
發表了三十多篇的論文（包括盧曼兩篇），而由現任法蘭克福大學屠布涅
（Gunther Teubner）教授主編，分列兩冊，其一爲《自生法律：法律與
社會新探究》（1988），其二涉及法律同政治與經濟之關係，論文標題爲
《當成爲自生體系的國家、法律、經濟》（1992）。此外美國耶西瓦大學，
卡多佐法學院（Benjamin Cardozo School of Law）也於 1991 年 3 月舉行
了「封閉體系與公開司法：盧曼社會學研討會」，其發表論文刊登於《卡
多佐法律評論》第十三期（1992）。1991 年 6 月假阿姆斯特丹召開的「尼
可拉斯·盧曼同其批評者與支持者之對話研討會」，便可以看出盧曼法律
社會學說所激起的、西方法學界與社會學界之反響（Van Zandt 1992:
1745n）。由是可知本書作者何以不辭艱苦，把盧曼複雜艱澀之學說反覆、
累贅地介紹給國人之苦心孤詣。

表9.1 盧曼早期與後期法律觀的比較

| | | |
|---|---|---|
| 早 | 體系論的發揮—新功能論的倡說 | 法律是對別人行為期待普遍化的體系（結構），也是社會總體系之下的次級體系。體系是一個首尾圓融的單位，它以其界限來分清本身及其外圍環境的不同，俾應付環境的複雜化與無常性之挑戰。 |
| | 法律為首尾圓融的期待之一般化、普遍化 | 複雜性與無常性驅使人們在各種可能性中進行選擇，這就是選擇的強制。社會規範就是選擇的強制，也是使期待趨向穩定，而減少失望、落空。法律為規範期待的首尾圓融的一般化、普遍化，俾行為在結構指引下達到簡化、明確、有效的目的。 |
| 期 | 行為普遍化的三個向度 | 時間向度：透過規範化使期待結構趨向穩定；社會向度：透過制度化達成眾人共識的凝聚；事物向度：透過認同作用，使溝通無阻，促成意義的明確。 |
| 後 | 法律的操作 | 法律是自我指涉的溝通系統，是由於法律的元素（法律事件、訴訟、判決、機構、人員、法制、法規等）的生產與溝通所造成，俾使社會適應環境變化的衝擊；法律的溝通操作比法律的結構（法條、官署、法制）更為重要。 |
| | 法律的自生、自導、再生 | 法律自生、自導、再生的能力，係由於法律體系自我指涉、反思性發揮的結果，也是由於法律案件的層出不窮的緣故。 |
| | 法律的特徵 | 對規範而言，法律體系是封閉的，但對外圍環境而言，在認知上（吸收資訊、消息）法律體系卻是開放的。 |
| | 法律的有效性 | 法律決斷之有效，繫之於法律之實證性，係由法律專業人員、或機構，依法條與程序宣布，而成為獨立自主的社會體系，為社會成員提供規範性共識，解決人群產自溝通的誤解與衝突。法律效力產自法律體系本身，而非法律之外的神諭、理性、基本規範。 |
| 期 | 法律的一體性 | 法律的一體（統一）性產自法律的自我生產與自我觀察，以及自我指涉。由訊息、溝通、理解組成的有意義之溝通為社會體系；法律體系之歧異化建立在規範期待與認知期待的區別之上。規範的循環反覆之出現，產生了法律的元素，使法律成為自生體系。法律自我再生的體系保證法律的一體性。 |

| 後 期 | 法律的演進 | 法律體系及其環境歧異與適應之過程，其表現爲法律的變化、選擇與穩定；法律體系內在動力之增強、法規、專業人員數目之增加、法律體系的歧異化，以及法律符碼之普世化。演進的概念不衍生預測的功能。 |
|---|---|---|
| | 法律與政治之關係 | 引用帕森思「雙重交換」的模型，盧曼認爲政治體系提供制法、立法、行政和執法之便利，但其所收取者爲跨越法律之上，政治權力之實現；法律提供意欲與強制之間的平衡，使政府的暴力運用，不致喪失其正當性，它也取得必要的強制可能性（行使公權力的暴力），使法律裁判落實，社會中的法律體系得以維持其存在。 |
| | 優 點 | 爲法學思想史上繼自然主義、實證主義之後而產生的第三種典範：即自生法。自生法的貢獻在界定法律的意義和界限，把法律視爲循環、反覆的溝通體系。強調法律體系自我動機、自我動力、自我維持，亦即強調法律的獨立、自主。法律有其生命，有其發展的內在邏輯，使得法律成爲自足的體系，不假外求。 |
| | 缺 點 | 不關心體系界對生活界的殖民，盧曼的體系論爲新保守主義、爲後現代主義撐腰。以體系的合理性來取代傳統主體爲中心之理性，是故不以人爲中心，而是去主體、反人文的世界觀。法律（特別是公法）視與倫理和政治無關的自我指涉體系，無法保障人權、公義；只重制度（體系）而忽視個人無規範性可言，也無法律可言。法律的符碼化使法律喪失功能。 |

**資料來源**：由本書作者綜合與分析而自行設計。

**資料來源：**取材自國立編譯館主譯《盧曼社會系統理論導引》一書之封面 (1998)。

**圖9.2 盧曼 (1927-1998) 晚期之玉照**

# 10 屠布涅論法律的演展、反思法與自生法

# 二、前言

　　隨著 1980 年代初雷根與佘徹爾夫人的登台，新保守主義的聲勢驟起，學界開始在檢討管制國家（regulatory state）所懸的目標（社會福利）、結構（龐大的政府機器）和表現（政府對人民服務的加強、福利國推行的鼓吹與實施）。政治學上也有人爭辯「解除（去掉）管制」（deregulation）的問題，從而對法律體系與公共組織重加評估，與此相關聯的是法律社會學也著手討論福利兼管制的國家對人民公私事務干預所造成的成效。有人探討社會生活不同的層次與氛圍（不同的社會圈）中如何把法律納入、吸收，也就是「法制化」（legalization）之因果關係，或是解除管制的各項措施與動向、甚至討論非形式化的公平、正義問題。更有學者建議取消傳統司法管轄與訴訟管道，而代以調解、或調停的可能性等司法改革的問題。

　　在這些新的討論趨勢中，西方先進社會似乎在重估它對目的性法律（purposive law）的承諾，也就是檢討與此類法律有關聯的官僚結構與法律結構之承諾。西方自 19 世紀以來所承繼的國家與法律正是韋伯所倡說「形式的合理性」（*formale Rationalität*；formal rationality）之模型。所謂的形式而又合乎理性的法律體系是採用一套普遍可行的法律規則，讓它不偏不倚的施行。這套形式而又合乎理性的法律便仰賴法律專業人員，以講究法律的理性，來解決特殊的衝突，這就是通稱的法制化、或法律化（Weber 1954）。但隨著福利國的降臨，國家管制和干預的範圍擴大，這時形式的理性法律不夠應用，於是重點便從形式轉向實質，而強調了實質上合理的法律（substantively rational law）。實質上合理的法律視法律為國家具有目的（purposive），以目標為取向（goal-oriented）的政策之工具。也就是在具體的情境之下，為達致特定的目標之規章、之手段。因之，這種實質上合理的法律傾向於普遍的性質、一般的性質，

也採取首尾開放（open-ended）的方式。但與傳統的形式性法律相比，對涉及的事項與對象，又不免更為特殊、更為特別（因人制法、因事制法、因時制法、因地制法）。

　　歐洲學者認為法律遠離形式化的趨勢，是西方最近法律「重新物質化」、「再度實質化」（rematerialization）的表現。這是由於 20 世紀後半葉西方社會講究福利國和擴大政府機關通盤計畫之一部分，其發展的結果就造成形式的合理性之消融。有些學人認為法律的物質化、或實質化會威脅到西方傳承的重要價值，像是人的個體性、自主性、政府的放任無為等。因為傳統法律提供公民、保護其個人不致受到來自國家任意的侵犯。由於福利國政策的倡說與施行，過去屬於私人或地方管轄的事務（像家庭、鄰里、學校等），如今也要遭受國家的管制與干預。

　　儘管歐美的法律社會學曾經為當前情況充滿爭執、與矛盾的發展趨勢，提供現象學的解說。但人們對於脫離法律化、脫離法律管制，從形式合理化轉變為實質合理化，其因果走向迄無定見。反對法律化的批評人士指出，法律化無法處理現代人群衝突的複雜性與特殊性，是故排難解紛不能只向法律求助。另外一些人則指出解除法律管制，倡導非形式的機制（調解、調停）只有把不對稱的權力關係搞得愈形糟糕，反而無法改善權力合理分配的問題。

　　當前法律的情勢，在很多人的眼中，已陷於「危機」當中。什麼是造成危機的禍首？難道法律化、或解除管制的爭論，強調形式重要還是實質重要的爭執，只是法律與社會組織敵對的原則之擺盪而已嗎？是不是目前的危機反映了基本的也是潛在的勢力？這些勢力的基本運作可以被吾人掌握與預測？由於至今為止的情勢分析並不立基於宏觀的社會理論之上，也不立基於發展的理論之上，因之，這些情勢的分析無法解答上述一連串的疑問。

　　為此原因德國法蘭克福大學法學教授屠布涅（Gunther Teubner 1944-）提出「新的進化論」（neo-evolutionary）模型，企圖瞭解當前歐美法政危機的實況，以及法律社會學解釋危機的途徑。根據他的說詞，歐美目前的情況乃是法律進化與社會進化陷於危機的關頭。無論採取法

制化或解除管制，無論是強調實質還是形式的理性，都無法解釋與解決此一險峻的、危急的情勢。

　　早期的法律社會學曾經採用進化論的研究途徑或模型，其後才逐漸放棄而使進化論一度衰微（洪鎌德 2001c）。但自從 1970 年代以來，以進化的眼光討論法律與社會之變遷逐漸又為歐美學界所矚目。屠氏首先檢討歐洲兩位法律思想家對法律的演進觀，再將他們的學說與美國兩位法學者的理論相互比較與對照，最後提出他個人對法律已演化到反思的階段之說詞，從而倡言「反思法」（*Reflexives Recht*；reflexive law）。所謂的反思法是指法律變成了行動協調的體系，也就是協調社會次級體系所產生的行動，這一可能性目前尚未完全成形，但已湧現，而略見端倪。為此緣故，屠布涅認為法律變成真實的「反思」法之過渡時期的歷程，仍舊可以鋪陳與分析（Teubner 1982: 14-15; 1983: 241-242）。

　　本章不只把屠布涅怎樣運用「新的進化論」之架構，應用到現代西方法律演展的析評之上，還把他法律社會學的新猷，也就是他對反思法與自生法（*autopoietisches Recht*；autopoietic law）之理論，做一個扼要的介紹[1]。其中法律演展部分主要以屠氏文本的譯述為主，佐以本書作者得自其他資料加以補充。至於反思法與自生法，則一方面參考盧曼的著作；另一方面採用屠氏的說詞予以引伸發揮（參考本書第 9 章）。

---

[1] 屠布涅對法理學與法律社會學的貢獻，顯然為1982年發表在德國《法律與社會哲學》68期的大作〈反思法——以比較的觀點論法律發展模型〉一文，該文又於1983年發表在美國《法律與社會評論》第17卷第2期上的一篇大作〈現代法律中的實質與反思的元素〉。這兩篇文章加上1994年法文專著《法律與反思》是他談反思法最詳盡之處。也就是他把美國諾內特與塞爾茲尼克的呼應法，對照了德國哈伯瑪斯社會組織的原則之進化論，以及盧曼之新進化論（社會適當的複雜理論），而企圖在比較與綜合大西洋兩岸四位理論家的三個法律模型之基礎上，建構出他獨特的反思法。此文也被東京大學法學教授六本佳平（Kahei Rokumoto）編入其出版的《法律的社會學理論》（Rokumoto 1994: 415-461）的文集中，足見此文所受國際學界重視之一斑。本章前半文取材這兩篇文章，後半則兼參考屠氏其他著作撰述而成，以利讀者對當代西方法律社會學之演展情況能夠有所瞭解。

# 二、屠布涅的生涯與著作

屠布涅於 1944 年 4 月 30 日出生，1963 至 67 年在哥廷根與杜賓根大學學習法律，1967 年杜賓根大學法律實習生（*Referendar*）；1970 年獲該大學法律系博士；1971 年任候補法官（*Assessor*）；1974 年獲得美國加州大學柏克萊分校社會學碩士學位；1977 年完成杜賓根大學教授升等論文（*Habilitation*）；同年為該大學之不占缺、不支薪之講師（*Privatdozent*）；1977 年至 1981 年任布萊梅大學法律學教授，正式頭銜為布萊梅大學私法與法律社會學教授。1980 年至 1981 年為加州大學、柏克萊分校的教授。1981 年至 93 年兼任佛羅稜斯歐洲高等學院教授。1984 年任布萊梅大學法律學系主任；1987-88 密歇根與史坦福與加州大學（柏克萊）等大學客座教授，1993 年至 1998 年任倫敦政經學院比較法學與法律理論講座教授，1998 至今為法蘭克福大學法學教授。主要著作有[2]：

（1）《概括條款的標準與指令》（1971，德文）。
（2）《私人協會的公開地位》（1974，英文）。
（3）《相互的契約背信》（1975，德文）。
（4）《組織性民主與團體法規》（1978，德文）。
（5）〈反思法 —— 法律演展模型比較觀〉（1982，德文）。
（6）〈現代法律中實質和反思的因素〉（1983，英文）。
（7）《當做自生體系之法律》（1989，德文）。

---

[2] 屠氏的著作雖然大部分為德文，但也以英文、法文，甚至義大利文發表。以下舉其與本主題有關之主要著作，包括論文、專書、編輯（獨自以及與人合編）之論文集等，依其著作或編輯發表年代之次序列出原著（在譯註中），以及華文譯名（在正文中）。屠氏原著德文、英文、法文、義大利文請參考本書之後的文獻。

（8） 〈雅奴斯的兩個臉相：法律多元主義之再思考〉（1992，英文）。

（9） 《當做自生體系之法律》（1993，英文）。

（10）《法律與反思》（1994，法文）。

（11）《各種脈絡之法律》（1999，義大利文）。

　　由屠布涅獨自或與他人合編織文集著作有：

（12）《公司行號之主導與負責人之職責》（1984，英文，合編）。

（13）《福利國中法律人之困境》（1985，英文，合編）。

（14）《契約與組織》（1986，英文，合編）。

（15）《社會國的司法化》（1987，英文，獨編）。

（16）《自生法：法律與社會研究新途徑》（1988，英文，獨編）。

（17）《歐洲公司群的規定》（1990，英文，獨編）。

（18）《人文、法律與社會科學自我指涉的困窘》（1991，英文，獨編）。

（19）《當作自生體系的國家、法律、與經濟》（1992，英文，合編）。

（20）《當作法律理由的裁判結果》（1995，德文，獨編）。

（21）《環境法與生態責任》（1995，英文，獨編）。

（22）《沒有國家之寰球法律》（1997，英文，獨編）。

（23）《第十二隻駱駝之歸還》（2000，德文，獨編）。

　　屠氏所有著作之原（德、英、法、義）文請閱書後參考文獻。

　　屠氏除了倡導法律社會學中的反思法之外，更鼓吹自生法律（autopoietic law），為繼盧曼（Niklas Luhmann 1927-1998）之外，對法律的自生、自導、自我指涉之闡釋有重大的貢獻。

# 三、法律進化的新舊模型

屠布涅認為近年間美歐使用最廣泛的新進化論途徑，來探求法律學者中成績最卓著的，有美國的諾內特（Philippe Nonet）與塞爾茲尼克（Philip Selznick），和德國的哈伯瑪斯以及盧曼這兩組人馬。他們嘗試辨認法律不同的「型態」、「類型」（types），以及怎樣從一個型態，演進到另一個型態，並解釋轉變的過程。儘管他們之間看法有異，但其理論卻共同關懷形式的合理性之危機。他們認為形式的合理性是現代法律主要的特質，而法律「重新物質化」、「再度實質化」乃是危機的展現。因之，企圖對此危機加以解釋。

他們四人所採行的途徑，事實上可以回到韋伯對問題的型塑。80 多年前韋伯便鋪陳了形式的理性之體系，以及預言「法律再度物質化〔實質化〕」之可能性。韋伯列出法律形式與實質，以及同非理性或合理性結合之各種類型（洪鎌德 2001a：913-914；及本書第 5 章）。

韋伯追溯法律行動起先呈現物質特徵（受倫理、享樂、或功利的影響），其後轉化為形式的特徵（概念上抽象的，精確地界定和訴訟程序）的經過。他認為形式的合理性所以能夠維持，倚靠一些方法論的規則，像就法論法（lega）、三段論法、法律解釋的規定等等，其目的在保證法律體系中的一致性與連貫性。

韋伯也指出現代法律發展中一些反形式的趨勢。例如在契約法裡頭「增加的特殊化」（increasing particularization）和契約同意部分實質內容遭遇日增的立法與司法之控制。韋伯解釋這是「倫理的要求、功利和便利的規定，以及政治的訓示」等等社會因素重新注入法律之中，這會威脅到法律形式的合理性（Weber 1954: 63, 320）。

不過韋伯認為這些趨勢是邊緣的、無關痛癢的，因為主要的進化過程是邁向形式的理性化過程前進。這種說法與現代法學者的見解有很大

的出入。後者大多把「形式的法律之實質化」，當成目前法律進展的重大
特徵。

　　哈伯瑪斯、盧曼、諾內特和塞爾茲尼克的理論有其共同的問題意識
（problematic），也有相似的理論出發點，但他們對問題切入的方式與
理論基礎卻彼此不同。諾內特與塞爾茲尼克提出發展的模型，把法律演
變的軌跡以壓迫的、自主的與呼應的法律之三階段來鋪述。他們認爲呼
應的法律階段乃是法律形式主義危機爆發後之結果，也就是法律的新形
式從這個危機中湧現，使法律既含有目的性（purposiveness），也結合
了參與性（participation）（Nonet and Selznick 1978: 78, 95）。在解釋法
律如何轉型到呼應法的階段時，兩位學者強調自主法裡頭內在的發展有
衝破了法律形式的趨向[3]。

　　盧曼與哈伯瑪斯在另一方面把他們的分析建立在社會整體結構演變
的理論之上，認爲社會整體的結構與過程常牽連到法律與社會彼此的共
變（*Kovariation*；covariation）。盧曼仿效涂爾幹與帕森思的傳統，而一
度變成爲德國領先的系統理論者，他也採用三階段的演進說法：（1）橫
向方面區位的、部門的（*segmentiert*；segmented）社會；（2）垂直方面
層化的（*stratifiziert*；stratified）的社會；和（3）功能上分歧的（*funktional
differenziert*；functionally differented）社會。對每一個不同類型的社會，
他配置了不同類型的法律秩序（Luhmann 1997: 239-296）。

　　盧曼認爲當下法律的危機是由於層化的社會轉變爲功能上分歧的社
會之時期發生的。這個社會型態的轉變要求法律秩序也跟著有所變化。
以此觀點來說，目前法律的危機乃是實證法被接受的體系之不適當、不
適任（inadequacies），它無法適應功能上分歧的社會之需求。對盧氏而

---

[3] 塞爾茲尼克的法理學，表現在他對法制的理想，他視法制法（legalization）為權力的
合法化，也就是被統治者免於被壓迫的恐懼之制度。「法制」（legality）與法治（rule
of law）是同義詞。法制是指政策和法規如何制訂與應用而言，法治則是以公民秩序
的理性原則來約束官方權力。實證法無可避免地含有法制理想的專橫自恣。法治的
中心問題為忠實於法律之外，減少實證法及其執行過程中的專橫。是故法制是阻卻
專橫的機制，適用於行政與審判、適用於公眾參與公務以及官員行為的自制，而為
一種法治的理想。參考沈宗靈1994：389-392.

言，諾內特和塞爾茲尼克建議的增加法律之目的性與參與性並無法解決問題。反之，他主張提升更高的抽象化，以功能論的想法，和抬高法律體系的「自我反思」（*Selbstreflektion*；self-reflection）來應付危機。

哈伯瑪斯以不同的觀點來處理相同的議題。作為批判理論大師的他，企圖以新進化論的方式來「重建歷史唯物論」。就像盧曼一樣，哈伯瑪斯的模型也使他發展了「社會組織原則」的階段說。他主張這些不同的階段產自社會勞動與溝通互動的結構之共變。他要尋找那些尚未制度化的結構可能性（*Strukturmöglichkeiten*；structural possibilities）。這點與所有採用進化模型的人如出一轍。他們都以解決問題，而非純粹分析的觀點來處理現代的法律。他們都尋找當代社會毛病的病因和治療的方法，特別是從形式合理的危機出發，而產生的危機之治療方式。

在哈伯瑪斯的模型中，法律是理性結構（*Rationalitätsstrukturen*；rationality structures）透過歷史的順序制度化之體現。這種結構最先出現的先公約、先協定的、先法制的（*präkonventionelle*；preconventional）的時期，其後出現的為公約的、協定的、法制的（*konventionelle*；conventional）階段，最後則進入後公約的、後協定的和後法制的（*postkonventionelle*；post-conventional）現況。所謂的公約、協定、法制（*Konvention*；convention）是一種道德精神（*Sittichkeit*；*Moralität*；morality），受傳統所約束與正當化。所謂的後公約、後協定、後法制則是其正當化來自所有參與者的利益與旨趣（Habermas 1976: 266; 1979: 95）。形式的法律對哈氏而言乃為公約的、協定的、法制的理性結構。目前西方社會的處境為社會與法律和理性之轉換期。

既然上述理論爭議很大，吾人是否可以從它們演繹出一個可靠的後現代之法律和理性呢？屠布涅認為他的職責不在判定誰是誰非，而是找出其中所隱涵的一致性和未加言宣的相互重疊交會的想法。換言之，他的工作在穿越功能論與批判理論的爭議，而把表面上各不相讓的觀點轉形為相輔相成的看法。屠氏要把現存模型分解為其要素，然後重建法律進化的新模型。在這種說詞之下，四人的三種模型並非彼此鑿枘難容，而是同一問題不同的表述而已。

　　諾內特和塞爾茲尼克為了解釋法律的變化，大力倚靠法律體系內部的變數（變項）。反之，哈伯瑪斯與盧曼傾向於強調法律體系的外部，也就是法律結構同其他社會結構之關係。屠布涅則兼採內部與外部的變數，而觀察它們之間的共變（covariation）。也就是利用諾與塞兩氏對現存法律體系內在發展的潛能之分析，配合哈與盧兩氏對湧現的後現代社會之局限與必然性之考察，來解釋法律發展的內在動力，怎樣在社會轉型的環境下發揮其作用。這個新湧現的法律結構，不再是呼應性的法律，而是反思性的法律（Teubner 1982: 13-59; 1983: 245）。

　　所謂呼應性的法律為諾氏與塞氏的主張。它牽涉到兩個既分開，但卻又相互矛盾的境域：一方面現代法律趨向更大的實質理性邁進，他方面又湧現了反思的理性。由於呼應性的法律同時包括了實質的要素與反思的要素，如詳加考察，則是兩種迥然有別的法律理性之混雜。這種發現使人懷疑諾與塞兩氏所稱呼的呼應性的法律是法律進化的穩定階段？我們甚至懷疑它是否邁向另一階段的過渡時期之情況？

　　這個問題不易解答。原因是這兩位美國法學者所採用的進化模型，只限於法律內在的變化，而不牽涉到法律之外的社會變遷。在這種情況下，盧曼與哈伯瑪斯所提出社會與法律共變的進化原則，可以同時處理法律與社會演展的問題。兩人提出的分析之重點為「社會上適當的複雜性」（*Sozialadäquate Komplexität* ; socially adequate complexity）和「社會組織的原則」（*Organizationsprinzipien von Gesellschaft* ; organizational principles of society）兩個概念。依據哈伯瑪斯的說法，組織的原則出現在社會道德層次與社會層次演化過程的相激相盪與相輔相成之間。基本的法律規範將社會組織的原則加以體現，從而為社會進行學習的層次與程度（*niveau*）做一個界定。盧曼則闡述社會上適當的複雜性這一原則，也就是指出在後現代的社會中，法律秩序必須擁有適當的機制，以應付功能日益分化、結構日益複雜、各自獨立的次級體系。把上述兩原則應用到後現代的社會，則後現代的法律秩序必須在諸種分歧不同的次級體系之間，取向於自我反思的過程。

表10.1 當代法律進化論的類別與特徵

| 主題 代表性人物 | 進化階段的分劃 | 進化的動力 |
|---|---|---|
| 諾內特與塞爾茲尼克 | 壓迫性法律→自主性法律→呼應性法律 | 法律體系內在的動力 |
| 哈伯瑪斯 | 法制形成前的法律→法制形成中的法律→法制形成後的法律 | 社會組織原則之應用 |
| 盧曼 | 區隔（部門）的法律→階層（上下統屬）的法律→功能分歧的法律 | 社會上適當的複雜性之適應 |
| 屠布涅 | 形式法→實質法→反思法（新程序主義） | 內在反思與溝通言說的民主 |

資料來源：Teubner 1982 *op.cit*. S. 13-17；58-59, 1983 *op.cit*. pp.246, 278-281；由本書作者自行設計。

# 四、呼應性的法律及其內在變化的動力

對諾內特與塞爾茲尼克而言，呼應性的法律把目的取向與參與取向（人群參與立法過程）結合起來，代表法律演進的最高階段，超越了「自主性的法律」階段。自主性的法律，也就是韋伯所指涉的形式合乎理性之法律。為了確認與解釋這個法律新階段的出現，兩氏重建法律進化的理論，而有重大的貢獻。他們兩人採用「社會科學的策略」，以有別於傳統的法律哲學與法律社會學的研究途徑。

## （一）法律發展的自主性

以現代社會科學的立場，諾、塞兩氏考察了法理學連串的問題。他們對法律的研究途徑與其說是分析的，倒不如說是經驗的、綜合的。他們以多面向、多層次，而非單面向、單層次來檢討法律。他們把法律、社會的、政治的和制度的面向當成社會脈絡的變數來看待。他們把這些

面向、這些境域（dimensions 界域、天地），當成一個體系相互關聯的諸多側面（aspects）來看待，這類側面只有部分涉及到法律的進化，其結果顯示呼應性的法律已超越了傳統法理學的論述範圍。法律的發展不能只看到規範、原則和法律基本概念的舒展，而是看社會勢力彈性、動態的演出，也看制度有無克制、壓制（constraints）的力量存在，甚至組織結構的健全，最後也要看觀念上的潛在勢力有無發揮作用。

社會科學的策略在避免犯著社會學化約論（reductionism）之謬誤。對諾、塞兩氏而言，法律不是馬派所言經濟矛盾的浮表（次等）現象，也不是實證主義者所說權力關係影響下、組織性結構、專業角色等等所做的決定。反之，法律乃是自立的社會制度，其發展有賴其本身內在的動力與彈性。這兩位美國學者提供法律體系裡頭的制度性拘束與回應之理論，該理論的重點為「邁向變遷決定性的傾向可以回溯到體系內在的勢力（systematic forces），這些勢力在某一階段的發動正是另一個階段已告結束之時」（Nonet and Selznick 1978: 20）。

兩人指出法律初生之早期為壓迫性的法律階段。此種法律旨在合法化、正當化權力和政權。不過這一功能不久之後在法律體系裡產生壓力，破壞其特殊的結構而造成新的法律，也就是自主性的法律之湧現。同樣自主性法律又發展其推理的模式與參與的概念，而衝破其形式的思考疆界，產生轉型的壓力，而使法律朝著呼應性的、回應性的類型轉變（*ibid.*, 51, 71）。

法律秩序的「制度性邏輯」是諾氏與塞氏新進化論的核心，為歐洲兩位理論家所贊同、所支持。哈伯瑪斯把馬派經濟決定論的基礎和上層建築的說詞轉變為更為抽象的勞動和社會互動說，從而為規範性的結構提供了「發展的邏輯」。哈氏的理論中，道德與法律的意識有其自主的類型，不能當做是基礎的社會與經濟結構之「發展動態」（*Entwicklungsdynamik*; developmental dynamics）底反射（Habermas 1979: 30）。哈氏有關生活界與體系界的兩界說之重點，就是認為道德與法律屬於生活界，而經濟與政治屬於體系界。體系界固然企圖殖民生活界，但生活界在擺脫體系界的殖民之餘，無意將這一生活界化約為經濟體系與

政治體系之日漸複雜的情況（洪鎌德 2001a：100-111, 206-208, 213-215；參考本書第 8 章）。

　　盧曼在界定法律的演進為法律體系內不同的進化機制之變動。法律規範性的結構提供這些變化。法律程序的制度滿足了選擇的功能，法律概念的抽象化表述了穩定的機制（Luhmann 1970: 242; 1997: 239-296；本書第 9 章）。因之，儘管四位學者提出的模型個個不同，吾人卻得到法律演變的自主性，這是他們意見的共同交流與匯合之處。

　　如果以自主的進化來型塑法律變遷的理論是否可行？法律體系內「制度的邏輯」之概念底發展是否可以做為進化論的基礎？在強調法律的自主性方面是否會傷害法律社會學一個基本的真知灼見：法律倚賴社會諸因素，以及法理學與社會科學之分工？對法律進化論者而言，法律的自主性表示法律的改變是對法律本身的衝動之反應，因為法律秩序—— 規範、法條、學說、制度、組織—— 是自生的、再生的、重複的，也是自我指涉的。但法律在自我繁殖、自我再製的過程中並非與其周遭環境隔絕、孤立。是故新進化論者的關鍵詞乃是「法律結構的自我指涉」（*Selbstrefentialität*；self-referentiality）。這樣理解下的法律結構會自我重新解釋，不過解釋是指涉外頭的需要與索求來進行的。這意思是說外頭環境的變化不是置之不理，但也不是像「刺激與反應」那樣直接的反射，而是有選擇過濾而穿進法律結構裡頭，與規範的發展相適應地變化。最強烈的社會壓力會影響法律的發展，因為它形成了「社會實在（現實）的法律建構」（legal constitution of social reality）。由是可知廣泛的社會發展在於「調節」（modulate）法律變遷，也就是讓法律按照其發展的邏輯來進行逐步的改革。

　　法律體系的自我指涉、自我觀照是新進化論重要的觀點。它把法律體系既看成「封閉的」，同時也是「開放的」體系。這種看法可以避免把法律改變當成純粹是內在的變化，還是外在變化之結果。因之，對新進化論者而言，法律與社會的變遷是相互關聯，但又分開的過程。法律變遷反射了內部的動態，卻是受到外部刺激的影響，但法律變遷對外部環境也會產生作用。

　　法律結構自我指涉的概念使人們既然可以把特殊的規範現象之法律特性看出，同時不失掉廣泛的社會科學之觀點（Trubek 1977: 540）。就社會學的觀點而言，人們固然可以分辨法律學說與社會科學之理論底不同，也可以分辨社會實在的法律建構與社會科學理論建構之不同，分辨法學研究與法律社會學經驗考察之不同，分辨合理性的法律型態和其他社會次級體系合理型態之不同。

　　不論如何，更重要的是自我指涉的法律結構之概念提供一個看法之基礎，把社會的演變與法律的演變之共同關聯認識清楚，而有助於當前法政危機之解析和克服。這也就是爲「法律的重新物質化」、「再度實質法」尋求解秘的鑰匙。爲達此目的，有必要先檢討諾內特與塞爾茲尼克的呼應性法律及其內在兩項不同的合理性，其後再研究如何超越他們所言法律進化的內在動態。

## （二）呼應性法律兩個境域：實質理性對抗反思理性

　　諾氏與塞氏對呼應性法律之出現的看法，與歐洲學者論述「形式法律的重新物質化」有異曲同工之妙。前者發展爲更爲圓融、更爲系統的法律變化說。他們主張法律的形式主義正走向危機之際，從此一危機中一個新的實質的取向——以目的爲首要、爲主權的說法——正在慢慢湧現。目的性（purposiveness）的出現把向來僵硬的規範性結構做了基本的改變，也就是改變爲「公開質地」（open-textured）的標準和「結果取向」（result-oriented）的法規。

　　這個新的、以目的爲取向的法律思潮影響了法律教條的基本概念（像「義務與合乎文明的要求」〔civility〕），也影響了社會實在的法律建構（以政領法的「政治性典範」）。在這種發展趨勢下，傳統法律考察的方法變成了「社會政策分析」的方法，這種變化與法律參與的模式之改變攜手共進，也就是說「法律多元主義」觀念的抬頭。此外，法律的實質化對應著結構與組織結構之改變。人們要求「管制，但不要裁判」，要求廢除上下不平等的官僚體制，改爲「後官僚主義的〔平等〕組織」。在法

律體系之外，重新界定法律與非法律的界限，釐清法律同政治與社會環境之不同。實質的合理性所要求的是「法律與道德判斷之整合，法律與政治參與之整合」（Nonet and Selznick 1978: 104, 108, 110）。

諾內特與塞爾茲尼克認為自主性的法律進化到呼應性的法律是法律秩序的改變，也就是從形式的理性轉變為實質的理性。換言之，呼應性的法律充滿了更多實質的理性要素，其中又以「制度的設計」與「法律的政治化」兩要素最為重要。這兩項因素構成了「實質的正義」之內涵，以對照早期自主性法律著重「程序的公平」（更早期壓迫性的法律之主要精神為「國家存在的理由」〔raison d'état〕）。要之，這一制度的設計與法律的政治化標誌著新類型的法律之合理性。

所謂制度的設計與制度的診斷（institutional diagnosis）之主旨為法律體制（作為自我規定的社會制度之一）的創新、糾正、重新設計與型塑。法律規範不只在影響社會結構，更要使制度的結構和社會的結構能夠產生和諧、沒有摩擦的相互適應。法律規範不在為個別社會成員提供具體的行為指引，而是指向組織、過程（程序）和效能等方面。法律不在為具體的社會結果負責，而是為自我管制的機制拍板定調，也就是規定談判、分權（去中心化）、計畫和有組織性的衝突之處理方式。當實質的合理性要求全面的、充分的規定之時，制度的設計在提供「能力提升與便利行事」（enablement and facilitation）（ibid., 111）。

至於法律的政治化，在強化政治參與之新模式（社會性辯護制度之建立、階級與集體的行動、群體利益的代表性等等），也表明社會衝突不同的類別以及將不同的利益整合在法律程序裡。由是可知諾氏與塞氏對自主性法律轉變成呼應性法律是從形式的合理性轉化成實質的合理性以及反思的合理性，後者涉及了以過程（程序）為取向的制訂重構以及參與的重新動員、重新組織。這就涉及了法律合理性的三分化、三種不同的類型，亦即形式的、實質的和反思的三種合理性（Teubner 1983: 251）。

## （三）法律合理性的新進化論—— 一個新的模型

　　為了要界定形式的、實質的和反思的三種不同類型之法律，有必要先把合理性分割為不同的區塊、境域。這方面可以運用哈伯瑪斯對現代形式的法律之解析，而擴張至實質法律、以及反思法律之上。哈伯瑪斯擴張了韋伯對理性的概念，將法律和理性視同為法律內部的特徵，例如一般範疇之建構和法律學說之系統化。對哈氏而言，這些特徵只是法律合理性的一個界域、一個境域、一個天地（*Dimension*；dimension）而已。內在的合理性尚包含其它兩個方面：體系合理性和規範合理性。體系合理性指涉法律外部的社會功能，它是指明法律秩序的能力足以對付與控制社會整體的問題而言；反之，規範合理性涉及基本原則，用以正當化法律控制人群行動之特殊方式。屠布涅把哈氏上述不同類型的合理性綜括成三個方面：

（1）法律的正當化、合法化（「**規範合理性**」）。

（2）法律外部的功能（「**體系合理性**」）。

（3）法律內部的結構（「**內部合理性**」）。

　　現代法律的形式合理性便是上述三個方面在歷史上特殊的會合與成形：

（1）形式法律的合法性、正當化在於對個人主義與自主有所貢獻，其有效性建立在個人主義與自主的價值之上。形式法律限制本身在於定義個人追求私利的抽象範圍，此法也保障私人對價值判斷的範圍。這個法律的形式在便利私人安排其價值判斷與追求之順序。因之，形式法律的必然結果為人群行為符合協定、公約、法制之性質（*Konventionalität*；conventionality）、重視法律至上主義（*Legalismus*；legalism）和整體周全、無偏無倚的普世精神的形式

化性質（*Formalität*；formality）（Habermas 1976: 264）[4]。

（2）形式法律在此一取向之下，發揮了特殊的、外部的社會功能。形式
法律在建立起個人自主的活動，以及爲私自的行動者（個人）確定
其活動的範圍之後，開始發展它的體系合理性。於是它促成自然資
源的動員與分配，而造成了市場經濟（Habermas 1976: *ibid*.；1981:
352）。它也協助經濟體系功能的分歧化、去集中化，乃至爲資本
主義社會的政治體系背書，成爲合法化統治權威的手段之一。

（3）在規範合理性與體系合理性相輔相成、彼此互動演出之後，形式法
律的內在結構，也就是內在合理性也告展現。法律在形式上可以稱
爲合理，乃是其結構係根據一些標準而建立的。這些標準包括可以
加以分析的概念性、演繹的嚴謹性和依據法條而進行的推理
（Habermas 1976: 263; 1981: 348）。符合法條的精神在於事實情境
的精確界定，也是由於專業知識、專業技術、與專業倫理的發揮。

上面哈氏所提三種合理性不只應用於現代的形式法律，還可以擴大
到實質法律與反思法律之上。實質的合理性是在國家管制日增的過程中
湧現。這與福利國的擴大、國家干涉的增強和市場結構的複雜有關。在
這些情況增強之後，法律逐漸喪失其形式上的特徵：

（1）實質法律的注意焦點從個人的自主轉向國家的管制，從而影響其規
範的合理性，所以逐漸從形式而變成實質的法律。其理由爲經濟與
社會的活動愈來愈需要集體的管制，以補償市場機制之失誤與不
當。法律不在壓縮私人活動的空間，而是直接管制社會的行爲，也
就是法律不再以法條的恪守爲取向，而以社會角色與地位爲其取向。

（2）規範合理性的改變也伴隨著法律功能的改變。實質法律展現其「體
系的合理性」，在於提供福利國以政治的干涉。一旦政治體系負責

---

[4] 此處宜依照哈氏原文使用「形式化性質」一詞，而非屠氏誤引爲普世主義（一般化
  universalism）。

界定目標、選擇規範手段、規定具體行動和實施政策計畫,實質法
律扮演的角色益形繁重。它成為國家修正市場導向的行動以及修正
行為結構的工具。

（3）一旦實質法接受這個新的功能並發展它管制的正當性,那麼它內部
的結構也會發生變化,於是向來形式的法律以法條、規律為取向,
現在必須由目的、目標取向來取代。實質法律藉目的性的工作綱領
來實現,也就是靠管制、標準、目的來落實法意。邁向呼應性法律
的趨勢產生嚴重的後果,影響了教條式的法律體系概念之建構。

反思性的合理性為西方社會近期出現的新現象,也就是福利國引發
的危機之後的法律社會學界的新思考。這是一個尚未成形,也未充分界
定的趨勢。這是對實質法律重新形式化的嚐試,是一種朝後（ regressive ）,
而非趨前（ progressive ）的發展勢頭。它與實質法律相同,在法律的範
圍內企圖干預社會過程,但又不肯對實質的結果負起完全的責任。

（1）反思法律的正當性、合法性既不在自主的完美化中尋得,也不在個
人行為的集體控制中獲得支持。它的正當性來自於社會合作反覆出
現的形式之協調欲望。反思法律規範的合理性在於類似自由派、或
新自由派對法律角色的概念。在很大程度內,它支持社會的自主
性,也依靠市場（看不見的手）機制。但反思法律並不僅僅適應、
或支持「自然的社會秩序」;反之,卻是尋求「限制的自主性」,
也就是透過組織與程序的規範來設計一些自我管理的社會體系。有
異於形式法律,反思法律不接受「自然的」（天賦）的主體權利說。
反之,它嚐試在重新界定與重新分配財產權之下引導人群的行動。

（2）反思法律外部的社會功能與實質法律不同。反思法律的角色在使半
自主的社會體系獲得結構、或重新結構。其方式為塑造其內在言說
（ innerlicher Diskurs ; internal discourse ）的程序,以及調節法律體
系同其他社會體系交往的方式。是故反思法律展現「體系理性」的
要素,當它便利功能分歧的社會中整合的程序之際。值得注意的是

它便利整合的程序不是採取由上而下威權式的社會整合，而是贊成
去集中（分散的）社會整合，也就是支持自主的社會次級體系之整
合機制，來創造結構上有利的條件。

（3）反思法律「內在合理性」並不靠界定精確的一套法規，也不靠實質
標準所定下的目標的取向。反之，它傾向於依賴程序的規範，這些
規範管理著程序、組織和權力與職能的分配。由是可知反思法律的
特徵是程序取向的，這是有異於形式的、或實質的合理性之所在。
在反思法律運作下，社會行動的法律控制是間接的和抽象的，因為
法律體系只決定未來行動組織的與程序的先決條件而已。

把形式的、實質的、和反思的法律簡單臚列標明可以用下表來顯示：

表10.2 現代法律理性的類型與境域

| 境域<br>（dimensions） | 類型（types） | | |
| --- | --- | --- | --- |
| | 形式的 | 實質的 | 反思的 |
| 法律之正當化、合法化（規範理性） | 個人主義與自主之完善；建立私人活動者活動的空間。 | 經濟與社會活動集體的管制，以及補償市場的缺陷與不適當。 | 控制的自我管理：社會合作反覆出現的形式之協調。 |
| 法律外部的功能（體系理性） | 在已發展的市場社會中，為動員與分配資源而部署結構性的措施；為政治體系找來正當性。 | 工具性的修正，亦即修改那些受到市場所決定的行為模式和行為結構。 | 建構或重建諸社會體系，俾法律內在言說與外在協調順遂。 |
| 法律內在的結構（內在理性） | 法規取向：利用演繹邏輯來建構與使用概念形成的法條。 | 目的取向：含有目的之行動綱領，靠規定、標準和原則來執行。 | 程序取向：涉及關係之取向的、制度性結構和決策過程。 |

資料來源：Teubner 1982, *op.cit.*, S.28 ；以及 1983：257. 由作者略加修改。

# 五、法律結構與社會結構的共變

## （一）法律與社會

　　法律存在於社會中，爲社會貢獻出特殊的功能——排難解紛、穩定秩序、維持凝聚、正當化現存體制等等。另一方面社會提供法律運用的對象、空間、範圍，也提供法律所需的資源、人力、設施、訊息。是故法律與社會關係密切。法律的改變會影響社會的改變，社會的變遷同樣造成法律的變更。進化的或是發展的理論不只說明某些法律形態會與政治的、經濟的、社會的組織共同變化，它還要解釋法律結構與社會結構之間的關係，從而對它們的變化能夠瞭解。

　　諾內特和塞爾茲尼克分析了法律變遷的過程，把重點放在法律體系「內在的動力」（internal dynamics）之上。法律範圍內的變化促動某些勢力的興衰，因之，也把法律特質的形貌（configuration）改變了（Nonet and Selznick, *ibid.*, 20）。例如法學思想中普世（普遍、一般平等對待）的學說、可以說是自主性法律的主要特徵，它必然地發展爲推理模式中含有目的性、目標性的理論設計。這個發展就會產生法律義務性質之改變和法律辯護模式之改變（*ibid.*, 78）。

　　兩氏的進化論模型並不全然忽視外頭社會勢力的角色；反之，他們承認這些勢力在法律演展中仍有重大的作用，只是這些作用在他們的理論中只占邊緣性的地位，沒有影響大局。外面的環境不能被當做導致法律變更的主力，只當成法律潛勢力發展的阻力或助力而已。基本上變化的源泉爲法律內在的動力、彈性、韌力。廣泛的社會結構或是鼓舞，或是阻卻法律潛力的實現（actualization），只能決定法律進化的階段之穩定性，以及變化是進步還是退步的可能表現（*ibid.*, 18, 23, 116）。只有從

其內部的動力，法律體系才獲得發展的潛勢力，這個內在潛勢力決定了體系成長或衰敗的類型。這種說詞容易造成人們一種看法，誤認為人群只有法律，而沒有社會。

依屠布涅的看法，要討論自主的法律演進與廣大的社會發展之間的相互關係，勢須把法律與社會當做彼此分開、但又相互倚賴的大體系之兩個部分來看待，也就是採取法律與社會共變（*Kovariation*；covariation）的模型，才能達成理解的目的（Teubner 1982: 31-32; 1983: 258）。

法律進化論或發展論的模型總難免不檢討發展的危機。諾與塞兩氏指出壓迫性和自主性的法律都曾經歷過內部的危機，這種危機表現在法律無能力回應「體系整合」的需要，也表現法律沒有解決問題的能耐之上（Nonet and Selznick, *ibid*., 24, 33, 115）。如果以哈伯瑪斯的說法，則顯示壓迫性和呼應性的法律仍舊困難重重、問題重重。這些困難或問題可以被診斷為正當性的危機。但因為兩氏不欲分辨社會整合和體系整合之不同，因此，他們所談的法律危機，究竟是合理性危機（法律無法發揮社會工程的作用、無法展現社會改造的能力），還是正當性危機（社會規範的失效、社會認同的失落所引起對體系之不信任）就無法定論。

要之，把爭論的重點從法律內在生長與動態的理論轉換到社會與法律共變（socio-legal covariation）的理論，不但沒有犧牲諾、塞兩氏重視法律內在動力的灼見，反而有助於吾人對法律與社會的變遷獲得高瞻遠矚的好處。

在這方面哈伯瑪斯和盧曼兩人的法學理論有補充諾、塞兩氏不足之處，值得吾人引用。哈、盧兩人承認在法律體系中規範發展的自主性質，但卻不忘考察法律和其社會境遇、社會脈絡的關係重大。

## （二）哈伯瑪斯論「社會的組織原則」

哈伯瑪斯認為達爾文後的社會進化論，倚賴進化的機制（蛻變、選擇〔物競天擇〕、穩定化），無法用來解釋進化的社會階段之特質，無法說明從歷史經驗中學習的潛在力量。這些進化的社會階段之特質，只能

藉「道德的和社會意識」(*Morales und Soziales Bewusstsein*;moral and social consciousness)來加以解析(Habermas 1979: 98)。爲了指認規範性結構(道德與法律的意識)自主的發展邏輯,哈氏從皮亞傑(Jean Piaget 1896-1980)與寇爾貝(Lawrence Kohlberg 1927-1987)理論的傳統[5]找到啓示。他指稱社會的「組織原則」(*Organisationsprinzip der Gesellschaft*;social organizational principle)型塑了「結構化的整體」(*strukturierte Ganzheiten*;structured wholes)之發展順序。這些結構化的整體之特徵爲無法逆轉(無法回溯)、結構化的上下垂直關係(*strukturierte Hierarchie*;structured hierarchy),以及具有進化的方向性(*evolutionäre Gerichtetheit*;evolutionary directionality)(Habermas 1979: 98)。

在他的進化論當中,這些高度抽象之社會的組織原則包括了法律制度(Habermas 1976: 266)。組織原則標示一個社會學習高低的程度。學習程度限制了社會變遷的大小,特別是涉及社會整合的類型和體系整合的程度。

組織原則的出現是雙重學習過程的結果,這與他的兩項模型牽連在一起。這些原則是社會成爲類型(patterning)的形式,也是讓社會能夠

---

5 瑞士心理學家皮亞傑,認爲人類經歷不同的階段去發展認知的能力:在嬰兒初生至一歲半時期,不知分辨自我、自己的行動與外物,其智慧僅限於感覺而已。從二至七歲爲掌握語言的時期,只認識具體事物,而對抽象的因果、數量、重量的瞭解有限。從七至十一、二歲孩子開始懂得分門別類,也會扮演別人的角色,以及瞭解因果關係。只有到十二歲以後,少年與少女才會懂得創造自己的分類系統,而達到形式的和抽象的思想,也開始把一般規則應用到特殊例子之上,以邏輯的方式思考,以概念和理論來思想。並非所有的成年人都無困難地達致形式活動階段。抽象的思維倚靠社會環境,這種環境迫使個人走向形式的認知、推理。心靈內在的過程隨社會互動而發展。

美國心理學家寇爾貝提出兒童道德標準發展的階段。他認爲兒童道德標準經歷三個發展階段,而形成三個不同的道德層次。在早期兒童行爲的指引爲處罰與服從,當時的道德標準在於避免遭受懲罰而保持快樂。其後兒童視道德標準在於獲得別人的讚可,這時兒童懂得接受權威的指令,是故此時的道德標準在於對權威的正面評價,而不再是害怕遭受懲罰。到了第三階段,也就是第三層次,寇氏說開始成年的人視道德原則爲對別人盡義務,也就是對自己良心負責的看法與做法。是故要正當化道德的標準,就是要避免受罰、避免被別人所冷落、指責、避免自責。這種演變的過程,可以說伴隨了害怕被傷害、擔心被拒絕,到拒斥罪惡感或排除自我墮落的過程。

處理它的特別問題之所在。這些原則的能力，也就是處理體系問題的能力，可以在功能上加以分析。可是在危機的情境下，另一種分析的模式也有需要，這是哈氏所稱呼的「理性的再建」（rational reconstruction）。危機之所以爆發，是當社會圈的發展導致其組織原則無法滿足體系的需要之時，在這種情況下，社會學習的新形式湧現，這些學習是透過內在的過程，不一定要符合功能的邏輯。這些發展導向規範的演變，其演變的邏輯正是皮亞傑和寇爾貝有關兒童認知與道德養成的發展邏輯。這一發展邏輯可經由「合乎理性的重新建構」來加以解釋。哈氏說：

> 這些結構類型標示內在於文化傳統和制度改變裡頭的發展邏輯。這一邏輯對發展的機制並不明言。它只談及變化的範圍，在此範圍中文化價值、道德表述、規範及其他──在某一給定的社會組織的層次上──能夠有所改變，能夠以不同的歷史表達方式呈現出來。在其發展動力中，規範結構的變更依賴進化的挑戰。挑戰來自於無法解決、受經濟制約的體系之問題，也倚賴對挑戰的回應──學習過程。（Habermas 1979: 98）

規範變化的邏輯與動力之間的相激相盪與相輔相成，可由以下解釋的順序看出端倪：

（1）**最先的狀態**：在特定歷史時期的組織原則有其必然的能力，來解決社會和體系整合的問題。例如中世紀封建社會所擁有的政治階級結構，就和當時農業生產以及市鎮的工藝製造相搭配、相適應。

（2）**進化的挑戰**：當社會限制其在組織原則之內，那麼社會結構的改變會創造體系的問題，這些問題超過該社會適應的能力與學習的能力。例如中世紀的政治結構之組織原則使它無力應付新興的國際貿易與金融經濟之出現，也就是無力處理新崛起的經濟問題。

（3）**實驗**：在文化圈中能發展起來的認知能力，開始以實驗的方式應用到社會組織之上。在這種做法下，規範的概念逐漸制度化，變為行動策略的模型。例如市場的概念和合理的官僚組織一一浮現，也

　　　　——被試驗爲可行的制度。

（4）**穩定化**：這些實驗一旦成功，新的組織原則就在整個社會中變成
　　　制度，而且也落實而形成基本的法律結構。例如經濟與國家控制權
　　　力，以及現代行政管理也逐漸冒出，與此相輔相成的契約、財產、
　　　租稅與行政法的體系也一一建立。

　　上述「組織的原則」之屢被提起與其可用性，在於說明法律結構與
社會結構之關聯。基本的法律結構可以目爲在制度層次上成形的、落實
的組織原則。這些法律結構可藉規範結構與更爲廣大的社會結構之間的
相激相盪與相輔相成來加以解釋。這個模型與諾、塞兩氏自主性法律發
展相符合，因它假定規範結構所以發展是根據自主的進化邏輯，這個進
化邏輯可以使用合理的重構來分析而得。這個模型增加了他們所言明的
觀念：那就是體系／環境的模型，目的在說明社會進化的動力不只來自
體系內部，也來自環境外部。其結果就是一個更爲廣包、更爲寬泛的社
會法律共變模型。這個模型說明：「在社會進化中更高的層次的整合之可
以建立，乃是因爲法律制度出現之故。法律制度其實就是〔更高階段〕
道德意識的化身」（Habermas 1981: 261）。在這裡哈伯瑪斯找到諾、塞兩
氏在其理論中問題的解答，將這兩個不同的模型加以結合，使哈氏能夠
藉法律的自主與社會的倚賴兩項因素，來解析法律的發展。

　　在哈氏的綜合與分析中，吾人得到法律理性三個界域（規範理性、體
系理性與內在理性），這就是牽連到規範的、社會的和認知的三個境域
（dimensions）。哈氏「合理的重建」之念頭引向「規範理性」的概念，這
一規範理性規定了某一特定的道德與法律秩序之規範與價值。他的功能性
的模型，亦即體系／環境的模型補充了內在的看法，也就是「體系理性」。
體系理性決定了法律秩序的能力，俾便應付社會控制的問題。最後，規範
理性和體系理性一併來規定一些限制（contraints），也就是對法律體系內部
概念的（conceptual）、程序的（procedural）和組織的結構加以限制，從而
界定了法律概念「內在理性」（Teubner 1982: 37-39; 1983: 261-262）。

## （三）盧曼論「社會上適當的複雜性」

　　哈伯瑪斯對社會組織原則怎樣轉化為法律結構，並沒有進一步的說明。他對社會與法律組織原則如何合拍、如何共變也同樣無解。這些有待盧曼的學說來加以補充說明。

　　盧曼反對古典進化論中單線發展說、必然進化說，和發展就代表進步的論調，他發展了一個最低綱領（minimalist）的發展模型之新觀點。他的模型建立在三個假設之上：其一為動力、其二為機制、其三為方向，這些都是體系進化的假設。進化的動力主要產自體系與環境之間複雜程度的不同。他說：

> 進化的先決條件為……過度產生了〔發展的〕可能性。這些可能性是有選擇地維持體系的結構。就在這一先決條件之下，它〔可能性的過度生產〕使得本來不可能的秩序之體系居然變成可能。進化的衝動和規定乃是體系與環境複雜程度不同之結果。（Luhmann 1972: 136; 1999: 15ff）

　　社會體系和其環境之間複雜性的分歧產生了社會體系之變更。一個社會體系要能夠適應新情勢，就必須要求特別的進化的機制能夠發展。這些機制包括蛻變、選擇（物競天擇）和穩定化（Luhmann 1990: 150）。在涉及法律體系時，盧曼說：

> 可能性過度的生產之主要源泉是指規範的可能性，這也就是在時間的境域上而言的。制度化的機制提供選擇的因素，就是選擇到連第三者也會同意的程度〔這包括衝突雙方放棄其爭執的立場〕。靠著語言上的定義，把那些容易滋生疑義的意思決定下來，變成了法律概念的結構，並保存下來，社會達致〔法律體系〕的穩定。（Luhmann 1972: 140; 1997: 126ff）

　　根據盧曼社會／法律的進化，其特徵為法律體系「內生的」

（endogenous）進化機制與整個社會「外生的」（exogenous）演變交互對演（*Zusammenspiel*；interplay，相激相盪、相輔相成）之結果（*ibid.*, 132-145）。法律在遵從其內在的進化邏輯而跟著變化之時，就必須適應社會分歧化、複雜化的要求。

盧曼指出有三種組織原則在不同的時期主控社會。其一為區隔化、部門化（segmentation）；其二為階層化（stratification）；其三功能分殊化（functional differentiation）。每一原則創造了法律體系不同的樣貌（configurations）；每一原則也導向法律演進特殊的「瓶頸」（Luhmann 1970: 16; 1999: 15ff）。

在一個區隔的社會中，其特徵為欠缺選取的可能性（*Mangel an Alternativen*；poverty of alternatives），太古（古舊）的法律（archaic law）所面對的問題與困境，是難以提供規範結構適當的各種解決問題之方法。在階層化的社會中，其特徵為上下、尊卑、統屬的垂直不等之關係，可以提供各種各樣排難解紛的方法，成為現代之前高度文化的法律。但達致決定（裁決）的程序卻是大有爭議。最後，在功能分歧的現代社會裡規範的氾濫有目皆睹。這時採用的是「實證法」，其特徵為精緻的選擇機制（主要靠立法的技巧）。但法律的穩定化機制，仍舊廝守傳統的法律教條。在功能分歧的社會中，由於法律的地位始終未能往前發展造成實證法危機重重[6]。現代實證法僵硬的規範性質阻礙了社會上適當的「學習法」（learning law）之誕生。目前欠缺的為「取向社會政策的概念體系，此一體系可以讓人們比較各種問題解決的效果，俾累積批判性的經驗，從不同的領域來比較不同的經驗。總之〔不只是比較，還是〕學習〔解決問題的較佳方式〕最為重要」（Luhmann 1970: 19; 1999: 34）。

---

[6] N. Luhmann, "Gerechtigkeit in den Rechtssystemen der modernen Gesellschaft," *Rechtstheorie*, Nr 4, S.130, 142; N. Luhmann, *Rechtssystem und Rechtdogma*, (Stuttgart: Kohlhammer, 1974), S.49.

## （四）法律進化階段的重新解釋

在簡單敘述哈伯瑪斯有關「組織原則的合流」與盧曼「社會上適當的複雜性」兩個概念之後，屠布涅企圖把這些概念溶匯於諾氏與塞氏所主張法律體系「內在的動力」說之中，從而爲法律演進的階段重新安排。因爲重點擺在現代的法律合理性，所以在此我們先簡短處理壓迫法與自主法。

在諾、塞兩氏的文章中，法律起初的階段爲壓迫法之出現，其主旨在爲初生的政治秩序提供正當性。對哈氏與盧氏而言，壓迫法毋寧視法律秩序的現代類型之一，它反映了「政治社會」（political society）的社會組織之原則。這表示有必要在壓迫法之前加上「太古法」（archaic law）的階段。有異於壓迫法，太古法反映了區隔（或部門）社會的組織原則。在此種社會中親屬關係，而非國家結構主宰社會關係。報復與互惠（reciprocity）是太古法主要的原則，它落實在神聖法、具體而僵硬的法條、帶有儀式的程序，強調了表述的、明示的功能，而非工具性的功能之上（Luhmann 1972: 154）。太古法所以會演變成壓迫法是由於體系問題的出現，也就是體系下親屬組織喪失控制能力，而發展成獨特的政治組織（國家）之緣故（Luhmann 1979: 161）。

由於新的社會組織原則之改變，法律結構也需要變更。在這方面諾、塞兩氏有關政治權力的崛起與壓迫法的誕生之析述，同盧曼「高度文化的法律」，以配合上下統屬的階層社會之出現的說詞，完全相似。在這一轉型中，盧曼強調適當的法律複雜性，像法庭訴訟程序之制度化，有利於日漸增加的社會衝突之解決。哈氏則注意社會整合之特殊形態，也就是靠政治階級的形成與宰制，而促進社會的整合，法庭訴訟程序的制度化、合乎法制、協定、法例的道德強調服從法律之必要。法官不再是爭執的雙方臨時權力競賽場的裁判，而是援引法條、遵循先例，不以懲罰犯罪、恢復原狀爲急務，而是以法律是否遭破壞爲辦案的考量（ibid., 161）。

在階層化的社會出現的法律（壓迫法）會經驗到「正當化的危機」和「體系危機」，因而從壓迫性法律轉變爲自主法。自主法符合韋伯所述的形式合理性：法律與政治的分開、法律專業化、嚴格遵守法規、法條、法律講求普全的精確、「人爲的推理」（artificial reasoning 按法條與先例解釋與審查法案）和程序正義（Weber 1954: 61, 301）。自主法也遵循「體系理性」與特殊的「規範理性」（Habermas 1976: 262）。它的合乎法制性（*Konventionalität*；conventionality），以法論法的法律至上主義（*Legalismus*；legalism）以及形式化（*Formalität*；formality）助成它動員與分配自然資源，而成爲發展的市場社會之規範性無上命令。就在同時，自然法開始制度化而促進後法制（post-conventional）的規範理性之出現。規範之被正當化是靠普遍性的原則——放諸四海而皆準的原則。盧曼則認爲自主法發展適當的複雜性，也就是發展其功能分殊（歧化）的原則，在於法律的實證性（*Positivität*；positivity），以及在於司法與立法過程的分開（Luhmann 1970：176; 1972：190；1999：113；洪鎌德 2001：34-39, 44-49, 65-66）。

要解釋現代法律（自主法）所以會引發危機，乃是因爲它內在的動力發生變化，也就是增強的回應性、呼應性之需要，造成法律體系內部的壓力之增高（Nonet and Selznick 1978: 70）。也可以把這部分視爲法律的複雜性不夠適當發展與無法因應社會變遷的需要（Luhmann 1972: 190），或視爲主導性社會組織原則對危機出現的應付步伐太慢所引起的（Habermas 1976: 242）。

把壓迫法與自主法的改變，看做是舊的進化論模型，把「組織原則的合流」（哈氏）與「適當的社會複雜性」（盧氏）加以綜合，而形成「法律與社會處於過渡時期」之理論，則爲新進化論的模型。屠布涅企圖用哈氏與盧氏的法律與社會共變說，來修正與補充諾、塞兩氏法律內在動力說，最終形成新的程序論（a new proceduralism），也就是型塑他的反思法（reflexive law）之新理論。

# 六、反思法：新程序論

在西方社會次級體系眾多，而高度分殊化的今天，社會的紛擾、抗爭、衝突無所不在，應付各方需求的呼應法的出現，以及它如何來對付規範整合的問題，成爲法律社會學者當務之急。哈伯瑪斯與盧曼的努力，可以視爲在法律的演進的脈絡上，尋求問題的解答，他們兩人的理論有互相補充修正的作用。哈氏有關組織化資本主義中危機趨勢的分析，符合體系論的一般架構：視政治的、經濟的和文化的次級體系之間的衝突造成全社會總體系的危機重重。另一方面盧氏對高度分歧化社會的整合機制之透視，有助於理解哈氏的理論。這些代表了哈氏所言體系整合的機制需要盧氏所主張的社會整合機制來補充（Habermas 1975: 113）。因之，引用哈氏與盧氏的說詞，就是援用批判理論和新功能論的灼見，把它們結合起來當成評估呼應法的工具，看看呼應法有無落實的機會。

## （一）實質的法律理性和福利國的危機

哈伯瑪斯在討論現代有組織的資本主義社會之正當性問題時，已把正當性問題與呼應法的概念連繫起來。他的理論主要觀點是：資本主義的社會之特徵爲一連串危機的爆發，這些危機是從社會的次級體系產生的。屬於經濟的危機已因國家的干涉而獲得部分的克服，不過經濟的危機卻引發政治的危機，也就是政治體制正當性的危機。正當性的問題又造成對文化控制、文化政治化的另一新問題。換言之，引發了文化危機。文化危機要能夠克服，必須規範結構的徹底改變（*ibid.*）。

在這一架構之下，形式法律理性的危機緊密地與外頭的現象糾葛在一起，也就是與現代國家的干涉主義有瓜葛。與此同時我們看出諾內特與塞爾茲尼克解說的自主法所代表的體系合理性，其結果爲市場經濟、

形式上的私法體系占優勢、國家徵稅、官僚行政之相激相盪、相輔相成、互演對戲。但這一戲碼卻爲勢力日增的體系所破壞，原因是國家增強其權限與職責，企圖修正市場機制的弊端、缺陷，贊成寰球化的政策，採行補償性的社會策略。其結果就是法律圈中形式法律的「再度實質化」、「重新物質化」。

在法律圈中形式法律實質化之後，法律發展了實質的合理性，其特徵爲特殊主義（particularism 俾對抗普世主義 universalism）以結果爲取向（非以公平、價值爲取向）、工具性的社會政策途徑（非以目的性、目標性、長期性的福利目標爲主旨），和以往自主的社會過程之走向法制化。

哈伯瑪斯分析資本主義中國家的角色可以幫忙吾人瞭解造成法律重新物質化、再度實質化的勢力，也協助我們明白法律中實質理性的崛起。可是走向法律實質化之路並非平順、穩定。相反地，在變化的途上，由於危機的一再發生，限制了法政實質理性的發展。首先是「合理性的危機」的發生，這是由於社經過程的複雜化、經濟危機處理的矛盾與法政控制機制認知上的盲點。這個合理性的危機後來威脅到體系的整合與社會的整合，從而限制了法律與政治走向實質的合理化。其次是正當性的危機。這是由於權力壟斷的成長和政府處理經濟角色的吃重，使得市場機制失掉合法與正當的權力。以致視市場爲「天然的」分配機制。如今國家的介入、干涉，就使市場取代與補償的責任完全由政治體系（政府、國家）所承擔。政治體系完全依賴人民對政經決斷的支持與忠誠。但政府產生正當性的意識形態之能力大降，這是受到規範結構的挑戰與反抗之結果（*ibid.*, 68）。最後文化體系內在的發展邏輯之運作，遂造成第三種的危機「動機的危機」，也爲福利國實質的理性之建立橫加阻擋（*ibid.*, 75）。

那麼當代資本主義國家如何走出困境呢？哈氏認爲只有發揮「言說」（discursive）的理性，也就是在規範圈中，從自主的進化過程中湧現的言說理性才能解決當前國家正當性的問題，從而促成審議的民主（deliberative democracy）之出現（Habermas, *ibid.*, 95; 1992: 208-237,

349-367；洪鎌德 2001a：208-212），這是由於政治的正當性來自於程序的正義、合理、妥善之緣故（參考本書第 8 章）。

至於哪一個機關、哪項機制可以產生程序上的正當性的結果？在哈氏的看法，完全視具體的政治與社會條件，趨向的範圍和訊息的充分與否來決定。此外，他認為在工會、公共協會、功能性菁英分子、參與性的機制等方面推行「組織性的民主」（*Organisationsdemokratie*；organizational democracy），也是使程序能夠法制化之途徑。其中次級體系的教育與文化之積極參與、群眾關懷公眾事務，以及科學、政治和公共領域的機關之間的合作與對話尤其重要。

由是可知社會次級體系審議的民主化之主張與諾內特以及塞爾茲尼克的呼應性法律之概念非常相似，不過其相似之處也只限於呼應性法律中涉及反思理性的部分。在此吾人固然可以接受哈氏的分析，不過呼應法處理正當性的能力卻依其處境而有不同的表現。

由於呼應法立基於實質理性的擴充之上，它也會因為碰觸到合理性危機、正當性危機、動機危機而自我設限。這些局限使呼應法無法實現實質的或目的性的目標。在此情形下，呼應法之優越處在於其構成成員的反思理性。但一如前述，法律的反思理性在於遵守程序的正當性，這種程序的正當性形成法律內在運作的邏輯。哈氏在 1981 年出版的著作中，分辨了當成「中介」的法律，以及當成「制度」的法律之不同。當作中介的法律，變成了獨立的社會科技性（socio-technological）的過程，取代了社會次級體系中「生活界」之溝通結構。因之，依其標準對貨物與勞務可以進行分配。當成制度的法律，其功能僅僅是社會化、社會整合和文化再生產諸社會圈「外部的建構〔基本組織法〕」（external constitution）。當作制度，法律在便利，而非威脅溝通和學習自我管理的過程。由於法律這個便利的角色與溝通理性出現的形式相符合，反思法及其以過程為取向的精神，似乎可以成為後現代社會解決正當性問題的樞紐（Habermas 1981; 1992: 109-237）。

## （二）功能分殊的社會中反思的法律理性

　　以上是以批判理論的角度來討論呼應法。假使我們以盧曼的新功能論來考察，那麼不難知道他繼承涂爾幹和帕森思的傳統，而以更爲抽象、更爲廣泛的方式來談論同樣的問題。資本主義之下的危機傾向是屬於更爲普遍、更爲一般的現象中之特殊案例。盧曼指出社會功能性的分歧，包括了專門的、特殊化的次級體系在發展其特別的合理性，這種發展甚至造成體系衝突之激烈與不可避免。在盧氏心目中，國家干預與文化發展之間，兩項邏輯的基本矛盾和衝突只是小巫見大巫，更大的衝突發生在普遍的結構（經濟、科技）與法政結構（特別是與領土有關、與疆界有關）之間的傾軋，科學計畫和生產控制之爭執、社會的相互依賴與教育、制度緩慢發展步伐之抗爭，各種風險／危險的層出不窮（Luhmann 1971: 374; 1990: 131-169；魯貴顯譯 220-236）。從形式的理性中湧現的呼應法之要求也成爲重大的問題，這個問題便涉及法律體系怎樣參與反映俗世的功能性分歧之過程（Luhmann 1972: 190）？

　　在這種觀點之下，韋伯把現代法律描述爲「形式的合理」是誤導的。因爲在比較傳統與現代法律時，形式的概念與實質的概念是彼此可以互換的（ibid., 17）。反之，諾與塞兩氏「自主性法律」的概念足以標明功能分歧的重大改變。所謂自主法在於說明法律體系日增的自主與獨立，它與道德結構和科學結構分開，也從政治過程相對地獨立出來。就在這些發展中，法律的形式主義乃告湧現，這包括嚴格地遵守法條、專業的（人工的、而非自然的）推理，以及程序所占顯著的地位（Luhmann 1972: 207; 1999: 16ff）。

　　自主法的危機產生自該法律（概念結構）未能適應高度分歧化的社會之劇變與苛求（exigencies）。法律學說仍舊死守著傳統的看法，把法律當做靠司法裁判加以落實的法條彙編。法律秩序缺乏了概念的設備（Konzeptapparatus；conceptual apparatus），俾滿足各個特殊的社會次級體系互動中產生出來的要求，也就是要求適當的計畫，與可行的社會政

策之提出與實施。

韋伯在使用「實質的法律理性」一詞時，可能是想要把法律重新披上道德的外衣（道德化）和再度政治化。但這種說詞與觀點顯得是退步的，而非前瞻的。現在如果想要把法律同科學的、道德的和政治的氛圍（圈圈）重新熔合就會破壞了法律的合理性。因此任何有關法律的重新物質化或再度實質化，都會使已高度分歧的次級體系——政治、科學、經濟、道德或是法律——無法發展控制社會秩序的能力。是故呼應法的實踐境域一旦成為現代法律秩序的主宰力量，其結果不但無法使社會再度整合，反而把各種分歧、專業化消除，而陷身於退步裡。

在極端的功能分歧下，不同的次級體系為了達成社會的整合，必須彼此扶助。「它們不只發揮了它們特殊的而又適當的功能，還要處於與別的體系之功能以及結構不相衝突的關係中，〔因為〕對別的體系而言，它們形成了一個環境」（Luhmann 1974: 88）。功能的分歧要求整合的機制來達致。一個分散的、去中心的整合模式是必要的，因為使一個次級體系的合理無限上綱，就會造成另一個次級體系的麻煩。為了避免這種毛病，「在每一個功能性的次級體系之反思結構中，應植入一些相對應的限制，只要這些限制不是從〔體系〕與其環境的交往關係中直接產生」（Luhmann 1982: 245）。是故反思結構變成了呼應法在功能分化的社會中扮演良好角色的關鍵。

在盧曼的理論中，每一個次級體系都要面對三種不同的取向：（1）取向於整個社會體系，也就是次級體系的「功能」（function）；（2）取向於其他社會的次級體系，這就是它投入與產出的「表現」（performances）；（3）取向它本身，也就是它的「反思」（reflexion）（Luhmann 1982: 229）。這些取向彼此無法通融、無法對調、無法取代，它們無法置於共同目標之下。以政治為例，政治中有一個緊張的關係，也就是存在於社會功能（有拘束力決策的型塑與執行）以及表現（權力資源的固守與正當性的加強）之間的不協調。這種緊張關係或不協調只有靠政治反思的程序內在地求取調解。所謂政治反思是指政治體系回顧政治之焦點為何？如何自我設限去做該做之事，使決策能夠適當、正確、

有利，而又能使爲政者保持權力不墜（Luhmann *ibid.*, 229; 1997: 407ff）。

在任何次級體系裡，反思結構的職責在於透過內部的設限（自制），俾解決功能與表現之間的衝突。所謂的內部設限是指次級體系限制本身爲上級體系的構成成員，對其他的次級體系而言，成爲後者的環境（Luhmann 1977: 245），不致逾越本身的角色、不致侵凌其他次級體系的功能。這也就是盧曼的體系／環境論的重要部分。

盧曼說：「反思性必須在表現與功能之間扮演媒介的角色，因爲對次級體系而言，整個社會代表了包攝〔各種次級體系〕的大體系，也代表了〔次級體系〕的社會環境」（Luhmann 1979: 176）。在功能與表現之緊張加以排解協調之際，社會次級體系中的反思結構變成了功能分歧的社會重要的整合機制。因之，假使要善盡社會整合之職責的話，呼應法有必要發展其反思的境域、反思的面向（參考本書第9章）。

## （三）合流交集的所在：內在的反思與言說的民主

至今爲止所討論的諸種理論模型，其合流交會之點爲呼應性法律反思的境域。把呼應性法律轉換爲新功能論和批判理論，會引導人們去重估，在現代條件下實質的法律理性及其存在之可能。另一方面在解釋諾內特與塞爾茲尼克的理論之同時，也會促使人們發現把它連結到哈伯瑪斯正當性的程序概念，以及盧曼內在的體系反思之學說底重要意義。將這些不同的要素結合起來，屠布涅提出以下幾點說法：

（1）社會次級體系中反思之所以可能，只有當民主化的過程爲次級體系創造了言說結構之時；

（2）次級體系民主化的主要功能不在增加人民的參與，也不在中立化權力的結構，而是在社會認同體內部反思性的提升（Teubner 1982: 47-48; 1983: 273）。

在討論反思法如何面對其他次級體系之前，先來考察反思的角色和

它對法律體系內部所賦予的限制——自我設限、自制。這可從功能、表現和反思三項類型怎樣應用到法律體系來看出。法律的功能可以被界定為它的能力，也就是能夠為全部社會提供行為期待的圓融與連貫之普遍性（*kongruente Generallisierung von Verhaltenserwartungen*；congruent generalization of expectations）（Luhmann 1972: 94）。法律的表現在於解決衝突，這種衝突發生在其他社會次級體系裡，也無法靠其他次級體系本身的運作來解決。上面兩種的取向既有重疊、也有矛盾。連貫的規範普遍性之產生不一定可以提供解決具體衝突的規則；而法律體系通過解決衝突的過程，未必能產生連貫的、普遍化的規範。於是法律反思的角色便在調解功能與表現之間的內在緊張，也就是藉賦予法律體系能力的內在限制，來調解功能與表現之間的緊張與衝突。

屠布涅的論題是指法律最佳之處，在於能夠為法律表現的境域（境界、領域）強加限制。反思性的法律不在廣泛地規定實質的法律理性，而是限制法律表現至更為間接的、更為抽象的程度，使其成為間接的與抽象的社會控制之形式。

在這裡最關鍵的是結構上的搭配與對稱（*Strukturkorrespondenz*；structural correspondence），也就是社會次級團體裡頭法律規範和社會結構之間的對稱與搭配。實質的法律理性對這個必要的搭配與對稱很少觸及。它只嘗試用法律規範去規定社會結構，卻不料這些結構有時甚至不能、也不易接受法律的規定。

現代教育體系與福利體系提供顯例。在這些境域中，對當前立法的批評顯示實質的法律綱領遵守的是功能的邏輯，遵從那些不適合的理性標準與組織類型，也就是不適合於管理生活的社會結構之標準與類型。其結果，法律變成了福利國的工具，它不是效率不彰，便是有效率卻要支付代價。其所支付的代價乃是破壞了社會生活的傳統之型態（Habermas 1981: 542）。

一個反思的取向並不意味法律必須回應社會問題。反之，它在尋求如何來認取機會結構，靠機會結構產生法律規定，靠法律規定來解決社會問題。在解決社會問題的同時，避免破壞社會生活有價值的模式。

　　至此我們不免要提出一個問題，也就是質問自主性的反思如何為合法性的範圍設限？以及在面對其他社會次級體系時，如何界定它的角色？回答此一問題，有一個可能的答案，就是採用解除管制的政策、或把實質法重加形式化。另一個可能的答案為採取程序化的政策，也就是法律體系在其他社會次級體系裡頭提供自我規定的結構要件，目的在保障其他次及社會體系之自主，也達成哈氏所主張「社會次級體系的民主化」。這就是藉著程序正當性的助力，促成反思法能夠使社會次級體系走上民主與自主。

　　在這裡我們再度想起哈氏視法律為「中介」，以及視法律為「制度」之分辨。當成社會指導的中介之法律固然有可能威脅社會生活的法律圈之溝通機制，但當成制度的法律卻是根深柢固存在社會核心道德裡頭，而便利了溝通的過程。法律當作「外部的建構」，可以促進「言說的決定過程和談判與決策的程序，而這個程序是取向於〔談判者的〕共識〔之建立〕」（*ibid.*, 544）。法律所以會做出這種的貢獻在於提供程序的規範、組織的規範和能力的規範，這些規範協助其他社會體系達成民主的自我組織與自我管理，這就是達成了程序的正當性。反思法既然不採取權威性作風決定其他次級體系的社會功能，也不規定它們投入與產出的表現，而是採用一些機制，這些機制系統性地的促進社會次級體系內反思結構的進一步發展。

　　面對日漸複雜的、分歧化的社會，沒有人敢期待建立起普遍的、廣泛的正當性結構，或是言說的，而可普遍應用的道德、或是反思的共同程序。反思過程所需的法律前提，在經濟與政治之中，便大大不同於在法律裡頭。因之，法律只有在次級體系的層次中，建立、糾正和再度界定民主的自我管理機制。法律的角色在於決斷了裁定，管理了規定和建立未來的決定之結構性的前提，也就是涉及組織、過程與能力有關的決定與管理。要之，法律要實現它本身的反思性與反思的傾向，只有當它在其他社會次級體系中提供結構性的前提來建立反思性的過程而已。換言之，反思性的法律只注意到社會次級體系的民主決斷之過程、之程序，而不必涉及民主的實質性的問題。這才會發揮當前反思性法律整合的功

能。

## （四）新的法律自制

屠布涅指稱至今爲止所分析與綜合的結果只能達到假設的階段，這就是說呼應法發展其潛能來影響實質的理性與反思的理性，以及這種潛能在後現代社會不同的條件下有不同程度的落實。這些都只是一個假設而已，一個從社會法律發展的理論中得出的假設。屠氏稱其理論一方面借助於呼應法學說之內在變數（項），他方面借助於批判理論與新功能論的外部變數（項），從而建立社會與法律互動的模型。這個模型強調呼應法，假使能夠順利發展反思的法律理性的話，它便可以呼應後現代社會的挑戰；這個模型立基於許多思辨的、猜測的理論假定之上，它的有效性，有待經驗事實的驗證。

以契約法的發展爲例來說明。在立法的定義上要求對契約的同意的實質作出更明確的界說，這就顯示契約法有走向實質的法律理性之途。假使這個發展趨向在於矯正契約形式的浮濫，那麼它的實質卻是在於對法律體系的能力加以限制。這種限制表示了反思理性的不容忽視。另外，與契約法明顯不同的是勞動法。在涉及集體磋商、集體議價的勞動法，其特徵爲含有更爲抽象的控制技術，控制勞資雙方對集體磋商的進行方式，這便顯示了反思的潛在能力。集體磋商的法律規定其運作在於型塑集體磋商的機關、界定磋商過程的規範、限制或擴大集體行動者之能力。此處法律在平衡磋商的權力，也就是直接注意過程，而間接注意後果（磋商的實質內容）。

在消費保護法方面，企圖建立起對立的權力之抗衡體系，就不像契約法或勞動法那樣取得良好的成績，國家法也不再是實質的規定，而是自主的社會過程之程序的與組織的結構化。西方立法的體系之職責不在發展目的性的綱領，也不再相互競爭的政策做一目標上的定奪，它只在保證協調過程的順暢，同時也強制爭執的雙方達致協議。要之，法律經由協調各部門、各單位的不同或衝突的要求，經由確認爭執的問題之界

線，而解決體系之間的衝突。

雖然有些標準像「誠信」（good faith）、「公共政策」這類一般性、概括性的條款，常被當作實質的法律干涉主義的工具看待，但它們也可以當作「契約社會化」來加以處理，而不是傳統上國家干預的手段。如果法律體系本身能夠激發社會自我規定的過程的話，那麼把誠信和公共政策等標準用來補償社會的不公平，就是一種反思的安排。這是指契約當事人在互動不足的情形下，客觀的目的和義務之釐清是藉法律來規定。就像在市場有缺陷之下，交易習慣被法律界定的市場行為規律所取代一樣；以及在政治有缺陷下，法律界定何謂公共政策，這些都顯示一般性的概括條款可以呈現反思的邏輯。

私人機構的法律也呈現這種反思的精神。今日對於協會、組合團體的法律控制與國家管理已達到極限。只有在各個協會、團體的組織中加強法律的結構，也增大其反思的機制，才能解決當前體系的各種缺陷。換言之，把協會加以「憲法化」，俾協會追求的目標與採用的手段合乎其宗旨，也使「組織的良心」能夠運作，這就是促成該組織把外頭的衝突「內化」於其決策結構之中。在這種脈絡上，社會制度的民主化之傳統性意義跟著也改變了。主要的目的不在贏取勢均力敵的權力平等，也不是增加個人的參與（實現「參與的民主」）。反之，它是組織性結構之設計，也就是使公司行號、機關團體、媒體與教育社團等等制度更為敏感，敏感它們的企圖所造成的外面影響，從而使這些制度能夠建立起最大程度的內部理性。其主要的功能為有效的內部控制機制，以取代外頭的干涉性控制，自治而非靠別人來統治（Teubner 1982: 51-55）。

## （五）社會實在的法律建構：社會學的法理學

上述的例子在於說明法律結構怎樣取向於一個反思的理性。我們進一步要檢討一個反思的法律體系之「認知能力」，這是呼應法的理論中重要的議題（Nonet and Selznick 1978: 78, 104, 112）。法律反思的過程，由於在法律體系中調解了功能與表現而促進社會的整合。是故法律反思的

結構性條件，特別是它們的認知方面便具有關鍵的重要性。這些條件中，又以「實在的內部模型」（internal models of reality）扮演重大的角色。這類模型關聯到指引決策的過程，曾受到學者的承認。德沃金（Ronald Dworkin）曾經提出這樣的主張：在規範和原則的互動中，法官有意或無意地應用「政治理論」，俾為他所辦「硬性的案件」（hard cases 棘手案件、困難度高的案件）之裁決加以辯解與正當化（Dworkin 1977: 81, 90）。無論如何，人們可以從法律規範、法庭意見、學說考量來建構社會事實的理論，這些理論回過頭來變成了訊息的背景，或是詮釋學上所言的「事先的瞭解」（*Vorverständnis*）。舉個例子，契約、協會、國家與社會的關係這類概念是深植於社會實在的法律感知之中，這種感知與吾人對這些事物（現象）的日常理解有很大的差距，其分別正如同人們以社會學或經濟學的理論之角度來看待社會實在之大為不同是同理的。法律體系會發展出某一特殊的「實在之社會建構」（Berger and Luckmann 1966），俾在法律規範指引下來排難解紛。由於緊急情況產生對實在之觀點，法律體系對世界之理解會製造出具有高度選擇性之模型，從而忽視了許多與政治、經濟、社會有關聯的因素。

在法律發展中，這些認知模型的性質也跟著起了變化。法律模型建構和法律理性類型的建構存在著共變的關係。因之，「重新物質化」、「再度實質化」也會強迫形式性的法律去改變它對社會實在的看法。因之，為了發展反思理性去建構的法律模型究竟如何，也值得吾人關心。

「社會學的法理學」（sociological jurisprudence）以及其在法律理論中的相關議題與運動（如自由法學派〔*Freirechtschule*〕[7]、利益法理學

---

[7] 自由法學派與運動的先驅為福克斯（Ernst Fuchs 1859-1929）與康托洛維齊（Hermann Kantorowicz 1877-1940），強調審判過程中的直覺和情感因素，要求法官根據正義與公平去發現法律。當實證法不明確時或是立法者不能按法律的要求立法時，那麼法官應當根據占支配地位的正義觀來審案。如果這些正義觀念也無法確定，法官應當根據其個人主觀的意識來自由判決。這種廣泛的司法裁量權之擴張，遭到利益法學的反對。

〔*Interessenjurisprudenz*〕8）可被解釋爲形式再度物質化在方法學上的必然結果（Hayek 1973; Pound 1910/1911）。它們改變法律形式主義，不只因爲後者重視概念，把概念當成事實的概念論（conceptualism），也是由於後者把概念建構成社會實在的緣故。形式的法律理性與社會學的法理學基本上彼此不相容，因爲前者把法律行動者（法律人）當作自世界裡頭抽離出去、抽象化，因之堅稱討論社會的、經濟的、政治的諸面向、諸側面並非從事法律工作者之職責。

實質法律理性要求以科學的方法把實在的法律看法加以還原，也就是對實在的感知「再度科學化」（rescientification）。這就是社會學的法理學方法論主要關懷之處。這種類型的社會學之法理學會受到實質法學理性危機的束縛，跟著發生危機，就是前面新功能論與批判理論所指陳的。嚴格言之，這類的法理學需要有關實在更爲廣包、更爲含攝的模型，使社會科學的模型也包括在內，才會造成法律負起更大的責任，足以產生廣泛計畫的過程。在這種情形下，法律的分析傾向於變成羽翼豐滿的社會政策分析。這種分析要求對實狀有適當的描繪、對問題有深入的認識、對目標有清晰的界定、對法律規範有正確的選用，在社會實在裡頭是在落實規範。很明顯地，這些模型的複雜性使法律難以達成其目的，因爲超越了現存法律體系的認知能力，就算他們的基礎是建立在科際整合的分析之上（Luhmann 1973: 31）。

就像決定論一樣，社會學的法理學需要發展一個「可靠的、被拘束

---

8 利益法理學為德國 Philipp Heck 與法國 François Geny （1861-1944）所倡說。前者結合 Heinrich Stoll 和 Rudolf Müller-Erzbach等人。他們反對19與20世紀統治歐陸法律思想中的概念主義與形式主義，否認法律制度邏輯結構之完善。反之，認為任何法律制度含有不完整性與法律規範的缺欠。他們認為法律規範為立法者解決種種利益衝突而制訂的原理與原則。在相互衝突中，法律所要保護的利益應該是被認為是優先的利益。Geny 認為法律無法覆蓋司法活動全部的領域。這些法律無法覆蓋的領域，要依靠法官的自由裁量權來決定，此外法官必須發揮其創造精神與能動性。法官的任務在認識案件所涉及的利益，評估這些利益的份量，在正義的天秤上作出衡量。參考博登海默（華譯）《法理學——法哲學及其方法》，鄧正來、姬敬武譯，北京：華夏，1987，頁138-139.

的理性」（bounded rationality）之概念，爲的是建構行得通的模型（對實在認知的模型），這樣才會有利於法律裁決的過程。法律體系中反思過程的另一個新增的角色無疑地是社會實在模型塑造的脈絡上，界定了法律的自制、法律的自我設限。

反思的法律理性需要法律體系自視爲處於某一環境中的體系（Luhmann 1979: 161; 1999: 419ff）。它在規定其它社會次級體系的功能與表現之時，還要明瞭本身能力的有限。是故它與社會科學知識之關係既非全面接受，也不是徹底分開。反之，它們彼此的關係牽涉到社會知識從一個社會脈絡中「轉譯」（translation）到另外一個社會脈絡的情形。這種轉譯是根據某些規則、某些法律選擇的標準而進行的。

在造成其他社會次級體系增強其反思過程的同時，法律發揮了它整合的功能。法律體系所需的社會知識是特殊的知識，法律體系需要的模型建構比進行計畫的廣包的法律還要受到更大的限制。反思法需要利用與發展那部分的知識，也就是在不同的脈絡上能夠控制自我管理的過程之知識。因之，所謂更爲廣包、更爲包涵的社會政策之模型，應該被另外一種的模型所取代。後面這種模型在於以結合社會法律分析與社會問題解決互動過程的動力爲主旨。假使屠布涅上述分析正確的話，那麼他相信這種新模型的產生是法律進化的發展跨出去重大的一步（Teubner 1982: 55-59; 1983: 278-281; 1999: 31-60）。

# 七、屠布涅論自生法

## （一）自生說：由生物學轉到社會科學

最近法律學界引進一些新的概念，包括視法律的運作是一個反覆再生的過程，法律具有自我滋生、繁衍、再生的能力，法律會自我觀照、自我

指涉（self-reference），法律有循環性（circularity）、法律具有套套邏輯（tautology 因果循環證明的邏輯）等等特徵。這些概念與說詞都隨著自生法（autopoietic law）的出現以俱來。不只在法學思想方面，就是法律實踐方面，也逐漸承認法律包含了多項的循環程序（Teubner 1988: 1）。

　　從生物學的自生說（autopoiesis）應用到法律體系的考察之上，會發現法律體系裡頭確有循環的關係之存在。自生法便是一種研究的策略，目的在辨認體系內循環關係的內在動力，以及它們外在與其他體系的互動。以自生法的觀點來看，整個法律體系是法律結構與過程廣大的循環關係之元素的再生活動底動態。法律就像其他體系一般，是一個「互動因素封閉的網絡裡，內在共享關係（*internale Korrelationen*）不停的舞蹈」（Maturana 1982: 28）。

　　循環性表示是一個封閉的狀態，是故自生法體系在運作上是封閉的。這種說法與現代呼應法開放的觀念相牴觸，因為後者認為法律在適應社會環境，也在改變社會環境，因之是一個開放性的系統。不過強調法律操作是封閉的，只是就其內在的運作而言，可是法律體系在吸收外部環境的資源、訊息時卻是開放的。換言之，徹底的封閉意味著徹底的開放。法律體系在運作上的封閉與自主造成它對社會事實、政治需求、社會科學理論和人類需要的開放。這聽起來有點似是而非，有如詭譎的辯詞。這種把封閉與開放連成一體可以使法律體系對社會實在更具呼應或回應的能力，這也就是說法律規範性的結構是封閉的，但是它的認知性的能力卻是開放的。

　　同盧曼一樣，屠布涅視法律為一個體系、一個系統，也就是一個規則、或符號、或象徵的體系。體系對環境開放，也就是接受環境送來的資訊、情報，而力求適應環境所給予的挑戰　（包括環境的限制），是故體系兩大特性為開放（open）與適應（adaptive）。一個開放的體系之特徵為藉由自我分歧（*Selbstdifferenzierung*；self-differentication）的形式，而分辨體系本身與其環境之不同。於是輸入與產出的關係、體系適應環境能力的大小，藉由控制與管理來重建均衡狀態，以及體系「合理的」組織來達成某一特殊的目的等等，都是公開與適應的體系之本事。體系

之所以變化、演進，一般的說法是由於外頭環境的變化所引起的，但這種說法卻忽視體系本身為適應環境變化所做的相對應改變。事實上，體系改變可能來自環境，以及體系本身的干預因素。法律就像人類所發明的權力、金錢、知識和科技一樣，都是促成體系改變的手段。

在討論法律作為社會體系的次級體系、以及作為干涉手段之前，必須首先討論體系的自我組織這一概念。這一概念也牽連到體系的自我指涉、自我觀照（*Selbstrefentialität*；self-reference）。體系所以能夠自我指涉、自我觀照，乃是假定體系的一體性和認同性，是從體系整個運作與過程中衍生出來，這也就是說體系不斷地自我組織、不斷繁衍再生，從而與其環境有所分辨、有所區別。在體系的運作中，體系產生了其元素、其結構、其過程、其疆界。在循環演變中產生它自已的認同體（Luhmann 1984: 593ff；魯顯貴譯，前揭書，頁 65-67 及附註；Teubner 1990: 13-15）。

必須注意的一個矛盾現象是指體系對環境是開放的，但對本身的組織（自我組織）卻是封閉的。是故自我指涉也就是與組織封閉同一意思，也就是一個體系、反覆的、自我再生的過程呈現出了組織的封閉形式。這是體系所以會趨向穩定與自我維持之因由。根據規定的內在律則，再生、再建之過程之所以可能，是由於體系自我指涉的過程是封閉的緣故。否則一個體系完全受環境決定，它就不是一個自主、自生的體系，它就不是獨立於環境之外、不受環境直接影響的體系（Teubner 1993: 16）。

作為體系自我指涉中最新的形式，無過於自生、自導（autopoiesis）。自生自導的概念包含以下三個特徵：

（1）體系中所有的元素（成員、要素）都是自我生產的。
（2）自我生產的循環之自我維持，是靠更大的超級循環之聯繫（hypercyclical linking）來完成的。
（3）自我描繪、自我描述當做自我生產的規定（*ibid.*, 24）。

屠布涅旋提出一個問題：法律算不算是一個自生自導的體系？他說：對此問題的回答是一個有保留的「是」。原因乃為法律是第二級的自

生自導體系，它是第一級自生自導體系的社會之下的次級體系。法律與
社會之分別爲在自我指涉的方式下建構其元素、而把這些元素（包括溝
通在內）聯繫到超級循環之上（*ibid.*, 25）。

我們且以屠布涅所繪製的示意圖來說明抵達第三階段，也就是最高
階段的法律，就是當法律連結了超級循環時，法律才可以稱爲自生自導
的體系。

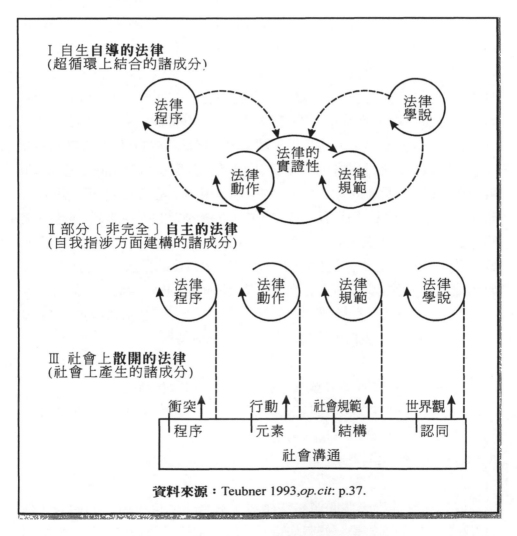

I 自生**自導的法律**
(超循環上結合的諸成分)

法律
程序

法律
學說

法律的
實證性

法律
動作

法律
規範

II 部分〔非完全〕**自主的法律**
(自我指涉方面建構的諸成分)

法律
程序

法律
動作

法律
規範

法律
學說

III 社會上**散開的法律**
(社會上產生的諸成分)

衝突　　　行動　　社會規範　　世界觀
程序　　　元素　　　結構　　　認同

社會溝通

**資料來源：** Teubner 1993, *op.cit*: p.37.

**圖10.1 法律當中的自我指涉與超級循環**

首先，我們看一下社會是什麼？社會不再是個人或群體的聚積，也不再是人人相互關係的累積而已，而是人人溝通的場域，也就是靠社會成員（社會成分 components）之間的訊息來往、彼此瞭解、情意交流所建構的一個意義世界（world of meaning）。正如屠氏說：「社會體系包括面對面的互動、形式化的組織，以及社會全體，是在意義的基礎上反覆再生。構成社會體系的成分、包括溝通，而非個別的人類。諸種溝通作為溝通〔互換訊息〕、訊息與理解的統一體，構成了社會體系，而社會體系卻是由反覆的溝通之再生產所造成的」（*ibid.*, 30; Teubner 1984: 191-241；魯顯貴譯，前揭書，頁 102-118）。

是故基本上社會是一個溝通體系。這個社會體系的主要成分，包括林林總總的過程、程序，其中最突出的莫過於人際與群際的衝突，這大概是馬克思強調向來的社會就是階級社會，而人類的歷史乃是階級的鬥爭史之原因。除了過程中的衝突、鬥爭之外，社會的成分包括各種各樣的元素，其中又以人群的行動（食、色、求生〔民生〕與傳宗接代〔繁殖〕的行動）是社會最主要的元素。除了過程與元素之外，社會體系還包括群體生活的組織以及組織架構的結構。要使結構發揮作用、要使群體生活有秩序，則社會規範不可少，是故社會規範乃是社會結構重要的一部分。最後，社會體系要維持不墜，必須社會成員的認同、支持、效忠，這便涉及人群的世界觀、社會觀、人生觀了。上述過程、元素、結構與認同都靠社會成員的彼此溝通，而使體系繼續運作下去、再生下去，繁衍下去。

在第一階段上，屠氏稱做「社會上散開的法律」（socially diffuse law），是法律演展的開端之雛形。這時法律分散於社會體系各成員間，未能有效組織起來，它對人群社會行為的規範與其他社會規範（風俗、禮儀、道德）無甚分別。這時解決社會成員間的爭執，並不完全倚靠法律。像以權力、任意裁決、妥協等手段進行排難解紛，不一定都是法律性的衝突解決。這時稍有法律的意味者包括兩點：（1）衝突為乖離期待的行為，需要靠裁決來解決；（2）對期待的衝突之解決倚靠合法或非法的手段之分別。這類原始法或家族法規其引用、或指涉的通常是外頭的

因素,例如社會規範被引為行為期待的基礎。這時期吾人尚無法談到法律體系之存在,原因是法律行動與一般的社會行動無從分別的緣故。

第二階段,也就是法律成形的階段,屠氏稱之為「部分的〔非完全的〕自主性法律」("partially autonomous law")階段。這時法律體系部分、或多數成分是靠著自我描寫與自我建構而獨立發展。法律自我描寫最佳的例子為哈特(Herbert L. A. Hart 1907-1992)所倡說的「次要規則」,這是相對於「主要規則」而言。主要規則設定義務,不管人們願意與否,強制其行為要符合義務。次要規則授與權力,人們可以引進新的主要規則、或修改、甚至取消主要規則、或決定主要規則的範圍、或控制其實施(Hart 1961: 77ff.;沈宗靈 1994:208)。對哈氏而言法律體系之核心是一種結構,該結構是結合主要規則的義務與次要規則的承認、改變和裁判而成。應用到屠氏上圖第二階段的法律溝通時,可以這麼說:法律溝通是從屬法律涉及的意見交流而產生的。法律溝通形成結構,該結構用來規定與選擇同法律溝通有關聯的其他結構。不過第二階段中,法律尚未產生其本身、繁殖其本身,也就是自我指涉的關係尚未完全建立,法律只有自我,而尚未自我建構,所以還未進入法律自生自導的階段。

在第三階段中,也就是屠氏所說「自生與自導的法律」(autopoietic law)之階段。在此階段上透過法律體系的自我建構,法律規則產生其生命,不再是社會其他側面的反射(Watson 1985: 67ff)。這時社會與法律的關係薄弱,法律並不一定適當反映社會的需求與價值。這時法律更為「形式化」(formal)。嚴格言之,第三階段的初期尚無法稱為法律的自生自導。只有當法律體系的元素、成分能夠進一步生產新的元素、新的成分,也就是自我指涉架構聯繫到更大的超級循環(hypercycle)之際,自生自導的法律才告產生(Teubner 1993: 39-44)。

當法律的自我描繪發展為法律源泉的理論,說明法律的源泉是其前例舊案、或是法律內部創造的過程之際,法律才達到自生自導的階段。在指涉法律動作時,法律規範不必訴諸宗教的教義、神明的顯跡、自然的認知、成長期建立的傳統、群體的習俗或權力的直接運作等等,來說

明其來源，而直接從法律本身去找其活水源頭。這無異法律產生法律，就是法律的自生自導。這種情勢便發生在現代的「實證法」（positive law）中。在實證法中，法律規範就靠對法律動作精確的界定而產生，不管這些法律動作是內規、是命令、是組織在內的條規。就是習慣法也可以說是法官製造的法律，因為它要經過「建構」（「宣布」）的手續，才會被界定為實證法。

不只法律規範是如此，連法律體系的其他成分（元素、過程、疆界、認同等等），也是在自我描繪之下，變成自我再生。法律元素與法律結構超級循環的連結，乃是法律動作與法律規範連繫的相互生產，這是把行動與規範圈連起來（looping together）。由於法官引用法條的效準，而使案件符合法律的效準，這是法律行動與法規範的超級循環的結合。同樣法律程序與法學學說（教條）之超級循環使它們最終也與規範與裁決連結在一起。只有當法律體系創造了必要的條件，使自我法律藉著自我描繪與自我生產（法律的成分）而與超級循環掛鉤，真正的法律自生自導方才起步。由於法律期待的架構之關係，法律溝通能夠創造其本身，同時也被法律學說與法律過程所管理，這就是法律進入最後階段的第三時期之寫照（*ibid.*, 44-45）。

## （二）法律體系

一個自生的體系由於其構成元素的互動而產生與再生它本身的元素。也就是某些體系不只能夠通過自我組織創造了自主的秩序，甚至還進一步創造了它本身的元素。不只在生物學中的細胞、組織、器官有這種自生的特質，就是靠著「意義」（meaning）做基礎，許多社會體系（互動、組織、群體、社會）也具有自生的能力與特質。社會體系基本的元素就是溝通。當做表達（utterance）的統一體之溝通，加上訊息（溝通的表達）以及理解（溝通的詮釋）便構成了社會體系。換言之，社會體系是不斷產生、再生的溝通建構出來的。社會體系的概念化在社會理論中產生三種的變化：（1）社會體系徹底的、根本的時間化—— 這表示元

素不是穩定不變的，而視元素爲「事件」（events），它們急須體系反覆的使用、再造、再產生其他的事件；（2）舊的事物（體系）之維持（maintenance）之問題有了新的說詞、新的說法。要維持一個反覆性的封閉之組織，便是靠它公開的體系之封閉組織。封閉是開放的條件；（3）認知論上的結果：對自生理論而言，觀察便是活生生的體系、心理體系和社會體系所進行的活動。觀察的本身是自生體系的運作。

根據盧曼的說法，法律體系的基本單位既不是法律規範（法條），也不是致力法律活動的行動者與機關，而是溝通的進行。當法律行動（legal act）的初生因素被創造了，法律的自生便告啓動。法律行動乃是改變法律結構的溝通事件（communicative events）。法律事件和法律規範之間的循環關係構成了法律體系基本的循環性。取代了柯爾生所強調法律之外的基礎爲「基本規範」（*Grundnorm*），循環性成爲法律體系的基本特性。法律行動的反覆再生構成了法律的自生、自導、再生。法律操作上的封閉構成了它向環境開放的條件。封閉與開放的互演在法律體系裡，就表現在規範的封閉性與認知的開放性之上。其結果造成規範期待與認知期待結合的範圍有限，也導致現代法律的危機重重。法律的自生限制了法律功能的變化。自生作用的封閉使法律變成政治工具所受的限制加大，更不易成爲政治的手段。

## （三）法律自主

在堅持法律自主方面自生法引起很大的爭議，其原因很簡單，現代法是受到外頭的種種限制、社會的諸種壓力和政治的不同決定所塑造出來的。在法律經歷了社會科學的革命、社會學的法理學之衝擊和法律經濟學的闡釋之後，還敢稱法律體系自主嗎？不過如果把法律溝通當做法律體系元素性的單位看待，那麼依靠在溝通基礎上的法律，仍舊可以享有相當程度的自主，法律之規範性（normativity）是法律自主的基礎。規範性產生了法律同其他社會次級體系的特別關係，原因是在其規範性結構裡，法律與其他社會次級體系有「結構上的相似性」（structural affinity）。法律的真正功能在於它的社會環境（其他次級體系構成法律的環境）中規範性結構的普遍化、一般化，且是圓融地、首尾連貫地普遍化、一般化。

這種建立在溝通基礎上的自主觀念與傳統的法律與社會互動中之法律自主完全不同。在此情形下有學者（像 Richard Lempert）便分辨英美法與大陸法對自主不同的看法。在英美法中只有自生法中法律操作的封閉，勉強看出法律相對的自主。反之，大陸法則以抽象的、邏輯的、近似的、先驗上對自主的承諾來提出法律自主的說詞。自生法有異於傳統的法學觀，可以說是法律理論典範之改變。有異於傳統討論法律與社會之關係（本體論的看法），自生法是法律與社會學之關係（認知論的看法）。由是法律自主是涉及理論的架構、特徵的意義、政策的關懷和考察的方法而言。自生法理論一方面以功能分歧的進化觀來分辨法律、社會與社會學；他方面反對把法律的特徵描繪為社會學凝視的被動目標。反之，視法律是一個主體，它能夠產生與再生本身與社會的種種關係，且秉持與時並進的看法（Lempert 1988: 152-190）。

## （四）法律演變

一個自生的體系與認同體一旦界定為組織上的封閉體，那麼它是否抗拒變遷、學習和進化呢？不過人們如果分辨保持一致、不變的自生組織和具體的、不斷改變的體系結構（這些結構不斷在做調整、與變化其組織疆界）之不同，那麼就會發現自生機制並不排斥進化，而是對進化不斷地重加界定。屠布涅便嘗試為自生的與進化的兩個問題求取解決。第一個問題為法律體系怎樣演進為自生的封閉體系？第二個問題為法律體系一旦發展到自生封閉的階段之後，法律進化怎樣操作？回答第一個問題是關於法律在自生階段之前怎樣演進到自生階段的問題，這便牽連到社會進化的「超級循環」（hypercycle）的問題。只能假定社會的進化是一種「盲目」的進化機制，由於其結構成的分子（元素）的循環演變，使滲透到社會各角落的法律發展成具有更高形式的自主。由於各個社會

體系超級循環的連結，使得法律取得封閉的特性。第二個問題的回答是自生法往前發展會造成其「內化」（internalization）。自生法將與社會環境的一般進化分開，而發展了蛻變（variation）、選擇（selection）和保持（retention）的進化功能，也就是自生法內部的法律機制。同時法律發展會與廣大的社會發展連繫起來，也就是依靠共同演進（co-evolution）的機制而與其外在環境一同演變。

此外，法律的社會功能隨著三個層次的互動而演變，其一為業已組織妥善的層次（結構）；其二正在進行組織的層次（控制前一層次的變形）；其三為「虛擬化」（virtualizing）的結構與功能。由於法律體系不穩定的潛勢力之運作，造成一種「奇特的圈套」（strange loop）把上述三個層次圈綁起來，造成第一階層的滑動，第二階層的變化，與第三階層的加強與變化。有異於把法律當成先後連貫的社會期待之普遍化看待，近期的理論強調法律包含各種選擇方案（alternatives），擁有對討價還價的本事，且具有開放性、易變性和妥協性。

要之，主張自生法的理論者有別於新自由主義派和結構理論者，他們採取後結構主義的言說，強調社會的複雜性、本土化、封閉性和不穩定性，俾對抗自由派與結構派所做寰球的、圓融的、人工化的與平等化的機制之主張。

## （五）法律認知

自生法提示學者重新思考法律認知論的問題，特別是涉及規範性的封閉與認知上的開放這一議題時，認知論、認識論尤不可少。傳統的實證主義，在法律中採取現實主義的立場，強調「法律的事實」（the Fact of Law）之重要。殊不知法律的事實乃是人群結構的、設定的事物，其脫離不掉建構主義（constructivism）之窠臼自不待言明。法律的事實並非從法律外頭引進來，它並不代表獨立的實在，而是由於法律體系的運作而建構起來的。這種看法並沒有把法律與事實的分辨化做意義的區別，這只有再度解釋規範的操作與認知的操作的分別及其關聯而已。

盧曼爲了解釋法律何以既是開放的體系同時又是封閉的體系之詭譎和怪謬，也爲了解開法律既有自主性，同時又倚賴社會全體之兩難與矛盾，遂提出下列的說詞。這是由於自生體系內含的自我指涉之機制所造成的結果，這種自我指涉的體系必然導入兩難境地（進退維谷的困境）。原因是沒有任何的體系在其疆界之外運作，沒有任何的體系可以直接進入外頭的實在（reality out there）。另一方面結構進化的腳步又要求，提出一個假設，假定體系的環境並非隨便，而欠缺安排。反之，環境對體系會產生有效的節制。爲了解開兩難的矛盾，盧曼透過實質的延續，以及事件的不斷呈現之說法，來區別內在訊息的處理過程和外在環境的限制。

盧曼堅持訊息的處理是體系特別的性質和內部的性質。是故訊息從環境傳達到體系，或由體系傳達到環境是不可能的。只靠訊息，環境無法進入體系，但環境對體系造成衝擊，那就是透過干涉體系運作的潛能之明顯的限制。體系與環境的聯結有兩種機制：其一爲物質性的繼續（materiality continuum），也就是意義體系的物質——能量基礎發揮重大的節制作用；其二爲意義處理體系中事件同時出現的機制，這使得自主的活動機制得以相互滲透。

依靠訊息和相互滲透之機制，盧曼嘗試解釋上述的問題。法律的活動無法超越法條的界線（疆界）。在這一方面，法律乃爲一個封閉的體系。但在法律認知的運作中，法律只能在其疆界之內活動，但它卻藉建構了法律的實在開放本身給其環境。在規範封閉與認知開放的機制之外，法律只有通過相互滲透的機制與其環境連結。顯然，法律會參與到一般社會溝通中的語文的結構以及實在的建構（construction of reality）之上。法律也與社會其他圈圈連結在一起，靠的是社會事件的同時發生、同時呈現，這些社會事件在法律當中與其他社會環境的次級體系中進行了有選擇性地處理活動（Luhmann 198: 335-348；洪鎌德 2001b：39-49）。

這有助於對法律自主的新理解。自主不再是體系運作內部的決定。法律自主是指法律運作與另一法律運作有選擇的連結，這個自主同政治或經濟加給法律體系的壓迫可以相容。法律自主之威脅係來自於法律符

碼化（法律制訂）被經濟功利的標準、或政治方便的標準所取代（Teubner 1988: 3-11）。

在評論後現代主義法學家動輒奢談法律的多元主義時，也就是企圖把法律解構為社會規範對抗法律規則、非形式對抗形式、社會對抗法律這種多元對立時，屠布涅指出自生法的「運作封閉與結構掛鉤」（operational closure and structural coupling）在某些程度上與後現代主義的法律多元觀有共同的地方，例如把社會實在同法律實在化解為語意學上的言說體、論述體（discursivity）、法律推理之無根據性（non-foundation）、歧異大於同一、法律與社會內在的矛盾、兩元對立、矛盾、套套邏輯（tautologies）等等。

不過前後矛盾的窘困（paradox，是非難分的說詞）之使用，卻使法律自生觀超越了後現代主義的解構分析，而進入再構、重建的實踐中。是故日常經驗中言說實踐的矛盾、進退維谷、曖昧不清、套套邏輯，並非自生分析的終點，而是其起點，也就是社會實踐自我組織的基礎。不過自生觀中封閉與開放的緊密結合，造成一個絕大的疑問：「在封閉的基礎之上如何開放？」（l'ouvert s'appuye sur le fermé?）。

要回答這個問題不妨採取「亂中有序」（原文用 order from noise 吵鬧中有秩序）的譬喻，這就是變化、結構的掛鉤和共同進化（coevolution）之概念。一個開放的體系，就是把外頭環境的訊息吸收內化，而以新的產出（output）之面目釋放出來。但運作上封閉的系統卻把環境中的事件，經由結構的掛鉤轉入其內部「壁龕」（niche）中，而改變體系本身的結構，使其內部發生擾亂（perturbation）。也就是從外頭的吵雜混亂體系，創造了內部的秩序。體系及其「壁龕」（密室，安置事物之處）的接觸是實在的；反之，外頭環境加給體系的限制卻不能被界定為時空中的實在。這是說體系通過對擾亂事件的期待、看法來界定外頭環境的衝擊。不是外頭的衝擊，而是體系內在結構能否相對蛻化，掌握本身的改變（滿足期待、或是減緩期待的落空），來決定內在運作下一步驟怎麼走。一個體系便可倚靠外頭變化的刺激來改變體系的結構，使體系不斷發展，而與其環境一同演進。

這有助於法律言說同其他社會言說之關係之釐清，也幫忙吾人去理解法律「相對的自主」（不只是討論法律內外改變的因由而已）之意義。在此屠氏建議對結構的掛鉤提出三點的修正：

（1）**生產的誤讀**：在法律多元主義方面，法律的言說不斷受到社會再生產的過程之干擾，而是在生產過程中法律誤讀了社會的言說，把這些言說當成規範產生的源泉來看待。

（2）**連結的制度**：舊的法律多元主義主張，主要的連結制度爲把散開的社會規範形式化；新的法律多元主義主張，法律同功能次級體系和形式化的知識之連結。

（3）**回應性**：當結構制度把法律緊密地連繫到其他自主的社會言說之時，社會的回應性便產生。法律多元主義使法律更能回應社會，不是轉化成法律的社會知識、經濟知識，而是將法律與社會運作的同時性（synchronicity），轉化爲法律不必言宣的、默契的知識（tacit knowledge）。

在這種情形下，不再討論法律對社會的影響，或社會對法律的衝擊，而是把注意力轉向秩序的官方與非官方之形式，轉向到這兩者複雜而相互的關係。不討論（法律與社會）兩個單元彼此的影響，這種新看法視秩序的多元形式，乃是共同參與同一社會領域的不同事素而已（Teubner 1992: 1443-48）。

# 八、結論

大概是受到18世紀後半葉蘇格蘭啓蒙運動的倫理學家（David Hume, Adam Smith, Adam Ferguson, Lord Kames, James Millar 等）之影響，在哲學與社會科學家之間，早已醞釀了進化論的看法，以致諾貝爾經濟學獎得

主的自由主義大師海耶克一反普通人的見解，強調人文思想與社會科學方面的進化論並非襲取生物學或動植物學的進化觀念而來；反之，先於達爾文，發現了文化與社會的進化或發展之軌跡（Hayek 1973: 23）。

　　且不說韋寇（Giambasttista Vico 1668-1779）把觀念的歷史劃分為眾神時代、英雄時代、庶民時代；也不談孔德（Auguste Comte 1798-1857）神學、哲學和科學（實證主義）的三階段之演變律則，單單指出梅因把法律從身分規定變作契約訂立作了歷史發展期的對照，便顯示了古典的法律進化論之概觀。後來經過斯賓塞社會進化論的鼓吹，認為法律從素樸的個人利益之共識，邁向傳承的習俗，進而為已逝世的領袖之遺囑與現存統治者的命令和意志，最終抵達了現時代個人利益共識的再建構五個進化過程。孫末楠的社會達爾文主義之法律演進說，便把民俗、慣習、權利和實證法的依次遞變做了社會學的觀察。涂爾幹的法律社會學雖建立在功能論之上，但也主張由報復性法律邁向復原性、補償性的法律，這一學說正反映了簡單的社會機械性連帶關係走向現代工商社會之有機性的連帶關係（洪鎌德 2000d：7-9），這說明了屠氏的法律進化論是繼承前人的腳步，對法律的遞嬗演變企圖加以掌握、描寫、分析、分期所做努力之一斑。

　　這些經典的、或舊的法律進化模型，顯然與 20 世紀後半葉的西方法律發展的詮釋有了相當的落差。在此情形下，歐美法律哲學與法律社會學的工作者（Martin Albrow, Lawrence Friedman, Paul Hirst, Alan Hunt, Duncan Kennedy, Philippe Nonet, Philip Selznick, David Trubek, Roberto Unger, Alan Watson 等等）開始為當代工商業發得的英美與歐陸的法律之演展進行一番分析、歸類與預測的功夫。其中成績最為卓越的，也是引起最廣泛討論的當推屠布涅。

　　屠氏首先以美國諾內特與塞爾茲尼克，如何描述法律從壓迫法發展為自主法，再演進為呼應法之經過略加鋪述，認為這是法律體系所受體系之外的社會影響，這是從形式理性轉向實質理性的一大躍進，這是受著制度的設計和法律政治化衝擊的結果。但法律除了具有形式與實質的理性之外，尚有第三種的理性，即反思的理性。這方面可以德國哈伯瑪

斯把韋伯形式合理性推廣到法律內在的合理性（包括體系合理性和規範合理性），來加以補充。不只哈伯瑪斯的社會組織原則說，就是盧曼社會趨向複雜性、分歧性的說詞，都有助於現代社會反思理性的法律建構與發揮。是以屠布涅便利用上面四位學者的學說，重新解釋法律進化的階段，而強調程序的正當與合法，配合言說的（discursive）與審議的（deliberative）民主，才能建構新的社會學之法理學。

本章除了鋪敘屠布涅對西方現代法律演進大勢的新進化論模型之外，尚在章尾詳論他怎樣從反思法演進到自生法，並對自生法之大意有所剖析。在很高的層次上，由於屠氏精通英文，所以比盧曼在闡釋自生法方面，更為淺白、更為系統，而更受英美學者的讚賞與接受。

近年間屠氏還致力私法的研究，對私法自主性的抬高，自主範圍、界域的擴大有精湛的剖析。屠氏不只因為專研私法，包括商法、勞動法、公司行號的組織法、經營法、契約法、環境法等而著名，且因為他發揮了反思法與自生法，而成為歐美法律社會學的頂尖人物。近年間因他致力於「新經濟」的網路權益問題之探討，而預言透過互網的溝通，有把契約權利和經營權利區別掃除的趨勢。如此一來市場中的平起平坐，而非上下垂直不等的關係（Hierarchie）之維持乃為大勢所趨，則未來的經濟組織與法律規範之間，如何重新掛鉤、重新安排？成為值得商榷的問題（Teubner 2001）。

此外在其近作〈契約訂定諸世界——論私法多方面的自主性〉（2000）一文中，屠氏指出現實世界作為私法的基礎，被一連串寰球化與私人化所衝擊，而告動搖。因為寰球化的影響，新自由派或國家干涉的私法理論遭受沉重打擊。福利國管制措施的鬆綁，使更多人經營管理的活動趨向頻繁。在此情況下，契約不再是訂約者兩造之間的經濟交換關係，而為不同的言說計畫（discursive projects），也就是訂定契約，以契約來結合的不同之各界。這是強調契約非人身的相互脈絡（impersonal intertexuality）。為此他為契約注入相互脈絡與相互言說的理解方式，從而不再視契約只涉及締約的雙方人身或只涉及經濟上的交易而已。

表10.3 屠布涅法律演進、反思法與自生法之扼要表

| | |
|---|---|
| **法律的演進** | 法律是形式法進化到**實質法**,最終抵達反思法。其中諾內特與塞爾茲尼克討論法律體系的內在動力之分析;哈伯瑪斯則以社會組織的原則;盧曼以社會適當複雜性的適應來看待法律。法律的進化應當符合上面四家的三個模型來析述。 |
| **理 性** | 三種演進中的法律,各有其注重的理性,例如形式法重形式理性;**實質法重實質理性**;反思法重反思理性。 |
| **法律結構與社會結構** | 法律結構與社會結構處於共變的關係中。法律內在動力的變化使法律從壓迫法經歷自主法至呼應法階段,這是塞氏與諾氏的說法;哈伯瑪斯則以法制前、法制中、法制後三階段看待社會與法律的組織變化;盧曼則以區隔化、階層化與分殊化看待社會組織變遷所造成法律的演進。 |
| **反思法** | 屠氏綜合前面四位學者的意見,而提出反思法。此法可以說是新程序論。經由言說與**審議**的民主程序,使次級體系的教育與文化激發人民對公眾事務的討論與參與是程序的法制化。法律內在的反思與政治的言說(審議)民主,導致法律的自制。由是內部理性形成,行為由內部自制,而非訴諸外部的控制。 |
| **自生法** | 法律體制中的元素(動作、規範、學說、程序)都是從法律中自行產生,而成為不斷循環的封閉體系(本身組織上封閉,體系對外頭環境則為開放)。自我生產的法律循環,其自我維持是靠更大的超級循環的聯繫來完成。法律之自生自導在於能夠自我指涉、自我觀察、自我描繪。 |
| **評 論** | **優點**:嶄新的法律進化論符合程序正義的訴求,不只對形式理性與實質理性有助,更可使反思理性彰顯。把法律當成生生不已、自導自演的體系看待。<br>**缺點**:太抽象、太玄思;反而無法掌握特定法律與具體的社會互動與關聯。 |

資料來源:由作者自行設計。

# 11 艾德曼論影像的財產權

# 一、前言

　　誠如英國法律社會學者希爾士特（Paul Hirst）所指出的：教條式的馬克思主義者把法律簡化與濃縮爲階級的經濟利益之護身符是不妥當的。對於這種把法律過度簡化的說詞，連受過教條式的馬克思主義法律學說之教育的俄國學者也有不滿的聲音。至少影響一個世代的前蘇聯法律理論與實踐的法學者帕舒卡尼斯（E.B. Pashukanis 1891-1937）[1]，就把正統的馬克思主義之法律觀斥爲對法律形式的特殊性之漠視。因爲帕氏質問階級利益何以只要以法律的形式來表述（代表、描繪、示意）？何以法律形式對階級利益有護衛的作用（Hirst 1971: 1）？

　　在受到帕舒卡尼斯影響之下，法國左派學者貝爾納‧艾德曼（Bernard Edelman），在 1973 年出版了 *Le droit saisi par la photographie* （Paris: Maspéro; rééd. Bourgiois 1980; Champs/Flammarion 2001）一書，華文暫譯爲《攝影捕捉的法律》。這本書成爲法國，乃至歐洲馬克思主義者（左派或新左派）之法律社會學最具創意的理論。此書的英文題目改爲 *Ownership of the Image*（《形象（影像）之所有》），是對法律範疇及其社會功能之本質做一般性的概述，也就是把當作特殊的言說（論述）與特殊的實踐之法律予以理論的解析。

　　爲了達成新的詮釋，艾德曼採用 1970 年代流行於法國的結構主義之馬克思主義的大師阿圖舍（Louis Althusser 1918-1990）之作品，重新解釋生產方式（經濟基礎）與意識形態（法律爲意識形態之一環）之間的多元（泛層）決定關係。靠著阿圖舍及其合作者的概念（馬克思認知上

---

[1] 帕舒卡尼斯為前蘇聯唯一聞名於西方的法理學者，他是商品交易學派的創立者，因主張法律最終的消亡，而為史達林所整肅。參考洪鎌德 2000e：31-61；本書第7章。

的斷裂、經濟的、政治的、意識的國家設施、多元決定、第一、第二、第三普泛層次、人的缺席等等），艾氏深入探討法律理論與實踐各個特殊的領域。儘管他此書的主旨在說明法律是諸種範疇與實踐的體系，他卻無意考察法律的每一部門（公法、民法、刑法、訴訟法等等），及其制定與執行的機構（國會、行政官署、司法單位等等）。他所選擇的元素，是與攝影和阿爾及利亞人勞動權利有所牽涉的部分。換言之，他所關懷的是財產權法和「勞動」的地位與權利之定義。

艾氏此書原來的標題為 *Le droit saisi par la photographie*《攝影捕捉的法律》。照相乃是技術的更新，其發展與法律本來無涉。但在表述別人所擁的私產或公產事務等方面，照相卻牴觸（contradicts）現有財產權的種種說法、規定。艾氏利用相機無意間的、令人驚訝的捕捉事物影像之技巧，來把財產權含有建構性的特質揭露出來。他在顯示處於大公司、大財閥壓力下，攝影者、電影製作人進入財產權的領域，也讓後者享受和擁有私有財產權，也就是把過去從法律權益中排除的事物，再度變成法律處理的主題。這就顯示以財產權為中心的法律是怎樣被社會的需要、時勢的潮流所建構、所型塑。

艾德曼認為法律特定的本質乃是對主體加以表述、描繪、呈現之形式。法律仰賴主體的牽連，為的是建構法律本身的範疇。易言之，主體的財產權利和政治表述之理由，其陳述與規定便構成了法律的內涵。法律所「建構」的主體，其存在是法律賦予的、指涉的。法律上所規定的、或稱呼為「主體」（原告、被告……）的諸個人，完全是法律在實踐時所塑造的。這點從全書附錄裡論述康德與黑格爾法學理論可以看出。因之，艾氏全書的主要論題為財產法，和個人作為家庭成員，作為公司職工等主體之權利。他認為黑格爾對布爾喬亞的法律之貢獻，在於申述主體之意義（主體為普遍的現象、也是個人擁有其本身之單位），這點超過了康德對主體的看法。黑格爾對布爾喬亞法律本質的理解卻局限於其實踐，而不注意實踐的運作條件及其效果。黑氏為了便利布爾喬亞社會的商品生產與交易，而提出這種普泛性、自我擁有之主體概念，也就是只關心薪資勞動者有關的法律規定。可是布爾喬亞法律的社會條件與社會功

能，卻有待馬克思主義者來進行瞭解與分析。

值得注意的是在三位著名的馬克思主義法學者帕舒卡尼斯、雷涅[2]、艾德曼中，幾乎都集中在討論財產法之上，對私法的其餘部門、刑法、公法、法律制度與法庭訴訟較少論述。這些涉及憲政與國家理論的法律，在傳統的馬派思想家中興趣較低。原因是他們把國家當作是階級專政的機制。這大概是因為憲法的形式與刑事訴訟被視為維持階級統治的手段，遂對公法與訴訟法不加注意。

因之，艾德曼把法律當作資本主義體制中生產條件特殊的「表述」，而這種表述是以「想像的」、「形象的」、「意像的」形式表達出來。法律表述了一個體系，該體系的功能在於商品的流通和薪資的剝削。主體（法律人）之帶有商品的形式（人力可供買賣）乃為此種體制之特色。在資本主義體制下，主體是事物的擁有者，原因是他（她）對其本身是擁有的。正因為他（她）擁有自身，所以可以出賣其身體與勞力，也就是保證可支配其自身，可以終生貶抑自己為薪資的奴隸。這也是為何阿圖舍指出意識形態，如同政治與經濟可以束縛工人的人生觀與世界觀，使他們終身為奴而無怨無悔之因由。法律便是主體（工人）對其存在條件「想像的」關係。這種想像的關係在表述其生存條件時，讓工人們不但不質疑、不反抗，反而保證這種生產關係不斷再生、不斷繁衍。法律形式的特殊性，也就是主體在其商品形式中的表現，變成了資本主義生產方式必要的、不可少的成分。

希爾士特在介紹艾德曼此篇大作的〈引言〉中，指出兩點：第一、艾氏學說與馬派理論之關係；第二、他引用法國法律體系來說明艾氏理論之背景。首先，要理解艾德曼的法律觀必先瞭解帕舒卡尼斯與阿圖舍這兩人的法律學說。艾氏使用了阿圖舍意識形態的理論，但對此理論卻

---

[2] 雷涅（Karl Renner 1870-1950），為奧地利社會民主黨領導人，曾任第一次世界大戰後奧地利共和國總理（1918-20），國會議長（1930-33），1938年支持納粹合併奧地利，1945年奧地利共和國重生，出任第一任總統。為奧地利馬克思主義者之一，對馬克思主義學派的國家理論、階級理論提出修正的意見，著作有〈馬克思主義之問題〉（1916）、《私法的制度及其社會功能》（1949）等書文。參考本書第3章第十三節。

未加詳細剖析。艾氏雖然取法自帕氏法律學說，但非盲目跟從，而有其
獨特的看法。其次，艾氏使用法國的法律形式，爲的是型塑法律一般性
質與功用。他雖然討論了「主體」，但他並非考慮到所有進入法律界的主
體，也不究問這些主體如何構成的。至於全書所涉及的照相，以及照相
師的攝影權方面，必須首先指出的一點，那就是法國法律的規定有異於
英國法律的規定（Hirst 1979: 14-17）。

　　艾德曼爲法律家兼哲學家，其生平不詳。他的著作涉及人權、出版
法、藝術、哲學、法學理論等。他與法國學界與出版界有密切的來往，
爲巴黎上訴法院的律師，爲一位相當活躍的自由撰稿人，歷年著作豐富，
時常擔任法學碩博士論文指導人與審查者，爲法國學界與官界重要的人
物，主要的作品有：

（1）《攝影捕捉的法律》（1973初版；1980再版；2001新版）。
（2）《工人階級的立法》（1973）。
（3）《群眾之人》（1981）。
（4）《康德大系》（1984）。
（5）《人、自然與法律》（1988）。
（6）《著作權法、近鄰法》（1993）。
（7）《文學與藝術的財產》（1999）。
（8）《尼采，一個衰落的大陸》（1999）。
（9）《世界之人：美國人怎樣活過20世紀》（1999）。
（10）《陷入危險中之人身》（1999）。
（11）《1926年布朗居西事件》（2000）。
（12）《攝影捕捉的法律》（2001，Flammarion新版）。
（13）《告別藝術》（2001年4月）[3]。

---

[3] 上述艾氏簡歷、著作等，係由巴黎第八大學婦女研究中心博士候選人姜貞吟小姐提
供。並贈閱艾氏2001年版《攝影捕捉的法律》一著作，盛意可感，特申謝忱。

　　本章雖以艾德曼《攝影捕捉的法律》為文本，析述艾氏的法理學，但由於他原著之蕪雜，缺乏歷史性的透視，所以本書作者把其著作之文本與附錄打散，重新組織與整理，並以艾氏對前人法律學說之評述重加建構，而殿以他最具創意之部分，也就是有關照相、攝影與電影業興起之後，法律對所有權之嶄新規定，來凸顯法律作為社經實體與法政結構之表述，從而展示艾氏法律學說之精義。

## 二、艾德曼論康德的法律學說

　　艾德曼的法律哲學或稱法律理論，雖取材自羅馬法、拿破崙法典以及古往今來的法律實踐（法庭的審判、法律程序的細節、監獄的運作、罪刑的執行等等）與法學理論（法學家或法律工作者的理論發揮），但其主要的論述起點，乃是對法律一般性質的描述分析、對法律範疇的功能之分解，也就是德國古典思辨哲學的法律解說。

　　德國古典思辨哲學最主要的兩位大師為康德與黑格爾。他們的思辨哲學都是肇始於對社會秩序的探討，特別是對法政建構體（the juridico-political）之性質與運作的分析。原因是在 18 世紀末與 19 世紀初歐洲在經濟與社會方面，特別是政治方面有了急遽與龐大的轉變，它正式結束長達一千餘年以上的中世紀封建主義，而開啟了現代工商業資本主義的新紀元，更是君主寡頭統治的沒落與群眾追求自由民主的新時代之降臨。在哲學思想上康德代表由封建主義邁入資本主義之際，人們對社會理念的轉變，而黑格爾則為新興的布爾喬亞（資產階級）嶄新的世界觀之代言人。

　　依艾氏的解說，康德與黑格爾所發展的法律學說，所碰觸到法律規定的具體內容，那就是涉及「財產」這一重大的範疇。這一具體的內容無法化約為抽象的過程。康德法律理論的根源為羅馬法，也從亞丹·斯密的政經學說中獲取靈感。反之，黑格爾法律哲學的根源卻是拿破崙法

典、賽伊（Jean Baptiste Say 1767-1832）與李嘉圖（David Ricardo 1772-1823）的經濟說詞（參考洪鎌德 1999b：7-11；29-32）。

儘管康德與黑格爾的思辨哲學強調實在（reality），存於「心靈的以太」（the ether of the mind）當中，但當他們談論法政現象時，卻離不開社會的實在。因之，儘管黑氏把社會典章制度當成客體精神來看待，他的客體精神無異為地主和地主階級的化身；他的「需要體系」則指涉市民（民間、公民）社會，也就是有關市場經濟的描述。對於康德與黑格爾這種思辨的哲學，馬克思與恩格斯都有所批評。

馬克思警告讀者不要受到思辨哲學的眩惑與誤導，以為思辨的（精神、思想、心靈）發展為真實的發展，或誤會真實的發展為思辨的情況（*Holy Family, CW* 4: 61）。特別是在法政結構體中我們發現思辨哲學對實在（reality）缺乏真正的理解。艾氏說，在法政結構的節骨眼上，並非思辨的設施（學說、學派、說詞）支撐了法政結構體，而是法政結構體支撐了思辨的設施，這就是為何思辨的政治言說在特殊的方式下建構了它言說的實在（the reality of its discourse）。這也是有關政治的言說，對言說的政治加以評論，批判的原因（Edelman 1979: 145）。

當法政體系逐漸擴大而充滿了所有意識形態的空間之際，思辨哲學家也逐漸切斷他們對法律實際運用的思考，於是人們得到的便是純理論與非單純的實踐之分開與新對照。於是從柯爾生（Hans Kelsen 1881-1973）實證主義的純法律理論至朴蘭查（Nicos Poulantzas 1936-1979）討論的馬克思主義，都只談法律的純理論，而不涉及法庭的審判、告示等法律實踐。這種法律實踐之無能，完全是政治的影響使然。

思辨的法律哲學與法律實踐是兩種不同的看法，是兩碼事。親子間的法律關係成為康德與黑格爾法哲學的起點。原因是 18 世紀在受羅馬法與封建主義影響之下，人們甚至懷疑子女具有人身。因之，孩子被視為雙親的財產。但到 19 世紀，由於孩子被迫去當勞工賺錢，是故孩子被看成具有法律人身（身分）的人。20 世紀則由於心理分析的執著，強調孩子是成人的雛形，孩子的人身（身分）遂告確定。艾氏認為現代親子的關係被當成道德與法律的關係看待，是不難理解的。法律是把人當成生產關係的結果看

待，即便是未成年人仍舊有效的工作者或生產者，因之擁有人身的身分。

財產關係是法律實踐，也是法律實踐所描述的、設計的概念。親子關係的道德意涵便是哲學論述（倫理學）的對象，如今哲學言說卻遭受法律實踐的分裂。而哲學言說進一步又告內部分裂（本體論、認識論、倫理學、美學等），這一內部分裂是從建構它的實踐所造成的。

康德是封建社會解體而市民社會興起的見證人，黑格爾則是市民社會誕生時種種矛盾爆發的抽象解釋者。舊政治秩序的瓦解與新政治秩序的興起，導致兩人使用抽象的過程（康德目爲理性，黑格爾視爲精神）來合法化（證成）政治的現實。

康德與黑格爾對現實政治之緘默（silence）（不敢大力批判或攻擊），正說明思辨哲學中的抽象過程（the process of abstraction）本身是意識形態的，也就是對現實政治的安協與合法化（Edelman, *ibid.*, 148-149）。康德認爲在理解財產的屬性底規定之前，先要理解財產如何取得。父母視子女爲財產，父母對子女的擁有權利也成爲康德討論財產權的起點。

康德企圖用理性的引伸來建構他的哲學體系，他稱此一體系爲「公平（正義）的形而上學」，康德分辨三種財產的標的物（objects of property），以及與此相關的三種法權：

（1）實物法 *(jus reale)*：個人占取、擁有的東西，因之有使用的權利。
（2）人身法 *(jus personale)*：對別人意志的占有，俾他能夠爲我的意志服務。
（3）人身實物法 *(jus realiter personale)*：把外物當成事物（thing）看待，因之擁有使用權，但在使用時把它當成人身（person）（*ibid.*, 151）。

與此三種標的物相互對稱、或搭配的（correspondence）爲：

1. 標的物/事物　（object/thing）；
2. 標的物/允諾　（object/promise）；
3. 標的物/人身　（object/man）。

標的物規定了權利的方式（mode of right），權利的方式也規定了標的物。羅馬法把物與承諾（義務）分別清楚。

康德的新猷為引進人身實物法（*jus realiter personale*），因為他認為羅馬法與封建法已不適用於現代資產階級新興起的時代，這時必須考慮到法律中的新標的物，也就是人。

羅馬法所缺少的正是把人當成法律的標的（客體）物。就在這一缺陷之下，現代法建構起來，其原則為所有私人（private persons）的平等，這就促成自由的工人之出現。

康德就在羅馬法此一缺陷下，建立他的新範疇：人身實物法（*jus realiter personale*），這意味他把勞動權也包攝在此一範疇裡。是故人身實物法乃是把先前兩個大範疇實物法（*jus reale*）與人身法（*jus personale*）加以結合。

隨著康德的新範疇之建立，我們發現法律結構裡頭的新現象：客體（標的）物指涉了（signify 誌明）主體。法律（在其存在的方式中）不再從主體出發，而是從客體引伸而出。這就是前述法律中的客體規定了權利的方式，即便是在封建制度之下，是土地的法律地位規定了其擁有者的法律地位。

依康德的說法，人與財產之關係是「主體意志與客體在純法律上（a purely *de jure*）之聯合（union）」（Kant 1965: 62）。

財產並非在主體管轄之下，財產也不構成主體的本質，因為財產構成主體非內在的，而是外在的，是故財產不從主體誕生，而是藉理性的宣布而獲得。是故人們的意志之標的物，可以視為其所有物、或成為其所有物之可能機會。

這主要包含兩重的關係：

第一層關係：法律範疇與客體物之關係：

$$\begin{cases} 占有／事物（possession/thing）的關係。\\ 使用／人身（use/person）的關係。 \end{cases}$$

　　法律上的分辨：占有與使用是不同的，其不同在於其標的物究竟爲事物，抑爲人身（Edelman 1979: 153）。

　　第二層關係涉及法律範疇彼此之間的關係，也涉及法律客體彼此之間的關係。

> 占有／使用（possession/use）的關係。
> 事物／人身（thing/person）的關係。

　　占有與使用相對，正如同事物與人身相對一般。可以說占有與使用的相對正當化（justifies）事物與人身之相對。引伸之，占有與使用的對立正當化事物與人身對立的理由。占有轉回到事物，使用轉回到（reverts）人身。

　　艾德曼遂指出：一個人究竟是獲得一個事物或一個人身，便會決定其法律的分別：究竟他是占有還是使用。在獲得（acquisition）的方式之分別（distinction）方面，正當化（證成）獲得對象（標的物）之分別；反之亦然。於是我們面對法律的相互證成也就是標的（客體）物用來證成法律，法律也用來證成標的（客體）物（ibid., 153-154）。

　　康德說「主體對客體使用可能性之條件謂之占有（Besitz）」。這表示使用是占有存在的必要方式，這表示未受主體之同意對他人占有物之使用就是對他人的傷害。換言之，人之占有某物目的在使用它。占有的體現便是使用（ibid., 154）。

　　易言之，對物可以占有，對人則不可占有；對人只有「使用」（雇傭）。是故法律範疇的處理可以解決一個問題：怎樣來雇傭一個自由的人？康德將法律自由定義爲個人對專橫意志和他人控制的獨立，他持這種自由視爲人根據人性具有的原始的、固有的權利。他指出，這一基本權利本身就包含了平等的思想，因爲他意味著每個人都是獨立的，是他自己的主人，康德崇尙人格內在的尊嚴，每個人應被視爲目的本身，而非別人的工具（博登海默　1987：71-72）。

　　康德這種分辨令人驚訝的結果是指占有／使用的徹底對立，證成了

事物／人身的對立。這裡涉及理論轉換成實踐的立場之問題：理論可以成立，實踐卻發生困難。

> 理論的立場：沒有占有的使用，造成雇傭一個人而讓他享有自由。
> 實踐的立場：如何雇傭一個人而不須占有他。

理論方面可以看出宰制關係與自由（domination and freedom）之和解（reconciliation）；實踐方面如何使雇傭的工人降服，但同時卻要尊重他的自由。此一實踐問題是很嚴重的，因爲它反映了封建秩序的解體（建立在人際關係上），這表示此時是自由之人尚未出現。

因爲康德被迫去解決理論與實踐的矛盾。他是以實踐的觀點來判斷他理論的說詞。其結果仍舊是客觀的現實，特別是特殊的經濟秩序成爲解決其問題的主力。

康德的實質人身法中包含三種人身的獲取：

> 那就是　{ 婦女（Women）；
> 孩子（Children）；
> 僕人（Servants）── 黑格爾把僕人改爲工人（Workers）。

依據科學的觀點，法律主體的形式爲資產階級法律發展最高的表述。它一方面主張每個人是一個私自擁有者，至少爲其勞動力之私自擁有者；另一方面它又主張每個主體與其他主體完全平等。在康德《正義因素的形上學》（*The Metaphysical Element of Justice*）一書中，所欠缺的、所呈現的法律之空場，是由黑格爾《法律哲學》（*Philosophy of Right*）所敘述的法律主體來補充，來轉化成形（incarnate）（Edelman, *ibid.*, 162）。

艾德曼藉康德與黑格爾的法律觀來把封建主義式的生產方式，轉變爲資本主義式生產方式之法政表述（the juridico-political expression），加以定位與定性。康德人身實物法之法律範疇，標誌了過渡時期的法政結

構體，也標誌了彼此相反對立的制度、觀念所鎖定的無分勝負之鬥爭（immobile struggle）。這種無分勝負、不斷的鬥爭之最佳表述的立基點，乃為法律中主體之普泛化（universalisation of the subject in law）。

康德的衝突表現在理論與實踐的矛盾，也表現在所謂地方化（在地化）的法律主體與普遍化的法律主體（localized subject in law vs. the universal subject in law）之間的衝突，也就反映了封建主義的生產方式與資本主義生產方式之間的衝突。後者已發展到交易價值的種種規定（determinations），包括法律主體的形式在內。

造成人身實物法範疇之出現（presence），乃是因為普遍性法律主體之空場（absence）。這種由空場至出現之關係是意識形態所產生之結果。其肇因為「民間社會」。民間社會的特質或為競爭、或為經濟的民主、或為「新社會」、或為「面對面」（face à face）、或為「參與的社會」（ibid. ,164）。

康德使用的是哲學的言說，也發展成不變的哲學範疇，誤認為這種範疇可以超越歷史的變遷。但這些哲學範疇的背後卻是對現實世界的描述，也是對法政現實的評析。哲學言說所關懷的最終必然是法政實體。因之，也就證成一個階級對其他階級宰制的權利。就在這種情況下，法政實體擁有效力，能夠拘束別人的功能。吾人可以藉「拘束力」來追蹤康德道德與法律界線之痕跡，這種「拘束力」（constraint）表現法律上自由與平等，其表面說詞乃為自然法之規定，其實質卻是靠軍警、法庭、監獄等國家公權力之助，來執行的自由與平等。

另一方面康德又指出：人身實質法之範疇，在於規範人的法律關係，它規範在理論上人是自由的，在實踐上人卻可被「使用」（雇傭），而不自由的。

三種不自由的人：

妻子（婦女）：結構上不自由，隸屬於丈夫的「自然方面優勢」。
孩子（男孩）：血緣、結合上之不自由。　　　　　—— 倫理
僕人（工人）：經濟上之不自由，不擁有生產資料。　—— 經濟

妻子與孩子是因婚姻結構上，及血緣結構上造成的不自由，至於僕人則是經濟上，也是社會結構上所造成物質生存條件之不同，而不再享有自由。康德把雙親的權力置於人身實質法之範疇中，也就是封建秩序解體中新產生的範疇。它好像顯示主體對財產之關係受到主體對主體關係之規定。父親之權利係由對妻與子盡義務而得，也就是在倫理的世界中妻子與男孩獲得主體的身分，藉著這個倫理的說詞，妻子與男孩獲得了理論上的自由。但在實踐的層次上，他們卻要服從作為丈夫與作為父親的一家之主，因之是不自由的。從妻與子同僕人之對立上，看出倫理上與經濟上的對立。這反映了康德的倫理觀離不開階級的立場，而階級的立場正說明經濟上能否參與生產過程，決定了人的身分，可是就我們所知：在中世紀婦女和兒童是被排除於生產的行列之外。

要之，康德的道德論在於為中世紀缺乏法律普遍的主體與生產力即將發展的空隙，搭上一座橋樑，為後來黑格爾的主體說進行鋪排（*ibid.*, 167-169）。康德主張主體對財產的關係決定了主體對其他主體的關係。而家庭關係分析到最後，仍受生產關係所制約、所決定。

# 三、艾德曼評析黑格爾法律主體說

黑格爾告訴吾人，法律或法權是精神的規定，在法權的正面形式之外有其正面的內容，而這種正面的內容每隨一個民族的性格、歷史發展與自然的關聯而有所變化，因而各有所不同。因此法權使得人的概念得以實現，而人的概念乃是自由。黑格爾告訴我們法權的理念明顯地在法律事物的諸種不同情形（diversity）中落實下來。黑格爾認為在歷史過程中，法律和國家起著至關重要的作用。他宣稱法律制度是用來從外部形式方面實現自由的理想，一個自由的人是一個能以精神控制肉體的人，是一個使其自然激情、非理性的慾望，純粹的物質利益服從於其理性的、精神的自我所提出的更高要求的人（博登海默 1987：77）。人及

其自由成為標竿，但另一方面權利也使人及其自由遭受質疑。要之，黑氏指出法權使得人獲取自由。法律的規定是獲得自由的手段，這裡我們看出黑氏的法律學說在建立法權與自由之間的關聯。他所使用的科學範疇不過是在證成權利的「內涵之律則」（the "immanent laws"）。這些哲學範疇正是意識形態賴以維生的養料（Edelman, 1979, *ibid.*: 146-147）。

黑格爾就在討論主體的結構上與康德及其他學者分開，也突破了向來的框框。這是因為生產力要求人從土地解放出來，土地從人解放出來，人成為他自身的擁有者，土地成為可以自由買賣的商品。

黑格爾的時代無異為封建主義轉型為資本主義的過渡，也是西歐工商業進入蓬勃起飛的階段。他的學說可以說是對市民社會流通圈中扮演主角的布爾喬亞活動的析述。在流通圈中市民社會的成員，體現了交換價值，在市場進行商品的買賣。他們是以自由與平等的商品擁有者之身分參與流通圈的活動。

黑格爾學說的突破，在於強調商品的擁有者，為財產的持有人，財產決定了主體的屬性。打破康德人身法與實物法之間的爭衡，黑氏聲稱：所有的權利源之於人身。這一聲稱解決了主體與客體的關係，同時也解決主體與主體之間的關係（*ibid.*, 1979: 172）。

由於所有的商品都是主體所產生的，因之貨物（商品）乃是人的產品、人的化身。另一方面人所碰觸的無非是人的生產，這樣一來法律上兩個個人的交接，就是商品生產者與擁有者的碰觸（*ibid.*, 173）。

黑氏強調主體擁有絕對的自由意志。客體精神具體落實的規定就是主體的意志。權利就是藏在主體身內亟待發展的具體內容。是故，他說：首先人格就是對權利獲取的能力；其次，抽象權利的命令限制於其負面，亦即不可侵犯人格、不可侵犯人格所衍生的事物；第三，人身在做任何一決定時，都會牽連到自然界，是故意志的人身是會以主體的身分來對付客體的自然界。

主體的內在建構決定了主體與自然的關係，也決定了主體與主體的關係。就在主體建構之時，這兩項（主體與自然；主體對另一主體）關係便告落實。主體的權利已融化於法律中的主體裡頭。首先，主體與事

物關聯，爲的是取得真實的存在。換言之，事物之具有真實的存在是因爲主體征服了它、製造了它，也就是透過主體的存在，事物才存在。主體與自然的關係，乃是主體（人格）形成的結果，因爲主體有開物成務、利用厚生的能力，並非對事物有關係才使主體意識到本身的存在，而是對本身的意識，使主體與事物產生一定的關係。是故，征服自然就是主體的活動。

黑格爾旋指出任何一個人身都有實質的目的，亦即有權將他的意志灌入事物當中，並將該事物轉化爲他之所有。這種占取（appropriation）的絕對權利，可說是人對所有事物擁有的權利（Hegel 1976: 44〔第 44 節〕）。可以這麼說自由意志的行動就是一個擁有者的行動，就有這種行動，使黑氏駁斥康德所言的物自身，這就是把自身之物的神秘藉擁有的權利加以拆穿、加以解謎。換言之，主體一旦產生了私有財產，而同時主體也由私有財產所衍生，那麼康德所謂物自身是不成立的。所有的事情不過是擁有事物的主體之活動而已。

黑格爾進一步駁斥康德「人身實物法」之說詞，因爲這是人身法與實物法兩者合成的。但對黑氏而言，人身法與實物法區隔與對立並無必要。因爲就合理的說法，所有權利淵源自人身，並沒有從事物與從主體分開而產生的權利。他說：「由於財產是人格的化身，我內在的理念與意志視某物是我的，並無法使它成爲我的財產。要達此目的占領該物乃屬必要」（ibid.,: 51〔第 51 節〕）。也就是占取成爲財產的屬性與規定，但我們知道是財產創造了占取。

黑格爾這個說法，也就是把主體的建構成爲自由的與擁有的人身。這點與羅馬法相衝突，也與康德人身法及實物法的分別相衝突。他這種主張無異把法律中普遍性的主體催生出來，這種普遍性的主體的出現帶來自由勞動者的出現，也帶來財產的解放。換言之，黑氏在化解了人身法與實物法這個範疇的同時，他建立了一個新的範疇：「人格的權利」（Edelman 1979: 179-180）。

黑氏的解說是這樣，即便是從契約衍生出來的權利，並非對人的權利，而是對外在於人身，而可供割讓買賣的事物之權利。人身法本質上

就是實物法，而實物法就是人格的權利。黑格爾認為沒有存在著控制人身的權利，只有對人參與生產的產品加以控制之權利。只有事物可以在法律上被理解，而事物乃為主體生產的產品。生產為主體活動的物質化。生產活動是以勞動來界說的，是故勞動成為財富的泉源。透過勞動事物提升其價值，只有價值才會使事物可被定義、可被界說。可以這麼說，從布爾喬亞的主體範疇出發，黑格爾終於把價值看做是一般人類勞動的象徵（代表品）。

黑格爾這種說詞，使事物變成了主體活動的客體化、物質化。在強調主體享有自由聲中，每樣事物都可以出售，惟獨主體本身不可出售。這便意涵自由勞工為擁有勞力的諸個人，照理是不能出售其本身（的勞力），但奴役、公司的財產，變成無法自由支配的東西，它卻是人格的出賣，是一種的異化。

因之，當事物成為主體活動的物質化、客體化的同時，主體也藉生產、勞動而完成與完善其本身。總之，人格的權利把主體和事物的對立化解，也把主體與另一主體的對立化消。個人們在他們的活動中是別人活動的繼續推進（ *ibid.,*: 180-182）。人之所以是勞動的動物（ *animal laborans* ）正是黑氏這種法律哲學所要詮釋、要宣示的。

至於黑格爾如何想要把羅馬法中涉及的人身法轉化為人身的權利，是值得我們加以注意的。這種轉變涉及古代的生產方式變化為現代的資本主義生產方式，因而凸顯了主體的範疇。他曾經指出：在羅馬法當中人必須首先擁有某一地位（status），他才會被看做是一個人身（person）。是故人身的身分，也就是人格本身就是一種社會上高低的位階（rank）。這是表示羅馬法規定只有少數人——自由人——才擁有財產、自由和平等。是故他說「〔古〕羅馬的人身法並非當成人身的人之權利，而是人在其特殊的能力下所擁有的權利」（Hegel *ibid.,*: 40〔第 40 節〕之說明）。羅馬法顯然受到其「本土化」、「地方化」（localisation）的局限，而無法達到完整性、普遍性。

於是人格以特定狀態、以社會位階的面目出現，也就是通過法律兼政治的架構被界定。人格是處於與其相反、相對的奴隸的比照而顯現出

來。只有奴隸制度的存在才會凸顯人格的狀態，是故只有在奴隸制度被廢除之後，人格才會獲得其完整性、其普遍性。也因此只有當人被建構為主體之時，人身的權利才會真正建立。

早期認為財產就是土地，自從土地可以供買賣之後，財產的觀念也由土地變成個人的收入。這種財產從土地的束縛解放以後，人身便獲得自由。財產的解放是伴隨著精神、意識的進步以俱來，也就是從特殊轉化為普遍的運動。

要之，黑格爾以論法律的主體開始，把法律主體當成現代的範疇來處理，限制法律主體的規定為財產、自由、平等。在這種情形下，他遂從羅馬的人身法過渡到主體的權利說（Edelman 1979: 180-184）。

# 四、艾德曼析述馬克思的法律觀

依據馬克思主義學派（馬派）的觀點，法律必要的功能有二：其一，法律使生產成為可能，使生產發生效力；其二，法律是促進人們形成對其社會關係的理念之動力與機制。換言之，人們對其社會關係的看法，所以能夠「反思」（reflecting），所以能夠「贊可」（sanctioning），完全是取決於法律。

法律充滿了政治空間，它認可（批准）政治權力，其目的在於使私產神聖化。法律更在交易中把人的本質、本性、本能合理化。原因是在交易當中，人不只將其生產力、其能力當作商品來買賣，實際上人本身就是「價格」（薪資的高低），可以當買賣的標的物——商品——來看待。

在《德意志意識形態》中馬克思與恩格斯指出：

一方面私有財產的事實變成從社群中完全獨立出來；他方面私有財產的幻想本身卻立基於私有意志之上，可供〔擁有者〕隨意處理的事務。（CW 5: 91）

馬克思與恩格斯這個指示是很有價值。法律的形式並沒有規定它的內容，儘管這些形式使規定發生效力。換言之，馬派學者指出：依靠國家設施（State Apparatus）的限制（constraints），法律形式使其內容生效（發生作用）。上述這段引言中，馬、恩進一步還告訴吾人，介於內容的表述與內容的生效之間存有意識形態的關係。也就是這種意識形態的關係變成一種神祕的力量，成為「所有真實的財產關係真正的基礎」（CW 5: 363）。就是這種神祕的力量，這種意識形態的眼鏡，使人們誤視私產關係牽連到個人的「自由意志」，把私產關係看作人個別的私人之意志之表現。在法律當中「我要」事實上就是「我能」。契約就要變成黑格爾式兩個、或兩個以上的意願之契合。

依照馬克思的法律理論，法律哲學還停留在早期的階段。馬克思留給吾人的是他對法律哲學的殘片（非完整的著作，但卻是很有價值的部分）。以一個「法學家」（「法學評論家」）的身分，他討論了盜林案、討論了言論檢查令、報紙出版品的檢查制度。但他其餘的討論，則涉及法律的一般性質。這可在其著作《神聖家族》至《資本論》首卷中偶然的表述中得知。

馬派法律理論無非是法律運作（發生功能）的具體知識，也就是對法律實踐加以補充，加以修正（Edelman, *ibid*., 25）。

法律範疇是對人們社會關係所形成的實在（事實、reality）之表示、之表述（expression）。法律範疇當成思維的方式有其相對的獨立存在。事實上藉著事物的變遷移動（必要的運動〔necessary movements〕），法律範疇變成了相對的自主。這種法律範疇的自主性，其獨立性存在，無非是人類的幻想、幻望，也是馬派企圖拆穿的所在。

法律範疇就像布爾喬亞（資產階級）經濟的範疇，同樣是「思想的形式，在表述社會實在的同時，表述特定的、受歷史規定的某一生產方式之條件與關係，亦即某一商品生產之方式的條件與關係」（C 1: 76）。

法律意識形態產生自對人、對人性的假設之上。也就是假設人本質上、本性上就是法律當中的主體——法律主體。原因是把人看成具有潛能的擁有者（*un propriétáire en puissance*），強調人的本質在於占有自

然,利用厚生、占取外物。

德國的思辨哲學中便充斥這種對人、對人性的幻想、幻象。因之,它使用的語彙也就是人對自然的占用、或稱在時空結合下人的私自占用(*l'appropriation private*)。

從羅馬法到現代的法律,歐洲法學家對人的看法每有更迭不同,但確定人為法律主體的看法則前後一致。誠如耶林(Rudolf von Jhering 1818-1892)[4] 所言,早期把權利視同為「物的性質」,現時則把權利等同為主體的本身。

關於對人性看法的歷史「再現」、「復用」(*la reprise*),就呈現在當代,特別是在流通圈之上。在流通圈中商品進行交易,但人卻被他人所奴役、所剝削。這種剝削係倚靠「自由的契約」之簽訂而達成。法律意識形態的功能在於建立其虛幻性(fiction)之必要,目的在達成法律意識形態「在抽象中的實踐」(馬克思語)。只有靠階級鬥爭才能把法律意識形態的功能打破。只有在日常法律實踐中,吾人才能看出契約、意志、同意等法律範疇來,也只有透過法律的實踐,吾人才能體認法律中的主體之意涵(Edelman 1979: 27-28; 2001: 20)。

法律不斷地與其基本上的前提發生衝突。法律要求實現正義,但其實踐的結果都是不義,這表示正義的要求(主張)變成了不義的實踐。對人加以描述的主張,變成了對私產擁有者所作所為(實踐)的描述(*ibid.*, 1979: 25; 2001: 17-18)。

正如馬克思在《資本論》卷一中指出:存放金錢的袋子所以會變成一個資本家,貨幣所以會轉化為資本,乃是通過生產與流通的過程。流通的過程每一面向在實現個人交易的自由。艾德曼指出法律的神秘性可謂與資本演化的神秘性相類似。因之,通過人們對財產的擁有,法律也宣稱個人的「自由與平等」(Edelman 1979: 91; 2001: 104)。

不過與資本流通有異的是,法律在固定與規定的社會關係總體之功

---

[4] 耶林為19世紀德國法律哲學家,他企圖證明法律的創造者乃為「目的」(*Zweck*)。主要的著作為《法律中之目的》(1877;英譯1924);《羅馬法的精神》(1851);《為法律而鬥爭》(1872;英譯1915)等。

能方式，也就是法律同時在使法律意識形態生效，這個意識形態是個人同社會之間的關係之想像的關係。法律擁有雙重的功能：一方面是具體地規定人際關係；他方面是想像地規定人際關係。因之，法律規定社會關係之總體，既有具體的固定（fixing），也有抽象（想像）的固定。詳言之，法律中主體的形式固定了其社會關係，而允許實在的事物得以進入流通圈當中，而變成法律的標的物。但另一方面這個主體的形式又以自主的範疇「出現」，而在所有人事發生的「歷史」之外有其獨立的存在。

為此艾氏提出兩種的論題：其一、法律規定了，也保證了流通圈的實現，把流通當成自然發生的事實看待；其二、同時法律使商品與勞務的生產成為可能，也就是使資本主義的生產變為可能。第一與第二有其矛盾性，而法律就靠著這種矛盾僥倖而存活下來。財產的規定與決定號稱自由與平等，其實就是矛盾的現象，因為財產是建立在人對他人的剝削之上（Edelman 1979: 92; 2001: 104-105）。

## （一）法律在固定與規定流通圈，使流通成為自然存在的事實

流通圈呈現著社會關係之不平等，其中每一個人都是商品的生產者與交換者。但其地位並不相等，儘管表面上他們是其私產的擁有者，可在市場自由交換其擁有的商品。在市場上個人實現了他的三個特質（①擁有者身分、②自由地與③平等地參與流通）。勞動的成果歸於個人（個人成為其勞動力的擁有者），勞動成果可與別人自由與平等地交換。

於是這個商品的交換之流通圈，便顯露出其內在的規則來：每個個人是一位擁有者和其勞力是一種社會的勞動（儘管有時是孤立的、單獨的勞動，但因為勞動成果的交換，使這個孤立的勞動者仍舊參與其普遍的、全社會的勞動行列中，故其勞動變成了社會勞動）（洪鎌德 1999b：56-60；2000a：72-82）。這點黑格爾和馬克思都有共識。前者強調個人的自私自利促成民間社會的普遍性（照顧全體的利益），這就是需要體系所要實現的目標。後者凸顯生產圈與流通圈在勞動與生產以及商品流動等經濟活動方面的角色。

法律作爲資本主義的意識形態，在於證實所有的事情都發生在這個流通圈中。所有事情最基本的爲交換。只有在交換當中，人才能成就其爲人的意義與目的。流通圈所加給法律在其具體的實踐中之規定（自由與平等的契約關係），也移轉到流通的現實上來，因爲流通爲主體與主體之間的交往過程。

法律把流通圈當做自然生成的狀態，不過是霍布士、盧梭、康德和黑格爾稱謂爲市民社會的意識形態之概念而已。法律在固定和規定流通時，宣示了個人與公民的權利。同時法律也在交換價值的面向上貼上了財產、自由和平等的標籤。可是在這些美麗的名詞（財產、自由和平等）的背後，卻潛藏了奴役、剝削、不平等和自私自利。換言之，法律在具體方面，以及在意識形態方面都規定了財產的「地位」，也規定了自由和平等（Edelman 1979: 93-94; 2001: 106-107）。可是法律卻不表明或指出，建立在自由與平等的背後，隱藏著社會的奴役與剝削。

在流通圈中諸個人所碰觸的其他個人都是主體化的交換價值，也就是它們體現與再生交換價值，並促成交換價值之運動。不過當個人們化身（代表）爲交換價值之同時，他們也是自己的擁有者，且對他人而言是一個自由與平等的擁有者。他們誤認爲其勞動的價值在實現自由與平等。他們進入表面的流通過程。在此艾氏引用馬克思在《綱要》上的話。馬氏指出：

> 立基於交換價值之上的交易裡頭，平等和自由不只受到尊重，交換價值的交換乃是所有*平等*和*自由*生產的、真實的基礎。〔它們〕乃爲純粹的理念，卻僅僅是這個〔生產的、真實的〕基礎理想化的表述；就像法律的、政治的、社會的關係中發展一般，它們是更高權力一個單純的基礎而已……交換價值，或更精確地說，貨幣體系，事實上爲平等和自由的體系，……它們在體系發展中所碰到的騷擾，乃是內存於體系之騷擾，也就是要對平等與自由的實現而引發的騷擾。這些證明爲不平等與不自由。（Marx , G 245-248）

　　換言之，在肯定流通圈中財產的平等與自由之屬性的規定時，卻不言明在生產圈中人被剝削之事實，也就隱蔽了人的不平等、人的不自由。

　　在進行交換的過程中，流通圈創造了所謂的平等與自由。就在這個創造中，也產生了必要的幻象。這種幻象再把平等與自由當成真實的事物搞活起來。究其實這種幻象，乃是交換價值的體系真實的矛盾之反映。它不可能產生真正的平等與自由來。

　　在資本主義的生產方式下，私有財產的出現、變遷、消失也就是私產的運動。私產能夠進行活動表示擁有私產者也同樣擁有平等與自由。不過私產擁有者的平等與自由，說穿了仍舊是私有財產的平等與自由。因之，所有布爾喬亞（資產階級）的意識形態包含著：把平等與自由的內在矛盾加以掩蓋、化除（*occulter*），而無法呈現其對立面的剝削與奴役。

　　交換價值的流通就是當做私有財產所規定的平等與自由之流通，而所有的布爾喬亞之意識形態是這些（平等與自由）規定與理念化（Edelman 1979: 96; 2001: 110）。

　　在流通圈中發生在諸小主體之間的任何事情，其實都牽涉到社會大主體。再說在流通圈中不談生產，也就是把生產圈排除。如果這時引進阿圖舍所說的意識形態的國家設施在招呼諸個人為主體的話，那麼艾氏便可以指出：諸個人所以被招呼、所以被質問，乃是因為諸個人為交換價值所規定的平等與自由的落實之緣故。是故艾氏認為：法律主體建構了這個招呼、這個質問的特殊的形式。也就是法律在保證，同時也就假定流通的有效性。

## （二）法律一旦保證與固定流通圈成為自然的事物（現象），法律便可以促進生產的順利展開

　　法律怎樣使生產變為可能？換言之，什麼是在資本運作過程中把流通和生產結合起來，讓它們發生關係？

　　在資本主義的關係中出現了一種革命性的改變，這就是在市場上把

勞力轉變爲一種特別的商品來供買賣之用。流通圈不再是一個自主的場域，可以使個人生產的剩餘拿來市場出賣。反之，它成爲資本家親自購買人力的場所，俾增大其資本。

艾氏指出：歷史上交換價值首先出現在流通圈上，而流通圈乃是生產關係進一步的發展。此時法律固定了交換價值的種種規定，對生產真實的基礎，也採取相對自主的關係。羅馬法的出現解釋了對法律人身之規定，視人爲交換過程之主體。其後流通圈的擴大與進展導致 16 至 18 世紀政治哲學與法律哲學的演變。此時法哲學家提出兩個自然的主張：第一、視流通爲總體（政治、法律、經濟、社會）的過程，因之法律要固定與規定總體過程；第二、交換是靠財產、自由和平等的「自然法」來規定的。這兩個主張最後化成一個「哲學家的關係－理念」。其原因爲哲學家只知道人對其本身之關係、爲反思、爲理念。因之所有的關係都轉化爲理念。

羅馬法已發展到對人身有所規定，視人爲法律的主體。近世的布爾喬亞把羅馬法「再現」、「復用」（*la reprise*），產生了有關主體的意識形態。哲學家也進一步去檢討主體的意義。他們異口同聲地說在文明的永續中出現了私有財產、契約和法律中的主體。於是羅馬法的復用正當化了主體的範疇，這個範疇遂被當成永恆的範疇來看待。

於是我們發現一項必要的實踐（把羅馬法當中的諸範疇加以再現、復用）之意識形態轉化爲這個實踐的理論基礎。羅馬法的復用證明了主體的地位。黑格爾以賦予主體「自由的意志」來對抗羅馬法的實踐。有異於康德，黑格爾不認爲有實質法與人身法之存在，只有主體的權利之存在。對黑格爾而言，羅馬法只是主體存在之初步合理化，主體雖遭受推翻，也曾被保留，到最後則在國家中永續存在。國家成爲大主體對小主體之關聯。法律實踐變成法律理念，成爲主體與主體之關係。證明主體在「絕對」（法律、政治的、國家）中之存在的訴求，把實踐轉化爲人對其本身之關係。主體藉主體的實踐來加以證明（Edelman 1979: 104-105; 2001: 121n）。

艾氏說以上具體與理論的發展，使他探討了法律所扮演的雙重角

色：具體的兼意識形態的角色。法律今日主要的角色牽涉到流通與生產。在資本運作的過程中，流通除了扮演中介的作用，已無關宏旨。艾氏並沒有說，法律創造了所有的總體過程，是總體過程在法律的過程中創造了法律。這點是馬克思反覆說明的所在。流通是關係的表象，也就是總體過程的表象。就在這種說詞下，勞動一旦進入市場，便要受到契約有關的普通法所管轄。這也是馬克思所說資本與勞動的交換，最先表現在勞力當成商品的買賣之上。法律專家便認為工人出賣勞力，而賺取薪資，來看待這種的交易。薪資使勞動與資本交易的真實關係變成無形，甚至成為這種事實關係的反面（*C* I: 540）。

　　一旦交換價值變成生產的真實基礎，法律可以為這種交換過程的經濟關係扮演賞罰或制裁、認可（sanctioning）之角色。在特定生產方式下，法律的角色牽連到流通與生產之關係，也就是牽連到交換價值如何生產的真實基礎之間的關係（Edelman 1979: 106; 2001: 121n）。

　　流通圈不只表面上是資本和勞動相會之處，而且也是資本再生產仲介之處。對流通圈緊要之事為交換價值之運動，也就是財產抽象性之運動。商品流通的律則可以對自由與平等作出訴求。蓋工人為其勞力之擁有者，他是一位擁有者，同時也是買者（買別人生產的商品）兼賣者（出賣其勞力）。因之，買賣涉及為資本，也是資本本身的結果。

　　流通圈取消人際的差異。法律中每個主體等同於其他法律中的主體。一個人所以締約，是因為另一個人也願意締約所造成的結果。契約最終的因由為締約的意志。法律中的主體擁有其本身為法律中的客體。因此，他（她）實現主體形式最徹底的作法，就是辨識與強調擁有其本身，做本身的擁有者。他（她）實現他（她）的自由就在出賣自己的勞力時所展現的力量。

　　艾氏認為回歸到其出發點，討論法律中主體的形式，這最能顯現法律的規範的真理，把人置入於流通中。這也就是馬派學者主張的把勞力置入於流通中。要使勞力置入於流通中，就要用財產及其規定（自由與平等）的說詞。契約在這種自由與平等的規定之下，允許人對別人的剝削。契約乃是法律存在的方式，藉著這一方式法律乃告存在。再說一遍，

法律中的主體允許真正的自身進入交易當中。法律允許攝影業與電影業剝削藝術工作者，其所用的名義爲契約之自由與平等的訂立，也就是允許人變成契約的客體（Edelman 1979: 106-107; 2001: 123）。

布爾喬亞的法律學之起點爲人，也就是被視爲法律中的主體之人。但布爾喬亞法律學的終點卻不再向前發展，也就是不動的。主體被遠遠拋棄在後方，而像是該學說需要對主體再加發現一般。法律解釋的方法也是大體如此。法律被拋在後方，它需要重加發現。主體的目的論是私產的目的論，靠著私產的目的論而產生方法的目的論。

其結果法律裡頭什麼都不曾發生，也就是除了主體之外，其他什麼都沒發生。生產圈就因爲主體的形式，而不碰觸、不討論，終告被取消。對生產圈之取消，就歸因於法律的技巧，結論是這樣的，既然事情是這般的變化，就讓它這樣發展下去吧（ibid., 1979: 107-108; 2001: 124）！這意味資產階級的意識形態只讓生產圈運作，而不需法律來置喙。

艾德曼在《攝影捕捉的法律》一書第三部分〈馬克思主義法律理論要素〉之結論上，談到法律與意識形態的鬥爭。他說恩格斯《反杜林論》中普勞階級[5]對平等要求的真正內涵爲「取消階級」。任何超越階級取消的平等要求都是荒謬的主張。這種階級鬥爭的第一步便是揭發布爾喬亞的意識形態，向布爾喬亞進行意識形態的鬥爭。

意識形態的鬥爭包含明顯的內涵與隱藏的內涵。前者爲布爾喬亞所言與所爲之前後矛盾，也就是布爾喬亞意識形態違反其本身之部分。後者則爲布爾喬亞意識形態的深層結構，例如布爾喬亞實踐的關係立基於其階級位置之上，從其地位而進行的生產與交易來型塑的經濟關係。

從揭露布爾喬亞意識形態內涵的矛盾，艾德曼體認了布爾喬亞法律學的失敗。這是由於布爾喬亞法律的理論實踐之錯誤。也就是法律透過歧見之矛盾，以及其「科學」之局限而呈現出自我矛盾與自我衝突。

---

[5] 普勞階級（das Proletariat）以前譯爲普羅階級。目前市面上流行的廣告招牌「普羅汽車」、「普羅飲水機」、「普羅齒科」的「普羅」爲professional（專業）之意思，故作者呼籲，以「普勞」取代「普羅」。參考洪鎌德 1997a：47n ；1997b：65n.；2000a：4n.。

　　倘若布爾喬亞的法律學塞滿了整個法律空間的話，那麼這個由法律空間轉化爲政治空間，必然會成爲階級鬥爭之場所。法律一再生產與繁殖這個鬥爭的空間，也就藉著法律範疇永恆的表面的平靜，而使鬥爭的空間綿延不絕。布爾喬亞的法律學是一個活生生不斷發展之生物，但自康德與黑格爾以來法律學在哲學方面卻是死水一灘。它每日都被埋葬在實踐的棺材裡。原因是「實踐正在所有意識形態的病榻邊守候，在意識形態的搖籃與棺木邊等候」（引自 CI: 15）。實踐最終將會使意識形態消滅。

　　誠如布列希特（Bertoldt Brecht 1898-1956）所言，法庭上替我們辯護的法律代表（律師），其辯護請求無非是古典的布爾喬亞之意識形態。而古典的布爾喬亞的意識形態所借鏡、所參照的架構乃是他們「稱之爲人的意識形態之建構」（Brecht, "*Sur le cinéma*", *L'Arche*, p.206）。

　　理論的實踐給予吾人階級鬥爭的歷史性（historicity）的理解。對法律的意識形態概念之批判就涵蘊了布爾喬亞法律科學之死亡。艾氏最後呼籲每一領域、每一學門、每一陣線的人士，在對工人階級充滿信心之餘，應該直接參與階級鬥爭。並且摒棄對資產階級辯護的御用學說，認爲這類窮困的飾詞（*apologétique*）所衛護的體系主要在把個人變成商品，並且哄騙他是一個自由之人。事實上，自由是以被奴役來作爲代價的（Edelman 1979: 112; 2001: 129）。


# 五、艾德曼與帕舒卡尼斯


　　只要可能，艾德曼會儘量引用帕舒卡尼斯的作品。在某種情況下，艾氏把法律當成形式來處理，便接近帕氏的作法。法律是商品形式的表述，而在兩人的理論裡，主體對法律的運作都居於關鍵性的地位。不過兩人也有明顯的差異，特別是當帕氏卻侃侃而談時，艾氏對某些問題卻三緘其口。

法律主體之形式乃為法律關係最進步、最發展的形式，是故帕舒卡尼斯氏說「我僅僅主張在市場上的自由的處置，使得財產成為法律形式的發展之基礎，我又主張『主體』乃是處置自由之最佳表述」（Pashukanis 1951: 160）。

帕氏曾接著說：「主體是法律理論的原子」，又說「每種法律關係是主體之間的關係」（Pashukanis, *ibid.*,: 160）。這種說法無疑地把法律界定為「互為主體性」（intersubjectivity）。法律乃為主體追求權利的中介，是主體之間解決爭端的氛圍。法律的本質是主體們與權利之間的關係。權利具有占有性，因之，一個主體與一項權利之間為財產的關係（是主體的「權利」），而權利的內涵是占有（被主體所占有之物）。在占有權利方面，主體們地位平等，每一個人都是其占有物的唯一擁有者。權利的本質在於對占有的承認。相等的個人對私下占有的承認。法律是商品關係的產物。它是對主體形式上的表述，而主體乃為勞動產品的擁有者，可以同別人交換其產品。主體相等的地位（其形式化為在法律之前人人平等）是商品交換的社會過程之產物。由於勞力是相等的，所以人人平等。當作一個形式與解決糾紛的氛圍之法律，所以能夠成立，所以變成可能，乃是因為生產方式把主體轉化為相似之人的緣故（人的社會地位不再像從前自由人與奴隸、地主與農奴之極端劃分），而他們之間爭執的標的物已轉化為物質的和相等的形式（在商品社會中，每件東西都有其價格，法律可以估計人的損失，而責令違法者賠款或恢復原狀）。法律可以規定對財產的擁有頭銜，也可以規定由契約產生出來的義務。它藉占有與交易的形式上表述來進行仲裁，一旦主體之間的關係陷入爭執之時。因之，法律乃為商品關係有機的衍生體（outgrowth）。法律主體是在商品社會裡經濟主體形式上的表述。法律所代表、所表述的主體是在法律產生之前，在社會關係中建構起來，也是法律崛起的出發點。

艾德曼有異於帕舒卡尼斯來討論法律與主體之間的關係，其看法比後者複雜。主體不只在法律的形式裡被承認，還在法律的形式裡被建構起來。法律乃是主體對其生存條件的關係所做的想像之描寫、之表述。只有在法律裡頭人才被建構為商品形式的主體。法律招呼、質問個人，

使其成爲擁有某物之主體。當法律創造實在、承認實在之際,它也界定其本身爲法律、正當化本身爲法律。法律與主體的交接是在一個循環的自我再製的關係中進行。法律是靠指明其產品而正當化其本身,法律代表了人們對其生存條件想像的關係,這種想像關係對生存條件之運作與意識形態之運作是必要的。想像的法律形式在資本主義的生產關係中是一個真實而又必要的連結(連結意識形態與政經實狀)。資本主義的社會關係是一種工資剝削的社會關係:把這種社會關係正當化、日常化便要靠社會關係的表述,而法律正是這種想像的表述。當帕舒卡尼斯的拜物教理論(行動者對社會過程的經歷感受)呈現了對真實社會生活的直接表述之際,艾德曼卻認爲想像的關係建立了主體及其社會經驗。在艾氏心目中,想像決定了真實。想像固然是實在的一部分,卻使實在的效果得以出現。是故法律成爲建構主體積極的力量,而不只是對經濟活動中主體的承認而已(Edelman 1979: *ibid.*, 7-9)。

此外,艾德曼並不單單把法律定義爲所有權而已。主體並不限於對物的占有關係。法律被視爲主體某些特定的形式。因爲有了這種主張,艾氏不需像帕氏一樣陷身於所有權的法律對抗命令的法律之爭辯。帕氏聲稱當作命令的法律無法分辨法律規範與其他命令之不同。艾氏則超過這兩者之分辨與對立。法律招呼與質問主體,它因主體的性質而使主體擁有權力,主體便成爲法律所要求的那種人物。對艾氏而言,命令並不外在於法律的形式。透過質詢、招呼的循環關係,法律可以命令,也可以限制主體的言行。法律以其映像來製造主體,並且將其命令置入於法律當中,當作是人們「自由」遵守的原則。

艾德曼與帕舒卡尼斯不討論刑法。對帕氏而言,刑法不過是階級壓迫的法律形式和衍生物而已。帕氏認爲法律之所以是形式,主要的原因是法律就像私法,具有必要與自主的功能,能夠透過財產的占有而規定生產與交易之關係。在尖銳的階級鬥爭情況下,在刑事圈中法律形式的意識形態性質便會流露出來,此時法律面具完全被拋棄,法律規則與過程不再限制階級暴力的濫施橫行。對此點艾氏持不同的看法,刑法的形式不是純粹的虛像,也不是權力實在的遮羞布。它是造成意識形態更爲

有力的因素之一，也是直接侵犯主體建構之嚇阻力量。刑法牽涉到布爾喬亞的意識形態之質詢、招呼的結構模式（modality of the structure of interpellation）。犯罪者或疑兇被帶往法律大主體之跟前，被質問與招呼為離經叛道者，被視為與其主體性相違離的犯法者、破壞者。刑法的功用在利用裁判個別偏離正道的人，而重製（再生產）生產關係。這是艾氏可以接受的刑法觀，因之，視國家為階級壓迫的機制。

不像帕氏大談法律形式與商品社會或資本主義社會的關係，對此問題艾氏絕口不說。帕氏認為法律形式為價值形式的衍生體。法律本質上為私法，其特徵為社會關係之規定，而社會關係中又以私產（生產資料與為交易而生產）占主要的、宰制的地位。法律形式（主體平等）充分的發展，其必要的條件為商品交換的社會過程中商品的生產與勞動的等同。在此情形下，一旦價值的形式消失，法律的形式也告消失。社會主義將超越價值的法律、摒棄生產資料的私自占有。因之，社會主義也要超越了生產財擁有者的自主的主體以及產品之間的爭論。艾氏顯然對帕氏這個提法不覺興趣，其理由根據希爾士特的猜想，是因為受到阿圖舍的影響，認為共產主義一旦落實，價值的法律雖然被揚棄，但社會勞動仍要分工，而其產品也要分配，是故對諸小主體而言，特別的表述方式仍不可缺。隨著國家的消亡，以國家意志宣布的法律固然消失，但社會過程的表述、描寫，仍不可少。它們對於生活於社會主義社會中的諸個人而言，它們是以想像的形式出現，而屆時特殊型態的主體之建構也會繼續。總結一句，共產主義不可能揚棄意識形態，這是阿圖舍與艾德曼的共同看法。屆時諸主體仍會被招呼、被質詢，只是其招呼與質詢要符合新的（共產主義的）生產方式而已。

由於帕氏把法律限定在占有的權利之內，是商品的占有，是故法律將隨商品之消失而消亡。艾德曼則把法律界定在更廣泛的範圍之內：法律所產生的效應乃是意識形態顯例發生作用的一部分，而意識形態不會隨共產主義的降臨而消失，是故對艾氏而言，未來的法律沒有消亡的問題。

艾氏在其大作中也曾討論到倫理問題，用的是帕氏的看法。帕氏曾

指出道德的情操（moral ethos）與社會實踐的敗德（缺德）密切關聯，甚至提供後者做養料。倫理學說在改變現世、在矯正現世，但事實上倫理學說卻爲現世之扭曲的反映（現世中人際關係必須降服於價值之規則、法律中）。符合倫理原則之行動每每成爲破壞或否定該原則之行爲。大魚吃小魚的大資本家對小資本家的侵併，工人與資本家法律跟前的平等，自由契約的簽訂，造成表面上的自由，但推到極致則餓斃了工人（洪鎌德 2000e：31-61）。

倫理的形式絕非偶然或意外，它幾乎沒有任何的瑕疵來爲資本主義的缺陷負責，像反對倫理的形式就表現這種基本的徵兆（indicium）（Pashukanis 1951: 199）。

# 六、艾德曼與阿圖舍

艾德曼對法律主體的看法完全受到阿圖舍有關意識形態的理論之影響。對阿氏而言，所有的生產方式之特徵都可以從生產資料的私人擁有看出端倪。原因是每一種的生產方式都受到三層實踐的相互影響，然後會構成社會的總體。這三層實踐，事實上是三種顯例（instances）。立於社會基礎的是經濟實踐（在社會生產關係中改變自然，而產生了生存的資料——開物成務、利用厚生）。居於中間層次的爲政治實踐（以階級鬥爭來改變社會關係——社會資源與利益的重新分配）。居於社會上層的爲意識形態的實踐（社會過程的表述、描寫、呈現，俾社會行動者能夠接受、能夠支持——正當化與合法化現存社會關係與社會秩序）。是故對阿圖舍而言，生產方式就是社會全體、社會總體，也就是上述三個獨立操作、自主的實踐所構成，這三者之間可以相互決定，這也就是他倡說的多元或泛層決定。不過最終的例子還是取決於經濟實踐，也就是具有主宰性的生產關係之影響力。

阿圖舍在〈意識形態和意識形態的國家設施〉一文中，嘗試爲資本

主義當中意識形態的顯例，做出理論的說明，認爲這個相對自主的實踐
層次對社會總體有所影響，但最終仍受主宰性的生產關係所控制。意識
形態乃是生產關係複製（再生）的關鍵性機制。這就是使社會活動者能
夠再生產、再繁衍。使用的方式爲資本主義分工中，爲社會活動者（主
體、個人）定位。意識形態的國家設施依每個人所處分工地位之不同賦
予主體以看法（人生觀、社會觀、世界觀、歷史觀等等）和能力，並調
整社會活動者的人數，使其大約符合資本主義生產方式之要求。家庭與
學校便成爲意識形態的國家設施之幫兇，協助它生產適當數目的活動者
（主體）。生產關係就受到這個意識形態的主宰，藉由特定的社會機制與
物質實踐，而使資本主義的生產方式不斷地、反覆地衍生下來。

對阿圖舍而言，意識形態並非理念的體系，也不涉及錯誤或虛僞的
意識。所有的意識形態落實與強化於物質的社會實踐中。它對主體產生
效應，是通過了社會互動與社會活動，而非通過「理念」的抽象認識。
當做社會實踐，而具有物質性格的意識形態並非幻象、虛妄之物。意識
形態也非人們對社會實在的誤解、扭曲，而是人群必要的「對待其生存
條件想像的關係」。只有藉這種想像的關係，人群才能型塑他們的社會關
係（亦即「生活過」、「經驗過」的關係）。是故想像、看法便成爲當作主
體的個人之生存方式。

阿圖舍並不認爲主體的經驗足以透視社會的實在，是故意識形態無
虛僞或錯誤可言。原因是社會的種種總體都是被結構的。這種結構的運
作，非個別的主體所能認知、所能掌握。在社會行動者互爲主觀的關係
中，並沒有產生社會關係的條件。反之，社會關係不斷地揚棄與造成互
爲主觀的人際關係（社會效應）。社會關係對經驗而言是無法穿透、無法
理解的，只有藉非主觀的想像，也就是客觀的科學，亦即歷史唯物主義
才能理解的、掌握的。主體和經驗是受特定的社會機制所建構。由於社
會關係（本身制約人的存在）不易被認知，而主體行動的特定形式對社
會關係又爲必要，是故對這些條件有關的想像（生活過）的關係，遂被
建構爲社會總體的一部分。這也就是說對社會的想像乃是社會總體的一
部分。

主體和其想像的關係乃是藉由「招呼」（interpellation）這個手段，也就是意識形態的機制，而建構起來。這裡阿氏提出「雙照」（dual-mirror）結構說。這個結構包含兩個主體，一個是別人（或全社會，使用大寫的主體 Subject，以下稱大主體），一個是自己（小寫的主體 subject，以下稱小主體）。當別人向自己打招呼時，自己作爲社會主體的各種屬性都一一呈現出來。譬如說我是出生在新竹的台灣人，現任教授職位等等。這個結構把具體的個人建構爲社會的小主體，賦予主體各種社會的、意識形態的屬性。小主體是透過想像的大主體（像上帝、神、良知、社會的主體等等）之稱呼、之承認而建構完成，也就是個人周遭的大主體稱呼與承認你我他爲個別的小主體，而使個人承擔起小主體的角色。所有的意識形態涉及大主體的形式，也就是鏡像的另一端。雙重性的結構稱做「互映」（speculary），乃是一個映像的反射，將它的形象用語文表述出來（我是台灣新竹人、我在大學教書等等）。

大主體與小主體只靠雙方的承認、映射而存在。小主體所以會當主體存在，是由於他存活於大主體的承認當中，也就是在大主體招呼他、向他質問、打斷他的思路，而涉及質詢的內容之時。反過來大主體之存在，也就是眾多小主體之共同承認。因之，大主體本身並非實物、並非實體，而是小主體承認所造成的效果。是故在雙重鏡影之前並沒有最原初的大主體（不承認創造萬物的神）之存在。具體的個人之所以變成特殊形式的社會主體，就是透過這一相互承認的過程。這個社會化過程產自嬰孩時代的家庭中（母親這個角色之所以變成完整，就透過嬰孩長時間的想像，也透過身爲母親所親身歷經撫養艱辛的想像，這部分阿氏取材自拉崗〔Jacques Lacan 1901-1983〕的心理分析學說），其後小孩變大，便會接觸各種各樣的意識形態（教養、宗教、倫理、知識等等），而進入學校的實踐中。透過了「生活」與成長，大主體的命令構成了小主體行爲模式的一環。

靠著對大主體的想像關係，小主體逐漸承認自己是被建構的（constitutive），他常被指名道姓地稱呼，被人打斷思路或被人打斷言行而加質問，使其覺得彷彿早已存在的主體。大主體找他談話，就像認爲

他已是一個小主體，而小主體也在回答時承認本身就是一個小主體。這種招呼、質詢的效應在於建構個人爲小主體，而小主體居然能夠自由自在地選擇回應的方式，更加強他自認爲一個自由自主的行動者。諸小主體在運作、工作中內化於意識形態，也把自己降服於意識形態，而誤認自己爲具有意志、能夠自由與自主的個人。阿氏遂認爲「個人被招呼成〔自由的〕小主體，目的在使他必須自由地降服於大主體的命令之下。這也就是讓他〔自由地〕接受降服」（Althusser 1971: 169）。

這也是阿氏所說意識形態的國家設施產生…大堆小主體的因由，這些小主體在資本主義的生產關係下操作，並接受現存生產關係爲必然的、必要的關係之說詞，從而默認現實的存在。意識形態的實踐提供行動者符合社會總體之要求，產生「社會效應」，亦即通過把諸小主體納入結構中，加以操縱、辨識、認知，讓它們活在想像的關係中，接受現實的安排。

阿圖舍這個主體理論對艾德曼談法律有直接的影響。艾氏視法律與法律主體之關係就是大主體與小主體的關係。法律奠基與正當化其範疇靠的就是主體們的屬性與意志。這些法律範疇是必要的，因爲與人性相搭配、相適應之緣故。人們變成法律主體是由於法律之質問、招呼（干涉）之緣故。他們是在範疇的各種形式中被生產、被建構爲法律主體。帶有法律範疇形式之主體被認爲是個人特質的表徵，事實上也在法律當中被界定爲個人的特徵。法律同法律主體是在意識形態的循環映照中相互反映。法律是建構主體的過程，也就是資本主義生產所必要的屬性加諸個人之上，使他們成爲資本主義體制下的法律主體。

# 七、艾德曼論法律的功能與法律主體

引用帕舒卡尼斯在《法律之一般理論與馬克思主義》上的一段文字，艾德曼嘗試要爲法律界定其屬性，視法律爲「法律兼政治的例子」

（*instance juridico-politique*）。因為帕氏曾指稱：一般的法律概念不只融合於意識形態的結構裡，就是社會實在也被意識形態所包裝，而無法還原其本來面目（Pashukanis 1951: 131）。

艾氏指稱法律有兩大必要功能：其一，使生產關係變成為可能；其二，具體地反映（*reflécter*）與認可（*sanctionner*）人們在其社會關係中所塑造的觀念（*ibid.*, 1979: 22; 2001: 13）。

馬派的學說在於告訴吾人資產階級社會的法律之範疇本身是什麼，並且鄭重地宣布與講明：資產階級企圖把法律範疇背後社會現實遮蓋起來，儘管這些範疇正是社會現實的表述、描寫、代表。進一步我們還獲知這些法律範疇是相對的自主，至少在其發揮功能方面是自主的。這也就是說馬克思主義揭發了一項人類學上的幻想之具體內容，這個幻想讓人們誤以為法律的言說（論述、話語）是永恆的，也就是為永續存在的人類提供的一種不朽的言說。

在這種情形下，法律披上真實的外衣，而成為真實的界域。因之，法律充斥了政治的空間，也就是它批准（贊可、正當化、合法化）政治權力，為的是使私有財產得以神聖化。在商品交換當中，法律也正當化「人的本質」（*ibid.*）。

艾德曼認為馬派的法律理論停留在起步的階段，其原因為馬克思本人只留下法律哲學的作品，包括他對盜林案與報紙檢查禁令之批評。不過他有關一般法律的論述則可從《神聖家族》至《資本論》卷一看出。

對艾氏而言，法律開始於人身，他引述法國民法重要詮釋文本，稱：

> 人的法律人格本身早已存在。不管人能否形成一個意志，法律人格之存在是獨立自足的。以法律語言來說，凡能夠擁有權利與負擔義務者，謂之人身。簡言之，人身等同為法律中的主體。人格的理念乃為支撐權利與義務之所需，為法律傳統觀念中所不可或缺之物。在奴隸制度廢除之後，每個人都是人身，人是否自覺或具有智慧與意志並非必要，像孩童與瘋子，也被視為人身，儘管他們並沒有感識的意志。換言之，他們仍被視為權

利與義務的載體（以上引自當代法國民法重要詮釋文本；
Edelman 1979: 29; 2001: 21-22）。

以上引言在說明所謂的人身，乃是在法律中藉法律規定建構起來的
主體，也就是不考慮、不計較他是否擁有意識與意志，一個在法律中出
現的「永遠的、業已成形的主體」（*toujours-déjà sujet*）。解析上述文本
的定義，吾人可知：法律主體乃是一般（普遍）的與抽象的主體。造成
法律主體成爲有效的人身之表述，是認爲人的「普遍能力」（*capacité
générale*）。人的普遍能力爲人身隸屬於他（她）本人，他（她）是其人
身的擁有者、占用者，因之，他（她）可以擁有、可以取得（*acquérir*）
其它事物。上述文本指出：這種普遍能力乃是主體的生存方式。其原因
爲主體能夠、願意、同意，也是能夠自由地隸屬他本身，因之，也就能
夠進行擁有與取得其本身（*ibid.*）。

自由就是隸屬本人自己的法律能力，藉由個人的本質使他（她）成
爲自己的擁有者。取得的自由乃是自由擁有自己的法律後果。反之，奴
隸，作爲被占有的目的物，幾乎不可能被視爲法律的主體。只有自由人，
也就是人身才能成爲法律的主體。

以上爲艾德曼所謂的「法律引導」（*l'introduction juridique*），以下
爲他所稱的「法律詮釋」（*l'explication juridique*）。後者則包括薩維尼
（Friedrich Karl von Savigny 1779-1861）至卡本涅（Jean Carbonnier）對
權利、人身、主體之詮釋（*ibid.*, 1979: 29-30; 2001: 22-26）。

薩維尼提出主體權利與客體權利，前者爲後者所賜，俾個人在排斥
外部意志之下，找到他的獨立與安全。人的意志可以對外部世界之物有
所有行動，這就是占有權。人的意志也可以對其他人身行動，這是「人
身權利」（*jus personale*），也就是牽涉到義務法中之權利（雇傭權）。

顯然客體權利賦予個人占有權與雇傭權，使他成爲占有者與雇主。
艾德曼說：「法律的概念決定了法律的管轄範圍，換言之，主體決定了另
一主體，商業決定了商業，都是神祕化的套套邏輯（*tautologie
mystificatrice*）」（*ibid.*, 1979: 30; 2001: 23）。

卡本涅發現主體權利最早出現在動物世界中。獅子捍衛牠獵殺的地盤，無異人類維護他們的主體權利，嬰孩緊抓手中之物的本性，也可以看作主體的權利的生物學根源，是故引伸而言，私有財產的觀念早已烙進人類的基因裡頭（*ibid.*, 1979: 31; 2001: 21-26）。

艾氏從上面引言可知，權利的概念（客體的權利）給與人以權利，這就是人所以擁有權利，變成法律主體的因由。這便是阿圖舍解釋意識形態的功能之所在。

個人一旦給法律招呼，他便成為法律主體。換言之，國家機器招呼個人，並對個人說：「你是一個法律主體」。在這聲招呼與認定之下，便給個人具體的權利，可以取得與出賣其自身。這個招呼是個人被法律的概念，被法律、被另一個主體（國家、當局、官司等大寫的主體 *Sujet*）所招呼的。法律的意識形態要發生作用，便要設準。它假設主體與主體之間必然的關係。是故法律是處理（規定）主體與主體之間關係的機制。艾氏認為所謂的法治乃是法律與法律主體之間的關係，例如當一個主體（主法者，國家）存在之時，才會賦予法治以完整性與一致性。因之法律是靠著法律主體的中介而存在。法律主體對法律之服從，使它不只合法化自身之外的權力，也合法化權力之回歸，這就是「意識形態雙向互照的結構」（*structure spéculaire redoublée de l'idéologie*）（Althusser 1971: 168）。這個雙重影像，雙面鏡影的結構保證了法律意識形態之產生及其功能。一方面法律人藉法律而存在，法律給他以權力；另一方面法律所給與的權利之權力又回歸到法律本身。權利的權力不過是法律主體的權力。主體在眾多的主體當中認出他自己，小權力（所有權）也在大權力（國家的主權）當中認出它本身（Edelman 1979: 32; 2001: 27）。

就意識形態而言，國家活動的所在就是中世紀教會所活動的地方。國家之被構成為法律中的主體，在於保證法律的意識形態之發揮功能。

以上為艾氏著作文本所指出的意思，但文本也排除（occulted）法律意識形態真正的運作。法律意識形態的發揮功能（運作）是自足的，因為是自足，故其自足的運作被神祕化。換言之，法律意識形態之運作使其功能之發揮的疑問，化作無需問及、無需探討的問題。我們在詢問時

間時才會看鐘錶，我們在討論公平時才會提及司法制度。對法律而言，人是擁有權力，這一權力在保護其利益，他（她）的自由意志在於追求利益之意志，而法律在承認與保護其意志得以遂行。這便陷於連環式的套套邏輯，而套套邏輯之最終過程在於使事實、實際、真實的事情得以展開，而非拒斥套套邏輯本身（*ibid.*1979: 33; 2001: 27）。

馬克思曾經指出人們在日常的生活中，感受到普遍的理念之存在，這些理念是靠政客與立法者不斷的加工精製，也連帶賦予特別的意義與重要性。這些政客與立法者就靠著崇拜這些概念來維生，他們所注目的是這些概念，而非真正財產關係之基礎的生產關係（*CW* 5: 363-364）。

法律占據一個特別的位置可以使用武（暴）力來確立（批准、贊可）其意識形態。這種使用武力以確立法律的意識形態之同時，法律也以同樣直截了當的方式來使生產關係發揮作用。這些生產關係就依靠法律主體，來當成法律主要的範疇，並在法律上生效。這個事實就清楚透露個人與生產關係之間想像的關聯。法律的實踐牽連到意識形態的實踐，也就是民法的實踐、刑法的實踐、法庭的實踐。

於是這些法律範疇都活躍起來，化做有生命的東西，於是契約簽訂、非法罷工的懲處，都藉這些法律範疇在進行，這些都是範疇應用到生產關係必要的規則之上。艾氏說：操縱傀儡跳舞的演藝師傅向來便躲在幕後或劇台的演藝師傅之側翼。這意思就是法律的意識形態雖不出現在法律舞台的中央，卻藉著法律範疇指揮與操縱法律主體，去上演一齣法律的戲碼（*ibid.,* 1979: 33; 2001: 28-29）。

艾氏指出他已析述了把實在建構為法律主體的過程。他說人們為了占有某一客體，有必要把實在轉化為主體。實在的東西必須變成主體的生產才能獲得法律的保護。他也指出攝影與製片的矛盾，它們在攝取某人或某物的影像時，發現他們攝取的對象已隸屬他人，攝影師可以攝取某人的臉面，但該臉面的影像，法律上都隸屬於被攝影的人之所有，是故生產（攝影）的主體發現對其主體本身已有部分的限制。這種說法需要一個概念，也就是法律中主體形式的概念。法律的主體爭議的是法律所賜予與建構的真實事物之「客體性」（也就是主體的限制與否定之物）

究竟是什麼？

在攝影史上法律最先承認的是「手工」的藝術——彩筆與雕刀，與「抽象」的藝術——書寫。但現代再生產的技術——照相機、攝影機——卻震撼法律。按下快門的相師與轉動旋轉器的攝影師算不算是創造性的藝人？

在驚訝於新機器帶來的新要求之際，法律最先採取抗拒的態度，視攝影師的工作爲沒有靈魂的勞動。其後從無靈魂的勞動轉變爲有靈魂的勞動。影師與製片商爲了享受法律保護而力爭其地位，從而提升他們至創造者的身分。

英國法律學者希爾士特說，照相與電影在艾德曼的法律學說中占有緊要的地位，特別是艾氏以此來證示法律主體的角色。艾氏說 19 世紀照相業者要求與文藝工作者一樣擁有財產權，但其要求被拒斥。當時拒絕的理由爲照相只涉及實在（現實）機械性的再現，而非主體（相師）創造性的活動。實在（現實）是公共的領域，也就是公共的財產。

後來攝影業、電影業興起，在他們的經濟壓力下，照相技術遂由手工業邁入資本主義生產中一個重要的部門——工商業。電影工業的技術變成了主體創造性表述的手段。照相便得到法律保護，只要他能保有作者（相師）智慧性的特色，其產品（相片）帶有創造所需個性特質，艾氏遂說「資本主義生產力的進展具體表現在法律主體之上。這種表現就落實在法律主體形式的本身。所有的生產者都是一個主體的生產，這意思表示勞動的範疇所規定（描述）的，凡是人的生產都是私有財產的生產」（*ibid.*, 1979: 52; 2001: 53）。

有關財產的各種說詞、主張、學說都是從布爾喬亞主體的特性中得來：人爲其本身之占據者，也是其勞動的占據者，也是其獲取（占有）物之占據者。電影製造涉及集體的、合作的經營，但其產品卻被視爲作者（製作人）之權利，這種權利立基於具有創造性、私人的主體之概念上。這個私人創造性的意識形態終於轉化了、諧謔化了，爲的是替資本主義影像（images）的工業生產所造成的經濟實在服務。在「創造過程」中有效的主體最終由「製作人」承擔，透過創造行動而得到的財產權，在考慮到先進的資本利益下獲得保障。法國法庭在 1939 年的判決中，確

定電影製片人爲創造性的主體，1957 年法國法律略有修正，承認所有參
與製片之人員均享有「道義上的權利」，但這種道義上的權利對電影片的
利益之處分不發生作用。這表示創造性主體活動之權利，亦即其財產權，
仍舊留在製片人手中，也就是留在資方的手中。

# 八、藝術創造所擁有的商品形式

　　艾德曼在論述法律中的主體之後接著以兩章的篇幅討論了〈商品的
創造形式〉（第三章）與〈主體的商品形式〉（第四章）。這應該是他這本
《攝影捕捉的法律》新穎而富有創意的部分。

　　原來艾氏有意揭開一個日常、瑣屑的問題之秘密，也就是照相和電
影得到的影像所有權的法律根源在何處？這個看似微小而不重要的問
題，卻因爲攝影技術的猛進和供需經濟的變遷，而引發了法律上的爭議。
這不起眼的問題卻是「法律整體的濃縮」（ *tout de droit en condense* ）
（ Edelman 1979: 37; 2001: 33 ）。因爲這涉及了對真實、對實在的建構，
由之而產生了法律。換言之，這個「真實的」（ *le réel* ）的事物乃爲法律
的客體、法律的標的物、法律的範疇，而可供占有、買賣、或化爲契約
之對象。這裡討論的不只是法律範疇中「真實的」建構，也包括把「真
實的」建構爲法律客體之過程。

　　在談到照相師和電影拍攝人員把攝影的結果——影像——當做他財
產之前，我們不忘攝影的對象，就是「真實的」事物，這個「真實的」
事物，早已列入別人的財產範圍中。因之，使用軟片所拍攝而得到的影
像，是對「實在」的反射、對實景的捕影，但「實在」（例如田園、房子、
人物等實景）卻歸別人所擁有。這便構成了一種前後矛盾、似是而非的
弔詭（ paradox ）。而弔詭中的弔詭便是指，我所攝影與再製之事物（像
公共設施、道路、鐵路、公園等等）本來是屬於公共財，人人可分享的
事物，現在我把它攝成影像，我要變成這個影像的主人。只有再度把它

占取才有可能。是故再度占取成爲一個法律上要討論的主題。

因之，一方面所有法律的產品是主體的產品，這個主體的特質在於財產的擁有者，而他的活動就是私產擁有者之活動；另一方面，相師與電影拍攝（製造）者特殊的活動，就是把「真實的」事物加以拍攝，而真實的事物卻隸屬於公共財或別人的財產，也就是隸屬於公共的、或其他私人的範圍。在此情況下，法律必須重新創造一個範疇，允許對別人業已擁有的「真實的」事物第二次的占有、第二次的擁有。爲此艾德曼效法阿圖舍的「泛層（多元）決定」（*sur-determination*），另創新詞彙、新範疇：「對實在的泛層（多元）占有」（*sur-appropriation du réel*）（*ibid.*, 1979: 38; 2001: 34-35）。

對真實的事物之泛層（多元）占有，這一概念是用來描寫文學與藝術的財產充滿了矛盾的內容。文藝的財產有一個奇怪的、單一的、原始的性質，那就是對業已建立的財產定位的獲取。換言之，法律主體必須把本屬他人的客體（「實在的」、「真實的」）轉化爲他所擁有的財產。相師必須能夠把自己變成「真實的反射」之擁有者；電影拍攝者與製片人必須把「對真實的幻象」（*fiction du réel*）化做他鏡頭下的產品，也就是變成他的電影，他才擁有該影片之所有權。

不過在宣稱這真實的影像屬於「我的」同時，就要排除它是「你的」。這意思是說主體在製造一個事物（影像）爲真實之時，不要忘記他同時也是屬於「別人的」。易言之，在相師與攝影師，用他們的人格把真實的事物轉化爲影像時，他就是奪取了別人的財產，把別人的一顰一笑、別人的一言一行，把別人的「私生活」，收取在其鏡頭裡。

就在這個方式下，一個人們不知道、不熟悉的法律之面向逐漸地顯露出來。它把創造當成財產看待，它把創造者當作法律主體來看待，它把「市民社會」（民間社會、公民社會）當作擁有者的主體交換的場域。這樣一來法律的實踐便轉化爲真實的、實在的事物。換言之，人們的「相信」、「信念」（*croyance*）——相信人是法律的主體——造成一個真正效應，使這個效應發生功效。

這裡有兩組論題與提法值得大家考慮：第一、視文藝的財產爲無形

的財產，見不到的「智慧」、「創造」、「才思」都可以轉化爲碰觸得到、見得到的財貨。第二、真實的事物是靠主體生產出來的。公共的領域是大家共同的財產，財產可以烙印出來，「創造」而非再生產是構成對公共範圍加以占取、化做私人財產的原因。

早期文藝的歷史顯示「手工」與「抽象」的作品，是出於文藝工作者的創造。但這種創造不包括照相與電影的拍攝。法律最先把相師與電影拍攝者當成「沒有靈魂的勞動者」看待，其後才承認攝影工作是一個「勞動的靈魂」（*âme du travail*），也就是相師與電影拍攝者變成了藝術的創造者（*ibid.*, 1979: 44; 2001: 42）。

這種改變涉及了人與機器（相機、攝影機）之間的關係以及變化。就像無產階級的工人浪費其生命與自由，把其勞動力供人使用，相師也浪費他創造的能力於貶抑自己，爲機器（相機）「服務」。1860 年代的相師乃爲其創造之普勞分子（*le prolétarier de la création*）。他與其工具（相機）合成一體。初期對機器的貶抑，使操縱機器的相師被視爲複製品，而非創造品的執行者。但隨著其後照相工業，特別是電影業的崛起，大量的生產與大量的消耗，助長這一工業的蓬勃發展，新的生產關係乃告產生。在此新的生產關係之下，對拍照與攝影的需要大增，法律不得不跟著生產關係走。在歐洲 1880 年代照相業及其有關的行業大興，造成攝影業者要求德國政府立法保護其行業。法庭也利用新的說法——「拍照是把人格加印在紙張之上」的說法，把照相師從機器（相機）分離出來，而使相片拍攝的工人，變成了擁有人格與靈魂的主體。換言之，工人的「技術」取代了機器，工人對機器複印的干預，使拍照成爲有創意的藝術。

換言之，攝影得到法律的保障，那是因爲其製作者個人的創造性投注入影像之緣故。從影像中顯示作者的個體性、創造性、獨特性，「真實的」事物所以會隸屬於主體，乃是因爲主體賦予、投入其心力、時間於「真實的」事物之上（*ibid.*, 1979: 44-52; 2001: 42-54）。

攝影業一旦被承認爲一個富有創造性的行業，則這個創造性行業的蓬勃發展而成爲一個龐大的工業，造成了創造過程與資本擴大的過程密

切關聯。艾德曼發現作為藝術產品的攝影，其發展膨脹的過程完全臣服於資本律的操控，也就是資本運動的過程正是智慧創造發展的過程。智慧創造的產品（藝術品）變成了商品，而商品主宰了藝術創造的發展，這就是經濟和電影密切掛鉤的現象。要之，電影工業的社會化產生了做為電影藝術創造者的主體之社會，而這個電影藝術的創造者已因為電影工業的膨脹、蓬勃而成為一個影響經濟大局的「集體性的主體」（*sujet collectif*）。

在美國電影業的集中與壟斷，導致員工加入此一行業所受契約的嚴苛限制，是故當成商品的電影業完全降服於利潤的規律當中，任何加入這一行業的人員必須知道他們隸屬於電影壟斷的結構之下。這裡有兩項議題為艾氏所津津樂道。其一為電影業的壟斷性結構；其二為電影創造者為一集體性的主體。

對電影的資料、財富之壟斷性的控制，包括在知識方面與技術方面的壟斷，造成一個法律的新範疇，也就是一個集體性的主體。原因是在電影發展史上，首先被承認為影片的「唯一作者」只有製片人，但後來由於導演、攝影師、場記、劇務、小說的改編者、樂師等的爭權奪利，使得電影轉化成知識生產與工業（技術）生產的結合體，於是影片的「創造圈」遂告浮現，這就是電影中特有的「社會因素」。

此外，電影不只是製片人的產品，它更是製片人運用資本、投入資本的產品。因之，像其他藝術品一樣，影片不只是產品，也是資本瞬間的體現。因之，法律如果視電影的主體為資本，把「真正的主體為資本」明定出來也不令人驚訝。資本可以被呼喚為人身資本取得主體的面具，資本能說善道、能夠簽訂契約，但最終仍舊要靠法律中的主體（資本家）來使這死體（資本）變成活物。

資本的決定影響在法律上變成了「創造性的影響」，財政上的指揮也變成法律上「創造性的指揮」。資本以藝術的面目出現，雇傭大批的勞力，像奴隸般的運將（駕駛人），也以各種特殊的（有利某些人，不利其他人）的契約，在電影業中呼風喚雨。

電影本來是一種創造性的活動、是人格的表述，如今卻要接受契約

的約束，契約條款把創造性的活動轉化爲勞力的價錢，契約已不再是純粹意志的表達。它使得一個藝術家變成普勞人員。由是可知電影創造工作中，資本變成是最重要的因素，資本家成爲製片人，他成爲影片唯一的「作者」（*ibid.*, 1979: 52-60; 2001: 55-64）。

# 九、主體的商品形式

　　私有財產本來就融合在人身之上，是故傳統的觀念視私有財產是人的本質。可是對攝影者而言，他是一個主體／創造者（*sujet/créateur*），他因爲創造（攝影當成文藝的創造看待）而成爲法律的主體，可是這個主體在進行再生產（對事實加以攝影）時，卻也造成一個競爭的對手（被攝影的主體及其權利）。換言之：「攝影者對其圖片之權利產生了被攝影者對其影像的權利」（*ibid.*, 1979: 68; 2001: 74）。

　　於是攝影者的私有財產碰上（*rencontre*）被攝影者的私有財產。在法律中進行再生產之主體所碰到的競爭敵手，就是法律中再生產出來的主體，也就是「法律中主體的範疇之商品解構，亦即人性（人的本質）之商品解構」（*ibid.*, 1979: 68-69; 2001: 74）。創造的商品形式產生了在法律中主體的商品形式、或是剛好相反，法律中主體的商品形式創造了商品的形式。這也是帕舒卡尼斯解釋：在市場上自由處理使財產獲得法律的形式，主體乃是這種處理的自由之表述。

　　在其真實的結構中，法律的主體是建構在對他本身自由的擁有之概念上。人身的商品形式——在法律中的主體之人身受到意識形態的招呼之具體內容，表述了（呈現了）能夠在其本身生產之特殊性質，呈現一種形式——人身對其本身之關係——也就是主體對其本身當成客體之關係。這種令人驚訝的特質用以描述本身對本身之法律關係。它描述人們可以把他的意志注入其創造的事物中，於是他對他本身而言，成爲社會關係的產品。

　　艾德曼在第四章所要描述的就是人身必然會採取法律中主體的形式，最終採取了商品的一般形式（此句之註釋爲引用 Marx, *Capital* I：60 之說明：「凡把勞動大量產品帶上商品形式之社會，在該社會中人與人的主要關係也成爲商品擁有者彼此之關係」）。

## （一）在法律中主體的形式

　　在法律中主體的形式是一個難題（*aporétique*），也就是說主體的形式擁有一個無法解開的難題。這個難題一言以蔽之，就是說人在同一時刻既是主體又是客體，主體必須在客體中實現，客體必須在主體中實現。在法律中主體的形式被解析爲人的商品解構爲主體本質。把人當成財產的本質加以看待，他所有的生產就變成了擁有者的生產，也可以說是他的財產之生產，他的財產就構成他的資本（廣義的資本，不限於世俗金錢的資本，包括意義的、才華的、精神的資本）。

　　主體乃爲擁有其本身的擁有者，也就是法律告訴吾人主體之存在僅僅靠著他占有之商品之代表者的身分。換言之，主體的存在僅靠著他商品所有，而他乃代表這一商品代表的身分（*ibid.*, 1979: 69-70; 2001: 76-77）。這裡使我們記起馬克思的話，他說：

> 爲著使客體與主體進入商品交易的關係，客體的擁有者彼此也要發生關係。這些擁有者乃是把他們的意志存放於客體物的人身。擁有者的舉止必須不得侵奪別人的商品，也不輕易放棄本身的商品。除非彼此同意這樣做，因之他們必須相互承認彼此爲私有財產擁有者之權利。（*CI*: 84）

## （二）主體的商品形式

　　由此可知，法律中的主體必須與他本身發生關聯，他必須在其「良心」（自願）中出賣他自己，這就構成他自己的市場。他必須同時既是生

意人又是商品。換言之，主體必須能夠把他主要的本事（本質）放到市場上去買賣。

作為主體／資本的人，他是其人格特質建構出來的，也就是給予法律主體社會存在之物，包括了他的姓氏、他的道德權利、他的榮譽、他的意向、他的私生活。一旦這個資本（主體／資本）形成，它也會產生資本流通的條件。人身既是他本身的擁有者，當然也是他主要特質（性情、能力、人格）的擁有者。當其中之一的特質在沒有他同意之下被取走之際，也就是第三者把它占有之時，主體會發現他的好處被剝奪、他被「竊盜」了。他之所以被竊盜乃因為他對自己擁有自由。他的自由讓他可以出賣自己的特質、或是把其特質買回來。

使主體／資本產生效力，乃為把人的自由注入於商品的流通之中。主體乃是法律中的客體對待其本身，而同時卻保有對本身的自由。自由展現在可以割捨（出賣）的本身，也通過自由主體才能割捨本身。人的自由之意識形態的急迫情勢（*l'exigence idéologique*）是從法律主體發展出來，而法律主體又由法律客體結構出來，意識形態的是從人的特質（本質）── 受財產規定的特質──發展出來。其原因是在法律中財產當成人的特質，當成契約的標的物。財產取得契約的法律形式，而契約是自由編訂的，人在總計其優缺點，衡量其財富與負債，把自己當成主體／特質呈現出來的時候，他不會是其總資產的奴隸，而發現享有真正法律上的自由，也就是擁有能力，只有在其進行買賣的活動中人才享有自由，他的自由在出賣自己，在出賣自己當中，他實現與享受了自由（*ibid.*, 1979: 71-72; 2001: 79）。

自由乃對意志之操縱（*articule sur la volonté*），主體與本質之間的關係完全取決於意志的同意與否。是故法律可以指出法律主體乃為一個有意志（意志發生作用）的主體（*un sujet qui veut*）。

自由是意志的發揮，自由無非是意志與其本身打交道所訂立的契約，那麼它設定人身必須對他本身為一擁有者、占取者，就是人身擁有者對別人的關係。誠如馬克思說，這個關係的延續要求勞動力擁有者可以在一定期間出賣他的勞動力，如果他不訂適當的期間，而籠統出賣其

勞動力，他出賣自己，把自己從一個自由人轉化為一個奴隸，從一個商品的擁有者轉化為一個商品（*CI*: 168）。

人的能力存在於他的自由之中，俾把本身變為法律的客體。凡無法這樣做的人——像奴隸——就不是法律中的主體，而是法律中的客體。法律主體允許一椿令人驚異的揭發：自由的法律產生就是把自己變成一個奴隸。法律的主體在其自由中把自己割捨（異化）了。法律主體還實現了兩個社會關係的形式（為帕舒卡尼斯所討論過），其一為貨物的價值；其二為人作為權利主體的能力。法律主體在法律主體的形式中實現了意識形態的招呼，招呼人究竟是怎樣的一個人。

總之，個人本身的財產之自由交換有了一個設準，那就是個人自由的再生產，以及對此生產之自由交易。在此情形下自由得到法律上的實效，乃是指它牽涉到自我出賣（割讓）的能力而言，這種能力卻是依賴自由才能發揮。

在最終的分析中，主體在其建構中之形式，被當成一個主體，而客體之形式牽涉到一種生產方式（資本主義生產方式）。此種生產方式規定主體形式能夠出賣自己，而它的自由只有在處分財產時才產生出來。法律主體這種理論的分析允許對現實（實在）具體而又完全的描述。所謂的實在不過是主體所創造、也是被主體生活過的實在而已（*ibid.*，1979: 72-73; 2001: 81-82）。

法律中主體的形式會產生其本身的歷史。主體形式固然是歷史的產品，但它同時卻聲稱能夠產生其本身的歷史。這種聲稱是所有意識形態最終的要求，要求處理永恆的人（當作個人的人）而使用的人類學言說（*un discourse anthropologique*）。這種聲稱（訴求）歷史過程乃為其本身的過程，歷史是私有財產完成的與終結的歷史。

人的本質，也就是他的歷史本質。人為其歷史的私人擁有者。這裡「本質」有雙重性，歷史是法律主體的私有財產。這裡又顯示「意識形態雙向互照的結構」（*structure spéculaire redoublée de l'idéologie*）。主體是自我歷史化的私有財產（私產在歷史中分配給各個主體）。法律主體一旦成為其歷史之擁有者，歷史也必然變做諸法律主體之財產。在這歷史

過程中，法律在認可個人裡頭的生產關係（個人或主體化做商品形式），同時也揭露諸個人之間所想像的生產關係。私產「真實地」成為人的「歷史性本質」。這個想像的關係從實踐上產生效力，個人真實地活著與進行活動，就像私產是他「歷史性的本質」，法庭展示給個人，他的想像是正確的，因為他對其私自擁有（私產）具有權利（*ibid.*, 1979: 779; 2001: 86-87）。

艾德曼在有關影像涉及的法律問題討論之餘指出：把實在（實景、實物）拍攝下來、複製下來技術大為改進的今天，法律的功能也進占這片過去被忽視的處女地。在論述影像這一法律客體所牽涉的所有權及其衍生的問題時，辨識有關真實的建構，以及建構真實的主體乃有必要。整個論述的對象及建構的過程似乎表面上脫離不了主體的過程。這與經濟的必要性有關，也與布爾喬亞的意識形態有關。必須指出的是每項法律發生的事故，最終必然與主體、與財產有所牽連。主體的目的論（主體的生成變化與意志的表現）經過剖析之後，就可知法律不過是對主體規定的實現，也就是法律的自我表現、自我功能之發揮，這些都是黑格爾在其《法律哲學》中所展示的。

艾德曼所要分析的是法律與政治的辨識基礎，也就是企圖揭發「法律的內在規律」。這是指當做法律客體的真實事物如何被置入於流通圈之必要形式而言。對他而言，將這個法律的新客體置入流通圈，就會顯露一個基本的律則：對法律來說每一個經濟的過程乃是主體的過程。這個內在的法律像是自足的事項。就像法律規定薪資勞動的契約一樣，它所牽連的有「自由的」職員、「自由的」工人、「自由訂定的」薪資等等有關勞動的判定之項目。因之，為了制定攝影（照相）與電影的法規，法律得制定文藝財產的保護條款。因而也產生了與此行業有關作者／主體、創造者／主體、集體的主體等等法律的新主體、新範疇來。

法律的繼續（再生）必須在其地盤、在其基礎上不斷地發揮功能，為的是使法律產生的功能可以被抽象地建立。因之，只討論這些法律及其條款是不夠的，還必須進一步檢討這些法條的功能（*ibid*, 1979: 86-87; 2001: 98-99）。

# 十、結論與批評

　　艾德曼藉著彰顯德國思辨哲學的法律學說，把康德對財產權的解析，轉化爲黑格爾的法律主體說，因而強調財產、自由和平等爲主體的三項特徵。

　　爲了標示他法律人格的變化，艾氏不得不回歸黑格爾的說法，他採用很接近黑格爾的方式去理解法律主體。一般而言，在發展良好的布爾喬亞之法律意識形態中，黑格爾對活動在其中的種種法律範疇做了哲學的反思。對他而言，法律人格等同於個人人格：法律主體的權利和能力是在涉及到（布爾喬亞的）個人之性質與意志時被建構起來的。在資本主義中的主體／個人是經過特別的建構而成爲法律主體。法律主體是主體／個人基本的成分，其目的在造成這一主體成爲資本主義社會關係的支持者（載體）。法律人格乃是一般的社會主體形式之一部分，也是在布爾喬亞的個人被視爲民權、財產權和政治權（自由買賣、剝削勞力、自由投票）之載體的因由。他接著論述馬克思的法律觀。

　　馬克思及其信徒（馬派學人）把法律當成意識形態看待，其目的在規定流通圈的運轉，便利商品的交換，但也掩蓋生產圈中不平等、不自由、而爲剝削的生產關係。在資本主義的生產方式下，法律不只認可與正當化交換過程的經濟關係，還通過契約的形式，使資本對勞動的剝削合法化、正當化。

　　受到馬克思法律觀的影響，帕舒卡尼斯的商品交易學說，強調法律爲主體追求權利的中介、權利的本質在於對占有的承認。主體相對地位是商品交換過程之產物。是故法律發源於資產階級的商品交易，法律關係乃爲權利與義務載體的人（主體）之關係。易言之，法律主體就是抽象的商品持有人的化身。

　　艾氏的學說在深受帕氏商品交易學說衝擊之下，也受到阿圖舍的影響。

艾氏強調社會上諸個人為小主體，而國家、司法等社會制度卻是大主體。在大主體召喚與招呼之下，小主體遂取得存在的權利。是故法律係處理大主體與小主體之間，或小主體彼此之間的關係之機制。藉著小主體的服從，大主體也正當化本身的存在與運作，就是意識形態雙重的映照。國家之被視為法律的大主體，就在保證法律意識形態之功能不斷的再生、不斷的複製。艾氏的法律主體說多少師承阿圖舍這種「招呼」、「質詢」的見解。

艾德曼比較有創意的部分為討論歐、美照相業與電影業的崛起，以及資本家投入這些行業後，使資本取代人力，而把人的主體轉化為資本的主體之嶄新現象。這是他何以探討藝術創造變成商品形式，以及主體怎樣擁有商品形式的緣由。他由此推論法律乃為對主體形式之規範，而主體的產生，又繫於財產權的掌握。從攝影業、電影業、電視業對財產權的主張，而產生了新的主體之浮現，足見法律是隨時代之進展、科技的突破、工商業的發達、社會資產階級的擴大、經濟勢力的膨脹，而不斷更新創建。他的這番理論加強了法律為社會與經濟（社經形構）所建構的意識形態之學說。這點是其左派法律觀點之發揮，也是他在法理學上重大的貢獻。

前面我們提及艾氏主體說所受黑格爾法律哲學之影響。不過，艾氏師法黑格爾把法律主體視同為人格主體會引發疑義。同樣把法律地位奠基在人的屬性之原則上，也會滋生問題。這裡就出現兩項爭議：第一、法律主體絕非完全限於人的主體，包括公司、行號、政黨，也都具法人的身分。第二、並非所有的法律體系嘗試藉原理原則來合理化其所創造之法律地位。像英國法律並不把財產法立基於「權利學說」之上，也不像拿破崙法典把所占有的範疇和階級制定為明文的法規。在英國，法律主體的特徵與權利是在普通法之下經由法庭的實踐而界定的。法律主體不限於活生生的個人。公司法把公司描寫為擁有財產、有能力訂立契約、可以進行訴訟的法人，就是公家機構、托拉斯、基金會也各有其特別的法律人格。

艾德曼不討論當作（法律主體的）公司行號，這是因為當做法律主體的公司行號無法加以招呼、質詢，與大主體形成循環映照的關係。公司行號之具有法律主體身分完全是藉立法與承認。假使法律與個人的人

格之一體性遭到質疑時，那麼法律主體便欠缺單一的、圓融的意識形態之基礎，這是造成的第一個問題。

另一個問題涉及的是意識形態的招呼與質詢，無法產生資本主義的生產關係所必需的主體（占有物之主體）。把個人招呼為商品形式的主體無法產生所有資本主義生產方式下所必需的各種各類之行動者。與某些形式的占有（像公司行號的占有）相配當、相對稱的法律主體與財產都會在這種說辭之下被排除。這麼一來擁有公司股份的主要人物（資產階級）便會在這種法律學說中失蹤，而公司的財產無法立基於組成公司的人員之權利之上（於是財產的形式與主體隔離）。是故艾德曼並未討論法國的法律學說與財產法如何來處理公司行號的問題，這應該是他學說的一大瑕疵。

不過瑕不掩瑜。總的來說，艾德曼的法理學、法律社會學門標誌當代馬派法律學說一大進程。

### 表11.1 艾德曼法律觀摘要

| 思想來源 | 康德、黑格爾、馬克思、雷涅、帕舒卡尼斯和阿圖舍 |
|---|---|
| 法律主體 | 法律特定的本質為主體之表述、描繪，呈現之形式；主體是建構法律本身的範疇；主體的財產權利加上政治主張乃為法律的內容。 |
| 康德的法律學說 | 康德的法哲學取材羅馬法、拿破崙法典以及法律實踐；康德的法哲學代表封建轉型資產階級之法律觀，涉及「財產」一大範疇；父母對子女的擁有權是財產權理論的起點；康德分(1)實物法；(2)人身法；和(3)人身實物法；對人的使用與對物的占有要分開；人身實物法則為過渡時期的法政表述。 |
| 黑格爾的法哲學 | 黑格爾的法哲學代表新興布爾喬亞社會流通圈的規定。他說：所有權利源之於人身。產品為主體所製造，是人的化身。商品主人的交流就是商品擁有者之交易。打破康德人身法與實物法之分別，他建立「人格的權利」。人格的權利把主體與事物之對立化解把一個主體與另一個主體的對立消除。 |
| 馬克思的法律思想 | 法律為人對社會關係的反思與贊可。與資本流通有異，法律在規定社會關係，也使法律意識生效。法律主體形式固定具體與想像的人際關係，使產品變成商品進入流通圈運轉，使流通成為自然存在的事實；法律在促進生產圈的運作。 |

| 帕舒卡尼斯的商品交易論 | 把法律看成主體的活動,也是人群「互爲主體性」的表述。法律爲主體追求權利的中介,也是解決紛爭的機制;反對帕氏法律消亡論,原因是艾氏認爲法律產生的效應是意識形態發生作用的部分,意識形態不可能隨共產主義的降臨而消失,故法律沒有消亡的可能。 |
|---|---|
| 阿圖舍的結構主義 | 阿氏認爲每種的生產方式都受三種(經濟、政治、意識形態)實踐的影響。生產方式就是社會總體,其三個實踐相互影響與決定—多層決定。主體及其社會關係藉「招呼」、「質詢」,而建立。個人(小寫的主體)與社會(大寫的主體)關係是「互映」,相互照映的關係。是故法律與法律主體(個人、法人)之關係乃爲大主體與小主體相互「招呼」、「互映」之關係。 |
| 法律的功能與法律主體 | 法律的空間充斥了政治,它合法化與贊可政治權力,爲的是使私產神聖化。在商品交換中,法律正當化人的本質。法律藉法律規定建構主體,這是一般的與抽象的主體。人之擁有權利是權利概念所賦予的,這是意識形態運作的結果。法律可藉暴力來確立意識形態。 |
| 攝影與電影之財產權 | 早期攝影與電影創造者,不享受法律對其製品權益的保障,後來在從業人士爭取下,承認其產品具有創造性、藝術性,於是「凡是人生產的東西都是私有財產」,應受法律保障。所有法律的產品都是主體的產品,主體爲財產擁有者,他的占有便是其私產。如拍攝之對象爲公有財產,則以「對實在的泛層占有」之形式,來確認其財產權之分配。 |
| 主體的角色形式 | 當攝影者成爲主體創作者時,其進行再生產(對別人或事物的攝影)造成一個競爭的敵手(別的主體及其權利),於是攝影者的私有財產權碰上被攝影者的私有財產權,這就發展成法律中的人身主體對抗商品形式的問題。個人本身的財產的自由交換,其設準爲個人自由的再生產,以及對此生產之自由交換。 |
| 評 論 | 優點:強調財產、自由與平等爲法律主體三大特徵。受到馬派影響視法律主體爲追求權利的中介,權利的本質在於對占有承認。法律主體爲「招呼」、「質詢」的客體。從攝影業對財產權的主張,產生了新主體的概念—新法律主體說。<br>缺點:艾氏師法黑格爾把法律主體認同爲人格主體,排斥法人的身分,是不正確的;藉原理原則來合理化主體及其地位,也不適合於英國普通法的實踐(權利來自於法庭的認定)。 |

資料來源:作者自行設計。

圖11.1 西洋近代法理學之父 ── 觀念論大師黑
格爾(1770-1831)。

# 12 批判性法律研究之簡介

# 二、前言

　　1970 年代後期至 1980 年代前期，美國法學界醞釀一個新的思潮，針對資本主義社會盛行市場經濟與自由民主政治所牽連的法律制度進行批評、檢討與反思，這便是有名的「批判性法律研究」（Critical Legal Studies，簡稱 CLS）。這個思潮所形成的法學思想運動，至今仍澎湃激越，未見稍退，值得我們矚目。特別是這個對西方主流派法律理論與實踐之批判，不只蘊涵馬克思主義、或新馬克思主義、或新左派思想對法學界的入侵與影響（洪鎌德 1995：50-63；1996：7-43），更是西方社會學界 150 年來所建構與演展的法律社會學（Legal sociology, sociology of law）之高峰（洪鎌德 1998：257-301；2000b：49-61）。本章參考自美國麻州莫頓學院社會學教授崔維諾（A.Javier Treviño）新著《法律社會學》（1996）一書第九章〈批判性法律研究〉，以及加拿大渥太華卡列敦大學社會與人類學教授韓特（Alan Hunt）之近作《法律與社會的探討》（1993）第七章，加以改寫整理，間亦提出作者不同的觀點，穿插於文本與註釋之中，俾介紹此一新興法學思潮給華文世界的讀者參考之用。

　　1977 年春天假美國威斯康辛州梅迪遜舉行的第一屆批判性法律研究（以下兼用 CLS），標誌這個法律思想界與學術界一個重大的轉捩點。與會的法學學者與專家被貼上「批評家」（Critics）的標籤，在過去 20餘年間對美、英、加等法律理論與實踐產生深遠的影響。批評家批判的對象為英、美，乃至加拿大傳統的自由法律學說（liberal legal doctrine），及其實際上的應用。亦即對資本主義盛行下的法律體制及其意識形態進行嚴肅、認真而又深入的批判，同時也強調對業已建立的制度（建制）、法、政、社、經秩序，以及維持與宣揚這種制度與秩序的意識、學說、精神之反駁、攻擊、甚至存心摧毀。在相當程度之下，批評家的攻擊手段，使用的言說（discourse），與舊馬、新馬、左派、新左派似乎無重大

的分別。不過考察批評家的出身和政治認同與法學思想取向，又與馬派、或左翼人士有別，主要不同意馬派把階級利益直接與法律掛鉤，也就是拒絕接受馬派工具論（Hunt 1993: 147）。因之批判性法律研究也不能一概歸類爲舊馬或新馬的範圍。

唯一的例外是西馬與新馬對正當化與霸權（優勢）過程的注意，是影響批判性法律研究最重大的左派思潮。因爲這一左翼思想企圖把馬克思主義與韋伯的社會學連結。是故正當性、宰制、霸權、意識都成爲批判者常用的詞彙。是故，韓特乃認爲批判性法律研究，爲美國法律理論的探討中一個採用左派的政治立場與觀點的法學運動，也就是把左派，特別是馬克思主義向來強調的經濟關係轉移到文化與政治關係之上，從而把法律當成意識形態上層建築的一環，認爲法律在正當化主流思潮與政治統治的合法性。在法學界中明顯的左翼傾向是值得注意的，特別是這一運動取得組織的形式，而且造成的重大衝擊，更有進一步加以考察的需要。

這一運動比起 1920 年與 1930 年代現實主義對法律學界的影響更爲重大。它驚醒向來沉穩內斂的法學界，刺激他們去徹底檢討法學與法學教育的性質與方向。

要之，批評家認爲歐美資本主義社會中，居於主流地位的自由派法律學說（Liberal Legalism），其衍生的法律觀爲保護或增進私人的權益之手段，亦即藉契約同意來維持和擴大個人私利，進而保障個人免於政治干涉的自由。這種傳統主流的法律觀及其學說並非前後一致、圓融連貫、無懈可擊。反之，卻是矛盾叢生，到處碰壁。甚至從 17 世紀以來作爲自由主義政治理論的核心之法治觀念，說的是一套、做的又是另一套，完全以主政者便宜行事，而使此一良法美意，常流於形式或淪爲具文。法律的中立、客觀、確定性、可預測性都是謊言。事實上，法律就是政治的表示，法律與政治分不開。案件的裁決就是價值選擇的護身符。總之，CLS 的批評家，以盎格魯·薩克遜民族所建立的美、英、加三國所謂自由民主的社會之法律體系之缺陷爲其攻擊、批評之標的。

批判性法律研究作爲法律社會學的運動經歷了三個時期的變化。第

一期爲 1970 年初至中期，以美國哈佛大學法學教授肯尼迪（Duncan Kennedy）的鼓吹與倡導爲主，批判的箭頭指向法律形式主義和法律教學之不當（Kennedy 1970, 1973）。第二時期則從 1970 年代中延伸到 1980 年代初。其重點爲個案研究以及對法律形式主義的內在批判，此時出版之《法律的政治》（Kairys 1982）論文集成爲標竿。第三期爲 1980 年中至 1990 年代，這一運動正在尋找理論當中，其理論之討論可以反映在1984 年 1 月初版的《史丹佛法律理論》學誌中，可以說出是批判性法律研究處於理論初生與發展的時期（Milovanovic 1988: 191-192）。

批判性法律研究之思想，在方法上固然有日耳曼觀念論（康德、黑格爾）和馬克思、法蘭克福學派等的批判主張，但在內容方面卻崇尙法律實在論（legal realism）[1]。美國喬治敦大學法學中心的教授塔什涅特（Mark V. Tushnet）認爲批判性法律研究爲美國法律現實論之直接繼承人（Tushnet 1986: 505）。原因是批判性法律研究與法現實論共同認爲政治與法律密不可分的牽連關係，也就是主張政治權力對法律的程序有明顯的影響，特別是影響到法律裁決的過程。這種說法基本上就是批評了自由派法律的前提，因爲自由主義者在強調司法的獨立，強調法官的判案之中立與不偏不倚，從而宣稱司法不受政治勢力或意識形態的干擾。這種法律與政治之徹底分立或制衡的自由派法律觀，不只在早期受到法律現實論者的質疑，更是在近期受到法律批評家的攻訐。原因是批判性的法律研究之學者是以社會理論的分析，而企圖使個人從英、美宰制性的法律意識形態中解放出來。這種解放之可能、自由之獲得，要建立在現存社會的、經濟的、政治的制度與秩序的徹底轉型（transformation）

---

[1] 法律實在（現實）論包括其前身，或遭其批評之法律實用主義（pragmatism）、實證主義（positivism）、形式主義（formalism），其主要代表人物有霍姆斯、龐德等先驅人物。美國法律現實論為一種實用的法理學，懷疑形式主義重視法律訴訟過程之確定性、可預測性與前後一致性。它出現於1920年代，反駁進步主義的主張，由於經濟蕭條的爆發，懷疑繁榮的持久性，也質疑資本主義的永續性。儘管懷疑氣氛高漲，現實主義仍相信科學可以協助人類解決人事與社會問題，是故心理學、精神分析學、社會學被引用於行動中之法律（law in action）的研究之上，拒斥概念主義、而擁抱實用主義，參考Treviño 1996: 68-69，以及本書第2章。

與轉變之上。

此外，批判性法律研究之起點固然在批判自由派法學的保守心態，也在攻訐主流法學之不採用理論。它的思想源泉除了馬克思的著作之外，最多引用的觀念，來自於哈伯瑪斯、沙特、皮亞傑、佛洛伊德、李維‧史陀、盧卡奇、葛蘭西、阿圖舍、朴蘭查、福科和溫格爾（Roberto Unger）。尤其是溫氏的著作涉及對自由主義兩元論（個人與社會、自主與和諧）等之總批判，對上下統屬（hierarchy）、反應不靈活（non-responsive）的現代社會結構之攻訐為批判者所引用[2]。

除了批判法律與政治的分開是一種假象之外，批判性法律的研究，也認為「正當性」（legitimacy）是社會權力菁英利用法律來為其行為作辯證、作辯解，目的在讓被統治者的群眾誤信政府的統治是法治，而非人治。是故法律成為型塑群眾意識與意識形態的手段。構成正當性的兩項要件為「物化」（reification）與「霸權」（hegemony 或譯優勢）。前者是指法律或政治制度像是外在於人群、獨立自主事物足以宰制群眾，也是人群有意或無意的塑造達成，創造了社會結構來讓自己飽受壓迫與宰制。霸權則是權力菁英動用宣傳、教育、媒體等工具來讓大眾盲目信服、同意與接受其統治。

一開始肯尼迪便批評法律教育在塑造社會的上下隸屬與垂直不平等統治（hierarchy）。美國法學院的法律教育是菁英教育，是擁護現實狀況保守的教育，從這種教育產生的律師（包括法官、檢察官在內）像自動機器一樣，是一個「歡樂的機器人」（cheerful robot）。

為了對抗美國法界與法學界的保守心態，批判性法律研究引進西馬

---

[2] 溫氏早在1975年便企圖建立一套與馬派不同的法律社會學說，企圖藉「轉型的活動」（transformative activity）來產生「偏離主義的學說」（deviationist doctrine）。根據他的說法，社會傾向於發展上下隸屬的垂直不平關係（hierarchy），這種上下不平等的結構趨向於死水一泓，是一個停滯、而不知變通、不懂反應的結構。是故學者有必要發展改變的策略，來重新建構社會。換言之，為了防阻社會的僵化，有必要賦予個人某些「去掉穩定的權利」（destabilizing rights）。這一權利加上「免疫權利」、「市場權利」、「團結權利」，可以解除社會的僵化。在他的心目中，穩定不是一成不變，而是與時勢推移，不斷重新建構起來的平衡狀態（Unger 1975, 1976, 1986）。

與新馬理論（洪鎌德 2004）。此外，韋伯的學說、無政府主義的說詞、多元主義都在採擷應用之列，最重要的還是採納葛蘭西對霸權的理論，兼採用法蘭克福的文化與社會批判理論（Milovanovic 1988: 102）。

# 二、批判的主旨與對象

　　依據肯尼迪的界說，批判性法律研究爲「理論與實踐的新左派知識分子的湧現，以及〔他們〕在一個領域裡頭創造了激進的世界觀，這一領域一向在於對現實狀況以一大堆議題加以正當化」（Kennedy 1981b: 506）。他又指出「法律的左翼學說」（legal leftism）之特徵，強調其「方法論無論怎樣晦澀不明，都與我們左派的政治掛鉤。我們嘗試進行激進的法律研究」（1981a: 1275）。另外，這一法學運動還被其他學者描繪爲「完整的正面的攻擊，也就是攻擊法學著作與思想的大廈」（Hutchinson and Monahan 1984: 199），以及「這下子至少出現了法律左派的學堂，它裝滿著初步的理論」（Sparer 1984: 509）。

　　韓特認爲批判性法律研究的矛頭是針對當代資本主義的民主國家之法制及其學說而發的。西方資本主義社會主流的法學思想爲法律自由主義，其特徵爲：（1）把法律從其他各種各樣的社會控制分開；（2）法律的存在依靠法條及其應用的範圍；（3）法條當作客觀與正當的規範機制呈現出來，而其中規範則視爲主觀的、一部分的、不完整的；（4）在法律應用的過程中，法條係產生決定性和可預測的結果。英美傳統的法律理論呈現相當程度的持續性。自霍布士、洛克以來國家與社會的互動提供自然法與實證法互爭雄長的背景。這些理論的爭辯，使得有關法律、國家和社會之關係，在知識方面與政治方面的論辯蒙上殖民的色彩，也更具壓迫性的意味。是故批判性法律研究在於冀望掃除自由主義的宰制作風。

　　假使以肯尼迪的說詞，作爲批判性法律研究之起點的話，那麼他的

學說之核心則爲「基本的矛盾」（the fundamental contradictions）的揭示。
這種矛盾從個人與別人之關係開始，擴大到主體性與客觀性、私自與公
共、社會與國家的兩分化，以及兩者的對立之上。誠如他所言「這個基
本的矛盾——就是同別人的關係變成與我們的自由有必要的關聯，也是
與我們的自由不相容⋯⋯這一事實乃是每個問題的本質（essence），而
不只是其側面而已」（Kennedy 19792: 13）。

　　根據美國威斯康辛大學法學教授儲貝克（David M.Trubek）的說法，
批判性的法律研究批評的焦點集中在四個方面：不定性
（indeterminacy）、反對形式主義（antiformalism）、矛盾（contradictions）
和邊緣化（marginality）等等（Trubek 1984: 575-622）。

## （一）不定性

　　批判性法律研究的學者，不認爲法律是一套建構出來，前後圓融，
首尾連貫的法條、規則之組合體，更不是符合邏輯、井然有序的「體系」[3]。
正因爲法律並非完整的結構之體系，因此無法對所有造成法律的問題與
情境，提出堅定而明確的答案。因之，法律可以說是「不確定的」
（indeterminate）。批評者指出，把法律規定或裁決當成法律決斷唯一正
確而符合邏輯的答案，這種說法、理念是錯誤的，是不符合事實的。

## （二）反形式主義

　　CLS 批評家不認爲世上有存在著自主與中立的法律推理之方式，從
而也就否認合理的、形式的法律。這就是針對與反駁韋伯強調形式的合
理性（formal rationality）之法律爲法律演展的最終理想，也就是法律超
越宗教、道德、倫理的實質，而藉由程序的中立，達到伸張社會正義與

---

[3] 這點與帕森思結構—功能體系論完全違背，更與盧曼演展的法律體系論，或自生的法
　律觀（autopoietic law）徹底相反。關於帕森思與盧曼的法律社會學說，參考洪鎌德
　2001b《美歐季刊》，141: 31-33；本書第6與第9章。

公平的地步[4]。批評者認為法官在審案時，固然運用他們對法律的知識與技巧，依案例之特殊性來作斷案的處理。但其遵守法律形式者少，而受政治與社會勢力的左右，甚至意識形態的影響，而下達的裁判多。塔什涅特也指出，「法官為著政治或個人的理由，選擇去宣布那些對零碎化社會某一部分的利益有所增進的學說」（Tushnet 1980: 1388）。由是可知批判性法律研究對自由派法律學說之批評與攻擊，在於後者拘泥形式主義的立場。之所以批評後者堅守形式主義，就是自由派政治理論依靠為形式主義，講究的是形式的平等、形式的自由與形式的公平。這也是批評家認為現行的法律體制同政治體制無法分開的、其間的牽連與瓜葛是千絲萬縷。在這一意義下，批判性法律研究無異為美國 1920 年代盛行的法律實在主義之延續與發揮。這是法律絕對自主性持有懷疑的態度。其激烈的主張甚至認為法官判決的時候一定受其本身的出身背景、信仰、意識形態所左右（黃維幸 1991：243）。

## （三）矛盾看重

批判性法律研究的學者，認為自由派的法律學說是對社會與社會關係相互競爭的觀點，也是各種不同的概念的集合體。是故自由派的法律學說充滿各說各話、矛盾叢生的現象。舉個淺例來說明，法律規定契約是締約的兩造私人間的協定（或合同）。可是一旦有一方違背了公平磋商

---

[4] 韋伯強調法律由非形式兼非理性，變成了實質而非理性，進展至重實質與理性，最後邁進到既重合理性又重形式之階段。而此一最後階段正是西方法律專才，透過可計算性、可預估性，來使法律成為普遍性的、帶有形式的行為規範。參考洪鎌德 2000b：913-914；本書第5章。

韋伯這種形式的合理性作為理想法律的類型，在現代推行福利國思想的國家受到質疑。由於現代國家的福利政策與管制措施，法律所重視的是實質上的合理性（subtantively rational law），法律被當成具有目的（purposive），目標取向（goal-oriened）的干預工具。法律一方面更為普遍，且是尾端開放（open-ended），它方面要實行具體的、特殊的目標，所以無法完全形式化，在很大的程度去掉形式性，而返回實質性、或像歐洲學者所言「重新物質化」（rematerialization），乃為最近演變的趨勢。參考 Teubner 1983: 240；以及本書第10章。

的規則，法院便宣布該契約無效。這時契約便喪失其「私人性質」，由於法庭宣告其無效的介入，而變成公眾的議題。於是我們便要質問：雙方當事人在談判或磋商之時，究竟是私人的性質還是公家的事務？回答是私人兼公家兩種性質皆有。也可以說契約是非私人，也非公家。贊成或反對的論辯都可以在主張是公家或主張是私人的論辯中，各取得令人信服的證據。這就說明了法律的理性推敲與邏輯思考之不夠圓融，不夠連貫。這大概也是涂爾幹要把契約的雙方之外，加上社會的（公眾的）第三方之因由（洪鎌德 2000d：9）。福立曼（Alan D. Freeman）遂感慨言之：「在自由派的法律學者群中，他們每個主張的立場（position）都有被駁斥的可能。其辯論、論證的結果之總體是陷入無望的矛盾之中（Freeman 1981: 1233）。

## （四）邊緣化

就算法律本身不是矛盾重重，就算自由派法律工作者對各種法律概念擁有一致的看法，法律尚不是解決人際紛爭唯一的手段。吾人必須理解人群之間的關係是非常的複雜，以致法律之外的其他因素對法律的裁決影響重大。法官在斷案時，摻入法律以外的因素之考量，使得法律不再是解決社會衝突的中心。換言之，法律的邊緣化、外圍化也隨著社會結構的趨向複雜性、社會隨機性、偶發性、風險性的提高，而成為現代工商業發達、資訊知識到處竄升的時代之特徵。

法律一旦淪陷於邊緣化，對社會關係無力捕捉與因應、本身又矛盾重重、欠缺明確、無所適從，使得儲貝克指稱：「法律本身並不是堅固牢靠的規範指引，反而是晦澀又模糊的行為指針。在此情形下，我們在法律的陰影之下講價還價、相互協商，無異視法律本身為一陰影」（Trubek 1984: 578-579）。

事實上，依據崔維諾的說法，批判性的法律研究對傳統的自由派法律學說之攻擊，牽涉的主要是自由主義所主張的社會意識，亦即自由派法學家及其背後所堅持的意識形態（Treviño 1996: 393-395）。

　　意識形態乃是一種理念、信仰的體系，是人們對周遭實在有組織而又連貫的看法，也是一種世界觀、社會觀、歷史觀，甚至人生觀的綜合說明，是主體對認知的想像、表述和反思。有時則不免淪為錯誤或虛假的意識，而產生了思想與行動的障蔽或偏差（洪鎌德　1998：310-318）。法律的意識形態也就是特定社會對法律是何物、何以存在、其結構與功能為何之種種看法。自由派的法律意識形態構成了資本主義體制不可分的部分，它視社會為一個充滿競爭，優勝劣敗的市場，以自由的契約作為人群進行生產活動的起點，而法律旨在保障契約之履行，保障私人之權益，特別是私有財產制之存續。為此造成的社會之分工分化，垂直上下不平之位置與不均之機會，權力與各種利益分配之分歧，都靠政治、法律、經濟、秩序之安排，而獲得正當化、合法化。

　　要之，法律的意識形態，藉由其法律言說（legal discourse）來塑造人群的意識，使被統治者深信現在的政經法律體制合法而又正當。「法律言說型塑我們對人類經驗與能力的信念，也型塑我們對正義、自由的落實，以及我們對未來的看法〔偉景〕之概念」（Klare 1982: 1358）。

　　批判性法律研究的學者攻擊的矛頭，不只對準自由主義的法律意識形態，還進一步要求將之摧陷廓清，也就是要求改變或摧毀此一意識形態，及伴隨它而產生的壓迫性與剝削性的社會制度和不合理的人群結合方式。其目標在建構有異於資本主義的世界觀與社會觀，俾個人與社會之「相反的偉〔願〕景」（counter vision）得以產生，從而使個人從目前橫行的制度陷阱中跳脫出來、解放出來。在這一意義下，批評家之做法與馬克思終生追求的目標——人的解放——完全同調（洪鎌德 2000a）。對批判法律研究的學者而言，這種行動被儲貝克稱為學界「轉型的政治」（transformative politics），也就在這種政治活動及其目標的追求上，使CLS 獲得批判性的界域（critical dimension）。

　　須知人們的世界觀與社會觀不只牽涉人群對世界、對社會、對周遭實在的看法，也是因為這些觀點、看法賦予社會現實以「意義」（meaning），意義不只激發（增益）我們的意識，也建構我們的意識。就像馬克思主義者一般，批判性法律研究的批評家也把現在流行的法律

意識、意識形態當作錯誤與虛假的意識看待，或看做「通過自由派法律的世界觀，把神秘的幻象深植人的意識之中」（Freeman 1981: 1230-1231）。儲貝克還進一步解釋說：「我們所建構的意識世界，回過頭來型塑與疏導我們，什麼是我們該做的，什麼是我們不該做的」（Trubek 1984: 592）。換言之，自由派的法學學說告訴我們，這個西方所盛行的資本主義社會，其組織是自然的、公平的，而當今的人群關係是必要的，也是可欲的。因之，有關社會組織與人群關係的另外替代方案，從來都不曾出現在大眾的意識裡。

此外，批判的核心在於抨擊自由主義者，藉客觀規則的運用可以解決不斷發生的個人與社會利益的衝突，彷彿只要符合程序正義，衝突便可以合理解決。這種把社會秩序藉合理與共識來解決的作法是啓蒙運動的遺毒。事實上任何的解決不過是有權有勢者對權力與資源的分配占盡便宜而已。

# 三、批判的技術與方法論

那麼批判的法律研究在技術上，採用什麼方式、什麼手段，讓它與傳統的、主流的法學思想有所區別呢？柯爾曼（Mark G. Kelman）認為是一種「窮除」（trashing）的技術。「窮除」是美國現實主義的用語。現在由批評家承繼下來而廣爲應用的技術表現爲兩種過程或程序，其一爲「去掉神秘化」（demystification），也就是從法律訴訟表面上與政治無涉的神話、秘思中徹底覺醒起來；其二爲「去掉正當性」（delegitimation），不以現行的法律體制爲正當的、合法的排難解紛之機制，而揭示了可以表達現實可能性，揭露了型塑未來之可能性，使未來的落實非抽象，而爲實質的公平，也就是實行真正的正義（Freeman 1981: 1230-1231）。藉由窮除的手續，CLS 的批評者盡量揭露與修理自由派法學論說的基本主張。就是自由派法學的基本設準（假設）制約了我們的意識，也給我們

的世界強行加上一層意義，給人們之間的交往、關係強加一層意義。這些設準、前提在具體的現實生活中卻常常無法證明為真。換言之，在自由派法律學說與日常生活的實踐之間存在著彼此無法調和甚至矛盾之處。在此福立曼舉「共同享有的價值」，這個自由派法律學說中最有利的基礎為例，來說明其立論之前後不一致和矛盾重重。

福立曼指出，自由派法律學說一開始便說：涉及人群的利益可以協調、可獲得同意，是由於大家擁有共同的價值觀之緣故。這些共享的價值使得自由派法律學家得提出一些與之前有關聯的基本概念，而建構了法律說辭，諸如經濟的效率、平等的關心和代議的民主。就使用這些概念，來評估某一法律之有效性。例如在代議民主中，一旦某一法律尚未制訂，那麼自由派法學者會說這是違反多數人的利益，蓋他們相信每個公民在政治過程中都應擁有相等的發言權。不過代議民主對社會各段落、各部門、各階層並非一致受歡迎的政制，窮人較之富人對政治上的發言權就少得多。這種情況就說明社會的一個面向（法律上 *de jure*）與另一個面向（事實上 *de facto*）之間的落差或矛盾。因之，自由派法學家所假設的規範行為之「應然」（ought to be）與現實世界充滿衝突、宰制、上下位階之「實然」（to be）完全不相符合。福立曼指出，自由派法學家把這些矛盾掩藏起來，而大聲倡言這個世界是相對的公平與公正。他們高唱平等，而卻反對人們真正落實或獲得平等。他們反對有關社會、政治和經濟的制度之改變、之轉型。

批判性法律研究之目標為剷除自由派法律學說的先決條件與設準，而揭露真實的社會之特徵為上下垂直之階層的不平等，以及立基於種族、性別、階級之權力關係。CLS 批評家聲稱，剷除舊說的目的在使自由派法律學說的正當性被撤除，而使世界還原其真面目。剷除的技巧將使人群從意識形態的桎梏中解放出來，並協助他們把壓迫的社會制度與安排徹底揚棄（Treviño 1996: 394-395）。

批判性法律研究既無凸顯的理論，也無一致的方法論。而理論與方法之間更無圓融可言。韓特認為理論與方法論的圓融並非要求這兩者完全同形（uniformify）。但一般閱讀此一新法律運動的文獻，都意會到他

的理論與方法之眾多與紛歧。這就令人啓疑在此運動中有無內部的對話，而造成某種程度的歧見協調，甚至在批評者眼中，會認爲分歧性、差異性導致此一運動的解體（Hutchinson and Monahan 1984: 24）。這也是韓特對此運動未來長程存活性，以及它能否應用於法律的政治，作爲評估的標準（Hunt 1993: 140; 341）。

肯尼迪曾經說過一句令我們玩味的話。他說：「我要引導讀者使用一個理解法律思想背後的政治意義之方法。這個方法或者可以稱爲結構主義的方法，或現象學的方法，或新馬的方法，或三者合起來的方法」（Kennedy 1979:209）。那麼批判性法律研究似乎有了一定的方法。不過我們如進一步觀察，則不難發現批判性法律研究並無特定的方法論之研究途徑，不過是依賴其他學科的研究方法。粗略地說 CLS 的研究途徑，也就是批判自由派法學思想的研究技巧，計取材自三方面：社會理論、純粹批判，以及文本闡釋（textual explication）（Livingston 1982: 1669 n.3；Treviño 1996: 395-396）。

社會理論的方法論是直接從社會學引伸出來。西方社會學中各種傳統的學說，包括馬克思學派的觀點、衝突理論、韋伯學派的看法，甚至帕森思的結構－功能論都是提供改變與重建社會，以及人群組合方式的指引原則與方法。儘管社會理論難免有烏托邦、不切實際的空想，但卻提供給批評家對資本主義社會現存壓迫性的制度之更改與轉型所需的藍圖。換言之，提供給 CLS 由現狀的改變至未來的理想之途徑。

至於純粹批判是批判性法律研究主要的利器。不談日耳曼經典的康德、費希特、謝林至黑格爾、黑格爾左翼門徒（特別是費爾巴哈）的批判學說，也不談馬克思的批判精神，也就是西方馬克思主義與新馬克思主義的盧卡奇、寇士、葛蘭西的哲學與文化批評理論、法蘭克福學派的批判哲學、批判社會學與文化批判，都對 CLS 的批判方法大有助益。剛好 1960 年代與 1970 年代阿朵諾、霍克海默、馬孤哲、佛洛姆與哈伯瑪斯[5]的學說充滿了對西方政治、社會、文化、思想的批評。其批評的方

---

[5] 關於哈伯瑪斯法律社會學之闡釋，對體系界之宰制與殖民生活界，對資本主義法律學

法或非「純粹批判」，而為實質的批評。也為 CLS 的批評家所接受、所模仿。特別是阿朵諾和霍克海默師承黑格爾否定的辯證法，馬孤哲對現代人陷身於一度空間之淺薄無知中，都有嚴厲的批判，而引起新左派法律批評家的注目。針對自由派理論者強調每個人都有權利、有自由去追求其幸福，實現其自利的人生計畫，CLS 的批評家卻指出西方倫理傳統中重視公共的好處，關懷別人的禍福也是一種文化的價值。因之，把追求自利與關懷他人兩種價值相提並論，不但發現其間的對立或矛盾，也使自由派法學理論的偏頗得以暴露。

最後涉及文本闡釋，乃是就法律的文本、文獻、法條的文字、裁判的內容、法律學說的內涵，做一個說明、解釋，俾瞭解法律原則、概念和理論的真義。批評家所使用闡釋的技巧源自各方面，其中又以解構主義（deconstructionism）最為凸出。當做文學或文獻的批評，解構主義牽連到文本／故事，仔細閱讀的策略，其目的在於穿越文字的表層，而進入隱藏的意義、或未言明的的假設之背後。文本／故事被肢解、分析，其結構被解散、重組、其推理邏輯被質疑、重建。批判法律研究逐藉由此解構的方法把自由派法律學說內在的不融貫、不一致，乃至矛盾一一揭發暴露。

## 四、法律形式與實質之間的對立與抗爭

肯尼迪在 1976 年發表一篇題為〈私法判決中的形式與實質〉的文章，被視為批判性法律研究極具創意的開山文獻。他在這篇文章中討論了美國人津津樂道的個人主義與利他主義，這兩種彼此相反的「修辭模式」（rhetorical modes），以及從這兩個言辭所代表的理念，可分析出它

---

說與法治國家之批判，為近十年間歐美學者討論的焦點。參考洪鎌德 2001a：97-114；206-217；本書第8章。

們對法律實質的影響。此外,他也尋出兩個相對相反的概念,亦即法則
(rules)與標準(standards)之修辭模式,而進一步指出這兩個概念怎
樣來影響法律問題解決的形式。他研究的結果指出,在私人法律爭議中
利他主義會偏向標準,而個人主義則偏向法則。這組修辭模式的個人主
義和利他主義是建立在人們的世界觀之上,建立在何者爲是、何者爲非
的是非觀之上。

## (一)法律形式上的對衝

我們且首先討論肯尼迪所說法則同標準之差別。法則是指法律規範
驅使法官對案情經過深思熟慮之後直接的反應。反之,標準爲非正式的
法律規範,他們使法官在斟酌情況下爲目前所辦的案件做一個符合案情
的了斷。依肯氏的說法,法則與標準形成爲法律形式上的一個連續體
(continuum)之首尾兩端。法律所結構的形式可有三個不同連續體的界
域(dimensions):(1)法則形式上可以實現性對抗規範的非形式性;(2)
普遍性對抗特殊性;(3)形式性對抗嚇阻犯罪的法則。

### 1.法則形式上可以實現性對抗標準的非形式性

所謂法則形式上可以實現性是指法官在技術上、在機制上、在符合
原則上援用生硬的法條而言。此舉的優點在使法官辦案時有規矩可循,
不致因案例而做太多現實(隨意、隨緣)的考量。也就是韋伯所強調的
不偏不倚、可靠可信的形式理性的法律體系所追求的理想。此外形式上
可實行性,對案情的結果有確定的交代。總之,此舉在重視客觀情境,
俾法律具有某種程度的預測性。這也是韋伯何以說制法與執法的可預測
性與資本主義經濟體系可預測性有高度相似之因由(洪鎌德 2000c:
923-924)。

與法則的可實施性、可落實性相反的爲非正式、非形式的標準,這
是法官在斷案時斟酌案情之特殊而做的主觀性考量。是故法官必須對法
案情況有所感觸、有所敏感,因爲它涉及法官的自由裁量權,每隨法官

之性情、才質、人生觀、世界觀而有異。

法則與標準顯然為兩種不同的價值。法則在阻止法庭侵入當事人的私有權利，標準則在保護弱勢的一方免於不當的損害，所以這兩者的相反、相對乃極明顯。

### 2.普遍性對抗特殊性

普遍性是指法律要應用到事況的多樣性（multiplicity）之上，也就是指法律要應用的廣泛之範圍不免有太空泛和漏失之處。特殊性則指法律對某些事項之特別規定而言，例如年滿 18 歲才有簽約的法定能力。一般而言，法則比標準擁有更大的普遍性，這意味著法則應用之寬泛、不夠嚴謹、不夠精確，而容易在引用時趨向於獨斷、恣意、專橫。

### 3.形式性對抗嚇阻性的法則

這是在法則／標準連續體上出現的法律制度的公領域（例如法律執行、地方檢察署、監獄等）與法律制度的私領域，也就是肯氏所謂的形式性（formalities）之對比。形式性乃是爭論的當事人透過溝通，俾法官知悉他們在爭論中期待的各種解決方式。這也是肯氏對契約法的形式性關懷之焦點。

依據肯尼迪的分析，每一法律的法案在形式上牽涉的有上述法則／標準的兩分化，也在實質上涉及到另一組的兩分化之「修辭模式」，亦即個人主義與利他主義。這是涉及法律的內涵。

## （二）個人主義針對利他主義：法律的內涵

個人主義廣義的界定為「在尊重別人的權利下之利己主義（egotism）」（Kelman 1987：16）。肯尼迪指出個人主義的概念在觀感上早已與自由派政治理論連結在一起。個人主義是一種意識形態，在正當化與堅持個人的自我利益，潛藏在這個意識形態之後面的是認為每個人靠著自立自為可以

追求自利。每個人只要靠自己的努力可以把社會的好處據爲己有。這便是俗語所謂的「自己活，也讓別人活」（"live and let live"）。

肯氏指出個人主義已經成爲法律言說中主要的、統領的意識形態。他又說，與個人主義的理念相競爭的、相對立的意識形態則爲利他主義。他界定利他主義爲「相信個人不該過度沈溺於個人利益，而超過了別人的利益」（Kennedy 1976: 1717）。利他主義以同別人分享與忍受犧牲而表達出來，這是聖經上的格言「愛人如己」。

就像前面所敘述的，法則與標準在法律形式上表現出來，進行了操作。這些修辭的模式決定了法律言說是「如何」（how）建構，「如何」形成結構。反之，個人主義和利他主義則在法律內容上決定「什麼樣」（what）的東西爲法律言說所包涵的。把法律形式與法律實質結合起來看，肯氏便會發現法則與標準所表示的價值衝突，同實質問題的利己與利他觀念之衝突都息息相關。前者如個人權力對抗別人的福祉；私人秘密對抗社群公開；侵入對抗保護；自立互助對抗公家關懷等等。後者的例子則爲吾人究竟對人性與社會看作是利己的還是利他的不同看法與要求。換言之，隨著人們對現實與未來不同的偉（願）景，就會對上述不同或相反的價值加以組合，並對此有所偏好、有所取捨。

爲了說明法律形式與實質之間的相互關聯，肯尼迪採取兩種做法，其一、他考察美國司法史上兩組「修辭模式」之衝突情形。其二、他把個人主義與利他主義（實質）怎樣受到法則與標準（形式）之影響加以說明。

肯氏指出 1800 至 1870 年間，個人主義與利他主義尚未形成彼此相爭的意識形態，這個時期法律結合道德強調利他精神，但有時卻也允許個人主義有所發展，俾促進經濟成長。1850 至 1940 年被目爲法律現實主義盛行之時，這是「古典的自由主義」之時期。個人主義宰制了政治、法律與經濟思想。此時法律強調自然（天賦）權利、自由意志、自立與自由競爭。於是此時之法律學說強調個人自主、自由、獨立。個人之行動對別人造成的效果不在法律追究之下。換言之，個人無協助別人的法律義務。司法反映了美國主流思想尊重個人自由、私產與身體安全之文化價值。另一方面自 1900 年至 20 世紀杪，新的法律思想崛起拒絕古典的個人主義，而凸顯

現代司法中之種種矛盾。至少這裡顯示三種相衝突的要求：（1）社群對抗自主；（2）管制對抗方便；（3）干預（paternalism 保護主義）對抗自覺。

## （三）三種主要的矛盾

### 1.社群對抗自主

在此主要的問題為如果個人與他人之間不存在任何的契約關係之下，一個人對他人要負擔什麼義務呢？贊成個人主義的政策者會鼓勵個人的自主說，而不藉著共享或犧牲來限制個人的自主。其方式或是使個人對契約義務的責任降到最小，或是契約負擔的義務之豁免擴大，使義務負擔人在無法履行契約時，得以逃脫法律的制裁。反之，利他主義者的政策，不只反對限制，反而擴大法律責任和縮小豁免案例。其目的在增強社群的利益，而鼓勵協作團結。

### 2.管制對抗方便

當強勢的一方碰上了弱勢的他方之時，法律體系控制的數量大於當事人磋商協調的權力。在談判時法律可藉對弱勢一方的禁治產宣告，來抑制強勢當事人的繼續進行磋商協調。換言之，宣告某一方無法律行動的能力，從而宣告強者與弱者所締結的契約無效。個人主義的立場主張法律保護私人隱私與個人自由，反對法律管制私人的行為（特別是該行為隸屬於經濟範疇中時）。這種的政策為非干預的政策，也是法律被動的政策。換言之，個人主義的立場是認為法律體系的主要功能在於提供方便，讓人獲得行動之自由。相反地，利他主義的說詞是敦促法庭對磋商能力強的當事人予以管制，這是反制當事人權力不平衡的措施，而使公平或正義有了合理的配當。

### 3.干預對抗自覺

是出現在契約的一方發現其締約行為錯誤，有損其利益，而中途要

撤退、要解約。干預或保護主義是指法律阻卻或禁止當事人作出違反其福利之行動。利他主義者贊成這種公家的干預，詐欺無效的規定就是保護弱者或不知情的當事人免於遭騙受害。反之，個人主義者對此種規定的看法是主張自決，認爲個人須擁有自主與自由「去做愚蠢之事，甚至是傷害自己之事，也就是可以拒絕別人替他找出最好的做事原則」（Kennedy 1976: 1737）。

在討論完美國法律史上兩組修辭方式的互爭雄長和三種主要的矛盾之後，我們再來考慮肯尼迪把法則與標準的形式對抗連結在個人主義同利他主義的實質對抗之上。

## （四）個人主義與利他主義受到法則與標準的衝擊

肯尼迪集中討論道德的、經濟的、政治的立論對法律言說的影響，從而把法律的形式與實質之對稱關係彰顯出來。由於篇幅的關係，以下只討論個人主義者、採用法則的觀點來說明經濟的論證。個人主義者相信法律（界定爲強制性禁止某些行動之規範）侵犯了個人的自由和自然權利。贊成用法則而非標準的個人主義者承認人們的某些行爲應當禁絕。但禁絕的命令則必須間接爲之，不當明示宣布。在此情形之下，他們寧取法則，而不要標準，因爲前者是有間隙的（interstitial），也是相對的；後者則是嚴密的、絕對的。不像直接應用到法案特殊上之標準，法則擁有更大的普遍性，而容許有出入的空間。職是之故，法則干涉個人的隱私和秘密是間接的。

第二個連結形式與實質層次的現象可以從個人主義者在應用到經濟競技場上的論據看出。這一論證指出，凡是追求經濟成長與成功的政權，都不會在法律上直接干預，來獲致這一目標，因之必須採用制裁的放棄方式。所謂放棄云云，乃是指政府擺脫種種義務協助其百姓。個人主義者相信政府讓百姓陷於最大飢餓與最低福利措施下，然後才強迫別人（富者、富國）施予援手，會創造最強有力的誘因，激發生產交易的熱絡。

換言之，採用不干涉政策，可以促成經濟繁榮。

正當個人主義者在經濟領域促使政府進行放棄政策，贊成使用法則者也主張在形式化的範圍內採用放棄的策略。在形式化的範圍內，放棄意味著法律不須為特殊的情況量身訂製某些條款。此時法官對情勢判斷的自由裁量權不被允許使用。舉個例子來說明，遺囑訂立者在遺囑上一旦沒有簽名，受益人就沒有辦法獲得遺囑上所規定的好處。個人主義者遂認為此種規定會迫使欲立遺囑的人，小心遵守法律之嚴格規定，而不讓法官應用特殊情勢下的標準自由心證，對沒有簽名的遺囑另開方便之門。

肯尼迪認為個人主義者偏好法則的引用，是由於在法律的氛圍內法則要獲致的目標符合他們的心意。這種目標包括利用契約當事人的無能，而獲得多餘的益處，也包括對個人最好利益的注目和對別人自主和自由的強調等等。這些法律上的目標和經濟上的目標（生產與交易的提高）相輔相成。如果法律是一種懲罰工具的話，主要懲罰的對象，就是那些不肯追求自利，無法達成經濟成就與法律目標的人。俗語所說「不工作、不得吃」和「買貨要識貨」就是這種個人主義者和偏好法則的人之基本態度。

此外，把形式和實質加以結合的經濟主張為社會達爾文主義。他強調優勝劣敗、適者生存，以及生活中激烈的競爭。在實質方面，個人主義者認為擁有經濟權力者不是市場競爭中的使用者，他們的所作所為不該受到法律的干涉。因為只有他們懂得善用智慧、技巧、能力來開物成務、利用厚生。對他們這種生產力的管制會妨礙經濟成長，而達不到福國利民的目的。

在形式上，這些個人主義者主張立基於社會達爾文主義而採用法則，而非標準。蓋標準是靠法官對辦理某一案件，處於某一特殊法律情境之下，尋求內在於案情的社會價值，不免太重視特殊。反之，法則是對情勢通盤的考量，是可以普遍應用到所有類似案件的通則，可以跳脫隨意、恣肆、獨斷的陷阱。就算法則中有隨意、專斷之處，對擁有經濟權力者而言，也不致干擾他們商務上的來往。換言之，法則追求自利的

大力擴張之商務活動所造成的司法干涉,只有縮小的趨勢而已。

　　肯尼迪這篇文章的主旨在於表明美國的司法中之修辭方面,個人主義偏向法則,同時利他主義偏向標準。這種法律實質與形式之結合,使得道德的、政治的、經濟的論點,旗幟鮮明。在法律的形式方面,人們究竟偏向法則,還是標準,完全看他們對社會與人群結合的方式採取個人主義或利他主義的看法而後定。肯尼迪此文在於表明要強調與恢復韋伯形式的理性,也就是落實形式法律的計畫,並非容易,甚至是不可能的(Teubner 1983: 241)

　　以下再討論美國東北大學法學教授珂蕾兒·達爾屯(Clare Dalton)對立基於自由派法律理論的契約說之闡釋,她揭發契約說之不確定性(indeterminacy),並藉女性主義對權力與知識的看法,抨擊了自由派的法學思想。

# 五、契約說背後的權力與知識之問題

## (一)個人與他人之間的基本矛盾

　　達爾屯一開始便指出契約說的法律言說(legal discourse 話語、論述)充滿權力與知識色彩。權力涉及的是權威、鎮制、管制、干預等等,而知識則涉及理解、解釋、真相等等。對這些言說的定義,她指出很難界定,且每一概念都有雙重的語義。她說:「雙重語義的一端,只有使用他端,才能加以理解與界定。事實上,也只有對其對立的概念事先理解,才會瞭解一個概念的意義」(Dalton 1985: 1000)。舉個例子,要瞭解所謂的「私人的」(private)意思,只有在對照何謂「公家的」(public)之意義以後才有可能。由於公家與私人並非完全的對立、徹底的區別,因之,契約說強調契約只存在私人的兩造之間是說不通的。

　　儘管缺乏精確的定義，一說到權力的問題，我們仍舊可以從達爾屯的推論中，得知權力所涉及的諸面向。例如吾人如何與他人既分開、而又聯合？別人對我們既是希望、又是威脅。吾人能否享受與別人共處的利益，而不必負擔或支付代價？吾人能否築起高牆，過安適無憂的生活，而不受外頭紛紛擾擾的世界之干預？獨居安適的代價是否遺世孤立，無法享受共同體的福樂？國家扮演何種角色來規範我們與他人之關係（*ibid.*, 999-1000）？

　　達爾屯沒有明確指出這些問題的癥結所在，但她必然與肯尼迪所指出的「基本的矛盾」（Kennedy 1979）有關。所謂的「基本的矛盾」是指涉個人與別人之間的兩難之局。個人需要別人的協助來達到安全的保障與個人存在價值之確認。在別人提供安全保障與個人價值的確認之同時，別人對個人的存在與價值卻有威脅，甚至個人有被消滅之危險性。其結果導致個人既需要別人，而又害怕別人。肯尼迪懷疑個人如何從這個基本的矛盾中解套出來。個人為著自由以及從別人的贊可而取得好處，就必須順從與符合社會的期待，作為支付的代價。順應社會的期待，就是配合的行為（conformity）。配合乃是一個很高的代價，其結果是我們賦予（impose）別人和自己上下垂直、權力分配不均的結構（hierarchical structure of power）。權力滋生的問題之一，為別人（私人或公家）可以支配我們、命令我們去做我們不想做的事情（或不做我們想做的事情）。例如個人雖有權去簽約、完成合同，但不能超過契約或合同法律要求的設限。

## （二）權力與知識

　　在討論個人與他人之間的基本矛盾，也在理解權力在社會的結構裡之中心地位以後，我們轉過頭來介紹達爾屯有關契約的法律言說所涉及的知識之議題。與知識有關聯之問題為：「我怎樣能夠知道別人怎樣看待他們所企圖的、意欲的東西？在什麼樣的基礎上我可以把自己對世界的理解同別人共同分享？是不是有一個實在讓我對它的理解有所區別〔實

在以及對實在的理解是兩碼事〕？溝通有可能嗎？」（Dalton, *ibid*., 1000）。達爾屯似乎相信法國哲學家福科（Michel Foucault 1926-1984）把知識與權力結合在一起的說法[6]。因為福科曾經指出：

> 權力產生知識……權力與知識直接地相互蘊涵：沒有一個權力
> 關係不與知識領域的呼應建構聯繫在一起；沒有任何的知識不
> 事先設定與同時建構權力關係。（Foucault 1979: 27）

達爾屯認為權力與知識的關係是從雙重性的兩個極端之對立產生出來的，這包括私人與公家、客體與主體、形式與實質、私人與他人之對抗。這些相反相對的範疇，不僅影響人們對周遭世界的看法，也為契約說的法律言說建立起了架構。契約說容許、型塑、界定我們與別人關係的種種說法（故事），包括我們與權勢者之關係的解釋。我們如果對這些關係的說法能夠理解的話，我們對法律思想的迷思可以揭破，進一步能夠瞭解法官在牽涉到契約爭端時判決的方法。

達爾屯致力的是揭發契約說的法則如何來描述、監督和否認兩個極端的雙重性。基本上，她的目標在於論證權力與知識的問題對於契約說的缺乏連貫性與不確定性產生重大的作用。且先從私人的與公家的對立談起。

## （三）私人的與公家的範圍之對立

契約說雖早在 17 與 18 世紀便盛行於歐洲，但在 19 世紀中葉之後，美國的契約說出現了私人重於公家、客體重於主體、形式重於實質的說辭。達爾屯說對於兩種對立體中偏向某極端，是由於不同時空情況下權力和知識的問題偏離正道所造成的。她稱這種偏離正道的過程為「取代〔位移〕策略」（strategy of displacement）。

---

[6] 關於福科論權力與知識之關聯，以及他對法律社會學的貢獻，參考洪鎌德 1999：351-352；2001b；參考本書第13章。

私人－公家的雙重性：在契約說中，私人與公家的對立早便成為主要的話題，直到 19 世紀自由派政治理論抬頭，遂賦予契約義務中私人看重的面向。也就是尊重簽約當事人簽約的意志。這時當事人主觀的願望，導致了契約意志理論（will theory of contract）之倡說。據此訂約的個人自主與談判協商的自由，減少或排除司法的介入。其主張為契約關係是私人的、平等的、自主的。

但是從 19 世紀下半葉以來，法律現實主義興起，開始質疑契約的「私人性質」，他們暴露了契約公共的面向，否認自由派所宣稱的國家中心說，認為契約一旦發生紕漏，法庭便會介入，對爭議的雙方做出裁決。達爾屯遂指出由於現實派學者的努力，有關國家權力大於個人，以及部分個人權力大於其他個人遂成為考察的焦點。不過現實派揭露，並沒有完全剷除自由派對契約堅持的理念，視契約是私人的、平等的、自由的、主觀的。這是由於現實派忽視知識對解釋的影響作用。也就是說他們注意到權力的運作，卻因為「取代策略」之運用，而忽略了知識的重要。換言之，現實派在分析與批評法庭的外在標準時不夠徹底。須知這些外在標準是法庭用以理解和解釋爭議的當事人心態的準繩。

由於現實派的大聲疾呼，使得個人主義者視國家干涉為邪惡的。可是契約公共面向之偏見，卻不曾在契約中完全消失。不過契約說卻利用兩個技術來隱藏與否認公共因素。其一為人造的混同（conflation），把公私合流認為公家乃代表私人的權益；其二為公私分開（seperation），以公共因素保護私人因素的名目來魚目混珠，少談保護私人爭執的公家因素，而多注意到劃清界線和有限的公共競技場域。這個混同與分開的技巧，以隱涵的契約（the implied contract）為其顯例。

所謂的**隱涵契約**，這包括兩個類別：其一為法律上的隱涵契約（法律主義的契約）；其二為事實上的隱涵契約（事實主義的契約）。前者是當契約的當事人沒有做出明示的同意、允諾和意願，而由國家（法庭）定出法律義務，目的在保護弱勢的一方免被強勢的他方占盡便宜，這是一種準契約。至於事實上的隱涵性契約，則存在於買賣雙方依其情勢而產生的默契（a tacit understanding），雖然同意的項目並未明白說明於契

約之上。在這種情形下，法律上隱涵的契約是具有公家的屬性，而事實上隱涵的契約則屬私人的性質。

但根據達爾屯的說法，由於應用到上述兩種類別的契約之方法有時分開，有時混同合流，以致公私的分別為人造的。這是「取代〔移位〕策略」之應用。到頭來分辨契約為公共的、還是私人的方法所倚賴的仍舊是公共與私人的標準。要之，法庭的裁決最終仍舊牽連到知識（知道締約的雙方的心態與締約之社會情況）的問題。

法官要瞭解當事人締約時的主觀心態，顯然需要進行解釋的客觀衡量。是故，把事實上的隱涵性契約當作私人的性質來看待是錯誤的。原因是法官在公平交易的公共標準之基礎上來考量當事人締約的心態，是以客觀來解釋主觀的現象。在此情況下，契約說的公私範圍完全消融在彼此當中。是故達爾屯揭穿了自由派的矛盾，因之，指出所有的契約既是私人的，也是公家的。

## （四）同居的契約

達爾屯說，非婚同居的關係與傳統婚姻關係有所不同，也有所同。不同的是同居關係一旦告終，同居的一方無權要求對方償付贍養費、兒女養育費和財產的分配。另一方面同居與婚姻關係相似，都是同居人如同配偶經營共同的家庭與隱私的生活。

知識的問題：法庭要裁決同居人的分居要求前，先要看同居的契約是明示的契約，還是法律上隱涵的契約，不管是哪一類別的契約，法庭解釋的方法大概都是相同，而沒有什麼重大的分別。法庭賴以裁決的標準或是私人的（同居者之意願）、或是公家的（公平處理家產的地方觀念）。法庭也可能認為同居人之關係根本不是契約的關係，例如父母與子女的親情關係就不建立在契約之上，同居的男女也可能認為契約是累贅、是具文，對同居者之恩愛無助。更進一步而言，同居者之親密關係與生意場上的買賣有異，所以也不可視為事實上的隱涵契約底關係，此種關係在法律上也不是隱性的契約關係。

由於私人與公家的範疇彼此關係密切，甚至有混同之情形，因之法官在裁決同居者之請求時，可能受到明示契約、或法律上隱涵性契約規定之影響，也可能不理會任何條規，是故可能視同居關係既不隸屬私人範圍，也不隸屬公家範圍，這就是同居關係之不確定性。於是支持與反對的論說紛起，最後甚至認為有關同居之規定不屬法庭裁決的職權，而應移到國會（立法院）由議員來立法求取解決。

要之，同居的關係引起三種相互矛盾、難以連貫和難下結論之論爭。其一指出同居為感情關係，涉及隱私，而非契約的性質；其二，同居契約為私人性質，法庭的強制有時是必要的；其三，同居關係涉及公共利害，是相當公開，也涉及公家之事，不能只靠法庭調解、裁決，甚至需要國會立法的介入，以免社會造成更大的麻煩。從上面的顯例可以說契約學說的矛盾、不連貫、不確定性是昭昭在人耳目，這都是牽涉到解釋的問題，也就是知識的問題。

**男性權力的問題**：引用脅迫、或不公平（unconscionability）的條款，來處理同居契約的爭執是個爭論不休的問題。基本的爭論是同居人是否因為受到脅迫、壓制而實行同居？同居人中的一方的權力大過他方？顯然權力與公平的衡量不會使用到同居關係之上，因為法官認為同居是最隱密的私人關係，非法庭所能聞問。更嚴重的是向來男尊女卑的權力失衡，不是法庭所關懷的。達爾屯逐說在私人範圍中法律的缺席導致男性的養尊處優與女性的卑微恭順。

在同居契約的裁決中，女性主義的理論可以發人深思。女性主義的理論是認為女人的形象與男女關係影響到「法官對法條和政策的侃侃而談。在不確定的〔法律〕世界中，他們〔這些形象〕提供另一組的變項，來使法官，以這樣或那樣的方式來辦案」（Dalton 1985: 1110）。

達爾屯認為人們對女人的形象不是尊之如天使，便是貶之如娼妓。假使同居的女人被當作天使看待，法官會說她無私地為其同居者提供（性）服務，而不要求任何報償。假使她被認為是娼妓的化身，那麼他必定是為了金錢或其他的好處拐誘男人，實行同居。不論怎樣看待，女人都被看做性服務的提供者。法官對同居中的女性都是以性作為同居的

契機。性服務壓倒同居中的其他服務（生涯的犧牲、家務處理、子女養育等等）。因之，法庭如果無法強制同居義務的履行，那是因為同居契約不是太私人，便是太公共，法庭無法對女性同居人的犧牲要求男性補償。

　　達爾屯有關女性主義的研究途徑，提供吾人對男性權力的新鮮理解，特別是當這種男性權力牽涉到同居契約的研討之時。這種女性主義的觀點與麥金農（Catharine MacKinnon）的說法吻合。麥氏說：「女性主義瞭解所謂的真理云云，不過是為有權塑造現實的人之利益而創造出來〔的玩意〕」（MacKinnon 1983: 640）。不過達爾屯的批判對法理學卻也十分重要，因為她質問為何契約說不討論權力與知識的問題。她還建議怎樣來討論這兩者關聯之方式。要之，這種批判性的質問就是要使我們能夠看見：「傳統教條式分析所描繪的世界，並非吾人所存活的世界，也必然不是我們唯一可以存活的世界。一旦我們能夠認識到這一點，我們能增加更多的機會去重新建構我們的世界」（Dalton 1985: 1114）。以下我們再討論，女性與少數族群對法律、法律體制的看法，同時看出他們與批判性法律研究的相異之處。


# 六、女性主義以及批判性法律研究


　　女性主義的法學者韋斯特（Robin West）在 1988 年發表了一篇〈法理學與性別〉的文章，指出現代美國的法理學背後的立場是一種叫做「分別的提法」（separation thesis），也就是把人當成一個形體上與人分開、獨特的和「有界限的」（boundaried）的個人來看待。韋斯特認為「分別的提法」在男人的經驗中，也許有其真實的基礎（瑣碎性的真相），它對女人的經驗而言，卻不免失真。她指出女人在生理上與存在上都與其他人息息相關，特別是透過女人與異性的交往（性交）、懷孕和哺乳等生理學上活動，而顯示其個人與他人之密切關聯。假使人們明示地或暗示地接受這種分別的提法，則必須承認美國現代的法理學（不管是自由派或

批判派的法學研究、法學理論），實質上都是男性的法理學。

當然自由派的法理學與批判性的法律研究都同樣接受「分別的提法」，不過卻有根本上的差異。這兩派對人在形體上與存在上與別人有所分別的男性經驗提供不同的說法。自由派法學主張個人與別人形體上的分離，產生人自主（也是政治權力上的自主要求）的結果，不過也同意別人對個人自主可能的威脅。韋斯特描述人怎樣經驗這類的威脅。她說：

> 我有理由對你害怕，這是因為基於我是我、你是你的這項事實。你不是我，所以我的目標就不是你的目標。我們的目標可能相互衝突。你可能會嘗試挫折我對我的目標之追求。在一個極端的案例下，你甚至可能要嘗試殺害我——你可能會造成我的消滅。（West 1988: 7）

批判性法律研究也把個人當做與別人分離的人看待，不過對批評家而言，這種形體上的分別，並不產生自主的讚頌，而是產生存在上的熱望，期待與別人聯繫和附麗（attachment）。批評家認為個人害怕由於形體上的分離，而造成個人的孤獨與被人隔絕。

要之，韋斯特指出，自由派法學理論強調自我的「自主」，而害怕被別人「消滅」。反之，批判性法律研究重視「社群」的價值，而害怕被別人「異化」（「疏離」）。至於不講究法律觀念的女性主義者，她說這包括文化女性主義與激（基）進女性主義，也因為受到男性法理學的衝擊，而在主張上有所分裂、有所不同（洪鎌德 2003）。

韋斯特說，現代女性主義者同意女人與男人不同，不過有哪些不同，哪些重大的差異則迄無明確的定論。對文化女性主義者而言，最重大的差別在於懷孕的問題，女人要生兒育女，男性則不必。對激進的女性主義者而言，男女重大的差別在於異性間的性交，女人就是可以把性取走的人，而男人正是取走女人的性之人。

韋斯特接著說，男性法理學強調分別的提法。反之，現代女性主義者有部分主張「聯繫的提法」（connection thesis）：與男人不同，女人在形體上與存在上都與其他人的生活聯繫在一起。女人與別人的生活或生

命，聯繫在一起會產生希冀與害怕，這些希冀與恐懼與男性從人與人必須分開的希望與害怕有別。

文化女性主義者主張，女性由於更懂得養育，溫柔、細心、充滿愛意，也比男人更會體認別人的需求，因之女人對她有所聯繫的人，都會尊重隱私與親密關係（intimacy）。女人害怕與別人分離。激進女性主義者相信渴望自立，與別人發生聯繫卻會害怕其身體被別人侵入（性交、懷孕所經驗的外人入侵），以及對女人自主的侵犯（別人揭發其隱私、正直與生涯規劃）。要之，文化女性主義者主張女人看重身體與心靈的「親密關係」，而害怕與別人「分離」。激進女性主義者卻指出女人重視自我的「個體化」（individuation），而害怕別人的「入侵」。

韋斯特接著聲稱，自由派法律理論與文化女性主義的看法剛好針鋒相對：「自由派法學家認為男性重視自主，害怕被別人消滅。反之，文化女性主義者認為女人看重親密關係，擔憂被人分離」（ibid., 28）。批判性法律研究與激進女性主義之主張也形成一個強烈的對比。

> 批評家認為男性害怕孤獨和異化，也害怕被拒絕，因之懷抱一個熱望，渴望社群、聯繫、與團聚。激進女性主義者稱：相反地，女人在對物質上與別人聯繫的自然狀態做出反映時，渴望的是個體化，而討厭被別人入侵。（ibid., 38）

顯然，批判性法學研究與文化女性主義並非相互映照，相輔相成。其原因為 CLS 批評家所追求的社群或共同體，並非女性主義者渴望的親密關係。其差別為女人所渴望的親密關係是自然成長、長時間培養而降臨到她身上的事物，它意味著「相互主觀的領域之共享」（a sharing of intersubjective territory）。反之，批評家所鼓吹的共同體，並非自然地降落到人群之上，「它不是空間的共享，最多只是接壤臨界的共享而已」（ibid., 40）。

激進女性主義者與自由派法學者主要的差別也很明顯。女人所重視的個體化，與男人所期待的自主，並非相同的價值。韋斯特解釋：「自主對男人而言是其存在狀態自然生成的東西，對此〔政治〕國家要加以保

護〔因爲它是人的天賦權利〕。反之，個體化是自主的物質先決條件。個體化是你有必要的實況（need to be），在你想要自由以前，就必須存在的實況」（*ibid.*, 42）。要之，男性法理學所說有關男人經驗的故事與激進女性主義者所說女人經驗的故事，彼此對衝、相互矛盾。韋斯特說：「法律理論所假定和建構的人類居然把女人排除出去，而這類的女人正是女性主義所描述的」（*ibid.*）。事實很明顯，目前法律理論所敘述的只是男人的經驗而已。

韋斯特建議提出一個替代的法理學，這個替代的法理學應當考慮把自由派法學、批判性法律研究、文化女性主義和激進女性主義所敘述男人與女人的經驗，通通納入在法理學的討論當中。這一新的法理學兼顧男人與女人的經驗中基本的矛盾，如分離、分別以及同聯繫、結合之間的對立。這是一種不以性別（ungendered）爲考量的法理學，它會顯示女性爲重視親密關係、害怕分離、恐懼入侵，但渴求個體性的人群。只有不以性別爲基礎的法理學才會顧慮到全人類存在的、形體的、政治的需求與經驗。

# 七、少數族群對批判性法律研究之批評

戴嘉多（Richard Delgado）認爲少數種族與弱勢族群對批判性法律研究的部分主張並不認同，甚至引發憂慮。這表示 CLS 批評家對現行法制的批評和少數族群對社會正義的追求有相當的落差。戴氏指出批判性法律研究雖然正確地指摘主流法理學分辨私人與公家之不當，對現行法政經社的秩序之抨擊，但在下面四個範疇上的主張，卻違反或傷害了少數族群的權益：

（1）減損法律規則和權利的效力；
（2）拒絕以緩進方式改善社會；

（3）充滿理想主義色彩，不顧現實；

（4）使用了虛假意識的概念。

　　戴嘉多說：「批判性法律研究的學者們，在上述四大範疇的主張或是太冒進，因爲他們要求少數群體必須放棄某些遵行已久的價值；或是太不可靠，因爲其主張是建立在一些假設之上，這些假設與我們〔少屬族群〕的生存方式不牟」（Delgado 1987: 303）。我們且把他的說法簡述如下：

## （一）法律規則與權利的貶損

　　前面已提起 CLS 批評家把法律規則視爲不穩定和不確定。法律規則中特別規定的權利也被批評家猛烈抨擊，被目爲社會不公平權利安排的正當化。批評家說，權利強迫個人把自己與他人看成爲權利的載體（rights-bearers），而不是把個人當成社會群體（共同體）相互依賴的成員。是故權利把群眾異化掉、疏離掉，使人群無法想像一個建立在合作與互愛的基礎上，而無垂直上下之分的公平社會。

　　對此戴嘉多的反駁是指出：儘管權利和權利修辭會在批判性法律研究的學者心目中產生異化、乖離、疏遠的感受，但對少數種族而言，權利提供具體的安全屏障。權利提供少數族群某種程度的保護與安全，以免受到暴力的、囂張的種族主義之侵犯。權利也是促成少數民族得以團結合作的契機。權利還提供種族主義的犧牲者及其迫害者之間的距離。非裔美國人韋蓮絲（Patricia Williams）在她 1991 年出版的《種族與權利的煉金術》一書中同意戴嘉多的看法，她說權利使少數民族的地位提升到社會人的地步，其原因是權利要求社會對每個人都應加尊重。

## （二）拒絕緩進改革

　　CLS 拒絕緩慢的、一點一滴的社會改革，認爲這種謀略、這種戰術

只拖延了人群從自由派的法律學說與資本主義剝削性社會制度中徹底解放出來。戴氏反駁 CLS 這種說法，認爲這是「帝國主義式」的說詞，因爲它要命令或操縱少數民族的看法與做法，特別是他們對影響其本身重大權益的解釋方式。少數民族雖然不知道，偶然的、小規模的法庭勝訴會爲渺茫的未來帶來公平的、沒有上下尊卑（階層）、沒有壓迫的社會。但他們卻知道，這些法律訟案的勝利，卻能滿足具體的當今之迫切的需要。

## （三）理想主義

批判性法律研究之整套計畫是充滿理想主義的色彩，因爲批評家聲稱他們一旦翦除自由主義與資本主義的意識形態，而建構一個新的思想途徑之後，一個更爲理想與美好的新世界便可以誕生。戴嘉多說，對知識分子與社會特權群落的 CLS 批評家而言，壓迫的勢力是自由主義和資本主義這類心靈或精神的勢力，但對少數民族而言，壓迫勢力是種族主義：「無數的侮辱、威脅、冷漠，以及我們平時要面對的『小型侵略攻擊』」（Delgado 1987: 309）。這種壓迫勢力是肢體的、有形的。再說，CLS 抨擊法條不確定、不穩定，權利是異化的，法律是統治階級利益的反射等等，對種族主義毫髮無傷，對少數族群幫助不大。

## （四）虛假意識概念之應用

批判性法律研究的學者認爲，少數民族對他們被貶抑屈就的悲慘命運沒有意識、沒有反思，遂忠實地、盲目地擁護貶低他們的現存之法律規則與社會結構。CLS 遂暗示這種虛假與錯誤的意識使少數族群盲目，使他們見不到異化、看不到正義難伸、看不見政治生活中的不公、不平、衝突之充斥。戴氏稱少數族群把 CLS 這種錯誤意識之概念看做是施恩的、眷顧的，因爲這種概念診斷出「知識上的疾病，而這種疾病只有皮膚帶有顏色的人才會罹患」（*ibid.*, 312）。

在戴氏的眼中，批判性法律學說與少數族群的異調開始於 CLS 研究計畫之非形式性。批判性法律研究一開始便拒絕諸如法則、權利、官僚體制之類形式上的結構，而擁抱非形式的過程（善意、互為主觀的理解、社群等等）。

對少數種族而言，非正式的事物反而把他們暴露在帶有偏見的危險中，陷他們於歧視虐待之中。形式上的權利（像美國 1964 年民權法案）多少可以幫助少數種族公開對抗種族主義。批判性法律研究的學者幼稚地、素樸地把種族主義當作另一種形式的階級壓迫、誤做上下尊卑有階層的社會結構之結果。戴嘉多遂敦促 CLS 在其研究計畫形式上吸收一種研究途徑（例如找出、懲罰、界限，甚或抗爭）。俾在公開場合對抗種族主義。在其結論中，戴氏指出截至目前為止，批判性的法律研究，尚未為少數族群提供他們所追求的事物（免於遭受歧視、虐待的生活方式）。

# 八、結語

批判性的法律研究是美國過去四分之一世紀，法律思潮的一個高峰，它討論的有法律哲學、法理學，更有法律社會學，是以批判英美資本主義社會主流派法律思想，特別是自由派的法律學說為起始。在將自由派的法律主義去除神秘化，去除正當化之後，又窮除了該派的學說內容，包括法規不確定性、推理模式和意識形態之不當。一反眾人的信念與看法，CLS 的批評家指出，英、美、加等自由民主國家的法律學說其內在呈現了前後不連貫，矛盾叢生的現象。英、美、加的普通法對法庭的判決與裁斷之過程無法提供單一而確定的答案，自由派法律學說對社會與人群的組合之看法，也無法供給一個首尾呼應的概念。與此同時，自由派法學為資本主義建立之所謂自由民主的政制和市場經濟，以及上下垂直不平的階層與階級社會提供辯詞和捍衛，可說是正當化資本主義下的法政經社底秩序，批判性法律研究最終的目標在於改變（轉型）資本主義社會制度的種種安排，為的是使個人從權力不均與分化懸殊的現

世中解放出來。

法蘭克福大學私法與法律社會學教授屠布涅認為法律的自我指涉（self-reference）、首尾循環性（circularity），使法律陷入進退維谷的窘境（paradox）與未確定性（indeterminacy）之中。要走出自我指涉的困境之一個辦法，就是使用批判法律研究激烈的激（基）進的法律批判。這就要使用解構的奇特方法，把主流法律學說對法律的連貫說和法律在實踐兼道德的期望化約為學說本身的矛盾、正反相悖（antinomies）和窘境。像指出法律形式性（formality）與實質性（materiality）之矛盾，個人主義與利他主義之矛盾，以及福利國以政策為取向之不穩定。這也就是上面儲貝克所指出法律的「不確定性、反對形式性、矛盾與邊緣性」。總之，利用解構的方法，批判性法律研究運動已把法律之毛病一一指出。不管解構也好、翦除也好，討論的是法律所受社會脈絡、制度環境、政治意理或社會霸權的影響，只注意到法律自我描繪的上層建築之困窘，而未直指基本的法律困窘。原因是法律本身就是立基於這些矛盾與基本的困窘之上，要設計「社群法」（communal law）來取而代之是辦不到的。是故使用「解構」（deconstruction），把自我指涉、困局、不確定性和法律的進化重新建構起來，才是當務之急（Teubner 1993: 5-7）。

批判的法律研究使用的方法學，有社會理論（馬克思主義批判方法、韋伯的價值中立、結構與功能理論的社會分析、純粹批判，特別是法蘭克福學派的哲學與文化批判等等）和文本闡明（解構主義）。在研究途徑與技術方面，則訴諸「翦除」的技巧，目的把資本主義體制下的經濟、社會、政治、文化各層次的宰制機制無情地揭露，並進行否定的批判，最後清除此一體制及其意識形態（包括對此體制維護、辯解、正當化的學說、知識、意識等等），而喚起群眾的醒覺。

在批判的法律研究中，肯尼迪與達爾屯的作品起了標竿的作用，值得吾人重視。肯尼迪討論法規／標準構成與對比的形式，以及個人主義／利他主義構成與對比的實質，它們對英、美司法部門的影響。這兩組「修辭模式」表述了何者為是、何者為非、何者所欲、何者當避的相反相對的世界觀。個人主義為自由派法律學說之基石，因之，英、美、加

等國家的法律，規定法庭儘量不要侵犯個人自由訂定契約之權利，目的在維護個人的經濟利益。這點遂與主張照顧弱勢社群、保護工作能力較差的利他主義針鋒相對。

另一方面個人主義者偏向於法規而遠離標準。蓋法規的形式比較廣泛鬆弛，會減少司法對個人契約活動的干預。是故個人主義而又贊成法則的立場，會主張社會與人群結合在體現個人的權利、隱私和自利。反之，利他主義卻贊成標準的立場，牽連到一種看法，也就是重視共享、犧牲、關懷別人等等之價值。肯尼迪認為自由派的法學陷身於嚴重矛盾當中，因為個人主義和利他主義在學說上難分難捨。這種矛盾表現在私法的訴求方面之三重矛盾：社群對抗自主，管制對抗方便，和保護對抗自決。

達爾屯解構了契約說，而暴露契約內在矛盾之概念。依她的說法，契約的法律言說是深受權力與知識的相互連結所影響。權力與知識的問題是從契約兩極化之私人／公家以及主觀／客觀底雙重性中出現的。

首先，權力是如何從私人／公家的對立中產生。自由派法學稱所有契約是私人的、平等的、自主的，這是一種天方夜譚。事實上，法庭在行使其權力，也就是公開的介入締約當事人的爭端中，當契約有瑕疵之時。此外，在主觀／客觀的兩分法中，知識也跟著產生。達爾屯指稱，主觀常依賴客觀，當法官要分辨究竟是法律意涵的契約，還是事實意涵的契約。為了理解事實意涵的契約存在於契約當事人的觀念（主觀）中，法官必須首先理解造成契約同意之行動與社會情境的客觀標準。結論是契約既是私人的，也是公家的，具有雙重的性質。

其次，達爾屯引用同居的契約，來解說私人／公家的兩分法，以及權力／知識相互關聯之問題。法官固然可以依賴私人的與公家的標準來確定同居者的主觀意願，但法官對未婚同居者之合同，究竟是明示的契約還是法律意涵的契約，或是事實意涵的契約，須有所裁定。此外，傳統的契約說忽視男女關係中權力的失衡，以致同居協議在法律方面對女性是不公平的。

批判性的法律研究雖然動機高尚，做法新穎，不失為美國法理學的

發展之一個高點，但對女性與少數種族的關懷仍嫌不足，而引起女性主義者與弱勢群體的批評。韋斯特指出，不論是自由派法律學說還是 CLS 的新理論都是男性法理學的表現。原因是這兩派的法學理論都建構在男性經驗之上，而忽視了女性的經驗。因之，韋斯特建議重建法理學，一個不含性別的法理學，或是把男性與女性的經驗完全融入在內的，照顧所有人類存在的、形體的、政治的經驗與需要的新法理學。

批判性法律研究之瑕疵，為欠缺引發學者與人群有意識的爭辯之理論與方法論，亦即提不出一個取代自由主義法律學說的另一套學說。它只會批判正統法學反理論或非理論的僵固，但本身也陷於只會採用別人（馬派、現象學、語義學）的理論，而無法自創理論的窘困之中（Hunt 1993: 146-147, 150-160）。

此外，批判性法律研究雖重視法律意識、法律意識形態，但對法律意識與法律意識形態怎樣轉變為法律行動之因果關係，卻欠缺「中介」（mediation）的說明。換言之，還是短缺了理論來說明這兩者之間的關聯。有異於美國法律現實主義採實用的方式來批判法律形式主義，批判性的法律研究所關懷的不是法律實踐內在的效率問題，而是針對社會的「法律」，認為社會的法律出了問題。其要批判與改革的對象不是法律的過程、程序，而是把法律當成複雜的過程之建構部分，這一過程首在產生與複製人類宰制與屈服的經驗。

簡言之，批判性法律研究要把這運動擴大到政治面，要改變造成這種法律的條件，同時也求取人類從這種壓迫性法律解放出來的可能性。有異於其前驅之法律現實主義對「行動中法律」的注目，批判性法律研究偏離這一研究傳統。從而研究的重點不在法律的規範性的角色，而偏重於法律正當性之角色，這無異於強調法律象徵性功能，而不注意其工具性的功能（*ibid.*, 180-181）。

至於少數民族對 CLS 之批評，則可以戴嘉多的論文為典範。戴氏指出批判性法律研究的主張者絕大多數為白皮膚、男性、出身社會上層的子弟，也就是所謂的 CLS 之「批評家」。批評家所推動的研究計畫，在四方面貶抑法條與權力的價值，放棄一點一滴的社會改革，充滿理想主

義空間的色彩，錯用虛假意識的概念，都對少數民族追求自由與平等免除種族主義者的歧視、虐待、壓迫、剝削，沒有太大的協助，更無法達成少數民族族群的解放。戴氏指摘 CLS 的計畫流於非正式，欠缺反對種族主義的理論，因之，無法提供有色民族所追求的目標任何的嚮導（Treviño 1996: 413-414）。

顯然，批判性法律研究是 1980 年代以來，以美國學者為中心，對英、美、加普通法系的法律與法律體系之批評。它是針對資本主義體制之下，為迎合競爭的市場機制與強調個人自由權利的政治，而推行的法律制度，以及支撐此一制度的法律學說（自由派法律主義），所作的激進的批判。在很大程度內，也是對契約法不公不私、亦公亦私的特性，以及思考邏輯的前後矛盾，所作的深層批判。這是北美法學思想一次有力的自我批判與醒悟反思，值得吾人矚目。

表12.1 批判性法律研究主張之摘要

| 代表性人物 | 肯尼迪、塔什涅特、儲貝克、柯拉爾、柯爾曼、達爾屯、韋斯特、戴嘉多、凱立斯 |
|---|---|
| 批判的標的 | 英、美、加自由法律學說，特別是居於主流地位的法律自由主義，也是延續**法律現實主義**的主張，來批判美國法律的形式主義。 |
| 批判的對象 | 挑出西方資本主義國家法律之重大矛盾：不定性、形式主義、契約屬性（公或私）的爭議、法律的邊緣化；法律形式與實質的對抗、利己主義與利他主義的兩難；女性與少數民族的歧視、不平。 |
| 批判的方法與技術 | 應用黑格爾、馬克思、乃至法蘭克福學派以來的純粹批判方法，外加社會理論、本文闡釋與解構主義的方法；強調對法律矛盾的揭發、暴露和「翦除」。 |
| 關懷範圍 | 從馬克思主義、西馬、新馬、後馬的階級問題，擴大到女性主義與少數民族權益的保護與促進。 |
| 評 論 | **優點**：對英、美、加資本主義堡壘法律之矛盾、不定性的當頭棒喝；抬高女性主義與少數族群的法律權益。<br>**缺點**：批判性法律研究只形成散漫的法律社會學運動，而非團結圓融的法律學派。 |

資料來源：作者自行設計。

資料來源： "Justice," *Punch* 3 (24 September 1842): 129, wood engraving. Reproduced courtesy of Wellesley College Library, Wellesley, Mass.

圖12.1 一手衡量、一手拿錢──司法的真面目

# 13 福科論法律、權力和規訓

# 一、福科的時代背景、生平與著作

作爲當代影響力最大的法國哲學家兼歷史學家，米歇爾‧福科（Michel Foucault）於 1926 年 10 月 15 日誕生於巴黎西南方 300 公里的普阿梯耶（Poitiers）鎮。其父爲當地著名的外科醫生，母親也出身醫生世家，擁有土地與財富。是故福科是出生於一個聲譽卓著、社會地位崇高而家境富裕的資產階級的家庭。在故鄉他受良好的小學與中學教育，包括進入天主教舉辦的中學。通過入學考試進入巴黎大學頂尖的索邦學院，在高等師範大學念哲學。1948 年獲取哲學學士學位（Macey 1993: 1-46）。

第二次世界大戰剛結束的法國，在思想界有兩大思潮在衝擊與氾濫：其一爲存在主義和現象學，其代表人物爲沙特與梅樓‧篷第；其二則爲馬克思主義。這兩大思潮各以不同方式批判戰後社會生活的諸種形式。其中以存在主義和現象學強調個人的意識和選擇的自由，贏得「主體哲學」的美譽，而動搖馬克思主義階級分析的基礎。因之，在兩大思潮既競爭而又合作（後來融化爲存在主義的馬克思主義，或現象學的馬克思主義）的情況下，存在主義與現象學仍占上風。但當時的法共所推動之政策，仍受一般大眾與知識分子之擁護，視爲進步的政黨，爲工人階級的代言人，以及以組織形式實現社會主義的捷徑。福科便在這種氛圍氣勢下研讀哲學，並加入法共，成爲共產黨黨員。

可是大學哲學課程的陳舊和法共政策的搖擺，對於 1950 年初的福科不再具有多大的吸引力，他遂改變其求學的志趣，1950 年改爲修習心理學，取得心理學學位，也於 1951 年脫離法共組織。爲了日後有機會進行心理分析和精神病之治療，他也在這時取得心理病學的學位。他綜合了心理疾病之研究與教學，而在 1954 年出版《心理病與心理學》一書，1966 年再出修訂版。由於對心理失常之病態研究，在法國文化交流計畫下，

使他有機會在瑞典、波蘭和西德的大學進行教研工作。1960 年任漢堡法國研究所主任，在漢堡大學完成有關瘋癲一論文，遂獲得博士學位。1964 年被聘爲 Clemont-Ferrand 大學哲學教授。事實上，他一直居留於巴黎，而以通勤的方式在該大學教授心理學長達 6 年之久（1960-1966）。

在其後（1964-1974）10 年間，福科聲譽日隆，被文化界、學術界、思想界看做是一位具有創意，但也是引發爭議的思想家。人們讚美他、批評他、詮釋他，也誤解他。他被當成「結構主義的肆無忌憚者」、西方文化的考古發掘者、虛無主義者、反對傳統的哲學與史學的哲學家兼史學者。這段期間他由 Clemont-Ferrand 大學移往 Vincennes 大學。最終在 1970 年轉任法蘭西學院（Collège de France）。在此他自設講座名稱爲「諸種思想系統史」，目的在區隔傳統的觀念史與他的不同系統的思想史。

1968 年 5 月巴黎學生暴動，幾乎推倒法國第五共和，此一號稱五月風暴不久便在當局大力撲滅抑制下而煙消雲散。知識分子在政治運動中究竟要扮演何種角色，成爲福科其後十幾年餘生的主題。他思想、觀念的政治化開始產生，轉而大力批判馬克思主義的政治，特別當時舊蘇聯，及其他「現存社會主義」國家。他率先示範參加政治與社會運動，像 1971 年成立的「監獄資訊群」（GIP），其目的在「創造條件，而使犯人有自白的機會」。

福科的主要著作，特別是英譯本的出現計有《瘋狂的文明：理性時代涉及瘋狂之歷史》（1967）；《事物的秩序：人文科學的考古學》（1970）；《知識的考古學》（1972）；《醫院的誕生：醫療看法之考古學》（1973）；《規訓與懲罰》（1977a）；《性史第一卷：引論》（1978）；《權力／知識：訪問選錄及其他著作 1972-1977》（1980）；《性史第二卷：爽快之用途》（1985a）；《性史第三卷：自我的關懷》（1985b）；《政治、哲學、文化：訪問與其他著作 1977-1984》（1990）；《福科主要著作選》（2000，由 Paul Rabinow 編輯）。

1984 年 6 月 25 日，福科因免疫系統失效，感染病毒而逝世於巴黎，享年僅 57 歲而已。

# 二、思想主旨、知識源泉與著作風格

在著作上顯示福科驚人的廣泛範圍與涉及科目,他寫了瘋狂與理性、醫學知識發展的條件、人文科學的出現,以及有關權力與知識的關係、人的主體性等倫理問題,可以說是涉及文明、社會個人之現狀及其歷史變遷的諸種大題目。這樣龐雜的研討範圍,以及他與眾不同的解釋方式,甚至早晚期立論的前後不一致,以及一再修訂改正,無非是對「現存的本體論」(ontology of the present) 的質疑與不斷的建構。換言之,他的著作反應他的想法:天下萬事萬物並無定型定見,一切都有轉成以另一形式出現之可能,特別是涉及到以人為主體之產品(McHoul & Grace 1993: vii-xi, 1-4 )。

福科承認他的老師和啓蒙導師對他的思想有重大的影響。這包括言說(話語、論述)分析大師的杜梅齊爾(Georges Dumézil 1898-1976)、科學史分析者龔居翰(Georges Canguilhem 1904-1994)、黑格爾學說詮釋者易波利特(Jean Hyppolite 1907-1968)等人。但塑造他思想與學說的緣起,卻是馬克思、佛洛伊德和尼采的作品。儘管他形式上不願在文本上引經據典,不過對這三位現代思想大師,他卻有專文評述(Foucault 1967: 183-200 )。

他認為這三位大師提供現代社會思想一個空間,俾使新的詮釋學、新的解釋方式得以產生。主要的是三位大師的作品,都涉及到知識與權力的關係之研討。馬克思論述思想形式(意識形態)和經濟權力(下層建築)之關係;而佛洛伊德感受慾望對知識之關聯;尼采則把思想與知識之形式歸結為「對權力之意志」。上述三人每人都在詮釋人類的生存條件。這種詮釋透露社會形構、個人心理與全人類的表層之下隱藏著利益與權力的衝突。

雖然他一度承認「在現時撰寫歷史,其使用的整個概念與馬克思的

思想或多或少，或直接或間接都有關聯」（Foucault 1980: 53），但影響福科思想者卻不是馬克思，而是尼采。原來他的歷史觀念與傳統歷史學不同，這應歸因於尼采以系譜學來取代向來歷史的分析。傳統的歷史分析都在尋找「事物起先的本質」，把事物起源當成發展的高點來看待，把其後事物的發展經過及其效果當成一套歷史的學問來處理，但事件的根源卻有待進一步的發掘與釐清。有異於這種歷史分析的方法，尼采的系譜論，在於指明根源是被建構的認同體。它的表面是分散的，也是不對稱的。歷史的源頭常是低度的真理，也是古代諸種錯誤的擴充。

根據福科的說法，尼采的作品呈現對起源的追尋，採取兩種方式：一種是「下降」的方式，另一種爲「出現」的方式。「下降」的方式在歷史起源背後的一體性分解爲多樣性。這樣就否認歷史變遷的連貫性與穩定發展，從而把歷史事件的複雜性、易碎性和偶然性暴露無疑。另外，系譜論的另一形式爲「出現」。「出現」的方式在於指出歷史並非事件的累積，也不是發展過程的結果，而是「宰制的危險遊戲」之湧現，也就是諸種勢力鬥爭的浮現。任何形式的出現無非「一連串降服〔於主導者〕的〔暫時性〕之片段」，或稱是鬥爭關係的具體表現。系譜論這一方式在強調事件本身就是衝突、就是鬥爭、就是暫時性的呈現，以致我們無法找到事件的主體，因爲沒有任何人、任何主體對「出現」要負責任，它只是宰制與降服遊戲的結果（Smart 1985: 56-57; 2000: 630-632）。

除了系譜論的兩種方式是福科得自於尼采之外，他對尼采視人生爲權力意志的表現，不但十分服膺，還加以長篇大論的分析。

在指明福科思潮的淵源，研究的取向之外，似乎不能不提出當代其他思潮對同樣問題的看法。這就使我們想到韋伯和法蘭克福學派的主張。福科同他們一樣關心的是西方文化發揚理性的浮現、發展與影響（洪鎌德 2000c；又參考本書第 5 章與第 8 章）。

正如前面所提第二次大戰結束後的法國，主流思想爲存在主義與現象學，其代表人物爲胡塞爾、海德格、沙特與梅樓‧蓬第。另一方面創始馬克思主義（特別是青年馬克思的思想）與西方馬克思主義在哲學與政治方面的影響，使福科及其同代的青年，在兩大分析方式中長大，一

方強調建構性的主體，另一方強調經濟勢力的重要，也就是上層與下層建築交織下的意識形態之作用（參考本書第 3 章）。

可是在 1950 年代末、1960 年代初的法國，思想界對於代表官方馬克思主義的法共之無力表現極表不滿。其結果造成知識分子從歷史唯物主義轉向現象學哲學之研究，並把焦點擺在存在的主體之上探究，加上此時李維・史陀親屬關係之分析，羅蘭・巴爾特、拉崗和阿圖舍有關語言文學、神話與社會的結構等等分析的興起。這些號稱結構主義者挑戰了沙特、梅樓・蓬第等人的人道主義、主體觀念的認同，這便標榜社會現象和文化現象採取結構主義的探討方式之產生。結構主義的崛起取代了現象學與存在主義，而加劇一連串知識的發展。其中最受矚目，也引起最大爭議為阿圖舍對馬克思學說的重新建構，企圖把馬克思主義從史達林主義與人道主義的框架下解放出來，而還原馬克思「客觀的」、「科學的」精神（洪鎌德 1995：32，128-129，206-207；2004：271ff）。

在方法論上福科的探討方式與馬克思主義不同，首先他重視的是在地的、局部的、特殊的事件，而忽視馬派寰球性、普遍性的歷史過程。其次，他探討事物的旨趣在於被征服、被壓制、被曲解的人類知識之重新發現，而非如馬派建構體系化的大理論。再其次，分析事件是探究造成事件眾多的因素、眾多的過程，而非尋找決定性的因素（馬派所堅持的經濟為決定的因素）。最後，引自尼采對歷史的看法，福科反對馬派歷史朝進步、或特定的目標（人的解放，社會的改造）前進（Smart 1983：4-52；洪鎌德 2000a：435-439）。

福科的作品與傳統學者、思想家的著作截然有別。其特質為：第一、他有意避免將其著作視為全面的、凝聚的、定型的學說體系，他向來就強調其作品的臨時性、隨意性，而不想成為某些觀點的綜合。為此原因他不斷地提出研究計畫與主題，而在其短暫的學術生涯中不時對其研究主題重加修正、甚至排斥，使我們很難捕捉他的本意。事實上，他也否認有「本意」之存在，蓋對他而言，並無所謂客觀知識之存在，要為客觀知識提供保證是不可能的。為此吾人無法掌握他思想的基礎或其出發點。因此，吾人面對的不是一個福科，而是多面相、多重人格，或是複

雜的福科,這大概是其傳記作者馬西(David Macey)以複數的生命、多數的人生來做福科傳記之原因(Macey 1993)。

　　第二,要把福科與歷代大思想家相提並論,困難度特高。原因是他刻意迴避他自己的作品與其他思想體系掛鉤、並列、比較。他的著作中與其他學派之主張既乏相互辯難,也不以排斥別人的說詞,來證實自己的看法。他更少使用別人創造的概念名詞,這與他企圖與傳統觀念保持距離有關,特別是他對馬克思主義的看法顯示,他並非排斥馬派主張階級爲社會結構的重心,而是他不同意用階級的詞謂來分析社會可以獲得新的知識,原因是階級乃是先行建構 (preconstituted)的社會行動者。它具有一定利益與意識形態,使學者陷入無限追溯原因的陷阱中。他的作品有意無意地把這種理解的困難以及蒙昧無知(obscurantism)悉數收容,目的在使讀者質疑傳統的說詞,以及習慣上信以爲真的問題。他的研究充滿了對傳統知識與智慧的排斥和責難。他認爲常識上視爲實在、真實的事物,都有必要重加檢驗、重加思考。特別是對什麼是「瘋狂」?什麼是「性慾」?都要重新去觀察與反思。

　　第三,福科作品的困難處在於無法把它歸類爲傳統的哲學、史學、心理學、社會學、政治學、倫理學等等。原因是他所處理的問題、題目、計畫,常是跨越傳統學問的科目之界線,以致一向屬於一偏之見的專業學者,要怪福科常「撈過界」侵犯到其專業,或是以「外行領導內行」大談天下大小事。其實福科正是利用這種跨領域的方法來打破學科人爲的界線。蓋分科的觀念有其特殊的歷史,絕非事物的本質,更非事物、現象必然的呈現。是故他的作品,既可以用哲學,也可以用史學;既可以用社會學、心理學、精神分析,也可以用政治學或倫理學來加以閱讀與審視(Hunt and Wickham 1994: 3-5)。

　　由於福科對歷史轉移性的關懷,使他注意到一個時代,一個地方的思想、言談和做事之方式。這種在歷史與地方的局限下所組成的(有時也是壓制的、阻卻的)思想方式、寫作方式、表達(言談)方式,乃至實踐方式,就是他稱呼爲「言說」(discourse,又譯爲話語、論述)之概念。因爲言說(話語、論述)而產生了「言說的形構」(discursive

formation），也就是言說的表象或符號的世界。因為言說（話語、論述）
的規律化形成思想的特色，也為一時一地人們的看法提供架構，這便是
他所提的「認知」（*episteme*）概念。

　　以下有關福科法律觀的簡介，係參考他著作的英譯本，整理分析而
成。此外韓特（Alan Hunt）與韋克漢（Gary Wickham）所合寫的《福科
與法律：當作治理的法律社會學》一書第二章與第三章（Hunt and
Wickham 1994），另加韓特其他的著作（Hunt 1997）也有啓發作用，故
特加譯述、摘要，而達成有關福科法律社會學的介紹與析評之目的。

# 三、法律與權力

　　福科並非法律專家或法律學者，可是在他龐雜的著作中，涉及法律
之處相當多，所以我們仍能夠理出他對法律的觀點。當然他心目中的法
律絕非以一個單一、統一的現象（unitary phenomenon）出現，而是多種
法律形式或面目呈現在世人之前，他指涉的法律也就是我們熟知能詳的
「法律多元主義」（legal pluralism）[1]。

　　福科認爲與其研究刑法理論，還不如考察「處罰的理性」；與其瞭解
法律的一般概念，還不如探究造成法律運作的權力。因之，他總是避免
把法律與禁止的、負面的權力聯繫在一起加以討論，特別是他不贊成把
法律當成禁止人們言行的命令看待。他所以持此觀點主要的原因爲他反
對傳統的，特別是馬派的國家與法律觀。他排斥把權力視同爲壓制，他
不認爲權力是某一單位（國家、或統治階級）對大眾的壓迫、宰制。他

---

[1] 法國法律社會學家居維治（Georges Gurvitch 1894-1965）認為法律是不同形式的「社
　會性」、或群體生活和諧與有秩序之表現。因之，法律的特徵根據它所代表的不同形
　式的社會性的特質和它所規範的社會或社會團體的不同類型而有異。法律可以是組織
　化的秩序體，也可以是無組織的鬆散體，是為著某一特定目的而制定，或是根據直覺
　而產生的（見Gurvitch 1947: 44ff；羅傑・科威特爾1991: 35）。

反對傳統的說法把法律當成主權者的命令，也就是反對視法律爲統御的行爲、控制的行爲，對違規者施以迫害性的制裁、或制裁的威脅[2]。傳統的法理學把法律當成條文加懲處這一公式來看待，是他要攻擊和揚棄的對象。他這種法律觀固然在排斥傳統對法律的看法，但卻無法提出一套足以解釋布爾喬亞（資產階級）民主社會中，法律規定、法律權利與憲政主義之關聯的學說（Hunt & Wickham, 1994: 41）。

顯然，福科並不在乎提出一套更爲適當的法律觀，而是營構一套與向來法律觀不同的，另一個特殊的法律看法，這就涉及法律與權力之關係。對他而言，權力並非僅是負面，也有正面的作用。權力無處不存在，其出現的面目是多層的、多樣的，不只表現在壓制、強迫的所在。他不談國家或統治階級的權力，卻是論說「小權力」，這是從人類的知識所引發的權力。是故權力／知識這對孿生體，便成爲他喜用、樂用的字眼。他反對把權力視爲帶有制裁，或制裁的威脅之命令、之規則。下面我們還要討論法律的權力與規訓之對抗，就可以更容易理解他的觀點。

近世民族國家崛起，國王權力大增，國王的主權被視爲最高的權力，也是國家的法律。凡違反國王的命令者，就被視爲違犯國法，要受到斬首、絞刑、支解肢體的懲罰。這種野蠻式彰顯國王權威的作法，反而令民眾同情刑場上受到凌遲而死的囚犯，而不利於國王威權的維持，遂有監禁人身的監獄之出現。由監禁人身到控制犯罪者的心靈，便產生一大堆刑法、監獄管理法規，進一步與訴訟有關聯的程序法規一一出爐。是故追求真相的工作，也與法律實踐分不開。是故審訊、對質、辯駁等程序法、訴訟法提供當局追問真相、追尋真理之權威手段，也隨著這一訴訟法之公布而使真理之追究獲得保障。不過福科認爲法律並不代表真理，他說：

---

[2] 福科一般的法律觀，尤其是現代社會的法律觀，是排斥主權者的命令之傳統看法。但他早期的說詞，特別是強調現代之前（1800年以前）民族國家剛成立，而專制君主大權在握的時代，法律卻被視爲維護專制君王主權與威權之象徵，刑法與刑罰扮演重大角色。下文內會有更詳細的敘述。

> 法律既非權力的真理，也不是權力真理不在場之證明，它是權
> 力的一種工具，此一工具一度呈現複雜，而有所偏頗之表現。
> 法律的形式及其禁止的效果必須重新置放於其他的、非法律機
> 制之中〔才能顯示其作用〕。因之，刑事制度不可只被看做禁
> 止的工具，或是一個階級壓迫另一個階級的工具來加以分析，
> 也不是統治階級無法無天的暴力不在場的證明。刑法制度是政
> 治與經濟管理變成可能的方式，它是藉合法與非法之不同而建
> 立的。（Foucault 1980: 141）

法律展現的不只是「追求真相之意志」，它宣布犯罪者的罪刑，也展示法律真理／有效性之關聯。法律對其他知識、學問、言說（話語、論述）而言，會施加壓力，它是「限制性的權力」（power of constraint）。的確，在現代性（modernity）氾濫的當代，法律與科學（科技）享有特權的地位都是提供真理之泉源。西方社會有異於世界其他國家與地區之處，就是認為權力的語言在於法律，而非魔術、宗教或是其他東西（Foucault 1980: 201）。

法律之具有真理性、或能夠尋覓到真理，乃是它擁有暴力之最終能力。換言之，福科不認為人類是由互相撕殺戰鬥而逐步放下武器來講和，由戰爭轉向和平與法治；反之，卻是每個時期、每個地方將暴力構築在規則統治（法治）之中，從而變成一個宰制轉化為另一個宰制（Foucault 1984: 85）。

法律史顯示法律思想的改變是受到其他知識系統的改變所左右的。從 19 世紀中葉以來，法律思想充滿了心理學的因素。也就是說，法學藉心理學、心理分析和醫學來界定某些犯罪者之行為，也等於在指認某些「危險的個人」（Foucault 1988: 125-151），對社會安全的威脅。是故犯罪者的心意、動機、責任感以及辯護的技巧等等成為法律的議題。對於這類議題與原則之忽視，使人們體會可怕的危險隱藏在法律本身之中，亦即法律內含對個人行為之干涉，視「危險的個人」為造成社會不安的泉源，這種觀念無疑地促成社會震懾、驚慌的緣由。是故福科不只分辨了法律與權力的

不同，也解析法律爲權力危險的展現，爲權力有問題的展現。

要之，福科主要在分辨絕對君主專制統治下，與資產階級崛起的自由國家兩者之權力的普遍特徵。儘管他刻意迴避馬克思主義的法政觀，但仍舊得探討馬派有關統治形式的運作之方式。這點在他下面即將描述的法律與規訓的對照中，清楚地顯示出來。

# 四、法律與規訓

福科曾經描述現代社會爲知識與權力型塑的規訓社會，因之這使我們想到法律應該是規訓的一部分。事實剛好相反，他對法律的第一個看法，是認爲法律與規訓有所區隔，甚至處於對抗的地位。他討論法律較爲詳盡的著作爲《規訓與懲罰》（1977a）與《性史，第一卷》（1978）。另外他的訪問錄與文集《權力／知識》（1980）也多處提到法律。

福科以爲現代社會之特徵爲規訓之出現，規訓是現代權力最普遍、最突出的形式。規訓與法律是兩個對開的列車，它們並列、但逆向而行。規訓是權力運作有效的機制，法律則是規訓機制業已達成的形式上的框架，所以兩者是針鋒相對（Foucault 1977a: 222）。換言之，規訓的制度，如監獄、精神療養院都是法律機構的一環，但其運作卻是與法律架構並行的。他說：

> 規訓在於定性〔規定性質、性格〕、在於分門別類、在於專門化〔人或事〕……它們造成的效果便是法律的停擺，法律〔規定〕無法全面化、總體化……規訓儘管是規則的與制度化的，但它的機制卻是「反法律」。（*ibid.*, 223）

規訓一般都在法律之外存在著。規訓的機構如拘留所、監獄、精神療養院，甚至擴而大之，工廠和學校，其操作和運行在於把法律的懲處權力「自然化」、也「法律化」技術性的權力，使之變成規訓（*ibid.*, 303）。

這造成了「監禁的大連續體」，藉著規訓權力與法律權力持續的交流，而發揮現代社會舖天蓋地的監控作用。

監視的技術就是規訓的縮影。早期拘留所、監獄、精神療養院等制度之興起，顯示法律與規訓的相互倚存。可是後來兩者逐漸分開，規訓繼續多樣化，其操作遂在法律規定之外。規訓的手段就是監視的技術。早期對犯人、瘋癲患者的監視擴展到今天當局對於人群的監控，其方式訴諸直接觀察（學校訓導處、社會工作者）、或訴諸間接調查（稅賦機關對納稅人逐年累積的記錄，銀行信用貸款的資料），都隨著監控技術（電腦儲存記錄、監視機）之研發與應用而逐步擴大。

儘管福科強調規訓機制的擴大，造成規訓與法律的區隔與對抗，不過我們若仔細分析他這種說法的文本，便會看出他所注目的為規訓的實踐與法律的框架的互動與互賴。在《規訓與懲罰》一書中，他曾提及 18 世紀布爾喬亞變成西歐社會的統治階級，隨著此一新興階級之得勢，一套清楚明白的、條文規定的、平權的法律體系也應時而起，這造成了議會代表制的建立。但與此民主化、平等化的程序相反的卻是規訓的機制之發展與組織化，後者成為前者「暗淡的另一面」。原因是平權的法律體制受到下級小型的、日常操作的、有形權力機制——規訓的機制——之腐蝕、之顛覆。「於是真實的、具體的規訓構成了形式的、法律的自由之基礎」（*ibid.*, 222）。

易言之，隨著代議民主的到臨，規訓的連續體也不斷的膨脹，它產生了強力的，但略為明顯的統治機制。在實踐上對統治機關的降服更被法律架構所正當化、合法化，因為就在法律架構（體制）中規訓一一建構起來。法律的功能表現在對真實的權力之掩蓋與化妝。

法律成為統治的面具，也成為合法化的工具，這是福科著作所突出的議題。不過在它的著作中，我們也發現對法律有新的看法之痕跡，也就是法律成為建構現代權力新的形式。法律成為現代性困擾或先後矛盾之表示。面對其他新規訓、新學說、新科學之挑戰，法律企圖把新規訓、新學科加以控制，也就是用法律的形式把它們法條化、符碼化。這就是「法律化」（juridification）一詞的意義：把規訓這一非法律的形式披上

法律的外裝。像「行爲符碼（規矩）」（codes of conduct）不只在法律語言中有其地位，甚至也引發法律訴訟程序，規定訴訟代表（律師、辯護人）或上訴權利等等事項。此外，涉及到勞動規訓、勞動紀律時，雇員所碰到的不只是「受聘與解雇」的無上命令而已，還牽連到一連串雇傭的權利與義務。法律化核心中的合法性（legalism），也就是進入國家司法制度正式的法律程序之前的一小步。不過這一步卻是早時所沒有，而成爲現代創發的新事務。

就在 1970 年代之後福科反覆強調，西方各國政府權力機構從 18 世紀末、19 世紀初開始，其權力運作的機制發生重大變化，主要是指近代國家權力一方面對個體和個人的身體實行懲戒、監視、規訓；另一方面對整個社會人口總體進行調節、協調、管制，以便達到社會整體的平衡運作。懲戒和調整兩大機制系統雖然是不同的，但又是互相連結的。福科說這種法政變遷的重點正是實現對於個人身體的懲戒、管制和規訓，並通過對於身體的懲戒過程以及造就出一種「聽話順從的身體」（*un corps docile*），同時地完成對於人的內心世界的控制與規訓。

因此，現代規訓社會的產生不但沒有以管制取代法律，反而進一步使法律在社會生活的各個表面領域無限地擴張，爲管制和規訓之橫行鋪路。福科在其多處論述中均一再強調現代社會以法律和憲法條文裝飾一切，強調現代權力與法律以及真理之間的相互滲透與勾結。他說：「主權和規訓，主權的法治和規訓化的機制，是我們社會中政權的基本運作機制兩項絕對的構成因素」（Foucault 1994, *Dits et écrits*, III: 189）。接著他又說：「研究權力是怎樣運作的，就是試圖理解權力處於兩個標誌或限制之間的機制：一方面，法律的規定從形式上劃定了權力的界線；它方面，另一個極限、或另一個限制，就是這個權力產生出、並引導真理的效力，而後者又反過來引導這個權力。這樣就形成一個三角：權力、法律和真理」。「爲了簡單的指出權力、法律和真理之間的關係的強烈程度和穩定性，而不僅僅是它們之間的關係機制，應當承認：我們被權力強迫著生產真理，權力爲了運轉而需要這種真理，……從另一方面講，我們同樣服從真理。在這個意義上，真理制定法律。至少在某一個方面是真理話

語起決定作用。它自身傳播、推動權力的效力」。

總之，根據擁有權力的特殊效力的真理話語，我們被判決、被處罰、被歸類、被迫去完成某些任務，把自己獻給某種生活方式或某種死亡方式。這樣一來，就產生「法律規則、權力機制、真理效力」（*ibid.*, 175-179）。由此可見規訓不同於法律，但規訓離不開法律、離不開法律的正當化，也離不開法律作為真理論述的依據所發揮的實際效力。現代社會強化了對於個人身心和整個社會的規訓，也逐漸貶低或削弱法律的傾向。福科所批判的，正是法律掩蓋下的規訓機制的技術的不斷膨脹。

雖然福科表示權力新的規訓機制，可以藉法律化、符碼化而使法律具有更大的作用，或發揮新時代的新功能。但他後來的言說（話語、論述）還是不肯賦予法律重大的效力。他又回歸到早期對法律的看法，認為法律同權力新方法完全無法協調，因為權力的新方法「倚靠的不是權利，而是技術，不是倚靠法律，而是以倚靠規範化，並不是倚靠懲罰，而是倚靠控制」（Foucault 1978: 89）。

在這裡我們雖然看到他把焦點放在法律與規訓相互倚賴之關係上，但福科主要的論旨，在於拒絕把法律規定當作影響現代性諸特徵的重大因素。造成他把法律的重要性貶抑的兩大理由：第一，法律在古典（前現代）時期，是君主最高主權的構成要素。換言之，在早期法律扮演的角色吃重，但在後期的現代，法律不再扮演這樣重要的角色。第二，涉及其方法論的問題。他認為權力研究應採取逆反的方法，研究的重心從國家權力，推向「毛細管權力」（capillary-power）。毛細管是一種譬喻，也就是管道極細，但數目眾多的機制之意。毛細管的權力正好與現代之前的君主專政之極大權威成為對比。後者動輒濫用權威，給予反對者、異議者施以殺頭、流放之重罰。

在《規訓與懲罰》中，我們看到近世以來的懲罰制度，首先注重「身體」的懲罰，諸如殺頭、斷肢、絞頸等刑罰。繼而從人的「身體」轉向其「心靈」，把人視為「能夠曉諭的人」看待，於是注意力集中在人的心神、主體性、人格等等之上，也就是此時的規訓之重點為人心靈的矯正和改善。進一步他的作品擴大到「人的自治」，也就是從外頭的規訓到人

的自我規訓。這種說法也就是指明心理科學與心理諮詢的專業逐漸興起，而在現代人的生活中扮演重大指導或治療的角色。就在外頭的束縛、管教逐漸轉向內心的自覺自悟之後，法律與規訓的作用逐漸消失，這也是福科對法律的重要性慢慢忽視的因由。

# 五、規範與規範化

現代為權力機制當成一種新的規訓手段活躍的時代。這種權力運作不再倚賴法律，而是倚賴規範化、標準化（normalization）。福科說：「規訓的言說（話語、論述）與法律、統治或主權意志的言說無涉……它們要界定的符碼（code）不再是法律，而是標準化」（Foucault 1980: 106）。他又指出：在古代存在著「生物權力」（體力）與「法律權力」（法力）之競爭。這種競爭導致一個現象，即符合規範的行動不斷擴大其聲勢，而使建立在法律之上的司法體系受損。

福科在處理規訓的產生之際，特別重視「規範」的問題。規訓的建構，固然與「小罪」的屢犯與處罰有關，但主要卻是與規範的形成分不開。易言之，就在規訓的主體、瞭解並接受某些行為的「標準」之後，把這些標準內化吸收於心中、或是形諸於外頭的行為之上。就像整潔、守時、尊重等這些平時學習而得的標準最終轉化成為規範。

適當行為的標準會轉化為規定的模式，這些模式的特徵在於糾正偏差，而保證行為的中規中矩——使人們遵守法紀而不踰矩。由是可知規範化、標準化成為福科拿來同以禁止和懲罰為主的法律模式相對抗的另一種行為模式。因為在現代連監控本身都隱含了「規範」的因素，也就是它提供監控者在監視群眾時的標準。任何對監控的標準之違背，視同為對規範的侵犯。透過對規範要求反覆的實踐「標準化、正常化」的觀念賴以建立。靠著日常生活到處散播的規範之落實，也靠著監控之發揮作用，規訓乃產生了規範化、標準化、正常化的現象。

對福科而言，另外一個區別規訓與法律之不同的方式爲兩者所顯示的處罰形式之差異。在現代之前的古典時代，舊的刑法所規定的身體懲罰，無非是展示當局「生物權力」的規訓模型。與此相搭配、相對稱的獎賞，則爲裂土封侯、百官分等、授與特權等方式。無論是獎是罰、法律的規定都是苛細的、僵硬的、束縛的。與此相反，近代的權力形式以規範、或規範化來取代法律與司法體系，都展示靈活的、不斷自我矯正的機制。也就是說現代「這種權力〔規訓〕有必要訂立資格（qualify）、審核（measure），和上下高低進行分層處理（hierarchise）〔最靈活的作法〕，而非〔像從前〕展示謀殺性的威風凜凜」（Foucault 1978: 144）。

由於把法律當成主權者的命令看待，使得福科忽視了法律條文中規範性的成分。只有把法律當作普遍性的規範來處理時，他才承認法律中的規範作用。是故對他而言，分辨法律和規訓的另一個特徵爲前者充滿普遍性的規範，而後者則爲特殊性的規範。法律在於根據普遍性的規範來界定主體，規訓卻用特殊的規範來爲主體定性、分類和專門化。

從他的著作中人們似乎看到規訓的權力與司法的權力之對立，但他卻否認這種區別是故意的，或是他存心要製造的對立，原因是他否認把古代與現代的對比建立在「主權的社會」（society of sovereignty）與「規訓的社會」（disciplinary society）之分別上。他積極的、正面的說法是這樣的：「在現實當中我們擁有三角關係：主權—規訓—政府。這個主權—規訓—政府的三角關係之目標爲民眾以及它的主要的安全機器之運作機制」（Foucault 1979: 18-19）。在另一處他說：「現代社會的權力，其運作是建立在多層的、或異質的基礎之上，也是倚靠此一多層、異質的支撐。這是指主權的公共權力的一方與規訓機制多變多樣的另一方之協力」（Foucault 1980: 106）。考察福科的作品，人們最終還是看到法律與規訓的對抗。

福科看到現代社會審判機制之活動的擴張，也就是說現代複雜的生活中，審判實例與審判者人數的爆增，使得過去「審訊的司法」（inquisitorial justice）轉化成今日「檢驗的司法」（examinatory justice）（Foucault 1977a: 305）。他舉例說明，在法蘭西大革命裡醫師扮演的政

治角色吃重,他不只以技術者的身分進行療治民眾的疾病,還在經濟分配上提供諮詢意見,成為公共道德、公眾健康、公共衛生的審查者。當標準化的目標與工具性不斷擴大之後,判斷、審議、諮詢也擴大服務範圍。廣義的審判人成為標準化權力的象徵,狹隘的法官角色也擴大為「規範體、標準體、正常體的審判人」。

由於現代法律無法再懲處像遲到、邋遢、抗命等過失或微罪,因之,作為同普遍性法律相對抗的「小型罰則」、「交通事故處理法庭」、「家事法庭」乃乘興而起。這些瑣屑小事、非法律管得到的事務,就成為現代規訓發揮作用的地方。

# 六、法律、統轄與治理

福科著作一個重大的轉折就是從規訓的研討轉向政府的析論。他曾經說明這種研究重心改變的因由。他說:

> 不研究刑法理論本身,也不研究刑法制度之演變,而是分析某種「懲罰的理性」之型塑……取代法律一般概念之解釋、或取代工業生產的方式之探討……對我而言,還是注視權力的運作較為明智……我關懷的…乃是 17 世紀以來統治的諸個人〔統治者〕技術的精緻化、細膩化和設置。換言之,在學校、在軍隊、在工廠不同的場所中的統治技巧,也就是「指導他們〔諸個人〕的行為」〔之技巧〕。因之,分析不可以圍繞著法律的一般原則、或權力神話的一般原則,而是「管制」(governmentality)的複雜兼多樣之實踐。管制之先決條件一方面為理性的形式、技術的程序、運作的工具化;他方面策略的遊戲,藉著權力關係的操縱,俾他們〔統治的諸個人〕可以保證不穩定之存在,以及改變不穩定之情勢。(Foucault 1984:

337-338）

對福科而言，所謂的現代性，其特徵爲「統治（government）與治理」的湧現。這裡必須指出，他使用的「統治」一詞不是傳統指涉「政府」的意思，不是傳統的國家或議會之公權力的行使。換言之，這裡的統治含有他貶抑國家與法治的意涵。

討論福科對「統治」對「警政」（「監視」police）的看法，有助於我們對他法律觀的理解。他說：早期君王治國的手段，或是向上的自我修身，靠教育方式來提升治國治民的手段，或是向下發布命令，藉由君王的下屬來「監視」、「監控」其子民，這就是警政制度的開端。前者在保證政府形式的往上發展，後者藉警政之推行保障由君王至家計（戶政）之統轄，這也就是「料理家政」成爲「經濟」（economy）之因由，一家之長因爲善於處理家計（人員、貨物、財物之安排），推而廣之，便是一國之君如何來處理國政（Foucault 2000: 207）。這是由於他時不時地強調統治的概念並不含有法律的性質。他堅稱政府有不少的終極任務要完成，爲了達成任務，對法律的服從是有必要的。法律與主權遂成爲無法分割的事體。另一方面政府或統治

> 並非將法律硬塞進人的腦中〔由上硬逼下來〕，而是處理事務
> 之方式，也就是說使用法律之外的謀略，包括有必要時把法律
> 當成謀略來使用。也就是把事物做妥善的安排，俾由每些手段
> 的應用，而獲致另些目的。（Foucault 1979: 13; 2000: 41）

他又指出統治的工具，並非全倚賴法律，反而是靠一大堆的謀略來加以運作。因之，「在統治的概觀之下，法律絕非那樣重要」（ibid.）。多種型態的謀略之佈署存在於政府與民衆之聯繫上，其間各種各樣的專家散布於各種機關當中，他們產生了社會政策，目的在於解決社會問題。政府的行動便是以解決、調整、規定這些施政目標爲其本職。

此時福科不再堅持歷史區隔爲古典時期與現代時期的兩分法。反之，他把歷史分成幾種不同的階段，包括 15 世紀出現的「行政國家」，

和 17 與 18 世紀出現的「統治國家」（Foucault 1979: 21; 2000: 220）。行政國家的基礎爲「規定」、「管制」（regulation）。統治國家之特徵爲對人民（而非對土地）的管制，使用的是警政，也就是警政的運用，他稱呼這是「安全」、「治安」機器之使用。這也是「國家治理化」（governmentalization）之表現，包括多面向的謀略之運用。

他此時處理問題的方式，暗示他已放棄了早期對專制政治之看法，不再把專制或絕對主義視爲現代權力轉型的先驅。換言之，把行政國家和統治國家做一個對照，就顯不出劇烈的、絕對的轉變，或歷史的斷裂，而只是統治機關的逐漸擴大與膨脹而已。福科這種歷史的解讀，就不會注意到 19 世紀以來代議機構的擴大對民主化的貢獻，也忽視了政黨、工會等參與性機關的作爲，更無法解釋民權的伸張，全民投票制的實現，對 20 世紀中葉福利國形成的影響（Hunt and Wickham 1994: 53）。

可以這麼說，在政治理論中，後期的福科只注意到「安全」問題的出現，把安全當成現代統治的理性之核心。法文 *sécurité* 不只有英文 security 的安全涵意，也包含了經濟（就業）與社會（免於貧窮、流離失所）的安全，接近了「福利」（welfare）的概念。這種安全擴大到福利的改變說法之背後，隱藏著福科對「個人」看法的改變。過去個人以「屬民」（subject 庶民）的面目出現，現時則轉爲經濟主體，也就是利益的「載體」（bearer）。過去個人們爲「國家的屬民」，國家要求人民納稅與當兵，因此人民就淪爲「國家的從屬子民」；如今人民爲各種利益之載體，有權利要求政府承認他們的各種各樣的利益。因之，安全不是涉及負面的排除危險、紛擾，而是正面要求政府對各種社會權、經濟權之保障與促進。是故自由主義所建構的政府與統治，在於擴大政治的、經濟的、社會的、法政的主體性，俾諸個人獲得生活的安定與美好。

把安全與自由連結在一起，便會造成權利言說（話語、論述）的凸顯，以及政治權利、法律權利的高漲，其結果便會導致良好政府之出現。問題是安全與自由之結合，所要憑藉的不是法律的運用，但在這方面福科著墨不多，關懷不夠。因而吾人不禁要問：法律在現代統治理性中究

竟扮演多大的角色？

　　如果我們檢視福科 1975 至 1977 年的著作（《規訓與懲罰》、《性史第一冊》、《權力／知識》三書），我們發現他把法律等同為主權、或等同為法律的君主制（不只是君主立憲國家，也包括議會代表制國家），這時他所強調的是規訓權力的擴散和私人化。這幾本著作中，他對法律的看法並非頭尾一致，而有重點的轉移。也就是說他不再大談從法律演變到規訓這一主題，反而大力檢討「法律與規定」，亦即他對近世歐洲史的解讀，是認為從法律轉移到規定之上。這種轉移的特徵為「法律並非退到後庭」（Foucault 1978: 144），也就是法律並非不重要。

　　就是持有這種意見，福科在 1978、1979 年法蘭西學院的講課上提及統治、政府、管制、自由主義，乃至個人們「自治」一連串議題。造成他觀念與焦點的改變，乃是他對「社會」與「領土國家」的看法有別。作為一個分析的單位之社會，是 18 世紀與 19 世紀社會學家力加發掘與闡釋之物。反之，占據土地而號稱民族的國家，卻是人人行動的場所。社會是一個複雜而獨立之實體，其活動與運作有其規律，而無法靠個人的隨意行動來組成。換言之，社會需要良好的管理，過度的干預反而造成惡果。政府的意欲與能力之小心處理是引發福科對自由主義產生趣味的主因。

　　在此一時期作品，已不再顯示他早年對法律的排斥，也就是修改他有關現代性所受法律影響之看法。這時期的法律觀集中在立法機構法律制定的理性之上。他強調立法規定日漸趨向特殊性、在地性、局部性的問題。他早期把法律當成為暫時化與超驗的一套體系來看待，現在則改變了這種觀點，而視法律為歷史性特定事物的管理設計，俾媒介國家與民間（市民）社會，也媒介了國家與個人。

　　福科並沒有忽視對於現代社會憲法和法律的研究，在他的知識考古學、道德系譜學與權力系譜學的研究中，不斷地指出當代國家權力機構制度化、法制化和真理科學化的過程及其特徵，同時也揭露其時刻不斷違法、逾越法規甚至憲法及其濫用權力的特徵。福科認為西方當代社會法治化和濫用權力時刻違法的普遍現象，正是當代社會一體兩面的特

徵，具有明顯的弔詭性。而這種弔詭性也正是西方所謂合理與科學的法治的弔詭性本身。福科說：

> 當我們說西方社會中主權問題是法治問題的中心時，意指的是，言說（話語、論述）和法律的技術之運作，都是為了在這種統治所在的地方，化約或掩飾兩大因素：一方面就是關於主權的正當化的權力；另一方面就是關於服從法律方面的義務。因此整個法律體系，歸根結柢，就是為了排除由第三者進行統治的事實及其各種後果。正因為如此，在西方社會中，法治體系和法律審判的場域始終是統治關係和多種形式的臣服的永恆傳動裝置。（Foucault 1994, II: 177-178）

福科在集中探討刑法及監獄問題的時候，也沒忘記揭露當代社會法治體系、憲法及各種具體法規的性質及其具體操作程序的詭異性。福科在 1984 年的一次對話中，反覆糾正對於他研究監獄及刑法問題的各種誤解。他說：

> 首先，在這本討論監獄的書中，我顯然不願意提出有關刑法的基礎問題。……我把有關刑法基礎的問題放在一邊不管，正是為了凸顯在我看來經常被歷史學家所忽略的那些問題，這也就是有關懲罰的手段以及它們的合理性問題。但這並不是說懲罰的基礎問題不重要。（Foucault 1994, IV: 641）

對於法律和法治的問題，福科一貫透過其與權力、知識和道德之間的複雜關係進行探討。同時，他也非常重視作為現代性核心問題的法治和政治合理性的問題。他指出：

> 我們現代的合理性的主要特徵，並不是國家的憲法，並不是這個作為最冷酷的無情無義的魔鬼的憲法，也不是資產階級個人主義的飛躍發展。……我們的政治合理性的主要特徵，在我看來，就是這樣的事實：所有的個人被整合到一個共同體或一個

　　　　總體性的結果，導致永遠被推動的個體化同這個總體性之間的
　　　　持續的相互關聯。由此觀點看來，我們才可以理解為什麼權力
　　　　與秩序的二律背反能夠容許現代政治的合理性。（*ibid.*, 827）

　　福科認為，所謂法律，就是一整套的法治體系，而所謂秩序無非就
是一種行政管理系統，特別是國家所維持的管理體系。他嚴厲批判自 18
世紀以來資產階級政治家和法學家試圖協調法律與政治的各種努力，把
這種努力歸結為一種不可實現的虛幻夢想。他堅定的認為，法律與秩序
的結合只能導致法律體系整合到國家秩序中去的結果（*ibid.*, 827-828）。
　　福科總是把法律看做是整個社會權力機制建構的一個零件。他說：
「統治權和懲戒、統治權的法律、立法和懲戒機器，完全是我們社會中
整體權力機制建構的兩個零件」（Foucault 1994, III: 179）。所謂法律，永
遠都是統治權的法律，因為一切法律如果不停留在它們的口頭或書面的
言說（話語、論述）上，而是考慮到它們的實行及其各種具體程序的話，
歸根結柢都是為了維持和鞏固一定的統治秩序。福科認為，通常的法律
理論只是從個人與社會的相互關係，強調一切法律基本上都是具有個人
自願默認的契約性質。福科的法律理論在批判上述傳統理論法律時，並
不否認法律除了為建構統治權服務以外，還承擔起協調整個社會，以及
協調個人間關係的功能。
　　有關憲法的問題，福科的觀點凸顯了三個方面的特徵。第一，他把
憲法歸結為一種法律上最高層次的言說體系，因此，必須把重點放在建
構這個言說體系的具體策略之上，集中探討建構憲法這個言說體系時所
彰顯的各種力量鬥爭的複雜關係。因此他認為憲法在實質上不屬於法律
的範疇，而是更屬於權力的範疇；不屬於書寫的範疇，而是更屬於平衡
的和協調的範疇。第二，作為整個社會各種社會力量權力鬥爭的一個權
衡總機制，憲法所能表現出來的內容和形式，只能是抽象的和冠冕堂皇
的。在這個意義上說，任何憲法都只能是自由民主的最一般、甚至是空
洞的保證。第三，正如對權力機制的分析必須從中央轉向邊緣地區和基
層單位的毛細管網絡一樣，任何對於法治體系的分析，也應該從憲法轉

向地區化、邊緣化、專業化和具體化的法規條文及其施行程序的研究，因為正是在這些具體而處於邊緣地區的法規及其實行的細微程序中，才顯現出憲法、這些法律體系與權力的腐敗性和無效性。

福科方法論的變動會帶來嚴重的困難：既然照他的說法，研究權力應將其焦點放在局部的、地方的、在地的現實問題之上，可是國家的權力之存在，集中的制度性權力的存在，也不容質疑、不容忽視。這種微觀與宏觀之間，孰重孰輕、孰急孰緩？不是他權力毛細管化就能解決的。這應該是福科學說嚴重的缺陷。把權力分散與把權力集中是否可行，我們在本章後面還要加以討論。

## 七、法律的排除與法律的前景

從上面的析述，我們可知福科研究的重點並不是法律的職能與功用，而是權力，以及現代統治中規訓扮演的吃重角色。即便是研究權力及其運作的形式，也不可以拘泥於權力被規定的形式、或合法的形式（例如君主制中的最高權力——主權，或法律命令），而必須注視權力之激化，像權力散布的細端末節——權力的毛細管化。權力的擴散與枝節化，顯示的法律性格的降低。也就是說，在法律應用的末端，我們看出權力的毛細管化，也看出權力的運用逐漸不具法律的性格（Foucault 1978: 96-97）。

既然對減少法律性質之進行考察，那麼研究的對象自然不再是君主或民主的主權，也不是國家的機關，而是統治、宰制，以及分散的權力，在地化（本地化）的權力。在言說（話語、論述）現代性（modernity）的崛起時，福科的歷史敘述之特徵，為把法律從現代性裡頭排除出去。他的後設歷史主題中「法律的排除」是這樣立論的：在古典時代或稱前現代，法律建構了權力的主要形式，法律徘徊於主權學說之間，也成為真正權力界的政治言說，而這一類的政治言說卻也扮演著意識形態的角色。可是進

入現代之後，取代法律的是規訓、也是統治。規訓與統治成爲現代社會權力的具體化，法律地位遂告衰微。

為了說明法律從現代性中遭受排除，福科說：

> 在研究權力時，我們要避免採用〔霍布士絕對君權的〕列威擅〔Leviathan，國家視爲海怪、巨獸、巨人〕模型。我們要從法律主權和國家制度的有限範圍中逃離出來。取而代之的是把我們對權力的分析立基在統治〔宰制〕的技術與謀略之研究上。（Foucault 1980: 102）

福科把法律從現代性排除出去之後，無論是在規訓的社會，還是後規訓的社會中，法律所扮演的角色將日趨模糊。不過對於法律的命題、法律的前景，他也有所提示：「法律的命運將是把那些有異於它的因素一一地吸收進來」（Foucault 1977: 22）。儘管福科對法律角色的縮小與式微有所言說（話語、論述），他還不至像馬克思或恩格斯那樣斷言法律的消失。反之，他的立場爲在當代規訓的社會中，賦予法律日漸次要的、從屬的、配角的地位：

> 我不是說法律消退到後院、後庭去，也不是說司法機關會全面消失，而是法律的運作愈來愈像是規範，而司法制度愈來愈融入（醫療的、行政的、及其他的）機關連續體裡。這些機構體的職能與功用主要的是規定與管理（regulatory）。（Foucault 1978: 144）

在這裡他指出兩個發展的趨勢：第一個趨勢也是一般人包括海耶克所指出的，取代法律與規定的將是行政的與科技的管理，這將導致法律最終的式微與消失（Hayek 1982）。福科指出這種權力的新形式其操作完全倚賴監視。而法律卻無能力爲繼續不斷的監視提供條規與符碼，也就是無力符碼化（codification）（Foucault 1977a: 104）。他這種說法難以服衆，原因是法律機制不斷地指向設置監視的各種體系所需之程序。例如銀行信貸部門所存信貸卡持有人的記錄如何保存、其訊息情報如何保

密、哪些機構有權獲悉,均有明文規定。總之,現代法律的功能是透過種種規定來操作的。

一般而言,福科對現代法律的看法,是指向那些無效力,也是邁向邊陲的、不重要的次級法律現象而言。也就是局限於為規訓的科技提供正當化、合法化的規定而言、或是靠其他的機制才能使實踐合法化的那類次要規定(Foucault 1977a: 222)。

為了支撐他的說詞,其證據為:法律原則雖然逐漸限制將犯人囚禁(特別是法律未明文規定的微罪),但囚禁的方式卻日漸擴大,包括新的規訓機構(如精神病院、兵營、工廠等)與新的學科(醫學、社會工作、心理分析)。問題是依他的「證據」,法律難道愈來愈無效力?還是應當追問在人際的社會關係愈來愈複雜之情況下,法律與這些不同的社會關係有何糾葛?有何關聯?傳統的法理學追問法律究竟有何能力,有何本事可以控制各種不同的社會實踐?不管使用的是新的規訓,還是舊的規訓,新的學科還是舊的學科。

對於傳統法理學的追問,其重點不再像福科一樣質疑法律的效力,更不會追究法律的軟弱與缺陷。這並不排除探究法律與其他規訓或學科的實踐之互動關係。這樣的問法才能分辨法律效力的不同形式,也可以探討我們的判斷,以為法律的有效性中有種種不同的形式與程度。這樣我們會從福科那裡回歸到傳統的、古典的法理學,追問法律的能力,也就是法律對非法律的效力的權力形式之查驗的效力。

第二個趨勢為:福科對法律前景的反思之特色正是他的爭論與質疑,也就是他質疑法律形式與權力的新型式(規訓)彼此存有基本的衝突與無法相容。他說:

> 這是一個社會中的困局。從18世紀至現代,社會創造了那麼多權力的科技。這些科技卻與法律的概念完全陌生。它〔社會〕擔心這些科技的效果和擴散,而企圖以法律的形式把它們〔科技〕再度變成符碼(recode)。(Foucault 1978: 109)

他在同一本書(《性史第一卷》)中又指出:

我們在數個世紀中接觸到一種類型的社會，在該社會中，司法已無從把權力符碼化〔規則化、定型化〕，無從變成它〔權力〕的代表體系。歷史往後的發展，使我們愈來愈離開法律的場域，也就是法律以倒退到過去的時代，亦即當法蘭西大革命與憲法和法律條文創立的時代，它的前途便這樣地被鎖定。（*ibid.*, 89）

福科對問題的處理方式與加重語氣的作法，使他傾向於把事務一分為二，像前面敘述的「古典時代」與「現代」、法律與規訓、「生物權力」與「毛細管權力」等等之兩分法，而對兩者之分別、之特性欠缺精巧明細的分辨。因之，這兩者是否針鋒相對，彼此完全不相容，便值得我們的懷疑。

現代法律應用了法律的言說（話語、論述），但福科卻暗示地提出這僅是表面的現象，或是意識形態的現象，儘管他避免用這些詞謂（表面現象、意識形態的現象）。他的觀點是堅持法律的形式與新的規訓、學科完全不相容。這種不相容是由於他把法律看成主權的要素，看成為主權者的命令。其實他後來強調的法律與規訓之關係，並沒有想像的緊張、矛盾與對立，如果人們放棄法律代表君主主權的那種說法。一個比較合適的法律觀是認為法律同其他社會關係一般，都會不斷變化與修改其形式。法律未來的命運就是如何與權力的新形式、規訓的新形式相配合、相連結、相構連（articulation）。在這一意義下，有可能把福科的法律觀轉化為統治的法律社會學理論（the sociology of law as governance），一如韓特與韋克漢所為（Hunt and Wickham 1994: 99 -132）。

# 八、福科法律觀的批評

正當現代幾位重要思想家像韋伯、朴蘭查、德沃金，和盧曼（Weber

1954; Poulantzas 1978; Dworkin 1986; Luhmann 1985）都異口同聲地提出法律是現代社會愈來愈重要的機制，其功能在促進現代社會理性之維持、利益之分配、正義之伸張、體系之自我調整均衡等等之際，福科獨倡異議，不但以負面來看待法律，還斷言法律的功能，會日益萎縮乃至邊緣化。

　　福科把現代社會中的法律加以邊緣化之原因，乃是他以考古學的方式以及系譜論的看法，把法律認同爲現代之前（前現代）的權力形式，把法律看作「古典的」專制主義之先驅、之信使，所引發的結果（Hunt and Wickham *ibid.*, 59）。

　　他的法律觀是擁有主權的君王，對違背其命令者所施肉體的摧殘之處罰的刑法，也就是一般人把法律窄化爲刑法的淺薄俗見。不錯，在民族國家崛起的時代，在 17 世紀中葉，凡是企圖推翻王朝或弒君者，都會遭到凌遲的處罰。因之，法律成爲王者的主權命令。但除了對君主主權的挑戰是主權者的命令轉化爲法律之因由外，日常財產權的侵犯也構成法條、規定系統化的主因。但這一方面福科卻掉頭不顧，完全忽視其存在。這種對經濟財之侵犯的漠視，與他對經濟關係不加留意同出一轍。他在談到專制君主把肉體凌遲之刑改爲人身監禁之刑的「躍進」中，完全不提刑法訴訟長期的改善過程，也顯示他在這方面欠缺歷史知識。

　　把法律窄化爲刑法，爲主權者帶有脅迫性的命令，不只福科，就是英國法律學者奧斯丁（John Austin 1790-1859）也不例外。但刑法只是諸種法律的一個部分、一個面向。大部分法律條文涉及親屬關係、經濟關係和社會權威的分配等等。這裡看出福科不只把刑法與民法之分別一概忽視，連公法與私法之歧異與關聯也不加區隔與評述。

　　福科視法律源於君主的權力會使有關法律產生的歷史遭到曲解。事實上，我們知道西歐的法律來源，除了君王的命令，還有民間的自治規則、習慣法、專業化的法律管轄（宗教法庭、基爾特、商業等法庭）、地方（區域）自治規章（例如學者的著作、評論）和其他種種的法源。這也是專制君主與教會、王侯、百姓爭權，企圖統一法令規章，而不能完全成功的緣由。把法律視同爲君主命令，是受到國家與法律一統的意識形態所籠絡的

思維模式。這種鐵板一塊的國家一體論,本來是福科要摧陷廓清的對象,如今卻成爲他對規訓與懲罰的起點,豈不是一種弔詭與困惑?

福科把主權等同爲君主專制,是一種素樸的簡化的相提並論。這是把政治主權和法律主權劃上等號。主權固然是現代之前,也就是近世民族國家興起的產物,但由於君王主權轉變爲民主主權,卻是法蘭西大革命以來歐洲政治上的重大轉折與變化。隨著資產階級的出現,歐洲各國逐漸邁入憲政國家的行列中。這些資產階級的憲政國家逐漸擺脫中古以來的君主專制,就是拜受以保護私產爲主旨,便利工商業流通的立法,以及司法獨立審判與執行之結果。可是福科卻給我們「沒有根據的印象,以爲〔現代〕資產階級的憲政國家乃是專政時期遺留下來操作不善的產物」,這是哈伯瑪斯對他把主權認同爲專制政治之批評(Habermas 1987b:290;洪鎌德 2001a:97-114)。

現代人談人民主權或民主主權是否還保留有早期君主主權的專制意味固然值得商榷,但福科卻一口咬定現代的立憲精神或憲政主義(constitutionalism)卻牽連到「一個清楚明白符碼化〔條文化〕和形式上平等的法律結構之建立,這種建制之可能存在是拜受議會的與代表性政制的組織所賜」(Foucault 1977: 222)[3]。這種司法的形式牽連到民主的原則,也就是權利保障的言說(話語、論述)。可是福科緊接著指出憲政體系只是一個面具、一項表象,目的在掩蓋背後日常的、有形的、微視的權力之機制。這些日常生活中細小的、局部的權力是不平等的,是不對稱的,這就是他所稱呼的規訓。於是他說「現實的、具體的各種規訓建構爲形式的、法律的自由之基礎」(ibid.)。

爲什麼福科對憲政主義作出這樣嚴厲的批評呢?這大概有兩個原因。其一,他視主權爲一種集中的力量在發號施令,法國大革命之後拿破崙及其侄子之稱帝與復辟,其餘西方國家議會民主其名,總統或總理

---

[3] 有關福科論法律與憲法之關係,作者感謝一位匿名評論者之建議,並接受其觀點,特此申謝。唯不贊成他堅持福科對法律與規訓沒有區隔的說法,以及對法律窄化之異議。至於福科對憲政主義所採取的曖昧立場,作者斟酌評論者之意見,強調福科對憲法的重視,但後來也批判了他有關於憲政主義之看法。洪鎌德 2001c:103n.

攬權其實，都說明傳統的、舊時的主權觀念根深柢固殘存在現世。第二個原因，憲政主義只是意識形態的設計，用來描述權力與控制之位置，究其實統治或宰制的現代形式乃散布在不易察覺的規訓之上。

的確，現代民主憲政國家，雖然提供「民有」與「民享」，但未實行「民治」（由人民直接統治）。但另一方面而言，憲政國家並不只是欺騙民眾的面具，它也抑制權力的濫用。就算最糟糕的代議民主也比 18 世紀專制君主要強得多、好得多。福科的錯誤不在質疑立憲民主，而在於只看到現代民主仍保留威權的那部分，而忘記規訓的權力可以轉化爲合法的權利與法律的規定，而落實參與性民主的理想目標。

# 九、福科法律學說的影響

固然福科的法律觀有上述諸多瑕疵，但近年間歐美法政學者卻從他的理念中引伸出不少新的議題。其中大家比較覺得有趣的是福科新創的概念「管制」（governmentality）一詞。依據他 1979 年在《意識形態與意識》刊物第 6 期（Foucault 1979: 5-21; 2000: 201-202）中揭示的新詞，「管制」用來描述西方自 18 世紀以來現代政府的擴大，統治技術的精進，也涉及到現代國家中官僚體制的膨脹。這點就是戈頓（Colin Gordon ）所指出：福科與韋伯理念碰觸交鋒之處（Gordon 1991）[4]。

與福科管制觀念相牽連的有幾個問題，包括現代國家成立的目的之爭論、民眾的問題之產生、現代政治經濟學之興起、自由派對安全體系之建立之要求，以及分別是非、強調計算的新人文科學之出現。

自 16 世紀以來，國家存在的理由（*raison d'état*）成爲思想界討論的主題。國家的組織原則爲內在於國家本身，而非由外頭神明賦予的「事物之秩序」（福科早期著作之題目）。知識的重組迫使政府去解開國家神

---

[4] 關於韋伯的法律社會學之精義與析評，請參考洪鎌德 2000c：905-930；本書第 5 章。

秘的意涵，建立治理的優先順序。

　　民眾及其滋生的問題係提供政府施政的目標，也為國家的存在找到良好的理由。政府成為促進民眾安全與福祉的目標之手段。研究民眾物質福利的科學，也就是政治經濟學遂告誕生（洪鎌德 1999b：7-11, 25-29）。過去以家庭（戶口）為單位的分析變成如今以個別人的壽命、就業、失業、收入平均率為主的考察。新興的經濟學遂由戶政、家政改為全民的社會經濟、國民經濟。民眾、人口、國民成為比家庭、戶口更重要的政府施政對象。

　　隨著自由主義的興起，政府施政的言說（話語、論述）又有所轉折、有所變化。自由主義主張人的生存、安全與私產的保護是源諸自然法的要求，更是自然狀態進入文明社會的演展邏輯，個人的自由之保障來自於社會的安全。於是統治的手段便是社會或國家財富的創造、調配與資源的挹注，其後福利國的觀念也由此產生。

　　最後，人文與社會科學的次第產生，也為統治、管理、管制提供細膩、精微的說詞——理論基礎。像經濟學中討論理性的經濟人怎樣精打細算追求自利，心理學中清醒明白、符合理性，而能自立自決的主體，也成為此一學科追求的理想。在社會學與政治學中把人視為關懷別人、經營集體生活的社會動物、政治動物，更是新興科學研究目標的典型。這些新科學的新概念、新模型都在增強國家存在的理由，以及統治的合乎理性。它們的出現雖然是在 18 世紀下半葉，卻在 19 世紀與 20 世紀開花結果。

　　由是可知發明使用「管制」這一新詞，是包含一大堆的歷史現象、知識現象在內。它是一個複合體，而非單純一個概念而已。這一複合體也多少呈現一些不同時期不同的用法與強調，一方面顯示管制乃為政府職務、技巧、運作之擴大；他方面福科也指出在歷史變化當中，統治、或管制技術各個不同，不可一概而論。

　　在福科影響下，卜徹爾（Graham Burchell）等人進行管制之研究（Burchell, Gordon, Miller 1991）。米勒（Peter Miller）等研究經濟生活的管理（Miller & Rose 1990），羅茲（Nikolas Rose）等探討靈魂的管理，

私人如何形成自我（Rose & Miller 1992）。

　　韓特與韋克漢竟把福科的法律觀，結合韋伯的政治學說，俗民方法論與帕森思的結構功能體系說，而形成新的法律社會學——以法律統治（governance）爲核心而展開的法律社會學。這都可以說是福科法律觀造成的效果與影響之所在。

　　韓特指出當代法律社會學最爲顯著與建設性的發展爲嚴肅看待相對性的問題，把法律當作文化現象，俾爲法律的多元主義提供理論灼見的基礎，於是「日常生活中的法律」、「法律與社群」之研究勃興，研究的焦點不再是傳統法律制度中法律的運作，而是法律與社群之關係，法律意識與法律文化怎樣在社群中散布，法律怎樣建構社會關係，社會的實踐語言說（話語、論述）又怎樣來型塑法律，從而使法律的社會理論獲得發展[5]。

　　至於把法律與管制之關係，也就是法律與政治之關係加以進一步釐清，便是應用福科關於法律與權力關係的慧見，予以發揮（Hunt 1997: 109-110）。這當中便要把國家、法律、權力以統治的過程一概念加以串連。統治不再被視爲強制加上同意的舊說法。反之，它牽連到權力與知識之結合。因之，資訊、情報、專業知識與技術、政策與策略都要加以強調。它涉及在特殊的社會實踐中，以法律或行政方式來包裝的特殊知識之佈置，足以造成一種對實踐之干預。干預的結果會對社會實踐的參與者產生好處或不利之結果。

　　統治是有目的、有企圖、工具性的社會實踐。它首先涉及到統治對象的問題。統治的對象是隨著政治的考量而產生，而非早已存在的事物。其次統治牽涉到行動者、代理人的使命、職務的指定等等。再其次，統治的過程，牽連到管理知識的生產，也就是對社會現象能夠掌握、定性、定量，而有利於管理之時，管理的知識才會產生。促成管理知識之產生，法律發揮重大的作用。事實上管理知識的生產，不但釐清管理的對象、

---

[5] 關於當代法律社會學的主題與演變趨勢，可參考洪鎌德 1998b：284-301；2000b：49-61。

管理者的身分與職務，還會產生一大堆的管理方式與策略。要之，將法律放置在更爲廣闊的脈絡（context）上，是採用統治模式的好處。總的來說，統治模式包括下列五大模式和特徵：（1）指認統治的對象；（2）把權力下放給代理人；（3）決斷程序的專門化、特殊化；（4）政策目標的指明；（5）獎賞與懲處的規定。

總之，應用福科的學說，不再視法律爲自足的、自主的體系，而是在統治的諸種特徵、諸種模式中，發揮法律獨特的、特殊的功能，也就是法律規定與每一統治模式之間的關係。從而排除法律與規定的兩分化，也排除法律與政治的分歧。取代傳統的兩分法或分歧，把法律、管理、統治結合在一起，使它們轉化爲相激相盪與相輔相成的社會實踐。總之，究其實狀，國家、法律與政治都是社會實踐的表現，將這三者融爲一體似也無甚不妥（Hunt, *ibid.*, 115-120）。

## 表13.1 福科法律觀簡表

| 思想淵源 | 馬克思、佛洛伊德、尼采、杜梅齊爾、龔居翰、易波利特 | | |
|---|---|---|---|
| 方法論與研究對象 | 早期考古學的方法挖掘知識的底層；後其採用系譜論（「出現」與「下降」方法）；重視局部、在地的看法；以社會受苦受難、被壓制、被賤視群眾為其研究對象；跨越傳統學科的界線，對哲學、史學、心理學、社會學、政治學、倫理學都加以精研反思。 | | |
| 法 律 | 定 義 | 法律以多面目呈現在世人眼前：法律多元主義；法律不等於刑罰、禁止、壓迫、宰制、法律非主權者的命令；法律非真理；在當代，法律與科技享有特權。 | |
| | 演 變 | 受權力／知識系統的改變之影響。 | |
| | 規 訓 | 法律與規訓有關，但彼此對抗。規訓為現代權力最普遍、最突出的現象；監視為規訓縮影；法律把規訓符碼化、規矩化。 | |
| | 功 用 | 統治的面具，對統治機制的合法化。 | |
| 規 範 化 | 新的規訓手段之現代權力機制，不再倚賴法律，而倚賴規範化、標準化。法律當做普遍性的規範看待時，才起了規範作用。 | | |
| 法律、統治與治理 | 現代性之特徵為統治與治理。統治的工具除法律之外，便為謀略。現代政治的理性之核心為安全兼福利。安全不只在排除紛擾、危險，也在保障人民的社會權、經濟權。在此意義下，法律等同為主權、為社會之治理——歷史性特定事物的管理設計，目的在媒介國家與社會、媒介國家與個人。 | | |
| 法律的排除 | 權力的擴散與毛細管化顯示法律性格的降低；由於規訓與統治成為現代社會權力的具體化，法律也逐告萎縮。福科認為法律應從現代性中排除。 | | |
| 評 論 | 優點：注意權力的擴散；權力的本土化、在地化、毛細管化；重視規訓與規範性對法律的衝擊；注重自治規則、習慣法、專業規矩的法律起源；打破法律與國家一統的意識形態。缺點：把法律窄化為刑法，把憲政主義等同為專權與宰制，未免忽視憲政有抑制權力濫用之功。忽視規訓的權力可轉化為合法的權利，而落實民主參與。 | | |
| 影 響 | 鑑於西方近世政府機構擴大、統治技術精進、官僚制度膨脹，福科「管制」的一詞包括豐富歷史資料而為社會科學知識可以開發的啟發性概念（卜徹爾、米勒）；以法律統治為核心演展新的法律社會學理論（韓特、韋克漢）。 | | |

資料來源：作者自行設計。

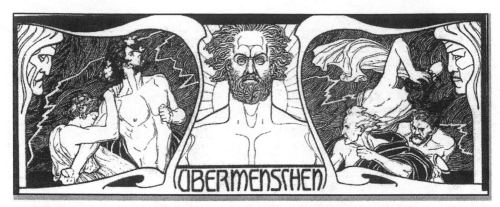

圖13.1 尼采的超人哲學為後現代主義的思潮開啓閘門。採自1903年《柏林畫報》。

圖13.2 拒絕現象學與存在主義的福科(1926-1984)。

# 14 法律社會學的現狀和未來

# 一、法律社會學的四種典範

綜合前面幾章對法律與社會之關係的觀察，不論是大師級的人物，還是特定的學派，都企圖以其敏銳的觀察、高明的概括和犀利的分析來論述法律與社會之互動，而提出精闢的學說。無可置疑地，社會理論家在分析法律這一社會現象時，絕對不是閉門造車，而是對它所處的時代與社會有清楚的觀察、深刻的省思與嚴謹的推論。因之，他或她絕不會處在真空中做冥思、做幻想。既然法律有明顯的社會基礎，而法律本身也受其社會基礎的型態之制約，所以法律與社會的互動，特別是辯證的互動，成爲法律社會學觀察的對象與範圍。在過去一兩百年間，考察法律與社會關係的學者眾多、學派林立，但近半世紀以來最主要的研究途徑可以歸結爲以下三種：功能主義、自由多元主義和馬克思主義。當然我們也可以把 1970 與 1980 年代以後，出現在歐美的女性主義當作第四種研究途徑來看待。在很大的程度上，它乃爲馬克思主義的變種，也就是揚棄馬克思派強調階級的不平不公，代之以性別的歧視，作爲摧陷廓清的對象。

這三、四種的研究途徑，其實也代表三、四種的學術典範（paradigms）。所謂的典範乃是擁抱同一理論者所形成的學界（academic community），以及其所信持、衛護、共同的理論觀點、論述方式、研究途徑、特殊看法、意識、心態與作風。每一個研究途徑或是典範，都抱持對人性與社會特殊的見解或假定。也就是說每一種的理論、每一種研究途徑、每一種典範都對人性究竟是什麼？如何發展？持有特定的看法。另一方面每一種理論、每一種研究途徑、每一種典範都有其特定的社會意像——社會的形式、組織、結構、制度、過程是什麼？怎樣的社會才是理想的、可欲的社會？

不管是對人性的不同理解，還是對社會的歧異看法，都成爲理論家

或學派分析法律的起點：怎樣的法律有助於人性的發揮和社會的發展？換言之，這些理解與看法成為理論家研究與推論法律的根據與標準。是故法律的社會學研究的第一步便是去了解這三、四種分析架構的大要。

前面我們提及，理論家並不活在真空裡，他們受到其存活的時空所制約，也受到其前代與同代學界的影響。學者首先受其時代及社會的影響最大，他（她）是生活在寰球大氣候與本地小氣候之下，這就是黑格爾所強調的時代精神與國家精神，也就是時勢與環境、世局和潮流（思潮）對個人的衝擊。另一方面，學者也得師承前人的學說，或加以接受而踵事增華，或予以批判而糾正擯棄。有關法律社會學的學術遺產，係承繼自西方良法美意的羅馬法、日耳曼法、自然法、英美普通法等法律制度與理論闡釋（法哲學、法理學），更傳承西洋兩千年來的政治與社會哲學，以及近 300 年來的社會學。

以功能論為例，它本身含有內在的保守觀念，流行於 1950 年代的北美，是冷戰時代衛護美國資本主義體制的主導思想。但在 1960 年代功能主義的研究法開始衰落。這與反越戰的示威遊行與學潮、美國的種族歧視所引發的種族騷動、加拿大魁北克的革命、巴黎學潮風暴，和西方世界爆發的反政府、反建制之學生運動有關。日益尖銳的反戰、種族、性別、生態失衡引發的激烈抗爭，不僅使資本主義的國家備受來自左翼學生、工人、失業者、女性運動者、環保主張者、少數民族等的攻擊，也連帶使保守的功能主義、體系論、結構主義、存在主義等遭受駁斥。反對者所提出政治、社會、經濟、文化、教育等問題，不是建立在共識與和諧假設之上的功能主義所能解釋和解決的。這就是功能主義趨向式微的主因（洪鎌德 1996：41-43）。

在 1960 年代後期流行於西方的思潮中，取代功能主義的為自由的多元主義。自由的多元主義留意權力與衝突，打開更具尖銳批評與激進要求的大門，使人們對當時的法律與社會關係有更清晰的理解。但到 1970 年代自由的多元主義受到嚴格的檢討，而被發現為華而不實的空洞理論，遂又走下坡為學界所不取。在棄置多元主義之後，馬克思主義再度成為理論界的寵兒（馬克思主義及其理論雖一度在 1950 年代的歐洲揚眉

吐氣,但也隨著 1968 年 5 月風暴的失利而煙消雲散),甚至成為 1980 年代歐美「法律中的社會學運動」的前鋒(Comack and Brickey 1991: 16)。在法律社會學方面,工具性的馬克思主義首占上風,後來才讓位給結構性的馬克思主義(下面會解釋這兩派馬克思主義者把法律視為工具,以及把法律當成社會結構之區別)。

自 1980 年代後期以及 1990 年代以來,女性主義的法律社會學抬頭。女性主義的重要在喚起民眾與學界注意性別的不平等,以及女性在社會中地位的卑微係從法律與社會關係中反映出來,也受著法律與社會的關係所中介(mediated)。其結果,乃是將馬克思主義所要處理的重大問題——階級問題轉變為性別的歧視與差別待遇的問題。這些基本的問題的再度檢討與重新處理,成為女性主義致力的任務(洪鎌德 2003)。

為了要對法律與社會關係之變化以及發展有更佳的瞭解,而這些變遷與發展也涉及了近半個世紀以來法律社會學的課題,因之,我們對上述三、四種的研究途徑與典範之主要內涵、基本概念、研究法有做一精簡的介紹與複習的必要。

## (一)功能主義

功能主義立基於社會哲學與政治哲學保守的傳統中。對 17 世紀的社會哲學家霍布士而言,人擁有無窮的欲望與需求,而需要加以控制或導正。在他的心目中,人的天性是追求自利、反對社會與自私的動物。人群只有通過與社會簽訂契約,才會脫離自然狀態,進入文明社會、成為社會動物。通過社會化過程,人群由於內化的作用接受社會規範與價值。在這種情況下,社會控制不管是內在的社會化,還是外在的學校、輿論、法庭、警察、監獄,都是必要的。只有當人群的行為受到妥善的管理與控制,社會的安定與繁榮才有保障。

功能主義者在進行推理時,強調秩序、穩定、和諧之重要。在他們的學說中,一個基本的假設是認為社會中普遍存在著對主流規範與主流價值的共識或一致的看法。且以涂爾幹的說詞為例,他說社會存有「集

體的良知」，這是由「社會平均成員的信念和感受之全體」所構成
（Durkheim 1964a: 79）。這個說法的意涵是說文化成爲重要的變數，來
做爲產生社會統合的重大因由。

在對社會的理解方面，功能論者採取「有機的比擬」（organic
analogy），就是把社會譬喻爲一個活生生的有機體：它會從簡單的形式
進化爲複雜的結構。社會自有其結構，是從一大堆部分合成的結構，每
一個部分扮演其特殊的角色和功能，合起來促成社會整體的存活與發
展。社會不同的制度，像經濟、家庭、宗教、政治和法律，各有其特別
的功能，當這些制度把其功能加以發揮，且是在和諧的情況下各自發揮，
那麼整個社會生活就能推動，社會就會活過來。功能主義者不只研究個
別制度對社會整體的存活與發展之功能，還可以分別各種制度之不同，
單獨對某一制度進行細緻的觀察，這就是把一個制度當成一個體系或系
統來看待，是故體系論是從功能論引伸而出。在研讀某一社會制度時，
不只要理解該制度在整個社會上所扮演的特殊功能，還要進一步觀察這
一制度與其他制度不同之處，也就是研究它的結構。是故結構與功能是
孿生的一體之兩面。就其靜態的組織而言，是該制度的結構，就其動態
的變化與過程而言，就是其功能。是故功能論也稱爲結構功能論。

由於功能主義的研究注重秩序、穩定與和諧，因之，其研究的對象
爲社會共識的部分，而幾乎不涉及社會衝突、歧異之部分。在功能論者
的心目中，衝突、攜二、歧異都是暫時的現象，也是非常態（反常）的
現象。像涂爾幹就指出，在社會規定瀕於鬆綁與失效之際，社會對個人
控制的影響力衰微或消失的時候，個人便陷入於「失序」或「脫序」
（anomie）之中，也就是沒有規範的混沌狀態。這種情況並非內在於社
會結構之中，也就是說不是社會的常態，因爲不久之後社會會自動恢復
穩定與平衡。同樣功能論者對權力的分析興趣不大。對他們而言，權力、
宰制（domination），都是社會內在的力量，是社會對個人產生的控制力
與統治，是社會組織及其運作必然的現象（參考本書第 4 與第 6 章）。

由於社會的文化同規範體系是社會整合與凝聚的主要源泉，因之，
法律被視爲重要的統合機制，法律成爲社會集體良知的代表與執行者。

涂爾幹在使用有機體的比擬時說:「法律在社會中扮演的角色相當於一個
生物體的神經系統。後者的職責,事實上,在管理身體上各種不同的功
能,俾保證它們和諧地運作」(Durkheim 1964a: 128)。同樣現代的功能
主義者帕森思也指出:「法律體系的首要功能就是整合,它主要在紓解衝
突的可能性因素和潤滑社會交往的機器」(Parsons 1980: 61)。

涂爾幹對犯罪的看法,也具示範作用。他的觀點不但為其他功能論
者在這方面的論述提供基礎,甚至也給我們有關現代國家功能性的看法
之識見。涂爾幹認為犯罪的界定每依所施的懲罰之輕重以為斷,也就是
說犯罪是導致懲罰的行動。且不論特別的偏差行為,一般而言,犯罪為
「每個社會的成員普遍性不贊成的動作」(Durkheim 1964: 73)。他認為
對抗犯罪的懲罰一般採取報復的形式。由於犯罪震撼了社會成員集體的
感受、情緒,懲罰變成道德憤慨的報復手段。因之,犯罪的功能就是在
於維持社會的連帶關係與團結。它是保衛社會集體良知的工具。

在討論犯罪與懲罰時,國家所扮演的角色就告浮現。由於犯罪是嚴
重威脅受害人與整個社會的嚴重行徑,因此做為現代社會代表的國家,
有義務採取對抗違反法律的犯罪者。在這一方面,功能主義者視國家為
中立的勢力,它的操作在保護社會全體的利益。國家首要的功能在社會
控制,保證個人順從規範體系。

涂爾幹有關犯罪的看法與其他功能論者的主張大同小異。例如有關
社會主流(主宰)的規範與價值之共識,反映在他對「什麼是犯罪者?」
的界定之上。法律只是多數人的規範和價值之制度性的表述。是故在功
能論的架構裡,一般不質問犯罪的政治性格。事實上如吾人所知「什麼
是犯罪者?」的定義常是有權有勢的人,加給反對者的罪名而已。由於
功能論者假定社會成員會建立共識,所以沒有必要質問法律本身,也就
是既不討論法律的內容,也不剖析法律的源起。反之,其研究的焦點轉
向犯罪者和個人無法適應規範與價值的原因,當其他絕大多數的社會成
員都在守法之際。

功能論者對犯罪的原因的推理,都是以文化的名義來進行解釋。也
就是說由於文化信念的不同,像宗教態度的歧異、社會組織的解體、文

化目標求取實現的方法失當,都是解釋犯罪所以產生的因由。這些解釋主要的說詞都指向犯罪是文化失調的結果,也是低等階級的現象。由於不質疑現存制度的安排是否失當,功能論者視犯罪是特殊的個人或特殊的團體,無法適應社會秩序的要求之後果。因此,他們建議的解決方法傾向於再度社會化、或再重過正常生活 (恢復常態)(rehabilitation)、或是加強社會控制(更多更有效率的警察、情治人員)、或爲更嚴酷的刑罰、更爲厲害的制裁 (像刑期之延長、處分之加重、死刑之嚇阻)等等。

## (二)自由的多元主義

自由的多元主義之人性觀源之於 18 世紀啓蒙運動的哲學家,像盧梭、洛克、休謨等人。在自由主義者的心目中,人類爲本性上競爭的、和追求權利的動物,每個人都希望在人生中找到最多、最好的東西,而且成爲人群中最好、最強,甚至出類拔萃的人物。此外,人天生就擁有自由和權利,這些自由與權利只有在社會中才能夠實現。因之,人群相處之道在於保證個人間的競爭是公平的,而社會的組織、建構要以能夠實現這些自由與權利爲目的。

自由多元主義者不像功能論者假定社會中的規範與價值是和諧的,是成員的共識來維持的。反之,社會被視爲競爭的個人與群體所構成,每個人、每一群體都在追求其特殊的利益之實現。在韋伯的社會學中,對權力的競爭是發生在社會各種不同的階層之上,他視社會的階層擁有三個不同的界域,也是三個權力的來源。每一個人所擁有的權力,視其不同的界域上的地位而後定。例如決定社會階級的是經濟秩序,決定個人隸屬那一個社會上下位階地位(social status)的爲社會秩序,決定個人所屬政黨則爲政治秩序,以及政治參與的深淺。由於權力的來源是多項界域的 (multidimensional),我們不能看做只受單方面因素的影響。在這種受到韋伯學說洗禮下的自由多元主義者,遂贊成以多種因果分析的途徑來理解權力的差別之源泉(參考本書第 4 章)。

比起功能主義者來,自由多元主義在分析權力與衝突方面較勝一

籌。不過與下面要談的馬克思主義相對照，衝突對自由主義者而言，其原因與背景為文化的，而不是經濟利益。權力則多注重人際之間的優勢關係，而不是有錢有權者對貧窮者的宰制。韋伯就把權力界定為「在社會關係中行動者在對付別人的反抗時，可以貫徹自己的意志底可能機會」（Weber 1956, I: 38）。由於衝突和權力看做社會統合的因素，因之，自由主義者也看重社群的共識。共識的根源為一種理念，相信不斷競爭的體系是正當的。

既然社會與政治體系是合法、是正當的，則國家就成為排難解紛、消除衝突的「裁判」。不同的個人與群體在競爭中，不時要引入國家的干預，俾為實現自己的利益之工具。國家首要的職責在為群眾的競爭遊戲提供勝負的準則。

自由多元主義者把法律看做是社會中自主的一圈。這個法律及其體系雖然有時受到經濟因素的影響，但未必只受影響而已。反之，法律可以決定經濟活動。韋伯便認為資本主義的崛起不完全只靠物質（經濟）利益，也受到宗教信念的影響，雖然理念與利益有其「選擇性的親近性」（洪鎌德 1999c, 40, 114, 126, 134, 170）。

此外，自由多元主義者認為國家是政治權力的鬥獸場，而法律為權力的一個形式或一個界域。法律是資源的一個組對，目的在推銷自己的理念或增進自己的利益。不像功能論者把法律看做社會成員的共識，多元論者主張法律反映人群在社會中擁有的權力之歧異。犯罪不是個人天性的社會問題，而是立法與執法者賦給犯罪者的「地位」（status）。換言之，犯罪和偏差行為都是社會創造出來的名堂與實踐，是由有權有勢的人所定義的。它們（犯罪與偏差行為）所牽涉的是社會中權力關係的本質，而非被訴人行為的本身。

比起功能主義來，自由多元主義的法律研究途徑提供更多的優點。其一，它注意到法律的起源；其二，注意到犯罪的政治意涵，瞭解司法與執法人員怎樣運用其裁量權；其三，把重點從犯罪者轉移到導致犯罪的社會背景與因素。雖然有上述三個優點，但自由多元主義研究途徑的解釋力量仍屬有限。這包括無法闡明權力的源泉，只指明社會包括權威

菁英與庶（屬）民，而不能說明權威之來源，或是單指白人統治黑人、男人管理女人、老人宰制青年不平等的權力分布情形。這些也只能指出社會存在不合理、不公平的結構，但對這種不公不平卻無法提出更進一步的解釋，這就是其缺憾。

這種缺憾還表現在多元主義只考慮到違犯法律、或偏離規則者之行為、或是人際關係的控制，而沒有考察到各種社會控制機構怎樣運作，這些機關怎樣受到現代社會中國家的結構與運作之影響。在沒有明確與深入地瞭解政治過程之下，多元主義者冒然把國家機關當成是權力重大的，帶有道德正統的企業經營者。總之，自由派多元主義者未能探究廣大的（社會的、政治的、經濟的）結構之角色，需知這些結構是某一特定法律出現的重大變數。更何況多元主義者雖討論法律本身之外的社會變數，但對何種變數更具決定性的作用，則無力指出，會導致其理論充滿折衷、寬泛，而不能一針見血地指出問題真正的癥結所在。

就在企圖補充或矯正自由多元主義的缺陷時，學者逐漸為馬克思主義的法律學說所吸引。在 1970 年代之前法律與社會之關係底研究趨向於檢討犯罪。但要轉向馬克思主義的觀點，需要做重大的轉折。馬克思主義是一種把注意力集中於社會廣大的結構性特徵之上的研究途徑。以往人們要研究犯罪現象，只討論法律是不足的，必須深入探討造成犯罪的社會、政治、經濟之因素。是故 1970 年代左右，學者已知道研究犯罪本身是無用的，而是要把法律（私法與公法）放置在資本主義的社會中國家結構裡頭去加以觀察。這就必須瞭解馬克思主義者所強調的資本主義社會裡，法律具有階級的特性。

## （三）馬克思主義

### 1.馬克思主義論人性與社會

馬克思主義視人性基本上是善良的、是應追求自由、不受束縛，而達到逍遙、自由、自主、自我創造、自我生成、自我實現的目標（洪鎌

德 1997a：81-43；2000a：407-409；413-417）。但有史以來人類卻常是作繭自縛，創設一大堆的社會結構（典章制度、法律機構等）來範圍其發展，以致人類的創造性潛力遭受阻抑，其能力也難得發揮。馬克思認爲人爲製造工具的人（*homo faber*），也是勞動的動物（*animal laborans*）。造成人與動物最大的分別，不只是人類的智慧、語文，更是人類的勞動力 —— 人的智力與體力足以開物成務、利用厚生、足以創造與改變人的世界—— 社會界。對馬派人士而言，人性不是問題，阻止人性發展的社會才是問題，才是麻煩的根源。

馬派的研究途徑，一開始便與功能論相反，不主張社會的穩定、和諧與共識，而把社會描繪成敵對、鬥爭、剝削的場所。與自由多元主義者的看法相異，馬派認爲社會衝突不是由於文化因素的相激相盪，而是經濟的利益的搶奪、霸占。這種衝突不是社會暫時的、一時的現象，卻是社會結構—— 階級的分割、對立、鬥爭—— 永恆的表現。馬派對社會的基本看法是認爲經濟變數「在最後的例子中發揮決定性的作用」。是故分析社會的經濟體制及其變遷是瞭解社會的捷徑。

依據馬克思的說法，社會是人際關係構成的，這種人際關係在歷史變遷的某一階段裡，凝聚成特定的社會經濟的形構（socio-economic formation）。社經形構不是靜態的現狀，而是變動的流程；其基礎稱爲經濟的下層建築，在上面矗立了典章制度與意識形態，合稱上層建築。上下層建築的關係是相激相盪，也是相輔相成，這就是通稱的辯證的發展。基本上社會變動的主力在於經濟基礎的變化，一旦基礎發生劇變，上層建築也跟著發生變化（洪鎌德 1997a：170-252）。

在人群的組合中，擁有生產工具、材料的人，在歷史上屬於有產階級。與此一占有階級相對立的爲不擁有生產資料、生產手段的廣大人群，他們以出賣體力來營生，因之屬於無產階級。整個社會粗略地劃分爲少數的資產階級，與人數眾多、受到壓迫、剝削的無產階級。有產階級每每與統治階級相結合，而壓迫、剝削被統治者的無產階級。整部人類的歷史絕大部分是階級史，也是階級相互敵對、殘殺、鬥爭的歷史。配合著歷史階段上社會生產力的不同，以及階級形成的變遷，歷史上，特別

是西方的歷史上,呈現了原始社會、奴隸社會、封建社會與資本主義社會的階段性發展過程(洪鎌德 1997 a:191-210)。

## 2.資本主義與社會衝突

資本主義的社會是從封建主義的社會脫胎而成。資本主義是人類有史以來生產力發展達致高峰的最新階段。從生產力的擁有或不擁有所衍生的社會關係、財產關係和階級關係叫做生產關係。 把生產力與生產關係加在一起就稱為生產方式。資本主義的生產方式圍繞著一個中心在打轉,這個中心就是商品的生產與交換。這時,構成生產資料的有工廠、土地、機器和資本,以及資本所雇傭的勞工——勞動力,這些都是從事商品的生產與交換所不可或缺的。在資本主義下,資本家擁有上述這些生產資料(外加管理與經營企業的技術);反之,勞動者除了擁有勞力,並以此勞力換取生計所需的薪水、工資之外,可謂一無所有。資本家與勞動者之間的社會關係、財產關係、生產關係,是明顯的壓榨與剝削的關係。何以說是剝削的關係呢?因為真正從事生產活動、交換活動的「直接生產者」(與「直接交換者」)就是工人、就是勞動者。他們不只生產了供其勉強溫飽的最低工資,還生產了比其工資更多的剩餘、多餘的生產價值。可是這些生產多餘的價值卻不歸工人所有,而為資本家藉口「占有的權利」加以併吞、加以獨占。這就是勞動者生產的剩餘價值被資本家榨取與剝削的因由。

不只在生產圈,資本家階級是領先的、主導的階級;他們為了保護其權益,還把這種優勢、主宰的地位擴大到社會其他圈(交換圈)、其他過程之上。換言之,在上層建築中,法律體系、家庭形式、教育作用莫不以保持或擴大優勢階級——資產階級、統治階級——之利益為其急務。在此情況下,只研究法律,而不留意法律與經濟勢力的掛鉤,就無法理解資本主義之下的法律、法律機關、法律實踐之真正本質。

此外,對馬派人士而言,衝突和權力必須以社會結構的觀點來加以處理,因為社會衝突乃為階級鬥爭的表現,權力的運作乃為階級統治、階級宰制的反映。是故對馬派而言,社會的諧和、協調與共識並非自然

造成，而是靠資本家、統治者、御用學人不斷地營構、不時地塑造。

馬克思主義者對國家的起源、生成、發展、作用等欠缺一個連貫、圓融的理論（洪鎌德 1997b：307-345）。馬克思本人雖曾計畫發展出一套國家的系統性理論，做為他對現代性瞭解的一部分，但終其一生遲遲未加落實。他主要的理論對象為資本主義的生產方式。只有在過去 100 年間，西方馬克思主義者和新馬克思主義者才企圖建立國家的完整理論。他們彼此的觀點或是大同小異，或是存同去異，但相同之處在於指出現代資本主義的國家在為資產階級的利益服務。其來源馬克思與恩格斯在《共產黨宣言》（1848）中所說的「現代國家的行政（機構與人員）不過是處理整個資產階級共同事務所管理委員會而已」（*CW* 6：468）。從這個來源發展出兩種有關國家的新理論：工具主義與結構主義之理論。在法律社會學觀點來說，工具主義和結構主義有利於處理資本主義之下的法律底階級性質有關的問題。在時間上工具主義首先出現，結構主義稍後也登上舞台。

### 3.馬派的工具論

工具論是以馬克思上述說詞的演繹，是指國家代表資產階級在發號施令，其解釋的來源為意識形態的上層建築受到經濟基礎的決定。作為上層建築的國家、法律、教育、文化、思潮等完全由全體資產階級來操控。工具論，把國家當成資產階級、操控社會的工具，這是把階級權力（對生產資料的擁有）等同為國家權力。 對這種工具主義的國家觀有力的支撐為占據國家關鍵地位的人員，大多來自於資產階級的成員，使資產階級擁有絕大的優勢（Miliband 1969; Domhoff 1970）。

在法律社會學當中，工具論的流派在指出法律本身為階級統治（資產階級對無產階級的宰制）之武器，重點擺在法律的壓迫性質。在此情況下，法律與法律秩序視為統治階級經濟利益之維護的直接表述，也就是保護其財產和鞏固其政權的手段。許多學者甚至指出：資產階級的成員，可以從犯罪與懲罰中逸脫出來（Quinney1974; Chambliss 1975）。

在注視階級權力與國家權力的連結時，工具主義喚起人們注意統治

階級成員的行動與行為。其中尤其看重犯罪的法律定義。在現代資本主義國家中，對資產階級成員不利或具威脅性的刑事法律都在排除與廓清之列，於是「權勢者之犯罪」的研究、發現諸如價格的鎖定、劣質產品的製造、環境的污染、政府的貪瀆等，都是國家與法律難以追究，或是追究不力的犯案。

工具論的缺點為無法系統性探討統治階級、不同群體的行為與策略何以受制於社會內在的結構。工具論還暗示統治階級為鐵板一塊，權力龐大之組織，但何以其立法、制法與執法有時違背或偏離統治者之利益？像基本工資法、反托拉斯法、勞動安全法、健保法都在限制資產階級的利益，居然成為現代福利國的主要施政基石，這就不是工具論可以說明清楚的。工具論尤其無法檢視現代國家正當性來源為民主程序之事實。因之，法律立基於階級的說詞如何同民主的理想相協調，變成工具論者理論解釋不周延之處（洪鎌德 1995：187-188）。

### 4.馬派的結構論

1970 年代後期，理論家從工具主義轉向結構主義，俾更適當地闡釋資本主義國家的運作。結構主義者摒棄了國家與法律為統治階級的工具說，改採新的觀點，而稱說：國家之內的制度是社會結構具體表現。在資本主義的國家中，諸種制度不但產生，也再生（繁衍）階級的關係，以及複製階級的宰制。馬克思與恩格斯的話，不可以解釋國家直接為資產階級服務，直接成為資產階級統治的工具，而是解釋國家在間接替資產階級撐腰，為資本主義之代言人（on behalf of capital）（Panitch 1977：3-4）。國家的角色不再是工具，而為「組織者」，它中介了兩個彼此鬥爭的階級：普勞（無產）階級與資本階級。

在執行組織者與中介者的角色時，國家可以說是落實特殊的功能。這些功能簡單地歸類為兩種：累積與正當化。前者在幫助資本家累積資本，但表面上說是促進社會的經濟進步與不斷成長。後者則為國家大力在保持社會和諧、穩定的條件，使經濟與社會上弱勢的廣大群眾接受政府的政策，向國家輸誠，從而正當化社會的秩序（O'Connor 1973: 79；

洪鎌德 1995：194-195）。累積和正當化的功能兩者是處於辯證的關係中，國家中的每一種制度與機關都會牽連到上述兩項活動中。

為了使國家能夠順利執行其角色，它某種程度上的自主——只要不違逆經濟圈的需求——有時為必要。也就是國家有時不能完全聽從資產階級的指揮，而化除資產階級狹隘的利益，為的是保障該階級長程的利益（Poulantzas 1975）。國家相對的自主足以說明某些有利於工人階級的立法（工人勞動時間的規定、衛生保健的立法），這些法律偽裝是在節制資本家的行為（包括反托拉斯或反合併的法律）。

當工具論集中其注意力於法律的壓制性質之際，結構論將分析的範圍擴大到法律與法律秩序的意識形態之性質中。法律不只是在壓制、壓迫的工具，也是意識形態宰制的手段。這就是葛蘭西所說文化霸權的運用。藉著霸權的應用，國家把資本家的利益普遍化、廣泛化，使資產階級的優勢主宰不斷地擴散，不停延續下去。霸權的運用不只靠暴力，也是靠人民的同意、降服。即使把法律當做是國家合法使用的暴力看待，也要知道法律所以能起作用，在於通過意識形態的薰陶、洗腦，內化於百姓的心目中，使老百姓心甘情願地遵守服從。

當做意識形態的一種形式，法律是以資產階級的社會關係之正當化者（legitimizer）之面目出現。造成這種現象，依據結構論者的說詞，是由於在資本主義社會中，法律採取了一種「形式」，一種外觀、一種結構，強調法律是平等的。這種平等的外觀是造成人民對「法律在統治」（The rule of law）的主張之盲目信守。

法律在統治或稱法治的學說涉及兩項廣泛的要求：其一，每個人都降服於法律，連國王都不例外。這是假定法律代表全民、全社會的利益，而非某人、某群體的特殊利益；其二，法律對待每一個人都相同，亦即人人在法律之前皆平等的意思。因之，人人平等所代表公正、正義的司法女神必須綁住雙眼，以免「大小眼」、以免「徇私」（Hunt 1976：178-187）。這種法律特別形式在提供法律的保障，以對抗來自國家權力的濫用、侵害，而保證個別公民的自由與權利。不過這些都是社會結構造成的假象。

是故結構主義者馬上便指出：處於「法律在統治」、「法治」中，人群的權利和自由卻受著限制。法治主要的說詞是「在法律之前人人平等」，但法律圈中的平等並未延伸到經濟圈。由此可知平等的外觀很快便被勞動受資本剝削的事實所撕碎（洪鎌德 1995：189-191）。

顯然得很，結構的說詞比工具論對法律與社會關係之說明更為有利。取代工具論視資產階級為鐵板一塊，結構論看出統治階級裡頭派系林立。在這種情況下，國家不再是工具，而是組織者，也就是企圖調解統治階級各派系之紛爭，也透過霸權的運作減少資產階級與勞工階級的衝突。透過法律是意識形態的手段之看法，結構論者能夠調和法律的階級性質與民主理念、民主原則之間的歧見。正是「平等」和「正義」這些理想，是法律秩序企圖要達致的目標，遂而為全民所贊成、所盲從。

可是結構主義也有其理論的侷限。當工具論被批評為一頭栽進資產階級對國家的控制之時，結構論被批評為走向另一極端。結構論過度重視社會結構約束力與限制，而忽視了作為行動者的人群才能決定社會的去向。此外國家相對自主的說法也被批評為問題重重。是什麼因素決定國家從經濟關係中獨立出來，至今未能做了令人信服的解釋。法律既是相對自主的制度，為何不斷維持資本的關係，而有助於資本的累積？再說國家資本累積與正當性的功能的解釋是否陷於循環性的套套邏輯？經濟的繁榮（資本的累積）使國家獲得正當性？對工人的讓步稱是正當性功能的的指標？資本的獲利可以說是國家在關心資本的累積？

1980 年代馬克思主義者對法律的理論思考有所改變與修正。對於圍繞著國家相對的自主、理論與歷史特別性的標出、法律和秩序的意識形態之角色對社會共識製造的影響、法律作為社會轉型的工具之可能性。這些討論更能顯示法律與法律秩序的階級性格（Comack and Brickey 1987）。

這些近作之特徵為以階級關係為主軸來探討法律、指出基本的問題意識、體認不平等根植於經濟圈，同時以統治與從屬階級之關係來界定權力。馬克思主義者 （馬派人士）的敘述超越了功能論者與自由多元主義者，能夠澄清不平等為體系內在的結構，以及不平等在上層建築中不

停的再生。在這種研究下，除了經濟圈的不平等之外，另外兩項重大的不平等，存在於性別與種族中，是故馬派的基本問題意識需要擴大、需要加深、需要修正。對馬克思主義研究途徑的重新思考，第一個刺激來自女性主義運動者的挑戰。

## （四）女性主義

女性主義流派頗多，對未來建立在性別平等的社會也各懷不同的理想，但對爭取女性更多的活動空間，以及自立自主，則是觀點一致。女性主義的起點是以為女性的生活本身具有價值，進一步探討以男性主宰的家長制、長老制怎樣限制婦女、欺壓婦女，使婦女淪為兩性中的弱勢、卑微的一群。這種婦女的覺醒與奮起，導致一大堆女性主義作品的出現，它們各自提供「女人遭受壓迫的本質與原因之完整分析，以及改善這種不平境遇的建議」（Jaggard and Rothenberg 1984: xii）。

這種有關婦女卑微地位的分析架構，可以在社會學的傳統中找到蹤跡。保守主義是一種與功能主義相似、也接近的思想方式和理論架構。它的主要的關懷在保護社會中男尊女卑的性別關係之傳統。因之，它不可能探討婦女不平際遇的問題；反之，它認為女性附屬於男性，乃是植根於生物學的基礎之社會事實，保守主義者強調：「靠著維持女人在其（社會中的）地位，去保持其自然秩序，是社會利益之所在」（Dubinski 1987）。

### 1.自由的女性主義

自由的女性主義相通於自由的多元主義，關心女性在社會中日增的權勢地位，特別是關懷女性在公共領域中代表性大小的問題。自由的女性主義以為女性卑微附從之原因不在生物學上體質的差異，而是社會化把婦女束縛在壓縮的角色、受限制的期待以及不公平的機會裡。是故主張女性應該被「放進」公共領域的權力走廊中，而共享社會的福利，這也會產生性別角色與期待之改變，而增加女性的機會，也就是讓她們可以與男性平起平坐，做公平的競爭。

自由的女性主義卻也有其侷限。它對社會中女性受壓迫的結構分析不夠深入。

女性受壓迫的事實被看做歷史的偶然事故，可藉適當的政策和策略之落實，加以矯正。此外，讓女性「放進」公共領域的主管部門，意涵自由女性主義者接受現存的，由男性訂立的、執行的遊戲規則。這種主張要能夠落實與奏效，應當使婦女更具競爭力、更為野心勃勃、更為個人主義化、更像「男性」。事實上，認為婦女享有更多的「社會大餅」，也顯示中產階級的偏見。須知鼓吹女性參加公務，會不會降低她們對家務的操作呢？

### 2. 激進的女性主義

有異於自由的女性主義，就是訴諸行動的激進女性主義。對激進者而言，女性受壓迫的原因為家長制，這就是男性所設計、所製造的社會之核心。家長制企圖超越特殊的經濟體系，而採用資本主義。資本主義乃是男性擁有主宰力量的經濟體制，由此衍生的社會、政治、宗教的制度都是受男人主控、男人界定、男人操縱的。唯一的解決之方就是社會的「女性化」（feminization），實現以女性為中心的社會秩序，以及把焦點放在女性內在的本質之上。這種的社會既富有教養、關心、合作，也是均享的、齊等的社會。

激進女性主義的優點在把家長制置入其分析的範圍內。但它注意男性權力的運作，並以理論和策略來求取改變之際，卻遭遇不少的困難。第一、把男女性別之不同看成為「本質上」的差異，而似乎把女人看成另一種類的人。這種看法容易趨向「生物學是宿命」的說法，這與保守主義者的主張無多大差別。此外，把家長制當做女性歧視源泉，反映了激進論者中產階級的立場，而排除了勞工階級婦女，以及有色婦女受歧視的原因。第二、意涵在未來無性別歧視的理想社會中，階級的不平、種族的歧視也會自動消失。第三、這種研究途徑以女性為中心，有排除男性的企圖或是女性化男性之虞。

### 3.社會主義與馬克思主義的女性主義

社會主義或馬克思主義的女性主義是在面對馬克主義者所提出的問題時逐漸湧現的女性思潮。馬克思主義曾被女性主義者貼上「性別盲目」的標籤。在指明生產圈中的壓迫原因時，馬克思主義把生殖與家庭附屬在生產和經濟的範疇之下。換言之，女性之遭受壓迫只看做是更為重要的階級壓迫之一環，或是附帶的一部分。是故社會主義的、馬派的女性主義者努力把傳統的馬克思主義加以修改，而強調資本主義（階級關係）和家長制（性別關係）之間的「聯繫」（interconnection）。

傳統的馬克思主義強調生產圈中勞動者之勞力轉化為剩餘價值或稱利潤之生產，而這些剩餘價值與利潤卻為資本家所占取。馬派女性主義者卻指出在繁殖（再生產）圈中，勞動被剝削、被榨取的過程也同樣在發生。是故家庭與繁殖的勞動不亞於生產圈中勞動被資本的剝削，這表現在四個方面：（1）照顧家計中的大人或老年人（在每日的基礎上再生產勞動力）；（2）生產兒女與照顧小孩（培養未來的勞力）；（3）處理與管理家務；（4）轉化工資為家計所需的貨物與服務（購物、補縫衣物、栽種副食、保持食物不致腐壞等）（Luxton 1980: 18-19）。

在各種社會裡、繁殖的勞動處處皆是，但在資本主義之下生產圈與繁殖圈卻藉公共與私人領域之名目予以分割。在其過程中「家庭工作」變成了「婦女工作」的同義字。此外，儘管生產勞動（有薪資的勞動）一般而言在家庭範圍之外進行，繁殖或再生產的勞動（家務勞務）不只在家裡進行，而且是無償的，甚至被當做「生產力不足」（underproductive）的工作看待，因為它無法產生剩餘價值、無法為資本帶來利潤的緣故。

在把注意力聚焦於生產的與再生產的（繁殖的）兩個圈圈的關係之際，社會主義的女性主義可以指陳以男性為主（家長制）的資本主義社會中，女性遭受壓迫的特殊徵象。因為階級的不平而注意到性別的不平——女性在生產圈與繁殖圈工作之不平。儘管現代女性外出工作謀生數量激增，但仍被限制於低報酬、單一乏味，甚至安全程度最低的工作，

加上家務被稱爲女性的職責，所以那些外出工作之婦女，還得承擔家務的繁瑣與負擔。

在注視到性別方面，分析之重點放置在男性控制女性的工作，以及控制女人的性事方面。其表現爲婦女生產嬰兒之醫療制度、女體成爲色情的對象、強姦與虐待妻女，以及「單偶雙性制」( monogamous heterosexuality )。在這種婚姻制度下，合法化男性對財產與兒女的控制，以及流行的意識形態：把女人當成男人的附屬品，無論是在經濟權方面，還是性慾方面。再說，男性的主宰與優勢不只靠家庭制度與經濟體系來維持，尚靠國家、媒體、宗教與教育體系來加強。是故社會主義或馬派的女性主義者堅稱：就像資本主義之下的階級關係一般，在家長制之下的性別關係都有其實質界域，以及意識形態的天地（ dimensions ）。

採用女性主義者的理論架構，吾人可以瞭解在家長制與資本主義的社會中女性怎樣受到雙重的壓迫。是故這批馬派的女性主義者，不只在理論上努力，也進一步採取行動，形成一股社會運動。不過參與者雖包括社會各階級、各階層、各族群的女性，但其間仍有介入程度深淺的差別。例如上層階級的女性會體驗其職業、生涯、工作所受的歧視，而力求工作條件與待遇之平等，但基本上卻安享其階級之特權。女性主義者要求婦女要認同其本身，正如馬克思呼籲工人要自認爲「自爲階級」的一分子。男人也要認清雖一度受到家長制的庇蔭，但迷信男性的競爭、雄壯、侵略性，反而會扭曲其男性的潛能，也妨礙男性與其他人（特別是與女性）之間的溝通。

在談過女性主義對法律的研究時，吾人可指出它擴大考察的範圍，包括分析法律體系怎樣操作、俾強化與再製婦女屈從的地位（ Sheeby and Boyd 1989 ）。另外對家長制的歷史變遷加以分期，也就是視家長制從家庭的轉化爲社會的階級，而國家也從注意生產，改而重視再生產（繁殖）的關係。社會家長制發展成形之後，法律加強其維持家長控制的機制角色。在這種發展觀之下，家庭法、勞動法、甚至墮胎法，都應放在國家管理再生產的脈絡上來加以觀察。

## 4.階級、性別、種族與衝突

社會主義的女性主義強調：在家長制兼資本主義制度下，建立階級與性別的關聯之理論為當務之急。此外，種族的關係也不容忽視。許多作品顯示種族的壓迫在歷史上便宜了資本階級。分裂的（種族隔離的）勞動市場成為有效工具來制止勞工階級團結意識的形成（Bonacich 1980; Li 1979）。要之，種族主義的意識形態是一種文化建構的事物，成為壓迫最有效的工具。

把種族歧視與迫害引進女性主義的理論與實踐中，可以提升問題意識。 因為女性主義者向來只重視家庭制度，視家庭為婦女遭受壓迫的主要場域。現在引進了種族的問題，可以使人們覺醒家庭，不分何種族群的家庭，對壓迫所有的女性幾乎具有一致的性質，縱然白色婦女把家庭當成種族歧視的社會中之庇護所看待（Sheeby and Boyd 1983: 3）。

在理論的層次上，階級、性別和種族這三部曲呈現了某種程度的神秘性與難解度。當階級和性別可以目為一個理論架構中，究竟側重生產或是側重再生產的不同過程，種族在理論上不易歸類。自由多元主義者建議，把階級、種族和性別看做三項重要的變數，依時間與空間之不同出現在某一特殊的社會中。這種多元原因的途徑無助於吾人對種族主義體系性的本質之理解，新馬克思主義者與女性主義者在關懷階級與性別之餘，自然不容忽視種族及其問題。誠如但內（Mona Danner）指出：

> 家長制無法從資本主義分開出來，同理無法從種族主義、帝國主義及其他立基於「別人的事物」之壓迫分開出來。所有的這些事物都辯證地關聯在一起。儘管我們為分析的方便把它們分開，在現實裡它們是無法分開的，甚至在分析下它們之被分開逐漸引起疑議。（Danner 1989: 2）

以上論述係取材自法律社會與批判性閱讀的文集：《法律的社會基礎》之〈導言〉，這本文集分成三部分，其一討論法律的起源觀察立法之經過特別促成法律誕生的社會勢力，第二部分分析法律的運作，特別注

意到加拿大社會階級、種族和性別之不平等，而法律正在反應與強化這種不平等，第三部分怎樣依靠法律來進行社會的改變與改革，同時也討論法律可以成爲改變社會的主力（Comack and Brickey 1991: 15-32）。我們把這一部分放入本書最後一章，目的在把前面 13 章的敘述、評論做一粗略的分類，俾能夠對半世紀以來西方法律社會學的進程，有一個綜合性的理解。至於社會學使用的觀點、看法（perspectives）究竟如何，將在下一節加以析論。

# 二、法律社會學的幾種觀點

在討論法律社會學的理論根源時，一度任教加拿大喀爾頓大學社會學與人類學教授韓特（Alan Hunt）指出：社會現象的「重要性」，是造成學界探討這個社會現象，甚至設立專門的學科來加以觀察的因由。爲了敘述法律與社會的關係之重要，遂有法律社會學的出現。任何社會現象的重要性包涵在學說、理論所描述的「問題叢結」、「問題意識」（problematic）中。問題意識、或叢結概括了參考、或指涉架構、或是理論命題，提出對現象滋生的問題或疑問，更多的、或更深的問題叢結，而縮小對該項研究各種選項的焦點，而企圖拿出可能的解決、或解答來（Hunt 1993: 36）。

那麼法律社會學的問題叢結、問題意識是什麼呢？對此他首先提出兩項：其一爲法律學的法理之問題意識；其二爲法律作爲社會控制之問題意識。

## （一）法律及其影響因素

首先，法律學的法理問題叢結，在利用社會科學的知識來討論法律的問題，檢討法律問題所受社會、經濟和心理因素的影響。由是把法律當成受到社會各種因素衝擊的社會實在。在這裡法律位於社會的中心，

而其他社會的、經濟的和心理的因素不斷地在影響它。以圖爲例：

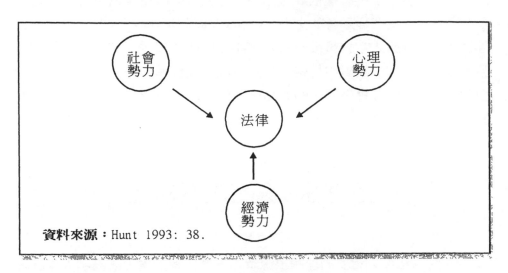

資料來源：Hunt 1993: 38.

圖14.1 各種社會勢力影響法律之略圖

　　這種觀點指出研究途徑之多種多樣，其方法爲概括而折衷的（electicism）。影響法律的因素看做獨立的變數（變項）。這種的法律之社會研究是多種學科的,社會科學者從屬於法律學者去理解法律的社會現象。

　　與此相關，但稍爲不同的是，不但注意影響法律的社會因素，還進一步檢討法律的社會結果、社會效應。以圖爲例：

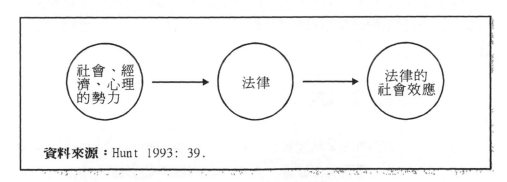

資料來源：Hunt 1993: 39.

圖14.2 社會勢力、法律與社會效應略圖

這一模型仍保留法律的中心性，也採用概括與折衷的研究方法。其典型的例子爲應用行爲理論的美國現實（實在）主義法學派。

## （二）法律與社會控制

其次，法律作爲社會控制之問題叢結，就是強調法律是社會控制的手段。這裡法律的重要性並非從法律本身引出，而是從它作爲一更爲廣大的架構（規範體系）之一部分的歸類得出來的。討論法律的重要性便涉及它與全體的社會控制過程之關係，以及它與其他社會控制的形式（例如：道德、風俗等）之關係來論述（*ibid.*, 37-39）。對龐德而言，社會控制從屬於社會學的法理；反之，涂爾幹視法律的社會控制是導致社會凝聚與團結的最重要手段。

在社會控制的討論背後，潛藏一個有關社會秩序的問題，也就是個人與群體的複雜性何以能夠使我們把社會看成爲一個一體性的單位？甚至是一個「生機蓬勃的社群」？社會控制的觀點提供有關秩序形成的說詞。因爲社會的存在使社會各種各樣的勢力產生，這些社會勢力以社會控制的形式（也就是涂爾幹所說的社會事實）硬強加在社會成員之上。儘管每個個人以其不同的活動與關係構成了社會，但社會的控制卻依舊進行。這是社會所產生的，並非其成員所意願、意欲或計畫的，而是社會的存在必然之結果。由於社會勢力的不斷產生與衝擊，社會的保存與延續才成爲可能。

這種現象容易把社會當成物化的事物看待，好像它是自主的實在，自外於構成它（社會）的成員，但卻產生社會勢力，來控制其行爲。到底是社會控制其成員，還是成員創造了社會的實在？抑或個人介於決定論與自願論、或自動論之間？成爲社會學理論爭辯之所在。

1970 年代西方社會學理論居於領先地位的學派，主張一個看法，其出發點爲個人是創造社會實在主動的、能動的、積極的活動者（Dawe 1970）。這是偏向主觀主義的看法。這種看法的麻煩在於個人以什麼東西來創造社會實在？如何創造實在？由是可知社會控制的觀點有兩個缺

陷，其一為把社會當成物化的對象來看待，而忘記社會是一種過程、變遷不停的流動。其二容易陷入主觀主義的窠臼，認為個人所意識的東西就是社會的實在，個人也可以憑其主觀來創造與改變社會。

社會控制的手段除了法律之外，就是習慣、習俗、民風和道德。這是個人透過社會化，將價值內化於其本身成為其行為的準則。要之，社會控制的模型是這樣的：社會活動與社會互動產生了社會價值，這可從對別人的期待上表現出來。這些社會價值便構成了社會規範。經由社會的贊可或制裁，規範的期待得以建立。贊可或制裁是初級社會單位，像群體、家庭、親屬。在其範圍內之活動，符合或違犯規範都會有報應。社會對其成員的限制，便是從人群初步的、主要的生活組織之限制衍生變化而成。

在社會控制的多種形式中，可以從非正式至正式分別類型成一個連續體，其中最特別的和最具制度化的形式為法律。由是可知法律與其他社會規範在形式上有其共通之處。其特徵為強調法律的規範性特質，強調社會價值和法律內容的關係。從而意涵法律的規則是散布於各個角落的社會價值之體現。此外，法律一旦與非制度化的其他社會規範相比與聯繫，則必然與其他社會控制手段一樣，其執行有賴分散的、廣布的社會共識來推動。這就是涂爾幹所稱法律為集體良知的表徵。這種說法容易忽略了法律的壓迫性。

法律的壓迫性與正當性是被同樣強調。正當性來自於社會對價值的共識。壓迫性與正當性之關係一向被忽視，唯一的例外為韋伯的法律社會學說。它一方面注重法律與權力壟斷，也就是法律與宰制之關聯；他方面不忘討論法律體系的獲得承認與支持的力源——正當性。不過韋伯過分關懷不合理法律的統治，以及統治的壓迫傾向，使他偏離對法律較為完善的處理。顯然，韋伯普遍性的真知灼見，可以同馬克思對法律的階級統治之工具性相結合，這樣可以避免把法律當成社會控制的觀點之弊端（*ibid.*, 39-43）。

## （三）法律與意識形態

　　1960 年代以來美英流行的法律中之社會學運動，其特徵爲強調經驗性取向的研究。這種方法論經驗主義的過分倚重也有其偏頗，就是太注重經驗事實的個案考究，而疏忽了理論的塑造。不過把經驗主義拿來和理論互相對照既不適當也不妥切。在這裡應該質疑的是法律社會學要使用「那種、那類的理論」（what theory）？顯然強調理論，不在把理論當成從現實撤退到抽象層次的問題理解方式。

　　理論只是問題叢結、或問題意識表述的決定，也就是觀察的範圍、程度之決定。概念的提出，必須注意其重要性（importance）與關聯性（relevance）。目前需要的是「公開」的理論辯論，這種辯論在採取某種特別的理論立場時，把一般議題明白地挑出。所謂的一般議題是指社會的、政治的、意識形態的問題所牽連的事項。所謂的公開的理論，是把採取的觀點之政治的意識形態之涵義以及重要性明白交代。反之，閉鎖的理論乃假借價值中立、客觀化、科學的純粹性等說詞，而在理論中隱藏著政治的、或意識形態的企圖。

　　閉鎖理論的典型，就是超過一個世紀以來，西方的法理學與社會學之理論發展，完全在資本主義的脈絡裡推進。自從第二次世界大戰結束以來，西方資本主義社會在相對穩定中大力向外擴張，這種相對穩定不限於社會的和經濟的，同時也是政治的。於是戰後數十年西方人的自滿自恣造成他們喊出「意識形態的終結」、「管理革命」、「科技革命」、「後工業革命」、「資訊革命」、「知識經濟」等口號。這些口號既是學說的、也是傳媒的、也是政治的。

　　儘管物質生活奢侈舒適，社會呈現相對的穩定，但這些西方國家所追求意識形態的目標——自由、平等、繁榮——並未完全獲致。什麼「大社會」、「財產擁有的社會」、「安全的社會」，仍舊是可望不可及的畫餅。不平等的持續和社會的不公不平，雖不致威脅政治的安穩，但其不時的浮現，卻成爲不定時炸彈，令人憂心。

　　資本主義這種大環境、大氣候局勢的呈現，自然影響到法律在實現其謀求社會公平、實現社會正義之理想。尤其是在援用法律方面公平之難以辦到，造成法律秩序陷於危機中。危機的惡化鞏固於傳統公私領域的分辨，在今日國家活動不斷擴張之際，危機似乎被消除、或搞成模糊不清。法律體系排難解紛的中立角色，也隨立法與行政滲透入社會各種事項、各個角落裡，而捲入社會衝突的漩渦中。法律喪失其中立客觀的立場，其突出之處可以套用一句台灣的諺語：「公親變事主」來表述。

　　儘管西方社會法政危機受到激進、或批判的法律學說與政治理論之批判，但現實中資本主義社會秩序，以及伴隨而至的法律體制之穩定與持續，仍舊受到各方的推重。在這種看法之下西方的法制無異助紂為虐，大力維持這種充滿危機、隨時會陷入動盪的表面穩定。因之，法律社會學的觀察中出現了一個嶄新的觀點，或稱新起的問題叢結、問題意識，也就是把法律看成為社會秩序的再生模式。

## （四）法律與社會秩序的再生產

　　為了瞭解「再生產」或「社會再生產」的意義，吾人不要把社會當成靜定、靜態的實然，社會「是」什麼。反之，把社會當做「變成」什麼，它是活動、關係和制度的組合。這些活動、關係、制度建構成社會總體，本身卻是被人群製造出來、複製出來、繁衍出來。為了照明或凸出社會的再製，我們首先提供一個充滿活力與韌性的架構，它把社會流程的持續和改變都具體地加以落實。

　　這種再生產的觀點對法律研讀的實用大有幫助。向來重要的法律學說之缺點是把法律物化、把法律當成獨立自足存在社會中的事物看待。如今採用再生產、再製或複製的模型，就在把法律當成不斷成長、變化的流程看待，也就是視法律不只是規律的制度或體系，而是社會的過程，受到社會其他流程的衝擊。這種再生、複製的過程表現在法律人員的甄試、訓練、任用、退撫等之上；也表現在新規律、新法令的創造、應用、廢除之過程上。法律的再生也被社會關係的再生所建構。社會關係一直

是法律處理的對象與題目。因之,這一看法、或觀點下的法律在社會諸流程的範圍裡,既是決定性的,也是被決定性過程的一部分。

社會秩序的概念剛好可以補充再生觀的不足。在這種觀點之下,法律秩序是社會關係、社會實踐和社會制度的建構體。這些合成的成分本身不只是自主的社會流程,而且擁有某些結構的特徵,在此特徵中上述關係、實踐、制度得以產生和運作。這就是把社會的繼續存在當成是體系的存在,而每個體系有其結構、有其運作、有其功能。社會關係、實踐、制度是反覆再生,它們以特定的、具決定性的結構之樣式反覆出現,這一事實也就造成社會概念有其意義、有其實質之因由。

我們要進一步質問,一個特殊的社會關係、實踐、制度在社會秩序的再生中扮演何種角色?什麼樣的社會關係、實踐、制度在社會總體的再生中扮演關鍵性的角色?此乃這一問題叢結植根於歷史的特別之處。因之,並非一般的社會之再製,而是特殊的社會、或是特殊的社會形構之再製。

那麼這個特殊的形構、或制度、或體系,在這裡便指法律而言。法律可以看做是宰制的手段(means of domination)。這便是把注意力放在法律壓迫的抑制性質之上。將法律正當化為政治組織之國家權力的壓迫之表示,乃是長久以來資產階級法律意識形態的措施。

把法律當成宰制的手段之看法,固然減除以往把法律建立在共識之模型的不當,但並不排除法律一方面具有壓制性、他方面建立在共識的正當性兩者之協調上。宰制這個概念可以把共識與壓制這兩分化打消,原因是宰制並不等同於壓迫、抑制,也沒有排除社會的接受與正當性是法律體系建立的源泉之傳統主張。這是葛蘭西霸權觀念的引伸。雖然葛蘭西分辨國家與市民社會之不同,而強調霸權只應用在市民社會中,民眾對統治群體所加給他們的指令之自動擁護(Gramsci 1971: 12)。但事實上可以把霸權的概念加上阿圖舍「意識形態的國家設施」之說法應用到法律體系之上。霸權不只是民眾同意的事實,也是統治階級如何創造與動員這種同意的流程、或為階級社會中優勢群體發揮社會控制的方式。

必須指出的是,在一般西方所謂的民主國家裡頭社會秩序的維持多

半靠意識形態的宰制，而壓迫性的宰制則居次要的地位。後者的職責在藉必要的暴力加強社會秩序的維持。前者在建構資產階級統治的霸權，後者在增強這一優勢階級在社會秩序中的權力結構，俾造成有利於意識形態宰制的條件。

在西方資本主義中，由於魅力領袖的稀少（Poulantzas 1973），也由於宗教和民族主義的衰落，代表社會體系統一性與整合性的一般性事物只能靠法律來做代表，是故法律社會秩序的正當性於焉誕生。這就是法律秩序正當性的意識形態之所以重要、所以被重視之因由。意識形態宰制的功能，在於暗示資產階級法律的普遍適用性，也就是普世主義，像公民的概念、人人參加公共事務的形式平等，都可以藉法律來促其實現，這也就是所謂「法治」的精神。是故法律正當性的訴求是藉由法律象徵性內容所表現的形式普世主義來達致社會的一體性、團結性。

要之，將霸權概念引用到法律社會學之上，可以產生法律制度與規範之行動性的、積極的看法（active view），也就是看出在「行動中的法律」。此外，還可以看出社會秩序的再生，把社會秩序當做富有彈性的韌力，也是變化多端的社會流程看待，它不會把同意或異議看成「自然的」，而是社會霸權中鬥爭活動的結果，其中法律扮演縱橫捭闔重要的角色。

這種新的觀點也批判了傳統上把法律當成規範共識和盲目服從之幼稚說法。把法律只視為與權威有關、與合法性有關的傳統看法是有矛盾的。必須指出不只法律的意識與看法，連同法律的內容也是霸權鬥爭的產物。社會不同勢力的相對力量表現在法律變化的內容之上，也表現在法律的崛起，及其與社會變遷的流程之上（Hunt 1993: 47-57）。


# 三、法律面對後現代主義的挑戰


1980 年代左右，歐美思潮陷入後結構主義、後馬克思主義、解構主義與後現代主義的流派相互激盪中。後現代主義是針對啟蒙運動過度張揚人

的理性與社會的進步之說詞而發的,可以說是對現代性、現代化的一種批評與反彈。它反對炎炎大言的社會總體理論,認為這些包山包海、大談人類歷史遞嬗與社會變遷的大理論、後設理論都應該揚棄,尤其反對科學的盲目崇拜,不以為知識是掌握真理的唯一方法。反對循序漸進的進化論,以「言說」、「話語」、「論述」(discourse)來取代邏輯演繹與經驗取向的社會與人文觀察,反對哲學是所有學問的基礎 (洪鎌德 2000a:420-451)。

有異於後現代主義首先在建築與文藝批判方面出現,法律研究方面所遭逢後現代主義的衝擊稍晚,而其影響方興未艾,至今尚未定讞。主要在兩個方面影響較大:

## (一)啓蒙運動與自由主義給予公法的影響

在啓蒙的言說裡,法律被賦予特權的地位來維持國家與公民兩個領域的分開,也劃清諸個人之間的界線。法律因具有合理性,也就被視為神聖而不容侵犯,它是國家中最進步的維持社會秩序之手段,尤其透過中立的執法機關,以不偏不倚的訴訟程序來解決利益衝突。法律不但自我生效,還是政治制度與官署正當運作的法源。法律作為一種自我生成、自我觀照的目的論(teleology),可以獨立與自主運作,而能夠抵抗政治力與經濟力的侵犯,是故德沃金把法律的世界看做法律的帝國。

啓蒙運動以來的言說中,法律扮演了福科所稱呼的「總體歷史」之角色,也就是建構了文明的全面原則、全面形式,幾乎是文明的化身(Foucault 1972: 9)。這就是說法律擁有追求自我目的、自我看法的特質,其中又包含四項的計畫:(1)法律是走向總體的、全面的,也是全社會合理的組織與秩序之推力;(2)團結的象徵民族國家的主權表示;(3)文明的表現:法律克服早期野蠻式的報復、私刑、族群械鬥;(4)建構法律主體:把法律主體的擁有當成權利與義務的載體,亦即公民看待。

後現代主義結合批判法律的研究及其他批判理論挑戰上述啓蒙運動與自由主義影響下的法律言說。基本上在排除法律優越的、中心的地位,也就是去掉法律的特權與社會核心地位。尤其在攻擊與排除上述法律的四

種計畫、四種特徵：(1) 今日社會生活的多元與特殊性推翻了法律的總體性、整體性，無法成爲社會的基本性組織原則；(2) 社會生活是由微構體（micro-constituents）的歧異性 （diversity）表現出來。國家無法、也無能壓服、與控制這些多元的諸個人、諸團體，因之法律是團結的象徵之神話，不攻自破；(3) 在肢解文明時，後現代主義否認進化論的概念，因爲進化的觀念建立在弱勢群體（心身傷殘、女性、殖民地人民）之排除的歷史觀察之上；(4) 後現代主義把「擁有主權的主體」去中心化，等於否認個人自主、獨立、自我認同之可能性。

要之，後現代主義藉由對現代法律四個特徵的批判、攻擊、否認，而使法律的中心地位消失，法律不再是理性與文明的具體表現，法律言說乃是李歐塔所稱炎炎大言的「大敘述」（*grands récits*） 而已。大敘述把歷史當成一個普世的主體，伴隨著了一個單純的來源與一個普世的目的所講述的一體化之故事（Lyotard 1984）。

後現代主義之極端者甚至主張法律的終結。不過採用溫和的看法可以視後現代主義在於警戒現代人，勿讓國家法律的野心勃勃與自我膨脹沖昏了頭，反之認清作爲社會秩序維持的法律之潛能與侷限的所在。這種對啓蒙運動與自由主義過度耽溺於法律言說與理論之不當，加以抨擊者可以說不限於後現代主義者，而是美國的法律現實主義，也是馬克思主義者，以及法律批判研究的前期學者之作爲（參考本書第 12 章）。

## （二）後現代主義對學界的批判

後現代主義對當代歐美主流派法學思潮的第二個挑戰是針對法律學者的思維方式與思想表現而言。這種挑戰包括了對自由派法學與批判性法律的學者之哲學和認識論質疑在內。基本上，後現代主義是「反基礎說的」（anti-foundational），也就是否認哲學可以提供法律言說以認識論上的保證。換言之，在檢驗法律的效準、解釋的規則，以及實證主義追求確定和預測性方面，都遭到後現代主義的非難。對哲學作爲其他科學認識論的基礎之攻訐不限於後現代主義者，像羅悌（Richard Rorty）的

實用主義就否認哲學是所有學問的「主科」（master discipline）。在反對基礎主義中最為激進的是福科，他對人文科學有所批評。他認為任何學科的認識論都產自知識與權力之間的遊戲、互動，每科的認知方法並非一成不變，而常會隨情況而變化。

後現代主義對法律學界知識論的挑戰是針對法律實證主義的中心議題；也針對自由主義法學的主流學說。後者的重要關懷乃為法律效力的測試與檢驗。法律效準的主要之驗證的存在，成為法律硬性加在人民頭上的正當化理由與正當化條件。這種法律由上向下強制施行無異為國家壓迫的形式。國家壓制力量之應用究竟是正當性還是非正當性之分別，完全立基於法律效力的檢驗之結果。後現代主義對這種檢驗的認識論之非難，就在於質疑法律效力是否有其知識上的基礎，這一非難無疑地直攻自由派法律學說的心臟。

把挑戰做了上述兩種方式之分辨，目的在說明後現代主義，第一在非難法律中心論，以及第二在批判法律認識論。其間第一種的挑戰比較站得住腳，第二種的質疑則有商榷的餘地（Hunt 1990: 517-520）。

為了對後現代、或稱後工業社會、後資本主義社會中法律與思潮之互相激盪，做一個初步的理解，本書第 12 章評析批判性的法律研究，第 13 章敘述福科的法律社會學主旨，都在說明當代的法律如何受到來自批判性法學與後現代主義之衝擊，在這方面法律所做的適應與反彈，還有待 21 世紀法律社會學者的共同努力，我們且拭目以待。

# 四、法律社會學未來研究的方向

## （一）法律社會學與女性主義

在本章第一節後頭我們指出 1980 年代之後，馬克思主義的研究途徑

對北美，特別是加拿大的法律社會學界特具吸引力。但馬派有關法律理論卻逐漸處於修改重塑之中，主要在於回應女性主義者的挑戰。由於社會主義的女性主義之崛起，有關階級與性別不平等之關係，引起法律學界的注意。法律社會學的研究繼續推進，但探究的新問題隨時出現。未來法律社會學在歐美的研究新方向至少有兩個：其一、種族問題，特別是原始民族、土著、原住民與西方國家之衝突引起重大的注意；其二、法律與社會關係之研讀更迫切需要比較性的觀察與探究。

如同吾人所熟知，法律社會學並不在真空中產生與成長。外頭大小氣候的變化會影響社會學家的研究對象與範圍，也會發展新的理論來解釋新的事件。再說，學者的研究生涯中常會經歷對世界以及對議題看法的變動，特別是何種議題更為重要、更值得學者去深思與探究。在討論社會分析與廣大的社會之關係時，使用「雙刃劍」是有必要的，一方面斬斷社會的現象亂麻，他方面削除研究者的遲鈍和不夠敏銳。藏在文化迷思與誤解背後是一大堆的議題，亟待研究者以慧劍來清除、來了斷。原因是文化迷思與誤解常是深植於社會的領先意識形態裡，而造成學者的迷障（blinders），是故斬除知識上的迷障成為當務之急。

從女性主義浮現的基本設準是認為婦女在受到符碼化的知識（codified knowledge）衝擊下，逐漸變成看不見（invisible）的事物（Spender 1981）。歷史上製造知識的全是男性，他們產生理論與分析，目的在檢驗這些理論與分析是否精確。在時間長流中，這些學說的科目各自發展其經典式學說——瞭解這門學科必要的、基本的知識體系。經典以及透過經典來反映現世的看法，絕大部分是男性加以界定，也是以男性為中心的世界觀。女性不但從知識的生產過程被排除，她們甚至不能成為研究的目的與對象。這種排除的結果，就是有關女性生活的事實，完全由男人來研究、來包辦。在觀察女性時，其衡量的標準和尺度都是使用男人的準繩（Gilligan 1982）。為了對抗這種男性沙文主義，女性主義學者逐著手發展以女性為中心的知識，也就是展開為女人以及有關女人的知識（參考洪鎌德 1998b：353-355）。

女性主義近十年來大量的著作，可以矯正歷史上對婦女經驗的忽視

之偏頗，也有助於對法律理論的廣化與深化。傳統上法律社會學對社會這一部門的忽視，終因婦女學者的努力而有所改善。從女性主義的研究發現性別的不平等，可以推擴到種族的不平等，不只是加拿大的法律，就是美國及其他種族繁多的國家之法律，其中種族主義影響重大。是故提升這些國家國民的意識，是很重要的，須知多元種族的國家中，少數民族是透過法律來從屬於、附麗於國家的。

## （二）法律社會學與種族偏見的消除

在多元種族的國家中，對少數族群法律問題的忽視，導致法律社會學不注意到國家怎樣把種族主義的實踐融合在其法律當中。至今為止有關法律體系內，種族對群體的經驗之衝擊尚無經驗性的作品出現。例如在 20 世紀當中加拿大政府勒令原住民去寄宿學校接受義務教育，便被原住民當成「文化滅種」的政策看待。

理論與經驗研究必須留意幾個問題：其一、不同的種族群體之生活經驗截然有別，因之研究者切忌在理論架構裡使用單一的變數去概念化這些不同群落的生活，其中這些群落所處的不同經濟基礎結構尤會影響其生活經驗。其二、社會學家應該敏銳地察覺到種族是社會範疇之事。因為它是社會的一個範疇，所以種族曾被建構為意識形態的重要部分，而使少數民族在體系中卑微、從屬的地位得到正當化。

總之，在討論性別與階級的相互關聯之餘，吾人要注意種族問題如何在此相互關聯的變化中扮演的角色。雖然至今為止無人可以想像把階級、性別與種族三者合起來加以釋解的理論其樣貌如何，但使用馬派與女性主義者的研究觀點，可以發現資本主義中國家的角色，和國家怎樣在實質上與意識形態上利用法律制度來生產與再生產（繁殖）體系內的人際與群際之關係。

在加拿大或美國，法律社會學研究的焦點就是欠缺比較兼歷史的研究活動（Laxer 1989）。所謂比較的歷史的研究（Comparative Historical Research）是指兩個或兩個以上的國家在時間過程中的，也就是在兩個

不同的經濟體系、政治體系（國家）之間，法律怎樣發揮作用。這是一項比較艱鉅的學術工作，而適合於已成熟的法律社會學來推動，也就是進行理論的營構，其中重點擺在不同國家怎樣成形、怎樣發展，以及它們與生產力和再生產力之間的關係（Li 1979）。

要適當地觀察資本主義和法律的關係，須事先研究造成資本主義的重要因素怎樣變化的方式（例如資本的集中、工人階級組織的程度、婦女參與生產的程度），俾決定這些變化對法律制度的結構與運作之影響。這就是一種「變化的設計」（variation design）（Taylor 1989），在經濟形式中變化的研究方法不只一個。過去使用歷史方法指出資本主義與家長制變遷的歷史，也考察這種變遷對國家政策與法律的效應。

可是限制變遷的研讀於一國之內的歷史觀察，卻無法適當解決或解釋一大堆的議題。由於國家之研究的單位，把研究範圍鎖定某一國度，有把大型研究矮化為個案的觀察之嫌。為了增加對法律、經濟、國家連結的理論之信心，則比較方法的引入乃屬必要。是故討論家庭法與經濟（Glendon 1981）、資本主義國家對監獄使用的降低（Scull 1984），以及法律形式怎樣隨同歐洲資本主義的出現與發展而改變（Tigar and Levy 1977），都是很好的例子。

採用比較的方法去擴大個案的研讀，也可以獲得適當的資訊來深化特定的理論關懷。例如工人階級的組織程度（參加工會的比率、政黨的干預程度）使得政府對工作場所衛生與安全有關的法令之推行，則必須有跨國工會組織的研究比較才會獲得接近事實理論建構。

上述兩組問題或議題，可以視為此類法律社會未來研究的主題趨向。如果說法律社會學相等於「法律的社會學運動」的話，那麼當這個運動不停地向前推進之時，吾人可以期待更突出的議題將為未來的學者所捕捉，由是可見法律社會學成為歷久彌新、極富挑戰與刺激的知識工作與學科是可以預期的（Comack and Brickey 1991: 319-324）。

以上為歐美法律社會學未來研究的趨向與勾勒，反觀台灣，法律社會學的教育尚在起步的階段，這一學科只有在台大法律研究所、社會學系與國家發展研究所開授，其餘大學則尚未引進。本書作者竭誠期待不

久的將來法律社會學不但是國內大專學府社會學、法律學、政治學諸系
所重要講授的科目，還可以進一步發展為重大的理論研究之對象與學門。

表14.1 法律社會學的現狀與發展趨勢

| 項目／種類 | 人　性 | 社　會 | 法　律 | 代表人物 |
|---|---|---|---|---|
| 四種典範 1.功能主義 | 自私、追求自利，強調法律保護個人的權益。 | 強調社會秩序、穩定、和諧的重要。 | 社會控制的機制 | 涂爾幹、霍姆斯、帕森思 |
| 2.自由多元主義 | 發揮個人的才能、進行競爭。 | 社會是個人與群體爭取權力資源的場域，衝突來自文化大於政治或經濟利益。 | 排難解紛的工具 | 盧梭、洛克、休謨、斯賓塞、海耶克 |
| 3.馬克思主義 | 追求自由、平等和解放。人之奴役由於社會典章制度的束縛。 | 廢除私產、克服異化、取消階級的共產主義之社群的建立。 | 統治階級剝削之手段 | 馬克思、恩格斯、帕舒卡尼斯、雷涅、葛蘭西、阿圖舍、朴蘭查 |
| 4.女性主義 | 只注重男性、未留意女性所受的歧視與虐待。 | 建立無性別歧視的社會 | 法律為父權的象徵與殘餘宰制的形式 | 賈加、羅騰貝、杜賓斯基、拉克斯敦、席碧、柯瑪克 |
| 後現代主義的挑戰 | 人非理性與進步的生物；人的自主性、獨立性有限；認同性也成問題。 | 去中心、去炎炎大言的大社會概念；主張具體的、在地的言說溝通，反對進化論、進步論。 | 法律不具普遍性、總體性、非社會團結之象徵。 | 福科、李歐塔、布希亞、巴爾特 |

資料來源：作者整理而成。

美國小布希總統任命之檢察總長John Ashcroft對司法部司法女神的上半身赤裸頗為感冒，故命令其下屬把位於司法部大廳 （Great Hall） 之司法女神的上半身用白布覆蓋 （取材自 Th Straits Times， 2002年1月30日，p.3 ）。

## 圖14.3 美國檢察總長遮蓋司法女神的裸體

# 參考文獻

# 外文書目

**Abel, Richard (ed.)**

1979    Special Issue of *Law and Society Review*, 189-687.

**Abel, Richard, and Philip G. S. Lewis**

1988    *Lawyers in Society : The Civil Law World*, Berkeley, CA : University
        of California Press.

**Albrow, Martin**

1991〔1975〕 "Legal Positivism and Bourgeiois Materialism : Max Weber's
        View of the Sociology of Law," in Peter Hamilton( ed. ),*op. cit.*,
        pp.326-343.

**Althusser, Louis**

1971    "Ideology and Ideological State Apparatus," in *Lenin and Philosophy
        and Other Essays,* London : New Left Books.

**Aubert, Vilhelm**

1967    "Some Social Functions of Legislation," *Acta Sociologica* 10
        ( 1-2 ): 98-120.

1973    "Researches in the Sociology of Law," in Michael Barkun (ed.), *Law
        and the Social System*, New York : Lieber-Atherton, pp. 48-62.

**Auerbach, Carl C.**

1966    "Legal Tasks for the Sociologists," *Law and Society Review*, 1 :
        91-104.

## Bal, Peter

1996　"Discourse Ethics and Human Rights in Criminal Procedure," in：
Delflem, *op. cit.* pp. 71-99.

## Balbus, Isaac

1977a　*The Dialectic of Legal Repression*, New York：Transaction Books.

1977b　"Commodity Form and Legal Form：An Essay on the 'Relative
Autonomy' of Law," *Law and Society Review* 11：571-588.

## Baldus, David, and James L. Cole,

1980　*Statistic Proof of Discrimination*, New York：Shephard-McGraw.

## Balibar, Etinne

1970　"The Basic Concepts of Historical Materialism," In L. Althusser and
E. Balibar (eds.), *Reading "Capital"*, London：NLB, pp.199-309.

## Beccaria, Cesare

1988　*On Crimes and Punishments*, Henry Paolucci (trans.), New York：
Macmillan Publishing Co.

## Becker, Howard

1963　*Outsiders*, New York：The Free Press.

## Beirne, Piers

1982　"Ideology and Rationality in Max Weber's Sociology of Law," in
Beirne, and R. Quinney（ed.）, *op.cit.*,pp.44-46.

## Beirne, Piers, and Richard Quinney（eds.）

1981　*Marxism and Law*, New York, *et. al.*：John Wiley & Sons.

**Beirne, Piers, and Robert Sharlet**

1982 "Pashukanis and Socialist Legality," in Piers Beirne and Richard Quinney, (eds.),1982, *op. cit.*, pp. 307-327 .

**Bellah, Robert N., Richard K. Madsen, and William M. Sullivan**

1985 *Habits of the Heart*, New York：Harper and Row.

**Bendix, Richard**

1977 *Max Weber：An Intellectual Portrait*, Berkeley *et. al.*：University of California Press, 1$^{st}$ ed. 1960.

**Berle, A.A.., and G.C.Means**

1932 *The Modern Corporation and Private Property*, New York：Macmillan.

**Best, Steven, and Douglas Kellner**

1990 *Postmodern Theory：An Introduction and Critique*, London：Macmillan.

**Black, Donald**

1976 *The Behavior of Law*, New York：Academic Press.

1989 *Sociological Justice*, New York：Oxford University Press.

**Bodenheimer, Edgar**

1982 *Jurisprudence — The Philosophy and Method of the Law*, Cambridge, MA：Harvard University Press.

**Bonacich, E.**

1980 "A Theory of Ethnic Antagonism：The Split Labor Market," *American Sociological Review* 37：547-559.

**Bredemeier, Hans**

1962 "Law as an Integrative Mechanism," in William M. Evan( ed. ), *Law and Society*：*Exploratory Essays,* Glencoe, IL：The Free Press, pp.73-88.

### Burchell, Graham, Colin Gordon, and Peter Miller ( eds. )

1991 *The Foucault Effect：Studies in Governmentality*, Hempel Hempstead：Harvester Wheatsheaf.

### Burstein, Paul

1985 *Discrimination, Jobs and Politics：The Struggle for Equal Opportunity in the U.S. since the New Deal*, Chicago：Chicago University Press.

### Cain, Maureen

1983[1974] "The Main Themes of Marx' and Engels' Sociology of Law," in：*Brithish Journal of Law and Society*, 1974,（2）:136-148; in：Beirne, Piers and Richard Quinney （eds.）,1982,op.cit., pp.63-73.

### Campbell, C. M., and Paul Wiles

1976 "The Study of Law in Society," *Law and Society Review* (Summer), 547-555.

### Cardozo, B. Nathan

1924 *The Growth of Law*, New Heaven：Yale University Press.

### Chambliss, William

1963 "A Sociological Analysis of the Law of Vagrancy," *Social Problems,* （Summer）12：67-77.

1975 "Toward a Political Economy of Crime," *Theory and Society,* （Summer）2（2）：149-70 .

### Chambliss, William J., and Robert Seidman

1982 *Law, Order, and Power*, 2nd ed., Reading, MA：Addison Welsey

Publishing Company.

## Cohen, Gerald A.

1978    *Karl Marx's Theory of History：A Defense*, Oxford University Press.

## Comack, Elizabeth, and Stephen Brickey

1991    *The Social Basis of Law：Critical Readings in the Sociology of Law*, Halifax, Nova Scotia：Garamond Press, 2nd ed.

## Comte, Auguste

1875    *System of Positive Philosophy*, vol. 1.London：Longmans, Green, and Co.

## Cornell, Drucilla

1989    "Time, Destruction, and the Challenge to Legal Positivism：The Call for Juridical Responsibility," in *Yale Journal of Law and Humanities*, 2:38-49.

## Cotterrell, Roger

1984    *Sociology of Law： An Introduction*, 2nd ed., London：Butterworths. 華文翻譯　羅傑‧科特威爾原著《法律社會學導論》，台北：結構群。

1986    "Law and Sociology：Notes on the Constitution and Confrontations of Disciplines," *Journal of Law and Society*, 13：9-34.

## Cotterrell, Roger (ed.)

1994    *Law and Society*, Aldershot, Singapore & Sidney：Dartmouth.

## Craig, Edward (ed.)

1998    *Routledge Encyclopedia of Philosophy*, 8 vols, New York and London：Routledge

## Dalton, Clare

1985 "Essay in the Deconstruction of Contract Doctrine," in *Yale Law Journal* 94（5）：997-1114.

## Danner, Mona

1989 "Socialist Feminism ： A Brief Introduction," *The Critical Criminologist.* 1（3）：1-2.

## Davis, F. James

1962 "Law as a Type of Social Control," in F. James Davids, *et. al.*, (eds.), *Society and the Law ： New Meanings for an Old Profession*, New York ： The Free Press.

## Davis, Kingsley

1959 "The Myth of Functional Analysis as a Special Method in Sociology and Anthropology," *American Sociological Review* 24(6):757-774.

## Dawe, Alan

1970 "The Two Sociologies," *British Journal of Sociology* 21 ： 207-218.

## Deflem, Mathieu (ed.)

1996 *Habermas, Modernity and Law*, London *et. al.* ： SAGE Publications.

## Delgado, Richard

1987 "The Ethereal Scholar ： Does Critical Studies Have What Minorities Want?" *Harvard Civil Rights/ Civil Liberties Law Review* 22（2）： 301-322.

## Der Ven, J. J. M.

1961 "Rechtssoziologie," in *Staatslexikon*, Görres – Gesellschaft, Freiburg i. Br. ： Herder Verlag.

**Dewey, John**

1924　"Logical Method and Law," *The Cornell Law Quarterly* 10(1)：
　　　17-27.

**Dickens, David, and Andrea Fontana**

1900　*Postmodernism and Social Inquiry,* Chicago：Chicago University
　　　Press.

**Domhoff, Wilhlm**

1969　*The Higher Circles*, New York：Random House.

**Dubinsky, Karen**

1987　"Are Women Really Dangerous?" *Canadian Dimension* (October) 21
　　　(6)：4-7.

**Durkheim, Émile**

1933　"La Sociologie," *La Science française*, Paris：Larousse.

1953　*Sociology and Philosophy*, D. Fox（trans.）, Glencoe, IL：The Free
　　　Press of Glencoe.

1957　*Professional Ethics and Civil Morals*, C. Brookfield（trans.）,
　　　London：Routledge and Kegan Paul.

1961　*Moral Education：A Study in the Theory and Application of the
　　　Sociology of Education,* E. K. Wilson and H. Schnurer（trans.）,
　　　New York：The Free Press of Glencoe.

1964a　*The Division of Labour in Society*, G. Simpson（trans.）, Glencoe,
　　　IL：The Free Press of Glencoe.

1964b　*The Rules of Sociological Method*, S. A. Solovay and J. H. Muller
　　　（trans.）, Glencoe, IL：The Free Press of Glencoe.

1966　〔1895〕*The Rules of Sociological Method*, New York：The Free Press.

## Dworkin, Ronald

1977    *Taking Right Seriously*, Cambridge, MA：Harvard University Press.

1985    *A Matter of Principle*, Cambridge, MA：Harvard University Press.

1986    *Law's Empire*, Cambridge, MA：Harvard University Press.

## Edelman, Bernard

1973    *La Légalisation de la classe ouvrière* , Paris：Bourgois.

1981    *L'homme des foules*, Paris：Payot.

1984    *La maison de Kant*, Paris：Payot.

1988    *L'Homme, la Nature et le Droit* ( dirigé avec M. A. Hermitte )￼,Paris：
        Bourgois.

1993    *Droits d'auteur, droits voisins :droit d'auteur et matché*, Paris：
        Dalloz.

1999    *La propriété et artistique*, Paris：PUF,3 éd.

1999    *La personne en danger*, Paris：PUF.

1999    *Nietzsche, un continent perdu*, Paris：PUF.

1999    *Centenarians：The Story of the 20 Century by the Americans Who
        Lived It* ( Souls la direction de ) , Paris：Farrar Straus Giroux.

2000    *L'Adieu aux arts, 1926 :L'affaire Brancuis*, Paris：Aubier Montaigne.

2000    *Le droit saisi par la photographie*, Paris :Flammarion.,1s ed. 1973,
        2nd ed. 1980；English translation 1979 *Ownership of Image*, London
        *et.al.*：Routledge & Kegan Paul.

## Eder, Klaus

1986    *Die Entstehung staatlich Organisierter Gesellschaften*, Frankfurt a.
        M.：Suhrkamp.

1987    "Zur Rationalisierungsproblematik des modernen Rechts," *Soziale
        Welt* 29：247-256.

## Ehrlich, Eugen

1929 *Grundlegung der Sociologie*, München u, Leipzig 1ste Aufl. 1913, 1967, 3te Aufl.

1975 *Fundamental Principles of the Sociology of Law*, New York：Arno Press.

## Ewing, Sally

1988 "Formal Justice and the Spirit of Capitalism：Max Weber's Sociology of Law," *Law and Society Review* 21(3)：487-512.

## Fechner, Erich

1963 "Rechtssoziologie," *Handwörterbuch der Sozialwissenschaften*, Göttingen：J. C. B. Mohr, Bd.8.

## Fine, B.

1979 "Law and Class," in B. Fine *et. al.*(eds), *Capitalism and the Rule of Law ：From Deviancy Theory to Marxism*, London：Huchinson.

## Foucault, Michel

1965 *Madness and Civilization：A History of Insanity in the Age of Reason*, New York：Harper & Row.

1967 Nietzsche, Freud, Marx."in *Nietzsche：Oeuvres Philosophiques Complètes： le gai savoir, le fragments posthumes (1881-1882)*, Paris：Cahiers de Royaumont.

1970 *The Order of Things：An Archaeology of the Human Sciences*, London：Tavistock.

1972 *The Archaeology of Knowledge and the Discourse of Language*, London：Tavistock.

1973 *The Birth of the Clinic：An Archaeology of Medical Perception*, London：Allen Lane, New York：Pantheon.

1977a *Discipline and Punish：The Birth of the Prison*, New York：

Pantheon.

1977b  *Language, Counter-Memory, Practice : Selected Essays and Interviews*, Donald Bouchard (ed.), Ithaca, NY：Cornell University Press.

1978  *The History of Sexuality*, vol.1： *An Introduction*, New York： Random House.

1979  "Governmentality," *Ideology and Consciousness*, 6：5-21；reprinted in ： *The Essential Works of Foucault*（2000）, *op. cit.* 201-222.

1980  *Power / Knowledge : Selected Interviews and Other Writings* 1972-1977, Colin Gordon (ed.), London：The Harvester Press.

1984  *The Foucault Reader*, Paul Rabinow (ed.), New York：Pantheon.

1985a  *The History of Sexuality*, vol. 2： *The Use of Pleasure*, New York： Viking.

1985b  *The History of Sexuality*, Vol. 3： *The Care of the Self*, New York： Pantheon.

1988  "The Dangerous Individual," in Lawrence D. Kritzman (ed.), *Foucault Interviews and Other Writings*, New York and London： Routledge, pp. 125-151.

1989  *Foucault Live : Interviews 1966-1984*, Sylvére Lotinger (ed.), New York： Routledge.

1991  *Remarks on Marx : Conversations With Duccio Trombadori*, New York： Semiotexte.

1994  *Dits et écritis*, Paris：Editions Gallimard.

2000  *The Essential Works of Foucault*, Paul Rabinow (ed.), Paris：Editions Gallimard 1994；NY：The New Press 2000.

## Frazer, Nancy, and Linda Gordon

1992  "Contract versus Charity：Why Is There No Social Citizenship in the United States?" *Socialist Review* 22：45-68.

## Freeman, Alan D.

1975　*The Legal System ∶ A Social Science Perspective*, New York ∶ Sage.

1981　"Truth and Mystification ∶ Liberal Legal Scholarship," *Yale Law Review* 90 ∶ 1229-1237.

## Friedman, Lawrence M.

1976　"Sociology of Law," in J. Gould and W. L. Kolb (eds.), *A Dictionary of the Social Sciences*, London ∶ Tavistock.

1989　"Litigation and Society," *American Review of Sociology* 15.

1990　*The Public Choice ∶ Law, Authority and Culture*, Cambridge, MA ∶ Harvard University Press.

## Fuller, Lon L.

1949　"Pashukanis and Vyshinski ∶ A Study in the Development of Marxist Legal Theory," *Michigan Law Review* 42 ∶ 35-78.

1964　*The Morality of Law*, New Haven ∶ Yale University Press.

## Galligan, D. J.

1995　*Socio-Legal Studies in Context ∶ The Oxford Centre Past and Future*, Oxford, U.K. & Cambridge, U.S.A. ∶ Bleakwell Publishers.

## Geiger, Theodor

1964　*Vorstudien zu einer Soziologie des Rechts*, Neuwied und Berlin ∶ Luchterhand.

## Gilligan, Carol

1980　*In a Different Voice*, Cambridge, MA ∶ Harvard University Press.

## Glendon, Mary Ann

1981　*The New Family and the New Property*, Toronto ∶ Butterworths.

## Gordon, Colin

1991 "Governmental Rationalization," in Graham Burchell *et. al., op. cit.* pp. 1-51.

## Gouldner, Alvin W.

1980 *The Two Marxisms*, New York：Oxford University Press.

## Gramsci, Antonio

1971 *Selections from the Prison Notebooks*, Q. Hoare & G. N. Smith (eds.), London：Lawrence & Wishart.

## Guibentif, Pierre

1996 "Approaching the Production of Law through Habermas's Concept of Communicative Action," in Deflem, *op. cit.*, pp. 45-70.

## Gurvitch, Gerges

1940-41 "Major Problem of the Sociology of Law," *Journal of Social Philosophy* 6：197-215.

1947 *Sociology of Law*, London：Kegen Paul, Trench, Trubner, 1947.法文原著爲：*Elément de Sociologie Juridique*, Paris：Fernand Aubier, 1940.

## Habermas, Jürgen（German）

1961 *Student und Politik*, Neuwied：Luchterhand.

1963 *Theorie und Praxis*, Neuwied：Luchterhand. zweite Aufl., Frankfurt a. M.：Suhrkamp, 1971.

1968 *Erkenntnis und Interesse*, Frankfurt a. M.：Suhrkamp.

1968 *Technik und Wissenschaft als "Ideologie"*，Frankfurt a. M.：Suhrkamp.

1969 *Protestbewegung und Hochschulreform*,Frankfurt a. M.：Suhrkamp.

1970  *Zur Logik der Sozialwissinschaften*, Frankfurt a. M.：Suhrkamp.

1971  *Theorie der Gesellshaft oder Sozialtechnologie：Was leistet die Systemforschung*, mit Nikla Luhmann, Frankfurt a. M.：Suhrkamp.

1971  *Philosophisch-politische Profile*, Frankfurt a. M.：Suhrkamp.

1973  *Legitimationsprobleme im Spätkapitalismus*, Frankfurt a. M.： Suhrkamp.

1973  *Kultar und Kritik*，Frankfurt a. M.：Suhrkamp.

1974  *Zwei Reden*, mit Dieter Henrich, Frankfurt a. M.：Suhrkamp.

1976  *Zur Rekonstruktion des historischen Materialismus*, Frankfurt a. M.：Suhrkamp.

1982  *Theorie des kommunikativen Handelns* (2 Bände), Frankfurt a. M.： Suhrkamp.

1983  *Moralbewusstsein und kommunikativen Handelns*, Frankfurt a. M.： Suhrkamp.

1984  *Vorstudien und Ergänzung zur Theorie des kommunikativen Handelns*, Frankfurt a. M.：Suhrkamp.

1992a  *Faktizität und Geltung*, Frankfurt a. M.：Suhrkamp.

## Habermas, Jürgen（English Translation）

1974b *Theory and Practice*, London：Heinemann.

1976b *Legitimation Crisis*, London：Heinemann.

1984  *The Theory of Communicative Action*, vol.1：*Reason and Rationalization of Society*, Boston：Beacon Press.

1987a *The Theory of Communicative Action*, vol.2：*A Critique of Functionalist Reason*, Boston：Beacon Press.

1987b *The Philosophical Discourse of Modernity：Twelve Lectures*, Cambridge：Polity Press.

1987c "The Normative Content of Modernity," in *The Philosophical Discourse of Modernity*, F. Lawrence, trans., Cambridge, Mass：

MIT Press, pp.336-367.

1987d "Excursus on Luhmann's Appropriation of the Philosophy of the Subject through Systems Theory," in *The Philosophical Discourse on Modernity, op.cit.,*pp.368-385.

1988 "Law and Morality," in S.M. McMurrin(ed.), *The Tanner Lectures on Human Values*, vol. 8, Salt Lake City：University of Utah Press.

1989a *The New Conservatism：Cultural Criticism and the Historians' Debate*, Cambridge MA：MIT Press.

1989b "Towards a Communication — Concept of Rational Collective Will - Formation：A Thought Experiment," *Ratio Juris* 2：144-154.

1989c *The Structural Transformation of the Public Sphere*, Cambridge MA：MIT Press.

1990 *Moral Consciousness and Communicative Action*, Cambridge MA：MIT Press.

1992b "On Morality, Law, Civil Disobedience and Modernity," in P. Dew (ed.) *Autonomy and Solidarity：Interviews with Jürgen Habermas*, revised ed., London：Verso.

1993 *Justification and Application：Remarks on Discourse Ethics*, Cambridge MA：MIT Press.

1996 Postscript to *Between Facts and Norms*, in Deflem *op. cit.*, pp. 135-150.

1998 "Reply," in Rosenfeld and Arato (eds.), *op.cit.,*pp.381-452.

1998 "Paradigms of Law," in：Rosenfeld and A. Arato, eds., *op.cit.,*pp.13-25.

## Hamilton, Peter（ed.）

1991 *Max Weber：Critical Assessments I*, London and New York Routledge.

## Hart, Herbert L. A.

1961　*The Concept of Law*, Oxford：Clarendon.

## Hayek, Friedrich August von

1944　*The Road to Serfdom*, London：Routledge.

1960　*The Constitution of Liberty*, London：Routledge.

1963　"Recht schützt Freiheit, Gesetze töten sie," in：*Frankfurter Allgemeine Zeitung*, 1/2 Mai 1963.

1973　*Law, Legislation and Liberty：Rules and Order*, Vol.1, Chicago：The University of Chicago Press.

1982　*Law, Legislation and Liberty*, London：Routledge.

## Hegel , Georg Friedrich Wilhelm

1976　*Philosophy of Right* , T. M. Knox (trans.), London：OUP.

## Hirsch E.

1966　*Das Recht im sozialen Ordnungsgefüg*, Berlin.

1967　"Rechtssoziologie heute," in *Studien und Materialen zur Rechtssozialogie, Kölner Zeitschrift für Soziologie und Sozialpsychologie*, Hirsch u. Rehbinder (Hrsg.), Sonderheft, Köln und Opladen：Westdeutscher Verlag.

1969a　" Rechtssozialogie," in *Die Lehre von der Gesellechaft, Ein Lehrbuch der Soziologie*, G. Eisermann (Hrsg.), Stuttgart：Ferdinand Enke Verlag, zweite völlig veränderte Auflage.

1969b　"Rechtssoziologie," in Wilhelm Bernsdorf (Hrsg.), *Wörterbuch der Soziologie*, Stuttgart：Ferdinand Enke Verlag.

## Hirst, Paul

1979　"Introduction" to Edelman's *Ownership of the Image：Elements for a Marxist Theory of Law*, E. Kingdom（trans.）, London *et.al.*：Routledge & Kegan Paul, pp.1-18.

1980 "Law, Socialism and Rights," In P. Carlen and M. Collison (eds.), *Radical Issues in Criminology*, Totoea, NJ：Barnes and Noble, pp.58-108.

## Hobel, E. Adamson

1954 *The Law of Primitive Man：A Study in Comparative Legal Dynamics*, Cambridge, MA：Harvard University Press.

## Holmes, Oliver Wendell

1897 "The Path of Law." *Harvard Law Review* 10（March）：457-478.

1953 *Collected Legal Papers*, New York：Peter Smith.

1963 *The Common Law*, Cambridge, MA：Harvard University Press, 1st ed., 1881.

## Holton, Robert J., and Bryan S. Turner

1989 *Max Weber on Economy and Society*, London and New York：Routledge.

## Hunt, Alan

1975 "Law, State, and Class Struggle," *Marxism Today* 20（6）：178-187.

1978 *The Sociological Movement in Law*, London：The Macmillan Press Ltd.

1983 "Émile Durkheim：Towards a Sociology of Law." in P. Beirne, and R.Quinney *op.cit.*,pp.27-43.

1987 "The Big Fear：Law Confronts Postmodernism," *McGill Law Journal* 35(3)：507-540.

1993 *Exploration in Law and Society*, New York and London：Routledge.

1997 "Law, Politics and the Social Sciences." in David Owen (ed.), *Sociology After Postmodernism*, London *et. al.*：SAGE Publications, pp.103-123.

### Hunt, Alan, and Gary Wickham

1994　*Foucault and Law：Towards a Sociology of Law as Governance*, London *et.*
　　　*al.*：Pluto Press.

### Hutchinson, Allan, and Patrick Monahan

1984　"Law, Politics and the Critical Legal Scholars：The Unfolding Drama of American Legal Thought," *Stanford Law Review* 36：199-426.

### Jacobi, Russell

1981　*Dialectic of Defeat：Contours of Western Marxism*, Cambridge： Cambridge University Press.

### Jacobson, Arthur J.

1989 "Autopoietic Law：The New Science of Niklas Luhmann," *Michigan Law Review* 87：1647-1689.

### Jaggard, Allison ,and Paula Rothenberg ( eds. )

1984　*Feminist Framework：Alternative Accounts of Relations between Men and Women*, 2nd ed, New York：McGraw-Hill.

### Johansen, J. Dines

1987　"Habermas, Jürgen," in：*Thinkers of the Twentieth Century*, 2nd ed., Chicago and London：St. James Press, pp. 310-313.

### Jones, Kelvia

1982　*Law and Economy：The Legal Regulation of Corporate Behavior*, New York：Academic Press.

### Käder, Dirk

1988　*Max Weber：An Introduction to His Life and Work*, Philippa Hurd ( trans. ) , Cambridge：Polity Press.

## Kainz, Howard P.

1974 *Hegel's Philosophy of Right, with Marx's Commentary : A Handbook for Students*, The Hague ： Martinus Nijhoff.

## Kairys, David （ed.）

1982 *The Politics of Law* ： *A Progressive Critique*, New York ： Pantheon Books.

## Kamenka, Eugene

1972 *The Ethical Foundations of Marxism*, London ： Routledge & Kegan Paul, 1$^{st}$ ed. 1962.

1983 'Marxist Theory of Law ?" *Law in Context*, vol.1:46-72.

1991 "Law," in ： *A Dictionary of Marxist Thought*, Tom Bottomore （ed.）,Oxford ： Blackwell, 2$^{nd}$ ed., pp.306-307.

## Kamenka, Eugene and Alice Tay

1971 "Beyond the French Revolution ： Communist Socialism and the Law," University of Toronto Law Journal 21 ： 27-48.

## Kant, Immanuel

1965 *The Metaphysical Elements of Justice*, (trans.), T. Ladd, New York ： Bobs-Merrill.

## Kantorowicz, Hermann

1958 *The Definition of Law*, Cambridge ： Cambridge University Press.

1962 *Rechtswissenschaft und Soziologie*, Karlsruhe.

## Kellner, Douglas

1990 "The Postmodern Turn ： Positions, Problems and Prospects," in George Ritzer (ed.), *Frontiers of Social Theory*, New York ： Columbia University Press.

## Kelman, Mark G.

1985  *A Guide to Critical Legal Studies*, Cambridge, MA：Harvard University Press.

## Kennedy, Duncan

1970  "How the Law School Fails：A Polemic," Y*ale Review of Law and Social Action* 1：71-90.

1973  "Legal Formality," *The Journal of Legal Studies* 2：351-398.

1976  "Form and Substance in Private Law Adjudication," *Harvard Law Review*
      89（8）：1685-1778.

1979  "The Structure of Blackstone's Commentaries," *Buffalo Law Review*
      28：205-382.

1981a  "Cost-Benefit Analysis of Entitlement Problems：A Critique," *Stanford Law Review* 33.

1981b  "Critical Labor Theory：A Comment," *Indiana Review of Law* 4.

1982  "Legal Education as Training for Hierarchy," in Karys（ed）.*op.cit.*

## Kelsen, Hans

1912  "Zur Soziologie des Rechts：Kritische Betractung," *Archiv für Sozialwissenschaft und Sozialpolitik* 30：601-614.

1960  *Reine Rechtslehre*, Wien：Springer Verlag.

## Kinsey, Richard

1978  "Marxism and Law：Preliminary Analyses," *British Journal of Law and Society* 5：202-227, in Csaba Varga (ed.), 1993 *Marxian Legal Theory,* Aldershot：Dartmouth, 1993, pp.202-258.

1979  "Despotism and Legality," in B. Fine *et.al.* (eds.), *op.cit.* pp.46-64.

## Klare, Karl

1978  "Juridical Deradicalization of the Wagner Act and the Origins of

Modern Legal Conciousness, 1937-1941," *Minnesoda Law Review* 62：265-339.

1979　"Law-Making as Praxis," Telos 40：123-135.

1982　"The Public Private Distinction in Labor Law," *University of Pennselvania Law Review* 130：1350-1362.

## Kner, Gerg und Armin Nassehi

1993　*Niklas Luhmann Theorie Sozialer Systeme*, München：Fink.華文翻譯，魯貴顯譯　1998 《盧曼社會系統論導引》，台北：巨流圖書公司。

## Korsch, Karl

1930　"E.Pashukanis：Allgemeine Rechtslehre und Marxismus," *Archiu für die Geschichte des Sozialismus und Arbeiterbewegung*, 現版收入 *E. P. Pashukanis, Allgemeine Rechtslehre Marxismus* 一書之引言, 1960.

1978　"An Assessment", in E. B. Pashukanis, *Law and Marxism：A General Theory*, London ：Ink Links.

## Kronman, Anthony

1983　*Max Weber*, London：Edward Arnold.

## Ladeur, Karl-Heinz

1988　"Perspectives on a Post-Modern Theory of Law：A Critique of Niklas Luhmann," in G.Teubner (ed.),1988, *op.cit.,* pp.242-282.

## Lapenna, I.

1977　*State and Law ： Soviet and Yagoslav Theory*, London：Athlone.

## Larrain, Jorge

1991　"Ideology," in：*A Dictionary of Marxist Thought, op.cit.,* pp. 247-252.

**Lasch, Christopher**

1979　*The Culture of Narcissism*, New York：W. W. Norton.

**Laxer, Gordon**

1989　"The Schizophrenic Character of Canadian Political Economy,"*Canadian Review of Sociology and Anthropology*.(Febyuary) 26(1)：178-192.

**Lempert, Richard**

1988　"The Autonomy of Law：Two Visions Compared," in G. Teubner (ed.), *op.cit.,* pp.152-190.

**Levine, F. J.**

1990　"Goose Bumps and 'The Search for Signs in Intellectual Life' in Sociolegal Studies：After Twenty Five Years," *Law and Society Review*, 24：7-23.

**Li, Peter S.**

1979　"A Historical Approach to Ethnical Stratification：The Case of the Chinese in Canada, 1858-1930," *Canadian Review of Sociology and Anthropology* 16：320-332.

**Livingston, Debra**

1982　" 'Round and Round the Bramble Bush'：From Legal Realism to Critical Legal Scholarship," *Harvard Law Review* 95：1669-1690.

**Llewellyn, Karl N.**

1949　"Law and Social Sciences — Especially Sociology," *American Sociological Review* 14(4)：451-462.

1960　*The Common Law Tradition：Deciding Appeals*, Boston：Little Brown.

## Luhmann, Niklas ( German )

1971 *Theorie der Gesellschaft oder Soziale Technologie* 與 Jürgen Habermas合編，Frankfurt a. M.：Suhrkamp.

1972 *Rechtssoziologie* , 2 Bände , Reinbek bei Hamburg ：Rowohlt Taschenbuch Verlag; 2. Auflage 1983; 英譯本1985, *A Sociological Theory of Law* (參考英譯作品)。

1974 *Rechtsdogmatik und Rechtssystem* , Stuttgart ：Kohlhammer.

1981a *Politische Theorie im Wohlfahrtsstaat* , München ：Olzog.

1981b *Soziologische Aufklärung* , Opladen ：Westdeutscher Verlag.

1981c *Ausdifferenzierung des Rechtssystems, Beiträge zur Rechtssoziologie und Rechtstheorie* , Frankfurt a. M.: Suhrkamp 重印，本文引用爲 1999年版本。

1984 *Soziales System , Grundriss einer Allgemeinen Theorie* , Frankfurt a. M.：Suhrkamp.

1991 *Soziologie des Risikos* , Berlin und New York ; Walter de Gruyter.

1992 *Beobachtung der Moderne* , Opladen ：Lesk und Budrich.

1992 *Recht der Gesellschaft* , Frankfurt a. M. ：Suhrkamp , 2. Aufl .1997. 本文引用爲1997年的版本。

## Luhmann, Niklas (English Translation)

1977 "Differentiation of Society," *Canadian Journal of Sociology* 2： 29-53.

1979 *Trust and Power*, New York：Wiley.

1982 *The Differentiation of Society*, New York：Columbia University Press.

1985 *A Sociological Theory of Law*, E.King and M.Albrow (trans.), M.Albrow (ed.), London：Routledge & Kegan Paul.

1985a "The Self-Reproduction of Law and its Limits" in G.Teubner (ed.), 1985, *op.cit.*

1986    "The Autopoiesis of Social Systems", F. Geyer and J. van der Zouwen, (eds.), *Sociocybernatic Paradoxes*, London：Sage, 中譯湯志傑，鄒川雄，下引文。

1987a    "Some Problems with Reflexive Law," G. Teubner (ed.), 1987, *op.cit.*

1987b    "The Coding of the Legal System," G. Teubner (ed.) 1987.*op. cit.*

1988a    "The Unity of the Legal System," in G.Teubner (ed.), 1988 *op.cit.*, pp.12-35.

1988b    "Closure and Openness：On Reality in the World of Law," in G.Teubner (ed.), 1988, *op.cit.*, pp.335-348.

1989    *Ecological Communication*, Chicago：University of Chicago Press.

1990a    *Essays on Self- Reference*, New York：Columbia University Press.

1990b    *Political Theory in the Welfare State*, John Bednarz (trans.), New York：Wiley.

## Lukes, Steven

1985    *Marxism and Morality*, Oxford and New York：Oxford University Press.

## Lukes, Stephen, and Andrew Scull（eds.）

1982    *Durkheim and the Law*, New York：St. Andrew Martin's Press.

## Lukacs, Georgi

1972    *Political Writings*, M. McColgan( trans. ), London：New Left Books.

## Luxton, Meg

1980    *More than a Labour of Love：Three Generations of Women's Work in the Home.* Toronto：Women's Press.

## Lyotard J. F.

1984    *The Postmodern Condition：A Report on Knowledge*，G. Bennington and B.Massumi (trans.)，Manchester：Manchester University Press.

## McBride, William Leon

1993 "Marxism and Natural Law," In Csaba Varga (ed.), *Marxian Legal Theory*, Aldershot：Dartmouth, pp.127-153.

## Macey, David

1993 *The Lives of Michel Foucault*, London：Hutchinson.

## McIlwain, Charles

1947 *Constitutionalism：Ancient and Modern,* Ithaca N.Y.：Cornell Univerisity Press.

## McIntyre, Lisa J.

1986 *The Public Defender*, Chicago：Chicago University Press.

## Mackinnon, Catherine A.

1983 "Feminism, Marxian Method, and the State：Toward Feminist Jurisprudence," *Sign* 8(4)：635-658.

## Mc Donald, Lynn

1976 *The Sociology of Law and Order*, London：Routledge & Kegan Paul.

## McHual, Alec, and Wendy Grace

1994 *A Foucault Primer：Discourse Power and the Subject*, London：UCL Press.

## Maine, Henry, Sir

1970 *Ancient Law：Its Connection with The Early History and Its Relation to Modern Ideas*, Gloucester, MA：Peter Smith.

## Malinowski, Bronislaw

1959　*Crime and Custom in Savage Society*, Paterson. NJ：Litterfield, originally publ. 1926.

1982　*Crime and Custom in Savage Society*,Totowa, NJ:Little Field ,Adams.

1984　*Argonauts of the Western Pacific*,Prospect Heights,IL：Waveland Press.

## Martel, Martin U.

1979　"Parsons, Talcott," in David L.Sills (ed.) *International Encyclopedia of the Social Sciences : Biographical Supplement*, vol. 18, New York：The Free Press, pp.609-630.

## Marx, Karl

1954　*Capital*, I （簡稱 *C* I ）, Moscow：Progress.

1959　*Capital*, III （簡稱 *C*III ）, Moscow：Progress.

1963　*Early Writings*（簡稱 *EW*）. T.B. Bottomore（ed.）, London：Penguin.

1967　*Writings of the Young Marx* （簡稱 *WYM* 附頁數）, L.D. Easton & K.H. Guddat （eds.）, New York：Anchor.

1973　*Grundrisse, Fundations of the Critique of Political Economy* （簡稱 *G*）, M. Nicolaus （trans.）, Harmondsworth and New York：Penguin.

1977　*Capital*, Vol. 1, New York：Vintage.

1981　*Frühe Schriften*（簡稱 *FS* 並附卷頁數）, H.－J. Lieber u. Peter Furth （hrsg.）, Darmstadt：Wissenschaftliche Buchgemeinschaft.

## Marx, Karl und Friedrich Engels

1953　*Kleine Öknonomische Schriften*, Berlin:Dietz-Verlag.

1971　*Marx-Engels Werke* （簡稱 *Werke* 附卷頁數）,Berlin：Dietz.

## Marx, Karl and Fredrick Engels

1955　*Selected Correspondence*（簡稱 *SC* 附卷頁數），Moscow：Progress.

1968　*Selected Works*, 3vols.（簡稱 *SW* 附卷頁數），Moscow：Progress.

1974　*Collected Works*, 42vols.,（簡稱 *CW* 附卷頁數），Moscow：Progress.

1970　*Critique of Hegel's Philosophy of Right,* H. B. Nisbet (trans),Cambridge：Cambridge University Press.

## Maturana, Humberto R.

1982　*Erkennen : Die Organisation und Verkörperung von Wirklichkeit,* Braunsweig：Vieweg.

## Mayhew, Leon, and Albert Reiss Jr.

1969　"The Social Organization of Legal Contracts," *American Sociological Review* 34：309-318.

## Merritt, A.

1980　"The Nature of Law. " *British Journal of Law and Society* 7：194-214.

## Merton, Robert K.

1934　"Durkheim's Division of Labour in Society," *American Journal of Sociology* 46(3)：319-328.

1967　*Social Theory and Social Structure,* New York：The Free Press.

## Miliband, Ralph

1969　*The State in Capitalist Society：The Analysis of the Western System of Power,* London：Basic Books.

## Miller, Peter, and Niklas Rose

1990　" Governing Economic Life." *Economy and Society* 19(1)：1-31.

## Milovanovic, Dragan

1988  *A Primer in the Sociology of Law*, New York：Harrow and Heston.

## Morgenthau, Hans

1967  *Politics Among Nations*,4th ed., New York：Knopf.

## O'Connor, James

1973  "Summary of the Theory of the Fiscal Crisis," *Kapitaistate*1（1）：
      79-83.

## Outhwaite, William

1994  *Habermas：A Critical Introduction*, Cambridge：Polity Press.

## Panitch, Leo

1977  "The Role and Nature of the Canadian State," in L. Panitch (ed.),
      *The Canadian State：Political Economy and Political Power,*
      Toronto：University of Toronto Press.

## Parsons, Talcott

1937  *The Structure of Social Action*, New York：McGraw-Hill.

1951  *The Social System*, New York：The Free Press.

1953  "Some Comments on the State of the General Theory of Action,"
      *American Sociological Review* 18（6）：618-631.

1954  " A Sociologist Looks at the Legal Profession,"in *Essays in
      Sociological Theory*, Glencoe, IL：The Free Press, pp.320-385.

1959  "General Theory in Sociology," in Robert K. Merton *et.al.*(eds.),
      *Sociology Today：Problems and Prospects*; New York：Harper
      Torchbooks,pp.3-38.

1960a "Durhkeim's Contribution to the Theory of Integration of Social
      System,"in K. H. Wolf (ed.), *Émile Durkheim（1858-1917）：A
      Collective of Essays*, Columbus, OH：Ohio State University Press, pp.

118-153.

1960b    *Structure and Process in Modern Societies*, New York：The Free Press.

1961    "An Outline of the Social System," in T. Parsons *et.al.*(ed.), *Theories of Society：Foundations of Modern Sociological Theory*, Glecoe, IL：The Free Press, pp.30-79.

1977    Book Review, *Law and Society Review* 12：145-149.

1980    "The Law and Social Control," William M. Evan (ed.), *Law and Society*, New York：Macmillan Publishing Co.,pp.56-72.

1996    "The Law and Social Control," in：Javier Treviño, *The Sociology of Law* ,New York：St. Martin's Press, pp.334-339.帕氏此文爲 1980 出版之文章的翻版。

## Parsons, Talcott and Neil Smelser

1956    *Economy and Society*, New York：The Free Press.

## Pashukanis,E.B.

1924    *Obshchaia teoriia prava i marksizm*, Moscow.英譯採用俄文第三版（1927）*The General Theory of Law and Marxism*,收入 John Hazard (ed.), *Soviet Legal Philosophy*, Cambridge MA：Harvard University Press, 1951. 本書用 P. Beirne and R. Sharlet (eds.), *Pashukanis：Selected Writings on Marxism and Law*, Peter Maggs (trans.), London：Academic Press, 1980.

1927    "The Marxist Theory of Law and the Construction of Socialism," *op. cit.*, pp.188-199.

1929    "Economic and Legal Regulation," *op. cit.*, pp.237-272.

1932    "The Marxist Theory of State and Law," *op. cit.*, pp.275-301.

1935    *A Course on Soviet Economic Law, op. cit.*, pp.304-305.

1936    "State and Law under Socialism," *op. cit.*, pp.348-361.

1951    "The Soviet State and Revolution in Law," in *Soviet Legal*

*Philosophy*, John N. Hazard (ed.), Cambridge MA：Harvard University Press.

1967 "State and Law under Socialism," in M. Jaworski (ed.), *Soviet Political Philosophy*, Baltimore：John Hopkins University Press.

1970 "Exchange and Law," in Z. Zile (ed.) , *Ideas and Forces in Soviet Legal History*, Madison WI： College Printing and Publishing Co.

1978 *Law and Marxism：A General Theory*, Barbara Einhorn (trans), London：Ink Links.

1980 *Selected Writings on Marxism and Law*, P. Beirne and R. Sharlet, (eds.) London：Academic Press.

### Pavalko, Eliza.K

1980 "State Timing of Policy Adaption：Women's Compensation in the United States, 1901-1929," *American Journal of Sociology* 95：592-615.

### Peters, Bernhard

1996 "On Reconstructive Legal and Political Theory," in Deflem , *op. cit.*, pp.101-134.

### Picciotto, S.

1980 "The Theory of the State, Class Struggle, and the Rule of Law," in B. Fine *et.al.*(eds.), *op.cit.*, chap.11.

### Podgorecki,Adam

1963 "Sociotechnique," *The Polish Sociological Bulletin* 1(8)：47-57.

1967 "The Prestige of the Law（Preliminary Research Results）,"*Acta Sociologica*10 (1-2)：81-96.

1968 "Five Functions of Sociology," *The Polish Sociological Bulletin* 1(17)：65-78.

1971 "Practical Usefulness of Sociological Research," *The Polish*

> *Sociological Bulletin*, 1(23)：17-28.

1974　*Society*, London：Boutledge & Kegan Paul.

## Poulantzas, Nicos

1973　Political Power and Social Classes, London：NLB.

1975　Classes in Contemporary Capitalism, London：NLB.

1977　*State, Power and Socialism*, London：NLB.

1973　*Political Power and Social Classes,* London：NLB.

1978　*State, Power, Socialism*, London：　New Left Books.

1981　"Law," in P. Beirne and R. Auinney (eds.), *op.cit.,* pp185-195.

## Pound, Roscoe

1908　"Mechanical Jurisprudence," *Columbia Law Review* 8(8)：605-623.

1910　"Law in Books and Law in Action," *American Law Review* 44：12-36.

1927　"Sociology and Law," in W. F. Ogburn and A. Goldenweider (eds.), *The Social Sciences and Their Interrelations*, New York：Houghton Mifflin, pp.319-328.

1937　"The Causes of Popular Dissatisfaction with the Administration of Justice," *Journal of the American Judicature Society* 20(5)：178-187.

1959　*Jurisprudence*, St. Paul, MN：West Publishing Co. vol. 1 and 2.

1968　*Social Control Through Law*, Bloomington, IN：Acron Books.

## Quinney, Richard

1970　*The Social Reality of Crime*, Boston：Little, Brown.

1974　*Critique of Legal Order*, Boston：　Little, Brown and Co.

## Radcliffe-Brown, Arthur R.

1965〔1952〕*Structure and Function in Primitive Society*, New York：The Free Press.

**Raes, Koen**

1986    "Legalisation, Communication and Strategy," *Journal of Law and Society*
           13(2)：183-206.

**Rasmussen, David M.**

1996    "How is Valid Law Possible? A Review of *Between Facts and Norms* by Jürgen Habermas." in Deflem, *op. cit.*, pp. 21-44.

**Ratner, Romie Steinberg**

1980    "The Social Meaning of Industrialization in the U.S.：Determinants of the Scope and Coverage under Wages and Hours Standard Legislation, 1900-1970," *Social Problems* 27：448-466.

**Rawls, John**

1971    *A Theory of Justice*, Cambridge, MA：Harvard University Press.

1993    *Political Liberalism*, New York： Colombia University Press.

**Recasen-Siches, Luis**

1967    "Los temas de la sociologia del derecho," *Sociological International*
           189-210.

**Renner, Karl**

1949    *The Institutions of Private Law and Their Social Functions*, O. Kahn-Freund (ed.) and A.Schwarzschild (trans.), London： Routledge and Kegan Paul. 原著德文爲 *Die soziale Funktion der Rechtsinstitute, besondes des Eigentums* (以 J. Karner 之化名出版), Wien：Volksbuchhandlung, 1904.

**Riesman, David, NoGlazer, and R. Denney**

1950 *The Lonely Crowd*, New Haven：Yale University Press.

## Rokumoto, Kahei(ed.)

1994　*The Sociological Rheories of Law*, Aedershot：Dartmouth.

## Rose, Niklas, and Peter Milles

1992　"Political Power Beyond the State：Problematics of Government,"
　　　*British Journal of Sociology* 43(2)：173-205.

## Rosenfeld, Michel, and Andrew Arato（eds.）

1998　"Introduction," in *Habermas on Law and Democracy：Critical
　　　Exchange*, Berkeley *et.al.*,：University of California Press, pp.1-9.

## Rottleuthner, Hubert

1989　"A Purified Sociology of Law：Niklas Luhmann on the Autonomy of
　　　the Legal System," *Law and Society Review* 23(5):779-797

## Sarat, A.

1990　"Off to Meet the Wizard：Beyond Validity and Reliability in a Search
　　　for a Post-Empirical Sociology of Law," *Law and Social Inquiry*
　　　15：155-170.

## Sawyer, Geoffrey

1965　*Law in Society,* Oxford：Clarendon.

## Schmitt, Carl

1928　*Verfassungslehre*, Berlin：Duncker und Humnlot，首版，再版
　　　1970,1989.

## Schluchter, Wolfgang

1979　*Die Entwicklung des okzidentalen Rationalismus*, Tübingen：Mohr.

## Schur, Edwin M.

1965　*Crimes Without Victims*, Engelwood Cliff. NJ：Prentice-Hall.
1968　*Law and Society：A Sociological View*, New York：　Random House.

**Schwartz, R.D.**

1965    "Introduction" to *Law and Society*, A Supplement to the Summer Issue of Social Problems, pp.1-3.

**Scull, Andrew**

1980    *Decarceration : Community Treatment and the Deviant*, 2$^{nd}$ ed, Toronto：Prentice-Hall.

**Selznick, Philip**

1968    "The Sociologie of Law," in *International Encyclopedia of the Social Sciences*, David L. Sills (ed.), New York： Macmillan Comp and the Free Press, Vol. 9：50-59.

**Sharlet, Robert**

1968    *Pashukanis and the Commodity Exchange Theory of Law, 1924-1930*, Indiana University PH.D. dissertation.

1977    "Stalinism and Soviet Legal Culture," in R.C. Tucker, (ed.), *Essays in Historical Lnterpretation*, New York：Norton.

**Sheeby, Elizabeth, and Susan Boyd**

1987    *Canadian Feminist Perspectives on Law : An Annotated Bibliography of Interdisciplinary Writings*, A Special Publication of Resources of or Feminist Research, Toronto：O.I.S.E.

**Shell, Susan**

*1987*    "Idealism," in ： Allan Bloom (ed.), *Confronting the Constitution*, Wastington, DC：The AEI Press, pp.258-283.

**Sinzheimer, H.**

1934    *De Taak der Rechtessociologie*, Haarlem.

## Skolnick, J.H.

1965 "The Sociology of Law in America : Overview and Trends," *Law and Society,* A Supplement to the Summer Issue of *Social Problems,* pp.4-38

## Smart, Barry

1983 *Foucault, Marxism and Critique*, London *et. al.* : Routledge & Kegan Paul.

1985 *Michel Foucault*, Chichester : Ellis Horwood and London : Tavistock.

2000 " Michel Foucault," in George Ritzer (ed.), *Companion to Major Social Theorists*, Oxford : Blackwell, pp.600-650.

## Sparer, Edward

1984 "Fundamental Human Rights, Legal Entitlements, and the Social Struggles : A Friendly Critique of the Critical Legal Studies Movement," *Stanford Law Review* 36 : 509-574.

## Spencer, Herbert

1880 *First Principles*, New York : Clarke, Given, and Hooper.

1899 *Essays : Scientific, Political, and Speculative*, vol.1, New York : D. Appleton and Co.

## Spender, Dale

1981 *Man Made Language*, London : Routledge and Kegan Paul.

## Spender, Dale (ed.)

1980 *Men's Studies Modified : The Impact of Feminism on the Academic Disciplines*, Oxford : Paragon.

## Spitzer, Steven

1983 "Marxist Perspectives in the Sociology of Law," *Annual Review of Sociology* 9 : 103-124.

**Stone, Alan**

1985    "The Place of the Rule of Law in the Marxian Structure-Superstructure Archetype," *Law and Society Review* 19: 39-67.

**Stone, Julius**

1956    "Problems Confronting Sociological Inquiries of International Law," *Recueil des Cours 89.vol.1.*

**Stuchka, Pavel I.**

1970    "My Journey and My Error," in Z. Zile (ed.) *Ideas and Forces in Soviet Legal History,* Medison, WI：College Printing and Publishing Co.

**Sugarman, D.**

1981    "Theory and Practice in Law and History：A Prologue to the Study of the Relationship between Law and Economy from a Socio-Historical Perspective," in *Law, State, and Society*, R. H. Freyer *et. al.* (eds.), London：Groom Helm.

**Sumner, C.**

1981    "The Rule of Law and Civil Rights in Contemporary Marxist Theory," *Kapitalistate* 9 : 63-92.

**Sumner, William Graham**

1934    Essays of William Graham Summer, *2 vols.,* New Haven : Yale University Press.

1940    *Folksways : A Study of the Sociological Importance of Usages, Manners, Customs, Mores and Morals*, Boston：Ginn and Co.

**Sutton, John R.**

2001    *Law / Society : Origins, Interactions, and Change*, Thousand Oaks,

London and New Delhi：Pine Forge Press.

## Taylor Ian, Paul Walton, and Jock Young

1964  *Essays on Sociology and Philosophy by Émile Durkheim*, London：
      The Free Press.

1973  *New Criminology*, London：Routledge & Kegan Paul.

## Taylor, Kenneth Wayne

1989  *Social Science Research：Theory and Practice*. Scarforough：Nelson
      Canada.

## Teubner, Gunther

1971  *Standards und Direktiven in Generalklauseln,：Möglichkeiten und
      Grenzen der empirischen Sozialforschung bei der Präzisierung der
      Gute-Sitten-Klauseln im Privatrecht*, Frankfurt a.M.: Athenäum.

1973  *Public Status of Private Association*, Berlin: de Gruyter.

1974  *Gegenseitige Vertragsuntreue*, Tübingen: Mohr und Siebeck.

1978  *Organisationsdemokratie und Verbandsverfassung*, Tübingen: Mohr
      und Siebeck.

1982  "Reflexives Recht. Entwicklungsmodelle des Rechts in vergleichender
      Perspektive", *Archiv für Rechts-und Sozialphilosophie,* Vol.68, Nr.1,
      S.13-59. In Werner Maihofer (hrsg.), *Noi si Mura*, Schriftenreihe des
      Europäischen Hochschulinstituts, (1980) S.290-340.

1983  "Substantive and Reflexive Elements in Modern Law," *Law and
      Society Review,* vol.17, no.2, pp.239-285, in Kahei Rokumoto (ed.),
      *The Sociological Theories of Law,* Aldershots: Dartmouth, 1994,
      pp.415-461.

1988a  "Introduction to Autopoietic Law," G. Teubner, (ed.), 1988, *op.cit.,*
       pp.2-11.

1988b  "Evolution of Autopoietic Law," G. Teubner, (ed.), 1988, *op.cit.,* pp.217-241.

1989  *Recht als Autopoietisches System*, Frankfurt A.M.: Suhrkamp.

1992  "The Two Faces of Janus: Rethinking Legal Pluralism," *Cardozo Law Review* 13: 1442-1462.

1993  *Law As An Autopoietic System*, Oxford: Blackwell.

1994  *Droit et réflexivité*, Paris: Flammerion.

1999  *Il diritto policontesturale*, Milano: Giuffré.

2000  "Contracting Worlds—The Many Autonomies of Private Law", *Social and Legal Studies*，引自

　　　http://www.uni-frankfurt.de/fb01/teubner/pdf-dateien/hybride.pdf

2001  "Das Recht hybrider Netzwerke" 取自

　　　http://www.uni-frankfurt.de/fb01/teubner/pdf-dateien/hybride.pdf

## Teubner, Gunther（ed.）

1984   *Corporate Governance and Directors' Liability*, Berlin: Walter de Gruyter.

1983   *Dilemmas of Law in the Welfare State*, Berlin and New York: Walter de Gruyter.

1986   *Contract and Organization:Legal Analysis in the Light of Economic and Social Theory*, with T. Daintith (eds.), Berlin: Walter de Gruyter.

1987a  *State, Law, Economy as Autopoietic Systems*, Berlin and New York: Walter de Gruyter.

1987b  *Juridification of Social Spheres: A Comparative Analysis of Labour, Corporate, Antitrust and Social Welfare Law*, Berlin: Walter de Gruyter.

1988   *Autopoietic Law: A New Approach to Law and Society*, Berlin & New York: Walter de Gruyter..

1990   *Regulating Corporate Groups in Europe*, Berlin: Walter de Gruyter.

1991    *Paradoxes of Self-Reference in the Humanities ,Law, and the Social Sciences,* Berlin: Walter de Gruyter.

1992    *State, Law, Economy as Autopoietic Systems,* Berlin and New York: Walter de Gruyter.

1995a   *Entscheidungsfolgen als Rechtsgründe,* Tübingen: Mohr und Siebeck.

1995b   *Environmental Law and Ecological Responsibility,* Berlin: Walter de Gruyter.

1997    *Global Law Without A State,* Aldershot: Dartmouth.

2000    *Die Rückgabe des Zwölften Kamels,* Frankfurt a. M.: Athenäum.

### Thompson, E. P.

1975    *Whigs and Hunters : The Origin of the Black Act,* London：Allen Lane.

1978    *The Poverty of Theory and Other Essays, New York : Monthly Review Press.*

### Tigar, M., and M. Levy

1977    *Law and the Rise of Capitalism,* New York : Monthly Review Press.

### Timasheff, N.S.

1937-38 "What Is the Sociology of Law?" *The American Journal of Sociology* 18(2)3-34.

1939    *An Introduction to the Sociology of Law,* Cambridge, MA : Harvard University Press.

### Trappe, Paul

1963    "Einleitung," zu : Theudor Geige, *Vorstudien zu einer Soziologie des Rechts,* Neuwied u. Berlin : Luchterband.

### Treves, Renato

1967    "Recenti sviluppi della sociologia del diritto in Europa," *Qyarderni di Sociologia* : 141-164.

## Treviño, A. Javier

1996    *The Sociology of Law : Classical and Contemporary Perspectives*, New York : St. Martin's Press.

## Trubek, David M.

1984    "Where the Action Is : Critical Legal Studies and Empiricism," *Stanford Law Review* 36(1) : 575-622.

1986    "Max Weber's Tragic Modernism and the Study of Law in Society," *Law and Society Review* 20 : 573-586.

1991〔1972〕    "Max Weber on Law and the Rise of Capitalism," in Peter Hamilton （ed.）, *op. cit.*,pp.126-155.

## Trubek, D. M., and J. Esser

1989    "'Critical Empiricism' in American Legal Studies：Paradox, Program, or Pandora's Box," *Law and Social Inquiry* 14 : 3-52.

## Trubel, David M.

1984    "Where the Action Is : Critical Legal Studies and Empiricism," *Stanford Law Review* 36 （1）: 575-622.

## Turk, Austin

1969    *Criminality and Social Order*, Chicago : Rand-McNally.

1980    "Law as a Weapon in Social Conflict," in William Evan （ed.）,*The Sociology of Law : A Social Structural Perspective*. New York : The Free Press, pp. 105-120.

## Turkel, Gerald

1996    *Law and Society : Critical Approaches*, Boston *et. al.* : Allyn and Bacon.

## Turner, Bryan S.

1996    *For Weber∶Essays in the Sociology of Fate*, London *et. al.*∶Sage Foundation.

## Turner, Stephen P., and Regis A. Factor

1994    *Max Weber∶ The Lawyer as Social Thinker*, London and New York∶Routledge.

## Tushnet, Mark V.

1980    "Post-Realism Legal Scholarship," *Wisconsin Law Review* 6∶1383-1401.

1986    "Critical Legal Studies∶An Introduction to Its Origins and Underpinnings," *Journal of Education* 36∶505-517.

## Unger, Roberto

1975    *Knowledge and Politics*, New York∶The Free Press.

1976    *Law in Modern Society*, New York∶The Free Press.

1987    *The Critical Legal Studies Movement*, Cambridge, MA∶Harvard University Press.

## Vago, Steven

1991    *Law and Society*, 3$^{rd}$ ed., Englewood Cliff, NJ∶Prentice-Hall, 1st ed. 1981.

## Van Zandt, David E.

1992    "The Breath of Life in the Law," *Cardozo Law Review* 13:1745-1761.

## Varga, Csaba (ed.)

1994    *Marxian Legal Theory*, Aldershot *et.al.*∶Dartmouth.

## Ves Losada, Alfredo E.

1967 "La sociologia del derecho：su tematical actual," in *Revista Mexicana de sociologia* 31：214-265.

## Wallace, Michael, Beth A. Rubin, and Brian T. Smith

1988 "American Labor Law：Its Impact on Working Class Militancy, 1901-1980," *Social Science History* 12：1-29.

## Walton, Paul

1991〔1976〕 "Max Weber's Sociology of Law：A Critique," in Peter Hamilton （ed.）, *op. cit.,*pp.287-299.

## Warrington, R.

1981 "Pashukanis and the Commodity Theory," *International Journal of the Sociology of Law* 9：1-22. also in Varga (ed.), *op.cit.*, pp.179-200.

## Watson, Alan

1985 *The Evolution of Law*, Baltimore：John Hopkins University Press.

## Weber, Max

1954 *Law in Economy and Society*, Max Rheinstein （ed.）Cambridge. MA： Harvard University Press.

1956 *Wirtschaft und Gesellschaft*, Studienausgabe, Johannes Winckelmann （hrsg.）,2 Bände, Köln u. Berlin：Kippenheuer und Witsch。原書 1925 年由 Tübingen：J. E. B. Mohr 出版。華譯《經濟與社會》，上下兩卷，林榮遠譯，北京：商務印書館，1988.

1960 *Rechtssoziologie*, Soziologische Texte, Neuwied：Luchterhand.

1964 *Wirtschaft und Gesellschaft, Studienausbage, erster Halbband*, Köln und Berlin：Kieppenheuer & Witsch.

1967 *On Law in Economy and Society*, New York：Simon and Schuster.

1968a *Methodologische Schriften*, Frankfurt a. M.：S. Fischer-Verlag.

1968b   *Economy and Society*：*An Outline of Interpretative Sociology,* 3 vols., New York：Bedminster Press.

1978    *Economy and Society*, 2 vols., Berkeley, CA：University of California Press.Weiss, Johannes（ed.）

1981    *Max Weber Classic Monograph, vol. VI：Weber and the Maxist World*, London and New York：Routledge.

## West, Robin

1988    "Jurisprudence and Gender," *The University of Chicago Law Review* 55（1）：1-72.

## Whyte, William Hollingworth

1956    *The Organization Man*, New York：Simon & Schuster.

## Willcock, I. D.

1974    "Getting on With Sociologists," *British Journal of Law and Society* 1(1)：3-12.

## Wolfe, Alan

1992    "Sociological Theory in the Absence of People：The Limits of Luhmann's Systems Theory," *Cardozo Law Review* 13：1729-1743.

## Wolff, Kurt (ed.)

1964    *Émile Durkheim, 1858-1917：A Collection oof Essays with Translation and a Bibliography*, Columbus OH：Ohio State University Press. 第一版 1960.

## Wood, Allen W

1980a   "The Marxian Critique of Justice," in Cohen, Marshall, Th. Nagel, and Th. Scanlon (eds.), *Marx, Justice and History*, Princeton, NJ：Princeton University Press, pp.3-41.

1980b   "Marx on Right and Justice：A Reply to Husami," in Cohen, M.

*et.al.* (eds.), *op. cit.*,pp.106-134.

## Yntema, Hessel E.

1960    "American Legal Realism in Retrospect," *Vanderbilt Law Review* 14(1)：317-330.

## Zeitlin, Irving M.

1991〔1985〕    "Max Weber's Sciology of Law," in Peter Hamilton（ed.）, *op. cit.*, pp.330-325

# 中文書目

## 田　　興

1999　〈帕舒坎尼斯法律思想之研究〉（洪鎌德教授指導），淡水：淡江大學俄羅斯研究所碩士論文。

## 林紀東

1963　〈法社會學〉，刊：林紀東、薩孟武、梅仲協、劉慶瑞編輯的：《法律辭典》，台北：中華叢書編審委員會印行發行，第 447 頁。

## 沈宗靈

1994　《法理學》，台北：五南圖書出版公司。

## 洪鎌德

1986　《傳統與反叛──青年馬克思思想的探索》，台北：台灣商務印書館，1997 初版四刷。

1991　〈馬克思正義觀的析評〉刊：《正義及其相關問題》，戴華、鄭曉時（主編），南港：中研院社科所，147-184 頁。

1995　《新馬克思主義和現代社會科學》，台北：森大，1988 初版。

1996　《跨世紀的馬克思》，台北：月旦。

1997a　《馬克思社會學說之析評》，台北：揚智文化事業股份有限公司。

1997b　《馬克思》，台北：東大圖書公司。

1998a　《社會學說與政治理論──當代尖端思想之介紹》，台北：揚智，1997 年初版，2000 年 4 月再版二刷。

1998b　《21 世紀社會學》，台北：揚智，1999 年二刷。

1999a　《人文思想與現代社會》，台北：揚智二版；1997 年初版。

1999b　《當代政治經濟學》，台北：揚智。

1999c 《從韋伯看馬克思》，台北：揚智。

2000a 《人的解放──21世紀馬克思學說新探》，台北：揚智。

2000b 〈法律社會學之探討〉，《全國律師》，2000年2月號：49-61.

2000c 〈韋伯的法律與社會哲學〉，《哲學與文化》，317：905-930.

2000d 〈涂爾幹的法律社會學之簡介〉，《法令月刊》，51（11）：3-15.

2000e 〈帕舒卡尼斯法哲學的簡介──兼論商品交易學派的興衰〉，輔大《哲學論集》，33：31-61.

2001a 〈法律、道德、民主和法治國家的發展──哈伯馬斯法律觀的析評〉（上）與（下），《哲學與文化》，321：97-114；322：206-217.

2001b 〈從體系論到自生的法律──盧曼法律社會學的析評〉，《美歐季刊》，141：19-68.

2001c 〈福科法律觀的簡介〉，《哲學論集》，（輔仁大學），34：73-120.

2001d 〈馬克思法律社會學的析評〉，《法令月刊》，52（10）：3-19.

2002 〈自由主義〉，台北：一橋。

2003 〈女性主義〉，台北：一橋。

2004 〈西方馬克思主義〉，台北：楊智。

洪鎌德・方旭

1994 〈馬克思法哲學批判與國家觀之評析〉，《法政學報》・2：33-58，淡水：淡江大學公共政學系，1994年7月出版。

洪鎌德・梁文傑

1995 〈馬克思的唯物史觀與道德立場──特別涉及資本主義雇傭勞動制度及分配正義的問題〉，《思與言》・33（3）：199-235.

馬步雲

1993 《馬克思主義法哲學引論》，西安：陝西人民出版社。

曾建元

2000 〈青年馬克思對康德、費希特法哲學的揚棄──從馬克思《給父親的信》說起〉，《淡江人文社會學刊》，5：265-194。

### 博登海默著，鄧正來、姬敬武譯

1987 《法理學—法哲學及其方法》，北京：華夏，譯自 Edgar Bodenheimer, *Jurisprudence - The Philosophy and Method of the Law,* Cambridge, MA: Harvard University 1981.

### 黃維幸

1991 《法律與社會理論的批判》，台北：時報文化。

### 黃瑞祺

1996 《批判社會學—— 批判理論與現代社會學》，台北：三民書局。

### 黃瑞祺 編

1996 《歐洲社會理論》，南港：中研院歐美所。

1998 《馬學新論》，南港：中研院歐美所。

### 湯志傑

1994 〈社會如何可能？魯曼的觀點〉，《思與言》，32（2）：111-132.

### 湯志傑、鄒川雄譯

1994 盧曼著〈社會系統的自我再製〉，《思與言》，32（2）：133-173.

### 鄧正來、姬敬武譯

1987 《法理學——法哲學及其方法》，博登海麥著，北京：華夏。

### 盧政春

1992 〈當代社會學系統理論大師：尼可拉斯.魯曼〉，葉啟政編，《當代社會思想巨擘》，台北：正中，頁 232-269.又〈魯曼〉，收入蘇國勛（編）《當代西方著名哲學家評傳》，濟南：山東出版社，483-507.

### 魯貴顯 譯

1998 《盧曼社會系統導引》，參考上面 G. Kneer u. A. N., *Niklas Luhmanns Theorie Sozialer Systeme* 一書，台北：巨流圖書公司。

### 蔡墩銘

1999　《刑法精義》，台北：蔡墩銘出版。

2000　《生命與法律》，台北：蔡墩銘出版。

2001　《社會與法律：廿世紀台灣社會見聞》，台北：蔡墩銘出版。

### 謝建新

1996　〈尤根・艾里希（Eugen Ehrlich）的法律社會學理論〉（王錦堂教
　　　授指導），台大三研所碩士論文。

### 關口晃

1958　〈法社會學〉，載：《世界大百科事典》（編輯兼發行人：下中彌三
　　　郎），東京：平凡社，第 26 卷，頁 227-280.

### 顧忠華

1998　〈引介盧曼── 一位 21 世紀的社會學理論家〉，刊：魯貴顯譯書，
　　　頁 3-7.

### 顧忠華，湯志傑

1996　〈社會學如何啟蒙？評介盧曼的理論發展〉，刊：黃瑞琪主編，1996
　　　《歐洲社會學理論》，南港：中研院歐美所，頁 165-190.

# 引　得

# 人名引得

## A

Abel, Richard　亞伯爾
41,608

Abendroth, Wolfang　阿本特羅
298

Adams, John　亞當士
59

Adorno, Theodor　阿朵諾
298,511-512

Ahlander, Bujörn　阿蘭德
37

Albrow, Martin　歐爾布洛夫
184-185,210,342,343,444,608

Althusser, Louis　阿圖舍
53,140-141,448-450,468,475-479,
482,486,494-496,503,542,597,605,
608

Anderson, James　安德森
40

Anzilotti, Dionisio　安齊洛蒂
15

Arato, Andrew　阿拉托
300,638

Arnold, Thurman　阿諾德
37

Aubert, Vilhelm　敖伯特
28-29,220-221,608

Auerbach, C. C.　奧爾巴哈
39,608

Austin, John　奧斯汀
252,255,563

## B

Babb, H.　巴卜
253

Baer, Karl Ernst von　馮倍爾
61

Baier, Host　拜爾
340

Bal, Peter　巴爾
323,324,331,609

Balbus, Isaac　柏巴士
99,124,264-265,609

Baldus, David　鮑爾杜
41,609

Balibar, Etienne　巴利霸
141,609

Barthes, Roland　巴爾特
542,605

Baudrillard, Jean　布希亞
126,605

Baumgarten, Hermann　鮑姆加騰

# The Sociology of Law

by Dr HUNG Lien-te, *Dr. rer. pol.*

## Contents

國家圖書館出版品預行編目資料

法律社會學 ＝The sociology of law / 洪鎌德
　著. -- 二版. -- 臺北市：揚智文化，2004〔
　民 93〕
　　面： 公分. -- （社會叢書；21）
　參考書目：面
　含索引
　ISBN　957-818-679-7（平裝）

　1.法律與社會

580.163　　　　　　　　　　　　　93017625

# 法律社會學

作　　　者／洪鎌德
出　版　者／揚智文化事業股份有限公司
發　行　人／葉忠賢
總　編　輯／林新倫
執行編輯／胡琡珮
登　記　證／局版北市業字第1117號
地　　　址／台北市新生南路三段88號5樓之6
電　　　話／(02)2366-0309　2366-0313
傳　　　真／(02)2366-0310
網　　　址／http://www.ycrc.com.tw
　E-mail ／service@ycrc.com.tw
郵撥帳號／19735365
戶　　　名／葉忠賢
　ISBN ／957-818-679-7
法律顧問／北辰著作權事務所　蕭雄淋律師
印　　　刷／鼎易印刷事業股份有限公司
初版一刷／2001年12月
二版一刷／2004年10月
定　　　價／新台幣650元